**새뮤얼 헌팅턴의
미국, 우리는 누구인가**

WHO ARE WE?: The Challenges to America's National Identity
by Samuel P. Huntington
Copyright ⓒ 2004 by Samuel P. Huntington
Korean translation copyright ⓒ 2004 by Gimm-Young Publishers, Inc.
All rights reserved.

This Korean translation rights arranged with Denise Shannon Literary Agency,
Inc. through Danny Hong Agency.

이 책의 한국어판 저작권은 대니홍 에이전시를 통한 저작권사와의 독점 계약으로 김영사에 있습니다.
저작권법에 의해 한국 내에서 보호를 받는 저작물이므로 무단전재와 무단복제를 금합니다.

새뮤얼 헌팅턴의
미국, 우리는 누구인가

WHO ARE WE?

새뮤얼 헌팅턴 | 형선호 옮김

김영사

새뮤얼 헌팅턴의 미국, 우리는 누구인가

2판 1쇄 인쇄 2017. 3. 21.
2판 1쇄 발행 2017. 4. 3.

지은이 새뮤얼 헌팅턴
옮긴이 형선호

발행인 김강유
편집 성화현 | 디자인 홍세연
발행처 김영사
등록 1979년 5월 17일(제406-2003-036호)
주소 경기도 파주시 문발로 197(문발동) 우편번호 10881
전화 마케팅부 031)955-3100, 편집부 031)955-3250 | 팩스 031)955-3111

* 이 책의 한국어판 저작권은 저작권자와 독점 계약한 김영사에 있습니다.
 저작권법에 의해 한국 내에서 보호를 받는 저작물이므로 무단 전재와 복제를 금합니다.
* 이 책은 2004년에 발행된 《새뮤얼 헌팅턴의 미국》을 재출간한 도서입니다.

값은 뒤표지에 있습니다. ISBN 978-89-349-7771-1 03340

독자 의견 전화 031)955-3200
홈페이지 www.gimmyoung.com   카페 cafe.naver.com/gimmyoung
페이스북 facebook.com/gybooks   이메일 bestbook@gimmyoung.com

좋은 독자가 좋은 책을 만듭니다.
김영사는 독자 여러분의 의견에 항상 귀 기울이고 있습니다.

이 도서의 국립중앙도서관 출판시도서목록(CIP)은 서지정보유통지원시스템 홈페이지
(http://seoji.nl.go.kr)와 국가자료공동목록시스템(http://www.nl.go.kr/kolisnet)에서
이용하실 수 있습니다.(CIP제어번호 : CIP2017006970)

| 책머리에 |

내가 사랑하는 나라, 미국인들이 원하는 나라

이 책은 미국의 국가적 정체성identity이 외형과 실체에서 어떤 변화를 겪고 있는지 다루고 있다. '외형salience은 미국인들이 여러 가지 다른 정체성들과 비교해 국가적 정체성에 부여하는 중요성이다. 실체substance는 미국인들이 스스로 공통적으로 갖고 있다고 여기는 것으로서, 그들을 다른 사람들과 구분짓는 것이다. 이 책은 세 가지 중심적인 논점을 제시한다.

첫째, 미국인들이 갖고 있는 국가적 정체성의 외형은 역사적으로 변해 왔다. 18세기에 들어와서야 대서양 연안의 영국인 개척자들은 자신들의 정체성을 개별적인 식민지들의 주민으로서뿐 아니라 미국인으로서도 자각하기 시작했다. 독립을 한 후에, 하나의 국가로서 미국이라는 개념은 19세기에 점차 뿌리를 내리면서 고조되었다. 국가적 정체성은 남북전쟁 후에 다른 정체성들을 압도하게 되었고, 미국의 국가주의는 다음 세기에 번창했다. 그러다가 1960년대에 하부국가subnational, 이중국가dual-national, 그리고 초국가transnational 정체성들이 국가적national 정체성의 압도적인 우위를 저해하며 경쟁하기 시작했다. 9·11사태는 극적으로, 그리고 비극적으로 그와 같은 정체성을 다시 전면에 내세웠다. 미국인들은 자신들의 나라가 위험에 처하는 것을 보면 국가적 정체성을 높게 인식하는 경향이 있다. 반면에 위험이 사라지고 있다고 느끼면 다른 정체성들이 다시 국가적 정체성보다 우위를 점할 수 있다.

  둘째, 지난 수세기 동안 미국인들은 (정도의 차이는 있지만) 자신들의 정체성 실체를 인종, 민족, 이념, 그리고 문화의 측면에서 규정했다. 인종과 민족은 이제 대체적으로 제거되었고, 미국인들은 자신들의 나라를 다민족, 다인종 사회로 본다. 처음에 토머스 제퍼슨이 제기했고 다른 많은 사람들이 발전시킨 '미국의 신조American Creed'는 일반적으로 미국의 정체성을 규정하는 핵심적 요인으로 여겨진다. 그러나 이 신조는 17세기와 18세기에 미국을 일으킨 개척자들의 뚜렷한 앵글로-개신교도Anglo-Protestant 문화의 산물이었다. 이 문화의 핵심 요소들은 영어, 기독교, 종교적 헌신, 영국식의 법치/통치자들의 책임성/개인들의 권리, 그리고 개신교도들의 새로운 개인주의 가치관/근로윤리/인간들에게 지상에서의 천국을 만들 능력과 의무가 있다는 믿음 등이었다. 역사적으로 수백만 명의 이민자들은 대체로 그와 같은 문화와 그것이 가능케 하는 경제적 기회들 때문에 미국에 매력을 느꼈다.

  셋째, 앵글로-개신교도 문화는 300년 동안 미국의 정체성에서 핵심적인 요인이었다. 그것은 미국인들이 공통적으로 갖고 있는 것이었고 (수많은 외국인들이 목격했듯이) 그들을 다른 사람들과 구분짓는 것이었다. 그러다가 20세기 후반에 남미와 아시아 출신의 새로운 이민자 물결, 다문화주의와 다양성의 원칙에 대한 지식인들과 정치인들의 동경, 미국의 두 번째 언어로서 스페인어의 확산과 미국 사회의 히스패닉 특성 확산, 인종과 민족과 성별에 기반한 집단 정체성의 등장, 디아스포라diaspora■들과 그들의 고국 정부들이 끼친 영향, 그리고 범세계적 내지 초국가적 정체성들에 대한 엘리트 계층의 점증하는 동경 등이 미국의 문화와 신조의 외형과 실체 모두에 도전했다. 이런 도전들에 대응해 미국의 정체성은 다음의 방향으로 진화할 수 있을 것이다. 첫째, 역사적인 문화적 핵심은 결여된 채, 미국의 신조 원칙으로만 단결되는 신조적creedal 미국. 둘째, 영어와 스페인어의 두 언어, 앵글로-개신교도와 히스패닉의 두 문화를 갖는 이중적bifurcated 미국. 셋째, 다시 또 인종과 민족으로 규정되고, 백인과 유럽인이 아닌 사람들을 배제하거나 종속시키는 배타주의exclusivist 미국. 넷째, 역사적인 앵글로-개신교도 문화와 종교적 헌신, 그리고 가치관을 재확인하고, 비우호적인 세상과의 대치 속에서 강화되는 부흥된revitalized 미국. 다섯째, 이것들과 그밖의 다른 가능성들이 결합된 그 무엇. 미국인들이 정체성을 규정하는 방식은 그들이 다른 나라들과의 관계 속에서 미국을 범세계적, 제국주의적, 혹은 국가주의적 나라로 인식하는 정도에 영향을 끼친다.

■ 9장에서 자세하게 설명하게 될 디아스포라diaspora는 일단 '해외 거주 동포 집단'으로 생각하면 될 것이다 : 옮긴이

이 책의 내용은 애국자이자 학자인 내 자신의 정체성들에 의해서 정해졌다. 애국자로서 나는 자유와 평등, 법치, 그리고 개인적 권리들에 바탕한 사회로서 내 나라의 단결과 강력함에 깊은 관심을 갖고 있다. 학자로서 나는 미국의 정체성이 밟아온 역사와 현재의 상태가 심층적인 연구와 분석에 중요하고 매력적인 주제를 제공한다고 생각한다. 그렇지만 애국주의 동기와 학문적 동기는 서로 충돌할 수도 있다. 이와 같은 문제점을 알기에, 나는 가능한 한 초연하고 객관적인 방식으로 증거들을 분석하려 시도한다. 그러면서 나는 독자들에게 그와 같은 증거들의 선정과 제시는 미국의 과거와 미래에서 의미와 덕목을 찾으려는 나의 애국적 욕망에 영향을 받았을 수도 있음을 경고한다.

　모든 사회는 자신들의 존재를 위협하는 반복적 도전에 직면하며, 결국에는 그것들에 굴복한다. 그러나 어떤 사회는 (그와 같은 도전에 직면해서도) 쇠락의 과정을 역전시키고 활력과 정체성을 회복해 붕괴의 시기를 늦추기도 한다. 나는 미국이 그렇게 할 수 있으며, 미국인들은 350년 동안 모든 인종과 민족, 그리고 종교들이 끌어안았던, 그리고 자신들이 세상을 위해 추구하던 자유와 단결, 힘, 그리고 도덕적 리더십의 원천인 앵글로-개신교도 문화와 전통, 그리고 가치관에 다시 한번 헌신해야 한다고 믿는다.

　내가 분명히 밝히고 싶은 점은, 이것은 앵글로-개신교도 사람들의 중요성이 아니라 앵글로-개신교도 문화의 중요성을 강조하는 것이다. 나는 미국이 이룩한 가장 위대한 업적 가운데 하나는 역사적으로 자신들의 정체성에 중심적이었던 인종적 및 민족적 요소들을 제거하고, 개인들이 능력에 따라 평가되는 다민족, 다인종 사회를 이룩한 것이라고 생각한다. 이렇게 되었던 것은 미국의 여러 세대가 앵글로-개신교도 문화와 초기 개척자들의 신조에 헌신했기 때문이라고 나는 믿는다. 그와 같은 헌신이 계속해서 유지된다면, 미국은 건국 당시의 WASP(백인-앵글로-색슨-신교도) 후손들이 적고 별로 중요하지 않은 소수가 된 후에도 오랫동안 미국일 것이다. 그것이 내가 아는, 그리고 내가 사랑하는 미국이다. 그것은 또 (이 책의 증거들이 보여주듯이) 대부분의 미국인들이 사랑하고 원하는 미국이다.

새뮤얼 P. 헌팅턴

| 차례 |

책머리에 _____ 5

I 정체성 문제

1. 국가적 정체성의 위기
외형: 여전히 깃발은 휘날리는가? _____ 17
실체: 우리는 누구인가? _____ 24
세계적인 정체성 위기 _____ 28
미국의 정체성 전망 _____ 34

2. 정체성에 대하여
정체성의 개념 _____ 39
남들과 적들 _____ 44
정체성의 원천 _____ 47
잘못된 이분법 _____ 49

II 미국의 정체성

3. 미국의 정체성 요소들
변화, 연속성, 부분적 진실 _____ 57
이민자들 이전의 개척자들 _____ 59
미국의 신조와 정체성 _____ 68
장소에 집착하지 않는다 _____ 72
인종과 민족 _____ 76

4. 앵글로-개신교도 문화
문화적 핵심 _____ 83
저항자들의 저항 _____ 87
미국의 신조 _____ 92
개인주의와 근로윤리 _____ 95
도덕주의와 개혁윤리 _____ 102

5. 종교와 기독교
하나님, 십자가, 미국 — 108
종교적인 사람들 — 111
개신교도 미국과 천주교 — 121
미국은 기독교 국가 — 129
미국의 질서, 시민적 종교 — 135

6. 등장, 승리, 침식
국가의 취약성 — 140
미국의 정체성 만들기 — 142
국가적 정체성과 그밖의 정체성 — 146
국가와 애국심의 승리 — 154
국가주의의 퇴조 — 175

III 미국의 정체성에 대한 도전

7. 미국 해체하기: 하부국가적 정체성의 등장
해체주의 운동 — 179
신조에 대한 도전 — 185
영어에 대한 도전 — 199
핵심 문화에 대한 도전 — 214

8. 동화: 개종, 앰퍼샌드, 시민권의 침식
이민의 동화 혹은 비동화 — 223
동화: 여전히 성공인가? — 228
동화의 원천 — 230
이민자들 — 231
이민 과정 — 240
미국 사회: 미국화는 비미국적인 것 — 248

앰퍼샌드와 이중적인 시민권 _____ 253
시민과 비시민 _____ 265
미국화의 대안 _____ 272

9. 멕시칸 이민과 히스패닉화

멕시칸과 히스패닉의 도전 _____ 274
멕시칸 이민은 왜 다른가 _____ 275
멕시칸은 왜 동화되지 않는가 _____ 285
개인적 동화와 집단거주지 통합 _____ 300
마이애미의 히스패닉화 _____ 304
남서부의 히스패닉화 _____ 310

10. 미국과 세상의 통합

적과 이념이 사라지자 환경이 변했다 _____ 316
적을 찾아서 _____ 318
죽은 영혼들: 엘리트의 탈국가주의 _____ 325
애국적인 대중 _____ 336
디아스포라, 외국의 정부, 미국의 정치 _____ 340

IV 미국의 정체성 회복하기

11. 과거와 현재의 단층선

- 새로운 추세 _____ 361
- 민족성의 종식 _____ 362
- 인종: 지속성, 애매화, 퇴조 _____ 372
- 백인 현지인주의 _____ 380
- 양분화: 두 언어와 두 문화? _____ 388
- 비대의 민주주의: 엘리트 대 일반대중 _____ 399

12. 21세기의 미국: 취약성, 종교, 국가 정체성

- 취약성의 시대와 '미국의 신조' _____ 412
- 미국인들의 종교적 복귀 _____ 417
- 종교의 세계적 부흥 _____ 436
- 호전적 이슬람 대 미국 _____ 439
- 세계 속의 미국: 범세계주의, 제국주의, 국가주의? _____ 446

옮긴이의 말 _____ 451
후주 _____ 454
찾아보기 _____ 516

I

The Issues of Identity

정체성 문제

1.
국가적 정체성의 위기

외형: 여전히 깃발은 휘날리는가?

　찰스 스트릿Charles Street은 보스턴의 비컨 힐Beacon Hill에 있는 중심 거리이다. 이 편안한 거리의 양쪽에는 아래층에 골동품 가게와 이런저런 상점들이 있는 4층짜리 주상복합 벽돌 건물들이 늘어서 있다. 한때 이곳의 한 구획에서는 미국의 국기들이 정기적으로 우체국과 잡화점의 입구에 걸리곤 했다. 그러다가 우체국은 국기의 게양을 중단했고, 2001년 9월 11일에 국기는 잡화점에서만 휘날리고 있었다. 그로부터 2주 후에, 이 구획에서는 17개의 성조기가 휘날렸고, 조금 떨어진 곳에 있는 거리에서는 거대한 성조기가 게양되었다. 자신들의 나라가 공격받은 상태에서, 찰스 스트릿의 주민들은 자신들의 국가를 재발견했고 그것에서 정체성을 찾았다.

갑자기 치솟는 애국심 속에서, 찰스 스트릿의 주민들은 미국 전역의 다른 사람들과 하나가 되었다. 남북전쟁 이후로 미국인들은 국기를 숭배했다. 성조기는 종교적인 성상icon의 지위를 갖고 있으며, 다른 나라의 다른 사람들이 그러는 것보다 미국인들에게 국가적 정체성의 중심적 상징이다. 그러나 9·11사태 직후의 몇 주처럼 성조기가 도처에서 휘날린 적은 일찍이 없었다. 갑자기 그것은 가정, 기업, 자동차, 옷, 가구, 창문, 가게, 가로등, 그리고 전신주 등에서 나부끼기 시작했다. 10월 초순에 미국인들의 80퍼센트는 국기를 게양한다고 얘기했다. 가정에서 63퍼센트, 옷에다가 29퍼센트, 자동차에 28퍼센트 등이었다.[1] 월마트는 9월 11일에 116,000개의 성조기를, 그리고 다음날에 250,000개를 팔았다고 전해진다. 반면에 "1년 전의 같은 날에는 6,400개와 10,000개가 팔렸다." 국기에 대한 수요는 걸프전 때의 10배에 달했다. 국기 제조업자들은 생산을 2배, 3배, 혹은 5배까지 늘렸다.[2]

국기는 다른 정체성들과 비교한 미국인들의 국가적 정체성의 외형이 갑자기 극적으로 높아진 것을 보여준 물리적 증거였다. 이와 같은 변화는 10월 1일에 어떤 젊은 여자가 했던 다음과 같은 언급에서 극명하게 드러난다.

나는 19세 때 뉴욕시로 이사했다. 당시 내가 자신을 어떻게 묘사했는지 묻는다면, 나는 당신에게 내가 음악가, 시인, 예술가, 그리고 (다소 정치적인 측면에서) 여자, 동성애자, 그리고 유대인이라고 대답했을 것이다. 미국인이라는 사실은 내 목록에 들어있지 않았을 것이다.

내가 다니는 대학의 강의실에서, 나는 여자 친구와 함께 미국의 불평등에 너무 화가 나 다른 나라로 이사갈 것을 의논했다. 그 모든 것은 9월 11일에 달라졌다. 나는 그동안 내가 누리는 자유를 너무나 당연하게 여겼음을 알게 되었다. 이제 나는 배낭에 미국 국기를 꽂고 다니며, 머리 위를 지나가는 전투기에 박수를 보내고, 스스로 내가 애국자라고 생각한다.[3]

　레이첼 뉴먼의 이 말은 9·11 이전에 일부 미국인들이 갖고 있던 국가적 정체성의 외형을 반영한다. 교육받은 미국의 엘리트 계층에서 국가적 정체성은 때로 멀리 사라져버린 것 같았다. 세계화, 다문화주의, 범세계주의, 이민, 하부국가주의, 그리고 반국가주의가 미국인들의 의식을 약화시켰다. 대신에 민족적, 인종적, 그리고 성적 정체성이 전면에 부상했다. 자신들의 선조들과는 달리, 많은 이민자들은 앰퍼샌드ampersand=&로서 이중적인 충성심과 이중적인 시민권을 유지했다. 히스패닉의 대규모 유입이 미국의 언어적 및 문화적 단결성에 의문을 제기했다. 기업의 중역, 전문가, 그리고 정보시대의 기술 관료들은 국가적 정체성보다 범세계주의를 옹호했다. 국가적 역사 대신에 민족적 및 인종적 역사가 교실을 지배했다. 미국인들의 공통점 대신에 다양성이 강조되었다. 18세기와 19세기에 근로와 전쟁으로 탄생했고 20세기에 양차 대전으로 강화되었던 국가적 단결과 국가적 정체성은 훼손되는 것 같았다. 2000년에 이르러 미국은 여러 면에서 1865년 이후에 그랬던 것보다 국가의 성격이 약했다. 성조기는 퇴조했고, 미국의 정체성 깃대에서 다른 깃발들이 더 높은 곳에 걸렸다.

　미국의 국가적 정체성의 외형에 대한 타국가적, 하부국가적, 그리고 초국가적 정체성의 도전은 1990년대의 다음과 같은 사건들 속에 반영되어 있었다.

타국가적 정체성　1998년 2월에 열린 골드컵 축구경기의 미국과 멕시코 전에서 91,255명의 팬들은 "붉고, 희고, 푸른 깃발들의 바다"에 빠져 있었다. 그들은 미국의 국가가 울려퍼질 때 야유를 했고, 미국 선수들에게 "물이나 맥주, 혹은 그보다 더한 것이 들어 있었을 컵들과 쓰레기를" 던졌고, 미국 국기를 올리려는 몇몇 팬들에게 "맥주컵과 과일로" 공격을 했다. 이 경기가 진행된 곳은 멕시코시티가 아니라 로스엔젤레스였다. "내가 이 나라에서 미국 국기조차 올릴 수 없다면 무언가 잘못된 것이다." 미국을 응원한 어떤 팬은 그렇게 말하면서, 자신의 머리 위를 지나가는 레몬을 급히 피했다. "로스엔젤레스에서의 경기는 미국에게 홈경기가 아닙니다." 〈로스엔젤레스 타임스〉의 어떤 기자도 동의했다.[4]

과거의 이민자들은 고난과 역경을 넘어 마침내 '자유의 여신상'을 보았을 때 기쁨의 눈물을 흘렸다. 그들은 자유와 근로, 그리고 희망을 주는 새로운 나라에서 적극적으로 자신들의 정체성을 찾았다. 그들은 종종 가장 애국적인 시민들이 되곤 했다. 2000년에 외국 태생의 사람들의 비율은 1910년보다 약간 더 낮았다. 하지만 미국에 살면서도 자신들의 정체성을 다른 나라들에서 찾는 사람들의 비율은 독립전쟁 이후의 어느 때보다 상당히 높았을 것이다.

하부국가적 정체성 『인종 자부심과 미국의 정체성』이라는 자신의 책에서, 조셉 리는 예전의 두 대통령 취임식에서 낭송된 시를 인용하고 있다. 1961년에 있은 존 F. 케네디 대통령의 취임식에서, 로버트 프로스트는 미국 건국의 "영웅적 행동"을 칭송하며 하나님의 "승인을 받아" 그것이 "시대의 새로운 질서를" 시작했다고 말했다.

> 혁명과 신세계로 나아간 우리의 모험은
> 자유의 역사 속에서 정당성을 얻었나니
> 이제는 영광에 영광을 거듭하고 있도다

그는 미국이 '시와 힘의 황금기'로 새롭게 진입했다고 얘기했다.

그로부터 32년 후에, 마야 안젤루는 빌 클린턴 대통령의 취임식에서 미국의 다른 이미지를 보여주는 시를 낭송했다. '미국'이나 '미국인'이란 단어들을 언급도 하지 않으면서, 그녀는 27개의 인종적, 종교적, 부족적, 그리고 민족적 집단들—이를테면 아시아계, 무슬림, 포니 인디언, 히스패닉, 에스키모, 혹은 아랍계 등—을 거명하며, 그들이 '이윤을 노린' 미국의 '무력 투쟁'으로 극심한 고통을 겪었다고 비판했다. 그녀는 미국이 "영원히 두려움의 짐과 잔인함의 멍에를 지게 될지도" 모른다고 얘기했다.[5] 프로스트는 미국의 역사와 정체성이 영원히 축복받을 영광이라고 보았다. 안젤루는 미국의 국가적 정체성이 하부국가적 집단들에 속한 사람들의 진정한 정체성과 복지에 위협이 된다고 보았다.

이와 비슷한 태도의 차이는 1997년에 〈뉴욕 타임스〉의 어떤 기자가 '적극적 행동affirmative action■'의 옹호자인 워드 코널리와 한 전화 면담에서도 나타났다. 두 사람은 다음과 같은 대화를 나누었다.

기자 당신은 자신이 누구라고 생각합니까?
코널리 나는 미국인입니다.
기자 아뇨, 그게 아니라, 당신은 자신이 어떤 사람이라고 생각합니까?
코널리 글쎄요, 그렇다니까요! 나는 미국인입니다.
기자 내가 묻는 것은 그것이 아닙니다. 나는 당신이 아프리칸 아메리칸 African American이라고 들었습니다. 당신은 그것을 부끄럽게 생각합니까?

■ 여기에서 '적극적 행동'으로 번역한 'affirmative action'은 우리나라에서 흔히 '차별철폐 조치'로 번역되지만, 이 책에서는 의미의 명확한 구분을 위해 원어 그대로 '적극적 행동'으로 번역한다. 제7장 참조: 옮긴이

코널리 아뇨, 나는 미국인이라는 것이 너무나도 자랑스럽습니다.

그런 후에 코널리는 자신의 조상들이 아프리카, 프랑스, 아일랜드, 그리고 미국의 원주민들이라고 얘기했다. 두 사람의 대화는 이렇게 끝이 났다.

기자 그래서 당신은 어떤 사람입니까?
코널리 그래서 나는 온전한 미국인입니다![6]

그러나 1990년대에는 레이첼 뉴먼 같은 미국인들이 "당신은 자신이 누구라고 생각합니까?"란 질문에 워드 코널리처럼 열정적으로 국가적 정체성의 측면에서 대답하지 않았다. 대신에 그들은 하부국가적인 인종적, 민족적, 혹은 성적 정체성의 측면에서 대답했고, 〈뉴욕 타임스〉의 기자가 기대했던 것도 바로 그와 같은 대답이었다.

초국가적 정체성 1996년에 랠프 네이더는 미국의 100대 기업 경영자들에게 편지를 보내, 그들이 연방정부로부터 받는 상당한 세금혜택과 그밖의 보조금들—카토 연구소가 연간 650억 달러에 달하는 것으로 추산한 금액—을 지적하며, 그들에게 "그들을 길러주고, 키워주고, 도와주고, 지켜준 나라"에 보답하기 위해 주주총회를 시작할 때 국기와 국기가 상징하는 국가에 '충성 서약'을 하도록 촉구했다. FDS라는 하나의 기업만이 긍정적으로 대답했고, 절반의 기업들은 답장조차 보내지 않았으며, 나머지 기업들은 단호하게 거절했다. 포드 자동차의 응답자는 초국가적 정체성을 명시적으로 주장했다. "다국적 기업으로서 우리 회사는 기본적으로 호주에서는 호주 기업, 영국에서는 영국 기업, 독일에서는 독일 기업이다." 애트나의 CEO는 네이더의 생각이 "우리의 민주주의가 기반한 원칙들에 반하는 것"이라고 얘기했다. 모토롤라의 응답자는 그것이 "국수주의적인 정치적 주장"이라고 비난했다. 프라이스 코스트코의 CEO는 이렇게 되물었다. "당신은 이제 개인적인 충성 서약까지도 제안할 생각인가?" 그리고 킴벌리-클라크의 중역은 그것이 "1950년대의 충성 서약을 떠올리게 하는 우울한 상황"이라고 얘기했다.[7]

물론 미국의 기업 지도자들이 그렇게 격렬한 반발을 보인 것은 부분적으로 네이더가 여러 해 동안 그들을 압박했던 사람이고, 그래서 이번 기회를 통해 그를 현대판 맥카시로 폄하하고 싶은 유혹 때문이었다. 하지만 미국의 엘리트 계층에서 그들만이 국가적 정체성을 무시하거나 평가절하한 사람들은 아니었다. 저명한 학자들과 지식인들도 국가주의를 비난했고, 국가적 자부심과 미국에의 헌신을 학생들에게 주입시키는 위험성을 경고했고, 국가적 정체성은 바람직스럽지 못한 것이라고 주장했다.[8] 이와 같은 언급들은 미국의 엘리트 계층에서 일부 지도적 인사들이 탈국가적이 되면서 자신들의 국가적 정체성을 넘어서는 초국가적 내지 범세계적 정체성을 갖게 되는 정도를 반영하는 것이었다. 하지만 미국의 대중들은 그렇지가 않았고, 그래서 당연히 국가적 정체성을 최고의 덕목으로 여기는 대다수의 미국인들과 점점 더 초국가적 정체성으로 기우는 엘리트 계층 사이에 괴리가 발생했다.

9·11사태는 이와 같은 다른 정체성들의 외형을 극적으로 줄이면서 '옛날의 영광'을 다시 국기 게양대의 꼭대기로 올려놓았다. 이것은 앞으로도 계속될 것인가? 찰스 스트릿에 걸려 있던 17개의 국기는 11월에 12개, 12월에 9개, 1월에 7개, 그리고 3월에 5개로 감소했고 9·11사태 1주기에는 4개의 국기로 안정되었다. 이것은 9·11사태 이전의 4배에 해당하지만 사태 직후에 비하면 4분의 1이다. 국가적 정체성의 외형을 가늠케 하는 것으로서 이것

이 반영하는 것은 9·11사태 이후의 새로운 정상인가, 다소 변형된 9·11사태 이전의 정상인가, 아니면 보다 새로운 사태 이후-이후의 정상인가? 레이첼 뉴먼이 경험했던 것처럼, 이번에도 오사마 빈 라덴이 무언가를 해야만 우리는 다시 미국인임을 인식할 것인가? 계속해서 파괴적인 공격이 일어나지 않으면 우리는 다시 9·11사태 이전의 분열된 국가적 정체성으로 돌아갈 것인가? 아니면 우리는 외부의 공격을 받지 않아도 20세기 후반부에 부족했던 단결성을 제공하는 국가적 정체성을 되찾을 것인가?

실체: 우리는 누구인가?

9·11사태 이후의 깃발들은 미국을 상징했지만 내가 바라는 미국을 보여주지는 못했다. 어떤 나라들의 국기는—가령 삼색기, 유니온잭, 혹은 별과 초승달이 있는 파키스탄의 녹색기는—그것이 나타내는 국가의 정체성에 대해 무언가 중요한 것을 얘기한다. 그러나 미국의 성조기가 보여주는 분명한 시각적 이미지는 간단하다. 즉, 그것은 미국이 원래 13개 주로 이루어진 나라였고 이제는 50개 주가 있는 나라임을 얘기한다. 그것을 넘어 미국인들은—그리고 다른 사람들은—무엇이든 자신들이 원하는 의미를 성조기에서 찾을 수 있다. 9·11사태 이후에 성조기가 넘쳐난 것은 미국인들에게 국가적 정체성의 외형이 커졌음을 뜻할 수도 있다. 하지만 그것은 또 그와 같은 정체성의 실체에 대한 불확실성의 증대도 의미할 수 있다. 국가적 정체성의 외형은 외부의 위협이 높아지면서 극적으로 커질 수도 있다. 그러나 국가적 정체성의 실체는 여러 가지 형태의 장기적이고 종종 상충하는 사회적, 경제적, 그리고 정치적 추세들에 의해 보다 근본적으로 느리게 형성된다. 미국의 정체성의 실체에 관련된 중요한 사안들은 9·11사태가 일어난

후에도 변하지 않았다.

'우리 미국인들'이 직면하고 있는 국가적 정체성의 중요한 문제는 바로 그 말-'우리 미국인들'-이 상징적으로 보여준다. 우리는 정말로 '우리'로서 하나인가, 아니면 여럿인가? 우리가 정말로 '우리'로서 하나라면, 우리가 아닌 '그들'과 우리를 구분짓는 것은 무엇인가? 인종, 종교, 민족성, 가치관, 문화, 경제, 정치, 아니면 그 무엇인가? 일부에서 주장하듯이 미국은 '보편적 국가'로서, 모든 인류에게 공통적이고 기본적으로 모든 사람들을 껴안는 가치관에 바탕한 것인가? 아니면 우리는 유럽의 유산과 제도에 의해 정체성이 규정되는 하나의 서구 국가인가? 아니면 우리는, 그동안 역사적으로 '미국 예외주의'의 주창자들이 주장했듯이, 우리 자신의 독특한 문명을 갖고 있는 고유한 나라인가? 우리는 기본적으로 하나의 정치적인 공동체로서, 독립선언을 비롯한 건국의 문서들에 구현된 사회적 계약 속에서만 정체성이 존재하는 나라인가? 우리의 사회는 다문화인가, 이중문화인가, 단일문화인가? 우리는 혼합문화로서 모든 것을 끌어안는 사회인가? 우리에게는 하부국가적인 인종적, 민족적, 종교적 정체성을 초월하는 국가적 정체성이 있는가? 이와 같은 질문들은 9·11사태 후에도 여전히 남아 있다. 그것들은 부분적으로 수사적인 질문이지만, 국내와 해외에서 사회적 및 정치적으로 중요한 의미를 갖는 질문이기도 하다. 1990년대에 미국인들은 이민과 동화, 다문화주의와 다양성, 인종적 관계와 차별 철폐, 공공장소에서의 종교, 이중언어 교육, 학교와 대학의 교과, 학교의 기도와 낙태, 시민권과 국적의 의미, 미국의 선거에 대한 외국의 개입, 미국법의 국제적인 적용, 그리고 이곳과 바깥에서 점증하는 디아스포라들의 정치적 역할 등에 대해 치열한 논쟁을 벌였다. 이 모든 문제들에 깔려 있는 것은 국가적 정체성의 문제이다. 이 모든 문제들에 대한 대부분의 입장 표명에는 국가적 정체성에 대한 나름의 판단이 작용하고 있다.

그것은 외교 정책에서도 마찬가지이다. 1990년대에 우리는 냉전 이후 미국의 국가적 이익에 대해 치열하고, 광범위하고, 다소 혼란스러운 토론을 벌였다. 그와 같은 혼란의 상당 부분은 냉전 이후 세상의 복잡성과 새로움 때문에 빚어졌다. 하지만 그것만이 미국의 역할에 대한 불확실성의 원천은 아니었다. 국가적 이익은 국가적 정체성에서 비롯된다. 우리는 우리의 이익이 무엇인지 알기 전에 우리가 누구인지부터 알아야만 한다.

만일 미국의 정체성이 자유와 민주주의 같은 일련의 보편적 원칙들로 규정된다면, 다른 나라들에서 그와 같은 원칙들을 촉진시키는 것은 미국의 외교 정책에서 우선적인 목표가 되어야 한다. 그러나 미국이 '고유한' 혹은 '예외적인' 나라라면, 다른 곳에서 인권과 민주주의를 촉진시키는 명분은 사라지게 된다. 만일 미국이 기본적으로 문화적 및 민족적 단위들의 집합이라면, 미국의 국가적 이익은 그와 같은 단위들의 목표들을 촉진시키는 데 있고 우리는 "다문화적 외교 정책"을 펼쳐야 한다. 만일 미국이 기본적으로 유럽의 문화적 전통에 의해 규정되는 하나의 서구 국가라면, 미국의 관심은 서유럽과의 유대 강화로 가야 할 것이다. 만일 이민이 미국을 보다 히스패닉Hispanic한 나라로 만든다면, 우리의 관심은 무엇보다 중남미 쪽으로 가야 할 것이다. 반면에 유럽이나 히스패닉 문화가 미국의 정체성에 중심적이지 않다면, 미국의 외교 정책은 다른 나라들과의 문화적 유대와 결별해야 할 것이다. 국가적 정체성의 정의가 다르면 국가적 이익과 외교 정책의 관심도 달라진다. 외교 정책에 대한 우리의 갈등과 이견은 기본적으로 정체성에 대한 정의에서 비롯된다.

대영제국은 1707년에, 미국은 1776년에, 그리고 소련은 1918년에 탄생했다. 이들은 모두 연방과 정복의 결과 하나가 된 여러 단위들의 연합체였다. 1980년대 초에 이들 세 나라는 그런대로 응집력 있고 성공적인 사회를 구축했으며, 이들의 정부는 비교적 효율적이었고 (정도는 다르지만) 합법적인 정부로 인정받았다. 그리고 이들 나라의 국민들은 영국, 미국, 그리고 소련의 정체성을 강하게 갖고 있었다. 그러다가 1990년대 초에 소련이 해체되었고, 1990년대 후반에는 대영제국도 단결력이 약해졌다. 북아일랜드와 스코틀랜드가 독자적인 길을 걷기 위해 투쟁하는 상황에서, 영국인들은 점차 자신들을 영국인English이 아닌 브리튼인British으로 규정하기 시작했다. 그 결과 영국은 21세기의 전반부에 소련과 같은 길을 걷게 될지도 모른다.

소련의 해체와 영국의 단결력 약화를 그것들이 일어나기 10년 전에 예상한 사람들은 거의 없다. 마찬가지로 지금 미국의 해체나 근본적인 변화를 예상하는 미국인은 거의 없다. 그러나 냉전의 종식, 소련의 붕괴, 1990년대의 동아시아 경제 위기, 그리고 9·11사태는 역사에 놀라운 사건들이 많음을 잘 보여준다. 미국이 2025년에도 여전히 2000년의 미국과 같은 나라이고 25년 전과 전혀 다른 자기 인식과 정체성의 전혀 다른 나라(들)가 아니라면, 그것은 너무나도 놀라운 사건일지 모른다.

18세기 후반에 독립을 달성한 미국 사람들은 수적으로 적었고 균질적이었다. 대부분의 그들은 (흑인들과 원주민들에게 시민권을 주지 않아서) 백인, 영국인, 그리고 개신교도들이었다. 대체적으로 공통의 문화를 갖고 있었던 이들은 독립선언과 헌법 등의 건국 문서들에 구현된 정치적 원칙들에 충실했다. 20세기 말에 이르러 미국인들의 숫자는 거의 100배로 늘어났다. 미국은 그동안 (대략 69퍼센트가 백인, 12퍼센트가 히스패닉, 12퍼센트가 흑인, 4퍼센트가 아시아와 태평양의 섬주민, 3퍼센트가 기타인) 다인종 국가, (절대다수의 민족적 집단이 없는) 다민족 국가, 그리고 63퍼센트가 개신교도, 23퍼센트가 가톨릭, 8퍼센트가 기타 종교, 6퍼센트가 무종교인 나라가 되었다. 미국의 공통적인 문화는, 그리고 미국의 신조에 중심적인 평등과 개인주의 원칙은 미국 사회의 많은 개인들과 집단들로부터 공격을 받았다. 냉전의 종식으로 미국은 맞서 싸우며 자신들의 존재를 규정할 사악한 제국을 잃었다. 우리 미국인들은 예전의 미국인들이 아니었고, 이제는 어떤 사람들이 되고 있는지 확실히 알지 못했다.

세상에 영원한 사회는 없다. 루소는 이렇게 얘기했다. "스파르타와 로마가 멸망했다면, 어떤 나라가 영원히 계속될 수 있겠는가?" 가장 성공적인 사회들조차 언젠가는 내적인 분열과 해체의 위협에, 그리고 보다 격렬하고 무자비한 외부의 '야만적' 힘에 노출된다. 결국에는 미국도 스파르타와 로마, 그밖의 인간 공동체들과 같은 운명에 처할 것이다. 역사적으로 미국의 정체성 실체는 인종, 민족, (언어와 종교로 대변되는) 문화, 그리고 이념이 규정했다. 그중에서 인종과 민족에 의한 미국은 더 이상 존재하지 않는다. 그리고 문화에 의한 미국은 위협을 받고 있다. 소련의 경험이 잘 보여주듯이, 이념은 공동체의 인종적, 민족적, 그리고 문화적 원천이 부족한 사람들을 함께 묶는 힘이 부족하다. 그래서 로버트 캐플런이 주장했듯이, 일부에서는 "다른 어떤 나라보다 미국은 처음부터 죽기 위해 태어났는지도 모른다"고 얘기한다.[8] 그러나 일부 사회들은 자신들의 존재를 위협하는 심각한 도전들에 직면할 때 국가적 정체성, 국가적 목표, 그리고 공동의 문화적 가치들을 갱신해 붕괴와 해체를 연기시키고 중단시킬 수 있다. 미국인들은 9·11사태 후에 그렇게 했다. 새 천년의 처음 몇 년 동안 그들이 직면한 도전은 공격을 받지 않아도 그것을 계속할 수 있는지의 여부이다.

세계적인 정체성 위기

미국의 정체성 문제는 남들과 다른 것이지만, 미국만이 정체성 문제를 갖고 있는 것은 아니다. 국가적 정체성에 대한 논란은 우리 시대의 일반적인 현상이다. 거의 모든 곳에서 사람들은 자신들의 공통점과 독자성이 무엇인지 의문을 제기하고, 논의하고, 재규정해왔다. 그것은 다음과 같은 질문들이다. 우리는 누구인가? 우리는 어디에 속하는가? 일본 사람들은 자신들이 지리적, 역사적, 문화적 맥락에서 아시아에 속하는지, 아니면 경제적, 정치적, 현대적 맥락에서 서구에 속하는지 고민한다. 이란과 남아공, 그리고 중국은 모두가 "정체성을 찾고 있는" 나라이며, 대만은 "국가적 정체성의 해체와 재건"으로 몸살을 앓고 있다. 시리아와 브라질은 "정체성 위기"에 직면해 있고, 캐나다는 "지속적인 정체성 위기", 덴마크는 "심각한 정체성 위기", 알제리는 "파괴적인 정체성 위기"를 겪고 있다. 터키는 "독특한 정체성 위기" 속에서 "국가적 정체성에 대한 논란"이 고조되고 있으며, 러시아는 "깊은 정체성 위기" 때문에 자신들이 "일반적인" 유럽의 국가인지, 아니면 전혀 다른 유라시아의 국가인지를 놓고 전통파와 서구파 사이에 고전적인 19세기 논쟁이 재연되고 있다. 멕시코에서는 "멕시코의 정체성에 대한" 의문들이 전면에 부상하고 있다. 독일에서는 각각 과거의 서독과 동독에 정체성의 뿌리를 두고 있는 사람들이 통일된 독일의 정체성을 재규정하기 위해 애쓰고 있다. 영국제도 British Isles 의 주민들은 영국적인 정체성에 믿음이 덜하고, 자신들이 기본적으로 유럽 사람인지 북대서양 사람인지 확신하지 못하고 있다.[9] 이처럼 국가적 정체성의 위기는 이제 세계적인 현상이 되었다.

이들을 비롯한 여러 나라들의 정체성 위기는 모양과 내용, 그리고 정도에서 다양한 차이를 보인다. 당연히 각각의 위기들은 대체적으로 독특한 원인들을 갖고 있다. 하지만 그것들이 미국을 비롯한 많은 나라들에서 동시에 나타나고 있다는 것은 무언가 공통된 요인들도 있음을 보여준다. 그것들은 세계 경제의 출현, 통신과 교통의 엄청난 발전, 이민의 증가, 민주주의의 세계적 확산, 그리고 냉전과 소비에트 공산주의의 종말에 따른 경쟁적 정치 및 경제 체제의 몰락 등과 관련되어 있다.

현대화, 경제발전, 도시화, 그리고 세계화는 사람들이 정체성의 외연을 줄여 보다 좁고, 보다 친밀하고, 공동체적인 정체성을 추구하도록 만들었다. 하부국가적인 민족적, 공동체적, 그리고 지역적 정체성이 보다 넓은 국가적 정체성보다 우위를 점하고 있다. 사람들은 자신들과 가장 비슷한 사람, 자신들과 공통된 민족성, 종교, 전통, 그리고 공동의 신화와 공동의 역사를 갖고 있는 사람들에게서 정체성을 찾고 있다. 미국에서는 이와 같은 정체성의 분열이 다문화주의와 인종적, 민족적, 그리고 성적 의식의 증가로 나타났다. 다른 나라들에서는 그것이 정치적인 독립이나 자율을 요구하는, 보다 극단적인 형태의 하부국가적 운동으로 나타나고 있다. 이와 같은 운동들은 퀘벡, 스코틀랜드, 카탈루냐, 바스크, 롬바르드, 코르시카, 쿠르드, 코소보, 체첸, 팔레스타인, 티베트, 이슬람교도들의 민다나오, 기독교도들의 수단, 타밀, 동티모르, 그밖에 등등의 지역에서 일어나고 있다. 하지만 이와 같은 정체성의 협소화와 동시에 정체성의 광역화도 진행되었다. 이것은 사람들이 아주 다른 문화와 문명의 사람들과 점점 더 접촉하고, 동시에 현대적인 통신 수단을 통해 지리적으로는 멀어도 언어, 종교, 혹은 문화는 비슷한 사람들과 정체성을 나눌 수 있게 되었기 때문이다. 보다 넓은 초국가적 정체성의 등장은 유럽에서 가장 분명하게 나타났고, 그것은 그곳에서 정체성의 동시적인 협소화도 강화시키고 있다. 스코틀랜드 사람들은 자신들을 유럽인으로도 생각할 수 있기 때문에 점점 더 영국인이기보다 스코틀랜드인으로 보고 있다. 이들의 스코틀랜드 정체성은 유럽적인 정체성에 뿌리를 두고 있다. 이것은 롬바르드와 카탈루냐 같은 곳에서도 마찬가지이다.

변증법의 원리처럼 공동체적 집단들의 섞임과 나뉨, 교류와 분리가 세계 각지에서 일어나고 있다. 일시적이건 영구적이건 대대적인 이민이 다양한 인종과 문화의 사람들을 점점 더 뒤섞고 있다. 아시아와 중남미의 사람들이 미국에 들어오고 아랍과 터키, 유고, 알바니아 사람들이 서유럽에 들어간다. 현대적인 통신과 교통의 발전으로 이들 이민자(이주자)들은 원래의 문화와 공동체의 일부를 유지할 수 있다. 그래서 이들의 정체성은 이민자들의 정체성이라기보다 (초국가적이고 범세계적인 문화적 공동체의 일원인) 디아스포라들의 정체성이다. 이들은 다른 사람들과 섞이기도 하고 자신들의 것을 지키기도 한다. 미국의 경우에 이와 같은 변화가 의미하는 것은 멕시코를 비롯한 중남미 출신의 이민 증가가 예전의 이민 파도들과는 상당히 다른 동화同化 수준을 야기할 수 있다는 것이다.

19세기와 20세기에 국가주의nationalism는 지식인, 정치인, 그리고 때로는 경제인 엘리트들이 적극적으로 옹호했다. 이들 엘리트들은 정교하고 감정을 자극하는 호소를 하면서, 자신들이 같은 국가의 일원이라고 생각하는 사람들에게 국가적 정체성을 각인시키고 국가주의적 대의명분에 그들을 동원하려 했다. 반면에 20세기 후반부에는 미국뿐 아니라 많은 나라들에서 엘리트들의 탈국가주의가 고조되기 시작했다. 세계 경제와 세계 기업들의 출현에다가 세계적인 수준에서 (여권, 환경, 인권, 군축 등의) 개혁을 촉진하는 초국가적 연대의 구성 능력이 보태져, 많은 엘리트들은 범세계적 정체성을 계발하고 국가적 정체성을 무시하기 시작했다. 전에는 유동적인 개인들이 농촌에서 도시로 이동하고 도시에서 도시로 이동하며 한 나라 안에서 돈을 벌고 생활했다. 이제 그들은 점점 더 한 나라에서 다른 나라로 이동하며, 국내적 이동성이 나라 안의 특정한 지역에 대한 사람들의 정체성을 줄였던 것처럼, 그들의 국제적 이동성은 어느 특정한 나라에 대한 사람들의 정체성을 줄이고 있다.

유럽 국가주의의 초창기 시절에, 국가적 정체성은 종종 기본적으로 종교적인 측면에서 규정되었다. 19세기와 20세기에 국가주의 이념들은 대체로 세속적이 되었다. 독일, 영국, 프랑스와 그밖의 국가들은 종종 사회적 통합을 저해했을 종교 대신에 점점 더 선조, 언어, 혹은 문화의 측면에서 자신들을 규정했다. 20세기에 서구 국가들에서는 (특히 미국을 제외하고) 사람들이 대체로 세속화되었으며, 교회와 종교는 공적, 사적, 그리고 사회적 생활에서 점차 덜 중요한 역할만을 수행했다.

그러나 21세기는 종교의 세기로 문을 열고 있다. 서유럽 외의 거의 모든 지역에서 사람들은 종교에서 편안함과 방향감각, 위안과 정체성을 찾고 있다. 질 케펠이 말한 "신의 복수 La Revanche de Dieu"가 널리 퍼지고 있다.[10] 종교적인 집단들 사이의 충돌이 전 세계로 확산되고 있다. 사람들은 점점 더 지리적으로 먼 곳에 있는 종교적 동료들의 운명에 관심을 보이고 있다. 많은 나라들에서 자신들의 정체성을 종교적인 측면에서 재규정하려는 강력한 움직임이 나타나고 있다. 그와는 전혀 다른 방식이지만, 미국에서도 종교적인 뿌리와 사람들의 종교적인 헌신을 강조하는 움직임이 나타나고 있다. 복음주의 기독교는 이제 중요한 힘이 되었고, 미국인들은 대체로 자신들이 기독교도였던 300년 동안에 널리 퍼졌던 자기 self 이미지로 돌아가고 있다.

20세기의 마지막 25년은 전 세계의 50개 이상 국가들에서 권위주의 체제가 민주주의 체제로 이행한 시기였다. 그 시기에는 또 미국을 비롯한 선진국들에서 민주주의가 확대되고 심화되는 과정도 있었다. 각국의 권위주의 정부들은 권력을 잡을 수도 있고 종종 다양한 민족들과 문화들로 이루어진 나라를 통치한다. 반면에 민주주의는 적어도 사람들(인민들)이 통치자를 선택하고 더 넓게는 다른 방식들로 정부에 참여하는 것을 의미한다. 그래서 정체성의 문제는 중심적인 것이 된다. 즉, 그렇게 하는 사람들(인민들)은 누구인가? 이보르 제닝스는 이렇게 얘기했다. "인민이 결정하려면, 먼저 누가 인민인지 누군가 결정해야 한다."[11] 누가 인민인지에 대한 결정은 오랫동안 이어진 전통, 전쟁과 정복, 국민투표, 헌법, 혹은 법률 같은 것들이 할 수도 있지만, 어쨌든 그것은 피할 수가 없다. 그와 같은 정체성을 어떻게 규정하는가, 다시 말해 누가 시민이고 누가 시민이 아닌가에 대한 논란은 독재정치가 민주화되고 민주주의가 시민권에 대한 새로운 도전들에 직면할 때 전면으로 부상한다.

역사적으로 유럽에서 국민국가nation-state의 등장은 여러 세기에 걸친 반복적 전쟁의 결과였다. "전쟁은 국가를 만들고, 국가는 전쟁을 만든다"고 찰스 틸리는 얘기했다.[12] 그와 같은 전쟁은 또 국가가 국민들에게 국가적 의식을 심어주는 것도 가능하게 하고 필요하게 했다. 국민국가의 기본 기능은 국가를 형성하고 방어하는 것이었으며, 그런 기능을 수행해야 할 필요성은 국가적 권위의 확대와 군사력, 관료제, 그리고 효과적인 세제의 수립을 정당화했다. 양차 대전과 냉전이 20세기에 그와 같은 추세를 강화시켰다. 그러나 20세기 말에 냉전은 끝났고, 국가 간의 전쟁은 드문 것이 되었다. 어떤 추계에 따르면, 1989년과 1999년 사이에 일어난 110건의 전쟁 중에서 7건만이 국가 간의 전쟁이었다.[13] 이제 전쟁은 국가를 만들기보다 해체하는 역할을 한다. 보다 일반적으로, 국가 안보 기능의 축소는 국가의 권위와 국가적 정체성을 약화시켰고, 그 결과 하부국가적 정체성과 초국가적 정체성이 강화되었다.

국가적 정체성의 상대적인 중요성은 문화들마다 다르게 나타나고 있다. 무슬림 세상에서 정체성 분포는 대개 U자 모양이다. 즉, 가장 강한 정체성과 헌신은 한쪽 끝에서 가족과 씨족, 그리고 부족을 향하며, 다른 쪽 끝에서 이슬람과 이슬람 공동체인 움마ummah를 향한다. 몇몇 경우를 제외하고, 정권이나 국가에 대한 충성심은 약한 편이다. 반면에 서구에서는 200년 이상 동안 정체성 곡선이 뒤집은 U자 모양이었다. 즉, 정점에 있는 국가가 더 좁거나 더 넓은 정체성의 원천들보다 더 깊은 충성심과 헌신의 대상이었다. 그러나 이제는 상황이 달라지는 것으로 보이며, 초국가적 정체성과 하부국가적 정체성의 외형이 커짐에 따라 유럽과 미국의 패턴은 납작해져 무슬림의 패턴에 더 가까워지고 있다. 국가와 국가적 정체성, 그리고 국가적 이익의 개념은 중요성이 줄어드는 것으로 보인다. 만일 정말로 그렇다면, 우리는 다음과 같은 질문을 해야 한다. 도대체 어떤 것이 그것들을 대신할 것이며, 이것은 미국에게 어떤 의미를 갖는가? 반면에 그렇지 않아서 국가적 정체성이 여전히 중요하다면, 우리는 다음의 질문을 해야 한다. 국가적 정체성의 내용이 변하는 것은 미국에게 어떤 의미를 갖는가?

미국의 정체성 전망

다른 정체성들과 비교한 국가적 정체성의 내용 및 외형의 상대적 중요성은 시기에 따라 다르게 나타났다. 18세기 후반에 식민지 colony 들과 주 state 들에 살던 사람들은 (기본적으로 주와 지역의 정체성인) 다른 정체성들과 공존하는 미국의 공통적인 정체성을 계발했다. 처음에는 영국과, 다음에는 프랑스와, 그리고 다음에는 다시 영국과 싸우면서 사람들은 그와 같은 미국의 정체성을 강화시켰다. 1815년 후에 국가 안보에 대한 위협들은 사라졌고, 그래서 국가적 정체성의 외형은 줄어들었다. 분파적인 정체성과 경제적인 정체성이 등장해 미국을 점점 더 나누었고, 그 결과 남북전쟁이 일어났다. 이 전쟁은 19세기 말에 미국의 국가적인 정체성을 강화시켰다. 미국은 국가주의가 고조되면서 세계무대에 진출했고, 다음 세기에 양차 대전과 냉전에서 싸웠다.

미국의 정체성에서 민족적인 요소는 19세기 중반에 이곳에 온 아일랜드 및 독일 사람들과 1880~1914년에 이곳에 온 남부 및 동부 유럽 사람들이 미국 사회에 동화되면서 점차 약해졌다. 인종적인 요소는 처음에 남북전쟁으로 인해서 다소 약해졌고, 다음에는 1950년대와 1960년대의 시민권 운동으로 인해서 급격하게 약해졌다. 그와 동시에 미국의 핵심적인 앵글로-개신교도 문화와 자유 및 민주주의의 정치적 신조Creed는 네 가지 도전에 직면했다.

첫째, 소련의 해체는 미국의 안보에 명백하고 심각한 하나의 위협을 제거했으며, 그 결과 국가적 정체성의 외형은 하부국가적, 초국가적, 양국가적, 그리고 타국가적 정체성보다 약해졌다. 역사적인 경험과 사회학적 분석은 외부의 적이 없을 때 한 사회의 단결은 약화되고 분열이 시작됨을 보여준다. 간헐적인 테러 공격과 이라크 같은 '불량국가들'의 위협이 (20세기의 전쟁들이 그랬듯이) 국가적 단결을 야기시킬 것인지는 두고 보아야 한다.

둘째, 다문화주의와 다양성의 이념은 미국의 정체성에서 남은 중심적 요소들, 즉 문화적 핵심과 미국의 신조의 정당성을 약화시켰다. 클린턴 대통령은 미국이 (독립전쟁의 혁명과 민권운동의 혁명에 이어) 세 번째의 "위대한 혁명"을 이룸으로써 "우리가 지배적인 유럽 문화 없이도 살 수 있음을 입증해야 한다"고[14] 말했을 때 그와 같은 도전의 징조를 명시적으로 밝혔다. 그 문화에 대한 공격들은 그것이 만들어낸 신조를 약화시켰고, 개인적 권리 대신에 집단적 권리를 추구하는 여러 가지 운동들 속에 반영되었다.

셋째, 1960년대에 시작된 미국의 세 번째 주요 이민 파도는 (예전의 파도들이 그랬던 것과 달리) 유럽에서가 아니라 기본적으로 중남미와 아시아에서 사람들을 끌어들였다. 이들의 출신 국가들의 문화와 가치관은 종종 미국의 기존 문화와 가치관과 차이가 난다. 이들 이민자들은 출신 국가와의 관계를 유지하고 문화적으로 그것의 일부가 되는 것이 훨씬 더 쉽다. 초창기의 이민 파도들은 치열한 미국화 프로그램들을 거쳐 이민자들을 미국 사회에 동화시키곤 했다. 그러나 1965년 후에는 그런 일이 일어나지 않았다. 과거에는 두 번의 파도가 모두 남북전쟁과 제1차 세계대전, 그리고 이민을 제한하는 법률 때문에 힘이 약해져 훨씬 더 쉬운 동화 과정을 거쳤다. 그러나 현재의 이민 파도는 여전히 힘이 강하다. 타국가적 충성심의 약화와 최근 이민자들의 동화는 과거의 동화보다 훨씬 더 느리게 진행될 것이다.

넷째, 미국의 역사에서 대다수의 이민자들이 영어가 아닌 하나의 언어를 사용한 적은 일찍이 없었다. 스페인어를 사용하는 이민자들의 막강한 힘은 여러 가지 다른 요인들에 의해 강화되고 있다. 즉, 그들의 출신 국가들의 인접성. 그들의 절대적인 숫자. 이와 같은 흐름이 끝나거나 상당히 약화될 가능성의 부재. 그들의 지리적인 집중. 그들의 이민과 미국 사회 및 정계에서의 영향력을 촉진하는 그들의 고국 정부 정책. 다문화주의와 다양성, 이중언어 교육, 그리고 차별 철폐에 대한 미국 내 엘리트 계층의 지원. 미국 기업들이 히스패닉 취향에 맞춰 사업을 하고, 사업과 광고에 스페인어를 사용하고, 스페인어를 사용하는 직원들을 채용하려는 경제적 동기. 정부의 서류, 양식, 보고서, 그리고 사무실에서 영어뿐 아니라 스페인어도 사용할 것을 요구하는 압력 등이다.

국가적 정체성의 인종적 및 민족적 요소들의 제거와 문화적 및 신조적 요소들에 대한 도전은 미국의 정체성 전망에 의문을 제기한다. 적어도 네 가지의 가능한 미래 정체성들이 존재한다. 이념적, 이중적, 배타주의, 그리고 문화적 정체성이다. 미래의 미국은 현실적으로 이것들과 그밖에 가능한 정체성들의 혼합일 것이다.

첫째, 미국은 클린턴 대통령의 예상대로 핵심 문화를 잃고 다문화적이 될 수도 있다. 그러나 미국인들은 신조의 원칙들에 대한 헌신을 유지할 수도 있고, 이것이 국가적 단결과 정체성에 이념적 내지 정치적 기반을 제공할 것이다. 많은 사람들이, 특히 자유주의자들liberals이 이 대안을 선호한다. 하지만 이것은 다른 공통점이 부족한 개인들 속에서 정치적인 계약으로만 국가가 존재한다는 전제를 깔고 있다. 이것은 고전적인 계몽주의 기반의, 국가에 대한 시민적 개념이다. 그러나 역사와 심리학은 그것만으로 국가가 오래 지속될 수는 없다고 얘기한다. 신조만을 단결의 기반으로 삼는 미국은 조만간에 민족적, 인종적, 문화적, 그리고 정치적 집단들의 느슨한 연합체로 변해, 전에 미국이었던 영토에서 지리적인 공통점만을 갖는 나라가 될 수도 있다. 이것은 한때 오스트리아-헝가리 제국, 오토만 제국, 그리고 로마 제국을 구성했던 다양한 집단들의 결합체를 닮을 수도 있다. 이와 같은 거대 결합체들은 황제와 황제의 관료주의로써 유지되었다. 그러나 집단들의 느슨한 미국 연합체는 어떤 중심적 기관들이 유지할 것인가? 1780년대의 미국과 1860년대의 독일에서 볼 수 있었듯이, 과거의 연합체들은 대개 오래 지속되지 못했다.

둘째, 1965년 이후의 대대적인 히스패닉 이민은 점점 더 미국을 언어(영어/스페인어)와 문화(앵글로/히스패닉)의 측면에서 이중국가로 만들 수도 있다. 이것이 미국 사회의 가장 중요한 구분으로서 흑백의 인종적 양분兩分을 보충하거나 대체할 수도 있다. 미국의 상당한 지역들은—기본적으로 남부 플로리다와 남서부의 지역들—문화와 언어에서 기본적으로 히스패닉이 될 것이고, 미국의 다른 지역들에서는 양쪽의 문화와 언어들이 공존하게 될 것이다. 간단하게 말해서, 미국은 문화적 및 언어적 단결이 약해져 캐나다, 스위스, 혹은 벨기에처럼 이중문화, 이중언어 사회가 될 것이다.

셋째, 미국의 핵심 문화와 신조에 도전하는 다양한 요인들은 미국에서 태어난 백인들이 이제는 낡고 불신받는 인종적 및 민족적 정체성 개념을 되살리고 다른 인종적, 민족적, 그리고 문화적 집단들의 사람들을 배제하거나 배척하거나 탄압하는 미국을 만들도록 자극할 수도 있다. 역사적인 경험과 최근의 경험은 이것이 한때는 지배적인 인종적, 민족적 집단으로서 이제는 다른 집단들의 부상에 위협을 느끼는 사람들이 취할 수 있는 대응임을 보여준다. 이것은 인종 간 및 민족 간 갈등이 고조되는, 인종적으로 용납하기 어려운 국가를 초래할 수도 있다.

넷째, 온갖 인종과 민족으로 구성된 미국인들이 자신들의 핵심 문화를 회복하려는 시도를 할 수도 있다. 이것은 종교적으로 신앙심이 깊고 기본적으로 기독교 국가인 미국, 그래서 일부 종교적 소수자들을 껴안으며 앵글로-개신교도 가치관을 고수하고, 영어를 사용하고, 유럽의 문화적 전통을 유지하고, 신조의 원칙들에 헌신하는 미국에의 재헌신을 의미할 것이다. 종교는 전에도 그랬고 지금도 미국의 정체성에 중심적인, 아마도 가장 중심적인 요소이다. 미국은 대체적으로 종교적인 맥락에서 탄생한 나라이고, 종교적인 운동들은 거의 400년 동안 미국의 발전을 규정했다. 어느 측면에서 보아도 미국인들은 다른 선진국들의 국민들보다 훨씬 더 종교적이다. 백인, 흑인, 그리고 히스패닉 미국인들의 절대 다수는 기독교도이다. 문화와 특히 종교가 모든 대륙에서 사람들의 충성, 연대, 그리고 대결을 규정하는 세상에서, 미국인들은 다시 한번 문화와 종교에서 국가적 정체성과 국가적 목표들을 찾을 수도 있다.

2.
정체성에 대하여

정체성의 개념

"정체성identity의 개념"은 "불분명한 것인 만큼 불가피한 것이기도 하다"는 말이 있다. 그것은 "다층적이고, 정의하기 어렵고, 많은 일반적 측정 방법들을 벗어난다." 20세기에 정체성의 세계적 학자였던 에릭 에릭슨은 그것이 "너무나도 보편적인" 것이지만 "애매하고 규정이 어려운" 것이기도 하다고 얘기했다. 애매하지만 피할 수 없는 정체성의 특성은 저명한 사회학자 리온 위셀티어의 저술에 명확하게 나타나 있다. 1996년에 그는 『정체성에 대항하며』라는 책을 발표하면서, 지식인들의 정체성 탐구를 폄하하고 조롱했다. 1998년에 그는 『카디시』라는 또 다른 책을 발표하면서, 자신의 유대인 정체성을 유려하고 열정적인 문체로 분명하게 확인했다. 정체성은 원죄와 같은 것으로서, 우리는 그것을 아무리 피

하려 해도 피할 수가 없다.[1]

우리는 피할 수 없는 정체성의 정의를 어떻게 내려야 하나? 학자들마다 의견은 다르지만, 그것들은 하나의 중심적인 주제로 합치된다. 정체성은 개인이나 집단의 자기 인식이다. 그것은 내가-혹은 우리가-하나의 개체로서 남들과 다른 고유한 특성을 갖고 있다는 인식의 산물이다. 새로 태어난 아이는 출생과 함께 이름, 성별, 가문, 국적의 측면에서 정체성의 요인을 갖게 된다. 하지만 그것들이 아이의 정체성에서 일부가 되려면 아이가 그것들을 인식하고 자신을 그것들의 측면에서 규정해야 한다. 어떤 학자들의 집단이 묘사하는 바에 따르면, 정체성은 "행위자가 보유하고 투영하는, 그리고 의미가 있는 '남들'과의 관계 속에서 형성되고 (시간의 흐름에 따라) 수정되는 개별성과 고유성의 이미지를 가리킨다."[2] 사람들은 남들과 교류하는 동안에 그들과의 관계 속에서 자신을 규정하고 그들과의 유사성 및 상이성을 확인할 수밖에 없다.

정체성은 사람들의 행위를 규정하기 때문에 중요하다. 나는 내 자신을 학자라고 생각할 때 학자처럼 행동하려 애쓸 것이다. 그러나 개인들은 또 자신의 정체성을 바꿀 수가 있다. 나는 다르게-예를 들면 논평가로-행동하기 시작할 때 "인식적 불일치"를 겪을 것이고, 그 결과 야기되는 고통을 줄이기 위해 그런 행위를 중단하거나 내 자신을 학자에서 정치 평론가로 재규정할 것이다. 마찬가지로, 어떤 사람이 민주당의 정당 정체성을 세습했지만 점점 더 자신은 공화당에 표를 던질 때, 이 사람은 자신을 공화당원으로 재규정할 가능성이 높다.

정체성과 관련해 몇 가지 핵심적인 사항들을 지적할 필요가 있다.

첫째, 개인들과 집단들 모두 정체성을 갖고 있다. 그러나 개인들은 자신들의 정체성을 집단 속에서 찾고 재규정한다. 사회적 정체성 이론이 보여주듯이, 개인들은 정체성의 필요성 때문에 엉성하게 형성된 집단에서도 정체성을 찾곤 한다. 개인들은 많은 집단들의 일원일 수도 있고, 그래서 정체성을 바꿀 수가 있다. 반면에 집단 정체성은 대개 기본적인 정체성 속성을 갖고 있고, 그래서 바뀌기가 쉽지 않다. 나는 정치학자로서, 그리고 하버드 대학교의 정치학과 교수로서 정체성을 갖고 있다. 경우에 따라, 나는 사학자로서 내 자신을 재규정하거나 (그들이 나의 정체성 변화를 기꺼이 받아준다면) 스탠포드 대학교의 정치학 교수가 될 수도 있다. 그러나 하버드 대학교의 정치학과는 사학과가 되거나 하나의 기관으로서 스탠포드로 옮길 수가 없다. 그것의 정체성은 나의 정체성보다 훨씬 더 고정되어 있다. 어떤 집단의 정체성 특성 기반이 (이를테면 그 집단의 형성 목표를 달성했기 때문에) 사라지게 되면, 그 집단의 존재는 (구성원들을 움직이게 할 다른 명분을 찾지 못하는 한) 위험에 처하게 된다.

둘째, 정체성은 (압도적으로) 만들어지는 것이다. 사람들은 다양한 정도의 압력, 유인, 그리고 자유 속에서 자신들의 정체성을 만든다. 자주 인용되는 어떤 구절에서, 베네딕트 앤더슨은 국가를 "상상에 의한 공동체"라고 얘기했다. 정체성은 상상에 의한 자아이다. 정체성은 우리가 우리라고 생각하는 것, 그리고 우리가 되고자 하는 것이다. 예외적으로 (논란의 여지는 있지만) 가문과 성별, 그리고 연령 같은 것을 빼면, 사람들은 대체로 자유롭게 자신들이 원하는 정체성을 규정할 수 있다. 물론 그와 같은 정체성을 현실에 적용시키는지는 별개의 문제이다. 사람들은 민족성과 인종을 물려받지만 그것들을 거부하거나 재규정할 수 있다. 그리고 '인종' 같은 용어의 의미와 적용성은 시간에 따라 변할 수 있다.

셋째, 개인들과 (정도는 덜하지만) 집단들은 다수의 정체성을 갖는다. 이를테면 귀속적, 영토적, 경제적, 문화적, 정치적, 사회적, 그리고 국가적 정체성 등이다. 이와 같은 정체성들이 개인이나 집단에 갖는 상대적 중요성은 시간에 따라, 그리고 상황에 따라 변할 수 있다. 그리고 이와 같은 정체성들이 서로를 보완하거나 서로 충돌하는 정도 역시 그러하다. 카멜라 리브킨드의 주장에 따르면 "전쟁에서의 전투처럼 극단적인 사회적 상황에서만 집단의 정체성은 하나만 빼고 모두가 일시적으로 제거될 수 있다."[3]

넷째, 정체성은 자신이 규정하지만 자신과 남들이 하는 상호교류의 산물이다. 남들이 개인이나 집단을 어떻게 보는가는 그런 개인이나 집단의 정체성에 영향을 끼친다. 어떤 사람이 새로운 사회적 상황에 진입할 때 그곳에 속하지 않는 외부자로 인식되면, 이 사람은 자신을 그런 식으로 생각할 수 있다. 한 나라에서 다수인 사람들의 집단이 소수인 사람들의 집단을 선천적으로 열등하다고 생각하면, 소수인 집단의 사람들은 자신들에 대한 그런 개념을 내부화해서 그것을 정체성의 일부로 규정할 수 있다. 혹은 그들이 그와 같은 인식에 반발해 자신들을 그것에 대항하는 사람들로 규정할 수도 있다. 정체성의 외적인 원천들은 주변의 환경, 더 넓은 사회, 혹은 정치적 권위에서 나오기도 한다. 실제로 정부들은 사람들에게 인종적인 정체성, 혹은 그밖의 정체성을 부여해왔다.

사람들은 특정한 정체성을 동경할 수 있지만, 이미 그런 정체성을 갖고 있는 사람들이 그들을 환영해야만 그것을 달성할 수 있다. 동유럽의 사람들에게 냉전 이후의 중요한 문제는 자신들을 스스로 서구의 일부로 규정하는 것을 서구가 받아들일 것인지의 여부였다. 서구인들은 폴란드, 체코, 그리고 헝가리 사람들을 받아들였다. 하지만 역시 서구적인 정체성을 갖고 싶어하는 동유럽의 다른 나라 사람들에게는 그렇지 않을 수도 있다. 예를 들어 그들은 터키 사람들에게 그렇게 하기를 주저하고 있는데, 터키의 엘리트 관료들은 서구의 일원이 되기를 갈망하고 있다. 그 결과 터키 사람들은 자신들이 기본적으로 유럽인, 서구인, 무슬림, 중동인, 혹은 중앙아시아인인지 혼란을 겪고 있다.

다섯째, 개인이나 집단에게 대안적인 정체성들의 상대적 중요성은 상황에 따라 달라진다. 어떤 상황에서 사람들은 자신들이 교류하는 사람들과 자신들을 연결시키는 정체성의 측면을 강조한다. 다른 상황에서 사람들은 자신들을 남들과 구분짓는 정체성의 측면을 강조한다. 한 가지 예를 들면, 어떤 여성 심리학자가 십수 명의 남성 심리학자들과 함께 있을 때, 그녀는 자신을 여자로서 생각할 것이다. 하지만 심리학자가 아닌 십수 명의 여자들과 함께 있을 때, 그녀는 자신을 심리학자로 생각할 것이다.[4] 고국에 대한 사람들의 정체성은 외국을 여행하면서 그쪽 사람들의 다른 생활 방식을 목격할 때 외형이 커지는 경향이 있다. 오토만 제국에서 자유를 얻으려는 시도 속에서, 세르비아인들은 자신들의 종교적인 정교도Orthodox 정체성을 강조했고, 무슬림 알바니아인들은 민족성과 언어를 강조했다. 비슷한 방식으로, 파키스탄의 건국자들은 인도로부터의 독립을 위해 종교적인 무슬림 정체성을 강조했다. 그리고 몇 년 후에는, 같은 무슬림인 방글라데시가 문화와 언어를 정체성의 수단으로 사용해 파키스탄에서 떨어져 나왔다.

정체성은 좁을 수도 있고 넓을 수도 있으며, 가장 외형적인 정체성의 너비는 사람들이 처한 상황에 따라 달라진다. '너'와 '나'는 '그들'이 나타날 때 '우리'가 된다. 아랍에는 다음과 같은 격언이 있다. "내 형제와 나는 우리의 사촌들에 대항하고, 우리와 우리의 사촌들은 세상에 대항한다." 사람들은 더 먼 곳의 다른 문화권 사람들과 접촉이 늘수록 정체성의 폭도 넓어진다. 프랑스와 독일 사람들의 국가적 정체성은 유럽적 정체성에 비해 외형이 줄어들고 있다. 조나단 머서는 이렇게 얘기했다. "그들에게 있어서 '우리'와 '그들'의 차이는 유럽과 일본의 차이가 되고 있다."[5] 따라서 세계화의 과정이 개인들과 집단들에게 (보다 넓은) 종교와 문화의 정체성 요인을 강화시키는 것은 아주 자연스런 현상이다.

남들과 적들

　사람들은 남이 있어야 자신을 규정할 수 있다. 하지만 적도 있어야 하는가? 어떤 사람들은 적도 있어야 한다. "아, 미움은 얼마나 멋진 것인가"라고 요제프 괴벨스는 얘기했다. "아, 싸우는 것은, 깨어 있는 적들, 자신들을 방어하는 적들과 싸우는 것은 얼마나 다행스런 일인가"라고 앙드레 말로는 얘기했다. 이것들은 대개는 잠재되어 있지만 인간의 본능적인 욕구를 극단적으로 표현한 말들이다. 그리고 20세기의 너무나도 유명한 두 사람도 그 점을 인정했다. 1933년에 지그문트 프로이트에게 보낸 편지에서 알베르트 아인슈타인은 다음과 같이 주장했다. "전쟁을 없애려는 모든 시도는 무참한 실패로 끝이 났다.…… 인간에게는 본능적인 증오와 파괴의 욕망이 있다." 프로이트도 같은 취지의 얘기를 했다. 사람들은 짐승들과 같아서 물리력을 사용해 문제를 해결하며, 막강한 세계국가만이 그것을 막을 수 있다고 그는 적었다. 프로이트는 인간에게 두 가지 형태의 본능밖에 없다고 주장했다. "보존하고 단합하려는 본능들과…… 파괴하고 죽이려는 본능들이다." 양쪽 모두 필수적이며, 그들은 서로와의 관계 속에서 움직인다. 따라서 "인간의 공격적인 성향을 없애려는 것은 무의미한 시도이다."[6]

　인간 심리학과 인간관계를 연구하는 다른 학자들도 비슷한 주장들을 개진해왔다. 인간에게는 "적과 동지를 가지려는" 욕구가 있다고 바미크 볼컨은 얘기했다. 이와 같은 경향은 "다른 집단이 분명하게 적으로 인식되는" 초기 및 중기의 사춘기에 나타난다. 인간의 정신은 "적이라는 개념을 만들어낸다.…… 적인 집단이 적어도 심리적인 거리를 유지하는 한, 그것은 우리의 응집력을 강화시키고 우리와의 비교를 만족스런 것으로 만들어 지원과 위안을 제공한다." 개인들에게 필요한 것은 자긍심, 인정,

동조, (프랜시스 후쿠야마가 지적했던 바) 플라톤이 티모스thymos라 말했고 아담 스미스가 과시vanity라고 말했던 것이다. 적과의 갈등은 집단의 그와 같은 속성들을 강화시킨다.[7]

개인들은 자긍심에 대한 욕구 때문에 자신들의 집단이 다른 집단들보다 낫다고 믿게 된다. 개인들의 자아의식은 그들이 동일시하는 집단들의 성패에 따라, 그리고 다른 사람들이 그들의 집단에서 배제되는 정도에 따라 높아지고 낮아진다. 머서가 얘기했듯이, 민족중심주의는 "자기중심주의의 논리적 귀결이다." 자신들의 집단이 완전히 임의적이고, 일시적이고, 덧없는 것일 때도 사람들은 (사회적 정체성 이론이 예측하듯이) 다른 집단보다 자신들의 집단을 더 우월하게 여긴다. 그래서 사람들은 많은 경우에 상대적 이득을 얻기 위해 절대적 이득을 포기하는 선택을 한다. 사람들은 절대적으로 더 나아져도 경쟁자만큼은 낫지 않은 것보다 절대적으로 더 못해져도 경쟁자보다는 나은 것을 선호한다. "경쟁 집단을 이기는 것이 단순한 이익보다 더 중요한" 것이다. 이와 같은 경향은 심리학적 실험들과 여론조사들의 결과가 반복해서 보여주며, 일반적인 상식과 일상적인 경험으로도 충분히 알 수 있다. 경제학자들의 주장이 무색하게, 미국인들은 경제적으로 더 나아져도 일본인보다 못하기보다 더 나빠져도 일본인보다 앞서는 것을 선호한다고 반복적으로 얘기했다.[8]

차별성의 인식이 반드시 (증오는 물론이고) 경쟁을 유발한다고 말할 수는 없다. 그러나 심리적으로 증오의 필요성이 거의 없는 사람들조차도 적들을 만들어내는 과정에 개입하게 될 수 있다. 정체성에는 차별화가 필요하다. 차별화는 "우리의" 집단이 "그들의" 집단과 어떻게 다른지 자각하는 비교를 요구한다. 그리고 비교는 우리의 집단이 그들의 집단보다 나은지를 따지는 평가를 유발한다. 집단 이기주의는 우리가 그들보다 낫다는 정당화로 이어진다. 다른 집단의 구성원들도 비슷한 과정을 밟기 때문에, 상충하는 정당화는 경쟁으로 이어진다. 우리의 방식이 그들의 방식보다 우월하다는 것을 보여주어야 한다. 경쟁은 적개심으로 이어지고, 처음에는 사소한 차이들이었던 것이 보다 깊고 근본적인 차이들로 확대된다. 이와 같은 과정이 반복되면서 상대방은 적대자가 되고 나아가 적이 된다.

적들의 필요성은 인간 사회의 내적 및 외적 갈등이 왜 그렇게 만연해 있는지를 설명하지만, 그와 같은 갈등과 충돌의 모양과 장소는 설명하지 못한다. 경쟁과 충돌은 같은 세상 내지 경기장에 있는 개체들 사이에서만 일어날 수 있다. 볼컨이 지적했듯이, 어느 면에서 "적"은 "우리와 같아야" 한다.[9] 하나의 축구팀은 다른 축구팀을 경쟁자로 볼 수도 있다. 하지만 하키팀에 대해서는 그렇지 않을 것이다. 특정한 대학교의 사학과는 다른 대학교의 사학과를 교수진, 학생, 그리고 사학의 연구 분야에서 경쟁자로 볼 것이다. 반면에 그것이 같은 대학교의 물리학과라면 그렇지 않을 것이다. 하지만 같은 대학교의 물리학과라도 재정과 관련해서는 경쟁자가 될 수 있다. 경쟁자들은 같은 체스판에서 게임을 해야 하며, 대부분의 개인과 집단들은 여러 개의 다른 체스판에서 경쟁한다. 체스판은 그곳에 있어야 하지만 선수들은 바뀔 수도 있고, 하나의 게임이 끝나면 또 하나의 게임이 시작된다. 따라서 민족적 집단이나 국가들 간의 평화는 영원히 지속되기 어렵다. 인간의 경험이 보여주듯이, 열전과 냉전의 종식은 또 다른 전쟁을 유발시킨다. 어떤 심리학자들의 모임이 지적했듯이 "인간의 한 부분은 늘 우리 자신들의 인정하기 싫은 측면들을 일시적으로, 혹은 영구적으로 갖고 있는 적을 찾는다."[10] 20세기 후반의 독자성 이론, 사회적 정체성 이론, 사회생물학, 그리고 귀속 이론 등은 모두가 증오, 경쟁, 적들에의 필요성, 개인적 및 집단적 폭력, 그리고 전쟁의 뿌리는 인간의 심리와 인간의 조건에 깊이 박혀 있다고 얘기한다.

정체성의 원천

사람들이 선택할 수 있는 정체성의 원천들은 그 수가 거의 무한하다. 그중에서 우리는 기본적으로 다음과 같은 것들을 들 수가 있다.

1. 귀속적ascriptive 원천: 나이, 조상, 성별, (피를 나눈) 친척, (친척의 확대판인) 민족, 그리고 인종 같은 것.
2. 문화적cultural 원천: 씨족, 부족, (삶의 방식을 뜻하는) 민족, 언어, 국적, 종교, 문명 같은 것.
3. 영토적territorial 원천: 이웃, 부락, 마을, 도시, 도, 주, 구역, 나라, 지리적인 지역, 대륙, 반구 같은 것.
4. 정치적political 원천: 파벌, 분파, 리더, 이익집단, 운동, 명분, 정당, 이념, 정권 같은 것.
5. 경제적economic 원천: 직장, 직업, 직종, 근무 집단, 고용자, 산업, 경제 부문, 노조, 계층 같은 것.
6. 사회적social 원천: 친구, 친목회, 팀, 동료, 여가집단, 지위 같은 것.

어떤 개인이든지 이와 같은 원천 중에서 많은 것에 관여될 수 있다. 하지만 그렇다고 반드시 그것들이 개인의 정체성 원천이 된다는 말은 아니다. 가령 어떤 사람이 자신이 속한 직장이나 나라에 불만을 느껴 그것을 완전히 거부할 수도 있다. 뿐만 아니라 정체성들의 관계는 복잡하다. 정체성들이 추상적으로는 양립 가능하지만 때로는 (가족 정체성과 직장 정체성처럼) 개인에게 상충하는 요구들을 부과할 때 차별화된 관계가 성립한다. 어떤 정체성들은 (이를테면 영토적 정체성이나 문화적 정체성은) 규모면에서 계층적이다. 더 넓은 정체성이 더 좁은 정체성을 포괄하며, 덜 포괄적인 (가령 도에 대한) 정체성은 더 포괄적인 (나라에 대한) 정체성과 상충할 수도 있고 상충하지 않을 수도 있다. 뿐만 아니라 같은 종류의 정체성이 서로를 배척할 수도 있고 배척하지 않을 수도 있다. 예를 들어 사람들은 이중국적을 갖고 미국인이자 이탈리아인이라고 주장할 수도 있다. 하지만 이들이 이중종교를 갖고 무슬림이자 가톨릭이라고 주장하기는 어렵다.

정체성들은 심도深度, intensity에서도 다르다. 심도는 종종 규모와 역의 관계를 보인다. 즉, 사람들은 정당보다 가족에게 (늘 그런 것은 아니지만) 더 깊은 정체성을 갖는다. 뿐만 아니라, 모든 형태의 정체성들은 개인이나 집단이 주변 환경과 갖는 상호작용에 따라 외형이 달라진다.

하나의 계층구조 속에 있는 상부와 하부의 정체성은 서로를 강화시키거나 약화시킨다. 에드먼드 버키는 실무부서에 대한 소속감이, 우리가 사회에서 속하는 그 작은 소대platoon에 대한 사랑이 대중적인 애정의 첫 번째 원칙-그러니까 출발점-이라고 주장하며, 다음과 같은 유명한 말을 했다. "이와 같은 종속적 부분성이 전체에 대한 사랑을 줄이지는 않는다." 그와 같은 '작은 소대' 현상은 군사적인 성공에 관건이 된다. 나라들이 전쟁에서 이기고 군대들이 전투에서 이기는 것은 병사들이 가장 직접적인 군대 단위에 깊은 정체성을 갖기 때문이다. 미군이 월남전에서 그랬듯이, 하부 단위의 응집력 부족은 군사적인 재앙을 초래할 수 있다. 하지만 때로는 종속적인 충성심이 더 넓은 상부의 정체성을 약화시키거나 대체하기도 한다. 우리는 이것을 영토적인 독립이나 자치 운동에서 볼 수 있다. 계층적인 정체성들은 서로 불안하게 공존한다.

잘못된 이분법

국가, 국가주의, 그리고 국가적 정체성은 대체적으로 15~19세기에 유럽이 겪은 격동의 역사가 낳은 산물이다. 전쟁이 국가들을 만들었다. 저명한 역사학자 마이클 하워드는 이렇게 주장한다. "어떤 나라도 전쟁 없이는 태어날 수 없을 것이다.…… 자기의식이 있는 어떤 공동체도 무력충돌의 현실이나 위협 없이는 세계무대에서 새롭고 독립적인 행위자가 될 수 없을 것이다."[11] 사람들은 언어, 종교, 역사, 혹은 영토가 다른 사람들과 자신들을 차별화하기 위해 싸우면서 국가적 정체성을 수립했다.

프랑스와 영국인들에 이어서 네덜란드와 스페인, 프랑스, 프러시아, 독일, 그리고 이탈리아인들이 혹독한 전쟁 속에서 국가적 정체성을 명확히 했다. 16~18세기에 생존하고 성공하기 위해, 왕들과 왕자들은 점점 더 영토 안의 경제적 및 인적 자원들을 징발해야만 했고, 결국에는 용병들을 대신하는 국민군대를 창설해야만 했다. 그런 과정 속에서 그들은 국가적인 자각과 국가 간의 대결성을 고취시켰다. R. R. 파머의 지적에 따르면, 1790년대에 이르러 "왕들의 전쟁은 끝났고, 인민들의 전쟁이 시작되었다."[12] 18세기 중반에서야 '국가nation'와 '애국patrie'이란 단어가 유럽의 언어들 속에 들어왔다. 대영제국British 정체성의 등장은 전형적인 것이었다. 영국적English 정체성은 프랑스와 스코틀랜드에 대항하는 전쟁들 속에서 정립되었다. 뒤를 이어 대영제국 정체성이 "무엇보다 전쟁으로 인한 발명품"으로서 등장했다. 여러 차례에 걸친 프랑스와의 전쟁은 (웨일즈, 스코틀랜드, 그리고 잉글랜드로 이루어진) 대영제국을 명백하게 적대적인 '타국'과 대결하게 만들었고 대영제국 정체성을 야기시켰다. 대영제국의 국민들은 자신들이 생존을 위해 세계 최고의 구교도 국가에 대항하는 신교도들이라고 생각했다."[13]

학자들은 대개 국가주의와 국가적 정체성을 두 가지 형태로 나누며, 그것들에 다양한 이름들을 붙인다. 시민적 및 민족적, 정치적 및 문화적, 혁명적 및 부족적, 진보적 및 통합적, 혹은 그냥 애국주의 및 국가주의와 같은 단어들이다.[14] 각각의 쌍에서 전자는 좋은 것으로, 후자는 나쁜 것으로 여겨진다. 좋은 것인 시민적 국가주의는 (적어도 이론적으로) 어떤 인종이나 민족도 동참할 수 있고 시민이 될 수 있는 사회적 계약에 기반한 열린 사회를 전제로 한다. 반면에 민족적 국가주의는 배타적이고, 이런 국가의 국민들은 특정한 혈통적, 민족적, 혹은 문화적 특성이 있는 사람들만 될 수 있다. 19세기 초에 학자들은 국가주의와 국가적 정체성을 만들려는 유럽 사회들의 시도가 기본적으로 시민적인 것이었다고 주장한다. 국가주의 운동들은 시민들의 평등성을 확인했고, 그럼으로써 계급과 지위 구분들을 약화시켰다. 진보적 국가주의는 권위주의적인 다국가적 제국들에 도전했다. 뒤를 이어 낭만주의와 그밖의 운동들이 비진보적인 민족적 국가주의를 탄생시켰는데, 개인보다 민족적 공동체를 우선시하는 이것은 히틀러의 독일에서 정점에 달했다.

그러나 시민적 및 민족적 (혹은 다양한 이름의) 국가주의 이분법은 너무 단순한 것으로서 동의하기가 어렵다. 그와 같은 이분법의 대부분에서 '민족적' 범주는 명백하게 계약적, 시민적, 그리고 진보적이 아닌 모든 형태의 국가주의나 국가적 정체성을 포괄한다. 특히 그것은 아주 다른 두 가지 개념의 국가적 정체성을 결합시킨다. 하나는 민족적-인종적 정체성이고, 다른 하나는 문화적 정체성이다. 독자들은 앞에서 예로 든 48개가량의 정체성 원천들에 '국가'가 빠져 있음을 눈치챘을지도 모른다. 그것이 빠진 이유는 국가적 정체성은 때로 서구에서 가장 높은 형태의 정체성이었지만, 국가는 다른 원천들에서 심도深度가 비롯되는 파생적 정체성이기도 했기 때문이다. 국가적 정체성에는 대개 영토적 요소가 포함되고, 하나 이상의 귀속적(인종, 민족), 문화적(종교, 언어), 그리고 정치적(정권, 이념) 요소와 때로는 경제적(농업) 혹은 사회적(네트워크) 요소도 포함될 수 있다.

이 책의 기본적인 주제는 미국의 국가적 정체성에 앵글로-개신교도 문화가 계속해서 중심성을 갖는다는 것이다. 하지만 '문화'라는 말에는 여러 가지 의미가 있다. 많은 경우에 문화는 (예술과 문학, 그리고 음악 등의) '고급' 문화와 (대중적인 오락과 소비자 기호 같은) '저급' 문화 모두를 포함하는, 한 사회의 문화적 산물들을 가리킨다. 그러나 이 책에서 사용하는 문화의 의미는 다른 것이다. 그것은 사람들의 언어, 종교적 믿음, 사회적 및 정치적 가치관, 무엇이 옳고 그른지에 대한 생각, 그리고 그와 같은 주관적 요소들을 반영하는 객관적 제도와 행태적 패턴을 가리킨다. 나중에 제4장에서 소개할 예를 하나 들면, 대체로 미국인들은 비슷한 사회들의 사람들보다 근로 인구가 더 많고, 더 오래 일을 하고, 휴가를 덜 쓰고, 실업, 장애, 그리고 은퇴 혜택을 덜 받는다. 대체로 미국인들은 또 근로에 대한 자부심이 더 높고, 여가와 휴가를 미안하게 생각하는 편이고, 일하지 않는 사람들을 경멸하고, 근로윤리를 미국인으로서의 핵심 가치관으로 생각한다. 따라서 우리는 근로에 대한 이런 객관적 및 주관적 강조가 다른 사회들의 문화와 비교할 때 미국 문화의 한 가지 뚜렷한 특징이라고 얘기할 수 있다. 이 책에서 사용하는 문화의 의미는 바로 그와 같은 맥락이다.

그런데 단순한 시민적-민족적 양분법은 문화와 (그것과는 사뭇 다른) 귀속적 요소들을 결합시킨다. 미국의 민족성에 관한 자신의 이론에서, 호레이스 캘런은 이민자가 아무리 변한다 해도 "자신의 할아버지를 바꿀 수는 없다"고 주장했다. 따라서 민족적 정체성은 상대적으로 영구적인 것이다.[15] 이민족 결혼은 그와 같은 주장을 약화시키지만, 그보다 더 중요한 것은 혈연과 문화의 구분이다. 사람들은 자신들의 할아버지를 바꿀 수가 없으며, 그런 맥락에서 사람들의 민족적 유산은 주어진 것이다. 마찬가지로, 사람들은 (비록 피부색에 대한 인식은 변할 수 있어도) 자신들의 피부색을 바꿀 수가 없다. 그러나 문화는 바꿀 수가 있다. 사람들은 하나의 종교에서 다른 종교로 개종하고, 새로운 언어를 배우고, 새로운 가치관과 믿음체계를 수용하고, 새로운 생활방식을 받아들인다. 더 젊은 세대의 문화는 종종 그와 같은 요소들의 측면에서 이전 세대의 문화와 다르다. 때로는 전체 사회의 문화 자체가 극적으로 변하기도 한다. 제2차 세계대전 전에도 그랬고 후에도 그랬고, 독일인과 일본인은 자신들의 국가적 정체성을 압도적으로 귀속적, 민족적 측면에서 규정했다. 그러나 이들은 전쟁에서 패한 후에 자신들 문화의 한 가지 중심적 요소를 바꾸었다. 1930년대에 세상에서 가장 군대적인 문화였던 두 나라는 가장 평화주의적인 두 나라로 바뀌었다. 문화적 정체성은 가변적이다. 반면에 인종적-혈연적 정체성은 그렇지 않다. 따라서 둘 사이에는 분명한 구분이 있어야 한다.

국가적 정체성 요소들의 상대적 중요성은 사람들의 역사적 경험에 따라 달라진다. 종종 하나의 원천이 중심적이 되곤 한다. 독일의 정체성은 언어를 비롯한 문화적 요소들을 포함하지만 1913년의 법은 혈연의 측면에서 귀속적 요소들을 강조했다. 독일인들은 부모가 독일인인 사람들이다. 그 결과 18세기에 러시아로 이민 간 독일인들의 현재 후손들은 독일인으로 간주된다. 그래서 이들은 독일로 이주하면 (독일어를 잘 못해도, 혹은 관습이 달라도) 자동적으로 독일 시민권을 받는다. 반면에 독일로 이민 온 터키인들의 3세대 후손들은 1999년 이전에 (독일에서 자라 교육받고, 독일에서 일하고, 유창한 독일어를 구사했어도) 독일 시민이 되는 데 큰 어려움을 겪었다.

과거의 소련과 유고에서 국가적 정체성은 정치적인 공산주의 이념과 공산주의 체제가 결정했다. 이들 국가들에 포함되는 다양한 국적의 사람들은 문화적인 측면에서 국민의 자격을 얻었다. 한편, 프랑스는 1789년 후의 150년 동안 (프랑스 혁명의 결과를 받아들일 것인지의 여부를 놓고) 정치적으로 다른 '두 개의 프랑스'로 나뉘어 있었다. 그래서 프랑스의 정체성도 기본적으로 문화적인 것이었다. 프랑스의 정서와 생활방식을 받아들인 사람들은, 그리고 무엇보다 프랑스어를 유창하게 구사하는 사람들은 프랑스인이 될 수 있었다. 독일의 법과 달리, 프랑스의 법은 부모가 외국인이어도 프랑스에서 태어난 사람이면 누구든지 자동적으로 프랑스 시민이 되도록 규정했다. 그러나 1883년에 이르러 프랑스 사람들은 북아프리카의 무슬림 이민자 자녀들이 프랑스 문화에 흡수되고 있는지 걱정하게 되었고, 그래서 법을 바꾸어 이민자들의 프랑스 태생 자녀들이 18세의 생일날 전에 시민권을 신청하도록 규정했다. 이와 같은 규제는 1998년에 철폐되어, 부모가 외국인이어도 프랑스에서 태어난 아이들은 시민권을 신청하기 전의 7년 동안 5년 이상 프랑스에서 살았다면 18세에 자동적으로 프랑스 시민이 되도록 했다.

국가적 정체성의 다양한 요소들이 갖는 상대적 외형은 변할 수 있다. 20세기 후반에 독일과 프랑스 모두 자신들 역사의 일부였던 권위주의 요소들을 대체로 거부했고 민주주의를 자기 인식의 일부로 만들었다. 프랑스에서는 혁명이 궁극적인 승리를 거두었고, 독일에서는 나치즘이 제거되었다. 냉전의 종식과 함께 러시아는 정체성이 분열되어, 일부만이 공산주의 이념을 여전히 받아들이고, 일부는 유럽의 정체성을 원하고, 일부는 러시아 정교와 범슬라브주의를 강조하는 문화적 정체성을 채택하고, 일부는 러시아를 기본적으로 유라시아 사회로 인식하는 영토적 정체성을 정립했다.

이와 같이 독일, 프랑스, 그리고 소련/러시아는 역사적으로 국가적 정체성의 서로 다른 요소들을 강조했고, 그런 요소들의 상대적 외형은 시기에 따라 달라졌다. 이것은 다른 나라들도 마찬가지였으며, 미국 역시 그러했다.

II

American Identity

미국의 정체성

3.
미국의 정체성 요소들

변화, 연속성, 부분적 진실

　부분적 진실이나 절반의 진실은 종종 완전한 허위보다 다루기가 더 까다롭다. 후자는 그것들의 주장에 예외적인 것들을 거론하면 그 진실 여부를 쉽게 밝힐 수 있다. 그래서 이런 것들은 완전한 진실로 받아들여지는 경우가 드물다. 반면에 부분적 진실은 일부 증거들이 그것을 뒷받침하고, 그래서 그것을 완전한 진실로 착각하기 쉽기 때문에 그럴듯해 보인다. 미국의 정체성에 관한 생각은 부분적으로만 진실이지만 그럼에도 종종 완전한 진실로 받아들여지는 두 가지 주장의 광범위한 수용에 바탕해왔다. 그중에서 하나는 미국이 이민자들의 국가라는 주장이고, 다른 하나는 미국의 정체성이 일련의 정치적 원칙들—소위 말하는 '미국의 신조'—에 바탕하고 있다는 주장이다. 미국에 대한 이런 두 개념은 종종 서로 연결되어 있다. 공통의 '신조'는 이민이 야기시키는 다양한 민족성을 통일시킨다고 얘기된다. 군나르 미르달의 표현에 따르면, 그것은 "이 위대하고 이질적인 국가의 구조에서 시멘트"에 해당한다. 스탠리 호프먼의 비슷한 주장 속에서, 미국의 정체성은 "물질적 특성"과 (이민에 의해 야기되는) 민족적 다양성, 그리고 (자유주의적 민주주의 '신조'인) "이념적 특성"의 독특한 산물이다.[1]

이와 같은 주장들에서는 상당한 진실이 있다. 이민과 미국의 신조는 미국의 국가적 정체성에서 핵심적 요소들이다. 이것들은 잘못된 정체성이 아니지만 부분적 정체성이다. 그중에서 어느 것도 (혹은 둘을 모두 합해도) 미국에 대한 완전한 진실이 아니다. 그것들은 이민자들을 끌어들인 사회나 미국의 신조를 야기시킨 문화에 대해 아무것도 얘기하지 못한다.

미국은 거의 모두가 영국제도the British Isles에서 건너온 17~18세기의 개척자settler들이 만들어낸 새로운 사회이다. 그들의 가치관, 제도, 그리고 문화가 그후 수백 년 동안 미국의 발전에 바탕이 되었다. 그들은 처음에 인종, 민족, 문화, 그리고 무엇보다 종교의 측면에서 미국을 규정했다. 그러다가 18세기에 그들은 (역시 백인, 영국인, 그리고 개신교도들이었던) 고국 사람들로부터의 독립을 정당화하기 위해 미국을 이념적으로도 규정해야만 했다. 이와 같은 네 가지 요소는 19세기에도 미국의 정체성에서 일부를 구성했다. 19세기 말에 이르러 민족적 요소는 독일, 아일랜드, 그리고 스칸디나비아 사람들을 포함하는 것으로 확대되었다. 제2차 세계대전을 겪으면서, 그리고 대다수의 남부 및 동부 유럽 이민자들과 그들의 자식들이 미국 사회에 동화되면서, 민족성은 국가적 정체성의 구성 요소로서 사실상 사라졌다. 시민권 운동의 성공과 1965년의 이민법 제정 후에는 인종도 그렇게 되었다. 그 결과 1970년대에 미국의 정체성은 문화와 '신조'로 구성되어 있었다. 이 시점에, 그전의 300년 동안 존재했던

〈표 3-1〉 미국의 정체성 요소들

	민족적	인종적	문화적	정치적
1607~1775년	Y	Y	Y	N
1775~1940년	Y	Y	Y	Y 1840~1865년 제외
1940~1965년	N	Y	Y	Y
1965~1990년	N	N	Y	Y
1990 ~	N	N	?	Y

Y = Yes, N = No

앵글로-개신교도 핵심 문화는 공격받게 되었고, 그래서 미국의 정체성은 '신조'에 대한 이념적 헌신만으로 구성되는 것일 수도 있다는 전망이 등장했다. 다음의 표는 미국의 정체성과 관련한 그 네 가지 요소들의 역할 변화를 아주 단순한 방식으로 요약한 것이다.

이민자들 이전의 개척자들

역사적으로 미국인들은 대체로 이민자들을 그렇게 좋아하지 않았고 미국을 "이민자들의 국가"라고 자랑하지도 않았다. 그러다가 1924년에 대부분의 이민이 금지된 후로 미국의 이민 전통에 대한 사람들의 태도는 변하기 시작했다. 이와 같은 변화는 프랭클린 루스벨트 대통령이 1938년에 '미국 혁명의 딸들'에게 제기한 유명한 도전에서 극적으로 나타났다. 그는 이렇게 얘기했다. "기억할 것은, 늘 기억할 것은, 우리 모두가—특히 여러분과 내가—이민자들과 혁명자■들의 후손이라는 점이다." 케네디 대

■ 여기에서 '혁명자'는 미국의 독립운동을 'Revolution'이라고 부르는 것과 관련이 있다 : 옮긴이

통령은 사후에 출간된 『이민자들의 국가』라는 책에서 그 구절을 인용했다. 그 전과 그 후에 그 구절은 학자들과 언론인들이 끊임없이 상기시켰다. 미국 이민의 선구적인 사학자 오스카 핸들린은 "이민이 바로 미국의 역사"라고 주장했다. 저명한 사회학자 로버트 벨라도 루스벨트의 생각을 반영했다. "인디언을 뺀 모든 미국인들은 이민자이거나 이민자의 후손이다."2

이런 주장들은 부분적 진실로는 유효하지만 완전한 진실로는 허구적이다. 루스벨트는 모든 미국인들이 "혁명자들"의 후손이라고 말했을 때 부분적으로 틀렸다. 그는 자신과 '미국 혁명의 딸들' 이 (적어도 이름과 관련해서) "이민자들"의 후손이라고 말했을 때 완전히 틀렸다. 그들의 선조는 이민자들이 아니라 개척자들이었고, 미국은 처음에 이민자들의 나라가 아니라 17~18세기에 신세계에 온 개척자들의 사회 내지 사회들이었다. 앵글로-개신교도 개척자 사회로서 미국의 기원은 미국의 문화, 제도, 역사적 발전, 그리고 정체성에 가장 큰 영향을 끼쳤다.

개척자들과 이민자들은 근본적으로 다르다. 개척자들은 (대개 집단적으로) 기존의 사회를 떠나 새롭고 종종 먼 곳의 영토에서 새로운 공동체를 건설한다. 그들은 집단적 목표 의식으로 가득 차 있다. 묵시적으로 혹은 명시적으로, 그들은 자신들이 건설하는 공동체의 토대를 정의하는 계약 내지 헌장에, 그리고 모국과의 집단적인 관계에 동의한다. 반면에 이민자들은 새로운 사회를 건설하지 않는다. 그들은 하나의 사회에서 다른 하나의 사회로 이동한다. 이민은 대개 개인들과 가족들의 개인적 과정이며, 이들은 개별적으로 예전의 국가와 새로운 국가에 대한 관계를 정의한다. 17세기와 18세기에 개척자들이 미국에 온 것은 그곳이 미개척의 땅이었기 때문이다. 죽이거나 서쪽으로 몰아낼 인디언 부족들을 제외하고, 그곳에는 어떤 사회도 없었다. 그리고 그들은 자신들이 모국에서 갖고 온 문화와 가치관을 구현하고 강화시키는 사회를 만들기 위해 이곳에 왔다. 이민자들은 나중에 개척자들이 만들어놓은 사회의 일부가 되기 위해 이곳에 왔다. 개척자들과 달리 그들은 "문화적 충격"을 경험했고, 그들과 그들의 자식들은 종종 자신들의 문화와 상당히 다른 문화에 적응하기 위해 애를 썼다.³ 이민자들이 미국에 올 수 있기 전에, 개척자들이 미국을 세워야만 했다.

미국인들은 흔히 1770년대와 1780년대에 독립과 헌법을 만들어낸 사람들을 '건국의 아버지들Founding Fathers'이라고 부른다. 그러나 '건국의 아버지들'이 있기 전에 건국의 개척자들이 있었다. 미국은 1775년, 1776년, 혹은 1787년에 시작되지 않았다. 미국은 1607년, 1620년, 그리고 1630년의 초기 개척자 공동체들과 함께 시작되었다. 1770년대와 1780년대에 일어났던 것은 그 전의 150년 동안 개발되었던 앵글로-아메리칸 개신교도 사회와 문화에서 비롯된 것이었다.

개척자들과 이주자들의 구분은 미국을 독립으로 이끈 사람들에게 잘 인식되었다. 존 하이엄이 지적했듯이, 독립전쟁Revolution 전에 영국과 네덜란드 출신의 식민자들은 "자신들을 건설자 내지 개척자로, 그러니까 당시의 식민지 사회들을 구성하는 사람들로 보았다. 그들은 자신들을 이민자들로 보지 않았다. 그들의 체제, 언어, 노동과 개척의 패턴, 그리고 많은 정신적 태도들은 이민자들이 받아들여야만 하는 것이었다."⁴ '이민자immigrant'란 말은 1780년대에 미국의 영어 속에 들어와 기존의 개척자settler■와 다른 개념으로 사용되었다.

미국의 핵심 문화는 전에도 그랬고 지금도 기본적으로, 미국 사회를

■ '개척자'를 뜻하는 settler는 '정착민'으로 번역할 수도 있으며, 특히 settlement는 경우에 따라 '개척' 혹은 '정착촌'으로 번역한다. : 옮긴이

건설했던 17세기와 18세기 개척자들의 문화이다. 이 문화의 중심적 요소들은 다양한 방식으로 정의할 수 있지만 기독교인 종교, 개신교도의 가치관과 도덕주의, 근로윤리, 영어, 영국식 전통의 법치와 정의, 그리고 정부 권력의 제한, 그리고 유럽의 유산인 예술, 문학, 철학, 그리고 음악을 포함한다. 이와 같은 문화를 바탕으로 초기의 개척자들은 18세기와 19세기에 자유와 평등, 개인주의, 인권, 대의정부, 그리고 사유재산의 원칙들을 갖는 '미국의 신조'를 정립했다. 뒤를 이은 여러 세대의 이민자들은 그와 같은 개척자 문화에 동화되고, 그것에 공헌하고, 그것을 수정했다. 하지만 이들은 그것을 근본적으로 바꾸지 않았다. 이것은 그들이 (적어도 20세기 후반까지는) 앵글로-개신교도 문화에, 그리고 그것이 만들어낸 정치적 자유와 경제적 기회에 이끌려 미국에 왔기 때문이다.

따라서 미국은 그 기원과 그후 계속된 핵심적 특성이 '식민지' 사회이다. 그러니까 미국은 모국을 떠나 다른 곳으로 이동해 먼 곳의 땅에 새로운 사회를 건설한 사람들이 만든 나라이다. 식민지의 본래적이고 정확한 의미는 나중에 그 단어가 갖게 된 의미, 즉 다른 사람들의 정부가 특정한 영토와 그곳의 토착민을 지배하는 식민지와는 전혀 다르다. 영국과 프랑스, 그리고 네덜란드 사람들이 17세기에 만든 북미의 개척자 식민지들과 역사적으로 비교되는 것은 아테네, 코린트, 그리고 그밖의 사람들이 기원전 8세기와 7세기에 시실리에 만든 식민지들이다. 전자의 개척 과정과 발전 양상은 2천여 년 전에 이루어진 후자의 그것들과 대체로 비슷하다.[5]

식민지를 건설하는 개척자들은 그 사회의 문화와 제도에 결정적이고 지속적인 영향을 끼친다. 역사학자 존 포터의 주장에 따르면, 그들은 "헌장 집단charter group"으로서 그 사회의 이후 발전 과정에 "가장 큰 발언권을 갖는다." 문화 지리학자인 윌버 젤린스키는 이런 현상을 "결정적인 첫 번째 개척의 원리"라고 부른다. 새로운 영토에서 "특정한 사회의 성립을 결정할 수 있는 첫 번째 집단의 고유한 특성들은, 초창기의 개척자 수가 아무리 적다 해도, 나중에 그 지역의 사회적 및 문화적 성격에 결정적인 영향을 끼친다. 지속적인 영향력의 측면에서, 초창기 식민자들의 활동은 나중에 훨씬 더 많은 이민자들의 공헌보다 특정한 지역의 문화적 성격에 훨씬 더 많은 의미를 부여한다."[6]

초창기의 개척자들은 자신들의 문화와 제도를 함께 갖고 온다. 이것들은 새로운 영토에서 영구화되며, 그동안에 모국에서는 변화가 일어난다. "새로운 국가가 모든 측면에서 새로운 것은 아니다." 이것은 로널드 사임이 초창기 로마의 스페인 식민지들을 보며 한 말이다. "다른 시대들에서도, 식민자들이 고향에서는 더 이상 통용되지 않는 생활 습관이나 언어적 표현을 유지하는 것이 종종 목격된다. 그리고 스페인의 언어는 사실 프랑스의 언어가 그런 것보다 더 고대적인 형태의 라틴어에 뿌리를 두고 있다. 스페인에 간 로마인들은 과거의 로마적 전통에 대한 자신들의 애착심을 자랑하고 활용했다. 그리고 이들의 빛나는 성공은 그들의 열정, 야망, 그리고 혁신을 입증한다." 토크빌은 퀘벡에 대해서 비슷한 얘기를 했다.

> 특정한 정부의 성격은 그들이 개척한 식민지에서 가장 분명하게 드러날 수도 있다. 그래서 나는 루이 16세 정부의 장점과 단점을 연구하기 위해 캐나다에 가야 한다. 그곳에 가면 이 정부의 실상을 현미경으로 보듯이 생생하게 볼 수 있다.…… 어디를 가나 우리는 현지인들로부터 '옛날 프랑스'의 아이들로 취급된다. 그러나 내가 볼 때 진실은 정반대이다. '옛날 프랑스'는 캐나다에 있고, 새로운 프랑스는 이곳에 있다.[7]

미국에서 17세기와 18세기의 영국인 개척자들은 (데이비드 해킷 피셔가 자신의 기념비적인 연구에서 주장하듯이) 영국에서의 출신 지역, 그들의 사회경제적 지위, 구체적인 종교적 특성, 그리고 개척 시기 등의 측면에서 네 그룹으로 구분된다. 그러나 대부분의 그들은 영어를 사용했고, 개신교도들이었고, 영국의 법적 전통을 고수했고, 영국식 자유주의를 신봉했다. 이와 같은 공통의 문화와 그것의 뚜렷한 네 가지 하부문화들이 미국에서 뿌리를 내렸다. 피셔의 주장에 따르면 "문화적 관점에서 대부분의 미국인은 조상이 누구이건 잉글랜드 출신이며…… 초창기 미국의 네 가지 문화적 유산은 오늘날의 미국에서도 자발적인 사회의 가장 강력한 결정요인이다." 위스콘신의 역사학자 J. 로저스 홀링즈워스도 같은 주장을 한다. "미국의 정치적 변화를 연구할 때 유념해야 할 가장 중요한 사실은 미국이 개척자 사회의 산물이라는 점이다." 초창기 영국인 개척자들의 문화는 "하나의 온전한 사회로 발전했고" 그것이 "만들어낸 정치 문화, 정치 제도, 언어, 일과 삶의 방식, 그리고 다양한 정신적 태도 등은 후세의 이민자들에게 전파되었다."[8]

다른 곳의 개척자들이 그랬듯이, 초창기의 미국인 개척자들은 고국의 전반적인 인구를 대변한 것이 아니라 (루이스 하츠의 표현에 따르면) 그런 인구의 특정한 일부 내지 부분에서 나왔다. 그들은 고향에서 핍박을 받거나 새로운 땅에서 기회를 보기 때문에 고국을 떠나 다른 곳에 가서 새로운 사회를 건설한다. 북미와 남미, 남아프리카, 그리고 남태평양의 유럽인 개척자들은 각각 고국에서 자신들이 속한 사회적 계층의 이념이나 사상을 갖고 왔다. 그것은 봉건적 귀족주의, 자유주의, 혹은 노동 계급의 사회주의였다. 그러나 새로운 땅에서 유럽의 계급 이념은 계급 간 대립이 없는 것이었고, 새로운 사회의 국가주의로 변질되었다. 더 복잡한 출신국 사회의 일부로서 개척자 사회는 그런 사회의 역동적 변화를 겪지 않으며, 그래서 출신국 사회의 문화와 제도를 새로운 사회에서 더 잘 보

존한다.⁹

새로 건설된 사회로서 개척자 사회는 또 특정한 시기와 장소에서 분명하게 시작된다. 그래서 이런 사회의 건설자들은 헌장, 협약, 그리고 헌법으로 제도를 규정하고 발전의 청사진을 제시해야 할 필요성을 느낀다. 최초의 그리스 법전이 만들어진 곳은 본토의 그리스가 아니라 기원전 7세기에 건설된 시실리의 그리스 식민지들이었다. 영어권 세상에서 최초의 체계적인 법전이 등장한 곳은 버지니아(1606년), 버뮤다(1612년), 플리머스(1636년), 그리고 매사추세츠(1648년)였다. "현대적인 민주주의의 최초 성문 헌법"은 1638년에 하트포드와 인근의 지역에서 채택된 '코네티컷 근본 질서들'이었다.¹⁰ 개척자 사회는 대개 분명하게 계획된 사회지만, 그와 같은 계획에는 개척 당시 건설자들의 경험, 가치관, 그리고 목표들이 반영된다.

영국인을 비롯한 북부 유럽의 개척자들이 신세계에서 새로운 사회를 건설한 과정은 250년 동안 미국인들이 서쪽으로 이동해 변경에서 새로운 정착촌을 건설할 때 반복되었다. 개척settlement은 미국의 탄생뿐 아니라 19세기 말까지 미국의 발전에도 중심적인 것이었다. 프레드릭 잭슨 터너는 1892년에 이렇게 얘기했다. "우리가 사는 지금까지 미국의 역사는 대체로 '위대한 서부'의 식민화 역사였다." 그는 1890년의 인구통계에서 인용한 유명한 언급으로 그와 같은 과정의 종식을 선언했다. "1880년까지 미국에는 개척의 변경frontier이 있었지만, 현재 개척되지 않은 지역은 여러 곳의 개척들로 인해 너무 파괴되어 변경이라고 얘기하기 어렵다."¹¹ 캐나다나 호주, 혹은 러시아의 변경들과 달리 미국의 변경은 정부의 영향력이 미미했다. 그곳에는 처음에 개별적인 사냥꾼, 채굴꾼, 모험가, 그리고 상인들이 살았고, 뒤를 이어 수로와 나중에는 철도를 따라 공동체를 건설한 개척자들이 거주했다. 미국의 변경은 개척자들과 이주자들이 결합해서 인구를 구성했다. 공동체를 이루고 살던 개척자들이 동부에서 서부로 이동해 새로운 사회들을 건설했고, 미국과 유럽의 이민자들이 개인들과 가족 단위로 서쪽으로 이동해 그와 같은 개척 과정에 동참했다.

1790년에 미국의 전체 인구는 (원주민 인디언을 빼고) 400만 명가량이었는데, 그중에서 70만 명가량은 노예들로서 미국 사회의 일부로 생각되지 않았다. 백인 인구는 민족적으로 60퍼센트가 영국인English, 80퍼센트가 대영제국인British, 나머지는 대개 독일인과 네덜란드인이었고, 98퍼센트가 개신교도였다. 흑인들을 빼고 미국은 인종, 민족, 그리고 종교의 측면에서 아주 동질적인 사회였다.

존 제이는 『연방주의자』에서 이렇게 얘기했다. "신은 이렇게 하나로 연결된 나라, 하나로 단결된 사람들-조상도 같고, 사용하는 언어도 같고, 고백하는 종교도 같고, 따르는 정부의 원칙들도 같고, 관습과 예절도 아주 비슷하고, 공동의 노력으로 힘을 합쳐 오랫동안 피의 전쟁에서 싸우며 숭고한 자유와 독립을 쟁취한 사람들에게 기쁘게 주셨다."

1820년부터 2000년까지 대략 6천 6백만 명의 이민자들이 미국에 왔다. 그 결과 미국인들은 조상, 민족, 그리고 종교의 측면에서 이질성이 높아졌다.[12] 그러나 이민자들의 인구특성 영향은 17세기와 18세기의 개척자들과 노예들이 끼친 영향보다 그렇게 크지 않았다. 미국은 18세기에 역사적으로 특이하다고 할 수 있는 인구 폭발을 경험했다. 당시의 미국은 출산율이 무척 높았고, 한동안은 북부에서 성인이 된 아이들의 비율이 상당히 높았다. 미국의 출산율은 1790년에 인구 1천 명 당 55명으로 유럽 국가들의 35명을 웃돌았다. 미국의 여자들은 유럽의 여자들보다 4~5세 정도 어린 나이에 결혼했다. 미국의 출산율은 1790년과 1800년에 여자 1명 당 7.7명과 7.0명으로서 안정적인 인구 유지에 필요한 2.1명을 크게 상회했다.[■] 미국의 출산율은 1840년대까지 6.0명을 넘다가 점차 낮아져 대공황기의 초입에는 3.0명쯤으로 줄어들었다. 미국의 전체 인구는 1790~1800년에 35퍼센트, 1800~1810년에 36퍼센트, 그리고 1800~1820년에 82퍼센트씩 높아졌다. 이 시기는 나폴레옹 전쟁으로 인해서 이민이 많지 않았으며, 그래서 인구 증가의 80퍼센트는 자연적 원인, 그러니까 어떤 하원의원이 얘기한 "미국의 곱셈표" 때문이었다.[13] 세심한 분석을 통해 인구통계학자인 캠벨 깁슨은 1990년에 미국 인구의 49퍼센트는 1790년의 개척자와 흑인 인구에서 비롯되었고 51퍼센트는 그 후의 이민에서 비롯되었다고 결론내렸다. 만일 1790년 후에 이민이 없었다면, 미국의 1990년 인구는 2억 4천 9백만 명이 아니라 1억 2천 2백만 명이었을 것이다.[14] 간단하게 말해서, 20세기 말에 미국의 인구는 절반가량이 초기 개척자들과 노예들의 후손이었고 나머지 절반은 개척자들이 만든 사회에 합류한 이민자들의 후손이었다.

이민자들과 개척자, 이민자, 그리고 노예의 후손들 외에, 현재의 일부 미국인들은 미국인들이 정복한 사람들의 후손들이다. 이를테면 원주민 인디언, 푸에르토리코 사람, 하와이 사람, 그리고 미국이 19세기 중반에 멕시코에서 빼앗은 텍사스와 남서부 지역들에 살던 멕시코인 조상들의 후손들이다. 미국에 살지만 완전히 미국인은 아닌 원주민 인디언과 푸에르토리코 사람들의 뚜렷한 특징은 보호구역과 부족적 정부를 만든 협상 내용, 그리고 미국 연방으로서의 지위에 잘 나타나 있다. 푸에르토리코 주민들은 미국 시민이지만 연방세도 내지 않고, 국가적인 선거에서 투표하지 않고, 영어가 아닌 스페인어로 업무를 수행한다.

■ 간단한 예를 보자. 이브니저 헌팅턴과 엘리자베스 스트롱은 1806년에 결혼해서 10명의 아이를 낳았고, 그중에서 9명이 다시 아이들을 낳아 이들 부부의 손주들은 74명에 달했다. 같은 세대의 해리 헌팅턴은 2명의 아내에게서 16명의 아이를 보았으며, 그의 형제인 제임스는 1명의 아내에게서 17명의 아이를 보았다! 〈헌팅턴 가문 상조회 소식지〉 1999년 5월호, 5쪽.

대규모 이민은 미국 사회에서 간헐적인 특성이었다. 이민은 1830년대에 이르러 절대적 및 상대적 측면에서 중요해졌고, 1850년대에 감소했고, 1880년대에 극적으로 높아졌고, 1890년대에 다시 감소했고, 제1차 세계대전 이전의 15년 동안 아주 높아졌고, 1924년의 이민법 통과 후에 급격하게 감소했고, 한동안 낮은 수준을 유지하다가 1965년의 이민법으로 다시 급격하게 높아졌다. 그동안 이민자들은 미국의 발전에서 중심적인 역할을 수행했고, 어느 면에서는 기대 이상의 역할을 수행했다. 그러나 1820~2000년에 외국에서 태어난 사람들의 비율은 미국 인구의 10퍼센트를 조금 넘었다. 따라서 미국을 '이민자들의 국가'라고 얘기하는 것은 부분적 진실을 전체적 진실로 호도하는 것이며, 미국이 개척자들의 사회로서 시작되었다는 핵심적 사실을 무시하는 것이다.

미국의 신조와 정체성

미국인들은 종종 '미국의 신조'에 구현된 자유, 평등, 민주주의, 개인주의, 인권, 법치, 그리고 사유재산의 정치적 원칙들에 헌신함으로써 정의되고 단결되는 사람들이라고 얘기된다. 크레뵈코에르부터 토크빌과 브라이스, 미르달, 그리고 현대의 전문가들에 이르기까지 외국의 지식인들은 미국이 국가로서 갖는 이런 특징들을 지적해왔다. 그리고 미국의 학자들도 대체로 동의했다. 리처드 호프스태드터는 가장 간결한 공식을 제시했다. "하나의 국가로서 우리의 운명은 이념들을 갖는 것이 아니라 하나가 되는 것이었다." 그러나 여기에서 인용할 가장 적절한 공식은 다른 학자의 것이다. "'우리는 이와 같은 진실을 자명한 것으로 여긴다'고 독립선언서는 얘기한다. 누가 그렇게 여기는가? 미국인들이 그렇게 여긴다. 누가 미국인들인가? 그런 진실을 고수하는 사람들이다. 국가적 정체성과 정치적 원칙은 불가분의 관계이다." "'미국의 신조'로 대변되는 정치적 사상은 국가적 정체성의 바탕이었다."[15] 그러나 실제로는 그것이 그와 같은 정체성의 여러 요소들 중에서 하나에 불과한 것이었다.

18세기 중반까지 미국인들은 자신들을 인종, 민족, 그리고 문화, 특히 종교의 측면에서 정의했다. 미국의 정체성에서 신조적 요소는 무역, 세금, 군사적 안보, 그리고 식민지에 대한 영국 의회의 지배력 정도를 놓고 영국과의 관계가 악화되면서 등장하기 시작했다. 이런 사안들에 대한 갈등이 아마도 독립만이 유일한 해결책이라는 믿음을 고취시켰다. 그러나 미국의 독립은 대부분의 이후 시기 독립 운동들이 사용하게 될 명분, 즉 한 집단에 대한 다른 집단의 부당한 지배로 정당화될 수 없었다. 인종, 민족, 문화, 그리고 언어의 측면에서 미국과 영국(대영제국)은 한 집단의 사람들이었다. 그래서 미국의 독립에는 또 다른 명분, 정치적 사상의 명분이 필요했다. 이것은 두 가지 형태를 띠었다. 미국인들은 먼저, 영국 정부 자체가 자유와 법치, 그리고 합의에 의한 통치의 영국적 개념들에서 벗어나고 있다고 주장했다. 미국인들은 자신들을 복종시키려는 영국 정부의 시도에 대항해 그와 같은 전통적 영국식 가치관을 옹호했다. 벤저민 프랭클린은 이렇게 얘기했다. "그것은 영국의 헌법을 지키려는 저항이었고, 영국인이라면 누구든지 영국의 자유를 지키려는 저항에 동참할 것이다."[16] 영국과의 관계에 대한 논란이 심화되면서, 미국인들은 또 자유와 평등, 그리고 개인적 권리에 대한 보다 보편적이고 자명한 계몽주의 가치관을 제기하기 시작했다. 이 두 가지 원천이 결합해서 미국의 정체성에 대한 신조적 정의를 야기시켰다. 이것은 독립선언서에 가장 극명하게 나타났지만, 1770년대와 1780년대의 다른 많은 문서, 연설, 소책자, 저술, 그리고 강연 등에서도 나타났다.

'신조'의 이념에서 미국의 정체성을 찾음으로써, 미국인들은 자신들의 국가적 정체성이 다른 나라들의 민족적 및 민족문화적 정체성과 달리 '시민적civic' 정체성이라고 주장할 수 있다. 미국은 부족적으로 규정되는 사회들보다 더 자유적이고, 더 원칙적이고, 더 문명화된(시민화된) 사회라고 얘기된다. 이와 같은 신조적 정의는 미국인들이 다른 나라들과 달리 자신들의 정체성은 귀속적이기보다 원칙적이기 때문에 '예외적인exceptional' 나라이며, 미국의 원칙들은 모든 인간 사회에 적용되는 것이기 때문에 미국은 '보편적universal' 국가라고 주장하는 것을 가능케 한다. '미국의 신조'는 '미국주의Americanism'가 정치적인 이념 내지 믿음 체계로서 사회주의나 공산주의와 비교되는 것이며, 따라서 프랑스주의, 영국주의, 혹은 독일주의와 다른 것이라고 얘기할 수 있게 만든다. 그것은 또 '미국주의'에 (해외의 많은 전문가들이 얘기했듯이) 일종의 종교적 특성을 부여하며 미국을 (G. K. 체스터튼의 유명한 표현처럼) '교회의 영혼을 가진 나라'로 만든다. 왕당파를 축출하고 그들의 재산을 압수하면서부터, 미국인들은 자신들의 믿음을 공유하지 않는 사람들을 탄압하고, 배척하고, 차별했다.

미국인들은 종종 신조적 관점에서 적들과 친구들을 구분했다. 1745년에 영국의 조지 왕조는 가족과 민족, 그리고 종교의 전통적 가치들에 바탕한 스튜어트 봉기의 도전을 받았다. 그로부터 30년 후에, 전혀 다른 미국의 도전이 이념을 현대적인 정치에 도입시켰다. 독일의 사학자 위르겐 하이데킹의 주장에 따르면 "1776년에 민족성, 언어, 혹은 종교가 아닌 이념이 국가적 정체성의 초석이 되었다." 그리고 "영국을 적으로 본 미국의 태도는 현대사에서 최초의 이념적 적을 등장시켰다."[17] 독립을 쟁취한 처음 100년 동안의 대부분 기간에, 미국은 지속적인 공화정 정부와 현대 민주주의의 많은 제도를 갖춘 유일한 나라였다. 미국인들이 규정한 적은 독재, 왕정, 귀족정치, 자유와 개인적 권리의 압제 등이었다. 조지 3세는 '절대적 독재'를 꾀한 혐의로 적이 되었다. 공화정의 처음 수십 년 동안, 연방주의자들과 제퍼슨주의자들은 미국의 자유에 더 큰 위협이 프랑스의 혁명가들과 나폴레옹 체제인지, 아니면 영국의 군주제인지를 놓고 격론을 벌였다. 19세기에 미국인들은 외국의 왕정 지배에서 벗어나려는 중남미, 헝가리, 그리고 기타 지역 사람들의 노력을 전폭적으로 지지했다.

미국인들은 외국의 정치 시스템이 자신들의 것과 비슷한 정도에 따라 그들에 대한 정책을 결정했고 전쟁과 평화의 선택을 했다. 존 오웬이 보여주었듯이, 영국 정부가 보다 자유적이고 민주적인 방향으로 발전한 것은 19세기에 영국과의 갈등해소를 더 쉽게 만들었다. 1895~1896년의 베네수엘라 국경 분쟁이 일어났을 때, 미국의 지도자들은 영국과 미국의 정치적 전통이 사태를 원만히 해결할 것이라고 믿었다. 1873년에 스페인과 심각한 갈등이 빚어졌을 때, 상원의원들은 당시의 스페인 정부가 공화정이므로 전쟁은 선택이 아니라고 주장했다. 그러나 1898년에 스페인이 왕정으로서 쿠바에서 잔인한 독재를 하고 있다고 여겨졌을 때, 미국은 전쟁을 선포했다. 1891년에 칠레에서 미국 선원들이 공격을 받아 전쟁의 위기가 고조되었을 때, "미국의 많은 지도층 인사들은 같은 공화정인 칠레에 전쟁을 선포하지 않았고" 나중에 칠레는 미국의 요구를 대부분 수용했다.[18] 20세기에 미국은 독일과 일본의 군국주의, 나치즘, 그리고 소련의 공산주의에 대항해 자유와 민주주의의 전 세계적 수호자로서 자신들을 규정했다.

이처럼 '미국의 신조'는 독립전쟁 이후로 미국의 정체성에서 하나의 요소였다. 그러나 로저스 스미스가 말하듯이, 미국의 정체성이 '신조'만으로 규정된다는 주장은 "기껏해야 절반의 진실이다." 역사의 많은 기간에서 미국인들은 흑인들을 노예로 만들고 이어서 차별했으며, 인디언들을 학살해서 내몰았고, 아시아인들을 배척했고, 천주교를 박해했고, 북서부 유럽 밖에서 오는 사람들의 이민을 차단했다. 마이클 린드가 말하듯이, 초창기의 미국 공화정은 "국민국가로서, 정치적인 만큼 인종적이고 종교적인 앵글로-아메리칸 개신교도 국가주의에 바탕한 것이었다."[19] 이와 같이 미국의 정체성에는 몇 가지 요소들이 있었다. 그러나 영토는 그것들 가운데 하나가 아니었다.

"장소에 집착하지 않는다"

전 세계의 수많은 나라들에서 국가적 정체성은 종종 특정한 땅과 연결된다. 그것은 역사적 혹은 문화적 중요성이 있는 곳(프랑스의 섬, 코소보, '성스러운 땅'), 도시(아테네, 로마, 모스크바), 섬(영국, 일본), 사람들이 원주민이라고 주장할 수 있는 곳('땅의 아들'을 뜻하는 부미푸트라), 혹은 사람들이 태고적부터 조상들이 살았다고 믿는 곳(독일, 스페인) 등에 연결된다. 이런 사람들은 '고국'이나 '모국' 혹은 '성스러운 땅'을 얘기하며, 이것들을 잃으면 그들의 정체성은 끝날 수도 있다. 다른 곳의 사람들처럼 이스라엘과 팔레스타인 사람들에게 "집단적 정체성에 대한 위협은…… 영토와 자원을 놓고 벌이는 투쟁에 본질적으로 연관되어 있다"고 허버트 켈먼은 지적했다. "양쪽 사람들 모두 같은 영토를…… 자신들의 국가적 정체성에 정치적 의미를 부여하는 독립 국가의 기반으로 생각한다."[20] 사람들은 자신들이 태어나 살고 있는 지역에 정체성의 깊은 뿌리를 두며, 이것은 다시 (예의 그 '작은 소대' 현상에 맞게) 국가 전체에 대한 그들의 정체성을 강화시킨다. 사람들은 또 일부 특정한 지역을 자신들 국가의 역사적, 문화적, 그리고 상징적 중심으로 보기도 한다. 더 넓은 측면에서, 사람들은 자신들이 거주하는 지역의 전반적인 지리적 및 물리적 특징들에서 정체성을 찾기도 한다.

영토적 정체성의 이와 같은 세 가지 측면 모두는 미국에서 약했거나 결여되어 있었다. 개별적인 미국인들은 처음부터 특정한 장소에 대한 집착을 대체로 갖지 않았다. 이것은 그들의 높은 지리적 이동성을 반영하는데, 이런 현상은 미국의 전체 역사에서 외국과 이곳의 전문가들이 지적한 바 있다. 던모어 경은 1770년대에 이렇게 얘기했다. "미국인들은 장소에 대한 집착이 없다. 그들의 이동성은 거의 선천적인 것 같다." 저명한 역사학자 고든 S. 우드는 다음과 같이 얘기했다. "미국인들은 이미 1800년부터 평생 동안 네댓 차례나 이동하는 것으로 유명했는데, 다른 어떤 문화도 그렇게 높은 이동성은 보인 적이 없다." 20세기 말에 미국인들의 16~17퍼센트는 매년 이사를 했다. 1999년 3월부터 2000년 3월까지 4천 3백만 명의 미국인들이 주거지를 옮겼다. "미국인들은 늘 옮겨 다닌다"고 스티븐 빈센트 베넷은 지적했다.[21] 그 결과 미국인들은 특정한 지리적 장소에 깊은 개인적 정체성을 갖는 경우가 드물다.

미국인들은 또 특정한 국가적 장소를 정체성의 독특한 원천으로 보는 경우도 드물었다. 물론 일부 장소들은 미국의 역사적 기억에서 특별한 의미를 갖는다. 이를테면 고난을 극복한 승리의 장소(플리머스 락, 포지 밸리), 중요한 전투가 벌어진 곳(렉싱턴과 콩코드, 요크타운, 게티즈버그), 국가성을 향한 주요 도약의 장소(자유의 종과 독립 기념관), 혹은 국가적 특성의 중심적 상징(자유의 여신상) 등이다. 이것들과 그밖의 다른 것들은 미국인들에게 특별한 의미를 갖지만, 그중에서 어떤 것도 그들의 정체성에 핵심적인 것은 아니다. 그것들 가운데 어느 것이 사라지더라도 미국인들은 잠시 슬퍼할 뿐 국가적 정체성에 위협을 느끼지 않는다. 실제로 미국인들은 워싱턴 시를 자신들의 정체성에서 중심적인 장소로 느끼지 않을 것이다. 물론 그곳에는 중요한 국가 기념물들이 있지만, 그곳은 많은 미국인들이 종종 특별한 열정을 보이지 않는 중앙 정부의 수도이기 때문이다. 대부분의 미국인들은 가장 큰 두 도시인 뉴욕과 로스엔젤레스 중에서 어떤 곳도 미국의 정신이 구현된 곳으로는 보지 않는다.

미국인들은 또 다른 곳의 사람들과 같은 정도로 자신들이 살고 있는 영토 전체에서 정체성을 찾는 경우도 드물었다. 물론 그들은 자신들이 사는 영토의 광대함과 아름다움은 예찬했다. 하지만 그것은 대개 추상적인 의미의 영토였다. 자신들이 사는 영토에 대한 미국인들의 예찬은 구체적인 것이 아니라 추상적인 것이며, 그래서 땅에 대한 연결성은 종종 정체성이 아니라 소속감이나 소유의 측면에서 나타났다. 미국인들은 개척자, 이민자, 그리고 그들의 후손들인데, 이들의 선조들은 모두가 결국에는 다른 곳에서 왔고, 그래서 아무리 애국심이 높아도 미국을 고국이나 모국으로 부르지 않았다. 9·11사태 후에 '국토 안보청'을 만들려는 정부의 시도는 '국토homeland'가 어느 면에서 미국적인 개념이 아니라는 인식 속에서 일부 미국인들의 불안감을 야기시키기도 했다.

이와 같은 태도는 미국인들이 장소가 아니라 정치적 사상과 제도에서 정체성을 찾는 정도를 반영한다. 1849년에 유럽인 방문자인 알렉산더 맥키는 다음과 같이 지적했다. "미국인은 유럽인들과 달리 지역적인 집착을 전혀 보이지 않는다. 미국인의 감정은 단순한 국가보다 제도에 더 연결되어 있다. 미국인은 특정한 영토의 원주민보다 공화정의 일원으로서 자신을 보는 경향이 있다.…… 이와 같이 모든 미국인은 자신의 방식에 따라 특정한 정치적 신조의 사도이다." 그로부터 100여 년이 지난 후에 자신들 국가의 어느 측면을 가장 자랑으로 여기는지 질문을 받았을 때, 미국인들의 5퍼센트가 자신들 국가의 물리적 특성들을 언급했다. 이것은 영국의 10퍼센트, 독일의 17퍼센트, 멕시코의 22퍼센트, 그리고 이탈리아의 25퍼센트와 비교되는 것이었다. 반면에 미국인들의 85퍼센트는 가장 자랑스럽게 여기는 것이 '정부와 정치 제도'라고 대답해 영국의 46퍼센트, 멕시코의 30퍼센트, 독일의 7퍼센트, 그리고 이탈리아의 3퍼센트와 비교되었다.[22] 미국인들에게는 영토보다 이념이 더 중요하다.

미국인들의 국가적 정체성에서 국가적 영토의 중요성이 이렇게 낮은데는 두 가지 원인이 있다. 첫째, 토지는 풍부하고 저렴했다. 토지는 사실상 거저 얻어서 개척하고, 개간하고, 사용하고, 버리는 것이었다. 근로나 자본보다 훨씬 더 풍부한 자원으로서 토지는 소중히 여기고, 성스러운 의미를 부여하고, 기억 속에 영원히 간직하는 것이 아니었다. 둘째, 미국을 구성하는 영토는 계속해서 변했다. 역사적으로 미국은 늘 영토를 확장했고, 그래서 어느 특정한 장소에 특별한 의미를 부여하는 것은 어려웠다. 성조기의 별들은 계속해서 숫자가 늘었고, 어떤 미국인들은 21세기 초에 쉰한 번째 별이 푸에르토리코에 배정되어야 한다고 주장했다.

비슷한 맥락에서, 미국의 변방은 250여 년 동안 국가적 정체성에서 중심 요소였지만 늘 변하기도 했다. 미국의 변방은 어느 한 장소에 영구적으로 고정되지 않았다. 변방은 미국의 공동체들이 발전해 나간 하나의 단계였다. 국가성에서 변방이 갖는 신화성은 지속적인 이민을 야기시켰다. 가장 좋은 땅과 기회는 미국인들이 있던 곳이 아니라 서쪽에 있는 '미개척지'였다. 프레드릭 잭슨 터너는 변방에 관한 최초의 연구를 17세기의 보스턴 교외와 관련해서 발표했다. 그의 말에 따르면 "가장 오래된 서부는 대서양 연안이었다." 던모어 경은 이렇게 얘기했다. "미국인들이 이미 개척한 곳보다 멀리 있는 땅들이 더 낫다고 생각한 것은 그들의 약점이었다."[23] 그래서 변방은 계속해서 서쪽으로 밀려났지만, 그 결과 미국은 '움직이는 나라'가 되어 지속적인 영토적 열정, 충성심, 혹은 헌신이 부족했다.

인종과 민족

미국인들은 그와 대조적으로 인종과 민족에 대해서는 열정적이었다. 아서 슐레징어 2세의 말에 따르면, 미국은 역사적으로 "인종주의 국가인 때가 많았다."[24] 역사적으로 백인 미국인들은 자신들을 인디언, 흑인, 아시아인, 그리고 멕시코인들과 분명하게 구분했고, 그들을 미국 사회에서 제외시켰다. 이와 같은 다른 인종들과의 관계는 초창기 미국의 역사에서 한 가지 결정적인 사건에 상징적으로 나타났다.

1620년과 1630년의 플리머스와 매사추세츠 베이 개척이 이루어진 후의 수십 년 동안, 식민지들과 인디언들의 관계는 대체적으로 협조적인 것이었다. 17세기 중반에는 뉴잉글랜드의 인디언 부족들과 영국인 개척자들 사이에 "상호 번영의 '황금기'"가 지속되었다. 양쪽 집단의 사람들은 서로 어울렸고 상거래의 증가에서 덕을 보았다.[25] 그러다가 1660년대에 상업적인 관계가 줄어들었고, 땅에 대한 개척자들의 수요 확대와 공존이 지배를 초래할 것이라는 인디언들의 두려움이 결합되어 1675~1676년에 필립왕의 전쟁으로 이어졌다. 이것은 미국의 역사에서 사망률이 가장 높은 피의 전쟁이었다. 당시 식민자들의 사망률은 남북전쟁 때의 미국인 사망률의 거의 2배였고 제2차 세계대전과 비교해서는 7배에 달했다. 인디언들은 뉴잉글랜드에 있는 70개의 정착촌들 가운데 52개를 공격해 25개를 초토화시키고 17개를 유린했다. 개척자들은 해안으로 쫓겨가 경제가 망가졌으며, 그로 인한 피해는 수십 년 동안 지속되었다. 그러나 결국에는 인디언 부족들이 살육을 당하고, 그들의 지도자들이 죽임을 당하고, 수많은 남자들과 여자들, 그리고 아이들이 노예가 되어 서인도제도로 보내졌다. 이 전쟁의 결과 청교도들은 인디언들과의 관계에서 "땅과 그들의 마음에 분명한 경계를" 설정했다. 그리고 "영국인

식민자들은 미국인들이 되었다." 잉크리즈 마더는 "이 새로운 땅의 기독교도들이 인디언들과 너무 닮게 되어서" 하나님이 개척자들에게 전쟁의 형벌을 내렸다고 주장했다. 그리고 개척자들은 추방과 차별만이 미래의 유일한 정책이라고 결론을 내렸다.[26] 미국에서 다문화적 사회의 가능성은 사라졌으며 300년 동안 회복되지 않았다.

리처드 슬로트킨의 말에 따르면, 필립왕의 전쟁은 "여러 면에서 뒤를 이은 모든 전쟁들의 원형이었다." 그후의 200여 년 동안 미국인들은 자신들이 대체로 야만적이고, 후진적이고, 비문명적이라고 보았던 인디언들과의 싸움을 통해 자신들을 규정했다. 개척자들과 인디언들의 관계는 간헐적이지만 지속적인 전쟁의 관계였고, 헌법이 제정된 후의 50년 동안 인디언들과의 관계는 전쟁부가 담당했다. 미국인들과 인디언들의 관계는 피흘림과 강요, 약탈, 그리고 부패가 특징이었다. 1830년대에 앤드루 잭슨 대통령은 의회를 설득해 '인디언 이주법'을 통과시켰고, 남부의 6개 주에 살던 주요 부족들은 강제적으로 미시시피 서부로 이주를 당했으며, 그 결과 1835~1843년의 '2차 세미놀 전쟁'이 일어났다. 당시의 이주는 오늘날의 관점으로 보면 '민족 청소'에 해당하는 것이었다. 그것에 대해 토크빌은 이렇게 얘기했다. "이와 같은 강제 이주에 수반된 끔찍한 고통은 상상하기 어려운 것이다. 그것은 이미 지치고 힘이 빠진 사람들이 겪은 것이다. 그리고 새로 온 사람들이 차지한 나라들에는 다른 부족들이 살게 되었는데, 이들은 그들을 부러움과 적개심의 눈초리로 보았다. 굶주림의 공포와 전쟁의 위협 속에서 그들의 삶은 비참한 것이었다."[27] 인디언 이주와 관련해 대법원은 존 마셜 대법원장의 판결 속에서, 인디언 부족들은 "내부에 의존하는 사람들"이며 각각의 인디언들은 자신들의 부족에만 충성심을 보이기 때문에 명시적으로 부족에서 이탈해 스스로 미국 사회의 일부가 되지 않는 한 미국 시민의 자격이 없다고 판시

했다.[28]

인디언들이 추방과 몰살의 운명을 겪었다면, 흑인들은 1808년까지 수입되다가 노예화되고 억압당했다. '건국의 아버지들'은 공화정 정부가 생존하려면 상당히 높은 수준의 인종적, 종교적, 그리고 민족적 동질성이 필요하다고 믿었다. 최초의 귀화법은 1790년에 '자유로운 백인들'에게만 시민권을 부여했다. 당시에 대다수가 노예였던 흑인들은 전체 인구의 20퍼센트를 구성했다. 하지만 그들은 미국인들에게 공동체의 일원이 아니었다. 초대 법무장관이었던 에드먼드 랜돌프의 말에 따르면, 노예들은 "우리 사회의 시민들이 아니었다." 자유로운 흑인들도 비슷한 대우 속에서 거의 모두가 투표권을 거부당했다. 토머스 제퍼슨은 다른 '건국의 아버지들'과 함께 백인들과 흑인들은 "똑같이 자유롭지만 같은 정부에서 살 수 없다"고 믿었다. 제퍼슨, 제임스 매디슨, 헨리 클레이, 존 랜돌프, 에이브러햄 링컨, 그밖의 다른 주도적 정치인들은 자유로운 흑인들을 아프리카로 보내려는 '미국 식민화 협회'의 시도를 지지했다. 이와 같은 시도는 1821년에 리베리아의 건국으로 이어졌는데, 결국에는 그곳으로 1만 1천 명 내지 1만 5천 명의 자유로운 흑인들이 보내졌다(그들이 얼마나 자발적으로 그곳에 갔는지는 분명하지 않다). 1862년에 링컨 대통령은 사상 처음으로 백악관을 방문한 일단의 자유로운 흑인들에게 아프리카로 이주할 것을 종용했다.[29]

드레드 스콧 사건(1857년)에 대한 대법원장 로저 B. 태니의 대법원 판결은 헌법의 규정에 따라 노예들뿐 아니라 흑인들도 모두가 "종속적이고 열등한 계급의 사람들로서" 시민의 "권리와 자유를" 얻을 수 없으며, 따라서 "미국 사회의 일부가 될 수 없다"고 판시했다. 이 판결은 1868년의 14차 수정헌법에 의해 파기되었는데, 새로운 헌법은 미국에서 태어나거나 귀화한 모든 사람들은 미국의 시민이라고 선언했다. 그러나 흑인들은 여전히 극심한 차별을 받으면서, 그후에도 100여 년 동안 투표권을 얻지 못했다. 흑인들의 평등권과 그들의 정치적 참여에 대한 주요 장애들은 1954년의 '브라운 대 교육청' 판결과 1964~1965년의 시민권 및 투표권 법안 통과로 비로소 제거되기 시작했다.

19세기 초에 인종은 유럽과 미국 모두에서 학문적, 지적, 그리고 대중적 사고에 점점 더 중요한 역할을 수행했다. 19세기 중반이 되자 "인종들의 본질적인 불평등은 미국에서 당연한 과학적 사실로 인식되었다."[30] 미국인들은 또 인종들 간의 질적 차이는 환경적인 것이기보다 선천적인 것이라고 믿게 되었다. 인간들은 4대 인종으로 나누어지며, 그것은 질적으로 우수한 정도에 따라 코카스인(백인), 몽골인, 인디언, 그리고 아프리카인으로 순서가 매겨진다는 생각이 널리 퍼져 있었다. 그리고 백인 중에서도 가장 우수한 사람들은 게르만 부족 출신의 앵글로-색슨 후손들이라고 여겨졌다. 국가적 정체성의 이와 같은 인종 개념은 영토 확장에 대한 19세기의 논란에서 양쪽 모두가 제기했다. 한쪽에서 '앵글로-아메리칸 인종'의 우월성은 그들의 멕시코인이나 인디언 정복과 지배를 정당화했다. 다른 쪽에서 앵글로-아메리칸 사회의 인종적 순수성을 유지해야 한다는 주장은 멕시코, 도미니카 공화국, 쿠바, 그리고 필리핀 등의 합병에 반대하는 명분을 제공했다.[31]

남북전쟁 후의 철도 건설은 상당수 중국인 노동자들의 미국 이민을 야기시켰다. 뒤를 이어 상당수의 중국인 창녀들이 왔다는 주장이 제기되었고, 미국은 1875년에 창녀들과 범죄자들의 이민을 금지하는 "최초의 직접적인 이민 규제법을 통과시켰다."[32] 1882년에는 캘리포니아를 중심으로 '중국인 배척법'이 제정되어 10년 동안 모든 중국인 이민을 보류했는데, 이것은 결국 영구적인 것이 되었다. 1889년에 대법원은 그와 같은 중국인 배척의 헌법적 정당성을 인정했다. 대법원 판사인 스티븐 J. 필드는 중국인들이 다른 종류의 인종으로서 "미국 사회에 동화되는 것이 불가능해" 보이며, 그들은 "여전히 이 땅에서 이방인들이고, 자기들끼리 모여 살고, 자신들 나라의 전통과 관습을 고수한다"고 얘기했다. 따라서 이것을 규제하지 않으면 "동양인들의 침략"은 "우리의 문명에 해를 끼칠 것"이었다.[33] 19세기 말에는 일본인들의 이민도 문제가 되었고, 1908년에 시어도어 루스벨트 대통령은 일본과 '신사 협정'을 맺어 일본인들의 이민을 규제했다. 1917년에 의회는 아시아의 거의 모든 지역에서 이민이 들어오는 것을 막는 법을 통과시켰다. 아시아인 이민에 대한 이와 같은 규제들은 1952년이 되어서야 철폐되었다. 현실적인 측면에서 미국은 20세기 중반까지 백인 사회였다.

민족성은 종교나 인종보다 더 제한적인 범주이다. 하지만 그것도 역사적으로 미국의 정체성에서 중심적인 역할을 수행했다. 19세기 말엽까지 이민자들의 대다수는 북부 유럽 출신이었다. 최초의 영국인 개척자들은 독일계 미국인들에게 적대감을 보였는데, 그것은 무엇보다 독일계 미국인들이 교회나 학교 같은 공공장소나 기관에서 여전히 자신들의 언어를 사용하려 시도했기 때문이었다. 반면에 아일랜드 사람들에 대한 반발은 기본적으로 민족적 이유보다 종교적 및 정치적 이유 때문이었다.

민족성 문제가 전면으로 부상한 것은 남부와 동부 유럽에서 들어온 대규모 이민의 증가 때문이었다. 이것은 1880년대에 시작되어 1900년에 폭발적으로 늘어났고, 1914년까지의 기간 동안 한층 더 높아졌다. 필립 글리슨의 지적에 따르면, 1860~1924년에 "민족성은 그 전과 그 후의 어느 때보다 국가적 정체성에서 더 중요한 요소가 되었다."[34] 1840년대와 1850년대에 그랬던 것처럼, 이민의 극적인 증가는 지적 및 정치적 반反이민 운동을 야기시켰다. 이민에 반대하는 사람들은 인종과 민족 사이에 뚜렷한 선을 긋지 않았고 남부 및 동부 유럽 사람들은 더 열등한 인종이라고 주장했다. 1894년에 창립된 '이민 제한 연맹'은 그것을 "미국인들이 역사적으로 자유롭고, 정력적이고, 진보적인 영국, 독일, 그리고 스칸디나비아 사람들이어야 하는지, 아니면 역사적으로 짓밟히고, 억눌리고, 답보적인 슬라브, 라틴, 그리고 아시아계 인종들이어야 하는지"의 문제로 규정했다.[35] 이 연맹은 미국에 들어오려면 문자해독 테스트를 받아야 한다고 주장했고, 의회는 이것을 1917년에 윌슨 대통령의 거부권을 물리치고 법으로 통과시켰다. 이민에 대한 제한은 이른바 '앵글로-색슨주의'에 의해서 한층 더 강화되었는데, 이와 같은 이념을 주창한 작가나 학자들은 에드워드 로스, 매디슨 그랜트, 조시아 스트롱, 그리고 로스롭 스타더드 등이었다.

1921년에 미국 의회는 이민을 제한하는 일시적 조치를 통과시켰고, 1924년에는 연간 15만 명의 이민자를 상한으로 설정하는 영구적 조치를 통과시켜 1921년 미국 인구의 출신 국가들을 기준으로 할당량을 정했다. 그 결과 쿼터의 82퍼센트는 북부와 서부 유럽 사람들에게, 그리고 16퍼센트는 남부와 동부 유럽 사람들에게 배정되었다. 이것은 이민자들의 민족적 배경에 급격한 변화를 야기시켰다. 1907~1914년에 북부와 서부 유럽 출신의 연간 평균 이민자 수는 176,983명이었고 남부와 동부 유럽 출신은 685,531명이었다. 그러나 이제는 앞의 지역들에서 연간 125,266명이 들어올 수 있었고 뒤의 지역들에서 23,235명이 들어올 수 있었다.[36] 이와 같은 체제는 1965년까지 기본적인 골격을 유지했다.

동부와 남부 유럽 출신의 이민을 효과적으로 봉쇄한 것은 역설적으로 미국의 정체성에서 민족적 요소를 사실상 제거하는 데 공헌했다. 1914년 이전 이민자들의 아이들은 제2차 세계대전에서 미군에 입대했고, 전쟁 수행의 필요성은 미국이 있는 그대로의 모습, 그러니까 정말로 다민족인 사회의 모습으로 비춰질 것을 요구했다. 필립 글리슨의 지적에 따르면

"전형적인 전쟁 영화는 이탈리아인, 유대인, 아일랜드인, 폴란드인, 그리고 미국의 여러 지역에 사는 다양한 민족들을 등장시켰고, 이것은 비단 할리우드만의 상황이 아니었다."[37] 선전 포스터에도 다양한 민족들의 남자들 이름이 등장했으며, 그곳에는 "그들은 우리가 함께 살 수 있도록 함께 죽었다"는 제목이 붙어 있었다. 다민족 사회로서 미국의 정체성은 그 기원이 제2차 세계대전에 있었고, 어느 면에서는 제2차 세계대전의 산물이었다.

1830년대에 토크빌은 미국인들을 가리켜 '앵글로-아메리칸'이라고 불렀다. 그로부터 100년 후에 그것은 더 이상 가능하지 않았다. 앵글로-아메리칸은 여전히 미국 사회에서 지배적인, 그리고 아마도 가장 큰 집단이었다. 하지만 민족적으로 미국은 더 이상 앵글로-아메리칸 사회가 아니었다. 영국인들 외에도 아일랜드인, 이탈리아인, 폴란드인, 독일인, 유대인, 그리고 여러 민족들의 사람들이 미국인을 구성했다. 이와 같은 상황 변화는 용어 사용의 변화를 초래했다. 앵글로-아메리칸은 이제 더 이상 유일한 미국인이 아니었으며, 그래서 그들은 미국의 다수 민족 중에서 하나의 집단을 가리키는 WASP(백인-앵글로-색슨-개신교도)으로 불렸다. 그러나 앵글로-아메리칸은 미국의 인구에서 비중이 줄어들기는 했지만, 그들의 개척자 선조들이 갖고 있던 앵글로-개신교도 문화는 300년 동안 미국의 정체성에서 여전히 가장 중요한 요소로 작용했다.

4.
앵글로-개신교도 문화

문화적 핵심

　대부분의 나라에는 그곳에 사는 대부분의 사람들이 다양한 정도로써 공유하는 핵심 내지 주류 문화가 있다. 이와 같은 국가적 문화 외에도, 대개의 경우 종속적 문화들이 존재하며 종교, 인종, 민족, 지역, 계급, 혹은 그밖에 사람들이 공통점을 느끼는 여러 범주들로 규정되는 하부국가적 혹은 초국가적 집단들을 수용한다. 미국에도 늘 그와 같은 하부문화들이 있어왔다. 미국에는 또 미국에 사는 대부분의 사람들이 (자신들의 하부문화가 무엇이건) 함께 공유해왔던 앵글로-개신교도 주류 문화도 있어왔다. 건국의 개척자들이 갖고 있던 이 문화는 거의 400년 동안 미국의 정체성에서 중심적이고 지속적인 요소로 작용해왔다. 이런 질문을 해보자. 만일 17세기와 18세기에 미국을 개척한 사람들이 영국인 신교도들이 아니라 프랑스나 스페인, 혹은 포르투갈의 구교도들이었다면 미국은 오늘날의 미국일 수 있을까? 그렇지는 않을 것이다. 그것은 미국이 아니라 퀘벡, 멕시코, 혹은 브라질일 것이다.

미국의 앵글로-개신교도 문화는 (특히 영어를 포함해) 영국에서 비롯된 정치적 및 사회적 제도와 관행을 (영국에서는 시들었지만 개척자들이 갖고 와 신대륙에서 새롭게 꽃을 피운) 저항적 프로테스탄티즘Protestantism의 개념들과 가치관에 결합시킨 것이었다. 그래서 이 문화에는 영국의 전반적인 문화적 요소들과 개척자들이 속해 있던 영국 사회의 특정한 집단들에 독특한 요소들이 모두 포함되어 있었다. 앨든 T. 보헌이 말했듯이, 처음에는 "거의 모든 것이 근본적으로 영국적인 것이었다. 토지의 소유 및 경작의 형태, 정부의 특성과 법적 절차들의 기본적 성격, 오락과 여가시간의 활용 방식, 그밖에 다양한 식민지 생활의 측면들이었다." 아서 슐레징어 2세도 같은 생각이다. "새로운 나라의 언어, 법률, 제도, 정치적 사상, 문학, 관습, 개념, 그리고 기도 등은 기본적으로 영국에서 비롯된 것이었다."[1]

이 원래의 문화는 적응과 수정을 거치며 300년 동안 계속되었다. 존 제이가 1789년에 미국인들의 공통적인 여섯 가지 중심적 요소들을 규명한지 200년이 지난 후에, 그중에서 하나인 공통의 조상은 더 이상 존재하지 않았다. 나머지 다섯 가지—언어, 종교, 정부의 원칙, 예절과 관습, 전쟁 경험—중에서 몇 가지는 수정되거나 희석되었다(가령 제이가 말한 '같은 종교'는 분명히 프로테스탄티즘이었는데, 이것은 200년 후에 기독교로 수정되었다). 그러나 근본적인 측면에서 제이가 언급한 미국의 정체성 요소들은 (비록 도전받기는 했지만) 20세기에도 여전히 미국의 문화를 규정했다. 그 중에서도 특히 프로테스탄티즘은 늘 가장 중요한 것이었다. 언어에 있어서는, 펜실베이니아에 살던 18세기의 독일인 개척자들이 독일어를 영어와 같게 만들려던 시도는 특히 벤저민 프랭클린의 분노를 유발했고 성공하지 못했다. 19세기에도 독일인 이민자들이 위스콘신에서 독일어를 사용하는 마을을 유지하고 학교에서 독일어를 사용하려던 시도가 동화同化에 대한 압력과 영어를 학교 수업의 언어로 규정한 1889년의 위스콘신 법률로 인해 무위로 끝나고 말았다.[2] 마이애미와 남서부에서 스페인어를 사용하는 이민들의 대규모 집단촌과 이중언어주의가 출현하기 전까지, 미국은 2억 명 이상의 사람들이 사실상 같은 언어를 사용하는 거대 국가로서 독특했다.

개척자들이 17세기와 18세기에 만든 정치적 및 법적 제도들은 대체로 영국의 16세기 후반과 17세기 초반의 '튜더Tudor 헌법'을 구현한 것이었다. 이것들의 내용은 다음과 같은 것이었다. 정부를 제한하고 정부보다 우월한 근본적 법치의 개념, 행정과 입법, 그리고 사법 기능의 혼합, 개별 기관들 및 정부들의 권력 분산, 입법부와 행정부 수반의 상대적 권력, 행정부 수반의 '권위적' 및 '효율적' 기능의 통합, 양원제, 지역 유권자들에 대한 입법자들의 책임성, 입법부의 위원회 제도, 그리고 기본적으로 상비군보다 민병대에 의존하는 국방 등이었다. 이와 같은 튜더 방식의 통치 형태는 그후 영국에서 근본적으로 바뀌었지만, 그것의 중심적 요소들은 20세기까지도 미국에서 유지되었다.[3]

19세기와 20세기 후반까지 이민자들은 앵글로-개신교도 문화의 중심적 요소들에 헌신하도록 다양한 방식으로 강요, 유혹, 혹은 설득을 당했다. 20세기의 문화적 다원주의자, 다문화주의자, 그리고 인종적 및 민족적 소수자들의 대변자들은 그와 같은 노력들의 성공을 증언한다. 마이클 노박이 1977년에 신랄하게 비판했듯이, 남부와 동부 유럽 출신의 이민자들은 앵글로-아메리칸 문화에 적응해 '미국인'이 되라는 압력을 받았다. 그들에게 미국화는 "엄청난 정신적 억압의 과정이었다." 윌 킴릭카도 1995년에 그와 비슷한 주장을 했다. 즉, 1960년대 이전에 이민자들은

"자신들의 고유한 전통을 버리고 기존의 문화적 기준에 완전히 동화될 것을 요구받았다." 그는 이것을 '앵글로-일체화 모델'이라고 이름지었다. 그들은 중국인들처럼 동화가 불가능한 것으로 여겨지면 배척을 당했다. 1967년에 해롤드 크루즈는 다음과 같이 선언했다. "미국은 자신이 어떤 나라인지에 대해 스스로 거짓말을 하는 나라이다. 미국은 하나의 다수파가 여럿의 소수파를 지배하는 나라인데, 마치 자신이 백인·앵글로-색슨·개신교도들의 나라인 것처럼 생각하고 행동한다."[4]

이와 같은 비판들은 옳은 것이다. 역사적으로 미국에서는 백인 앵글로-색슨 개신교도가 아닌 사람들이 앵글로-개신교도 문화와 정치적 가치관을 수용함으로써 미국인이 되었다. 이것은 그들과 미국에게 득이 되었다. 벤저민 C. 슈워츠의 말에 따르면, 미국의 국가적 정체성과 단결은 "앵글로 엘리트가 이 나라에 오는 다른 사람들에게 자신들의 이미지를 각인시키는 능력과 의지력에서" 비롯되었다. 이 엘리트 계층의 종교적 및 정치적 원칙들, 관습과 사회적 관계들, 취향과 도덕성의 기준들은 300년 동안 미국의 것이었으며, 기본적으로 지금도 여전히 ('다양성'에 대한 예찬에도 불구하고) 그러하다. 미국이 누렸던 민족적 및 국가주의 갈등으로부터의 자유는 (우리가 잘못 알고 있는 것보다 상당히 적었지만) 모두가 국가적 정체성에 대해 갈등이나 혼란을 용납하지 않게 된 문화적 및 민족적 지배력 덕분이었다.[5] 수백만의 이민자들과 그들의 아이들이 미국에서 부와 힘, 그리고 지위를 얻은 것은 미국의 지배적인 문화에 스스로 동화되었기 때문이다. 따라서 미국인들은 한쪽의 백인, 인종주의, WASP 민족적 정체성과 다른 한쪽의 (특정한 정치적 원칙들에의 헌신에 의존하는) 추상적, 피상적, 시민적 정체성 사이에서 선택해야 한다는 주장에는 근거가 없다. 미국의 정체성에서 핵심적인 요소는 개척자들이 만들었고, 여러 세대의 이민자들이 흡수했고, '미국의 신조'를 탄생시킨 바로 그 문화이다. 그리고 이 문화의 중심에는 프로테스탄티즘(Protestantism=저항주의)이 있다.

"저항자들의 저항"

미국은 개신교도Protestant 사회로서 건국되었고, 200년 이상 대부분의 미국인들은 개신교도였다. 처음에는 독일과 아일랜드에서, 나중에는 이탈리아와 폴란드에서 상당수의 구교도Catholic 이민자들이 들어옴에 따라, 신교도들의 비율은 계속해서 떨어졌다. 2000년에 이르러 미국인들의 개신교도 비율은 60퍼센트쯤 되었다. 그러나 개신교도의 믿음체계와 가치관, 그리고 사고방식은 영어와 함께 미국의 개척자 문화에서 핵심적인 요소였다. 그리고 이 문화는 개신교도들의 비율이 줄어드는 동안에도 여전히 힘을 유지하며 미국인들의 삶과 사회, 그리고 생각을 규정했다. 개신교도의 가치관은 미국의 문화에 중심적이기 때문에 미국에서 천주교와 그밖의 종교들에 깊은 영향을 끼쳤다. 그것은 사적 및 공적 도덕성, 경제적 활동, 정부, 그리고 공공 정책에 대한 미국인들의 태도를 규정했다. 무엇보다 그것은 미국을 규정하는 핵심적 요소로서 앵글로-개신교도 문화를 보완하는, 외관상 세속적인 정치적 원칙들, 즉 '미국의 신조'에 기본적 원천이 된다.

17세기 초에 기독교는 "국가들을, 나아가 국가주의들을 규정하는 요인"이었고, 많은 나라들은 명시적으로 자신들을 개신교도나 구교도 국가로 규정했다. 유럽에서 기존의 사회들은 '개신교도 개혁Protestant Reformation'을 받아들이거나 거부했다. 미국에서 '개신교도 개혁'은 새로운 사회를 만들었다. 독특한 국가로서 미국은 그와 같은 개혁의 산물이다. 그것이 없었다면 우리가 아는 미국은 존재하지 않을 것이다. 미국의 기원은 (또 다른 학자의 주장에 따르면) "영국의 청교도 혁명에서 찾을 수 있다. 사실 그 혁명은 미국의 정치적 역사에서 가장 중요한 하나의 요인이라고 할 수 있다." 19세기의 유럽인 방문자였던 필립 샤프가 지적했듯이, 미국에서는 "모든 것이 신교도 기원을 갖고 있었다."[6] 미국은 20세기에 파키스탄과 이스라엘이 이슬람교와 유대교 국가로서 탄생했듯이, 그리고 일부는 그들과 같은 이유에서 개신교도 국가로서 탄생했다.

미국은 자신들의 개신교도 기원 때문에 국가적으로 독특하며, 그래서 20세기에도 종교는 미국의 정체성에서 다른 개신교도 국가들과 다른 방식으로 중심적인 요소이다(5장 참조). 대부분의 19세기 역사에서 미국인들은 자신들의 나라가 개신교도 국가라고 생각했고, 다른 나라들도 미국을 개신교도 국가라고 생각했고, 교과서와 지도 같은 문헌에서도 미국은 개신교도 국가로서 소개되었다.

토크빌의 표현에 따르면, 미국은 "평등하게 태어났으므로 평등하게 될 필요가 없었다." 이보다 더 중요한 것은, 미국은 개신교도 국가로 태어났으므로 개신교도 국가가 될 필요가 없었다. 그래서 미국은 루이스 하츠의 주장대로 유럽의 '자유주의적' '로크주의적' 혹은 '계몽주의적' 산물이 아니었다.[7] 미국은 일련의 신교도 운동 산물이었고, 이런 과정은 로크가 태어나던 1632년에 이미 진행되고 있었다. 그 결과 나타난 부르주아적 내지 자유주의적 사상은 유럽에서 수입된 것이 아니라 북미에 건설된 신교도 사회들의 논리적 귀결이었다. 미국의 '자유주의적 합의' 내지 '신조'를 로크주의 내지 계몽주의 사상과 연결시키려는 일부 학자들의 시도는 미국적 가치관의 종교적 원천에 세속적 해석을 부여하는 것이다.

물론 미국의 개척은 종교적 동기뿐 아니라 경제적 및 다른 동기들의 결과이기도 했다. 그러나 종교는 여전히 중심적인 것이었다. 비록 뉴욕과 남북 캐롤라이나에서는 덜 중요했지만, 종교는 다른 식민지들의 건설에서 가장 중요한 동기였다. 버지니아는 '종교적인 기원'을 갖고 있었다.[8] 퀘이커들과 감리교도들은 펜실베이니아를 개척했다. 천주교도들은 매릴랜드에 교두보를 확보했다. 종교적인 열정은 당연히 청교도들에게서, 특히 매사추세츠에서 가장 강하게 나타났다. 그들은 누구보다 먼저 자신들의 정착촌이 '하나님과의 언약'에 따라 전 세계에 모범이 될 '언덕 위의 도시'를 세우는 것이라고 규정했다. 그리고 다른 개신교도 개척자들도 비슷한 방식으로 자신들과 미국을 보기 시작했다. 17세기와 18세기에 미국인들은 신세계에서 자신들의 사명을 성경적 표현으로 규정했다. 그들은 '선민'으로서 '광야에서 심부름을' 하는 사람들이며, 분명히 '약속의 땅'인 곳에서 '새로운 이스라엘' 내지 '새로운 예루살렘'을 만드는 중이었다. 미국은 '새로운 천국과 새로운 지상, 정의의 고향'인 곳, 즉 하나님의 나라였다. 미국의 개척은 사크반 베르코비치의 표현대로 "종교적인 사명감의 감정적, 영적, 그리고 지적 열정으로" 충만한 것이었다. 이와 같은 사명감은 곧 미국을 '구원의 국가'와 '소망의 나라'로 보는 성경적 개념으로 확대되었다.[9]

    미국의 프로테스탄티즘은 유럽의 프로테스탄티즘, 특히 기존의 교회들과 관련된 성공회나 루터교와 다르다. 이와 같은 차이는 에드먼드 버키가 지적했는데, 그는 영국인들이 정치적 및 종교적 권위들에 대해 느끼는 두려움, 경외심, 그리고 존경심을 미국인들의 '치열한 자유정신'과 비교했다. 그는 이와 같은 정신이 미국식 프로테스탄티즘의 뚜렷한 특징을 대변하는 것이라고 주장했다. 미국인들은 "개신교도들이며, 생각과 정신에 대한 모든 묵시적 복종에 혐오감을 보이는 사람들이다. 모든 프로테스탄티즘은 가장 냉정하고 수동적인 것조차도 일종의 저항주의이다. 그러나 우리의 북부 식민지들에 퍼져 있는 종교는 저항의 원칙을 더

욱 강조한다. 그것은 저항자들의 저항이며, 개신교도 종교에 저항하는 개신교도 종교이다."10

이와 같은 저항은 처음부터 뉴잉글랜드의 순례자들Pilgrims 및 청교도들Puritans 정착촌들에서 분명하게 나타났다. 청교도들의 교리까지는 아니어도 생각과 방식, 그리고 태도 등이 식민지들에 널리 퍼졌고 다른 신교도 집단들의 믿음과 생각에 영향을 끼쳤다. 토크빌이 말했듯이, 어느 면에서 '미국의 전체적인 운명'은 청교도들이 결정했다. 제임스 브라이스도 같은 얘기를 했다. "뉴잉글랜드의 종교적 열정과 종교적 양심은 크게 볼 때 전체 국가로 흡수되었다." 때로는 정화되고, 때로는 수정되고, 때로는 희석되면서 청교도의 전통은 미국의 핵심이 되었다. "영국은 청교도 혁명으로 청교도 사회를 만들지 못했지만, 미국은 청교도 혁명을 겪지 않고도 청교도 사회를 만들었다."11 미국의 식민지들에 청교도적 사상과 방식이 널리 퍼진 것은 어느 면에서 (영국의 동부 지역을 가리키는) 동앵글리아East Anglia 개척자들의 뚜렷한 특징 때문이었다. 데이비드 핵킷 피셔가 지적한 영국인 개척의 다른 세 파도들에서와 달리, 동앵글리아 사람들은 농부들이기보다 도시의 기능인들이었고 대개는 가족 단위로 미국에 왔다. 대부분의 그들은 문자해독 능력이 있었다. 그리고 많은 사람들은 캠브리지 대학교를 졸업했다. 그들은 또 독실한 신앙인이었고 하나님의 말씀을 전파하는 데 헌신적이었다. 그들의 사상과 가치관, 그리고 문화는 신세계의 전지역에—특히 중서부의 '거대 뉴잉글랜드'에— 전파되었고, 새로운 나라의 생활방식과 정치발전에 핵심적 역할을 수행했다.12

처음에 청교도주의Puritanism와 회중주의congregationalism에서 나타났던, 미국 프로테스탄티즘의 저항성은 그후 수백 년 동안 침례교, 감리교, 경건주의piestist, 근본주의, 복음주의, 성령주의Pentecostal, 그리고 그밖의 프로테스탄티즘에서 다시 나타났다. 이와 같은 운동들은 크게 다른 것이었다. 하지만 그것들은 대체로 하나님에 대한 개인들의 직접적인 관계, 성경을 하나님 말씀의 유일한 원천으로 보는 성경 제일주의, 믿음과 '거듭남'의 경험을 통한 구원, 증거하고 전도하는 개인들의 책임성, 그리고 민주적이고 참여적인 교회 조직 등을 강조했다.[13] 18세기부터 미국의 프로테스탄티즘은 점점 더 대중적이고 덜 계층적이 되었으며, 점점 더 감정적이고 덜 지적인 것이 되었다. 교리보다 열정이 더 중요해졌다. 분파들과 운동들이 계속해서 늘어나며, 한 세대의 저항적 분파들이 다음 세대의 새로운 저항자들로부터 다시 도전을 받았다. '저항자들의 저항 Dissidence of dissent'은 미국 프로테스탄티즘의 특성과 역사 모두를 설명한다.

종교적 열정은 17세기와 18세기에 미국의 많은 분파들에서 뚜렷한 특징이었으며, 복음주의evangelicalism는 다양한 형태로 미국의 프로테스탄티즘에 중심이 되었다. 시카고 대학교의 저명한 역사학자 마틴 마티의 표현에 따르면, 미국은 처음부터 '복음주의 제국'이었다. 복음주의적 프로테스탄티즘은 (조지 마스든에 따르면) 19세기에 "미국인들의 삶에서 지배적인 요인"이었고 (개리 윌즈에 따르면) 늘 "미국 종교의 주류"를 형성했다.[14] 19세기 초에 미국에서는 종파, 설교자, 그리고 신도들의 수가 폭발적으로 늘어났다. 종교적인 저항 내지 반항이 시대의 흐름이었다. 역사학자 네이던 해치의 말에 따르면, "넘치는 힘의 젊은이들이 자의식적인 외부자로서 온갖 운동들을 전개했다. 그들은 치열한 노력의 윤리, 확장에의 열정, 기존의 믿음과 방식에 대한 도전, 종교적 재건에의 헌신, 그리고 이상을 실현하기 위한 체계적 계획을 공유했다. 그들 모두 서민들에게, 특히 가난한 사람들에게 개인적 자긍심과 집단적 자신감의 강력한 비전을 제시했다." 따라서 미국의 복음주의 역사는 단순한 종교적 운동의 역사를 넘어선다"고 윌리엄 맥콜린도 동의한다. "그것을 이해하면 19세기 미국인 삶의 전반적인 모습을 이해할 수 있다."[15]

상당히 비슷한 얘기를 20세기에 대해서도 할 수가 있다. 미국인들 중에서 자신들이 '거듭난' 기독교도라고 얘기한 사람들은 1980년대에 30퍼센트에 불과했다. 대다수의 침례교도, 33퍼센트 가량의 감리교도, 25퍼센트 가량의 루터교도와 장로교도들이 그렇게 얘기했다. 그러나 1999년에는 39퍼센트 가량의 미국인들이 스스로 거듭났다고 얘기했다. "현대적인 복음주의는 1970년대 초반 이후 미국인들 사이에서 힘을 얻고 있었다." 복음주의는 또 미국의 가장 큰 이민자 집단인 중남미계 천주교도들 사이에서 많은 개종자들을 얻고 있었다. 명문 대학교들에서도 복음주의 학생들의 수가 점차 늘고 있었는데, 가령 하버드 대학교의 복음주의 동아리 회원은 1996년의 5백 명에서 2000년의 1천명으로 배가 되었다.[16] 새 천년이 시작되면서, 저항적인 프로테스탄티즘과 복음주의는 미국인들의 영적인 욕구를 충족시키는 데 여전히 핵심적 역할을 수행하고 있었다.

미국의 신조

'미국의 신조'라는 용어는 1944년에 군나르 미르달의 『미국의 딜레마』에 의해서 대중화되었다. 미국의 인종적, 종교적, 민족적, 지역적, 그리고 경제적 이질성을 지적하며, 그는 미국인들에게 "무언가 공통적인 것, 즉 사회적 에토스ethos, 정치적 신조"가 있다고 주장했다. 이것에 그는 대문자로 '미국의 신조American Creed'라는 이름을 붙였다. 그가 붙인 이름은 예전의 많은 전문가들이 언급했고 외국과 미국의 전문가들 모두 미국의 정체성에서 핵심적인 요소라고 지적한 현상에 대한 일반적 용어로서 받아들여졌다.

학자들은 그동안 다양한 방식으로 '신조'의 개념들을 규정했지만, 거의 모두가 그것의 중심적 사상들에 같은 의견을 보인다. 미르달은 "개별적 인간들의 필수적 존엄, 모든 사람들의 근본적 평등, 그리고 자유와 정의, 그리고 공정한 기회에 대한 천부적 권리"를 얘기했다. 제퍼슨은 인간의 평등, 천부적 권리, 그리고 "생명, 자유, 그리고 행복의 추구"를 독립선언서에 집어넣었다. 토크빌은 미국 사람들이 "자유와 평등, 출판의 자유, 결사의 권리, 배심원 재판, 그리고 정부 기관들의 책임성"에 의견이 같음을 발견했다. 1890년대에 브라이스는 미국인들의 정치적 믿음이 개인의 성스러운 권리, 인민의 정치권력 창출, 법과 국민의 정부 견제, 전국적 정부보다 지역적 정부에의 선호, 다수결 원칙, 그리고 "정부는 작을수록 좋다"는 것 등이라고 요약했다. 20세기에 다니엘 벨은 "개인주의, 업적, 그리고 기회의 평등"이 '신조'의 중심적 가치관이라고 지적하며, 미국에서는 "자유와 평등의 갈등이 (철학적으로 큰 논란을 야기시킨 유럽에서와 달리) 둘을 포괄하는 개인주의로 해소되는" 경향이 강하다고 얘기했다. 세이무어 마틴 립셋은 다섯 가지 주요 원칙을 그것의 핵심으로 규정했다. 자유, (결과나 조건이 아닌 기회와 존중의) 평등주의, 개인주의, 대중주의, 그리고 자유방임 등이었다.[17]

'신조'의 원칙들에는 세 가지 두드러진 특징이 있다. 첫째, 그것들은 시간이 지나도 상당히 안정적인 기조를 유지했다. 립셋의 말에 따르면 "국가적 가치관 체계의 주요 요소들과 관련해 변화보다 연속성이" 우세했다.[18] 18세기 후반부터 20세기 후반까지 '신조'에 대한 설명은 크게 변하지 않았다. 둘째, 20세기 후반까지 '신조'는 또 (실천은 다를 수도 있었지만) 미국인들에게 광범위한 동의와 지원을 받았다. 유일한 주요 예외는 남부가 노예제의 정당화를 추진한 것이었다. 그것을 빼고 '신조'의 일반적 원칙들은 미국인들의 압도적인 지지를 받았다고 19세기의 전문가들과 20세기의 여론조사 결과들 모두가 확인했다.

셋째, '신조'의 중심적 사상들은 거의 모두가 저항적인 개신교도에 뿌리를 두고 있다. 개신교도들은 개인적인 양심과 (성경에서 직접 하나님의 진리를 배워야 하는) 개인들의 책임성을 강조했는데, 이것은 개인주의와 평등, 그리고 종교와 의견의 자유에 대한 미국인들의 헌신을 고취시켰다. 프로테스탄티즘은 근로윤리와 자신의 성공이나 실패에 대한 개인들의 책임성을 강조했다. 회중을 중시하는 교회 조직화의 방식 속에서, 프로테스탄티즘은 계층구조에 반대했고 정부도 유사한 민주적 형태를 가져야 한다고 주장했다. 그것은 또 미국과 전 세계에서 사회를 개혁하고 정의와 평화를 구현하는 도덕주의적 노력도 촉구했다.

'미국의 신조'와 비슷한 어떤 것도 (혁명기의 프랑스를 제외한) 대륙의 유럽 사회나 프랑스, 스페인, 포르투갈의 식민지들이나 뒤를 이은 영국의 캐나다, 남아공, 호주, 그리고 뉴질랜드 식민지들에서도 나타나지 않았다. 이슬람교, 불교, 정교, 유교, 힌두교, 유대교, 천주교, 그리고 루터교와 성공회조차도 문화적으로 그와 유사한 것을 탄생시키지 못했다. '미국의 신조'는 저항적인 개신교도 문화의 독특한 산물이다. 미국인들이 '신조'를 받아들인 정도, 열성, 그리고 연속성은 그것이 미국의 국가적 성격과 국가적 정체성에서 불가결의 일부임을 보여준다.

'신조'의 원천에는 18세기 중반에 미국의 일부 엘리트들 사이에서 인기를 얻게 된 계몽주의 사상도 포함된다. 그러나 이 사상은 이미 백년 넘게 미국에 존재하고 있었던 앵글로-개신교도 문화에서도 찾을 수 있었다. 이 문화에서 가장 중요한 것은 자연법과 불문법, 정부 권한의 한계, 그리고 대헌장 Magna Carta에서 비롯된 영국인들의 권리를 강조하는 영국의 오랜 사상이었다. 여기에다가 영국혁명의 보다 급진적이었던 청교도 분파는 평등과 인민에 대한 정부의 책임성을 추가했다. 윌리엄 리 밀러의 지적에 따르면 "미국에서 종교는 신조의 형성을 도왔고 그것과 양립하는 것이었다. 이곳에서 자유적 프로테스탄티즘과 정치적 자유주의, 민주적 종교와 민주적 정치, 미국적 신앙과 기독교 신앙은 서로에게 깊은 영향을 끼쳤다." 개신교도의 믿음체계와 미국의 정치적 신조는 비슷한 사상적 특성을 보였고, 둘이 힘을 합쳐 (존 하이엄의 주장에 따르면) "19세기에 미국 사람들을 단결시키는 강력한 유대감을" 형성했다. 그리고 어떤 학자는 이렇게 얘기했다. "미국에서 프로테스탄티즘과 자유주의를 분리시키는 것은 쉽지 않다."[19] 간단하게 말해서 '미국의 신조'는 하나님이 없는 프로테스탄티즘, '교회의 영혼이 있는 나라'의 세속적 신경 credo이다.

개인주의와 근로윤리

미국에서 프로테스탄티즘은 대체로 선과 악, 옳음과 그름의 근본적 구분에 대한 믿음을 포함한다. 미국인들은 캐나다인, 유럽인, 그리고 일본인들보다 "어떤 상황에서도" 적용되는 "선과 악에 대한 분명한 구분선이 있다"고 믿으면서, 그런 구분선은 없으며 선과 악은 상황에 따라 다르다고 믿지 않는 경향이 강하다.[20] 미국인들은 그래서 자신들의 개인적 행위와 자신들 사회의 성격을 규정해야 하는 절대적 기준들과, 그런 기준들에 맞춰 살지 못하는 자신들과 자신들 사회의 실패 사이에 존재하는 격차에 끊임없이 노출된다.

대부분의 개신교도 분파들은 계층적인 성직자의 중개 없이 성경에서 직접 하나님의 말씀을 받아들이는 개인들의 역할을 강조한다. 많은 종파들은 또 개인들이 (역시 성직자의 중개 없이) 하나님의 은총을 받아 구원을 얻거나 '거듭나야' 한다고 강조한다. 이 세상에서의 성공은 개인들에게 이 세상에서 선을 행하는 책임성을 부여한다. "프로테스탄티즘, 공화주의, 그리고 개인주의는 모두가 하나"라고 F. J. 그룬드는 1837년에 미국에 대해서 얘기했다.[21]

개신교도 문화는 미국인들을 세상에서 가장 개인주의적인 사람들로 만들었다. 예를 들어 지어트 호프스티드가 39개 국가에서 116,000명의 IBM 직원들을 비교분석한 결과에 따르면, 평균적인 개인주의 지수는 51이었다. 그러나 미국인들은 평균치를 훨씬 넘어 91의 지수로 1위를 차지했고, 그 뒤를 호주, 영국, 캐나다, 네덜란드, 그리고 뉴질랜드가 이었다. 그리고 개인주의 지수가 가장 높은 10개국 중에서 8개국은 개신교도 국가였다. 14개 국가의 사관학교 생도들을 대상으로 한 조사도 비슷한 결과를 보여 미국과 캐나다, 그리고 덴마크가 가장 높은 개인주의 지수를 기록했다. 1995~1997년에 '전 세계 가치관 조사'는 48개국의 국민들에게 자신들의 복지에 기본적인 책임을 져야 하는 것이 개인인지 국가인지 물었다. 미국인들은 (스웨덴 사람들과 함께) 근소한 차이로 스위스 사람들의 뒤를 이어 개인의 책임성을 강조했다. 몇몇 국가에서 15,000명의 관리자를 대상으로 한 개인주의 측정 조사에서 가장 높은 점수는 미국인이, 가장 낮은 점수는 일본인이 기록했고, 중간의 순위는 캐나다, 영국, 독일, 그리고 프랑스 사람들이 차지했다. 이 연구의 주관자들은 다음과 같은 결론을 내렸다. "미국인 관리자들은 압도적으로 가장 강한 개인주의 성향을 보인다. 그들은 또 내향적인 성격도 강하다. 미국인들은 우리가 '스스로 결정해야' 하고 '자신의 일은 자신이 해야 한다'고 생각하며, 다른 사람들과 외적인 상황의 영향에 자신을 맡겨서는 안 된다고 믿는다."[22]

미국의 개신교도 문화에서 개인의 성공은 개인의 책임이며, 이와 같은 생각은 성공의 신화와 자수성가의 개념을 야기시켰다. 로버트 벨라의 말에 따르면 "부자의 신화와 성공의 이상을 만들어낸 것은 앵글로-색슨 개신교도들이었다." 자수성가의 개념은 잭슨 대통령 시절에 전면에 부상했는데, 이 말은 헨리 클레이가 1832년의 상원 토론에서 처음으로 사용했다. 수많은 여론조사가 보여주듯이, 미국인들은 사람들의 성공 여부는 거의 전적으로 자신의 재능과 성품에 달려있다고 믿는다. '아메리칸 드림'의 이 중심적 요소는 클린턴 대통령이 완벽하게 표현했다.

우리 모두가 알고 있는 '아메리칸 드림'은 간단하지만 강력한 것이다. 우리는 열심히 일하고 규칙에 따를 때, 하나님이 주신 능력이 허락하는 데까지 갈 수 있는 기회를 얻게 된다.[23]

경직된 사회적 계층구조가 없는 상황에서, 사람들은 자신의 업적에 따라 결정된다. 지평선은 열려있고, 기회들은 무궁하고, 그것들의 실현은 개인의 정력, 시스템, 그리고 노력, 간단하게 말해서 근로work의 능력과 의지력에 달린다.

근로윤리는 개신교도 문화의 중심적 특성이며, 처음부터 미국의 종교는 근로의 종교였다. 다른 사회들에서는 가문, 계급, 사회적 지위, 혹은 민족 같은 요소들이 지위와 성공의 기본적 원천이다. 미국에서는 그것이 근로이다. 방식은 다르지만, 귀족주의와 사회주의 사회 모두 근로를 무시하고 폄하한다. 부르주아 사회는 근로를 권장한다. 미국은 전형적인 부르주아 사회로서 근로를 예찬한다. '당신은 무엇을 하는 사람이냐?'고 물을 때, 감히 '노는 사람'이라고 대답하는 미국인은 거의 없다. 주디스 쉬클라가 지적했듯이, 역사적으로 미국에서는 사회적 지위를 근로와 근로에 의한 돈벌이 능력이 결정했다. 취업은 자신감과 독립성의 원천이다. "열심히 일해서 자유를 얻으라"고 벤저민 프랭클린은 얘기했다. 이와 같은 근로 예찬은 잭슨 대통령 시절에 전면으로 부상했는데, 당시의 사람들은 '무언가를 하는 사람'과 '아무 것도 하지 않는 사람'으로 나뉘어졌다. 쉬클라의 말에 따르면 "이와 같은 태도가 야기시킨 근로(일) 중독은 19세기 전반부에 미국을 방문한 모든 사람들이 인식했다."[24] 독일 사람 필립 샤프가 얘기했듯이, 1830년대의 미국에서 기도와 근로는 연결되어 있었고 게으름은 죄악이었다. 역시 1830년대에 미국을 방문한 프랑스 사람 미셸 셔발리에는 이렇게 얘기했다.

> 관습과 예절은 열심히 일하는 사회의 것이었다. 직업이 없는 사람과 (거의 같은 개념인) 결혼하지 않은 사람은 대접을 받지 못한다. 사회의 활동적이고 유용한 일원, 국부와 인구를 늘리기 위해 자기 몫의 공헌을 하는 사람만이 존경과 사랑을 받는다. 미국인들은 무언가 직업이 있어야 하고 열심히 영리하게 일하면 성공한다는 생각 속에서 자라난다. 미국인들은 가족이 부자일 때도 직업이 없는 삶을 생각하지 못한다. 삶의 습관들은 모두가 열심히 일하는 사람들의 것이다. 미국인들은 일어나서부터 일을 하고, 잠을 자기 전까지 일에 몰두한다. 식사시간조차도 미국인들에게는 휴식의 시간이 아니다. 그것은 가능한 한 짧게 해야만 하는 사업의 원치 않는 중단이다.[25]

노동과 노동의 보상에 대한 권리는 19세기에 노예제에 반대한 주장의 일부였고, 새로운 공화당이 주창한 중심적 권리는 '생산적인 노동과 휴가 및 보상의 권리'였다. '자수성가'의 개념은 미국의 이와 같은 환경과 문화의 독특한 산물이다.[26]

1990년대에도 미국인들은 여전히 일하는 사람들이었다. 그들은 다른

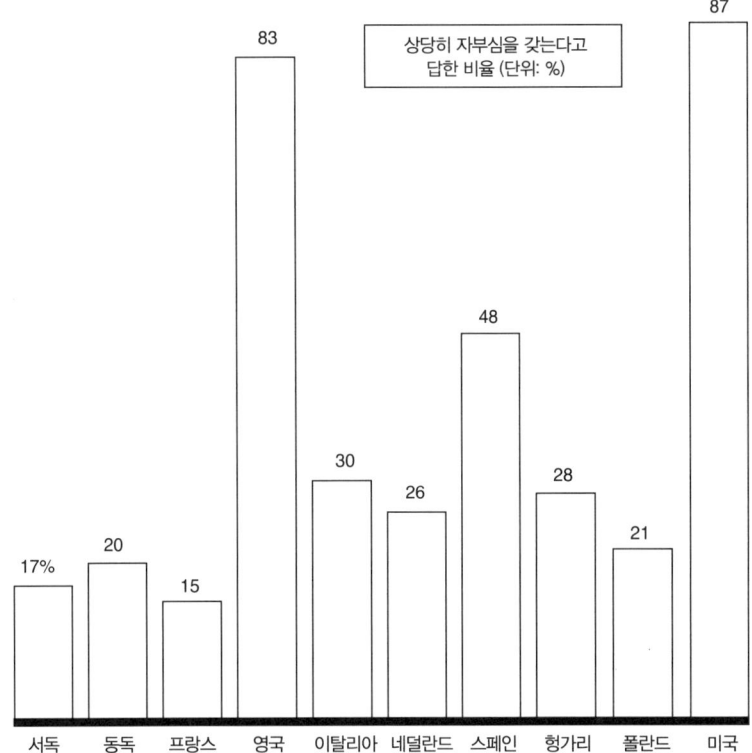

〈표 4-1〉 노동에 대한 자부심

노동자들에게 던진 질문 : "당신은 당신이 하는 일에 얼마나 자부심을 갖는가? 그것을 '상당히', '어느 정도', '약간', '전혀' 와 같은 단어로 답한다면"

출처 : 1990년도 전 세계 가치관 조사

선진국 사회의 사람들보다 더 오래 일했고 더 짧은 휴가를 보냈다. 다른 선진국 사회들의 근로 시간은 줄어들고 있었다. 미국에서는 그것이 오히려 늘어나고 있었다. 선진국들 사회에서 근로자의 평균 근로 시간은 1997년에 미국이 1,966, 일본이 1,889, 호주가 1,867, 뉴질랜드가 1,838, 영국이 1,731, 프랑스가 1,656, 스웨덴이 1,582, 독일이 1,560, 노르웨이

99

가 1,399시간이었다. 평균적으로 미국인들은 유럽인들보다 1년에 350시간을 더 일했다. 1999년에 미국의 십대들은 60퍼센트가 일했는데, 이것은 다른 선진국 사회들의 3배에 달하는 것이었다. 역사적으로 미국인들은 여가를 미안하게 생각하는 편이었고, 그것을 근로윤리로써 해소하려 애썼다. 신디 애론이 『놀면서도 일하기』라는 책에서 주장했듯이, 미국인들은 1990년대에도 여전히 "일하지 않는 시간에 대한 미국인들의 완고하고 지속적인 의심"의 노예들이었다.[27] 미국인들은 휴가를 비생산적인 여가가 아니라 좋은 일과 자기발전에 사용해야 한다고 믿는 경향이 있다.

미국인들은 다른 사람들보다 더 많이 일하기만 한 것이 아니라, 다른 사람들보다 더 근로(일)에서 만족과 정체성을 찾기도 했다. 1990년에 10개국에 대한 '전 세계 가치관 조사'의 결과에 따르면, 미국인들의 87퍼센트는 근로에 대단한 자부심을 갖고 있다고 말했는데, 이와 비슷한 숫자는 영국인들에게서만 나타났다. 대부분의 나라에서 그런 견해를 피력한 근로자들의 비율은 30퍼센트를 밑돌았다(표 4-1 참조). 미국인들은 늘 열심히 일하는 것이 개인적인 성공의 관건이라고 믿었다. 1990년대 초에 미국인들의 80퍼센트는 미국인이 되려면 근로윤리를 받아들여야 한다고 얘기했다. 미국인들의 90퍼센트는 조직의 성공을 위해 필요하다면 더 열심히 일할 것이라고 얘기했으며, 67퍼센트는 근로를 덜 강조하는 사회적 변화를 반기지 않을 것이라고 얘기했다. 미국인들의 이와 같은 태도는 사회를 생산적인 사람들과 그렇지 않은 사람들로 나누어서 본다.[28]

당연히 이와 같은 근로윤리는 고용과 복지에 관한 미국의 정책들을 규정해왔다. 정부의 선심성 정책은 다른 선진국들에서 보기 어려운 비난의 대상이 된다. 1990년대 후반에 실업 혜택은 영국과 독일에서 5년, 프랑스에서 2년, 일본에서 1년 동안 지급되었지만 미국에서는 6개월에 불과했다. 미국에서 1990년대에 복지 혜택을 줄이고 가능하면 제거하려 했던 시도는 근로의 도덕적 가치에 대한 믿음에 그 뿌리가 있었다. '공짜로 무언가를 얻는 것'은 너무나도 부끄러운 일이다. 쉬클라가 지적하듯이 "근로복지Workfare는 시민됨에 관한 것이고, 신체적 능력이 있는 성인들이 적극적으로 돈을 벌지 않을 때 온전한 시민이 될 수 있는지에 관한 것이다."[29]

역사적으로 미국에서 이민자들은 근로윤리에 적응해야 하는 도전에 직면했다. 1854년에 필립 샤프는 미국에 이민을 가고 싶어하는 사람들에게 이렇게 충고했다.

> 우리는 이민자들에게 하나만을 얘기해야 한다. 온갖 종류의 개인주의에 대비하라. 즉, 운과 상황에 의존하지 말고 하나님과 불굴의 근면에 의지하라. 평온하고 즐거운 삶을 원한다면 집에 있는 것이 좋다. "기도하고 일하라"는 좋은 충고는 그 어느 곳보다 미국에서 맞는 말이다. 진정한 미국인이 경멸하는 것은 게으름과 답보뿐이다. 진정한 미국인은 쾌락이 아닌 노동, 편안한 게으름이 아닌 힘든 근로를 올바른 자세로 생각한다. 이것은 미국인들에게 가장 중요한 것이고, 나아가 미국의 도덕적 삶에 가장 큰 영향을 끼친다.

1890년대에 폴란드계 미국인 이민자들은 자신들이 마땅히 해야 할 근로의 양에 깜짝 놀랐다. 이것은 그들이 폴란드에 보낸 편지에서 하나의 지배적인 주제였다. 어떤 사람은 이렇게 적었다. "미국에서 하루에 흘려야 하는 땀은 폴란드에서 일주일에 흘려야 하는 땀보다 많다." 1999년에 쿠바계 미국인인 알렉스 알바레스는 새로운 쿠바계 이민들에게 미국에서 무엇을 각오해야 하는지 다음과 같이 경고했다.

> 자본주의 체제에 온 것을 환영한다. 여러분들 각자는 여러분이 갖게 될

돈의 양에 책임을 진다. 정부는 여러분이 무엇을 먹는지, 혹은 여러분이 가난하거나 부자인지에 책임이 없다. 정부는 여러분에게 일자리나 집을 보장하지 않는다. 여러분은 부유하고 강력한 나라에 왔지만, 여기에서도 쿠바에서처럼 잘살 수 있는지는 여러분에게 달려있다.[30]

도덕주의와 개혁윤리

다른 사회들의 정치처럼 미국의 정치도 개인성과 파벌, 계급과 종교, 이익집단과 민족집단의 정치였고 지금도 그러하다. 하지만 그것은 또 상당한 정도로 도덕주의와 도덕적 열정의 정치이기도 했고 지금도 그러하다. 미국의 정치적 가치들은 '신조'에 구현되어 있고, 정치적 행위와 제도 속에서 그런 가치들을 실현하려는 노력은 미국의 역사에서 반복적인 주제이다. 개인적으로 미국인들은 '아메리칸 드림'을 추구하고 재능, 성품, 그리고 노동을 통해 달성할 수 있는 것을 달성해야 할 책임이 있다. 집합적으로 미국인들은 자신들의 사회가 정말로 '약속의 땅'임을 입증해야 할 책임이 있다. 이론적으로 개인들의 개혁 성공은 사회의 집합적인 개혁 필요성을 없앨 수도 있고, 몇몇 유명한 복음주의자들은 사회적 및 정치적 개혁이 개인적 영혼의 부활을 위한 것이 아니라는 이유로 그것들에 반대했다. 그러나 현실적으로 미국의 역사에서 '위대한 깨우침Great Awakening'은 정치적 개혁의 위대한 시기들과 밀접하게 연결되어 있었다. 이와 같은 '신조적 열정'의 표현들은 근본적으로 미국 프로테스탄티즘의 저항적이고 복음적인 성격에 의해 규정되어 왔다. 로버트 벨라는 그것의 역할을 다음과 같이 간략하게 요약한다.

우리의 역사에서 대부분의 선과 대부분의 악은 우리의 대중적 신학에 뿌리를 두고 있다. 미국이 사명적 가치들을 더 잘 실현케 하려는 모든 운동들은 여러 가지 형태의 대중적 신학에서 비롯되었다. 이를테면 노예제 폐지, 사회적 복음, 초창기의 사회주의 정당, 킹 목사가 주도한 시민권 운동, 그리고 차베스가 주도한 농촌 근로자 운동 등이다. 하지만 모든 팽창주의 전쟁들과 온갖 형태의 인종적 및 민족적 탄압들도 그러했다.

개리 윌즈도 동의한다. "종교는 우리의 주요 정치적 위기들에서 중심에 있었고, 그것들은 거의 언제나 도덕적 위기들이었다. 전쟁, 노예제, 기업권력, 시민권, 성차별, '서구', 미국의 분리주의와 제국 주장 등에 대한 지지와 반대가 그러했다."[31]

사학자들은 미국의 개신교도 역사에서 네 차례의 '위대한 깨우침'을 지적하는데, 이것들은 각각 정치적 개혁의 주요 시도들과 연결되어 있었다. 많은 정치적, 경제적, 그리고 사상적 요인들이 합쳐져 미국혁명(독립전쟁)을 유발시켰다. 후자에 속하는 것은 로크적 자유주의, 계몽적 합리주의, 그리고 시민적 공화주의였다. 또 하나 중요했던 것은 독립전쟁의 종교적 요인으로서, 특히 1730년대와 1740년대의 '위대한 깨우침'을 들 수가 있다. 조지 와이트필드를 비롯한 부흥주의revivalist 설교자들이 주도했고 조나단 에드워즈가 원칙과 정당성을 제공했던 이 '깨우침'은 식민지들을 휩쓸며 수천 명의 미국인들이 그리스도 안에서 새로 태어나도록 자극했다. 이 종교적 요동은 곧바로 이어진 정치적 요동의 바탕이 되었다. 비록 혁명은 '깨우침'이 없었어도 일어났을지 모르지만, 실제로 일어난 혁명(독립전쟁)은 '깨우침'이 바탕이었고 그 영향을 크게 받았다. 하버드 대학교의 알랜 하이머트 교수는 이렇게 얘기했다. "당시의 복음주의 열정은 미국의 열렬한 국가주의의 화신이자 도구였다. 혁명(독립전쟁) 이

전 미국의 복음주의 교회들에서 사도들과 신도들의 결합이 일어나 초창기 미국의 민주주의를 특징짓게 되었다." 미국 사람들의 절반에 가까운, 상당한 비율의 회중주의자, 장로교도, 그리고 침례교도들이 "천년주의 개념을 수용했으며" 이와 같은 "천년주의도 혁명(독립전쟁)의 가장 강력한 뒷받침이 되었다."[32]

비록 미국인들이 그것을 지지하거나 반대한 정도는 다양하게 나타났지만, 그 '깨우침'은 여전히 식민지들 전체에서 거의 모든 분파들과 종파들의 사람들을 참여시킨 최초의 대중적 운동이었다. 그 '깨우침'의 대표적 복음주의자였던 와이트필드는 조지아부터 뉴햄프셔까지 설교를 했고 최초의 진정으로 '미국적인' 대중적 인물이었다. 이렇게 해서 전식민지의 정치적 운동을 위한 경험과 환경이 만들어졌고, 이 운동은 결국 미국의 독립으로 이어졌다. 그것은 미국인들에게 최초의 단결 경험이었으며, 지역적 자의식과 구분되는 국가적 자의식을 만들어냈다. 존 애덤스는 1818년에 이렇게 지적했다. "혁명은 전쟁이 일어나기 전에 이미 현실화되었다. 혁명은 사람들의 마음과 가슴 속에 있었다. 그것은 사람들의 종교적 의무감과 책임감의 변화였다." 애덤스의 말을 반영하며, 윌리엄 맥롤린은 1973년에 '위대한 깨우침'이 "미국의 국가적 정체성의 시작이었고 혁명의 출발점이었다"고 결론내렸다.[33]

1820년대와 1830년대의 '두 번째 위대한 깨우침'은 (로버트 벨라의 말에 따르면) "복음주의적이고 부흥주의적인 것"으로서 사실상 "미국의 두 번째 혁명"이었다.[34] 이것의 특징은 감리교 및 침례교 교회들의 폭발적인 증가와 새로운 분파 및 종파들의 등장이었다. '두 번째 위대한 깨우침'에서 와이트필드의 역할을 한 것은 찰스 G. 피니였는데, 그는 수만 명의 사람들을 미국의 교회들로 인도해 "믿음뿐 아니라 근로의" 필요성을 역설했고 그 결과 "개혁에 엄청난 영향을" 끼쳤다. 종교적 부흥주의는 사회적 및 정치적 발전에의 수많은 노력들을 야기시켰다. 윌리엄 스위트는 이렇게 얘기했다. "사회들의 존립 이유는 절제심을 강화시키고, 교회들을 세우고, 항구와 수로에서 일하는 선원들을 구하고, 흡연과 싸우고, 식단을 개선하고, 평화를 증진시키고, 감옥을 개혁하고, 매춘을 근절하고, 아프리카의 흑인들을 식민화하고, 교육을 지원하는 것이다."[35] 그러나 이 '깨우침'의 가장 중요한 아이는 노예제 철폐 운동이었는데, 이것은 1830년대에 새로운 생명을 얻어 노예 문제를 국가적 관심사로 부상시켰고, 그후 25년 동안 사람들이 노예 해방 운동에 동참하도록 자극했다. 그 문제로 인해서 전쟁이 일어났을 때, 북부와 남부 모두에서 병사들이 나와 하나님의 뜻을 이루기 위해 싸움터로 나아갔다.

'세 번째 위대한 깨우침'은 1890년대에 시작되어 사회적 및 정치적 개혁의 대중주의 및 진보주의 운동과 밀접하게 연결되었다. 후자는 개신교도적 도덕성이 충만한 것이었고, 개혁가들은 (이전의 개혁들에서 그랬듯이) 제도와 사상의 격차를 없애고 정의와 평등의 사회를 만들어야 할 도덕성 필요성을 강조했다. 개혁가들은 독점 기업들과 대도시 기관들의 권력 집중을 공격했고, 다양한 정도로 반독점 조치들과 여성의 참정권, 주민소환, 주민투표, 철도의 규제 등을 옹호했다. 이와 같은 개혁에의 지지는 중서부와 극서부에서 가장 강했는데, 이른바 '거대 잉글랜드Greater England'로 불린 이 지역들은 청교도의 후손들이 이주한 곳이어서 청교도의 지적, 사회적, 그리고 종교적 전통이 강한 곳이었다. 진보주의 운동의 참여자들은 대체적으로 (알랜 그라임즈의 표현에 따르면) 다음과 같은 것들을 믿었다. "미국에서 태어난 백인들의 우월성, 개신교도, 특히 청교도 도덕성의 우월성, 그리고 (이익집단들이 지배한다고 여겨지는) 주와 시의 기관들에 대한 어느 정도의 직접적인 통제, 그러니까 일종의 대중주의의 우월성."[36]

'네 번째 위대한 깨우침'은 1950년대와 1960년대에 복음주의적 프로테스탄티즘의 성장과 함께 시작되었다. 이 '위대한 깨우침'은 (시드니 알스트롬의 주장에 따르면) "이 세상에 (적어도 미국에) 심대한 영향을 끼쳤다."37 이것은 미국의 정치에서 두 가지 개혁 운동과 연결되었다. 그중에서 하나는 1950년대 후반에 시작된 것으로 미국적 가치들과 미국적 현실 사이의 가장 명백한 격차, 즉 흑인들을 차별하는 법적 및 제도적 분리주의에 관한 것이었다. 그리고 이것은 1960년대와 1970년대에 기존의 제도들에 대한 전반적 도전으로 이어졌고, 월남전과 닉슨 행정부의 권력 남용에 초점을 맞추었다. 어떤 경우에는 '남부 기독교 리더십 연맹' 같은 개신교도 조직들과 리더들이 중심적 역할을 수행했다. 그리고 어떤 경우에는 ('신좌파' 조직들의 경우에서 보듯이) 운동의 개념은 완전히 세속적인 것이었지만 여전히 강력한 도덕주의 색채를 띠었다. '신좌파 New Left' 운동은 1960년대 초에 그들의 어떤 지도자가 말했듯이 "절대적인 도덕적 가치들에서 비롯되었다."38 나중에 나타난 이것의 두 번째 표현은 1980년대와 1990년대에 역시 정부의 권한과 사회복지 프로그램, 그리고 세금을 줄이면서 동시에 낙태에 대한 정부의 규제를 확대시킬 필요성에 초점을 맞추는 보수주의 개혁 운동이었다.

저항적 프로테스탄티즘은 미국의 국내정책뿐 아니라 외교 정책에도 영향을 끼쳤다. 외교 정책을 수행하면서 대부분의 주들은 권력과 안보, 그리고 경제의 소위 말하는 '현실주의' 개념을 가장 우선적으로 강조한다. 그리고 미국도 결정적인 순간에는 그와 같은 기조를 견지한다. 그러나 미국인들은 또 다른 사회들과의 관계 속에서, 그리고 그런 사회들의 내부에서, 자신들이 추구하는 도덕주의 목표들도 권장해야 할 필요성을 느낀다. 1815년 이전의 새로운 공화국에서 '건국의 아버지들'은 외교 정책을 무엇보다 현실주의 측면에서 규정하고 수행했다. 그들이 이끌고 있던 아주 작은 공화국은 당시의 열강들인 영국, 프랑스, 그리고 스페인의 영토와 국경을 접하고 있었으며, 그들 열강들은 대부분의 그 기간 동안 서로 전쟁을 벌이고 있었다. 영국 및 프랑스와 끝을 모르는 싸움을 하고, 스페인의 영토에 군사적으로 개입하고, 나폴레옹에게서 루이지애나를 매입해 자신들의 국토를 배로 늘리는 과정에서, 미국의 지도자들은 유럽식의 힘의 정치를 기민하게 실천하는 모습을 보였다. 나폴레옹 시대가 끝나면서 미국은 국력과 안보의 현실주의 정책을 줄이고, 대체로 경제적인 측면에서 외국과의 관계를 유지하며 자신들의 에너지를 자국 영토의 확장과 발전에 집중할 수 있게 되었다. 이 시기에 미국인들의 목적은 (월터 맥두걸의 주장에 따르면) 분명히 자신들의 나라를 '약속의 땅'으로 만드는 것이었다.

그러나 19세기 말에 미국은 세계적인 열강으로 부상했다. 그리고 이것은 두 가지 상충하는 결과들을 낳았다. 한편에서 미국은 세계적인 열강으로서 힘의 정치의 현실을 무시할 수 없었다. 자신들의 지위와 안보를 유지하기 위해 미국은 전 세계의 다른 열강들과 가장 현실적인 방식으로 경쟁할 수밖에 없었는데, 이것은 미국이 19세기에는 할 필요도 없었고 할 능력도 없었던 것이었다. 그와 동시에 미국은 세계적인 열강으로 부상함에 따라 자신들이 그동안 추구했던, 하지만 19세기에는 자신들의 약점과 고립 때문에 해외에서 권장하지 못했던 도덕적 가치들과 원칙들을 권장할 수 있게 되었다. 이렇게 해서 현실주의와 도덕주의의 관계는 20세기에 미국의 외교 정책에서 중심적인 주제가 되었으며, 미국인들은 (맥두걸의 표현에 따르면) 자신들의 나라를 '약속의 땅'에서 '십자군 국가'로 재규정했다.[39]

5.
종교와 기독교

하나님, 십자가, 미국

2002년 6월에 샌프란시스코의 '항소 순회 법원'은 '충성 서약'에 있는 '하나님 밑에서under God'란 구절이 정교 분리의 원칙을 위배하는 것이라고 판시했다. 판사들은 이 구절이 "특정한 종교를 인정하는" 것이며 "일신교에 의한…… 종교적 믿음의 고백"이라고 얘기했다. 따라서 '충성 서약'에 그 구절을 삽입한 의회의 1954년 법은 위헌이었고, 공무원인 공립학교 교사들은 교실에서 그것을 낭독할 수 없었다. 하지만 소수의견을 낸 판사는 '1차 수정헌법'이 단지 종교에 대한 정부의 중립성을 요구할 뿐이며, 그 구절이 "우리의 1차 수정헌법 자유"에 제기하는 위협은 "극히 미미한 것"이라고 주장했다.

이 법원의 판결은 미국의 정체성에 중심적인 하나의 주제에 대해 격렬한 논쟁을 야기시켰다. 판결의 지지자들은 미국이 세속적인 국가이고, '1차 수정헌법'은 종교에 대한 정부의 수사적 및 실질적 지원을 금지하고, 사람들은 하나님에 대한 믿음을 묵시적으로 확인하지 않고도 국가에 대한 충성 서약을 할 수 있어야 한다고 주장했다. 비판자들은 그 구절이 헌법 초안자들의 견해와 완벽하게 일치하고, 링컨도 게티즈버그 연설에서 그 구절을 사용했고, 대법원은 오랫동안 어떤 사람도 강제로 '서약'을 말하게 할 수는 없다고 판시했고, 아이젠하워 대통령도 그 구절이 단지 "미국의 전통과 미래에서 종교적 신앙의 초월성을 재확인한 것"에 불과하다고 말했음을 지적했다.

판결의 지지자들은 대체로 아주 적은 소수파였다. 비판자들은 모든 정치적 이념의 격노하고 압도적인 다수파였다. 부시 대통령은 그 판결이 '웃기는 것'이라고 얘기했다. 민주당의 상원 원내대표인 탐 대슐은 그것을 '미친 짓'이라고 말했으며, 뉴욕 주지사 조지 파타키는 그것을 "쓰레기 판결"이라고 비난했다. 상원은 99명 전원의 만장일치로 그 판결의 번복을 촉구했으며, 하원의원들은 의사당 계단에 모여서 '서약'을 낭독하고 '하나님이 미국을 축복하소서'라는 노래를 불렀다. 〈뉴스위크〉의 여론조사는 일반대중의 87퍼센트가 그 구절의 삽입을 지지해 9퍼센트의 반대를 압도한 것으로 나타났다. 84퍼센트의 대중은 또 '특정한 종교'를 거론하지 않는 한 학교와 정부기관 같은 공공장소에서 하나님God■을 지칭하는 데 찬성한다고 얘기했다.[1]

이 판결은 미국이 세속적 국가인지 종교적 국가인지의 문제를 극명하게 노출시켰다. '하나님 밑에서'에 대한 지지는 미국인들이 세상에서 가장 종교적인 사람들이며 다른 선진국들의 사람들보다 훨씬 더 종교적이

■이와 같은 맥락에서의 '하나님'은 기독교에서 말하는 하나님과 다른 것으로 보아야 한다. : 옮긴이

라는 사실을 반영한 것이었다. 미국인들은 그러면서도 무신론자들과 비신자들의 권리를 인정하고 존중한다. 그러나 〈뉴욕 타임스〉에 따르면 마이클 뉴도우 박사는 "일상생활에서 종교의 모든 암묵적 사용을 근절할" 계획이었다. "왜 나는 이방인 같은 기분을 느껴야만 하는가?"라고 그는 말했다. 그 법원의 판결도 '하나님 밑에서'는 "비신자들에게 자신들이 이방인으로서 정치적 공동체의 완전한 일원이 아니라는 메시지를" 전달한다고 지적했다.[2] 뉴도우 박사와 그 법원의 판결은 맞는 것이었다. 무신론자들은 미국 사회에서 '이방인들'이다. 비신자들로서 그들은 '서약'을 낭독하거나 자신들이 인정하지 않는 모든 종교적 행위에 참여할 필요가 없다. 하지만 그들은 또 미국을 종교적인 나라로 규정해왔고 규정하고 있는 미국의 그 모든 신자들에게 자신들의 무신론을 강요할 권리도 없다.

　미국은 기독교 국가이기도 한가? 통계는 그렇다고 얘기한다. 미국인들의 80 내지 85퍼센트는 정기적으로 자신들을 기독교인이라고 규정한다. 하지만 (여러 가지 방식으로 나타나는) 정부의 일반적인 종교적 지원과 (기독교를 포함해) 특정한 종교에 특별하게 혹은 배타적으로 하는 정부의 지원은 차이가 있다. 이 문제가 전면에 부상한 것은 1999년에 아이다호 보이즈에서였는데, 그때 정부 소유의 어떤 땅에 43년 동안 세워져 있던 18미터 높이의 십자가에 도전이 제기되었다. 이것을 포함한 여러 가지 비슷한 경우들에서, 십자가를 지지하는 사람들은 땅의 소유권을 민간 그룹들에 넘김으로써 십자가를 보존하려 했는데, 이것은 특정한 종교의 상징을 특별하게 대우하려는 정부의 태도를 묵시적으로 인정한 것이었다. 보이즈 십자가의 도전자인 브라이언 크로닌은 이렇게 주장했다. "보이즈에 있는 불교도, 유대교도, 이슬람교도, 그밖의 비기독교도들에게 그 십자가는 그들이 이상한 나라의 이상한 사람들이라는 점을 다시 한번 확인할 뿐이다."[3] 뉴도우 박사와 순회 법원의 그 판사들처럼 크로닌 씨도 공격의 대상이 되었다. 미국은 세속적 정부가 있는, 압도적으로 기독교인 국가이다. 비기독교도들은 자신들이나 조상들이 기독교도들이 세운 이 '이상한 나라'에 왔기 때문에 스스로 이상한 사람들이 되는 것도 어쩔 수 없는 일인지 모른다. 그것은 기독교도들이 이스라엘, 인도, 태국, 혹은 모로코로 이주할 때 이상한 사람들이 되는 것과 비슷할 수도 있다.

종교적인 사람들

미국인들은 역사적으로 지극히 종교적이었고 압도적으로 기독교도였다. 앞에서도 보았듯이, 17세기의 개척자들은 대체로 종교적인 이유 때문에 미국에서 공동체를 건설했다. 18세기의 미국인들과 그들의 리더들은 미국혁명(독립전쟁)을 종교적인, 그리고 대개는 성경적인 관점에서 보았다. 미국에서 "성경은 유럽과 다른 방식으로 문화에 큰 영향을 끼쳤다.…… 미국의 개신교도들은 성경의 정신으로 단결되어 있었다." 미국혁명은 '하나님과의 언약'을 반영했고 '하나님이 택한 자들'과 영국의 '반그리스도'의 전쟁이었다. 제퍼슨과 페인 같은 이신론자나 비신자들은 혁명의 정당화를 위해 종교를 거론하는 것이 필요하다고 느꼈다.[4] 대륙회의는 하나님의 용서와 도움을 간구하기 위한 금식 기간과 하나님이 그들을 위해 해주신 것에 감사하는 기간을 선언했다. 19세기까지도 일요일의 교회 예배는 하원뿐 아니라 대법원에서도 열렸다. 독립선언서는 '만물의 하나님', '조물주', 그리고 '하나님의 섭리'에 인정과 정당성, 그리고 보호를 호소했다.

미국의 헌법에는 그와 같은 표현들이 없다. 헌법의 조항들은 단호하게 세속적이다. 그러나 헌법의 초안자들은 자신들이 만드는 공화정 정부가 도덕성과 종교에 깊이 뿌리를 내릴 때만 오랫동안 지속될 수 있다고 굳게 믿었다. "공화정은 순수한 종교나 엄격한 도덕에 의해서만 지탱될 수 있다"고 존 애덤스는 말했다. 성경은 "세상에서 공화정을 보존했거나 보존할 체제만을" 제시한다. "우리의 헌법은 도덕적이고 종교적인 사람들만을 위해서 만들어졌다." 워싱턴도 동의했다. "이성과 경험 모두 종교적 원칙들이 배제되는 국가적 도덕성은 유지될 수 없음을 보여준다." 사람들의 행복과 좋은 질서, 그리고 시민적 정부는 "기본적으로 경건함, 종교, 그리고 도덕성에 의존한다"고 1780년의 매사추세츠 헌법은 선언했다. 미국의 헌법이 채택된 지 50년이 지난 후에, 토크빌은 모든 미국인들이 종교를 "공화정 제도의 유지에 필수불가결한 것으로" 여긴다고 얘기했다. "이와 같은 생각은 어느 한 계층의 시민들이나 하나의 정당에만 독특한 것이 아니라 전체 국가와 사회의 모든 계층에 공통적이다."[5]

'교회와 국가의 분리'라는 표현은 헌법에 나와 있지 않으며, (시드니 미드가 지적했듯이) 매디슨은 미국과 별 관계가 없는 유럽적 개념의 '교회'와 '국가'를 얘기한 것이 아니라 '분파'와 '시민적 권한', 그리고 그것들 간의 '벽wall'이 아닌 '선line'을 얘기했다.[6] 종교와 사회는 서로 통하는 것이었다. 특정한 국가적 종교의 금지는 사회에서 종교의 성장을 촉진했다. 존 버틀러는 이렇게 얘기했다. "종교에 대한 국가의 권위가 줄어들면서 분파적 권위가 확대되었고" 이것은 "혁명 이후 기독교의 가장 중요한 제도적 발전으로 이어졌다. 그 결과 종교적 권위는 국가에서 '자발적인' 제도적 기관들로 이전되었다. 이와 같은 변화는 분파적 기관들의 이례적인 확장, 다수의 개인들과 집단들에 접근하는 새로운 수단, 그리고 사회와 사회적 가치들을 규정하는 새로운 확신을 초래했다."[7]

어떤 사람들은 헌법에 종교적 언어가 없다는 것과 '1차 수정헌법'의 규정들을 지적하며, 그것들은 미국이 기본적으로 세속적인 국가임을 얘기한다고 주장한다. 하지만 진실은 전혀 그렇지 않다. 18세기 말에 종교적 관행들은 유럽의 대부분 국가들과 미국의 일부 주들에서 확립되어 있었다. 교회에 대한 국가의 통제는 국가 권력의 핵심적 요소였고, 교회들은 국가에 대한 정통성을 제공했다. 미국헌법의 초안자들은 정부 권력의 제한과 종교의 보호 및 강화를 위해 국가적 종교를 금지했다. '교회와 국가의 분리'는 종교와 사회의 정체성 확립에 필요한 것이었다. 윌리엄 맥롤린이 얘기했듯이, 그것의 목적은 종교에서 '벗어난' 자유가 아니라 종교를 '위한' 자유를 확립하는 것이었다. 그리고 이것은 아주 성공적이었다. 국가적 종교가 없는 상태에서, 미국인들은 원하는 대로 자유롭게 믿을 수 있었을 뿐 아니라 원하는 대로 자유롭게 온갖 종교적 공동체와 조직들을 만들 수도 있었다. 그 결과 미국인들은 분파와 종파, 그리고 종교적 운동의 다양성에서 어떤 사람들보다 활발했고, 거의 모두가 나름의 방식으로 프로테스탄티즘을 구현했다. 상당수의 천주교도 이민자들이 미국에 왔을 때, 천주교를 기독교의 큰 틀 안에서 또 하나의 종파로 받아들이는 것이 궁극적으로 가능해졌다. 교회의 신도들을 뜻하는 '종교적 참여자들'의 수는 대부분의 미국 역사에서 지속적으로 증가했다.[8]

유럽의 전문가들은 자신들 나라의 사람들과 비교할 때 미국 사람들의 종교적 헌신이 아주 높다는 점을 자주 지적했다. 이번에도 토크빌은 그것을 가장 웅변적으로 얘기했다. "내가 미국에 도착했을 때 그곳 사람들의 종교적 측면이 무엇보다 먼저 내 관심을 끌었고, 나는 그곳에 더 오래 머물수록 이와 같은 새로운 상태에서 비롯된 위대한 정치적 결과들을 더 많이 보았다." 프랑스에서 종교와 자유는 서로 반대되는 개념이었다. 미국인들은 "종교의 정신과 자유의 정신을…… 아주 멋지게 결합시키는 데…… 성공했다." 미국에서 종교는 "가장 중요한 정치적 제도로서 인식되어야 한다." 토크빌과 같은 시대의 유럽 사람 필립 샤프도 미국에서 종교의 중심적인 역할을 비슷하게 지적했고, 다음과 같은 유대인 전문가의 말을 적절하게 인용했다. "미국은 단연코 세상에서 가장 종교적이고 기독교적인 나라이며, 이것은 바로 그곳에서 종교가 가장 자유롭기 때문이다." 교회와 종교적인 학교, 선교 활동, 성경 읽기 모임, 그리고 부흥회의 숫자와 다양성은 높은 수준의 예배 참석과 함께 모두가 "그곳 사람들의 일반적인 기독교 특성을 표현하는 것들이고, 이 부분에서 미국인들은 이미 유럽의 전통적인 기독교 국가들보다 앞서 있다."[9]

그로부터 반세기 후에, 제임스 브라이스도 비슷한 결론을 내렸다. 미국인들은 "종교적인 사람들이고" 종교는 "다른 어느 현대 국가에서 그러는 것보다 더…… 그리고 이른바 신앙의 시대에 그랬던 것보다 훨씬 더 행동에 영향을 끼친다." 그리고 "기독교의 영향은…… 서부 유럽의 어느 지역에서보다 미국에서 더 크고 포괄적인 것으로 보이며, 내가 볼 때는 영국에서보다도 더 큰 것 같다." 그로부터 다시 반세기가 지난 후에, 스웨덴의 저명한 학자 군나르 미르달은 "미국은 서구에서 아직도 가장 종교적인 국가일 것"이라고 얘기했다. 그리고 다시 반세기가 지난 후에, 영국의 역사학자 폴 존슨은 미국이 "모든 측면에서 하나님을 두려워하는 나라"라고 얘기했다. 미국의 종교적 헌신은 "미국의 예외주의에 하나의 기본적 원천, 내가 볼 때는 가장 중요한 원천이다." 이어서 그는 하나님의 섭리와 하나님의 도움에 대한 링컨의 얘기를 인용하며 이렇게 언급했다. "링컨과 같은 시대의 유럽인들, 나폴레옹 3세, 비스마르크, 마르크스, 그리고 디즈렐리 같은 사람들이 그런 식으로 생각하는 것은 상상하기 어렵다. 링컨이 그렇게 얘기한 것은 대부분의 미국인들이 비슷한 식으로 생각할 수 있고 실제로 생각한다는 점을 염두에 둔 것임이 분명하다."[10]

대다수의 미국인들은 종교적인 믿음을 확인해준다. 1999년에 그들이 하나님을 믿는지, 보편적 정신을 믿는지, 아니면 아무 것도 믿지 않는지 질문을 받았을 때, 조사대상 미국인들의 86퍼센트는 하나님을 믿고, 8퍼센트는 보편적 정신을 믿고, 5퍼센트는 아무것도 믿지 않는다고 대답했다. 2003년에 그냥 그들이 하나님을 믿는지 안 믿는지에 대해 물었을 때, 92퍼센트는 믿는다고 대답했다. 일련의 2002~2003년 여론조사에서, 미국인들의 57 내지 65퍼센트는 종교가 자신들의 삶에서 아주 중요하다고 답했고, 23 내지 27퍼센트는 상당히 중요하다고 답했고, 12 내지 18퍼센트는 그렇게 중요하지 않다고 답했다. 그들의 72 내지 74퍼센트는 죽음 후의 삶을 믿는다고 대답했으며, 17퍼센트는 그렇지 않다고 대답했다. 1996년에 미국인들의 39퍼센트는 성경이 하나님의 실제적인 말씀이므로 그대로 받아들여야 한다고 얘기했고, 46퍼센트는 성경이 하나님의 말씀이기는 하지만 모든 것을 그대로 받아들일 필요는 없다고 말했으며, 13퍼센트는 성경이 하나님의 말씀이 아니라고 얘기했다.[11]

많은 비율의 미국인들은 또 종교의 실천에서도 적극적인 것으로 보인다. 2002~2003년에 미국인들의 63 내지 66퍼센트는 교회나 시나고그(유대교 회당)에 다닌다고 얘기했다. 38 내지 44퍼센트는 지난 7일 동안에 교회나 시나고그에 간 적이 있다고 얘기했다. 29 내지 37퍼센트는 적어도 일주일에 한번은 교회에 간다고 얘기했으며, 8 내지 14퍼센트는 거의 매주, 11 내지 18퍼센트는 적어도 한 달에 한번, 24 내지 30퍼센트는 1년에 기껏해야 몇 번, 그리고 13 내지 18퍼센트는 전혀 다니지 않는다고 대답했다. 2002~2003년에 미국인들의 58 내지 60퍼센트는 하루에 한번 이상 기도를 한다고 얘기했으며, 20 내지 23퍼센트는 일주일에 한번 이상, 8 내지 11퍼센트는 일주일에 한번 미만, 그리고 9 내지 11퍼센트는 전혀 기도하지 않는다고 대답했다. 인간의 본성을 감안할 때 종교적 활동의 이런 주장들은 분명히 과장된 것이지만, 그 점을 고려해도 이와 같은 수준의 종교적 활동은 여전히 높은 것이다. 그리고 자신들의 종교성을 확인하는 것이 올바른 반응이라는 미국인들의 믿음 정도는 그 자체로서 미국 사회에서 종교적 규범의 중심성을 확인하는 것이다. 미국인들이 종교적 단체들에 소속되는 비율은 다른 종류의 단체들에 비해서 2배를 넘는다. 미국인들은 자선적인 기부금의 42.4퍼센트를 종교적인 단체들에 보내는데, 이것은 다른 종류의 단체들에 비하면 3배에 달한다. 그리고 어느 주week에든지 미국인들은 스포츠 행사보다 교회에 더 많이 가는 것으로 알려져 있다.[12]

    미국의 종교적 깊이를 반영하며, 스웨덴의 신학자인 크리스터 스탕달은 "미국에서는 무신론자들도 종교적인 언어로 얘기한다"고 지적했다. 그것은 사실일 수도 있지만, 미국인들 중에서 무신론을 주창하는 사람들은 10퍼센트에도 미치지 못하며, 대부분의 미국인들은 무신론을 인정하지 않는다. 1992년에 미국인들의 68퍼센트는 하나님에 대한 믿음이 진정한 미국인이 되는 데 아주 중요하거나 너무나도 중요하다고 말했으며, 특히 흑인들과 히스패닉들이 백인들보다 더 강하게 그런 견해를 견지했다. 미국인들은 대부분의 다른 소수파들보다 무신론자들을 더 좋지 않게 본다. 1973년에 어떤 여론조사가 이렇게 물었다. "사회주의자나 무신론자가 대학이나 대학교에서 가르치는 것은 허용되어야 하는가?" 질문을 받은 공동체의 리더들은 둘 모두를 인정했다. 전반적인 미국의 대중은 사회주의자들은 가르칠 수 있지만(52퍼센트가 인정, 39퍼센트가 불인정) 무신론자들은 그럴 수 없다고 거부했다(38퍼센트가 인정, 57퍼센트가 불인정). 1930년대 이후에 소수파 출신의 대통령 후보에게 표를 던지겠다는 미국인들의 대답은 극적으로 증가했다. 그 결과 1999년의 조사에서는 응답자들의 90퍼센트 이상이 흑인, 유대인, 혹은 여성 후보에게 표를 던지겠다고 얘기했고, 59퍼센트는 동성애자 후보에게도 표를 던지겠다고 대답했다. 그러나 무신론자 후보에게 표를 주겠다는 비율은 49퍼센트에 불

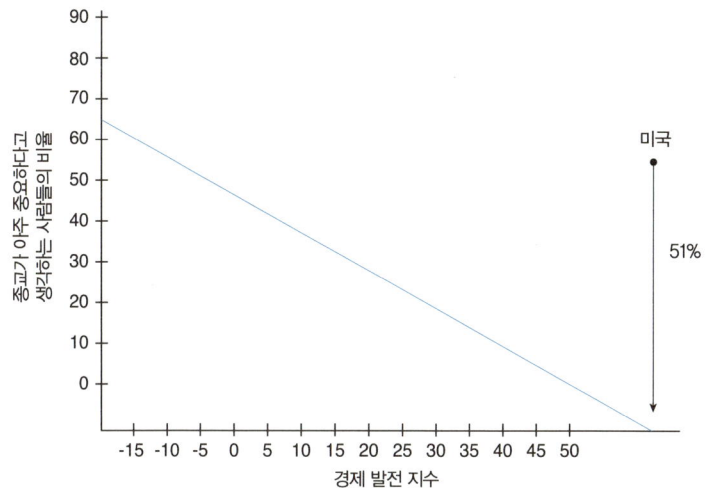

〈표 5-1〉 경제 발전과 종교적 믿음의 관계

출처: 케네스 D. 월드, 『미국의 종교와 정치』 (뉴욕, 세인트 마틴 출판사, 1987년), 7쪽.

과했다.[13] 2001년에 미국인들의 66퍼센트는 무신론자들을 좋지 않게 보았는데, 무슬림들을 그렇게 본 비율은 35퍼센트였다. 비슷하게, 모든 미국인들의 69퍼센트는 자기 가족의 일원이 무신론자와 결혼하는 것을 받아들일 수 없거나 불쾌하게 여길 것이라고 답한 반면, 가족의 일원이 흑인과 결혼하는 것을 그렇게 생각하겠다는 백인의 비율은 45퍼센트였다. 미국인들은 자신들의 공화정 정부에 종교적인 기반이 필요하다는 데 '건국의 아버지들'과 생각이 같은 것으로 보이며, 그래서 미국인들은 하나님과 종교의 명시적인 거부를 받아들이는 데 어려움을 느낀다.

이렇게 높은 수준의 종교성은 다른 나라들도 그렇다면 큰 의미가 없을 것이다. 그러나 미국인들은 세상에서 가장 종교적인 사람들에 속하고, 경제적으로 발전한 다른 나라들의 사람들보다 종교성의 수준이 훨씬 더 높다. 이와 같은 종교성은 세 가지 국제적인 여론조사에서 극명하게 나

〈표 5-2〉 종교적 믿음의 정도: 7개 항목에 대한 답변의 평균 순위

미국	1.7	노르웨이	11.0
북아일랜드	2.4	영국	11.6
필리핀	3.3	네덜란드	11.9
아일랜드	4.1	서독	12.1
폴란드	5.2	러시아	12.7
이탈리아	5.9	슬로베니아	13.9
뉴질랜드	8.0	헝가리	14.3
이스라엘	8.3	동독	16.3
호주	10.6		

출처: 조지 비숍, 「미국인들이 정말로 믿는 것과 그들이 생각하는 것처럼 신앙이 그렇게 보편적이지 않은 이유」, 〈Free Inquiry〉 9호, 1999년 여름, 38-42쪽.

타났다. 첫째, 일반적으로 말해서, 국가들의 종교적 헌신 정도는 경제 발전의 정도에 반비례하는 경향이 있다. 가난한 나라들의 사람들은 아주 종교적이며, 부유한 나라들의 사람들은 그렇지가 않다. 미국은 극히 예외적인 나라이며, 이것은 경제 발전의 수준이 다양한 15개 국가에서 종교적 믿음이 아주 중요하다고 얘기하는 사람들의 비율을 경제 발전과 비교한 〈표 5-1〉에서 볼 수 있다. 이 하강곡선은 종교가 중요하다고 생각하는 미국인들의 비율이 5퍼센트라고 얘기해야 마땅하다. 하지만 실제로는 그것이 이 조사에서 51퍼센트인데, 이것은 앞에서 인용한 조사들보다도 낮은 수준이다.[14]

둘째, 1991년에 '국제 사회 조사 프로그램'이 17개 국가의 사람들에게 7개 항목의 질문을 통해 하나님에 대한 믿음, 죽음 이후의 삶, 천국, 그리고 그밖의 종교적 개념들에 대해 물었다. 조사 결과를 발표하면서, 조지 비숍은 그런 종교적 믿음을 확인하는 인구의 비율에 따라 그들 국가들의

순위를 매겼다.[15] 평균적인 국가 순위는 〈표 5-2〉에 나와 있다. 미국은 전반적인 종교성 수준에서 단연코 앞서면서, 네 가지 질문에서 1위, 한 가지 질문에서 2위, 그리고 두 가지 질문에서 3위를 기록하며 평균 순위 1.7을 기록했다. 다음에는 북아일랜드(2.4)인데, 이곳에서는 종교가 개신교도들과 구교도들 모두에게 너무나도 중요하다. 뒤를 이은 것은 4개의 천주교 국가였다. 그 다음에는 뉴질랜드, 이스라엘, 5개의 서유럽 국가들, 그리고 4개의 예전 공산권 국가들인데, 동독이 꼴찌로서 7개의 문항 가운데 6개에서 최하위를 기록했다. 이 조사 결과에 따르면, 미국인들은 아일랜드와 폴란드 같은 나라들의 국민들보다도 훨씬 더 종교적이다. 후자의 나라들에서 종교는 전통적인 영국, 독일, 그리고 러시아 대적자들로부터 자신들을 구분짓는 국가적 정체성의 핵심이었다.

셋째, 1990~1993년의 '전 세계 가치관 조사'는 41개 국가에서 종교성과 관련해 9개 항목의 질문을 던졌다.[16] 개별 국가들의 평균적인 답변들은 〈표 5-3〉에 나와 있다.■ 전반적으로 이와 같은 자료는 미국이 세상에서 가장 종교적인 국가의 하나임을 보여준다. 폴란드와 아일랜드 사람들을 제외하고, 미국 사람들은 유럽 국가들의 사람들보다 훨씬 더 종교적이다. 가장 놀라운 것은 다른 개신교도 국가들과 비교할 때 미국의 높은 종교성이다. 종교성이 가장 높은 15개 국가들은 나이지리아, 인도, 그리고 터키(표본에서 유일한 아프리카 국가와 압도적으로 힌두교 및 무슬림 국가들), 압도적으로 천주교인 8개국, 하나의 정교 국가(루마니아), 극명하게

■ 이 조사들의 설문지는 일반적인 것이지만, 배포는 각각의 나라에서 다양한 조직들이 수행한다. 그래서 자료의 신뢰성은 다를 수도 있다. 뿐만 아니라, 응답자들이 자신들의 견해를 밝히는 '진지한' 답변과 '전략적' 답변의 비율도 다를 수 있다. 전략적 답변의 세 가지 형태는 다음과 같다. 첫째, 응답자가 자신의 사회나 사회적 집단에서 바람직하거나 기대되는 것으로 생각하는 답변. 둘째, 응답자가 질문자를 만족시킬 것으로 생각하는 답변. 셋째, 응답자가 정부와의 불편한 관계를 피하기 위해 하는 답변. 그러나 첫 번째 유형의 전략적 답변은 어떤 태도가 사회에서 유지되는 정도나 심도의 증거일 수도 있다.

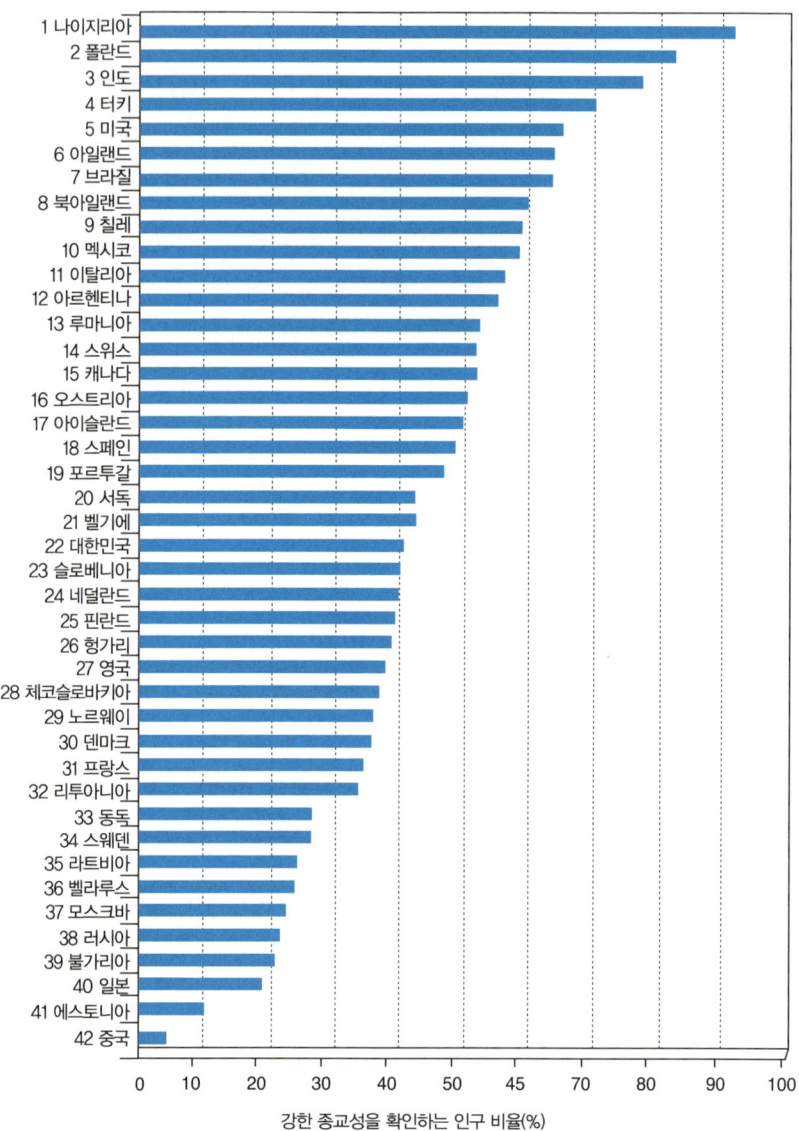

〈표 5-2〉 전 세계 국가들의 종교성

출처: 이 그래프는 제임스 페리가 1990~1993년의 '전 세계 가치관 조사' 자료를 바탕으로 만든 것이다.

갈라진 북아일랜드, 그리고 압도적으로 개신교도인 2개국인데, 후자에서 미국은 5위, 그리고 캐나다는 15위를 차지했다. 아이슬란드를 빼고, 압도적으로 개신교도인 다른 국가들은 모두 종교성의 측면에서 조사 대상 국가들 가운데 아래쪽의 절반에 속한다. 따라서 미국은 개신교도 국가들 중에서 가장 종교적인 국가라고 할 수 있다. 미국의 개혁 기원 전통은 20세기 말에도 여전히 힘을 발휘했다.

개신교도 미국과 천주교

200년 이상 동안 미국인들은 천주교에 대한 반대의 개념으로 정체성을 규정했다. 미국인들은 '남Other'인 천주교에 처음에는 싸우고 배제했으며, 나중에는 반대하고 차별했다. 그러나 결국에는 미국의 천주교가 개신교도 환경의 많은 특징들에 동화되었고, 나중에는 미국의 주류 문화에도 동화되었다. 이와 같은 과정은 미국을 개신교도 국가에서 개신교도 가치들을 지닌 기독교▪ 국가로 변모시켰다.

초창기에 미국인들의 반反천주교 정서는 천주교에 대항하는 개혁 투쟁과, 17세기 및 18세기에 천주교를 주요 위협으로 보았던 영국인들의 시각에서 비롯되었다. 영국은 대체로 자신들을 프랑스 및 스페인과 구분시키는 개신교도 문화에서 정체성을 찾았다. 천주교도들의 음모와 스튜어트 왕조의 천주교 동정 내지 숨은 천주교 정신은 17세기의 영국에서 반복적인 주제였다. 18세기에 반천주교 정서는 프랑스와의 반복되는 전

▪ Christianity의 번역인 '기독교'는 우리나라에서 대개 '신교'를 가리키지만, 이 책에서는 구교와 신교를 모두 포함하는 의미이다. : 옮긴이

쟁들로 강화되었다. 영국인들은 개신교도들로서의 순수성을 유지하기 위해 애를 썼다. 1609년에 영국 의회는 "모든 비개신교도들에게 귀화를 거부했다." 1673년에 '검사Test 법'은 천주교도들을 공직에서 배제시켰는데, 이와 같은 금지 조치는 1793년까지 군대와 사법부에서 여전히 유효했고 1828년까지 의회에서 유효했다. 대륙의 천주교 정권들에 의한 박해는 많은 개신교도들이 18세기에 영국으로 망명하게 만들었다. 1740년에 영국 의회는 본국과 식민지들에서 귀화를 개신교도들에만 국한시켰는데, 유대교도들과 퀘이커들에게는 예외를 적용시켰지만 천주교도들에게는 그러지 않았다.[17]

영국인들의 태도와 행동은 그들의 미국 식민지들에서도 반복되었다. 미국인들은, 특히 저항적인 개신교도들은 천주교를 반기독교로 보았다. 영국과 프랑스 및 스페인과의 전쟁은 식민자들이 자신들 속의 천주교도들을 잠재적인 배신자들로 보게 만들었다. 식민지의 정부들은 유대교도들에게는 귀화를 허용했지만 천주교도들에게는 허용하지 않았고, 1700년에 이르러 (매릴랜드를 빼고) "천주교 예배에 대한 규제는 식민지들에서 거의 보편적인 것이었으며, 다만 로드아일랜드와 펜실베이니아에서만 상대적으로 규제가 약했다."[18] 그들의 반천주교 태도는 식민자들이 모국에 대항토록 하는 데도 도움이 되었다. 1774년에 영국 의회는 퀘벡에서 천주교를 인정하는 법을 통과시켰다. 미국의 반응은 너무나도 비판적인 것이었다. 알렉산더 해밀턴은 그것을 '교황주의'라고 비난했으며, 다른 사람들은 더 강력한 표현들을 사용했다. 최초의 행동들 가운데 하나에서 대륙회의는 그 법에 격렬하게 저항했고, 미국인들은 그 법을 차세茶稅와 함께 자신들의 시민적 및 종교적 자유에 대한 주요 위협으로 생각했다.[19]

혁명(독립전쟁)이 시작되면서 미국인들은 조지 3세를 '교황주의'라고 비난했고, 그에 맞서 조지 3세는 식민지들의 반란을 '장로교 전쟁'이라고 불렀다. 미국인들에게 '교황주의'는 20세기의 '공산주의'와 비슷한 것이 되었고, 종종 정확성이 결여된 채 반대자들에게 적용되었다. 그러나 곧 정치적 고려가 반천주교 정서의 완화로 이어졌다. 제퍼슨은 독립선언서에서 '퀘벡 법'을 간접적으로만 언급했는데, 그것은 이제 미국인들이 왕정에 대항하는 전투에 캐나다의 천주교도들을 동참시키고 싶어 했기 때문이었다. 프랑스와의 1778년 제휴는 (일반대중은 아니어도) 엘리트의 시각에 중요한 변화를 초래했으며, 일부 극심한 반대에도 불구하고 연방 공직에 대한 종교적 차별의 금지가 헌법에 삽입되었다. 뒤를 이어 주 단위의 헌법에서도 그와 같은 규제들이 점차 제거되었으며, 다만 19세기까지도 북캐롤라이나의 헌법은 "개신교도 종교의 진실을" 부정하는 자는 누구도 공직에 오를 수 없다고 규정했다.[20]

식민지들의 반천주교 법률은 천주교 단체들과 활동들을 엄격하게 제한했고, 잠재적인 천주교 이민자들의 미국에 대한 매력을 감소시켰다. 천주교도들의 적은 숫자는 높은 비율의 교차결혼을 야기시켰고, 미국 인구의 천주교도 비율은 18세기에 줄어들었을 것이다. 1789년에 미국에서 천주교도들의 인구 비율은 1퍼센트가량이었고, 유대교도들의 비율은 그것의 10분의1이었다. 미국은 전형적인 개신교도 국가였으며, 미국인들과 유럽인들 모두 미국을 그렇게 보았다. 당시의 일반적인 정서는 필립 샤프가 잘 표현했는데, 그는 1840년대 중반에 미국에 온 후로, 개신교도 분파들이 "미국에 미국적인 특성과 정신을 부여했고, 미국의 과거 역사와 현재 상황은 의심할 것 없이 주로 개신교도 원칙들의 영향에 의한 것"이라고 얘기했다.[21]

1815년 후에 아일랜드와 독일에서 오는 이민의 가속화로 미국의 배타적인 개신교도 특성은 완화되기 시작했다. 1820년대에 62,067명의 이민자들이 아일랜드와 독일에서 미국으로 건너왔다. 1840년대에는 거의

800,000명이 아일랜드에서 건너왔고, 1850년대에는 952,000명과 914,000명이 독일과 아일랜드에서 건너왔다. 아일랜드인들의 90퍼센트와 독일인들의 상당수는 천주교도였다. 이와 같은 엄청난 유입이 다시 반천주교 정서에 불을 지폈다. 미국인들은 그동안 자신들을 반천주교도들로 규정해왔는데, 이제 적들의 침공을 받은 것이었다. 우연히도 이것은 '두 번째 위대한 깨우침'과 시기적으로 일치했으며, (페리 밀러의 말에 따르면) "천주교에 대한 두려움은 부흥주의자들에게 위험한 집착이 되었다."[22] 이와 같은 반천주교는 종종 종교적인 측면보다 정치적인 측면에서 현실화되었다. 천주교 교회는 독재적이고 반민주적인 조직으로 여겨졌으며, 천주교도들은 계층구조와 복종에 익숙한 사람들로서 공화국의 시민들에게 필요한 도덕적 특성이 결여된 사람들로 여겨졌다. 천주교는 미국의 프로테스탄티즘뿐 아니라 미국의 민주주의에도 하나의 위협이었다.

반천주교 행동들과 운동들은 1830년대와 1840년대에 격화되었는데, 이를테면 1834년에 매사추세츠 찰스타운에서 어떤 집회에 불을 지른 사건을 들 수가 있다. 1840년대의 이민 폭발은 1850년대에 '성조기의 질서'라는 비밀 결사체의 결성으로 이어졌다. 이것은 '아무것도 모른다 Know-Nothing' 운동으로 알려졌다. 1850년대 중반에 이 운동은 6명의 주지사를 선출했고, 6개 주의 입법부를 장악했고, 43명의 하원의원을 내보냈다. 1856년에 이 운동의 대통령 후보였던 밀러드 필모어는 일반인 투표의 22퍼센트와 선거인 투표의 8퍼센트를 획득했다. 그러나 노예제의 연장을 둘러싼 격론 때문에 이민은 주요 사안에서 멀어졌고, 그 운동은 하나의 정치적 세력으로서 힘이 약해졌다. 남북전쟁은 명시적인 반천주교 정치 운동들을 종식시켰고, 천주교도들의 권리에 대한 정부의 규제들은 그때쯤 해서 거의 사라진 상태였다. 그러나 수십 년 동안 사회적 및 정치적 반천주교 편견들은 미국 사회의 여러 부분들에서 여전히 강했고,

1898년에 미국인들은 '교황이 지배하는 스페인'에게서 쿠바를 독립시키기 위한 전쟁에 참가했다.[23]

명시적인 반천주교 정서와 활동들의 약화는 '천주교의 미국화'에 직접적으로 연결되어 있었다. 이것은 복잡하고 종종 서로 얽힌 과정이었다. 한쪽 측면에서, 그것은 (교회, 집회, 자선단체, 협회, 정치적 모임, 그리고 학교 같은) 천주교 기관들의 광대하고 밀접한 연결망을 탄생시켰다. 이것은 (단기적으로) 새로운 이민자들이 고향의 기분을 느낄 수 있는 공동체를 제공했고 (장기적으로) 그들의 운동을 위한 제도적 발판을 제공했고 (보다 중요하게) 그들의 아이들이 미국 사회의 더 넓은 곳들로 이동할 수 있도록 도왔다. 다른 측면에서, 그것은 천주교가 미국적인, 그러니까 개신교도적인 환경에 적응하게 만들었다. 그 결과 천주교도들의 태도, 관행, 조직, 그리고 행태가 바뀌게 되었는데, 이것은 사실상 로마 천주교 교회가 미국 천주교 교회로 변한 것이었다.

'미국화'의 장점과 단점들이 19세기 전반에 걸쳐 천주교 사회에서 치열한 토론의 대상이 되었다. 미국의 주도적인 주교들은 (전부는 아니어도) 대체적으로 미국화와 천주교를 양립시키고 개신교도 미국인들의 시각에서 천주교의 미국 사회 존재를 인정받으려 상당히 애를 썼다. 미국주의자들은 (존 아일랜드 대주교의 말에 따르면) "천주교 교회와 미국 사이에는 갈등이 전혀 없다······ 천주교 교회의 원칙들은 공화국의 이익과 완전하게 조화를 이룬다"고 주장했다.[24] 반면에 반대자들은 미국화가 부패의 과정으로서 가장 나쁜 형태의 현대주의, 개인주의, 물질주의, 그리고 자유주의로 이어지는 길이라고 보았다. 이와 같은 논쟁이 정점에 달하고 끝나게 된 것은 교황 레오 8세가 1899년 1월에 기븐즈 추기경에게 편지를 보내 '미국화'의 잘못된 교리를 비난했을 때였다. 교황의 이 편지는 아일랜드 대주교인 기븐즈와 그밖의 '미국주의자들'을 심하게 꾸짖은 것으로 여겨졌지만, 다른 한편으로 누구도 갖고 있지 않은 일련의 믿음들을 규정하고 공격한 것으로 비판받기도 했다.

일부 집단들은, 특히 독일인 천주교도들은 미국화에 저항하면서 자신들의 언어, 문화, 그리고 종교를 그대로 유지하기 위해 기를 썼다. 그러나 동화同化는 멈출 수 없는 대세였다. 결국에는 교회의 '탈로마화'가 진행되면서, 천주교도들은 점점 더 자신들을 로마 천주교도이기보다 미국 천주교도들로 보게 되었다.[25] 20세기 중반에 이르러, 풀튼 J. 쉰 주교와 프란시스 스펠먼 추기경 같은 천주교 지도자들은 열렬한 미국의 국가주의자들이 되어 있었고, 아일랜드-미국 천주교는 애국적인 미국인의 원형이 되었다. 피터 스타인펠즈는 이와 같은 변화의 한 가지 측면을 이렇게 묘사한다.

1943년, 1944년, 그리고 1945년의 3년 동안 계속해서 로마 천주교에 관한 영화들이 34개의 오스카상에 후보로 올랐고 12개의 상을 받았다. 한때 미국의 이민에서 음험한 인물이었던 천주교 사제는 이제 미국인다움의 영화적 모델이 되었다. 「보이즈 타운」에서 스펜서 트레이시가 열연한 플래너건 신부, 빙 크로스비가 열연한 야구선수 출신의 척 오말리 신부, 칼 멀든이 주연한 「워터프론트에서」의 노동자 신부, 그리고 팻 오브라언이 맡은 다양한 역할들에서 '위대한 신부님'이 등장했다. 그들은 씩씩하고, 현명하고, 유머럽고, 열정적인, 그리고 위기상황에서 놀라운 돌파력을 발휘하는 사람들이었다.[26]

그리고 1960년에 존 F. 케네디가 대통령에 선출되었다.

천주교도들은 자신들의 미국 정체성, 자신들 교회의 미국화, 그리고 그것이 미국 사회의 중심적이고 중요한 기관으로 등장한 것을 자랑으로 여긴다. 그러나 이해할 수 있는 이유들로 인해서, 그들은 사람들이 자신들 종교의 '개신교도화'를 얘기하는 것은 좋아하지 않는다. 하지만 어느 면에서 바로 그것이 미국화의 일부이다. 미국의 개신교도 기원과 200년이 넘는 프로테스탄티즘의 압도적인 지배력, 그리고 미국 문화와 사회에서 개신교도 가치들과 믿음들이 수행한 핵심적 역할 등을 감안할 때, 나중에 미국의 무대에 등장한 천주교가 어떻게 그렇게 되지 않을 수 있겠는가? 그리고 개신교도화는 미국에만 독특한 것이 아니다. 로널드 잉글하트가 '전 세계 가치관 조사'에서 나온 자료들을 세심하게 분석한 결과가 보여주듯이, 역사적으로 프로테스탄티즘에 의해 모습이 규정된 사회들—독일, 스위스, 네덜란드, 그리고 미국—에서 천주교는 대개 다른 나라들의 천주교보다 그곳의 개신교도 국민들이 갖고 있는 가치관을 더 닮고 있다. "이들 사회들 '안의' 천주교도들과 개신교도들은 크게 다른 가치관을 보이지 않는다. 가령 오늘날의 네덜란드 천주교는 '네덜란드 개혁 교회'의 신도들만큼이나 칼빈주의적이다."27

유럽에서 프로테스탄티즘은 기존의 지배적인 천주교에 대항하는 저항이었다. 반면에 미국에서 천주교는 (샤프의 표현에 따르면) "많은 분파들 가운데 하나로서" 개신교도 사회에 들어와 "새로운 고향을 찾았고" 그래서 "순수하게 개신교도적인 기관들에 둘러싸여 있었다." 볼티모어 경의 초창기 매릴랜드 천주교 식민지는 "철저하게 반反로마적인, 그리고 기본적으로 개신교도적인 종교적 다양성의 원칙들을 바탕으로 세워졌다." 19세기 초에 천주교는 (윌 허버그의 말에 따르면) "당시의 지배적인 개신교도 방식과 아주 유사한 방식의 교회 조직을 확립했다." 평신도를 중요하게 여기는 이 방식은 교회 조직에서 평신도 모임의 힘과 권리를 주장했다. 이 운동은 1829년에 볼티모어에서 열린 최초의 지역 회의에서 거부당했고, 다시 주교들의 권위가 강화되었다. 하지만 이것은 천주교가 미국의 개신교도 방식에 적응하라는 압력을 분명하게 보여준 것이었다. 19세기 말과 20세기 초에 이르러 (도로시 도헌의 설명에 따르면) "아일랜드 대주교와 기븐즈 추기경은 천주교 신도들에게 개신교도 윤리를 받아들이라고 촉구했다."[28]

개신교도화의 한 가지 뚜렷한 특징은 천주교의 독립적인 사제들이 천주교의 세계주의와 미국의 국가주의를 조화시킨 방식과 정도였다. 복음주의적 개신교도들의 생각, 정서, 그리고 언어를 반영하며, 이들은 미국의 세계적인 사명이 성스러운 것이라고 주장했다. 아일랜드 대주교는 1905년에 이렇게 얘기했다. "우리는 미국에 중요한 사명이…… 새로운 사회적 및 정치적 질서의 구현이라는 사명이 주어졌다고 믿지 않을 수가 없다.…… 천주교가 미국에서 승리를 거두면, 천주교의 진리는 미국의 영향력을 날개 삼아 전 세계로 나아갈 것이다." 20세기 중반에 쉰 주교는 미국을 선택받은 국가라고 얘기했으며, 스펠먼 추기경은 (어떤 학자의 말에 따르면) "미국의 판단과 행동을 하나님의 그것들과 명시적으로 동일시했다.…… 스펠먼 추기경은 미국의 메시아적 사명을 완전히 받아들였다."[29] 아프리카의 어떤 전문가가 1990년대에 지적했듯이 "미국의 천주교는…… 그러니까, 너무 개신교도적이기 때문에 로마의 골칫거리이다." 이런 측면에서 천주교는 유대교 같은 다른 종교들과 다르지 않다. "미국의 종교는 형식적인 분파적 성격이 무엇이건 결정적으로 개신교도적이다."[30]

미국은 기독교 국가

그들의 일반적인 종교성과 함께, 미국인들의 기독교 역시 외국의 전문가들에게 깊은 인상을 주었다. 토크빌은 이렇게 얘기했다. "세상에서 어떤 나라도 미국에서처럼 기독교가 사람들의 영혼에 큰 영향을 주지는 않는다.…… 따라서 기독교는 미국에서 어떤 장애도 없이, 완전한 합의 속에서 통치한다." 브라이스도 기독교는 미국인들의 '국가적 종교'라고 비슷한 얘기를 했다.[31] 미국인들도 자신들의 기독교 정체성을 확인해주었다. '우리는 기독교인들'이라고 대법원은 1811년에 선언했다. 상원 법사위원회도 1853년에 "우리는 기독교인들이며, 거의 모든 미국인들은 기독교 종파들 가운데 어느 하나에 속하거나 지지를 보낸다"고 얘기했다. 남북전쟁 당시에 링컨도 미국인들을 '기독교인들'이라고 얘기했다. 1892년에 대법원은 다시 '미국은 기독교 국가'라고 선언했다. 1908년에 하원의 어떤 위원회는 미국이 '기독교 국가'이며 '공화정의 유일한, 그리고 가장 좋은 원천은 기독교적 애국주의'라고 선언했다. 1917년에 의회는 전쟁 노력을 지원하기 위한 하루 동안의 기도를 선언하고 기독교 국가로서 미국의 지위를 확인하는 법안을 통과시켰다. 1931년에 대법원은 예전의 견해를 재차 확인했다. "우리는 기독교인들이며, 서로에게 종교적 자유의 평등권을 인정하고, 하나님의 뜻에 복종해야 하는 의무를 경건하게 인정한다."[32] 1873년에 "그렇다면 이 나라는 어떤 의미에서 '기독교' 국가로 불릴 수 있는가?"라는 질문을 제기하며, 예일 대학교의 총장이었던 시어도어 D. 우즐리는 정확한 대답을 제공했다. "그것은 분명히 이와 같은 의미에서이다. 즉, 대다수의 미국인들은 기독교와 복음을 믿으며, 기독교의 영향력은 보편적이고, 우리의 문명과 지적 문화는 그것을 토대로 세워졌으며, 미국의 제도는 기본적으로 우리의 믿음과 도덕성을 전파하고 발전시키기 위한 목적으로 만들어졌다."[33]

　비록 개신교도들과 천주교도들 간의 균형은 세월이 지나면서 변했지만, 스스로를 기독교인으로 규정하는 미국인들의 비율은 비교적 안정된 것이었다. 1989년과 1996년 사이의 세 차례 조사에서, 미국인들의 84 내지 88퍼센트는 자신들이 기독교인이라고 대답했다.[34] 미국의 기독교인 비율은 이스라엘의 유대교, 이집트의 이슬람교도, 인도의 힌두교도, 그리고 러시아의 정교도 비율과 비슷하거나 초과한다. 그럼에도 불구하고 미국의 기독교적 정체성은 두 가지 근거에서 의문시되어왔다. 첫째, 미국은 비기독교 종교들의 수가 늘어나고, 그에 따라 미국인들이 단순히 다종파적인 사람들이 아니라 다종교적인 사람들이 되고 있기 때문에 그와 같은 정체성을 잃고 있다는 주장이 제기되고 있다. 둘째, 미국인들은 종교적인 정체성을 잃고 있으며 자신들의 종교적 전통에 무관심하고, 세속적이고, 무신론적이고, 물질주의적인 사람들이 되고 있다는 주장이 제기되고 있다. 이와 같은 주장들은 진실에 가까운 것이 아니다.

　미국이 비기독교적인 종교들의 확산 때문에 기독교적 정체성을 잃고 있다는 주장은 1980년대와 1990년대에 몇몇 학자들이 개진했다. 이들은 미국 사회에서 무슬림, 시아파, 힌두교도, 그리고 불교도들의 수가 늘어나고 있음을 지적했다. 이들 종교들의 신도들은 그 수가 더 많아졌다. 미국의 힌두교도는 1977년의 7만 명에서 1997년의 80만 명으로 늘어났다. 무슬림은 1997년에 적어도 350만 명에 달했고, 불교신자들의 숫자는 75만에서 200만 명 사이였다. 이와 같은 현상을 두고 탈기독교화 주창자들은 (다이애나 에크 교수의 말에 따르면) "종교적 다양성"이 (소수의 유대교들이 있는) 압도적으로 기독교적인 국가로서의 "미국의 정체성을 박살냈다"고 주장한다.[35] 또 다른 학자는 이와 같은 변화에 맞게 국경일을 조정해야 하며, 우선 먼저 "기독교 휴일은 (이를테면 성탄절) 하나로 줄이고,

부활절과 추수감사절은 이슬람과 유대교의 휴일로 대체할" 필요가 있다고 주장했다. 그러나 어느 면에서 휴일 추세는 오히려 정반대의 방향이었다. 제프 스피너 교수의 말에 따르면 "전통적으로 소수파 유대교도들의 휴일"인 하누카Hanukka는 "유대교도들의 성탄절"로 격상되었고, "지배적인 문화에 더 잘 맞게" 휴일로서 퓨림Purim을 대체했다.[36]

일부 비기독교 종교들의 신도 수 증가는 (부드럽게 말하면) 미국의 기독교적 정체성에 중요한 영향을 끼치지 못했다. 동화와 낮은 출산율, 그리고 교차결혼 때문에 유대교도들의 비율은 1920년대의 4퍼센트에서 1950년대의 3퍼센트로, 그리고 1997년에는 2퍼센트가량으로 떨어졌다. 각각의 대변인들이 주장하는 절대적 숫자가 맞다면, 1997년에 무슬림은 미국 인구의 1.5퍼센트가량이었고, 힌두교도와 불교도는 각각 1퍼센트 미만이었다. 비기독교, 비유대교 신자들의 숫자는 앞으로도 계속해서 늘어날 것이지만, 상당 기간 그것은 여전히 극소수에 불과할 것이다. 비기독교 종교들의 신도 수 증가는 부분적으로 개종 때문이지만, 가장 큰 몫은 이민과 높은 출산율 때문이다. 그러나 이런 종교들의 이민자 수는 중남미와 필리핀에서 들어오는 엄청난 수의 이민자에 비하면 미미한 수준이다. 후자의 이민자들은 거의 모두가 천주교도이며 출산율이 매우 높다. 특히 중남미의 이민자들은 복음주의적 프로테스탄티즘으로 개종하는 비율도 높다. 나아가 아시아와 중동에서 들어오는 이민자들은 비기독교도들보다 기독교도들이 훨씬 더 많다. 1990년을 기준으로 볼 때, 아시아계 미국인들의 대다수는 불교도나 힌두교도이기보다 기독교도들이었다. 한국계 미국인들의 경우에, 기독교도들의 숫자는 불교도들의 10배에 달한다. 베트남계 이민자들의 3분의1가량은 천주교도들이다. 아랍계 미국인들의 3분2가량은 무슬림이기보다 기독교도들이었고, 다만 9·11사태 전에는 무슬림들의 숫자가 급격하게 늘고 있었다.[37] 비록 정확한 판단은 불가능하지만, 21세기 초에 미국은 종교적 구성에서 기독교도들의 비율이 오히려 더 늘어나고 있었을 것이다.

미국에서 비기독교도들의 적은 숫자가 늘어나고 있는 것은 압도적으로 기독교도인 사람들과 세속적인 정부의 국가에서 그들의 지위에 관한 질문들을 제기한다. 이것들에는 무슬림 여성들의 두건 착용과 시아파 남자들의 수염 및 터번 같은 현실적 문제들이 포함된다. 미국인들은 일반적으로 비기독교 집단들의 관행을 인정하고 수용하려 애를 썼다. 미국의 기독교, 개신교도 가치들, 그리고 종교의 자유에 대한 헌법적 보장 등은 비기독교 집단들도 자신들의 믿음을 자유롭게 실천하고 전파할 수 있어야 한다는, 그리고 대체로 그래왔다는 것을 의미한다. 미국인들은 종교에 대해 나름의 천주교성을 보이는 경향이 있다. 즉, 그들은 모두에게 존경심을 보이려 한다. 1860년에 앤서니 프롤로프는 다음과 같이 얘기했다. "미국에서는 모두가 종교를 가져야만 하지만, 그것이 무엇인지는 그렇게 중요하지 않다." 거의 100년 후에 아이젠하워 대통령도 같은 견해를 피력했다. "우리의 정부는 깊은 종교적 신앙에 바탕하지 않는 한 의미가 없다. 그리고 나는 그것이 무엇이건 상관하지 않는다."[38] 비기독교 신앙들에 대한 이와 같은 일반적 수용을 감안할 때, 그들은 미국을 기독교 사회로 인정하고 받아들일 수밖에 없다. 그들은 기독교적인 하나님과 그분의 아들에게 압도적으로 헌신적인 나라에서 작은 소수파일 뿐이다. 어빙 크리스톨은 이렇게 주장한다. "미국인들은 늘 자신들을 기독교 국가라고 생각하면서, 모든 종교들이 전통적인 유대-기독교 도덕성에 합치하기만 하면 그것들을 똑같이 인정해왔다. 하지만 그것이 반드시 현실적인 지위의 완전한 평등을 의미한 것은 아니었다." 기독교는 법적으로 확립된 것이 아니지만 "그럼에도 불구하고 비공식적으로 확립된 것이다."[39] 그러면서 크리스톨은 자신의 동료인 유대교도들에게 그것을 사실로 받아들여야 한다고 경고한다. 미국인들은 역사적으로 늘 그랬듯이 아직도 기독교도들이다.

하지만 기독교도로서 그들의 믿음과 실천은 어떠한가? 초창기의 종교성이 시간의 흐름 속에서 희석되거나 사라지고, 반종교적은 아니어도 비종교적이고 세속적인 문화로 대체된 것은 아닌가? 미국의 지식인, 학자, 그리고 언론인들 가운데 많은 이들은 그렇게 되었다. 하지만 앞에서도 보았듯이, 대다수의 미국인들은 그렇게 되지 않았다.[40] 미국의 종교성은 절대적인 기준에서도 여전히 높은 편이고, 비슷한 사회들과 비교한 상대적 기준에서는 분명히 높다. 그러나 세속화 문제는 미국인들의 종교적 헌신이 시간의 흐름 속에서 줄어든다면 여전히 유효할 것이다. 그와 같은 경향의 명백한 증거는 전에도 없었고 20세기 후반에도 없었다. 다만 한 가지 중요한 변화가 있다면, 그것은 1960년대와 1970년대에 나타난 천주교도들의 종교적 헌신 약화였다. 1960년대에 전반적인 교회 출석률이 떨어진 것은 일요 미사에 참석하는 천주교도들의 비율이 떨어졌기 때문이다. 1952년에 천주교도들의 83퍼센트는 종교가 자신들의 삶에서 아주 중요하다고 얘기했다. 그러나 1987년에는 54퍼센트만이 그렇다고 대답했다. 이와 같은 변화는 종교에 대한 천주교도들의 태도를 개신교도들의 태도와 더 비슷하게 만들었다.[41]

일반적으로 말해서, 그밖의 다른 변화들은 20세기 후반에 미국인들의 종교적 태도와 행태에서 일어난 것이 거의 없다. 1944년에 96퍼센트와 1968년에 98퍼센트의 미국인들은 하나님을 믿는다고 얘기했는데, 1995년에는 96퍼센트가 하나님이나 보편적 정신을 믿는다고 얘기했다.■ 자신

■ '보편적 정신(universal spirit)'이란 말은 1970년대에 이 질문에 추가되었다. 하나님만을 가리키는 원래의 표현이 유지되었다면, 그런 믿음을 확인하는 사람들의 비율은 13퍼센트까지 감소했을지도 모른다. 리처드 모린, 〈워싱턴 포스트 주말판〉, 1998년 6월 1일자, 30쪽.

들의 삶에서 종교가 아주 중요하다고 얘기한 사람들의 비율은 1965년의 70퍼센트에서 1978년의 52퍼센트로 줄었다가 2002년 후반에 61 내지 65퍼센트로 늘어났다. 그러나 1970년대의 하락은 기본적으로 천주교도들 때문이었다. 1940년에 미국인들의 37퍼센트는 지난 7일 동안에 교회나 시나고그(유대교 회당)에 갔다고 얘기했다. 그러나 2002년에는 43퍼센트가 그렇게 했다고 대답했다. 1940년에 미국인들의 72퍼센트는 교회나 시나고그에 속해 있다고 얘기했다. 그러나 2002년에는 66퍼센트가 그렇다고 대답했는데, 이번에도 하락은 1970년대의 천주교도들 때문이었다. 여론조사 자료의 세심한 분석을 통해서, 앤드루 그릴리는 다음과 같이 결론내렸다. "세 가지 지표만이 하락을 보여준다. 교회 참석률, 금전적 기부, 그리고 성경의 문자적 해석에 대한 믿음 등이다. 세 가지 하락 모두 천주교도들에 국한된 것이다." 이와 같은 천주교도들의 하락 원인으로는 '2차 바티칸 공회'와 천주교의 엄격한 낙태 반대 등을 들 수 있을 것이다.[42]

물론 미국은 역사적으로 미국인들의 종교적 헌신과 종교적 참여의 수준에서 급격한 변화들을 겪은 적이 있다. 일부의 주장에 따르면, 이와 같은 변화들은 18세기 중반과 19세기 초반, 그리고 19세기 후반부터 20세기 초반까지의 '위대한 깨우침'들과 관련이 있었다. 그러나 미국의 종교성 하락 추세를 보여주는 증거는 거의 없다. 분파들의 급증과 특히 감리교도 및 침례교도의 폭발적 성장은 19세기에 종교적 참여를 극적으로 높였다. 1775년부터 1845년까지 미국의 인구는 거의 10배나 늘어났고, 같은 시기에 일인당 기독교 목사들의 수는 3배나 증가해 1,500명당 1인에서 500명당 1인으로 높아졌다. 신도들의 수도 비슷한 수준으로 증가했고, 인구통계와 종파 신도 자료의 또 다른 세심한 분석에 따르면, 교회의 정식 신도인 미국인들의 비율은 1776년의 17퍼센트에서 1860년의 37퍼센트로 늘다가 20세기에도 꾸준히 증가해 1980년에는 62퍼센트에 달했다.[43] 21세기 초에 미국인들은 역사상의 그 어느 시기보다 기독교적 정체성에 더 헌신했다고 얘기할 수 있다.

미국의 질서, 시민적 종교

토크빌의 말에 따르면 "미국에서 종교는······ 국가의 그 모든 습관과 애국심의 그 모든 감정에 밀접하게 관련되어 있다. 그리고 이것은 독특한 힘의 원천이다." 종교와 애국심의 밀접한 관련은 미국의 시민적 종교에서 분명하게 나타난다. 1960년대에 로버트 벨라는 시민적 종교civil religion를 이렇게 정의했다. "가장 좋은 상태에서, 그것은 미국 사람들의 경험에서 볼 수 있는, 나아가 경험을 통해 드러나는, 보편적이고 초월적인 종교성 현실상의 진정한 구현이다."[44] 시민적 종교는 미국인들이 자신들의 세속적 정치와 자신들의 종교적 사회, 그러니까 국가와 하나님을 결합시켜, 자신들의 애국심에 종교적 신성함과 자신들의 종교적 믿음에 국가적 정통성을 부여하고, 그럼으로써 상충하는 충성심들을 종교적인 국가에의 충성심으로 통합시키게 한다.

미국의 시민적 종교는 미국인들이 공통적으로 갖고 있다고 느끼는 것에 종교적 축복을 제공한다. 그것은 각각의 미국인이 자신의 종파에 속하는 것, 기독교 혹은 비기독교 하나님을 믿는 것, 혹은 (몇몇 '건국의 아버지들'이 그랬듯이) 이신론자인 것과 완벽하게 공존한다. 하지만 그것은 무신론자인 것과는 공존하지 못하는데, 이것은 그것이 인간들의 속세와 구분되는 초월적 존재를 믿으려는 하나의 종교이기 때문이다.

미국의 시민적 종교에는 네 가지 주요 특징이 있다.

첫째, 이것에 중심적인 전제는 정부의 미국식 체제가 종교적 기반에 의존하고 있다는 것이다. 이것은 '초월적 존재'를 전제로 한다. 헌법의 초안자들이 자신들이 만들고 있는 공화정 정부는 종교와 도덕성이 충만한 사람들 속에서만 유지될 수 있다고 생각한 것은 후대의 여러 지도자들에게 이어져 반복되었다. 우리의 제도는 "초월적 존재를 전제로 한다"고 대법원 판사 윌리엄 O. 더글러스는 얘기했고, 아이젠하워 대통령도 비슷하게 다음과 같이 선언했다. "초월적 존재의 인식은 미국주의의 으뜸가는 가장 기본적 표현이다. 하나님이 없다면 미국적 형태의 정부도, 미국적인 삶의 방식도 있을 수가 없다."⁴⁵ 하나님을 부정하는 것은 미국의 사회와 정부에 근간이 되는 근본적 원칙에 도전하는 것이다.

시민적 종교의 두 번째 중요한 특징은 미국인들이 하나님의 '선택받은', 혹은 링컨의 표현에 따르면 '거의 선택받은' 사람들이고, 미국은 '새로운 이스라엘'로서 세상에서 선을 행할 신성한 사명을 갖고 있다는 믿음이다. 콘래드 체리의 말에 따르면, 시민적 종교의 핵심은 "하나님 밑에서 특별한 운명을 갖고 있다는" 생각이다.⁴⁶ '건국의 아버지들'이 자신들이 만들고 있던 공화국을 위해 선택한 세 가지 라틴어 표현들 중에서 두 가지가 이와 같은 사명감을 잘 요약한다. 그것은 '아누이트 코엡티스(하나님이 우리의 과업에 미소를 지으신다)'와 '노부스 오르도 세클로룸(시대의 새로운 질서)'이다.■

시민적 종교의 세 번째 특징은 미국의 공적인 public 수사 rhetoric, 의식 ritual, 그리고 행사 등에서 종교적 암시와 상징들이 자주 사용된다는 것이다. 미국의 대통령들은 늘 성경에 손을 얹고 취임선서를 하며, 선서가 끝난 후에 '그러므로 하나님이 도우소서'라는 말과 함께 공식적으로 직무

■ 세 번째는 '에 플루리부스 우눔(많은 하나로부터)'이다.

를 시작한다. 워싱턴 대통령의 재선 취임식만 빼고, 미국의 모든 대통령들은 취임 연설과 그밖의 주요 연설들에서 하나님을 언급했다. 일부 대통령들의 (특히 링컨 대통령의) 연설들은 종교적 내용과 성경적 언급들로 가득차 있다. 미국의 모든 통화, 지폐와 동전들에는 8개의 단어, 오직 8개의 단어만이 적혀 있다. 그것은 '미합중국United States of America'과 '우리는 하나님을 믿는다In God We Trust'이다. 미국인들은 '하나님 밑에서의 한 나라'에 충성 서약을 한다. 주요 공공 행사들은 한 종파의 성직자가 개회사를 하고 다른 종파의 성직자가 축도로써 끝을 낸다. 군대에는 상당수의 군목들이 있으며, 의회의 회의는 매일같이 기도로써 시작된다.

넷째, 국가적 행사들과 활동들 자체도 종교적 특성을 띠며 종교적 기능을 수행한다. 로이드 워너의 주장에 의하면, 역사적으로 현충일의 기념행사는 '미국의 한 가지 성스러운 행사'였다.[47] 추수감사절 행사도 그러하며, 대통령의 취임식과 장례식도 그러하다. 독립선언서, 헌법, 권리장전, 게티즈버그 연설, 링컨의 재선 취임식, 케네디 대통령의 취임식, 킹 목사의 '나에게는 꿈이 있다' 연설 모두 미국의 정체성을 규정하는 신성한 문장들로 이루어져 있다.

미국의 시민적 종교에서 종교와 정치의 결합은 피터 스타인펠이 1993년에 클린턴 대통령의 취임식을 묘사한 글에 잘 나타나 있다. 그는 이렇게 적고 있다.

핵심적인 것은 성경에 손을 얹고 한 근엄한 선서였다. 그것은 기도로써 시작되고 기도로써 끝났으며, 애국적인 음악뿐 아니라 찬송가도 수반했다.……

그 주week에는 종교적 표현들이 풍부했으며, 명백하지는 않아도 종교적인 정서가 분위기를 좌우했다. 취임식 주는 전국적인 교회들의 종소리와 함께 시작되었다. 하워드 대학교에서 클린턴 대통령은 킹 목사의 기억을 되살리며, 그분의 교훈들을 상기시키고 취임식 연설의 대미를 장식할 성경의 구절도 인용했다.……

대통령은 하루 종일 종교계의 지도자들과 자리를 함께했다.[48]

이것은 세속적인, 더구나 무신론적인 사회나 정치의 모습이 아니었다. 영국인 학자 D. W. 브로건이 지적했듯이, 아이들이 학교에서 매일같이 '미국의 신조'■를 낭독할 때, 그것은 "전능하신 하나님 아버지를 믿습니다"나 "하나님 말고는 다른 신이 없다"고 말하면서 하루를 시작하는 것만큼이나 종교적인 모습이었다.[49] 시민적 종교는 미국인들을 많은 종파의 종교적 사람들에서 교회의 영혼이 있는 하나의 국민으로 개종시킨다.

그러나 미국적인 것 말고 그것은 어떤 교회인가? 그것은 개신교도, 구교도, 유대교도, 비기독교도, 나아가 불가지론자들까지 수용해왔던 교회이다. 하지만 그것은 기원과 상징성, 정신, 그리고 무엇보다 인간의 본성과 역사, 옳음과 그름에 대한 기본적 가정들에서 심오하게 기독교적인 교회이다. 기독교의 성경, 기독교적 언급, 성경적 암시와 비유들은 시민적 종교의 표현들에 가득하다. 벨라는 이렇게 얘기했다. "시민적 종교의 뒤에는 모든 곳에서 성경적 단어들이 발견된다. 선민, 약속의 땅, 새로운 예루살렘, 희생적 죽음과 부활 등이다." 워싱턴은 모세가 되고, 링컨은 그리스도가 된다. 콘래드 체리도 동의한다. "시민적 종교의 가장 깊은 원

■ "나는 미합중국이 인민의, 인민에 의한, 인민을 위한 정부이며, 이 정부의 정당한 권력은 국민들의 합의에서 나옴을 믿습니다. 나는 공화국의 민주주의를, 많은 주권 주들의 주권 국가, 하나로서 분리되지 않는 완전한 연합을 믿습니다. 나는 그것이 우리의 애국자들이 목숨을 바쳐 지켰던 자유와 평등, 정의와 인권의 원칙들에 기반함을 믿습니다. 그러므로 나는 미국을 사랑하고, 헌법을 지지하고, 법을 지키고, 국가를 존경하고, 모든 적들로부터 미국을 지키는 것이 나의 의무임을 믿습니다."

천은 신약과 구약이다."[50] 미국의 시민적 종교는 비종파적인 국가적 종교이며, 어느 의미에서 그것은 일반적인 기독교가 아니다. 하지만 그것의 기원과 내용, 전제, 그리고 정서는 분명하게 기독교적인 것이다. 화폐에서 미국인들이 믿는다는 하나님은 묵시적으로 기독교의 하나님이다. 그렇지만 두 단어는 시민적 종교의 언급들과 행사들에서 나타나지 않는다. 그것은 '예수 그리스도'이다.■ 따라서 '미국의 신조'가 하나님이 없는 프로테스탄티즘이라면, 미국의 시민적 종교는 그리스도가 없는 기독교이다.

■ 조지 W. 부시 대통령의 취임식에서 프랭클린 그레이엄 목사가 이 금지를 위반한 것은 많은 비판을 야기시켰다. 부시 대통령은 선거운동 기간에 그리스도에 대한 자신의 믿음을 명시적으로 천명했다(제12장 참조). 아마도 그레이엄에 대한 비판에 대응해서, 부시는 분명히 의식적으로 그후에는 대통령으로서 신앙의 표현을 표시할 때 그렇게 하지 않았다. 〈뉴욕 타임스〉, 2003년 2월 9일자, 네 번째 섹션, 4쪽.

6.
등장, 승리, 침식

국가의 취약성

　국가들과 국가주의는 18세기 이후에 서구에서 핵심적인 특징이었다. 20세기에 이것들은 전 세계의 사람들에게 중심적인 것이 되었다. 이사야 베를린은 국가주의에 대해서 이렇게 얘기했다. "개인에 대한 국가의 우월성 주장은 개인의 삶은 끝나며 역사만이 개인의 존재와 행위에 생명과 의미를 부여한다는 사실에 바탕한다." 비슷한 맥락에서 존 맥크는 이렇게 얘기했다. "사람들이 남들을 죽이거나 자신의 삶을 기꺼이 바치는 헌신의 대상은 그렇게 많지 않다. 국가가 위험에 처했다고 느낄 때 국가를 방어하는 것은 그중의 하나이다."[1] 그러나 국가들의 정체성은 고정되고 영구적인 것이 아니며, 국가주의는 다른 모든 것을 압도하는 하나의 절대적 힘이 아니다. 국가는 일단의 사람들이 자신들을 국민으로 생각할 때만 존재하며, 자신들에 대한 그들의 인식은 언제나 변할 수 있다. 뿐만 아니라, 다른 헌신들과 비교한 그들의 국가적 헌신의 정도 역시 크게 변할 수 있다. 2장에서도 얘기했듯이, 유럽의 정부들은 자신들이 지배하는 사람들을 단결시키고 공통의 국가적 정체성을 고취시키기 위해 때로는 엄청난 노력을 기울였다. 다른 정체성들처럼 국가적 정체성도 건설과 해체, 상승과 하강, 포용과 거부의 대상이다. 다양한 사람들은 다른 정체성들과 비교해 국가적 정체성을 다양한 방식으로 평가하며, 어느 한 집단의 사람들이 갖는 국가적 정체성의 상대적 외형과 심도는 시간에 따라 변한다. 20세기 후반의 역사가 생생하게 보여주듯이, 국가들과 국가주의는 절대로 고정된 것이 아니다. 그것들은 늘 변한다. 유럽의 많은 국가들보다 더, 미국이라는 국가는 취약하며 최근의 인간 구조물이다.

 17세기부터 20세기 말까지, 미국에서 다른 정체성들과 비교한 국가적 정체성의 외형은 네 단계를 거치면서 진화했다. 그리고 이중에서 한 단계에서만 미국인들은 다른 정체성들보다 국가적 정체성을 높게 보았다. 17세기와 18세기 초에, 영국의 북미 식민지들에 살던 자유민들은 인종, 민족, 정치적 가치관, 언어, 문화, 그리고 종교의 측면에서 공통점이 많았다. 그리고 이들의 공통점은 대체로 영국제도British Isles의 사람들과 같은 것이었다. 18세기 중반까지 이들의 정체성과 충성심은 자신들의 개별적인 정착촌과 식민지들, 버지니아, 펜실베이니아, 뉴욕, 혹은 매사추세츠를 향한 것이었고, 보다 넓은 측면에서 영국의 왕조를 향한 것이었다. 집단적인 미국의 정체성 의식은 미국혁명(독립전쟁)으로 이어진 수십 년 동안에 비로소 등장했다. 둘째, 왕당파의 퇴출과 독립으로 인해 영국 정체성의 주장들은 사라졌지만, 미국에서는 여전히 주state의 정체성이 강했다. 경쟁적인 지역적, 분파적, 그리고 정당적 정체성들이 보다 중요해졌고, 특히 1830년 후에 국가적 정체성은 점점 더 도전받고 문제시되었다.

셋째, 남북전쟁 후에 국가적 정체성의 우월성은 확고하게 정립되었고, 1870년대부터 1970년대까지 100년 동안 미국에서는 국가주의가 승리를 거두었다. 1960년대와 1970년대에 국가적 정체성의 우월성은 도전에 직면했다. 엄청난 수의 새로운 이민자들은 출신국과 밀접한 관계를 맺으면서 이중적인 충성심, 이중적인 국가성, 나아가 이중적인 국적까지도 유지할 수 있게 되었다. 하부국가적인 인종적, 민족적, 성적, 그리고 문화적 정체성들이 많은 미국인들에게 새로운 중요성을 띠게 되었다. 미국의 지적, 정치적, 그리고 사업적 엘리트들은 점점 더 국가에 대한 헌신을 무시하고 초국가적 및 하부국가적 관점에서 충성심을 보이기 시작했다.

9·11사태는 네 번째 단계를 갑자기 중단시키면서, 거의 모든 미국인들에게 다른 정체성들에 대한 국가적 정체성의 우월성을 극적으로 회복시켰다. 그러나 2년이 지난 후에, 국가적 정체성의 이 새로운 우월성은 줄어들기 시작했다. 이와 같은 과정은 계속되면서 정체성의 네 번째 단계를 재등장시킬 수도 있다. 하지만 공격에 대한 미국의 새로운 취약성이 드러나고, 국토의 안보를 위한 대대적인 노력이 필요하고, 미국을 노리는 많은 적들이 있다는 인식 속에서, 국가적 정체성의 새롭고 다른 단계가 나타날 수도 있다.

미국의 정체성 만들기

1760년 1월에 벤저민 프랭클린은 '에이브러햄 평원'에서 울프가 프랑스 군대를 격파한 것을 예찬하며 '나는 영국인'이라고 자랑스럽게 천명했다.[2] 1776년 7월에 프랭클린은 자신의 영국인 정체성을 폄하하는 독립선언서에 서명했다. 몇 년 만에 프랭클린은 영국인에서 미국인으로 변신했다. 프랭클린만 그런 것이 아니었다. 1740년대부터 1770년대까지 북미의 많은 개척자들도 영국인에서 미국인으로 정체성을 바꾸었고, 자신들이 속한 주와 지역들에 훨씬 더 깊은 충성심을 보였다. 이것은 집단적 정체성의 빠르고 극적인 변화였다. 미국적 정체성의 이와 같은 갑작스런 등장에는 복합적인 원인들이 작용했다. 다음에 드는 것들은 그중에서 보다 중요한 요인들이다.

첫째, 4장에서도 지적했듯이, 1730년대와 1740년대의 '위대한 깨우침'은 식민지 역사에서 처음으로 모든 식민지들의 주민들이 공통의 사회적, 감정적, 그리고 종교적 경험 속에서 하나로 뭉치게 만들었다. 그것은 정말로 미국적인 운동이었고 초식민지적 의식과 개념, 그리고 생각들을 고취시켰는데, 이것들은 나중에 종교적인 맥락에서 정치적인 맥락으로 변해갔다.

둘째, 1689년부터 1763년까지의 74년에서 절반 동안, 미국인들은 영국인들과 함께 프랑스 및 인디언 부족들에 대항한 전쟁들에서 싸웠다. 프랑스와 영국이 평화를 유지할 때도 미국인들은 인디언들과 더 짧고 지역적이지만 여전히 치열한 싸움을 벌였다. 이와 같은 전쟁들 자체가 미국적 정체성의 발전을 촉진하거나 퇴보시킨 것은 아니었다. 리처드 메리트의 분석에 따르면, 식민지 시대 신문들에 나타난 미국적 상징들은 '젠킨스의 귀 전쟁'(1739~1742)과 프랑스 및 인디언 전쟁, 그러니까 '7년 전쟁'(1756~1763)의 처음에 정점에 달했다가, 전쟁이 진행되는 동안 하락했고, 끝날 때는 다소 높아졌다. 그렇지만 이 전쟁들은 식민자들의 공통된 경험이었다. 이들의 정착촌들은 공격받고, 약탈당하고, 유린되었다. 전쟁과 전쟁의 위협은 미국의 식민자들에게 계속되는 현실이었다. 이 전쟁들 속에서 식민자들은 성공적인 전투의 방식을 배웠고 민병대를 조직하는 능력을 키웠다. 이들은 또 군사적인 자신감을 얻었으며, 자신들의 업적을 적들 및 영국인 동맹군들의 업적과 비교했다. 전쟁은 국가를 만들며, S. M. 그랜트의 지적대로 "전쟁은 미국의 국가적 경험에서 중심적인 것이다."3

셋째, 이 전쟁들의, 특히 (미국에서 1754~1763년의 9년 동안 지속된) '7년 전쟁'의 결과, 영국 정부는 식민자들에게 새로 세금을 부과해 그들의 보호를 위한 과거, 현재, 그리고 미래의 비용을 충당하고, 세금 징수와 그 밖의 다른 식민지 통치의 방식들을 개선 및 강화하고, 일부 식민지들에 군대를 주둔시킬 필요성을 느꼈다. 이와 같은 조치들은 개별적인 식민지들에서 저항과 반대를, 그리고 이어서 집단적인 행동을 야기시켰다. 매사추세츠가 1764년에 공동의 정치적인 저항 운동을 처음으로 시작했고, 뒤를 이어 1765년에 '자유의 아들들'과 '인지법 회의', 1773년에 통신위원회, 그리고 1774년에 '1차 대륙회의'가 등장했다. 영국인들에 대한 배신감과 저항심은 영국 군대의 행동들, 특히 1770년의 '보스턴 학살'로 한층 더 높아졌다.

넷째, 식민지 간 통신의 확대는 사건들에 대한 한 식민지의 지식과 관심이 다른 식민지들로 전파되는 것을 촉진시켰다. 메리트가 조사한 5개 도시에서 "신문들이 전하는 식민지 간 뉴스의 양은 1730년대 후반부터 1770년대 초반까지 6배 이상 증가했다." 영국 정부의 초창기 행동들에 대한 식민자들의 반응은 "고립되어 있었고, 그래서 대체적으로 비효율적이었다. 그러나 식민지간 통신의 능력이 개선되면서, 그리고 식민자들이 점점 더 미국의 공동체에 대한 관심을 높이기 시작하면서, 그와 같은 불만의 감정들은 대륙 전체에서 반향을 불러일으켰다."4

다섯째, 비옥한 토지의 풍부함, 급속한 인구 성장, 그리고 역동적인 교역의 확대는 새로운 농업적 및 상업적 엘리트들을 탄생시켰고, 식민자들은 (특히 계급주의에 찌든 본국에서 자신들이 본 빈곤의 만연과 비교할 때) 이곳에서 새로운 기회를 찾을 수 있다는 인식이 높아졌다. 비록 아직도 자신들을 영국인으로 생각하기는 했지만, 그들은 미국이 대영제국의 미래에서 중심이 될 것이라는 확신도 갖게 되었다.

마지막으로, 외부인들은 무언가를 공유하는 사람들이 그러는 것보다 먼저 (그들 사이에 상당한 차이들이 있는 경우에도) 그들을 하나의 집단적 단위로 보는 속도가 빠르다. 런던에서 북미의 식민자들을 보며, 영국인들은 그들보다 앞서 그들을 하나의 전체로 보았다. "영국인들은 그 전체에 대해 걱정했다"고 존 M. 머린은 얘기한다. "왜냐하면 그들은 그 안의 부분들을 이해하지 못했기 때문이다. 그래서 그들은 자신들의 걱정을 미국America이라는 이름의 통합체로 현실화시켰다.…… 한마디로 말해서, 미국은 영국이 만들어낸 개념이었다." 식민지 언론에 대한 메리트의 분석은 이와 같은 판단을 뒷받침한다. 보스턴, 뉴욕, 필라델피아, 윌리엄즈버그, 그리고 찰스턴의 5개 주요 신문들에서 1735~1775년에 영국인들이 쓴 기사들은 "미국인들보다 먼저 이곳의 땅과 이곳의 사람들을 '아메리칸American'으로 규정했다."[5]

이와 같은 발전들은 영국적, 제국적, 혹은 식민지적 정체성과 구분되는 미국적 정체성의 등장을 자극했다. 1740년 이전에 '아메리카America'라는 용어는 사회가 아닌 영토를 가리켰다. 하지만 그때부터 식민자들과 그밖의 다른 사람들은 미국인들을 집단적으로 표현하기 시작했다. '젠킨스의 귀 전쟁'에 참가한 사람들은 서로를 '유럽인'과 '미국인'으로 불렀다. 미국적 의식화의 과정은 빠르게 진행되었다. E. 맥클렁 플레밍의 말에 따르면 "영국인들과 구분되는 미국인들의 공동체 개념은 1755년에 구체화되었고 1766년에 널리 퍼졌다."[6] 이렇게 해서 미국인들은 18세기 후반부터 점점 더 자신들의 집단적 정체성을 인식하게 되었다. 메리트의 주장에 따르면, 1735~1761년에 식민지 언론에 나타난 미국의 지명 상징들 가운데 6.5퍼센트가량이 식민지들을 하나의 단위로 지칭했는데, 이것이 1762~1775년에는 25.8퍼센트로 급증했다. 뿐만 아니라, 1763년 후에 "미국적 기원의 상징들은 더 자주 식민지들을 영국이 아닌 미국의 개념으로 규정했고, 이것은 1765년과 1766년을 빼고 매년 나타났다." 1763년에 일어난 미국적 의식화의 폭발은 (메리트의 분석에서 편집한) 〈표 6-1〉에 분명하게 나타나고 있는데, 이 그림은 시간의 경과에 따른 세 가지 핵심 상징군들의 분포를 보여준다.[7]

미국의 국가nation 만들기는 유럽의 그것과 다른 것이었다. 유럽에서는 정치적 지도자들이 '정치적 국가state'를 만든 후에, 자신들이 통치하고자 하는 사람들을 대상으로 '국민국가nation'를 만들었다.■ 반면에 미국에서는 집단적 경험이, 넓게 분산된 엘리트들의 리더십과 함께, 싸워서 독립을 쟁취한 사람들의 공통적 인식을 만들어내고, 그런 후에 최소한의 중앙적인 정치적 제도를 탄생시켰다. 그리고 이것은 (19세기에 유럽의 방문자들이 지적했듯이) 유럽적인 의미의 정치적 국가를 구성한 것이 아니었다.

국가적 정체성과 그밖의 정체성

혁명에서 이긴 미국인들의 승리는 미국의 정체성에 두 가지 주요 결과를 야기시켰다. 첫째, 그것은 대서양 연안의 개척자들이 자신들을 영국인, 영국인 식민자들, 혹은 '대영제국 전하'의 신민들로 규정하는 것을 불가능하게 만들었다. 그러나 애덤스가 지적했듯이, 미국혁명은 일부의

■ 여기에서 한 가지 까다로운 문제는 state와 nation의 구분이다. 이것들이 분명하게 구분되어야 하는 경우는 이 책에서 별로 없으며, 대개의 경우 state는 미국의 '주'로, nation은 그냥 '국가'로 번역한다. 하지만 이렇게 분명히 구분해야 할 경우에는, 역자의 짧은 지식을 바탕으로, state는 '정치적 국가'로, nation은 '국민국가'로 번역한다. : 옮긴이

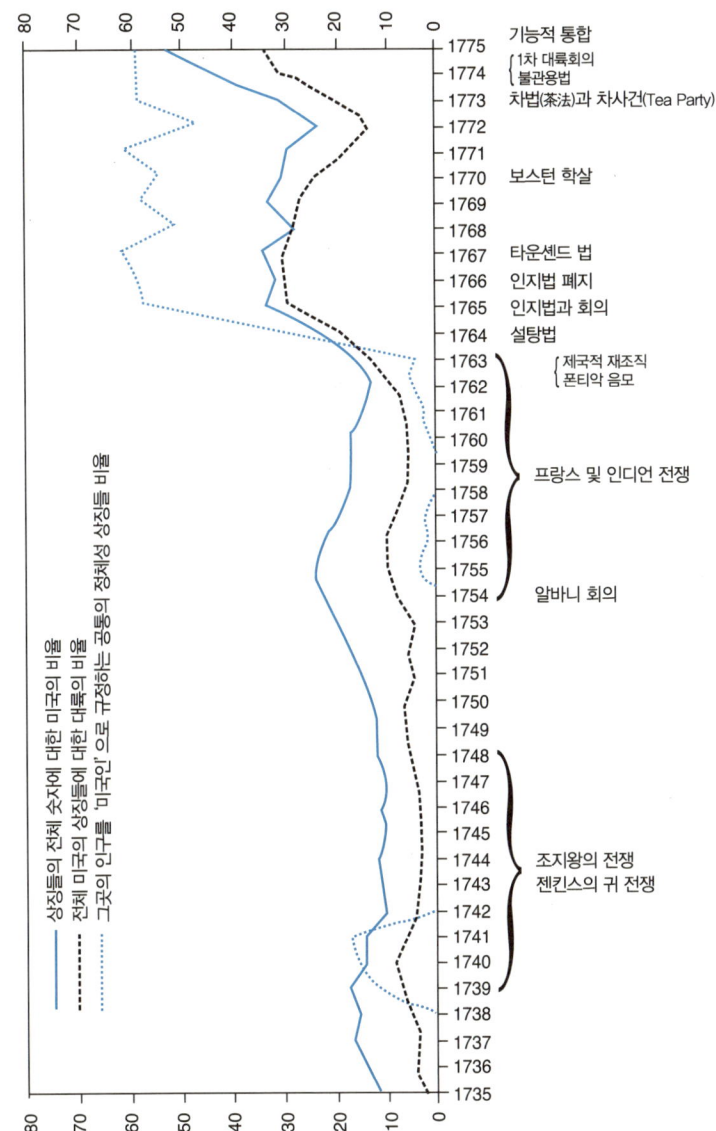

〈표 6-1〉 기능적 통합, 결정적 사건, 미국의 공동체 의식 곡선,
1735~1775 '이동 평균'을 사용한 비교

출처 : 리처드 L. 메리트, 1735~1775년 미국의 공동체 상징들, 뉴 헤이븐: 예일 대학교 출판부, 1966, 144쪽.

마음과 가슴속에서만 혁명이었다. 식민지 인구의 상당 비율은 (애덤스의 추산에 따르면 3분의1은) 여전히 왕조에 대한 충성심을 견지했다. 마침내 왕조가 무너졌을 때, 이들은 영국적 정체성을 포기하거나 밖으로 나가야만 했다. 많은 이들은 선택의 여지가 없었기 때문에 떠나야만 했다. 모두 합해서 10만 명가량의 왕당파들이 캐나다, 영국, 그리고 서인도제도로 옮겨갔고, 그들의 재산은 주 정부들에 압수당했다. 이와 같은 과정은 영국과 미국의 재통일 가능성을 완전히 없애버렸다. 둘째, 혁명에서의 승리는 미국인들이 그동안 싸웠던 적도 없애버렸다. 그것은 다른 정체성들보다 국가적 정체성을 고취시켜야 할 필요성과, 이념을 국가적 정체성의 중심적 요소로 만들어야 할 필요성을 종식시켰다. 그래서 이것은 국가적 정체성이 하부국가적, 분파적, 주state, 그리고 정파적 정체성들의 주창자들로부터 끊임없이 도전받는 오랜 기간을 야기시켰다.

　미국혁명은 식민자들을 미국인으로 만들었지만, 그들을 하나의 국민nation으로 만들지는 못했다. 그들이 하나의 국민이었는지는 1865년까지 분명치 않았다. 독립선언서는 미국이라는 국가가 아니라 '자유롭고 독립적인 주들States'을 얘기했다. 작업 초기에 제헌의회의 의원들은 만장일치로 헌법 초안에서 '국가적national'이란 단어를 빼고 '국가적 정부'를 위한 '합중국the United States'을 채택했다. 엘브리지 게리는 "우리는 같은 국가도, 다른 국가들도 아니었다"고 말하면서 그와 같은 불확실성을 확인했다. 1792년에 피셔 에임즈는 한 걸음 더 나아가 이렇게 얘기했다. "하나의 국가로서 느끼는 것이 아니라, 하나의 주가 우리나라이다." 제퍼슨도 비슷한 얘기를 했고 종종 버지니아를 자신의 '국가nation'라고 언급했다. 다만 그는 국무장관 시절에 프랑스와 미국 모두 '국가들'로서 정부 체제와 상관없이 연속성을 갖는다는 주장도 했다. 남북전쟁으로 이어진 논쟁들 속에서 남부인들은 그와 같은 주장을 거부했다. "나는 합중국을 얘기할 때 '국가'라는 단어를 절대로 사용하지 않는다"고 존 C. 캘헌은 1849년에 선언했다. "나는 늘 '연합Union'이나 '연방체Confederacy'란 단어를 사용한다. 우리는 국가가 아니라, 동등하고 주권적인 주State들의 연합 내지 연방체이다." 국가적 권위의 강력한 주창자인 존 마셜조차도 그와 같은 용어 사용을 지지했다. "미국은 여러 가지 측면에서, 그리고 여러 가지 이유들로 국가가 되기로 선택한 것이다." 주들의 권리와 무효화에 대한 논쟁들에서, 사람들은 종종 (어느 편에 섰건) 자신들의 나라를 중립적이고 애매한 용어인 '연합'으로 지칭했다. 국가적 권위에 반대하는 사람들은 그것이 '주들의 연합'으로서, 이렇게 독립적인 단위들의 상호 합의로 탄생했고 따라서 동질적이거나 통합적인 국가와는 상당히 다른 것임을 강조했다. 한편, 앤드루 잭슨과 대니얼 웹스터 같은 국가주의자들은 '연합'을 예찬하면서, 그것이 무엇의 연합인지 적시하지 않았지만 그것을 국가라고 부르지도 않았다.[8]

초창기의 수십 년 동안 (그것을 만든 사람들을 포함해) 많은 사람들은 '연합'의 지속적인 존재를 극히 불확실한 것으로 보았다. 매디슨은 그렇지 않다고 주장했지만, 대부분의 사람들은 작은 나라들만이 공화국이 될 수 있다고 믿었다. 합중국은 광대한 나라였고, 따라서 그것은 군주제가 되거나 더 작은 단위들로 나뉘어야 할 것이었다. 제퍼슨은 적어도 대서양 연방과 미시시피 연방의 등장 가능성을 보았다. 헨리 스틸 코매저가 주장했듯이 "국가주의의 승리와 통합에 대해서는 미리 예정된 것이 아무것도 없었다." 영어를 사용하는 미국은 스페인어를 사용하는 미국만큼이나 분열의 가능성이 있었다.[9]

미국혁명과 남북전쟁 사이에, 국가적 정체성은 주, 분파적, 그리고 정파적 정체성들과 경쟁했다. 1830년 이전에 국가주의 정서는 이 경쟁에서 나름의 성공을 거두었다. 살아 있을 때 워싱턴은 압도적인 국가적 인물이었고 국가적 단결의 카리스마적 상징이었다.[10] 죽은 후에도 그는 여전히 가장 존경받고, 일부 측면에서 '건국의 아버지들'이 유일하게 만장일치로 숭모하는 사람이었다. 1810년의 선거들에서 '전쟁 매파'가 승리하고, 캐나다 정복이 예상되고, 미국의 물자수송에 대한 영국의 간섭에 분노가 표출되면서, 뉴잉글랜드 이외의 지역에서 국가주의가 고조되었고 결국에는 1812년의 전쟁으로 이어졌다. 이 전쟁의 결과는—특히 잭슨의 뉴올리언즈 승리는—그와 같은 국가주의 정서에 불을 지폈다. 국가주의의 마지막 파도는 1824~1826년에 일어났는데, 이것을 촉진시킨 라파예트의 이례적인 국토 순례는 (어떤 학자가 주장했듯이) "그 규모와 흥분감에서 전무후무한 것이었다."[11] 이 파도는 1826년 7월 4일의 독립선언서 50주년에, 그리고 존 애덤스와 토머스 제퍼슨의 동시 사망일에 절정에 달했다. 이 세 사건이 동시에 일어날 통계적 비확률성에 경외심을 느낀 미국인들은 이것은 그들이 정말로 '하나님의 선택받은 사람들'임을 알리는 높은 곳에서의 분명한 메시지일 수밖에 없다고 쉽게 결론내렸다.

그러나 보다 일반적으로, 다른 정체성들이 보다 넓은 연합에의 미국인들의 정체성과 격렬하게 경쟁했고 종종 그것을 능가했다. 1803년과 다시 1814~1815년에, 뉴잉글랜드 주들의 대표들은 연방체와 분리의 가능성을 얘기하기 위해 함께 만났다. 1807년에 애론 버르는 적어도 일부 동부 지방 주들의 분리를 도모하기 위해 의도적인 음모를 꾸몄다. 1799~1800년의 켄터키 및 버지니아 결의안들부터 남북전쟁 때까지, 주 정부들은 종종 국가적 정부가 제정한 법률의 시행을 무효화하거나 아니면 막을 수 있는 권리를 주장했다. 1815년까지 정파적 충성과 반대도 극심했는데, 이것은 부분적으로 (서로 다른 경제적 이익을 대변하는) 연방주의자들과 공화주의자들이 프랑스의 혁명 전쟁들에서 서로 다른 편을 들었기 때문이었다. 이와 같은 정파적 정체성의 국가적 정체성 능가는 양쪽 정파가 독립기념일 행사를 별도로 치른 데서 극명하게 나타났다.

베네딕트 앤더슨이 말했듯이, 국가는 상상에 의한 공동체이다, 하지만 그것은 보다 구체적으로 기억에 의한 공동체, 상상에 의한 역사의 공동체이며, 그래서 국가는 그것에 대한 역사적 기억에 의해서 규정된다. 어떤 국가도 국가적 역사가 없이는 존재하지 않으며, 국가적 역사는 그곳에 사는 사람들의 마음에 승리와 패배, 영웅과 악당, 적과 전쟁, 승전과 패전의 공통된 기억들을 심어놓는다. 이와 같은 맥락에서 볼 때, 19세기 초의 많은 기간 동안 합중국은 국가적 역사가 없었기 때문에 국가가 아니었다. 대니얼 부어스틴은 이렇게 얘기한다. "독립선언서가 발표된 후의 적어도 반세기 동안, 합중국의 역사는 각각의 주들이 겪은 각각의 역사로 구성되어 있었다고 얘기할 수 있다. 주들과 종교들의 역사가 우선적인 것이었고, 합중국의 역사는 차선적 내지 파생적인 것이었다." 주와 지역의 역사 협회들이 만들어져 각각의 주와 지역의 중요성을 강조하고, 예찬하고, 전파했다. 반면에 국가적 차원의 역사 협회를 만들려는 노력은 무위로 돌아갔다.[12] 국가적 역사로 관심을 돌리고 싶어했던 학자들은 지역적 영웅들의 전기를 써서 그들을 국가적 영웅들로 선전했다.

남북전쟁 이전의 미국 역사를 미국인이 기술한 가장 중요하고 포괄적인 작품은 조지 뱅크로프트의 역저 『합중국의 역사』인데, 이것은 1834년부터 1874년까지 10권이 출간되었다. 최초의 9권은 초창기의 유럽인 개척들부터 미국혁명까지를 다루었다. 뱅크로프트의 주장에 따르면, 세상에 대한 미국의 사명은 인간의 자유를 촉진하는 것이었다. 그의 작품은 엄청난 인기를 끌었고, 그는 (부어스틴의 표현에 따르면) "미국 정체성의 존엄한 사제"가 되었는데, 이것은 바로 "국가적 삶의 처음 수십 년 동안 미국의 국가적 정신이 아주 약했고, 경쟁적인 지역주의들이 만연했고, 국가의 의미와 목적에 대한 애매함과 혼란이 있었기" 때문이었다. 그러나 밴크로프트의 영향에도 불구하고 "남북전쟁이 끝난 후에야 미국의 역사에 대한 국가적 인식은 비로소 확립되기 시작했다."[13] 부어스틴의 말에 따르면, 이 "위대하고 선구적인 '국가적' 역사가 다룬 것은 국가가 되기 전의 나라였다."

1830년 후에 국가주의는 분파주의와 새로운 형태의 정파주의에 자리를 내주었다. "애국심과 국가적 단결에 대한 일편단심의 열정은 1825년에 절정에 달했다"고 존 보드나는 주장한다. 윌버 젤린스키도 국가주의가 1824~1826년에 최고점을 찍은 후에 급속히 하락했다고 동의한다. 보드나의 말에 따르면, 1830년대에 이르러 국가적 정치의 특징은 "경제 성장과 강력한 민주당의 출현으로 야기된 계급적, 민족적, 그리고 종교적 갈등의 심화였다." 국가적 충성심은 "이제 경쟁을 증가시켰다. 지역, 주, 그리고 지방의 과거가 더 많은 관심의 대상이었고…… 이와 같은 태도 때문에 1832년에 워싱턴의 탄생 100주년을 기념하기 위한 대중의 지지를 모으기가 쉽지 않았다." 린 스필먼도 비슷한 주장 속에서, 남북전쟁 전에는 "지역과 지방에의 관심이 국가성의 표현을 어렵게 만들었으며, 분파주의와 지역주의가 만연했다"고 얘기한다. 남북전쟁 당시에도 "남과 북의 군대 모두 기본적으로 지역적인 관점에서 자신들의 국가적인 임무를 규정했다."[14]

남북전쟁 전의 30년 동안 국가적 정체성의 외형이 줄어든 데는 미국 사회의 심오한 두 가지 변화가 큰 영향을 끼쳤다. 그중에서 하나는 당연히 노예제 폐지 운동의 등장이었는데, 이것은 남과 북의 경제적 갈등을 증폭시켰고, 서부로의 급격한 확장은 노예제를 가장 중요한 국가적 안건으로 대두시켰다. 다음으로, 미국은 1820년대 전에 유럽의 세 열강으로부터 안보적 위협에 직면해 있었다. 그 시기에 미국은 북쪽과 동쪽에서 영국, 서쪽에서 프랑스, 그리고 남쪽에서 스페인의 위협을 받고 있었다.

미국은 프랑스와 스페인의 영토들을 매입하거나 차지하고, 영국과는 러시-배곳 협정과 몬로 독트린으로 화해를 맺으면서 그후 100년 동안 심각한 안보적, 영토적, 혹은 생존적 위협에서 벗어났다. 하지만 미국에는 여전히 두 종류의 적이 남아 있었다. 인디언들은 1890년대까지 거의 지속적으로 미국인들과 치열한 전쟁을 벌였다. 그들은 서부의 변방으로 진출하려는 미국인들에게 '두려움의 대상'이었다. 하지만 그들은 전체 미국인들에게 심각한 위협이 되지 못했다. 미국인들은 자신들의 우월한 숫자, 기술, 사회적 및 지적 능력, 경제적 자원, 그리고 문명이 궁극적인 승리를 보장한다고 믿었다. 인디언들은 너무나도 잔인한 것 같았지만 또 너무나도 약했기 때문에 미국인들에게 완벽한 적이었다.

19세기에 미국인들에게 두 번째 적은 유럽의 구질서였다. 미국인들은 대부분의 유럽 국가들이 군주제, 귀족주의, 그리고 봉건주의의 잔재 속에서 자유와 평등, 민주주의와 법치의 성격이 부족한 것을 경멸하고 미워했다. 반면에 미국은 공화정 정치의 모범이었다. 미국혁명으로 미국의 정체성에 보태진 이념적 요소는 이와 같은 차이를 아주 중요한 것으로 만들었다. 유럽의 구질서는 미국인들에게 필요한 '남other'이었으며, 미국인들은 자신들이 밝고, 투명하고, 번창하고, 민주적인 미래를 대변한다고 믿었다. 미국인들은 민주적인 변화를 촉진시키려는 유럽 사회의 노력을 지지했고, 이것은 1848년의 혁명들에서 가장 분명하게 나타났다. 그러나 가장 중요한 것은, 그들은 거리의 이점을 활용해 자신들의 덕목과 장점을 온전히 유지하고 싶어했다.

인디언들은 가까웠지만 약했다. 유럽인들은 강했지만 멀었다. 양쪽 모두 적이었지만, 어느 쪽도 심각한 위협은 아니었다. 뿐만 아니라, 미국의 1846~1848년 '멕시코 전쟁' 승리는 그 나라를 심각한 위협으로 볼 가능성을 제거했다. 미국은 비교적 안전한 상태에서 외국의 간섭 없이 대륙의 영토를 점령하고, 활용하고, 개발할 수 있었다. 외적인 위협의 부족은 미국인들이 노예제와 새로운 영토 개척의 가능성에 뿌리를 둔 분파적, 경제적, 그리고 정책적 차이에 집중하게 만들었다. 1837년에 에이브러햄 링컨은 외적인 적이 없을 때 어떤 결과가 나올 수 있는지를 경고했다. 외국의 열강들에 맞서 독립과 안보를 위해 혁명적 투쟁을 했던 미국인들의 경험을 상기시키며, 그는 다음과 같이 주장했다.

그들의 '강력한 영향력' 속에서, 우리의 본성에 내재되어 있고 평화와 번영, 그리고 집단적 힘을 약화시킬 수 있는 우리의 질투심, 부러움, 그리고 탐욕은 한동안 대체로 억제되었다. 우리의 뿌리 깊은 증오와 강력한 복수심은 서로에게 향하지 않으면서 영국에게만 발산되었다. 이렇게 해서 우리의 가장 깊은 본성들은, 우리가 처한 상황 속에서, 깊은 잠을 자거나 가장 숭고한 목적—시민적이고 종교적인 자유의 확립과 유지를 도모하기 위한 힘으로 작용했다.

그러나 이와 같은 감정은 그것을 만들어낸 상황이 변하면서 퇴색할 수밖에 없고, 실제로 퇴색하고 있다.[15]

이와 같은 변화 속에서 미국인들은 자신들의 증오, 질투심, 부러움, 그리고 탐욕을 서로에게 발산하며 내란의 길로 접어들고 있었다. 그리고 1861년 4월 14일에 마침내 남북전쟁이 일어났다.

국가와 애국심의 승리

국가적 의식 제임스 러셀 로웰은 남북전쟁을 결론적으로 이렇게 규정했다. "그것은 국가를 만들기 위한 값비싼 전쟁이었다!" 하지만 그것은 국가를 만들어냈다. 미국이라는 국가는 남북전쟁 속에서 탄생했고 전쟁 후의 수십 년 동안 번창했다. 또한 미국의 국가주의, 애국주의, 그리고 미국인들의 분명한 국가적 정체성도 그러했다. 랠프 월도 에머슨의 지적에 따르면, 미국의 애국주의(애국심)는 남북전쟁 전에 일시적인 것에 불과했다. 그러나 "수천 명의 죽음과 수백만의 결연한 의지"는 미국의 애국주의를 "현실적인 것"으로 만들었다.[16] 전쟁 전에 미국인들과 그밖의 사람들은 그들의 나라를 복수plural 개념으로 규정했다. 즉, "이들 결합된 주들은These United States are……." 전쟁 후에 그들은 단수singular 개념을 사용했다. 우드로 윌슨은 1915년의 현충일 기념사에서 이렇게 얘기했다. "남북전쟁은 이 나라에서 전에는 결코 없었던 것—국가적 의식意識을 만들었다." 이와 같은 의식은 전쟁 후의 수십 년 동안 여러 가지 모습으로 나타났다. "19세기 후반은 미국의 국가적 정체성에서 가장 위대한 혁신의 시기였다"고 린 스필먼도 확인한다. "오늘날 익숙한 대부분의 애국적 관행, 조직, 그리고 상징들은 그 시기에 시작되었거나 정립되었다."[17]

남북전쟁 직후의 몇 년 동안 국가주의 정서는 급증했다. 모튼 켈러의 지적에 따르면, "대중운동가, 지식인, 그리고 정치인들은 온갖 표현으로 국가주의의 승리를 예찬했다." 예전의 노예제 철폐 주창자들이 개리슨의 '해방자Liberator'를 다른 말로 대체하고 싶어했을 때, 그들은 자연스럽게 '국가The Nation'라는 말을 사용했다. 거의 모두가 합중국the United States을 자신들의 국가로 규정했다. '15차 수정헌법'의 수용을 놓고 논란이 벌어졌을 때, 델라웨어의 상원의원 윌러드 솔즈베리 같은 몇몇 반대자들은 그와 다른 주장을 개진했다. 하지만 그런 사람들은 압도적으로 다수인 찬성파의 반박에 직면했고, 이들의 의견은 인디애나의 상원의원 올리버 모튼이 다음과 같이 대변했다.

솔즈베리 의원은 오늘 우리에게 우리가 하나의 국가가 아니라고 솔직히 얘기했다. 그는…… 이 나라에서 60만 명의 사상자를 낸 그 값비싼 전쟁이 끝난 후에도 우리는 하나의 국가가 아니라고…… 얘기했다. 그는 우리에게 자신은 델라웨어 부족의 일원이라고…… 필라델피아 근처에 있는…… 어느 보호구역에 사는 독립적이고 주권적인 부족의 일원이라고 얘기했다.…… 나는 우리가 하나의 국민이며…… 우리가 하나의 국가라고 주장한다.[18]

전쟁 전에 분리주의는 비단 남부만의 정서가 아니었다. 그러나 1865년 후에 그것은 생각할 수 없는 것이 되었다. 국가주의는 1870년대와 1880년대 초에 다소 하락했지만, 그후 1880년대와 1890년대에 보다 강력한 형태로 재등장했다. 존 하이엄의 말에 따르면 "1886년부터 1924년까지 국가주의는 심화되었다."[19] 대공황기에 국가주의 정서는 경제적 및 정치적 관심에 자리를 내주었다. 하지만 그것은 미국의 2차대전 참전으로 다시 최고조에 달했다. 미국인들이 소련에게서 느낀 이념적 및 안보적 위협감은 1960년대까지 국가적 정체성의 외형을 유지시켰다. 그러다가 1960년대에 사회적, 경제적, 그리고 문화적 분열이 다른 정체성들을 등장시키고 강화시켰다. 소련의 위협이 1980년대에 약화되다가 마침내 사라지게 되자, 국가적 정체성의 외형은 한층 더 낮아졌다. 이렇게 해서 1860년대부터 1960년대까지의 100년은 미국의 국가주의 세기였고, 이 시기는 미국의 역사에서 국가적 정체성이 다른 정체성들과 비교해 가장 강했다. 이 시기에 미국인들은 계층과 종교, 그리고 민족을 넘어 경쟁적으로 국가주의를 표현하고 애국심을 과시했다.

경제적 발전과 국가적 조직들   남북전쟁 Civil War 에서 북군 Union 이 승리함에 따라 미국은 국가가 되었고, 그후에는 많은 요인들이 결합해 국가주의를 지배적인 것으로 만들었다. 그중에서도 가장 중요한 것은 급속한 산업화와 경제적 발전이었다. 국가주의의 득세와 확대는 우연히도 전 세계의 많은 나라들—영국, 프랑스, 독일, 일본, 중국, 러시아, 그리고 소련 등—에서 경제발전과 산업화가 심화되는 시기와 일치했다. 그리고 당연히 미국에서도 그런 일이 일어났다. 경제적 활동과 국부의 증대는 국가에 대한 자부심을 높였고, 그에 따라 국제무대에서 자국의 위상을 확립해야 할 필요성이 커졌다. 교통과 통신의 발달, 특히 1869년의 대륙철도 완성과 1869년의 전화 발명 및 뒤를 이은 전화의 급속한 보급은 미국인들이 서로 교류하고 국가적 의식의 발전을 촉진시킬 능력을 확대시켰다.

통합적인 국가 경제의 등장은 국가적 수준에서 활동하는 대기업들의 수, 크기, 그리고 사업을 극적으로 높였다. 이런 조직들의 수장들은 국가적 관점에서 생각하고 개별적인 주와 지역의 관심을 부수적인 것으로 만들어야만 했다. 그와 동시에 미국인들은 또 자발적인 국가적 협회들의 수도 전례가 없는 수준으로 증가시켰다. 미국의 성인 남녀 가운데 1퍼센트 이상이 회원으로 등록한 이런 대규모 조직들의 절반가량은 1870년과 1920년 사이에 만들어졌다.[20] 이와 같은 국가적 조직들은 자연스럽게 회원들의 관심을 국가적인 사안들로 돌렸다. 국가적 정체성의 발전은 정부적 혹은 기업적 특성보다 대중적 특성이 강했다. 정부들은, 특히 국가적 정부는 그것에 미미한 역할밖에 하지 못했다. 주도권은 수많은 민간 및 지역 집단들과 개인들이 행사했다. 셀릴리아 올리어리 교수는 이렇게 얘기한다.

1880년대부터 조직적인 애국자들이 새로운 국경일들을 만들기 위한 운동을 주도했다. 그들은 국가의 영웅 신전에 영웅들을 추가하도록 압력을 가했고, 공립학교에서 미국의 역사와 문화를 가르치도록 촉구했고, 국기에 대한 존경과 충성 서약을 촉진시켰고, 기념관과 국가적 성소와 역사적 명소들의 건립을 추진했고, 애국주의의 입법화를 위한 조직적 청원과 의회 청문회를 시도했다.[21]

아마도 가장 중요한 최초의 국가주의 조직은 1866년에 형성된 '공화국 대군the Grand Army of the Republic'이었다. 윌버 젤린스키에 따르면, 이것은 "미국의 정치적 및 상징적 삶에서 빠르게 강력한 힘으로 성장했고…… 다른 어떤 조직보다 더 대규모적으로 국가주의 의식儀式을 전파하는 데 헌신했다." 뒤를 이어 '스페인-미국 전쟁' 후에 조직된 '외국전 참전 용사들the Veterans of Foreign Wars'과 1차대전 후에 결성된 '미국 군단the American Legion'이 등장했다. 이것들은 전국에 지역 지부를 갖춘 정말로 대규모적인 조직이었다. 이들은 대부분의 활동을 국가적 정체성과 애국주의를 고취시키는 데 할애했다. 그리고 1890년대에는 "엄청난 수의 애국주의적 조직들이 출현하거나 전면에 부상했다." 이를테면 '미국혁명의 딸들', '미국혁명의 아들들', '미국의 식민지 부인들', 그리고 '메이플라워 후손들' 등이었는데, 이것들 모두 1889년부터 1897년 사이에 결성되었다. 뒤를 이어 '보이 스카웃', '걸 스카웃', 그리고 '캠프 파이어 걸즈' 등이 등장해 무엇보다 청소년들의 애국심 고취에 헌신했다. 이 시기에는 또 다양한 목적과 활동을 내세우는 친목 단체들도 등장했다. 그러나 이들의 "공통적인 특징은…… 행사, 출판, 그리고 시민적 활동을 통한 국가적 충성심의 고취였다"고 젤린스키는 강조한다.[22]

남북전쟁 전에 국가적 정부는 상대적으로 약하고 미미한 기관이었다. 남북전쟁은 이것의 활동이 지속적으로 확대되는 과정을 야기시켰다. 새로운 부처들이 추가되어 농림부(1862), 법무부(1870), 상업부(1903), 그리고 노동부(1913) 등이 탄생했다. 연방 (혹은 국가적) 정부는 1870년대에 이민에 대한 통제권을 주장했고, 1890년에 철도의 규제를 위한 '주간Interstate 상업 위원회'를 출범시켰다. 이와 같은 기능의 추가는 꾸준히 계속되다가 대공황기에 가속화되었다. 2차대전은 한층 더 확장된 정부를 초래했고, 냉전은 전례가 없는 대규모 국방 조직들을 추가했다. 시어도어 루즈벨트 대통령부터 시작해 대통령의 힘과 지위, 그리고 중요성은 국가의 중심적인 정치적 핵으로 새롭게 강화되었다.

이 시기에는 국가에서 국가적 정부의 역할이 커지기만 한 것이 아니라, 국제적으로도 국가와 국가적 정부의 역할이 확대되었다. 1880년대에 미국은 역사상 처음으로 상당한 비미국인 인구들이 있는, 그래서 합중국의 주들이 되기 어려운 식민지 영토들을 획득하기 시작했다. 미국은 또 해군의 확장도 시작해 30년 후에는 영국과 맞먹는 수준으로 키웠다. 스페인과 미국의 전쟁은 국가주의의 절정을 알렸으며, 그 결과 미국은 동아시아로 진출해 식민적인 제국주의의 규모를 늘렸다. 미국이 파나마를 콜롬비아에서 분리시키고 뒤를 이어 파나마 운하의 건설과 관련된 엄청난 토목사업을 완결함으로써, 미국의 새로운 국제적 위상은 한층 더 높아졌다. 하이엄이 1880년대와 1890년대의 '사소한 국제적 논쟁들'이라고 지칭한 것들로부터 시작해, 미국인들의 여론은 뚜렷한 국가주의 및 국수주의 색채를 띠었다. 그리고 이것은 스페인과의 전쟁에서 장엄한 승리를 거두고, 파나마 운하를 성공적으로 완성하고, 1908년에 '위대한 백선단the Great White Fleet'이 세계일주를 떠나면서 한층 더 강화되었다.[23]

남북 화해 남북전쟁 이후의 국가주의에서 한 가지 중심적 요소는 남북화해를 통한 단일 국가의 정립이었다. 재건Reconstruction이 끝나고, 남부에서 연방 군대가 철수하고, 대통령직에 대한 1877년의 '대타협'이 이루어진 후에, 이와 같은 화해는 자유를 얻은 노예들을 국가에서 사실상 배제시키는 대가를 치르면서 앞으로 나아갔다. 재통합의 과정은 처음에 느리고 종종 중단되었으며, 1870년대와 1880년대에 "외부자들에 대한 남부의 적대감은 거의 모두가 북부의 양키에 대한 것이었다." 그러나 1870년대에 남부의 참전용사들은 자진해서 인디언들과의 전쟁에 참전해 "그들도 애국심이 부족하지 않음을" 보여주었다. 1897년에 이르러 '공화국 대군'의 연례적인 징병 활동은 남부의 참전용사들까지 포함시키면서 "하나의 국가, 하나의 국기, 하나의 국민, 하나의 운명"이라는 구호를 내걸었다. 다음 해에 일어난 스페인과 미국의 전쟁은 그들을 단결시켰다. 하이엄의 주장에 따르면 "1898년의 그 전쟁은 남부의 군사적인 전통을 애국적인 십자군으로 만들고, 미국의 모든 지역들을 공통의 목표로 단결시키고, 열정적인 국가적 충성심을 보여줄 기회를 남부에 제공함으로써 남북 화해의 한 단계를 마무리했다." 윌리엄 맥킨리 대통령은 적시에 예전의 남부군 장교들에게 고위급 사절단을 파견했는데, 이것은 "남부를 감동시켜 새로 조직된 자원군에 지원자들이 몰려들게 만들었다."[24]

전쟁이 끝난 후에 흑인 병사들의 공헌은 대체로 무시되었지만, 남부의 병사들은 용맹성을 인정받았으며, 의회는 남부인들에게 그들의 전쟁 깃발을 돌려주었다. 지역 정부들은 남군과 북군을 위한 공동 기념탑을 세우기 시작했고, 1910년에 '공화국 대군'의 사령관은 스페인과의 전쟁에서 남부인들이 보여준 '국가적 충성심과 헌신'을 예찬했다. 그는 이렇게 얘기했다. "전쟁으로 우리는 새로운 연합을 갖게 되었다. 북부인도 없고, 남부인도 없으며, 모두가 미국인이다." 남북 화해는 1913년에 게티즈버그 전투의 50주년 기념식장에서 절정에 달했는데, 이때 북부와 남부의 참전용사 5만 명이 전국의 애국적인 단체들과 함께 참석해 양측의 영웅적인 행동을 예찬했고 (윌슨 대통령의 표현대로) "이제는 적이 아니라, 함

께 손을 잡은 형제들과 동지들로서" 단합했다.[25]

국가적 역사 미국 역사의 저술과 교육은 (남북전쟁 전에 단편적이고 외면되다가) 국가주의 시기에 꽃을 피웠다. 젤린스키의 말에 따르면 "미국의 역사학은 1880년대에 와서야 완전히 제도화되면서, 대학교들에 관련 학과들이 설치되고 전국적인 역사가 협회가 전문적인 학술지와 연례적인 회의들을 열었다." 교육자들과 정치인들은 미국 역사의 교육을 촉진시켰다. 남북전쟁 전에는 6개 주만이 공립학교에서 역사를 가르치도록 요구했다. 1900년에 이르러 그 숫자는 23개로 늘었다.[26] 학교들은 애국심을 가르치도록 명시적으로 지시받았고, 애국주의 교재들이 그런 목적으로 만들어져 배포되었다. 교육자들은 "아이들에게 미국인 영웅들의 영웅적인 행동, 전시에 군인들과 선원들이 보여준 희생과 용기, 유럽의 왕들과 비슷한 방식으로 국가의 상징이라 할 수 있는 대통령들의 인격 등을 생생하고도 재미있게 가르치는 중요성을 강조했다. 1890년대에 이르러 많은 주들이 경쟁적으로 애국심의 고취에 특히 필요한 것으로 여겨지는 미국역사와 공민학 같은 과목들을 대학 밑의 모든 교육기관에서 가르치도록 법으로 규정했다."[27] 1880년대부터 시작해 미국의 학교들은 (젤린스키의 말에 따르면) "이념 교육과 국가적 단결의 유지를 위한 짐을 예전의 그 어느 때보다 더 많이 져야 하는 의무를 안게 되었다.…… 새로 결성된 애국적 단체들과 참전용사 조직들은 학교에서 미국의 역사와 이상을 제대로 가르치게 하기 위해 나름대로 애를 썼다. 미국역사와 공민학, 지리, 그리고 문학 등에서 국가주의를 흡수한 것 외에도, 학생들은 국기에 대한 예절과 '충성 서약'을 배웠다." 교실과 교과서, 그리고 행사들에서 아이들은 전과 달리 메이플라워, 건국의 아버지들, 선구자들, 그리고 위대한 대통령들의 영광에 대해서 배웠다. 이와 같은 전통은 양차 대전의 중간 시기까지 계속되었다. 1915~1930년에 출간된 거의 400권의 교과서들 중에서 대다수는 국가주의적이었다고 어떤 학자는 분석했다. "미국인들은 자신의 선조들과 그들이 만들어 발전시킨 제도를 존경하고 존중하도록 배웠다."[28]

애국적 의식들과 상징들 남북전쟁 이후의 수십 년 동안 미국인들은 또 다양한 형태의 애국적 의식儀式, 상징, 그리고 행사들을 만들고, 발전시키고, 점점 더 그것들에 참여했다. 국가주의의 고조는 1875년에 시작된 백주년 행사들이 대대적으로 전파했고 어느 면에서는 촉발시켰다. 그중에서도 특히 1876년에 필라델피아에서 열린 '백주년 전시회'가 가장 큰 영향을 끼쳤다. 이것은 금전적으로 재앙이었지만 그밖의 모든 면에서는 '엄청난 성공'이었다. 당시의 4,600만 인구 중에서 1,000만이 박람회를 구경했다. 1886년에 헌정된 '자유의 여신상'과 1893년에 시카고에서 열린 '콜롬비아 박람회'는 위대한 국가 미국의 덕목과 업적에 대한 자부심, 열정, 그리고 예찬을 새롭게 창출했다. 이들 행사들은, 특히 1876년에 열린 행사들은 "미국 사람들에게 자신들의 과거와 미국의 업적을 새롭게 상기시켰다."[29] 그것들은 특히 1890년대에 500개가 넘는 애국적 단체들이 새로 탄생하는 데 중요한 역할을 했다.

남북전쟁 전에는 독립기념일과 워싱턴의 생일만이 나름대로 전국적인 규모로 치러지는 행사였다. 그나마도 후자는 다양한 정치적 분파들이 간헐적으로만 기념식을 가졌고, 전자의 행사는 종종 경쟁적인 자선적, 당파적, 그리고 이익 집단들이 수행했다. 그러나 전쟁 후에 독립기념일은 지역의 공동체들에 의해 보다 전국적이고 보다 단합된 모습으로 행사가 거행되었다. 국경일인 추수감사절은 처음에 링컨 대통령이 1863년에 선포했다. 전쟁 후의 수십 년 동안 추수감사절은 깊은 국가적 및 종교적 의식의 행사가 되었다. "학생들은 학교에서 필그림(순례자들)의 전설을 들었고, 목사들은 전통적인 방식으로 종교와 애국심을 결합시키는 특별 설교를 했고, 추수감사절 식사는 하나의 국가적 제도가 되었다."[30] 현충일은 남북전쟁 직후에 선포되었다. "북부와 남부 모두에서 몇몇 지방정부들이 1866년을 전후해 거의 동시에, 그리고 상당히 독립적으로 현충일을 공휴일로 선포했다. 하지만 그것은 특히 북부에서 더 대중적이었고, 1891년에 이르러 대부분의 북부 주들은 현충일을 국경일로 선포했다.…… 한동안 미국인들은 현충일을 근엄하고 조심스런 자세로 맞았으며, 전에 독립기념일 행사들을 치를 때처럼 질서정연하게 행진과 집회, 군사 퍼레이드, 묘지 헌화, 그리고 기념관 헌정을 수행했다."[31]

대부분의 국가에는 자신들의 정체성과 관련된 몇 가지 상징들이 있으며, 미국도 예외가 아니다. 미국에는 샘 아저씨, 조나단 형제, 자유의 여신상, 자유의 종, 양키 두들, 대머리 독수리, 그리고 '우리는 하나님을 믿는다' 등이 있다. 그러나 미국에 예외적인 것은 국기가 다른 모든 상징들을 압도하고 미국의 거의 어느 곳에나 걸려 있다는 점이다. 대부분의 나라에서 국기는 공공건물과 국가적 기념관들에 걸릴 뿐 다른 곳에는 좀처럼 걸리지 않는다. 그러나 미국에서 국기는 집들과 회사들, 음악당과 경기장, 클럽과 교실에서도 나부낀다. 윌버 젤린스키는 1981~1982년에 10개 주를 직접 돌아본 결과, 모든 정부 건물, 50퍼센트가 '훨씬 넘는' 공장과 창고들, 25 내지 30퍼센트의 가게와 사무실 건물, 그리고 4.7퍼센트의 가정집들에 국기가 걸려있는 것을 보았다고 얘기한다.[32] 비교가 가능한 정확한 통계는 존재하지 않지만, 국기가 그렇게 도처에 걸려 있고 국가적 정체성에 그렇게 중심적인 나라는 아마도 거의 없을 것이다. 미국의 국가는 국기에 대한 찬미가이다. 미국인들의 충성 서약은 "미국의 국기와 그것이 나타내는 공화국에 대한 것이다." 그러니까, 국가의 상징이 국가보다 먼저이다. 국기의 올바른 사용법은 정교한 예절 규범으로 설명되어 있으며, 이것은 20세기 초에 만들어진 것이다. 미국에는 국기를 존중하는 '국기절Flag Day'도 있는데, 이것은 아마 미국에만 있는 공휴일일 것이다.

이와 같은 국기 숭배는 남북전쟁과 뒤를 이은 애국주의 시대에서 비롯된 것이었다. M. M. 콰이프의 말에 따르면, 남북전쟁 전에 "대다수의 미국인들은 성조기를 본 적이 거의 없었고…… 1846~1848년의 '멕시코 전쟁' 때 비로소 그것을 내걸고 싸웠기" 때문에 "오늘날과 같은 미국인들의 국기 사랑은 보여주지 않았다." 국기에 대한 사랑은 '섬터 요새'에서 그것이 내려져 북부인들에게 충격을 주었을 때 처음으로 폭발했다. 그리고 남북전쟁은 국기의 게양을 처음으로 권장했다. 최초의 '국기절'은 1877년에 축하의 대상이 되었고, 우드로 윌슨은 1916년에 그것을 국경일로 선포했다. "1880년대 후반 이후로, 특히 1890년대에 국기에 대한 숭배가 절정에 달했다." '공화국 대군'을 비롯한 많은 단체들이 모든 학교 건물에서 국기가 휘날리도록 운동을 전개했고, 1905년에 이르러 19개의 주들이 그렇게 할 것을 요구하는 법률을 통과시켰다.[33]

많은 학자들이 지적했듯이, 미국의 국기는 기본적으로 종교적인 상징이 되어 기독교인들의 십자가와 비슷한 것이 되었다. 그것은 경배의 대상이었다. 그것은 모든 공공 행사와 많은 민간 행사에서 중심이었다. 사람들은 국기를 보면 자리에서 일어나 모자를 벗어야만 했고, 필요할 때는 경례도 했다. 거의 모든 주에서 학생들은 매일같이 국기에 대해 충성을 맹세했다. 국가주의 시대에 많은 주들은 '국기에 대한 모독'을 금지하는 법률을 통과시켜 그것의 거의 종교적인 지위를 반영했다. 1907년에 미국 대법원은 그와 같은 법률 하나의 합헌성을 인정하면서, 국기가 종교적 상징들만큼이나 신성하게 보호되어야 한다는 네브래스카 대법원의 판결을 지지했다. '국기는 국가적 권위의 상징'이라고 네브래스카 대법원은 판시했다. "시민들에게 그것은 애국적 열정의 대상이며, 국가가 나타내는 모든 것—제도, 업적, 수많은 영웅적 죽음, 과거의 역사, 미래의 약속 등을 상징하는 것이다."[34]

동화 논쟁 1908년에 이스라엘 쟁윌의 희곡인 「녹이는 단지The Melting Pot」가 전국적인 토론을 야기시키고 시어도어 루즈벨트 대통령의 열렬한 지지를 받았다. 이 희곡은 미국에 물밀듯이 들어오는 새 이민자들의 동화同化 방식과 가능성을 놓고 오랫동안 논란을 일으킨 혼란스런 논쟁에 불을 붙였다. 동화assimilation는 이민자들이 건국 개척자들의 앵글로-개신교도 문화를 흡수하고 그것에 흡수되는 것을 의미하는가? 아니면 그것은 이민자들이 개척자, 노예, 정복자, 그리고 이전의 이민자들과 함께 새로운 미국 문화와 '새로운 미국 사람'을 만드는 것을 의미하는가? 아니면 공통의 문화를 만드는 것은 바람직하지 않거나 불가능하고, 그래서 미국은 문화가 다른 사람들의 집합체가 되어야 하는가? 이런 질문들이 미국의 윤리적 및 문화적 정체성에서 중심으로 등장했다. 이런 질문들에 대응해 나타난 세 가지 개념이 다음 세기에 동화 논쟁의 틀을 구성했다. 이 개념들을 당시의 일반적인 비유들, 특히 요리적인 비유들에 맞게 분류하면 각각, 동화의 녹이는 단지melting pot, 토마토 수프tomato soup, 그리고 샐러드salad 개념이라고 할 수 있다.■

■ 쟁윌(Zangwill) 이후에 동화 논쟁을 비유적으로 구분하려는 유혹은 아주 강한 것이었다. 녹이는 단지에 대한 자신의 고전적 논문에서, 필립 글리슨은 분석자들이 미국의 동화 과정에 대해 사용한 십여 개의 다른 비유들을 보여준다. 그것들은 압력솥, 스튜, 샐러드, 섞는 그릇, 모자이크, 만화경, 무지개, 방사선, 오케스트라, 댄스, 혹은 직조기 등이다. 그러나 요리에 비유하는 것은 끝이 없는 것 같다. 그리고 글리슨이 말하듯이 요리에 대한 상징들이 다른 어떤 것들보다 녹이는 단지에 대한 대체적 개념들을 더 많이 제공한다는 것은 우리의 국가적 특성에 대해 무언가를 시사한다. 이보다도 더 시사적인 것은 녹이는 단지가 원래는 음식과 아무 관계도 없다는 점이다. 그것은 금속들을 녹여 섞는 도가니crucible와 같은 말이었다.

녹이는 단지 개념은 크레베코에르가 1780년대에 처음으로 상술했다. 그는 미국에서는 "모든 국가들의 개인들이 녹아서 새로운 인종의 사람들로 변한다"고 주장했다. 이렇게 새로운 미국 사람은 "영국인, 스코틀랜드인, 아일랜드인, 프랑스인, 네덜란드인, 독일인, 그리고 스웨덴인의 혼합"이다. 이렇게 새로운 미국인은 또 "자신의 모든 과거 선입견과 관습을 버리고 새로운 삶의 방식과 새로운 정부, 그리고 새로운 계층에서 새로운 것들을 받아들인다." 그래서 크레베코에르가 보는 미국은 다양한 사람들의 교차결혼으로 만들어지는 새로운 국가일 뿐 아니라, 새로 도착하는 이민자들의 혼합으로 만들어지는 새로운 문화의 사회이기도 했다. 이민자들이 새로운 문화를 수용하는 사회이기도 하다. 쟁월은 이와 같은 혼합 개념을 확대시켜 북서부의 유럽인들뿐 아니라 그밖의 다양한 사람들까지도 포함시켰다. 그리고 그에게도 이와 같은 '녹임melting과 재형성re-forming'은 민족들과 인종들의 교차결혼뿐 아니라, 공통적인 새 문화의 창출을 통한 모든 사람들의 단결로 '사람들의 공화국'과 '하나님의 왕국'을 건설하는 것이었다.[35]

반면에 '앵글로-일체화Anglo-conformity' 모델은 문화적 동화에 초점을 맞춘다. 이것은 (밀턴 고든의 말에 따르면) "이민자들과 그들의 후손들이 표준적인 앵글로-색슨 문화를 적절하게 수용하는", 그리고 (마이클 노박의 말에 따르면) "그들이 미국의 앵글로-아메리칸이 갖고 있는 문화적 역사에 적응하는" 전제에 바탕한다. 간단하게 말해서, 이것은 건국 개척자들의 문화가 갖는 중심성과 영구성을 전제로 한다. 요리적인 비유에서, 앵글로-개신교도 토마토 수프는 이민자들이 온갖 양념들을 보태지만 기본적으로 그것은 여전히 토마토 수프이다. 이와 같은 앵글로-일체화 모델은 때로 명시적으로, 하지만 대개는 묵시적으로 "이민자들에게 미국의 역사적 경험에 동화될 것을 요구했다."[36] 그리고 이것은 1960년대까지 이민자들의 문화적 동화 과정을 다른 모델들보다 더 정확하게 묘사한다.

녹이는 단지와 토마토 수프는 다양한 방식으로 미국의 국가주의를 표현했고 응집적인 미국의 정체성을 보여주었다. 1915년에 이것들은 호레이스 캘런이 열렬히 제시했던 미국의 샐러드 이미지로부터 도전을 받았다. 캘런은 이것을 '문화적 다원주의'라고 이름붙였다. 하지만 실제로 이것은 민족적 다원주의에 가까운 것이었다. 그가 볼 때 집단들은 문화가 아닌 조상에 바탕했다. 그는 이렇게 주장했다. "사람들은 옷이나 정치, 배우자, 종교, 혹은 철학 등을 바꾼다. 하지만 그들은 조상을 바꾸지 못한다. 아일랜드 사람은 늘 아일랜드 사람이고, 유대인은 늘 유대인이다.…… 아일랜드 사람인 것과 유대인인 것은 태생적 현실이다. 반면에 국적과 종교는 문명의 산물이다." 간단하게 말해서, 사람들은 문화는 바꿀 수 있어도 민족은 바꿀 수가 없다. 생물적 특성은 운명이고, 정체성은 '조상에 의해 규정되는' 것이고, 이와 같은 정체성은 '영구적인 집단 특성들을' 대변한다. 캘런에 의하면, 이민은 과거의 미국적인 국가성을 해체시켰고 미국을 '민족들의 연방' 내지 '민족들의 민주주의'로 바꾸었다.[37] 그가 제시한 미국의 모델은 많은 민족들이 공통의 문명 속에서 공존하는 유럽에 바탕한 것이었다. 캘런이 주장한 생물학적 결정주의는 당시 미국인들의 보편적인 인종적 개념의 국가적 정체성을 반영한다. 그가 제시한 인종주의 개념은 그가 공격한 순수 앵글로-색슨 미국의 인종주의 이미지와 크게 다르지 않다.[38]

정체성에서 조상의 역할을 강조한 캘런의 주장은 그가 말한 '문화적 다원주의'를 애매한 것으로 만들었다. 사람들이 종교, 언어, 정치, 그리고 철학을 바꿀 수 있다면, 문화적 정체성은 바꿀 수 없는 민족적 내지 조상적 정체성과 구분되어야 한다. 하지만 그렇다면, 캘런이 영구적인 것으로 보는 조상적 정체성에서 남는 것은 무엇인가? 자신의 언어, 종교,

철학, 그리고 정치를 바꾸는 아일랜드 사람이나 유대인은 어떤 의미에서 여전히 아일랜드 사람이나 유대인인가? 캘런과 동시대의 사람으로서 그를 존경했던 랜돌프 번은 녹이는 단지와 앵글로-일체화 이론을 더 부드러운 방식으로 비판했다. 하지만 그도 여전히 미국을 유럽의 관점에서 보며 미국은 "다양한 민족들과 다양한 문화들의 범세계적 연방"이라고 주장했다. 따라서 미국은 "단순한 국가가 아니라 초국가이고, 다양한 민족들과 문화들을 하나로 통합시키는 나라일 것이었다."[39]

캘런과 번의 주장들은 미국의 일반적인 두 가지 국가주의 개념들에 대한 대응이었다. 아서 만은 이렇게 지적한다. "상당히 수세적인 입장에서, 캘런은 녹이는 단지와 앵글로-일체화 개념 모두의 대안으로서 문화적 다원주의를 제시했다." 캘런의 주장은 지식인들 사이에서 나름의 관심을 불러일으켰지만 대중들의 태도와 일반적인 국가주의에 거의 영향을 끼치지 못했다. 많은 사람들은 캘런이 미국의 '발칸화Balkanization'를 옹호한다고 비판했다. 만의 주장에 따르면, 그를 지지하는 사람들은 "두 종류였다. 하나는 시온주의자들이고, 다른 하나는 비유대적이지만 여전히 시온주의적인 지식인들로서 미국 도시들의 민족적 다양성에 매료된 사람들이었다."[40] 나중에 캘런은 자신의 주장이 별다른 영향을 끼치지 못했음을 인정했다. 20세기 초에 미국인들은 궁극적으로 민족 간 교차결혼에 의해 녹이는 단지가 될 수도 있지만 기본적으로 여전히 앵글로-개신교도 문화적 정체성의 토마토 수프일 미국을 강력하게 지지했다.

시어도어 루즈벨트는 처음에 쟁월의 녹이는 단지를 인정했다가 그것의 유관성에 의문을 제기하며 미국 문화의 토마토 수프 개념을 받아들였을 때, 그와 같은 일반적 국가주의 정서를 대변했다. 그는 이렇게 얘기했다. "모든 새 유형들이 녹아서 하나가 되는 그 도가니는 1776년부터 1789년 사이에 형성되었고, 우리의 국가성은 기본적으로 워싱턴 시대의 사람들이 분명하게 확립했다."[41] 그와 같은 '기본적 국가성'을 유지하려는 미국인들의 의지는 1차대전 전과 전쟁 중에 이민자들을 미국화시키려는 엄청난 노력들 속에서 모습을 드러냈다.

이민자들의 미국화 미국인들은 18세기 후반에 이민자immigrant란 용어와 개념을 만들었을 때 미국화Americanizaiton란 용어와 개념도 만들었다. 그들은 새로 들어오는 사람들을 미국인으로 만들어야 할 필요성을 느꼈다. 존 제이는 1797년에 이렇게 얘기했다. "우리는 이곳에 사는 사람들이 더 미국화되는 것을 보아야 한다." 그리고 제퍼슨도 비슷한 얘기를 했다.[42] 이와 같은 목표를 달성하려는 노력은 19세기 후반과 20세기 초반에 절정에 달했다. 대법원 판사인 루이스 브랜다이스는 1919년에 이렇게 선언했다. "미국화는 이민자들이 이곳에서 일반적인 옷과 관습, 그리고 예절을 수용하고…… 자신들의 모국어 대신에 영어를 사용하고, 자신들의 이익과 애정이 이곳에 깊이 뿌리박히게 하고, 우리의 이상과 희망들에 완벽한 조화를 이루고, 우리와 함께 그것들을 달성하는 것을 의미한다." 이 모든 것을 하게 되면, 이민자들은 "미국인의 국가적 의식意識을 갖게 될 것이다." 미국화의 또 다른 옹호자들은 거기에다가 미국 국적의 취득, 외국적인 충성심의 포기, 그리고 이중적인 충성심과 이중적인 국가성의 거부 등을 추가했다.[43]

이민자들을 미국화해야 한다는 인식은 그것의 달성을 위한 주요 사회적 운동들을 탄생시켰다. 이것은 지역과 주, 그리고 국가적 정부들과 민간단체들, 그리고 기업들의 여러 가지 다양하고, 서로 겹치고, 때로 상충하는 노력들을 야기시켰으며, 특히 공립학교가 중심적인 역할을 수행했다. "미국화 운동의 정도는 과장하기가 어려운 것"이라고 어떤 사학자는 결론내렸다. 그것은 "사회적 십자군 운동"이었고, 미국 정치의 진보주의

Progressive 시기에 핵심적 요인이었다. 정착촌에서 일하는 근로자, 교육자, 개혁가, 사업가, 그리고 (시어도어 루즈벨트와 우드로 윌슨을 포함하는) 정치인들 모두가 그와 같은 십자군 운동에 헌신하거나 적극적으로 동참했다. 또 다른 사학자는 이렇게 지적했다. "운동을 조직한 사람들의 면면은 전국적인 유명 인사들과 사회적 지도자들을 결합시킨 것이었다."[44]

새롭게 등장한 거대 기업들은 많은 수의 이민자 근로자들을 필요로 했고, 그래서 공장들에 학교를 만들어 이민자들에게 영어와 미국의 가치관을 가르쳤다. 이민자 인구가 상당한 대부분의 도시들에서, 그곳의 상공회의소는 나름의 미국화 프로그램을 갖고 있었다. 헨리 포드는 이민자들을 생산적인 미국인 근로자들로 만드는 데 앞장섰다. 그는 이렇게 얘기했다. "다양한 국적의 이 사람들은 미국적 방식과 영어, 그리고 바른 삶의 길을 배워야만 한다." 포드 자동차는 많은 미국화 프로그램을 시행했는데, 그중에는 이민자들이 6개월 내지 8개월의 영어 강좌를 의무적으로 듣고, 그것을 마치면 시민권을 얻는 데 필요한 졸업장을 받는 것도 있었다. '유에스 스틸'과 '인터네셔널 하베스터'도 비슷한 프로그램들을 주관했으며, "상당수의 사업가들이 공장에 강좌들을 설치하고, 월급봉투에 공민학을 적고, 야간 공립학교의 학자금을 지원했다."[45]

진보주의Progressive 시기의 사업가들은 이민자 근로자들에게 영어와 미국 문화, 그리고 미국의 사기업 체제를 가르쳐야 한다고 생각했다. 그것은 생산성을 높이고 이민자 근로자들을 노조와 사회주의에서 격리시키는 데 필요한 것이었다. 사업가들의 이와 같은 관심은 일반적인 국가적 이익과도 일치하는 것이었다. 이런 목표의 극적인 달성을 위해 헨리 포드는 1916년에 축제적인 애국심 고취 공연을 마련했다. 무대 중심에 엄청난 크기의 녹이는 단지가 놓여 있었고, 수많은 이민자 근로자들이 "무대 뒤쪽에서 나와 그 속으로 들어갔다. 그들은 이국적인 의상을 입고 있었으며, 자신들의 조국을 나타내는 표지판을 흔들었다. 동시에 단지의 양쪽 측면에서 또 다른 사람들이 쏟아져 나왔는데, 이들은 모두 같은 모양의 화려한 옷을 입고 각자가 작은 미국 국기를 흔들었다."[46]

엄청난 수의 민간 비영리 단체들이 미국화 활동들을 전개했다. 기존에 설립된 단체들도 있었고, 특별히 그런 목적을 위해 새로 결성된 조직들도 있었다. YMCA는 이민자들에게 영어를 가르치는 강좌를 개설했다. '미국 혁명의 아들들'과 '식민지 부인들'도 미국화 프로그램을 시행했다. 특별히 이민자들을 위해 결성된 '미국 국제 대학'이 매사추세츠 스프링필드에서 창설되었다. 새로 들어오는 이민자들과 연결된 민족적 및 종교적 단체들이 그들의 미국화를 적극적으로 추진했다. 자유적인 개혁가들, 보수적인 사업가들, 그리고 일반 시민들이 여러 가지 비슷한 단체들을 조직했다. 이런 단체들은 이민자들을 상담하고, 영어와 미국적 방식을 가르치는 야간 강좌를 개설하고, 그들이 집과 일자리를 찾도록 도왔다. 이와 같은 미국화 활동의 상당수와 그것들에 참여한 많은 사람들은 1890년대에 도시의 빈민가에서 시작된 정착촌들에서 나왔다. 도시의 정치적 기계들은 이민자들의 표를 원했기 때문에 그들이 미국에서 정착하도록 적극적인 도움을 주고, 그들에게 일자리와 경제적인 지원을 제공하고, 그들이 시민권과 투표권을 얻도록 권장했다.[47]

1차대전 전에 개신교, 천주교, 그리고 유대교 단체들이 자신들의 신도인 이민자들을 미국 사회에 통합시키기 위해 활발한 활동을 전개했다. "로마 천주교 교회는 자신들의 성직자, 학교, 언론, 자선단체, 그리고 친목회 등을 통해 이민자들이 원래의 문화적 특성을 버리고 미국의 관습에 적응하도록 설득했다. 아일랜드계 이민이었던…… 존 아일랜드 대주교는 미국화 주교들 중에서 지도적인 인사였다…… 그는 이민자 천주교도들이 자신들의 언어와 전통을 보존하려는 노력을 막기 위해 상당히 애를 썼다." 뿐만 아니라 "유대교 정착촌들은 많은 도시들에서 유대교 이민자 아이들이 미국적 방식을 배우고, 공립학교에 다니고, 미국적 기준 속에서 자신들의 정체성을 유지하도록 권장했다."[48]

미국화 운동은 풀뿌리 수준에서 민간단체들이 시작했다. 그런 후에 이들은 지역과 주의 정부들이 그와 같은 노력을 지원하고 동참하도록 압력을 가했다. 그 결과 30개 이상의 주에서 미국화 프로그램을 도입하는 법률을 통과시켰다. 코네티컷은 미국화부 Department of Americanization 를 설치하기도 했다. 결국에는 연방 정부도 그와 같은 노력에 동참해 노동부 산하의 귀화국과 내무부 산하의 교육국을 설치했으며, 이 두 기관은 기금을 모으고 자신들의 동화 노력을 촉진시키기 위해 치열한 경쟁을 벌였다. 1921년에 이르러 3,500개가량의 주와 시, 읍과 마을들이 귀화국의 프로그램들에 동참하고 있었다.[49] 영어 교육은 미국화 운동의 가장 치열한 노력이었고, 정부는 그런 프로그램들을 지원하는 데 핵심적인 역할을 수행했다.

20세기 중반까지 미국화의 중심적 기관은 공립학교 체제였다. 이것이 19세기 중반에 만들어지고 확대된 것은 분명히 부분적으로 미국화의 필요성 때문이었다. 칼 캐슬의 주장에 따르면, "동화를 위한 교육은 19세기의 학교 관리들에게 중요한 관심사의 하나가 되었다." 학교들은 이민자들이 "앵글로-아메리칸 개신교도 전통과 가치관을" 받아들일 것을 요구했다. 특히 이민자 인구가 많았던 뉴잉글랜드에서 "사람들은 교육이 앵글로-아메리칸 개신교도 가치관을 전파하고 공화정의 붕괴를 막기 위한 최선의 길로 보았다."[50] 스피븐 스타인버그에 따르면, 장기적인 측면에서 "다른 어떤 요인보다 공립학교가 자신들의 고유한 문화를 미국에서 태어난 아이들에게 전승하는 이민자들의 능력을 저해했다."[51] 학교들에서 일반적인 개신교도 분위기와 가치관은 일견 당연하게 천주교 교회의 반발과 거대한 천주교 학교 체제의 탄생을 유발했다. 하지만 이것도 결국에는 미국적 가치관과 미국적 국가주의의 전파 경로가 되었다.

학교들은 1차대전 전에 남부와 동부 출신 이민자들의 미국화를 위한 노력에서 중심적이었다. "진보주의자들 the Progressive 은 교육의 힘을 믿었다"고 조엘 M. 로이트먼은 얘기한다. "그들은 1890~1924년에 미국에 온 수백만의 사람들을 동화시키는(미국화시키는) 노력에서 교육을 기본적인 도구로 삼았다." 학교들은 성인 이민자들에게 미국화와 영어 강좌들을 제공하도록 권장되었다. 미국화의 주도적 조직이었던 '북미 시민 연맹'은 1913년에 '이민자 교육'을 위한 계획을 세웠다. 연방 교육국은 그와 같은 노력들을 지원했고, 1919년에 학교들이 단순한 낮 시간의 아이들 교육기관에서 성인들의 미국화를 위한 야간 프로그램들을 시행하는 공동체 중심들로 변하도록 촉구했다. 1921~1922년에 750개 내지 1,000개의 공동체들이 "이민자들의 미국화를 위한 공립학교 특별 프로그램을" 운영했다. 1915년부터 1922년 사이에 100만 이상의 이민자들이 이런 프로그램들에 등록했다. 리드 우에다의 지적에 따르면, 20세기의 처음 수십 년 동안 교사들은 "이민자들의 아이들에게 미국의 국가적 정체성을 고취시키려 애를 썼다. 학생들이 보는 문학과 사회과학 교재들은 미국의 제도와 정치적인 역사, 그리고 미국의 영웅적인 모델들로 귀감이 될 만한 사람들의 위대한 이야기에 초점을 맞추었다." 20세기에 학교 시스템은 "호레이스 만과 존 듀이 같은 일련의 개혁가들이 그 모습을 규정했고, 이들은 공립학교 교육이 이민과 이민에 의한 사회적 변화들로 야기된 복잡한 다양성에서 통일된 사회를 만들어내는 중요한 도구라고 생각했다."[52]

미국화 운동의 후기 단계들은 이민자들에게 지나친 압박감을 가하고 반이민적 정서를 유발했다는 이유로 비판을 받았다. 비판자들은 그것이

1924년의 급격한 이민 감소로 이어졌다고 비난했다. 그러나 1890년대 초에 시작된 미국화 운동이 없었다면 그와 같은 이민 감소는 훨씬 더 일찍 찾아왔을 것이다. 미국화는 이민이 미국인들에게 수용 가능한 것이 되게 만들었다. 그와 같은 운동의 성공은 이민자들과 그들의 아이들이 조국을 위해 기꺼이 전쟁터로 나갔을 때 분명하게 나타났다.

양차 대전 1차대전은 애국심을 자극했고 다른 정체성들에 비한 국가적 정체성의 외형을 키웠다. 그러나 국가적 정체성은 2차대전 기간에 정점에 달했는데, 이 시기에 인종적, 민족적, 그리고 계급적 정체성들은 국가적 정체성의 밑에 놓였다. 비록 일부 흑인 단체들과 노조들이 미국의 전쟁 참여를 지지하지 않았지만, 진주만 공격은 (폴 스턴의 주장에 따르면) "그들의 정체성이 적어도 일시적으로 인종적 혹은 계급적 정체성에서 국가적 정체성으로 바뀌게 만들었다."[53] 비슷한 맥락에서, 일본계 미국인들은 국가에 대한 충성심을 재확인했고 자원해서 군대에 입대했다. 국가적인 기관 중에서도 가장 국가적인 군대에 1천만 이상의 남자들과 여자들이 들어간 것은 동질화의 경험으로서 "공통의 가치관과 전통의 새로운 유산을 남겼다."[54]

앞에서도 보았듯이, 2차대전은 미국의 국가적 정체성에서 이념적 요소가 더 중요해지게 만들었고 민족적 및 인종적 요소의 법적 정당성을 종식시켰다. 필립 글리슨의 말에 따르면, 2차대전은 "국가적 단결과 공유된 국가적 소속감을 확대시켰다." 미국 사람들은 한 가지 지배적인 목적을 갖게 되었고, 거의 모두가 (똑같지는 않아도) 전쟁의 위험과 고난을 공유했고, (큰 전쟁들에서 종종 그러듯이) 경제적 불평등이 줄어들었다. 2차대전은 "위대한 공통의 경험"으로서 "다음 세대를 위한 미국인들의 국가적 정체성 인식에" 큰 영향을 끼쳤다.[55] 미국인들의 국가적 정체성은 2차대전 기간에 최고조에 달했다.

이와 같은 경험은 미국인들에게만 국한되지 않았다. 독일의 국가주의도 (나중에는 독일인들에게 상처를 입혔지만) 혁명 전쟁들 기간의 프랑스에 버금가는 정점에 달했다. 러시아 사람들은 2차대전을 위대한 국가적 노력과 단결의 시기로 기쁘게 기억한다. 1970년대 중반에 헤드릭 스미스가 러시아 사람들에게 러시아 역사에서 가장 좋았던 시기가 언제였는지 물었을 때, 그들은 한결같이 '2차대전'이라고 대답했다. "그들은 2차대전이 고난과 희생의 시기였을 뿐 아니라 소속감과 연대감의 시기이기도 했다고 얘기했다. 2차대전은 죽음과 파괴를 뜻했지만 공고한 단결과 불굴의 힘을 보여주기도 했다. 그리고 소련 사람들이 '위대한 애국 전쟁'이라고 부르는 것에서 고난과 승리를 공유했던 기억은 그들이 오늘날 느끼는 치열한 애국심의 기본적 원천이다."[56] 러시아 사람들에게 '위대한 애국 전쟁'이었고, 영국 사람들에게 '가장 멋진 시간'이었고, 미국 사람들에게 '좋은 전쟁'이었던 2차대전은 유럽의 국가들이 경험했던 중에서 가장 치열한 국가주의의 표현이자 자극제였고 서구에서 국가주의가 절정에 달했던 시기였다.

국가주의의 퇴조

국가적 정체성이 다른 정체성들을 압도하고 미국인들이 열성적으로 국가주의와 애국심에 헌신했던 100년은 1960년대에 퇴색하기 시작했다. 국가적 정체성의 중심성 퇴조는 1990년대에 많은 학자들이 지적했다. 미국 역사와 정치를 전공하는 19명의 학자들은 1994년에 1930년, 1950년, 1970년, 그리고 1990년의 미국 통합 수준을 평가해 달라는 요청을 받았다. 가장 높은 통합의 수준을 1로 정하는 1부터 5까지의 점수를 사용해, 그들은 1930년을 1.71, 1950년을 1.46, 1970년을 2.65, 그리고 1990년을 2.60으로 평가했다. 이들의 연구 결과에 따르면, 1950년이 "미국의 국가적 통합에서 가장 높은 연도였다." 그후로는 "문화적 및 정치적 분열이 가속화되었고, 심화된 민족적 및 종교적 의식화에서 비롯된 갈등이 오늘날 미국의 국가적 신화에 주요 도전을 제기한다."[57] 비슷한 견해들은 자신들이 밝혀낸 것에 연민과 유감을 표명한 다른 학자들에게서도 나타났다. 로버트 캐플런은 "국가성의 잠식"을 얘기했다. 다이애너 샤웁은 미국이 "퇴조하는 애국심의 상황에" 직면해 있다고 주장했다. 조지 립싯츠는 로널드 레이건의 "새로운 애국심"을 공격하면서 "궁지에 처한 국가성의 딜레마"를 제기했다. 월터 번즈는 임박한 "애국심의 종말"을 한탄했고, 피터 셔크는 "미국 시민권의 평가절하를" 추적했다.[58]

20세기 후반의 국가적 정체성 침식은 네 가지 주요 양상을 드러냈다. 일부 엘리트 계층의 다양성과 다문화주의가 인기를 얻고, 특정한 집단들에서 인종적, 민족적, 성적, 그리고 하부국가적 정체성들이 국가적 정체성보다 높아진 것. 예전에 이민자 동화를 촉진시켰던 요인들이 약화되거나 사라지면서, 동시에 이민자들이 이중적인 정체성, 충성심, 그리고 국적을 유지하는 경향이 강해진 것. 이민자들 사이에서 하나의 비영어 언어를 사용하는 사람들—대개는 멕시칸들—이 (미국에서는 전례가 없는 방식으로) 지배력을 얻고, 그 결과 히스패닉화와 미국의 이중언어, 이중문화 사회로의 변화가 시작된 것. 그리고 미국의 엘리트들 중에서 중요한 집단들이 탈국가화되면서, 그들의 범세계적이고 초국가적인 이념과 일반대중의 여전히 높은 국가주의 및 애국주의 가치관 사이에 간격이 벌어진 것 등이다.

III

Challenges to American Identity

미국의 정체성에 대한 도전

7.
미국 해체하기: 하부국가적 정체성의 등장

해체주의 운동

미국의 국가적 정체성은 미국인들의 2차대전 참전과 함께 정치적으로 절정에 달했다. 그리고 케네디 대통령의 1961년 연설과 함께 상징적인 절정에 달했다. "국가가 당신을 위해 무엇을 할 수 있는지 묻지 말고, 당신이 국가를 위해 무엇을 할 수 있는지 물어라." 그후 15년 동안 미국의 국가적 정체성은 2차대전의 단결적 영향, 초창기 냉전의 대치상태, 1차대전 전 이민자들과 그 아이들의 성공적인 미국 사회 동화, 느리지만 꾸준하게 인종 차별의 철폐를 향해 나아간 것, 그리고 전례가 없는 경제적 번영 등이 결합되어 한층 더 강화되었다. 미국인들은 평등한 권리를 가진 하나의 국가였고, 기본적으로 앵글로-개신교도 핵심 문화를 공유했고, 자유적이고 민주적인 '미국의 신조' 원칙들에 헌신했다. 이것이 적어도 미국인들이 자신들의 나라에 대해 갖고 있던 일반적 이미지였으며, 미국은 어느 면에서 그와 같은 목표를 향해 나아가고 있었다.

　1960년대에 강력한 운동들이 그와 같은 개념의 미국이 갖는 외형, 실체, 그리고 정당성에 도전하기 시작했다. 그들이 볼 때 미국은 공통의 문화, 역사, 그리고 신조를 공유하는 개인들의 국가적 공동체가 아니라 다양한 인종, 민족, 그리고 하부국가적 문화들로 이루어진 집합체였다. 이와 같은 집합체 속에서 개인들은 공통의 국가성이 아니라 자신들의 집단적 특성에 의해서 규정되었다. 이와 같은 견해의 주창자들은 20세기 초에 널리 퍼졌던 미국의 녹이는 단지와 토마토 수프 개념을 비판하면서, 미국은 그런 것이 아니라 다양한 사람들의 모자이크mosaic 내지 샐러드라고 주장했다. 자신의 예전 패배를 인정하면서, 호레이스 캘런은 1972년의 90회 생일날에 승리를 주장했다. "하나의 사상이 껍질을 깨고 나와 세상에 퍼지는 데 거의 50년이 걸렸다. 어떤 사람도 침입자를, 특히 그가 기존의 분위기를 뒤집을 때는 더욱 더 좋아하지 않는다." 클린턴 대통령은 미국인들이 과거의 지배적인 유럽 문화에서 해방된 것을 예찬했다. 고어 부통령은 (프랭클린, 제퍼슨, 그리고 애덤스가 선정한) 미국의 구호 '에 플루리부스 우눔(많은 하나로부터)'을 '하나에서 많은 것'이라고 해석했고, 정치 이론가인 마이클 월저는 '다양한 국민들의 국가'라는 캘런의 사상을 인용하며 그것이 '하나 안의 많은 것'이어야 한다고 주장했다.[1]

　해체주의자들은 하부국가적인 인종적, 민족적, 그리고 문화적 집단들의 지위와 영향력을 강화시키는 프로그램들을 추진했다. 이들은 이민자들이 출생 국가의 문화를 유지하도록 권장하고, 그들에게 원주민 미국인들에게 거부되는 권리들을 부여하고, 미국화 개념을 비미국적인 것이라고 비난했다. 이들은 국가적 역사 대신에 하부국가적 집단들의 역사를 가르치도록 촉구했다. 이들은 미국 사회에서 영어가 갖는 중심성을 격하시키고 이중언어 교육과 언어적 다양성을 추구했다. 이들은 '미국의 신조'에 중심적인 개인적 권리 대신에 집단적 권리와 인종적 차이를 인정하는 법률 개정을 옹호했다. 이들은 단결이나 공동체가 아니라 다양성이 미국의 지배적 가치관이 되어야 한다는 개념과 다문화주의 이론으로 자신들의 행동을 정당화했다. 이와 같은 노력들의 결합된 효과는 300년 동안 점진적으로 만들어졌던 미국의 정체성을 해체하고 하부국가적 정체성들을 등장시킨 것이었다.

그 결과 야기된 논쟁들―인종적 우대, 이중언어주의, 다문화주의, 이민, 동화, 국가적 역사의 기준, 공식 언어로서의 영어, 그리고 '유럽중심주의'에 대한 논쟁들―은 모두가 미국의 국가적 정체성을 놓고 벌인 전쟁이나 다름이 없었다. 한쪽 편에는 상당수의 정치적, 지적, 그리고 제도적 엘리트들과 (자신들의 지위가 높아지고 있던) 하부국가적 집단들의 지도자 내지 지도자 희망자들이 있었다. 이와 같은 해체주의 연대에서 가장 중요했던 것은 정부의 관리들, 특히 관료들과 판사들, 그리고 교육자들이었다. 과거에 제국적 및 식민적 정부들은 분할지배 능력을 확대시킬 목적으로 소수파 집단들을 지원하고 그들의 정체성을 권장했다. 반면에 국민국가들은 인민의 단결, 국가적 의식화의 촉진, 하부국가적인 종교적 및 민족적 충성심의 약화, 국가적 언어의 보편적 사용, 그리고 국가적 규범의 준수를 기준으로 한 혜택의 부여 등을 시도했다. 그리고 미국의 정계 및 정부 지도자들은 20세기 후반까지 그와 비슷하게 행동했다. 그러다가 1960년대와 1970년대에 그들은 미국의 문화적 및 신조적 정체성을 약화시키고 인종적, 민족적, 문화적, 그밖의 다른 하부국가적 정체성을 강화시킬 목적의 조치들을 추진하기 시작했다. 한 국가의 지도자들이 자신들이 통치하는 정부를 해체시키려 한 이런 노력들은 아마도 인류 역사에서 전례가 없었을 것이다.

미국의 학계, 언론계, 업계, 그리고 전문가 집단들에서 상당수의 엘리트들이 정부 관리들의 그와 같은 노력에 동참했다. 그러나 대부분의 미국인들은 이와 같은 해체주의 연대에 속하지 않았다. 수많은 여론조사와 몇 차례의 주민투표에서, 대다수의 미국인들은 국가적 정체성을 약화시키고 하부국가적 정체성을 강화시키는 이념과 조치들에 반대표를 던졌다. 많은 경우에 상당수의 소수파들과 때로는 다원주의자들, 나아가 그런 조치들의 덕을 볼 것으로 기대되는 하부국가적 집단들의 다수파들조차도 그들과 함께 했다. 전체적으로 미국 사람들은 여전히 깊은 애국심과 국가주의 태도를 갖고 있었고, 자신들의 국가적인 문화, 신조, 그리고 정체성에 헌신했다. 그 결과 미국의 상당수 엘리트들과 대다수 일반국민들 사이에 미국의 정체성을 놓고 큰 괴리가 생겨났다.

해체주의 운동의 등장에는 몇 가지 요인이 원인으로 작용했다. 첫째, 어느 면에서 그것은 전 세계의 많은 나라들에서 국가적 정체성의 위기를 초래한, 보다 제한적인 하부국가적 정체성들의 세계적 현상과 관련이 있었다. 앞에서도 보았듯이, 이것들은 경제적인 세계화와 통신 및 운송의 확대로 사람들이 더 작은 집단들에서 정체성, 지원, 그리고 안정을 찾으려는 경향에서 비롯된 것이었다. 둘째, 하부국가적 정체성들의 등장은 냉전의 종식보다 앞선 것이었지만, 20세기 후반에 냉전이 약화되고 1989년에 갑자기 끝남으로써 국가적 정체성의 한 가지 강력한 요인이 사라졌으며, 그에 따라 사람들은 다른 정체성들에서 더 큰 외형을 찾게 되었다. 셋째, 정치적인 계산들은 때로 선출직 공무원들과 선출직 공무원이 되기를 원하는 사람들이 상당수의 유권자들에게 먹힐 것으로 보이는 조치들을 추구하도록 자극했다. 예를 들어 닉슨 대통령은 1972년의 대선 전에 민족적 집단들을 우대하는 로먼 푸친스키 의원의 법안을 승인했고, 민주당 내부에서 흑인들과 근로계층 백인들의 갈등을 조장하기 위해 고용차별 철폐를 권장한 것으로 알려져 있다. 넷째, 소수파 집단들의 지도자들과 지도자를 희망하는 사람들에게 그들이 속한 집단의 지위를 높이는 우대적 정책들은 분명히 유리한 것이었다. 다섯째, 정부의 관리들은 관료적인 소명감 속에서, 의회가 통과시킨 법률을 그것이 더 쉽게 시행되는 방식으로 해석하고, 자신들의 활동과 권한, 그리고 부서의 자원을 확대시키고, 자신들의 정책적 목표들을 촉진시키려 했다.

여섯째, 자유적인liberal 정치적 믿음들은 학자, 지식인, 언론인, 그리고 그밖의 사람들에게 그들이 볼 때 배척당하고, 차별당하고, 억압받은 사람들을 향한 동정심과 죄의식을 야기시켰다. 근로계층과 노동운동이 20세기 초반의 자유주의자들에게 그랬던 것처럼, 인종적 집단들과 여성들은 20세기 후반의 자유주의적 행동주의에 초점이 되었다. 좌파적, 사회주의적, 그리고 근로계층 이념들과 동정심을 다문화주의와 다양성의 믿음들이 대체했다.

마지막으로, 아마도 가장 중요한 것은, 1964~1965년에 시민권, 투표권, 그리고 이민법들에서 국가적 정체성의 인종적 및 민족적 요소들이 공식적으로 정당성을 잃게 된 것은 역설적으로 그것들이 하부국가적 정체성들에서 재등장하는 것을 정당화시켰다. 인종과 민족이 미국의 정체성에서 핵심적 요소들인 동안에는, 백인이 아니고 북부 유럽인이 아닌 사람들이 비미국인으로 비쳐질 때만 그와 같은 정체성에 도전할 수 있었다. '백인되기'와 '앵글로-일체화'는 이민자들, 흑인들, 그리고 그밖의 다른 사람들이 스스로를 미국인으로 만드는 방식이었다. 인종과 민족이 공식적으로 제거되고 문화가 무시되면서, 소수파 집단들은 이제 거의 신조creed로만 규정되는 사회에서 자신들의 정체성을 주장할 수 있게 되었다. 이제는 더 이상 미국인들이 자신들을 다른 인종, 민족, 그리고 (어느 정도는) 문화와 구분짓는 방식들이 그들을 서로 구분짓는 근거가 되지 못했다.

해체주의 운동은 정치적으로, 그리고 지적으로 많은 논란을 야기시켰다. 1990년대에 이르러 전문가들은 해체주의자들의 승리를 선언하기 시작했다. 아서 슐레징어 2세는 1992년에 이렇게 경고했다. "앵글로중심적 Anglocentric 문화에 대한 하나의 저항으로 시작되었던 민족적 자각이 일종의 종교처럼 되었고, 이제 그것은 하나의 국민이 공통의 문화를 갖는다는 미국의 기원 이론에 반反혁명이 되려 한다." 그리고 1997년에 하버드 대학교의 사회학자 네이던 글레이저는 이렇게 결론내렸다. "이제 우리 모두는 다문화주의자이다."² 그러나 반혁명에 대한 반발은 금방 모습을 드러냈고, 보다 전통적인 개념의 미국적 정체성에 헌신하는 격렬한 운동들이 등장했다. 1990년대에 관료들과 판사들은 (전에는 인종적 구분과 인종적 차이를 옹호했지만) 이제는 자신들의 견해를 완화하거나 때로는 번복했다. 정력적인 기업가들의 주도하에, 적극적 행동 affirmative action 과 이중언어 교육의 종식을 위한 주민투표를 압박하는 운동들이 전개되었다. 그리고 미국의 역사와 교과 과정을 재편하려는 노력들은 학자들과 교사들의 새로운 조직들로부터 저항을 받았다.

9·11사태는 하나의 국민이 공통의 문화를 갖는 미국을 지지하는 사람들에게 중요한 지원을 제공했다. 하지만 해체주의 전쟁은 끝나지 않았고, 미국이 평등한 권리와 공통의 문화와 신조를 갖는 개인들의 국가여야 하는지, 아니면 인종적, 민족적, 그리고 문화적 하부국가 집단들이 건강한 경제와 건실한 정부가 제공하는 물질적 이득의 희망으로 결합되는 연합체여야 하는지의 문제는 여전히 풀리지 않았다. 이 전쟁의 주요 전투들로는 미국의 신조, 미국의 언어, 그리고 미국의 핵심 문화에 대한 도전들을 들 수가 있다.

신조에 대한 도전

미르달에 따르면 '미국의 신조'가 구현하는 것은 "개별적 인간들의 필수적 존엄, 모든 사람들의 근본적 평등, 그리고 일부 신성불가침한 자유, 정의, 그리고 공정한 기회의 권리라는 이상이다."[3] 역사적으로 미국의 정치적 및 사회적 제도와 관행은 이런 목표들에 미치지 못했다. 현실과 이상 사이에 괴리가 존재했다. 때로 일부 미국인들은 이런 괴리를 참지 못하고, 제도와 관행의 주요 개혁을 촉진하는 사회적 및 정치적 운동을 전개해, 그것들이 대부분의 미국인들이 동의하고 나아가 미국의 국가적 정체성에 중심적인 가치들과 더 일치하게 만들려 했다. 랠프 월도 에머슨의 말에 따르면, 미국에서 "개혁의 역사는 늘 동일한 것이다. 즉, 그것은 이상과 현실을 비교하는 것이다."[4]

미르달이 '미국의 신조'를 거론한 것은 '미국의 딜레마', 그러니까 그것의 원칙들과 불평등, 시민권의 부족, 차별, 그리고 흑인들이 미국에서 1930년대에도 노출되어 있었던 분리주의 등과의 괴리를 조명하기 위해서였다. 노예제와 노예제의 유산은 역사적으로 늘 가장 미국적인 딜레마, 미국의 가치들에 대한 가장 분명하고, 심오하고, 사악한 위반이었다. 1876년의 '대타협' 이후에 미국인들은 이와 같은 딜레마를 무시하고, 부정하고, 외면하려 애썼다. 그러나 20세기 중반에 몇몇 발전들이 이제는 그것을 불가능하게 만들었다. 그러니까 흑인들의 도시화와 북쪽으로의 대규모 이주, 인종 차별을 외교 정책의 난제로 만든 2차대전과 냉전의 영향, 백인들이 자신들의 믿음과 현실 사이의 인식적 격차를 해소하려 시도하면서 인종에 대한 태도가 바뀌기 시작한 것, 연방 사법부가 1940년대와 1950년대에 흑인들과 관련된 법률과 제도를 '14차 수정헌법'의 정신에 맞추려 한 노력, 1950년대와 1960년대에 전후세대가 개혁 행동가들의 원천으로 부상하기 시작한 것, 그리고 흑인 단체들의 지도자들이 그동안 미국에서 부정되었던 평등권을 찾기 위해 새롭게 각오를 다진 것 등이었다.

이전의 개혁 운동들에서도 그랬듯이, 인종적 차별과 분리주의의 종식을 추진하던 사람들에게 가장 큰 원천이 된 것은 '미국의 신조' 원칙들이었다. 개인의 존엄성, 모든 개인들이 (인종과 무관하게) 평등한 대우와 기회를 받을 권리는 그와 같은 운동의 반복적인 주제였다. 미국의 정체성에 바탕이 되는 '미국의 신조' 원칙들이 없었다면, 흑인들에 대한 동등한 대우 운동은 무위로 끝나고 말았을 것이다. 정부를 비롯한 기관들의 행동에서 인종을 고려의 대상으로서 제거하려는 시도는 모두에게 평등한 권리를 부여한다는 '신조'의 개념과 정확하게 일치하는 것이었다. 서굿 마셜은 1948년에 이렇게 주장했다. "인종이나 피부색에 바탕한 차별과 구분은 우리 사회에서 어떤 도덕적 혹은 법적 정당성도 갖지 못한다." 대법원 판사들은 1960년대 초에 주기적으로 헌법을 '색맹'이라고 표현했다. '미국 시민권 위원회'는 1960년에 고등교육에 관한 발표문에서 이렇게 결론내렸다. "지원자의 인종이나 피부색에 대한 질문은 명백하게 무관하고 부적절한 것이다. 그와 같은 질문은 대학들의 학생 선발을 돕는 데 전혀 무관한 것이다."[5]

1964년의 시민권법과 1965년의 투표권법은 분명하게 미국의 현실이 미국의 원칙들을 반영하도록 만들어진 것이었다. 시민권법 7조는 고용자가 "(1) 개인들의 인종, 피부색, 종교, 성별, 혹은 출신국 때문에…… 개인들을…… 고용하지 않거나, (2) 개인들의 인종, 피부색, 종교, 성별, 혹은 출신국 때문에…… 개인들의 고용 기회를 박탈하거나 박탈하려는 방식으로…… 직원들을 분류하는 것은" 위법이라고 규정했다. 이 법의 통과를 주도한 상원의원 허버트 험프리는 이 법에서 어떤 것도 법원이나 행정기관에 인종적 '할당량'을 맞추거나 특정한 인종적 균형을 이루기 위해 직원들의 채용, 해고, 혹은 승진을 요구하는 권한을 주는 것은 아님을 상원에서 확신시켰다. "이 법의 7조는 차별을 금지하며…… 인종이나 종교가 아닌 능력과 자질에 바탕해 직원들을 채용하도록 권장할 목적으로 만들어졌다."[6] 이 법은 차별의 의도intent가 있어야 행위의 불법성을 인정하고, 고용자들이 연공과 능력에 바탕해 보직을 주도록 규정하고, 고용자들이 인종에 바탕해 차별하지 않는 한 실력 테스트를 할 수 있다고 얘기했다. 법원은 고용자가 의도적으로 불법적 행위를 하는 경우에만 구제를 할 수 있었다. 이듬해에 투표권법은 이 법의 효력이 미치는 (대개는 남부 주들의) 사법 관할구역에서 인종이나 피부색 때문에 시민들에게 투표권을 거부하는 것을 불법으로 만들었다. 이와 같은 법들의 결합된 효과는 고용, 투표, 공공 기관, 공공시설, 연방 프로그램, 그리고 연방이 지원하는 공공 교육에서 인종적 차별을 금지시키는 것이었다.[7] 이 법들의 언어와 입법자들의 의도는 그 이상 분명할 수가 없었다. 미국의 역사적 패턴 속에서, 개혁가들은 제도와 관행의 변화를 통해 그것들이 '미국의 신조' 원칙들과 보다 일치하도록 만들었다.

그러나 이렇게 엄청난 발전은 거의 즉시 방향이 바뀌었다. 시민권법이 통과되기 무섭게, 흑인 지도자들은 미국의 모든 시민들에게 공통적인 권리들을 요구하는 것을 중단하고, 대신에 남들과 구분되는 인종적 집단으로서의 흑인들에게 물질적 혜택을 제공하는 연방 프로그램들을 요구하기 시작했다. 이들의 목표는 "백인들과 경제적으로 평등한 상태를 만드는" 것이었다. 가능한 한 빨리 그런 목표를 달성하기 위해, 연방 행정가들은 (나중에 판사들도 합류해) 예의 그 개혁법들이 정반대의 의미를 갖도록 해석했고, 이와 같은 해석을 통해 애초에 새 법들의 통과를 가능케 했던 '신조'의 평등권 원칙에 정면으로 도전했다. 이와 같은 행동들의 공통

점은 그와 같은 법들의 비차별 조항을 흑인들을 우대하는 '적극적 차별'로 바꾸는 것이었다.[8]

1967년에 이르러, 휴 데이비스 그레이엄이 자신의 역작인 『시민권 시대』에서 지적했듯이, 시민권법으로 탄생한 '평등 고용 기회 위원회'의 대다수 위원들과 상근직원들은 "7조의 규정들을 무시하고, 그 효과와 의도의 부재에 초점을 맞추는 위원회의 의지를 관철하기 위해 일련의 판례법을 만들려 했다." 네이던 글레이저의 주장에 따르면, 그들은 "통계적인 격차들을 차별의 증거로 삼았고, 공공 및 민간의 고용자들이 인종과 피부색, 그리고 출신국에 바탕해 직원들을 채용함으로써 그것들을 줄이도록 압력을 가했다. 그런데 이것은 바로 1964년의 시민권법이 금지했던 것이었다." 노동부의 관리들도 대통령들의 지시와 의회의 권고에 반대되는 방향으로 행동했다. 1961년 3월에 케네디 대통령은 대통령령 10,925호를 발표해 관급업자들이 "인종, 신조, 피부색, 혹은 출신국에 관계없이" 직원들을 채용하고 대우하도록 지시했다.■ 존슨 대통령도 그와 같은 요건을 확인했다. 그러나 1968~1970년에 노동부는 관급업자들이 근로자들을 채용할 때 그들이 사업을 하는 지역에서 인종의 비율을 고려하도록 요구하는 부령을 발표했다. 기업들은 소수파 집단들의 문제들과 욕구에 맞게 "일련의 구체적이고 결과지향적인 절차들을" 만들도록 요구받았다. 앤드루 컬은 자신의 저서인 『색맹 헌법』에서 이렇게 지적했다. "비차별을 요구하는 언어로 씌어진 대통령령은, 그러니까 그것의 실질적 내용은 여전히 관급업자들이 인종에 관계없이 지원자들을 채용하라는 것이었다.…… 하지만 노동부의 공식 입장은 그와 반대되는 요구를 하는 것

■ 케네디 대통령령은 또 원래 의미의 '적극적 행동'도 촉구했다. "고용자는 어떤 직원이나 지원자도 인종, 신조, 피부색, 혹은 출신국 때문에 차별해서는 안 된다. 관급업자는 '적극적 행동'을 성실히 이행해 인종, 피부색, 신조, 혹은 출신국에 관계없이 지원자들을 채용하고 직원들을 대우해야 한다."

이었다." 노동부의 태도는 또 7조의 비차별 언어에 반하는 것이기도 했다. "그래서 1969년에 이르러 노동부의 정책은 의회가 5년 전에 겨우 금지시켰던 것을 요구하는 것이었다."9

 7조와 관련된 최초의 재판이었던 '그릭스 대 듀크 발전소' 판결에서, 대법원도 의도의 입증을 요구하는 그 법의 언어를 비슷하게 무시했다. 대법원은 문제의 고용자에게 "흑인 직원들을 차별하려는 의도는" 전혀 없었지만, 그럼에도 불구하고 고등학교 졸업장이나 표준적인 지능시험의 합격을 요구하는 이 회사의 고용정책은 불법적인 것이라고 판시했다. 앤드루 컬은 이렇게 얘기했다. "그 법의 언어와 결코 애매하지 않았던 입법 과정에서 분명하게 알 수 있듯이, 대법원은 7조의 법적 요건에서 그 법의 주창자들이 명확하게 반대했던 것을 끌어내었다." 이 판결은 아주 중요한 것이었다. 허먼 벨즈가 자신의 저서인 『평등의 변화』에서 주장하듯이, 그것은 "시민권 정책을 집단권 내지 결과의 평등주의로 바꾸어 고용 행위의 목적이나 의도, 혹은 동기가 아닌 사회적 결과를 불법성 판단에서 결정적 요인으로 만들었다. 이 판결은 우대적 행위에 이론적 기반을 제공했으며, 나아가 인종에 의한 우대를 확대시키는 현실적 동기도 제공했다." 이와 같은 판결 속에서 "소수파 우대는 불균형 영향disparate impact 차별의 소송에서 벗어나기 위해 현실적으로 필요한 것이 되었다. 불균형 영향 이론의 논리적 준거는 집단권과 결과평등이었다.…… 전통적 정의 개념에 반하는 불균형 영향 이론 속에서, 고용자들은 사회적 차별에 책임이 없음에도 책임을 지게 되었다." 벨즈는 결론적으로, "대법원이 시민권법의 요건과 의도에 정면으로 반하는 차별 이론을 채택했다"고 얘기한다.10

 상당히 비슷한 일이 투표권법에서도 일어났다. 이 법은 남부의 주들이 흑인들의 투표권을 거부하거나 제한하는 것을 막기 위해 만들어진 것이었다. 그러나 1969년에 대법원은 그 법이 단지 개인들의 권리만을 보호하는 것이 아니라 소수파 후보들의 당선을 돕는 선거제도의 도입도 요구하는 것이라고 해석했다. 그래서 대법원은 흑인들과 히스패닉들에게 안전한 의석을 제공하도록 선거구를 획정하는 '인종적 게리맨더링'의 확산이 될 것에 사법적 승인을 주었다. 컬의 지적에 따르면 "그 결과 1970년대 초에 이르러 연방 정부는 십년 전의 기준으로 본다면 이상한 입장을 취하면서, 주와 지역의 정부들이 선거구를 인종적으로 유리하게 나누도록 요구했다."[11]

미국에서 대부분의 주요 기관들—정부, 기업, 언론, 교육계 등—의 엘리트들은 백인이었다. 20세기 후반에 이들 엘리트들 가운데 상당수는 '신조'의 색맹 가치들을 거부하고 인종적 차별을 인정했다. 잭 시트린은 1996년에 이렇게 지적했다. "오랫동안 백인 엘리트들은 적극적 행동을 끌어안았고 비차별 원칙들에서 벗어나는 도덕적 비용을 간과했다." 저명한 사회학자 세이무어 마틴 립셋은 1992년에 이렇게 얘기했다. "우대적 대우를 가장 강력하게 지지한 사람들은 자유적 지식인, 교육받은 사람들, 대학원에 다닌 5 내지 6퍼센트의 인구, 그리고 대학에서 문리학liberal arts을 전공한 사람들이었다. 강력한 지지는 또 정치적 엘리트, 특히 민주당원들에서도 나왔고 (유명한 사람들이 많지는 않았지만) 상당수의 공화당원들도 그러했다.[12] 1970년대와 1980년대에 유수한 언론들은 적극적 행동과 (백인들보다 인종적 소수파를 우대하는) 관련 프로그램들을 열렬하게 환영했다. '포드 재단'을 비롯한 재단들은 인종적 우대를 권장하기 위해 수천만 달러를 지원했다. 교수들과 교직원들의 승인 속에서, 대학들과 대학교들은 더 낮은 입학기준, 인종을 지명하는 장학금, 그리고 그밖의 혜택들을 통해 소수파 학생들을 놓고 경쟁했다.

인종에 기반한 프로그램들의 시행에서 가장 중요한 역할은 미국의 기업들이 담당했다. 이들은 마케팅의 이유 때문에, 소송에서 벗어나기 위해, 그리고 흑인들을 비롯한 소수파 집단들의 불매운동으로 인한 이미지의 손상을 막기 위해 그렇게 했다. 리처드 칼렌버그는 1996년에 이렇게 얘기했다. "적극적 행동 정치의 더러운 작은 비밀은 미국의 기업들이 적극적 행동을 지지한다는 것이다." 그러나 이 작은 비밀은 기업들이 적극적 행동 정책들과 소수파 및 여성의 채용 및 승진에의 헌신을 홍보하면서 곧바로 공개되었다. 예를 들어 듀퐁은 1980년대 초에 새로 전문직과 관리직에 임명되는 사람들 가운데 절반은 소수파나 여성이 될 것이라고 발표했다. 그리고 다른 기업들도 비슷한 행동들을 취했다. 뜨거운 논쟁 속에서, 미국의 기업들은 앞을 다투어 인종적 우대를 지지하고, 인종적 우대를 금지하는 1996년의 캘리포니아 발의(제안 209)와 워싱턴 주의 비슷한 1998년 발의(제안 I-200)에 반대하면서, 법학대학원 입학에서 인종적 우대를 금지하는 지방법원의 판결에 미시건 대학교가 항소한 것을 지지했다.[13]

인종적 우대에 대한 엘리트들과 일반대중의 차이는 두 차례의 주 주민투표에서 극적으로 표출되었다. 캘리포니아의 '제안Proposition 209'는 시민권법의 언어를 반영하며 다음과 같이 규정했다. "우리 주는 공공 고용, 공공 교육, 혹은 공공 계약에서 인종, 성별, 피부색, 민족, 혹은 출신국을 근거로 어떤 개인이나 집단에도 우대적 대우를 적용하거나 차별적 대우를 하지 않는다." 이것에 대한 견해를 물었을 때, 상원의원 조셉 리버먼은 이렇게 대답했다. "나는 그것에 반대할 이유를 찾을 수가 없다. 왜냐하면 그것은 기본적으로 미국의 가치들을 보여주고 있기 때문이다.…… 그리고 나는 이렇게 얘기한다.…… 우리는 어떤 사람이 속한 집단에 근거해서 그 사람에게 우호적인 차별을 해서는 안 된다." 그러나 상당수의 캘리포니아 엘리트들은 그와 같은 "미국의 가치들"을 거부했다.[14] 피트 윌슨 주지사를 제외한 대부분의 정치 지도자, 대학과 대학교의 학장과 총장, 할리우드의 유명인사, 신문, 방송국, 노조 지도자, 그리고 많은 업계 지도자들은 인종적 우대에 관한 금지에 반대했다. 나아가 클린턴 행정부, 포드 재단, 그리고 많은 전국적 단체들도 같은 견해를 표명했다. 제안의 반대자들은 지지자들보다 훨씬 더 많은 돈을 썼다. 그러나 캘리포니아의 일반대중은 54퍼센트의 찬성과 46퍼센트의 반대로 제안을 승인했다.

2년 후에 워싱턴 주에서도 인종적 우대를 금지하려는 시도는 거의 전적으로 주의 엘리트들로부터 반대에 직면했다. 주지사를 비롯한 정치 지도자, 주요 기업, 유수 언론, 교육기관의 장, 많은 수의 지식인과 전문가, 그리고 고어 부통령과 제시 잭슨 목사 같은 외부의 정치적 인물 등이었다. 특히 기업들이 가장 심했다. 반대 운동을 주도한 사람은 빌 게이츠의 아버지인 빌 게이츠 1세였고, 지원자는 보잉, 스타벅스, 웨이어하우저, 코스트코, 그리고 에디 바우어 등이었다. 제안의 주도적 지지자인 워드 코넬리는 이렇게 얘기했다. "이 운동에서 우리가 직면한 가장 험한 장애물은 언론도 아니고, 우리를 공격한 정치인들도 아니었다.…… 그것은 기업들이었다."[15] 제안의 반대자들은 지지자들의 3배에 달하는 돈을 썼다. 하지만 워싱턴의 유권자들도 58퍼센트의 찬성과 42퍼센트의 반대로 제안을 승인했다.

여론조사 결과들은 일반대중이 원래 의미의 적극적 행동, 그러니까 케네디 대통령과 존슨 대통령이 차별을 막고 소수파들이 가족상황, 학교, 주택, 그리고 직업훈련 등을 개선해 일자리와 더 좋은 교육을 위해 더 잘 경쟁하도록 돕는다는 뜻으로 얘기한 행동들에 대체적으로 찬성한다는 것을 보여준다. 그것들은 또 대다수의 미국인들이 설사 과거의 차별 효과를 고칠 목적이라 해도 채용, 승진, 그리고 대학입학에서 인종적 우대를 하는 것에는 반대함을 지속적으로 보여주었다. 세이무어 립셋의 설명에 따르면, 여론조사 기관 갤럽은 1977년부터 1989년까지 다섯 차례에 걸쳐 다음과 같은 질문을 했다.

어떤 사람들은 과거의 차별을 보상하기 위해 여성과 소수파가 일자리와 대학입학에서 우대적 대우를 받아야 한다고 얘기한다. 어떤 사람들은 시험점수로 결정되는 능력이 기본적인 요인이어야 한다고 얘기한다. 어떤 견해가 이 문제에 대한 당신의 생각과 더 가까운가?

이런 조사들에서 81 내지 84퍼센트는 시험에 기반한 능력을 선택했고, 10 내지 11퍼센트는 우대적 대우를 선택했다. 1987년부터 1990년까지 두 차례의 다른 조사에서, 갤럽은 사람들이 다음과 같은 제안에 찬성하거나 반대하는지 물었다. "우리는 그것이 우대적 대우라 해도 흑인들을 비롯한 소수파의 입지를 높이기 위해 모든 노력을 다해야 한다." 이 두 차례의 조사에서 일반대중의 71 내지 72퍼센트는 제안에 반대했고, 24퍼센트는 지지했고, 흑인들은 66퍼센트의 반대와 32퍼센트의 찬성을 보였다.[16] 비슷하게 1995년의 어떤 조사도 "채용, 승진, 그리고 대학입학은 인종이나 민족이 아니라 엄격하게 능력과 자질에 바탕해야 하는지" 묻고 나서 백인들의 86퍼센트, 히스패닉의 78퍼센트, 아시아계의 74퍼센트, 그리고 흑인들의 68퍼센트가 동의한다는 답을 얻어냈다. 1986년부터 1994년까지 일련의 또 다른 다섯 차례의 조사에서, 사람들에게 "흑인들의 우대적인 채용과 승진에" 찬성하는지 반대하는지 물었을 때, 일반대중의 69 내지 82퍼센트는 반대한다고 대답했다. 〈USA 주말 잡지〉가 1995년에 한 조사에서, 미국의 십대들 248,000명 가운데 90퍼센트는 "과거의 차별을 보상하기 위한 채용과 대학입학에서의 적극적 행동에" 반대한다고 얘기했다. 1996년에 세심한 분석을 통해 잭 시트린은 이렇게 결론내렸다. "요컨대, 집단적 평등과 개인적 능력 사이에서 선택해야 할 때, 적극적 행동은 인정받지 못한다. 대다수의 미국인들은 우대적 대우가 어떤 집단을 도우려는 것인지에 상관없이 그것에 반대한다."[17]

이런 조사들에서 인종적 우대에 대한 흑인들의 태도는 질문의 성격에 따라 달라졌다. 1989년에 갤럽이 우대적 대우가 채용과 대학입학에서 여성과 소수파에게 보장된 것인지, 아니면 그것들이 시험에 의한 능력으로 결정되어야 하는지 물었을 때, 흑인들의 56퍼센트는 능력을 선택했고 14퍼센트는 인종적 우대를 선택했다. 1986년부터 1994년까지 다섯 차례의 '미국 전국 선거 연구' 조사들에서, 사람들에게 "흑인들의 우대적인 채용과 승진"에 찬성하는지 반대하는지 물었을 때, 흑인들의 23 내지 46퍼센트는 반대 입장을 밝혔다.[18] 전반적으로 흑인들을 비롯한 소수파들은 인종적 우대에 양면적인 태도를 보였다. 그러나 이와 같은 양면성은 치열한 정치적 논쟁의 상황에서 사라진다. 이를테면 주민투표의 경우를 들 수가 있는데, 이 경우에 인종적 단체들의 지도자들은 유권자들의 우대 찬성을 끌어내기 위해 피나는 노력을 한다. 예를 들어 1995년 3월에 백인들의 71퍼센트, 아시아계의 54퍼센트, 히스패닉의 52퍼센트, 그리고 흑인들의 45퍼센트는 캘리포니아가 제안한 시민권 발의에 찬성한다고 얘기했다. 이 발의는 소수파들의 반대를 끌어내기 위한 18개월 동안의 너무나도 격렬하고, 대규모적이고, 때로는 사악한 캠페인이 있은 후에 1996년 11월에 투표에 부쳐졌다. 그런데 출구 조사 결과에 의하면, 흑인들의 27퍼센트와 히스패닉의 30퍼센트만이 찬성표를 던졌다. 이것들은 18개월 전에 밝힌 입장 표명에서 각각 18퍼센트와 22퍼센트가 줄어든 것이었다.[19] 공동의 노력 속에서, 백인 엘리트들과 흑인 단체들의 지도자들은 대다수의 흑인들이 인종적 우대를 지지하도록 설득했다.

1980년대 후반에 우대적 대우에 대한 보다 넓은 반대가 나타나기 시작했다. 일반대중의 불인정, 일자리와 대학입학을 원하는 백인들의 '역차별' 소송, 그리고 공화당 대통령들이 10년 동안 지명한 연방 판사들로 인해 사법적 판결의 변화가 일어났다. 법원들은 흑인들을 비롯한 소수파들의 우대적 대우 여지를 좁히기 시작했다. 스티븐과 애버게일 선스트롬은 이렇게 얘기한다. "1981년은 생각을 고치는 해였다." 이 해에 '리치몬드 대 J. A. 크로슨' 재판에서, 대법원은 적어도 36개의 주들과 190개 이상의 지역정부들이 채택했던 일종의 소수파 우대 계약 정책을 심리했다. 대법원 판사 6인의 다수의견을 작성하며, 샌드라 데이 오코노는 리치몬드시의 조례를 위헌으로 판시하면서 '미국의 신조' 원칙들을 재확인했다. 오코노 판사는 이렇게 얘기했다. "인종에 기반한 구분과 분류는 치명적 해악을 초래할 수 있다. 그것은 치료적 상황에서만 적용되어야 하며, 그렇지 않으면 오히려 인종적 열등감을 조장하고 인종적 적개심을 유발할 수 있다." 대법원은 "과거의 사회적 차별만으로도 엄격한 인종적 우대의 근거는 충분하다"는 주장을 거부하면서 다음과 같이 선언했다. "개인적인 기회와 성취에 인종이 무관한 사회에서 평등한 시민들이 하나의 국가를 이룬다는 꿈은 본질적으로 측정이 불가능한, 과거의 잘못들에 대한 주장에 근거한 여러 가지 우대적 대우의 모자이크 속에서 사라지게 된다."[20] 같은 해에 '워즈코브 포장회사 대 앤토니오'의 또 다른 재판에서, 대법원은 앞의 '그릭즈' 재판에서 자신들이 주장했던 불균형 영향 테스트를 부정했다. 이것은 민주당이 지배하는 의회가 판결의 결과를 제한하는 법안을 통과시키도록 자극했다.

그러나 흐름은 반대되는 방향으로 움직이고 있었다. 1993년에 '셔 대 리노' 재판에서, 대법원 판사 오코노는 4명이 반대한 5명의 다수의견을 통해, 북캐롤라이나가 흑인들에게 유리하도록 의회의 선거구를 획정한 사건을 지방법원으로 돌려보냈다. 오코노 판사는 이렇게 판시했다. "인종적 구분은 어떤 종류이건 우리 사회에 지속적인 해악을 끼칠 염려가 있다. 그것은 우리의 너무나도 많은 역사에서 너무나도 많은 사람들이 보지했던 바, 개인들은 피부색에 의해 판단되어야 한다는 믿음을 강화시킨다." 인종에 바탕한 지역구는 "우리를 경쟁적인 인종적 파벌들로 분열시킬 수 있고…… 인종이 더 이상 중요치 않은 정치 체제의 목표에서 우리를 더 멀리 데려갈 수 있다." 이어서 1995년에 또 다른 재판에서, 대법원은 소수파 관급업자들에게 우대적 대우를 적용시키는 정부의 규정은 본질적으로 의심스러운 것이라고 판시했다. 4명이 반대한 5명의 다수의견을 작성하며, 대법원 판사 앤토닌 스칼리아는 이렇게 선언했다. "정부의 눈으로 볼 때 우리는 이곳에서 하나의 인종일 뿐이다. 그것은 미국인이다." 의회가 압도적인 다수결로 그와 같은 원칙을 미국의 법률에 적어 놓은 지 30년이 지난 후에, 대법원은 근소한 다수결로 마침내 그것을 받아들였다. 그러나 클린턴 행정부는 이와 같은 '미국의 신조' 재확인을 받아들이지 않았다. 그들은 다양한 방식으로 대법원의 판결을 제한했고, 그 결과 1996년에 이르러 "상당히 중요한 사건이 벌어지게 되었다. 그것은 대법원과 법무부의 전쟁이었다."[21]

이 '전쟁'은 다음 행정부에서도 계속되었지만, 이번에는 적과 동지가 바뀌었다. 2003년에 부시 행정부는 미시건 대학교의 학부대학과 법학대학원 입학에서 인종적 요소를 제거해야 하며, 인종적 다양성의 목표는 다른 방법들을 통해 달성되어야 한다고 주장했다. 대법원은 (6 대 3의 표결로) 대학에 지원하는 소수파 학생들에게 (150점의 만점 중에서) 20점의 가산점을 부여하는 것은 위헌이라고 판시했다. 그러나 대법원은, 1978년의 '배키Bakke' 판결 이후 인종과 고등교육에 관한 가장 중요한 판결에서, 법학대학원의 입학사정에 인종을 고려의 대상으로 삼는 것은 인정했다. '배키Bakke' 판결에서 대법원 판사 루이스 F. 파월이 사용한 논리를 반영하며, 대법원은 (5대 4의 표결로) 오코노 판사의 판결문을 통해 다음과 같이 주장했다. "법학대학원의 입학사정은 그 과정이 보다 구체적이어야 하며, 학생들의 다양성은 주state의 이익에 부합하는 것으로서 입학사정의 인종 고려를 정당화시킬 수 있다." 그들은 또 이렇게 얘기했다. "대학교의 입학사정은 충분히 탄력성을 발휘해, 각각의 지원자가 개인으로서 평가되고 인종이나 민족에 근거에 지원하지 않게 해야 한다." 그러면서 대법원은 이렇게 덧붙였다. "인종에 근거한 입학사정은 시간적으로 제한적이어야 하며, 따라서 앞으로 25년 후에는 인종적 우대가 더 이상 필요하지 않게 될 수도 있다."

적극적 행동의 반대자들이 미시건 대학교를 상대로 소송을 제기한 것은, 1990년대에 인종적 우대에 대한 사법부의 제지가 점점 더 늘어난 것을 감안할 때, 법원이 대학교의 입학사정에서 어떤 인종적 역할도 거부할 것이라고 생각했기 때문이었다. 우대적 대우의 지지자들은 이것이 전환점이 될 수도 있다고 우려했다. 그러나 대법원의 법학대학원 판결은 최근 추세의 (반전은 아니어도) 일시적 정지를 초래했다. 대법원은 색맹 사회라는 목표를 확인하지 않았고, 인종적 우대를 금지시키지 않았다. 그들은 다만 인종적 우대의 방식만을 규정했다. 대체적으로 그것은, 〈뉴욕 타임스〉의 어떤 사설이 환영했듯이, '적극적 행동의 승리'로 받아들여졌다. 그것은 또 미국의 엘리트 계층에게도 하나의 승리였다. 수백 개의 조직들이 미시건 대학교를 지지하는 성명서를 발표했는데, 그중에는 GM, 마이크로소프트, 보잉, 어메리컨 익스프레스, 그리고 쉘 같은 주요 기업들과 30명에 가까운 퇴역 장교들 및 국방부 관리들도 포함되어 있었다. 이들의 견해는 당연히, 인종적 우대에 지속적으로 반대 입장을 보였던 대다수 미국인들의 견해와 다른 것이었다. 2001년에 일반대중의 92퍼센트는 (히스패닉의 88퍼센트와 흑인들의 86퍼센트를 포함해) 소수파에게 더 많은 기회를 주기 위한 채용이나 입학에서의 인종적 고려는 옳지 않다고 얘기했다. 대법원의 판결이 있기 전의 몇 달 동안, 일반대중의 68퍼센트는 (소수파들의 56퍼센트를 포함해) 흑인들에 대한 우대적 대우에 반대했고, 더 많은 사람들은 다른 소수파들에 대한 우대에도 반대했다.[22] 이렇게 해서 5명의 대법원 판사는 엘리트 계층의 편을 들었고, 4명의 대법원 판사와 부시 행정부는 일반대중의 편을 들었다.

　미시건 대학교 사건이 보여주었듯이, 미국인들은 인종을 고려의 대상으로 삼아야 하는지, 그리고 모두를 위한 평등한 권리와 특정한 인종적, 민족적, 그리고 문화적 집단들의 특별한 권리 중에서 어느 것에 중점을 두어야 하는지 여전히 의견이 갈라져 있다. 이 문제의 중요성은 아무리 강조해도 지나치지가 않다. 인종에 관계없이 모두에게 평등한 권리를 부여한다는 신조적 원칙은 미국 사회에서 200여 년 동안 실천적 측면에서 무시되고 폄하되었다. 1940년대에 대통령, 연방 법원, 그리고 의회는 연방과 주의 법률이 색맹이 되도록 만들었고, 가능한 한 모든 수단을 동원해 인종 차별을 없애려고 노력했다. 그리고 이것은 시민권법과 투표권법으로 절정에 달했다. 하지만 관료들은 즉시 반혁명은 아니어도 반개혁을 추진하며 미국 사회에 인종적 차별을 재등장시켰다. 허먼 벨즈의 말에 따르면, 이와 같은 반개혁의 정당화는 "집단적 권리와 인종적 비율주의, 그리고 결과의 평등이 사회 조직의 합당한 원칙들로서 시민권 정책의 기반이 되어야 한다는 믿음이었다." 개인적 권리보다 집단적 권리를 강조하고 인종과 피부색의 구분을 권장하는 이와 같은 태도는 일반대중의 인정을 받지 못했고 일부 엘리트 계층의 부분적인 동의만을 얻어냈다. 저명한 사회학자 대니얼 벨은 이렇게 얘기했다. "이와 같은 변화에서 특이했던 것은 공개적인 토론도 없이 전혀 새로운 권리의 원칙이 도입되었다는 것이다." 벨즈도 같은 얘기를 했다. "집단적 권리와 조건의 평등이 새로운 철학으로 소개되어, 인종적 및 민족적 기준으로 개인들을 나누고 결국에는 공동선의 존재를 부인했다." 이와 같은 견해의 함축적 의미를 선스트롬즈는 다음과 같이 명확하게 언급했다. "인종적 구분은 피부색이 상당히 중요하다는 메시지를 전달한다. 그것은 백인들과 흑인들이 같지 않으며, 인종과 민족이 정말로 중요한 것이라고 얘기한다. 그것은 사람들이 성품, 사회적 계층, 종교적 정서, 나이, 혹은 교육이 아니라 혈연으로 규정된다고 암시한다. 그러나 카스트 제도에 적절한 구분법은 민주적 정부의 바탕이 되는 평등한 시민들의 공동체를 건설하는 데 적합한 것이 아니다."[23]

영어에 대한 도전

영어를 플로리다의 공식 언어로 선언하려는 1988년의 운동 기간에, 공화당 주지사인 밥 마티네즈는 다음과 같이 반대 의견을 개진했다. "우리는 미국인들을 위한 종교를 선정하지 않는다. 우리는 미국인들을 위한 인종을 선정하지 않는다. 그리고 우리는 미국인들을 위한 언어를 선정하지 않았다."[24] 그의 말은 틀렸다. 300년 동안의 역사는 미국인들을 위한 언어로서 영어를 선정했다. 그리고 투표일에 플로리다 유권자들의 83.9퍼센트는 그와 같은 선택을 인정했다. 플로리다의 투표용지에 (그리고 같은 해에 다른 2개의 주에서도) 이와 같은 언어 제안이 올라간 것은 1980년대와 1990년대에 언어가 미국의 정체성에서 중심적 사안이 된 정도를 보여준 것이었다. 격렬한 논란이 이중언어 교육, 직원들이 영어를 사용하도록 기업들이 요구하는 것, 영어가 아닌 다른 언어들로 정부 문서를 작성하는 것, 비영어를 사용하는 소수파들이 많이 거주하는 지역의 투표용지와 선거자료, 국가 및 주 정부들의 공식 언어로서 영어를 지정하는 것 등을 놓고 벌어졌다. 학교와 그밖의 다른 맥락에서 영어가 갖는 중요성이 주요 사안으로 등장했다. 하지만 국가는 물론 주와 지역 수준에서도 그와 같은 논란의 확산과 치열함은 전례가 없는 것이었다. 상징적인 측면과 실질적인 측면 모두에서, 영어를 놓고 벌인 전투들은 미국의 정체성에 관한 보다 넓은 전쟁에서 주요 전선을 형성했다. 어떤 학자의 표현에 따르면, 이와 같은 갈등에서 문제는 다음과 같은 것이었다. "미국은 지배적인 영어 사용자들의 다수주의를 반영해야 하는가, 아니면 다언어적인 문화를 권장해야 하는가?"[25] 하지만 진짜 문제는 다언어주의 multilingualism가 아니라 이중언어주의 bilingualism였다.

미국의 문화에서 영어가 갖는 중요성과 미국인들이 영어에 유창해야 한다는 바람에 의문을 제기한 사람들은 극소수에 불과했다. 그러나 언어 논쟁은 두 가지 핵심적 사안을 등장시켰다. 첫째, 미국 정부는 영어가 아닌 다른 언어들의 지식과 사용을 어느 정도까지 권장하고 정부, 민간기업, 그리고 그밖의 기관들이 영어의 사용을 요구하는 능력을 어느 정도까지 제한해야 하는가? 대개의 경우 그 다른 언어는 스페인어이며, 이것은 훨씬 더 중요한 두 번째 사안을 등장시킨다. 즉, 미국은 스페인어가 영어와 동등하게 대접받는 이중언어 사회가 되어야 하는가?

미구엘 우나무노는 이렇게 얘기했다. "언어는 정신의 혈액이다." 언어는 또 훨씬 더 현실적인 무언가이다. 언어는 공동체의 바탕이다. 이런 맥락에서 언어는 (마티네즈 주지사의 주장과 달리) 인종이나 종교와는 근본적으로 다른 것이다. 인종이나 종교가 다른 사람들은 종종 서로 싸우지만, 그들은 사용하는 언어가 같다면 여전히 서로에게 얘기할 수 있고 서로의 글을 읽을 수 있다. 칼 도이취가 자신의 고전적인 저서『국가주의와 사회적 의사소통』에서 지적했듯이, 국가는 다른 사람들보다 서로에게 더 깊고 넓은 의사소통을 하는 사람들의 집단이다.[26] 공통의 언어가 없을 때 의사소통은 어려워지며, 국가는 둘 이상의 언어를 갖는 공동체들이 기본적으로 자기들끼리만 의사소통을 하는 경기장이 되고 만다. 거의 모두가 같은 언어로 얘기하는 프랑스, 독일, 그리고 일본 같은 나라들은 둘 이상의 언어적 공동체가 있는 스위스, 벨기에, 그리고 캐나다 같은 나라들과 상당히 다르다. 후자의 나라들에서 이혼은 늘 가능한 것이 되며, 역사적으로 이런 나라들은 보다 강력한 이웃들에 대한 두려움 때문에 함께 살아온 경우가 많다. 각각의 집단이 다른 집단의 언어에 유창해지도록 만들려는 노력은 좀처럼 성공하지 못한다. 영국계 캐나다인들 중에서 프랑스어가 유창한 사람들은 거의 없다. 독일어로 말하는 스위스인들과 프랑스어로 말하는 스위스인들은 영어로 의사소통을 한다.

역사적으로 영어는 늘 미국의 국가적 정체성에서 중심적인 것이었다. 이민자 집단들은 때로 다른 언어의 사용을 유지하려 애썼지만, 일부 작고, 고립되고, 농촌적인 공동체들을 제외하면, 영어는 2세대와 3세대에서 승리를 거두었다. 새 이민자들에게 영어를 가르치는 것은 미국의 정부, 기업, 교회, 그리고 사회복지 조직들에서 늘 중심적 관심사였다.

적어도 이것이 20세기 후반까지의 현실이었다. 그러다가 소수파 언어들의 촉진과 영어의 격하가 정부를 비롯한 기관들의 하부국가적 정체성 권장 노력에서 핵심적 요소들로 등장했다. 이와 같은 노력에 중심적인 것은 시민권법(1964), 투표권법(1965), 그리고 이중언어 교육법(1967)의 해석이었다. 시민권법의 6조는 주와 지역 정부들 및 민간 기관들의 연방 지원 프로그램들에서 '출신국 national origin'에 바탕한 차별을 금지시켰다. 그리고 7조는 15인 이상의 근로자를 고용하는 기업들에서 출신국에 바탕한 고용 차별을 금지시켰다. 투표권법에 있는 어떤 조항은 상원의원 로버트 F. 케네디가 발의한 것으로서, 뉴욕의 선거관리 당국이 푸에르토리코 사람들에게 스페인어로 된 선거자료를 제공하도록 규정했다. 이중 언어 교육법은 텍사스의 상원의원 랠프 야보로가 만든 것인데, 영어에 대한 지식이 부족해 교육적으로 불리하고 가난한 멕시코계 미국인 아이들을 돕기 위한 목적이었다. 초기의 지원 예산은 750만 달러였다.

시작은 이렇게 미약하고 제한적이었지만, 이후 복잡한 구조의 연방 규정, 법원 판결, 그리고 추가적 입법이 인종적으로 색맹인 시민권법들이 인종적 우대를 야기시킨 것과 비슷한 과정 속에서 등장하게 되었다. 연방 정부의 관리들은 이 법들이 비영어 언어들에 대한 정부의 지원을 정당화시키고 요구하는 것이라고 해석했다. 이와 같은 해석은 대체로 연방 판사들도 지지했다. 의회도 이어서 비영어 언어들의 지원을 확대하고 영어의 사용을 제한하는 새 법들을 통과시켰다. 그리고 이와 같은 움직임들은 조직적인 반대와 대중적인 반응을 야기시켰다. 이것들은 특히 십수 차례의 주민투표에서 가장 분명하게 나타났는데, 이중에서 하나만 빼고 모두가 영어 지지 세력의 승리로 끝이 났다.

이 전투들에서도 적과 동지는 인종적 우대 전투들과 비슷했다. 많은 수의 정부 관리, 판사, 지식인, 그리고 자유주의자들과 상당수의 선출직 입법가 및 행정가, 그리고 히스패닉을 비롯한 소수파 조직들의 지도자들이 한쪽 편을 구성했다. 다른 쪽 편에 선 것은 다수의 입법가, 소수의 개인 및 집단, 그리고 (인종적 우대 전쟁에서 그랬듯이) 대다수의 일반대중이었다. 이들에게 정기적으로 소수파 언어 집단들의 상당수 구성원들이 동참했다.

영어와 기타 언어들의 역할을 놓고 싸운 양쪽 진영의 전투들은 선거, 정부, 업계, 그리고 학교 등의 측면에서 벌어졌다. 미국의 선거에서는 시민들만이 투표를 할 수 있다. 그리고 사람들은 출생이나 귀화에 의해 시민이 된다. 출생에 의한 시민은 (아마도 푸에르토리코 사람들만 빼고) 기본적인 영어 지식을 갖고 있는 것으로 간주된다. 귀화를 원하는 사람들은 "영어의 일상적인 용법에서······ 간단한 단어들과 표현들을······ 읽고, 쓰고, 말하는 능력을 포함해 영어에 대한 이해력을" 보여주어야 한다.[27] 미국에서 15년 이상 산 노인들과 장애인들만이 이와 같은 요건에서 제외된다. 따라서 투표권이 있는 거의 모든 사람들은 적어도 투표용지와 관련 투표 자료를 읽을 정도의 영어를 알거나 알아야만 한다고 생각할 수 있다.

그러나 1975년에 의회는 1965년의 투표권법을 개정해, 주와 지역의 정부들이 "미국 시민에게 소수파 언어 집단의 일원이기 때문에 투표권을 거부하거나 제한하는" 어떤 투표 자격, 요건, 혹은 절차도 부과할 수 없도록 만들었다. 새 법은 지역의 정부들이 영어 해독률이 전국 평균보다 낮거나 (선거자료가 영어로만 되어 있었던) 1972년의 선거에서 유권자의 50퍼센트 미만이 투표했고 인구의 5퍼센트 이상이 원주민 인디언, 아시아계, 알래스카 원주민, 혹은 '스페인 문화의' 소수파 언어 집단에 속한 선거구에서 이중언어 투표용지를 제공하도록 규정했다. 1980년에 어떤 연방 재판에 반응하면서, 샌프란시스코 선거관리위원회는 영어뿐 아니라 스페인어와 중국어로도 투표용지와 홍보물을 제공하고 유권자 등록운동을 펼치겠다고 동의했다. 2002년에 이르러 30개 주에서 335개 정도의 선거구가 영어가 아닌 언어들로 선거자료와 구두지원을 제공하게 되었는데, 이중에서 220개 선거구는 스페인어로 그렇게 했다. 이와 같은 규정은 아주 적은 소수파 언어들에게도 영향을 주었다. 예를 들어 1994년에 L.A. 카운티는 692명의 타갈로그어 사용자들을 위해 67,000 달러의 선거 관련 비용을 지출했다.[28]

연방 부처들과 법원들은 시민권법의 '출신국'이 언어를 포함하는 것이며, 차별 금지 때문에 해당 기관들은 프로그램 참가자들에게 영어로 말하도록 요구할 수가 없는 것이라고 해석했다. 뿐만 아니라 이들 기관들은 비영어 사용자들에게 지원과 서비스를 제공해 그들을 영어 사용자들과 평등하게 만들 의무가 있었다. 법원들은 또 특정한 상황에서 영어의 사용을 요구하는 주와 지역의 법들은 '1차 수정헌법'이 보장하는 표현의 자유 free speech 를 위반하기 때문에 위헌이라고 판시했다. 이렇게 해서 '1차 수정헌법'은 단순한 표현의 자유뿐 아니라 그것에 사용되는 언어의 자유까지도 포함하는 것으로 확대되었다. 간단하게 말해서, 정부들은 필요하다고 인정할 때도 영어의 사용을 요구할 수가 없었다. 1980년대의 대규모 아시아계 및 히스패닉 이민은 캘리포니아의 많은 지역들이 가게들은 공공 안전을 고려해 간판을 부분적으로 영어로 적어야 한다는 조례들을 만들도록 자극했다. 파모나에서 어떤 아시아계 미국인 기업 집단이 그와 같은 규정에 이의를 제기했을 때, 연방 지방법원 판사인 로버트 타가스키는 다음과 같은 근거에서 그것을 타당하다고 받아들였다. 타가스키 판사는 이렇게 얘기했다. "간판은 출신국, 문화, 그리고 민족성의 표현이므로" 그것을 규제하는 것은 '1차 수정헌법'과 '14차 수정헌법'의 정신에 위반된다. 또 다른 사건에서 1994년에 '주택 및 도시개발부 HUD'는 펜실베이니아 앨런타운이 조례를 통해 시장으로 하여금 모든 서류를 영어로만 만들게 하는 것에 이의를 제기하면서, 앨런타운에 지원하는 400만 달러의 연간 보조금을 취소하겠다고 위협했다. 상당한 분노의 감정을 표출한 후에, 시장은 조례를 시행하지 않겠다고 말했으며 HUD는 보조금 지급을 중단하지 않았다. 1999년에 '11구역 항소 순회법원'은 앨러배머가 영어로만 운전면허 시험을 실시하는 것에 제동을 걸면서, 비영어 사용자들에게 불균형 영향을 초래하는 행동은 '출신국' 차별을 금지하는 6조의 규정에 반한다고 판시했다. 그러나 미국 대법원은 이

소송을 제기한 민간인 원고들은 불균형 영향뿐 아니라 차별적 의도도 입증해야 한다고 판시했는데, 원고들은 그것을 입증하지 못했다.[29]

1988년에 애리조나의 유권자들은 영어를 주의 공식 언어로 채택하고 모든 주의 관리들과 직원들이 정부 업무 수행에서 영어로만 '행동하도록' 규정하는 (애리조나 주의) 헌법 수정안을 근소한 차이로 승인했다. 애리조나 대법원은 애리조나의 연방 가입을 허락하는 의회의 법률이 규정한 바, 애리조나의 학교들에서는 영어만이 교육의 언어이며 애리조나의 관리들과 직원들은 영어를 이해하고 사용해야 한다는 조항이 유효하다고 판시했다. 그러나 애리조나 대법원은 그와 같은 헌법 수정안이 '1차 수정헌법'의 정신을 위반하는 것이라고 판시했다. "왜냐하면 그것은 정부에 접근하는 능력과 관련해 비영어 사용자들의 헌법적 권리에 부정적 영향을 끼치고 선출직 관리들과 일반 공무원들의 정치적 표현을 제한하기 때문이다."[30] 미국 대법원은 이 판결의 재심을 거부했다.

일련의 비슷한 재판들에서 '평등 고용 기회 위원회EEOC'는 직원들이 일터에서 영어만 사용하도록 요구하는 고용자들의 규칙에 도전하는 방식으로 7조의 '출신국' 조항을 해석했다. EEOC는 그와 같은 소송을 1996년과 1999년에 32건과 91건씩 제기했다. 기업들은 사업상 꼭 필요할 때만 그런 규제를 부과할 수 있을 것이었다. 영어의 공식화에 반대하는 어떤 변호사는 6조 및 7조와 관련해 이렇게 주장했다. "핵심적인 법률적 문제는 출신국 차별 금지가 언어 차별까지 확대되느냐의 여부이다." 만일 그렇다면 "연방 기금을 받는 민간 병원들이 비영어 사용자 환자들에게 적절한 통역 서비스를 제공하지 않는 것은" 위법일 수 있다고 그는 지적했다.[31]

텍사스의 가난한 멕시코계 미국인들을 도우려는 상원의원 야보로의 제안을 의회가 채택한 후에, 비영어 언어들의 교육은 빠르게 전국으로 퍼져갔고, 법률이나 헌법으로 영어가 아닌 다른 언어의 교육을 금지한 7개 주들에서도 그러했다. 1970년에 연방 '시민권 사무국'은 시민권법의 6조에 따라 "5퍼센트 이상의 출신국 소수파 집단 아이들이" 있는 교육구는 "언어 부족을 시정하는 적극적 조치를 취해 그런 학생들에게 교육적 프로그램을 개방해야" 한다고 지시했다. 2년 후에 연방 지방법원의 어떤 판사는 법률의 평등 보호 조항이 뉴멕시코의 학생들에게 그들의 원래 언어와 문화를 가르치도록 요구한다고 판시했다. 1974년에 중국계 아이들이 관련된 샌프란시스코의 어떤 재판에서, 미국 대법원은 6조의 조항에 따라 학교는 비영어 사용자 아이들에게 영어 사용자 아이들과 같은 교육을 해서는 안 되며, 그런 아이들의 언어 부족을 보충하기 위해 치료적 조치를 취해야 한다고 판시했다.[32] 2001년에 이르러 미국 의회는 이중언어 프로그램에 4억4,600만 달러의 예산을 책정했으며, 여기에 엄청난 규모의 주 예산도 추가되었다.

이중언어 프로그램의 시행 초기부터 "목표들과 관련된 한 가지 핵심적 문제—그것이 영어로의 이행을 촉진하는 것인지, 아니면 이중언어를 권장하는 것인지의 문제—는 여전히 해결되지 않았다." 처음에는 두 가지 목표 모두가 추구되었고, 1974년의 법률 개정은 학교들이 "전반적인 교육 체계에 학생들이 효과적으로 적응할 수 있도록" 그들의 원래 언어와 문화로 교육할 것을 규정했다. 이렇게 유지와 이행 프로그램 모두가 동시에 시행되다가, 1978년에 '미국 조사 연구소'는 스페인어 사용자 아이들이 영어에 유창하게 된 후에도 여전히 이중언어 교육을 받는다는 연구 결과를 발표했다. 그러자 의회는 유지 프로그램들에 대한 지원을 중단시켰지만, 1984년에 입장을 바꾸어 다시 지원을 합법화시켰다.[33]

1980년대 중반에 이르러 이중언어 교육의 상당 부분은 "학생들의 원래 언어를 무한대로 유지하고, 고유한 미술, 음악, 문학, 그리고 역사를 그런 언어로 풍요롭게 하는 것을 촉진하는 데 사용되었다." 샌프란시스코의 어떤 이중언어 프로그램 책임자는 이렇게 얘기했다. "아이들이 자신들의 문화에 자부심을 갖는 것은 우리에게 아주 중요하다." 이것은 물론 미국의 문화가 아닌 그들의 원래 문화를 뜻하는 것이다.[34] 교육부 장관인 윌리엄 베넷은 1985년에 다음과 같이 주장했다. "우리 교육부는 학생들이 원래의 언어와 문화에 대한 지식을 넓히는 데 있어서 이중언어 교육의 중요성을 점점 더 강조했다. 이중언어 교육은 이제 학생들에게 영어를 가르치는 수단이거나 학생들이 영어를 배울 때까지 일시적으로 적용되는 것이 아니다. 그것은 문화적 자부심의 상징, 학생들의 긍정적인 자기 이미지 창출의 수단이 되었다." '이중언어 교육법'의 제안자 가운데 한 사람이었던 제임스 쇼우어 의원도 비슷한 견해를 피력했다. 그는 이중언어 교육이 "원래의 의미를 잃고 정치화되었다"고 말하면서 다음과 같이 주장했다. 그것은 학생들의 영어 습득을 돕는 것이 아니라 "영어는 얇아지고 넓게 퍼져 많은 경우에 안개들 속으로 사라졌으며, 그 모든 강좌들은 스페인어로 이루어지는 경향이 있다. 이것은 이중언어 교육의 원래 의도가 아니다."[35] 2000년에, 이중언어 교육의 또 다른 제안자였던 허먼 바딜로 의원도 비슷한 견해를 피력했다. 그의 지적에 따르면, 뉴욕시에서 이중언어 및 ESL 프로그램들의 9등급 학생들 가운데 85퍼센트는 고등학교를 마칠 때까지도 프로그램을 이수하지 못했고, 그들 가운데 6등급에 속한 55퍼센트는 8년 후에도 정식 강좌들로 진입하지 못했다. 그의 말에 따르면, 이중언어 교육은 "단일언어 교육으로 변질되었고, 이것은 학생들에게 도움이 되지 않는다.…… 영어가 먼저이고 스페인어가 나중이어야 한다. 그런 프로그램이 8년이나 걸려서는 안 된다. 그것은 일시적이고 이행적인 것이어야 한다."[36]

연방 정부의 비영어 언어들 권장과 주 정부 및 민간단체들의 영어 우선 정책 반대는 반발을 야기시켰다. 1981년에 상원의원 S. I. 하야카와는 영어를 미국의 공식 언어로 선언하는 헌법 수정안을 제출했다. 2년 후에 그는 다른 사람들과 함께 그런 목표를 추구하기 위한 단체 US English를 조직했다. 그리고 1986년에 또 다른 영어 우선 단체 English First가 탄생했다. 이런 단체들이 시작한 폭넓은 운동의 결과, 19개 주에서 1980년대와 1990년대에 다양한 형태의 영어 공식화 선언들을 채택했다. 이와 같은 결정들은 히스패닉을 비롯한 소수파 언어 집단들과 자유적 및 시민권 단체들의 격렬한 반대에 부딪쳤고, 이들은 3개 주가 대안적인 '영어 플러스 English Plus' 결의안을 통과시키도록 만들었다. 몇몇 입법기관은 그와 같은 제안에 바탕해 행동하기를 거부했지만, 어디에서도 영어 공식화 제안은 여론조사에서 패배하지 않았다.[37]

입법기관이 영어 우선 행동을 취한 주들은 대체로 이민자, 아시아계, 그리고 히스패닉 인구가 적은 남부와 그밖의 주들이었다. 다수파 인구가 많은 주들에서는 입법기관이 그런 행동이나 제안을 거부했다. 유권자들이 영어 공식화 제안을 (3개 주에서 상당히 큰 차이로) 승인한 (애리조나, 캘리포니아, 콜로라도, 플로리다의) 4개 주는 "전체적으로, 비영어 사용자, 이민자, 히스패닉, 그리고 아시아계의 비율이 가장 높았다. 이들 4개 주는 또 1970년부터 1980년까지 히스패닉과 해외출생 인구가 가장 빠르게 성장한 주이기도 했다." 다소 비슷한 상황 속에서, 매사추세츠 로웰의 1989년 영어 공식화 주민투표는 10년 동안 엄청난 히스패닉과 동남아 인구가 도시로 유입되면서 5년 동안 영어 능력이 제한적인 아이들의 수가 4배나 높아지는 경험을 한 후에 이루어졌다.[38] 비영어 사용자 인구의 급속한 증가는 (입법가들은 그렇지 않아도) 원래의 미국인들이 자신들의 영어 정체성을 확인하려는 강력한 동기를 제공한다.

어느 모로 보아도 미국의 일반대중은 압도적으로 친영어적이다. 1990

〈표 7-1〉 언어 주민투표 (1980-2002년)

연도	지역	목적	찬성률
1980	플로리다 데이드 카운티	1973년 이중언어 조례 개정	59%
1983	캘리포니아	비영어 투표용지를 요구하는 샌프란시스코 연방 법률 반대	62%
1984	캘리포니아	영어로만 된 선거자료의 합법화 촉구	71%
1986	캘리포니아	영어의 공식언어화	73%
1988	플로리다	영어의 공식언어화	85.5%
1988	콜로라도	영어의 공식언어화	64%
1988	애리조나	영어의 공식언어화	50.5%
1989	매사추세츠 로웰	영어의 공식언어화 및 미국헌법의 영어 수정안 승인 촉구	67%
1998	캘리포니아	이중언어 교육의 종식	61%
2000	애리조나	이중언어 교육의 종식	63%
2002	매사추세츠	이중언어 교육의 종식	68%
2002	콜로라도	이중언어 교육의 종식	44%

년의 세심한 여론조사 분석을 통해 4명의 학자들은 이렇게 결론내렸다. "대다수의 일반대중에게 영어는 아직도 국가적 정체성의 중요한 상징이다." 1986년에 일반대중의 81퍼센트는 "누구든지 이 나라에서 살고자 하는 사람들은 영어를 배워야만 한다"고 믿었다. 1988년의 어떤 조사에서, 캘리포니아 사람들의 76퍼센트는 영어 사용 능력이 미국인 되기에서 "아주 중요하다"고 말했으며, 61퍼센트는 투표권이 영어 사용자들에게만 주어져야 한다고 얘기했다. 1998년의 어떤 조사에서, 미국인들의 52퍼센트는 강력하게, 그리고 25퍼센트 어느 정도, 모든 학교 교육을 영어로 하고 영어 사용 능력이 제한적인 학생들을 1년 동안 영어 집중 강좌에 참여시키는 법안을 지지했다.[39] 영어를 국가적 정체성의 핵심 요소로 생각하는

미국인들의 절대다수는, 언어 문제에 대한 입법가들의 까탈스런 태도와 결합해, 영어 공식화의 주창자들과 이중언어 교육의 반대자들이 주민발의와 주민투표를 통해 그들의 정책을 입법화시키도록 강력하게 자극했다.

1980년부터 2000년까지 12번의 주민투표가 영어의 공식화와 이중언어 교육을 놓고 3개 도시와 4개 주에서 이루어졌다(〈표 7-1〉 참조). 이것들은 모두 친영어 단체들이 주도한 것이었다. 하나를 빼고 모두에서, 유권자들은 친영어 내지 반이중교육 제안을 승인했다. 친영어 입장에 찬성하는 평균 투표는 65퍼센트로서, 콜로라도의 가장 낮은 44퍼센트부터 플로리다의 가장 높은 85퍼센트까지 나타났다. 이 모든 경우들에서 정치적 엘리트들과 사회적 기관들은 압도적으로 그런 조치들에 반대했으며, 히스패닉을 비롯한 소수파 언어 집단들의 지도자들도 그러했다.

1980년에, 플로리다 데이드 카운티를 이중언어 및 이중문화로 선언하는 조례를 개정하고, 정부에서 영어만을 사용하도록 요구하고, 공공 자금을 "미국의 문화가 아닌 다른 문화의 촉진에" 사용하는 것을 금지시키는 조치는 히스패닉 집단들, 마이애미 헤럴드, 그리고 마이애미 광역 상공회의소의 격렬한 반대에 부딪쳤다. 그것의 무력화를 위해 이들이 쓴 돈만도 5만 달러에 달했다. 제안을 찬성하는 사람들은 1만 달러의 비용을 사용했다. 데이드 카운티의 유권자들은 59.2퍼센트의 찬성으로 제안을 승인했다.[40]

1986년에, 영어를 공식언어로 만드는 캘리포니아 헌법 개정안은 (당시 상원의원이던 피트 윌슨을 빼고) 주지사, 법무장관, 또 다른 상원의원, 주 상원의 의장, 주 하원의 의장, 샌프란시스코 및 샌디에이고 시장 같은 주요 정치적 인물 모두와 L.A. 및 새너제이 시의회, 모든 주요 TV 및 라디오 방송국, 거의 모든 주요 신문사, 캘리포니아 노조연맹, 그리고 캘리포니아 천주교 주교회의 등으로부터 반대에 직면했다. 선거일에, 캘리포니아 유권자의 73.2퍼센트는 거의 모든 카운티에서 다수의 지지로 개정안을 승인했다.[41]

1988년에, 대통령 후보였던 조지 부시와 마이클 듀카키스는 플로리다, 애리조나, 그리고 콜로라도에서 투표용지의 공식언어로 영어를 사용하는 조치에 반대했다. 아울러 이들 주들의 정치적, 사회적, 그리고 경제적 엘리트들도 그러했다. 플로리다에서 헌법 개정안은 주지사, 법무장관, 국무장관, 마이애미 해럴드, 마이애미 광역 상공회의소, 그리고 많은 히스패닉 단체들의 반대에 직면했다. 개정안은 유권자의 85.5퍼센트가 승인했고 모든 카운티에서 시행되었다.

역시 1988년에, 애리조나에서 벌어진 치열한 전투에서, 영어 공식화 발의는 주지사, 두 전직 주지사, 2명의 상원의원 모두, 피닉스 시장, 애리조나 판사 협의회, 애리조나 시 및 읍 연맹, 유대교 지도자들, 그리고 기독교 지도자들의 반대에 직면했다. 이 제안은 캠페인 도중에 주도적 단체 U.S. English의 지도자인 존 탠튼이 이민의 일시적 중단을 제안하고 천주교를 비난하는 메모, 그래서 제안의 반대자들이 '나치 메모'라고 이름 붙인 것이 공개되면서 곤경을 겪었다. 이와 같은 상황은 영어 공식화 주민투표 중에서 유일하게 가장 근소한 결과를 초래했는데, 제안에 찬성한 애리조나 유권자들은 50.5퍼센트였다. 콜로라도에서 영어 공식화 제안은 주지사, 부지사, 법무장관, 덴버시장, 1명의 상원의원, 지도적인 천주교 주교들, 덴버 포스트, 주의 민주당(공화당은 입장 표명 유보), 그리고 제시 잭슨 목사의 반대에 직면했다. 콜로라도 유권자들의 64퍼센트는 제안을 승인했다.[42]

1989년에, 전년도의 주민투표들을 돌아보며, 스탠포드 대학교의 어떤 언어학자는 슬프지만 정확하게 이렇게 얘기했다. "대체적으로 볼 때, 영어 공식화 운동의 성공들은 저명한 정치인들과 단체들의 지지 없이 달성되었다.…… 주도적 단체의 지도자들이 '일반대중만이 우리를 지지했다'고 말한 것은 결코 과장이 아닐 것이다."[43]

다음 10년 동안 같은 편가르기가 이중언어 교육에 관한 주민투표들에서 나타났다. 1998년에 캘리포니아에서, 몇몇 히스패닉 지도자들과 많은 히스패닉 유권자들은 이중언어 교육의 종식을 선언하는 '제안 227'을 지지했다. 주의 모든 선출직 민주당 관리들과 클린턴 대통령은 반대 입장을 표명했고, 약간의 차이는 있어도 텍사스 주지사였던 조지 W. 부시 역시 그러했다. 주의 유권자들 가운데 61퍼센트가 제안을 승인했고, 샌프란시스코를 제외한 모든 카운티에서 다수표가 나왔다. 2년 후에 애리조나에서, 비슷한 제안은 주의 공화당 지도부, 주지사를 비롯한 주의 모든 고위급과 그 밑의 선출직 관리들, 주의 모든 주요 신문들, 주지사 부시와 부통령 고어의 반대에 직면했고, 반대자들은 지지자들의 몇 배에 달하는 돈을 썼다. 하지만 제안은 63퍼센트의 승인을 얻어 통과되었다. 2002년에 매사추세츠에서, 공화당 주지사 후보인 미트 롬니는 이중언어 교육의 종식을 위한 발의를 지지했지만, 그것은 민주당 지도부, 8명의 교장을 포함한 저명한 학자들, 그밖의 지도급 인사들, 보스턴 글로브를 포함한 주요 언론, 그리고 "교사, 노조, 이민자 권리 운동가, 그리고 공동체 집단들의 연대"로부터 반대에 직면했다.[44] 유권자의 68퍼센트는 그것을 승인했다.

20년이 넘는 기간에, 친영어나 반이중언어 교육 제안이 주민투표에서 패한 것은 2002년의 콜로라도뿐이었다. 그때 그곳에서 이중언어 교육의 종식을 요구하는 발의는 44퍼센트의 찬성과 56퍼센트의 반대로 부결되었다. 이렇게 된 것은 이중언어 교육에 찬성하는 여성 백만장자가 마지막 순간에 엄청난 자금을 지원했기 때문이었다. 이 자금은 콜로라도의 유권자들에게 이중언어 교육의 종식이 "영어 실력이 부족한 이민자 아이들의 엄청난 교실 유입을 초래해" 극도의 "교실 혼란을" 야기시킬 것이라고 경고함으로써 그들의 반히스패닉 정서를 되돌리는 데 사용되었다.[45] 그와 같은 상황을 우려한 콜로라도의 유권자들은 교육적인 인종차별을 승인했다.

언어 문제에 대한 히스패닉의 태도는 인종적 우대에 대한 흑인들의 태도와 비슷하기도 했고 다르기도 했다. 히스패닉들은 대개 상징성이 강한 영어의 공식화 제안들에 반대했다. 예를 들어 1988년에 캘리포니아와 텍사스에서 실시한 출구조사 결과들에 따르면, 영어를 미국의 공식 언어로 선언하는 것에 찬성한 히스패닉은 평균 25퍼센트에 불과해 앵글로들의 60퍼센트와 비교되었다. 1980년의 데이드 카운트 영어 공식화 발의는 백인들의 71퍼센트와 흑인들의 44퍼센트가 지지했지만, 히스패닉은 15퍼센트만이 찬성했다. 1986년에 히스패닉의 41퍼센트는 캘리포니아의 영어 공식화 제안에서 찬성표를 던졌다. 2년 후에 비슷한 제안에서 플로리다의 히스패닉은 25퍼센트만이 지지 의사를 밝혔다.[46]

히스패닉들은 대개 이중언어 교육의 종식이나 제한을 위한 발의에 보다 양면적인, 그리고 종종 우호적인 반응을 보였다. 그리고 이것은 그들의 아이들에게 즉각적이고 강력한 영향을 끼쳤다. 1998년의 여론조사에서, 히스패닉 부모들의 66퍼센트는 아이들이 "설사 다른 과목들에서 뒤쳐진다 해도 가능한 한 빨리" 영어를 배우기를 원했다.[47] 1996년에 휴스턴, L.A., 마이애미, 뉴욕, 그리고 샌안토니오에서 히스패닉 부모들을 조사한 결과에 따르면, 그들은 아이들에게 영어를 가르치는 것이 학교에서 해야 할 가장 중요한 것이라고 대답했다. 1998년에 학교의 모든 수업이 영어로 이루어지고 영어가 부족한 아이들은 1년 동안 특별 강의를 들어야 하는지 물었을 때, 히스패닉의 38퍼센트는 강력한 지지 의사를 밝혔고 26퍼센트는 그런대로 지지하는 의사를 밝혔다. 캘리포니아의 반이중언어 교육 발의는 L.A.에서 히스패닉 부모들이 아이들의 이중언어 교육에 불만을 품고 항의의 표시로 90명의 아이들을 학교에 보내지 않음으로써 촉발되었다. 히스패닉 공동체의 지도자인 앨리스 캘러헌 목사는 이렇게 얘기했다. "부모들은 아이들이 자라면서 열악한 공장에서 일하거나 도심의 사무실 건물을 청소하는 것을 원하지 않는다. 그들은 아이들이 하버드나 스탠포드에 들어가기를 원하며, 그렇게 하려면 아이들이 영어를 정말로 잘 해야만 한다." 1997년에 오렌지카운티의 어떤 조사에서, 히스패닉 부모들의 83퍼센트는 "아이들이 학교에 들어가자마자 영어를 배우기를 원한다고 얘기했다." 1997년의 〈L.A. 타임스〉가 실시한 또 다른 조사에서, 캘리포니아 히스패닉의 84퍼센트는 이중언어 교육의 제한을 원한다고 대답했다. 이와 같은 숫자들에 놀란 히스패닉 정치인들과 히스패닉 단체들의 지도자들은 '시민권 발의'에 반대하는 노력을 배가시켰고, 히스패닉 부모들에게 이중언어 교육 조치에 반대하도록 대대적인 운동을 전개했다. 이번에도 그들은 성공했다. 1998년 6월의 선거일에, 〈뉴욕 타임스〉의 표현에 따르면 "주의 거의 모든 선출직 히스패닉 관리들이 격렬한 반대 운동을 벌인" 후에, 그것은 히스패닉 유권자의 40퍼센트를 밑도는 지지밖에 얻지 못했다.[48]

핵심 문화에 대한 도전

클린턴 대통령이 1997년에 미국은 지배적인 유럽 문화 없이도 존재할 수 있음을 보여주기 위해 세 번째의 '위대한 혁명'이 필요하다고 말했을 때, 그 혁명은 이미 진행되고 있었다. 미국의 주류인 앵글로-개신교도 문화를 (기본적으로 인종적 집단들과 연결된) 다른 문화들로 대체하려는 다문화주의 운동은 1970년대에 시작되었다. 이것은 1980년대와 1990년대 초반에 엄청난 성공을 거두면서 전면으로 부상했고, 그러다가 1990년대의 문화 전쟁 속에서 새롭게 부상한 반대 운동에 직면했다. 이 혁명이 성공했는지, 그리고 어느 정도까지 성공했는지는 21세기가 시작되면서 분명하지 않았다.

다문화주의는 본질적으로 반유럽 문명이다. 어떤 학자의 말에 따르면, 그것은 "다른 민족들의 문화적 가치들을 대체로 무력화시킨 유럽중심 가치들의 단일문화적 패권에 반대하는 운동이다.…… 그것은 미국의 민주적인 원칙들, 문화, 그리고 정체성의 좁은 유럽 중심적 개념들에 반대한다."[49] 그것은 기본적으로 반서구적 이념이다. 다문화주의자들은 몇 가지 명제들을 발전시켰다. 첫째, 미국은 다양한 민족적 및 인종적 집단들로 구성되어 있다. 둘째, 각각의 이 집단들은 나름의 독특한 문화를 갖고 있다. 셋째, 미국 사회에서 지배적인 백인 앵글로 엘리트는 이런 문화들을 억압했고, 다른 민족적 내지 인종적 집단들에 속하는 사람들이 그런 엘리트의 앵글로-개신교도 문화를 수용하도록 강요하거나 유도했다. 넷째, 정의와 평등, 그리고 소수파들의 권리는 이렇게 억압당한 문화들이 해방될 것과 민간단체들이 그것들의 부활을 권장하고 지원할 것을 요구한다. 미국은 하나의 보편적인 국가적 문화를 갖는 사회가 아니며 되어서도 안 된다. 녹이는 단지와 토마토 수프 비유는 진정한 미국을 묘사하지 못한다. 대신에 미국은 모자이크, 샐러드, 혹은 '버무린 샐러드tossed salad'이다.[50]

1970년대에 다문화주의자들의 등장은 우연히도 어느 정도 비슷한 견해를 견지한 사뭇 다른 집단, 이른바 '새로운 민족들the new ethnics'의 출현과 일치했다. 이들은 비영국계 유럽인 이민자들에게 초점을 맞추었고, 자신들이 볼 때 WASP 엘리트들의 민족적 문화 탄압, 고고한 척하는 태도, 그리고 흑인들을 비롯한 인종적 소수파들의 주장 전파 등에 대한 '백인 민족 근로계층 공동체들'의 적개심을 표출했다. 미국은 녹이는 단지가 아니었고, 새로운 민족성의 지도자인 상원의원 바바라 미컬스키의 표현에 따르면, 미국은 '끓어 넘치는 솥단지'였다. 미컬스키는 유대교도들과 천주교도들이 "엉터리 백인 자유주의자들, 가짜 흑인 전사들, 그리고 고고한 척하는 관료들에" 맞서 민족적이 되어야 한다고 주장했다. 네이던 글레이저와 대니얼 패트릭 모이니헌은 『녹이는 단지를 넘어서』라는 1963년의 유명한 저서에서 이렇게 선언했다. "녹이는 단지에서 중요한 점은 그것이 일어나지 않았다는 것이다." 이들은 "독특한 언어, 관습, 그리고 문화가…… 대체로…… 2세대에서 사라졌으며, 3세대에서는 더욱 더 그렇게 되었음을" 인정했다. 하지만 이들은 또 민족성이 "미국에서의 새로운 경험들을 통해 새로운 사회적 형태로서" 재탄생했다고 주장했다.[51] 이와 같은 민족적 부활을 한층 더 강화시키기 위해, 시카고 출신의 로먼 푸친스키 의원은 1970년에 '민족연구법'을 발의했다. 이 법은 민족적 활동들에 정부의 자금을 지원하도록 규정했다. 그는 녹이는 단지 개념을 격렬하게 비난했고, 미국의 모자이크 개념을 열렬하게 환영했다. 푸친스키의 법안은 통과되었지만 대중적인 지지는 별로 없었다.[52] 다음 10년 동안 이 법은 사실상 잠을 잤고, 결국에는 1981년에 만료되었다.

'민족연구법'의 사망은 민족성 부활 운동의 실패를 상징한 것이었다. 이것이 실패한 데에는 두 가지 이유가 있었다. 첫째, 백인 민족들은 점점 더 교차결혼을 했고, 그래서 다른 민족적 집단에 대한 그들의 정체성은 점차 사라졌다(11장 참조). 뿐만 아니라, 많은 이들이 2차대전에서 미국을 위해 싸웠던 3세대나 4세대 이민자들은 이미 상당히 미국의 주류 문화에 동화되어 있었다. 스티븐 스타인버그의 말에 따르면, 1970년대의 "민족성 부활은 19세기와 20세기 초의 거대한 이민 파도들에서 비롯된 민족적 집단들의 입장에서 '마지막 숨' 과 같은 것이었다."[53] 유럽 문명을 강하게 비판한 다문화주의자들은 문화가 그런 문명의 일부인 백인 민족들을 끌어안기 어려웠다. 그리고 후자의 그룹도 마찬가지였다. 이들의 지도자 한 사람은 1977년에 다문화주의에 대해 이렇게 얘기했다. "대부분의 폴란드계 미국인들은 그것의 반反서구적 특성에 반대하는 편이다. 과거의 제국주의 때문에 서구 문명을 모든 악의 원천으로 비난하고 비서구 문명들과 문화들은 좋은 것이라고 예찬하는 그것의 태도는 받아들이기 어렵다.…… 우리가 강조해야 할 것은 유럽은 미합중국의 산실이며 개인적 자유, 정치적 민주주의, 법치, 인권, 그리고 문화적 자유의 유럽적 사상들이 미국 공화국을 형성했다는 사실이다."[54] 이와 같이 새로운 민족성의 주창자들은 두 번째 파도 이민자들의 민족성과 WASP 엘리트 및 그들의 문화가 다르다는 점을 강조했지만, 다문화주의자들은 둘 모두 그 지배력을 파괴해야 마땅한 유럽 문명의 일부로서 보았다.

다문화주의자들은 미국의 이와 같은 '앵글로-일체주의Anglo-conformist' 이미지에 정면으로 도전했다. 어떤 학자의 표현에 따르면, 이들은 "만일 '단결된united'의 뜻이 믿음들과 실천들의 '통일된unified'을 뜻한다면 미국이 문화적으로 결코 다시 '단결되지' 않을 때, 그리고 미국이 '문화적으로 규정 가능한 집단'이 덜 될 때를 고대하고 있다."[55] 클린턴 대통령의 말에 따르면, 이와 같은 변화야말로 미국의 국가적 정체성에서 하나의 혁명이 될 것이었다. 다문화주의자들에는 많은 지식인, 학자, 그리고 교육자들이 포함되어 있었다. 그래서 이들은 주로 학교와 대학들의 교육에 영향을 주었다. 앞에서도 보았듯이, 역사적으로 공립학교들은 이민자들의 자식들과 손주들이 미국의 사회와 문화에 동화되는 주요 통로 역할을 했다. 다문화주의자들의 목표는 그와 정확하게 반대되는 것이었다. 학교에서 아이들에게 영어와 미국의 공통된 문화를 중요하게 가르치는 것이 아니라, 그들이 원한 것은 (그들 가운데 어떤 사람이 말했듯이) 교사들이 하부국가적 집단들의 문화를 무엇보다 강조함으로써 "학교를 진정한 문화적 민주주의의 장소로 바꾸는" 데 헌신하는 것이었다.[56]

다문화적 연구의 주도적 학자인 제임스 뱅크스는 이렇게 얘기했다. "다문화적 교육의 한 가지 주요 목표는 학교를 비롯한 교육기관을 개혁해 다양한 인종적, 민족적, 그리고 사회적 집단들에 속한 학생들이 교육적 평등을 경험하게 만드는 것이다."[57] '교육적 평등'은 어느 의미에서 모든 집단들과 계층들의 학생들이 비슷한 수준의 교육에 평등하게 접근하는 것을 가리킬 수 있다. 그리고 이런 목표에 반대하는 미국인은 거의 없을 것이다. 그러나 다문화주의적 관점에서 그것은 다양한 인종, 민족, 그리고 사회계층의 문화들을 가르치는 교육적 과정의 평등한 대우도 의미했다. 이와 같은 목표의 달성은 미국인들이 공통적으로 갖고 있던 가치들과 문화의 교육을 희생시켰다. 다문화적인 교재들은 미국의 주류 문화 같은 것은 그들에게 존재하지 않기 때문에 그것을 무시한다. 그들 가운데 두 사람도 그 점을 확인했다. "우리는 다문화적 교육이 전체 교과과정에 확산되어야 한다고 믿는다." 그리고 "우리는 다문화적 교육이 모든 수준에서 가르침과 배움에 필수적이라고 믿는다."[58] 다문화주의는 미국의 교육에서 국가적 정체성에 대한 강조가 오랫동안 침식된 과정의 정점을 반영했다. 국가적 및 애국적 내용들은 20세기 중반과 후반에 학교의 교재들에서 줄어들었고 20세기 말에는 저점에 도달했다. 포괄적인 어떤 연구에서, 샬롯 아이엄즈는 1900년부터 1970년까지 교재들의 내용을 분석하며 5점 만점 기준을 적용했다. 그것들은 '국가에 대한 언급 부재', '중립적', '애국적', '국가주의적', 그리고 '국수주의적' 등이었다. 1900년부터 1940년까지 중급 학년 교재들의 내용은 '애국적' 내지 '국가주의적'이었고, 초급 학년 교재들에는 애국적 내용이 거의 없었다. 그러나

"1950년대와 1960년대에 이르러 대부분의 교재들은 초급과 중급 학년 모두에서 '중립적'이거나 겨우 '애국적인' 것이었다." 이와 같은 변화는 "아이들에게 공통의 역사와 공통의 정치적 이상을 심어줄 목적의 전쟁 관련 이야기들이 점차 사라졌다는"데서 분명하게 나타났다.[59]

폴 비츠가 1970년대와 1980년대 초에 출간되어 캘리포니아, 텍사스, 그리고 그밖의 많은 주들에서 사용된 3학년 및 6학년용의 교재 22권을 분석한 결과에 따르면, 그런 교재들 속의 670개 이야기와 설명문 중에서 5개만이 '애국적 내용을' 담고 있었다. 그리고 22권의 교재들 중에서 17권에는 애국적 내용의 이야기가 전혀 들어있지 않았다. 5개의 애국적 이야기들 모두 미국혁명을 다루었고, 어느 것도 "1780년 이후의 미국 역사와 전혀 관련이 없었다." 5개의 이야기들 가운데 4개에서 주요 인물은 소녀였으며, 3개에서는 같은 소녀인 사이빌 루딩턴이 등장했다. 그 22권의 책들에는 "네이던 헤일, 패트릭 헨리, 대니얼 분, 혹은 폴 리비어의 활동을 다룬" 이야기가 들어있지 않았다. 비츠는 결론적으로 이들 교재들에서 "애국심은 거의 나타나지 않는다"고 얘기했다. 1970년대의 고등학교 역사 교과서 6권에 대한 또 다른 연구에서, 하버드의 네이던 글레이저 교수와 터프츠의 리드 우에다 교수는 다음과 같은 점을 알아냈다. "새로운 역사들 가운데 어느 것도 애국심의 고취를 주요 목표로 삼고 있지 않다. 이것은 1차대전 기간과 직후에 나타났던 역사 교과서들의 역할과 다른 것이다. 도덕주의와 국가주의 모두 고루한 것이 되었다." 1970년대의 역사들에서 "미국 사회를 통합시켰던 중심적 과정들은 무시되고 말았다."[60]

샌드라 스토츠키는 1990년대에 출간된 12권의 4학년 및 6학년 교재들을 분석한 후에 이렇게 결론내렸다. "아이엄즈와 비츠가 규명한 추세는 가속화되지는 않았어도 여전히 계속되었다." 이런 교재들에서 "국가적 상징과 노래들에 관한 내용은 거의 나타나지 않았다." 대신에 민족적 및 인종적 집단들이 강조되었다. 미국을 다룬 내용들 가운데 31 내지 73퍼센트는 민족적 및 인종적 집단들을 다루었고, 민족적 집단들을 다룬 내용들 가운데 90퍼센트는 흑인, 아시아계 미국인, 원주민 인디언, 그리고 히스패닉 미국인을 소개했다. 그 결과, 고등학교 학생들에 대한 1987년의 어떤 연구는 다음과 같은 점을 알아냈다. 즉, 워싱턴이 독립전쟁에서 미국 군대를 지휘했거나 에이브러햄 링컨이 노예해방 선언문을 작성한 것보다 해리엇 터브먼을 아는 학생들이 더 많았다. 스토츠키의 지적에 따르면 "그것의 효과는 전반적인 미국 문화의 실종이었다." 1997년에 그런 상황을 요약하며 네이던 글레이저는 이렇게 강조했다. "미국의 공립학교들에서 다문화주의의 승리는 완벽한 것이었다." [61]

이와 같은 승리에 버금갔던 것은 대학들과 대학교들에서 교과 과정에 소수파 집단들을 포함시킨 것뿐 아니라 학생들이 그런 강의들을 듣도록 유도한 운동이었다. 글레이저의 지적에 따르면, 스탠포드에서 서구문명에 관한 필수과목은 "소수파, 제3세계 사람들, 그리고 여성들에 관한 과목들로" 대체되었다. 뒤를 이어 "미국의 소수파들에 관한 필수과목이 UC 버클리, 미네소타 대학교, 헌터 대학 등에서도 채택되었다." 아서 슐레징어의 지적에 따르면, 1990년대 초에 "학생들은 서구문명사 강의를 듣지 않고도 78퍼센트의 미국 대학들과 대학교들에서 졸업할 수 있었다. 다트머스와 위스콘신을 비롯한 다수의 기관들은 서구문명이 아닌 제3세계나 민족적 연구 강좌를 필수과목으로 삼고 있다. 분위기는 미국인들에게서 죄스러운 유럽적 전통을 떼어내고 구원적인 비서구 문화들을 제공하는 것이었다." 그로부터 10년 후에, 미국의 50대 대학들과 대학교들 가운데 미국사를 필수과목으로 선정한 곳은 한 곳도 없었다. [62]

미국과 서구의 역사가 교과 과정에서 무시되는 상황에서, 대학생들은 여전히 미국의 역사에 대해 아는 것이 없었다. 1990년대의 어떤 조사에서, 아이비리그 학생들의 90퍼센트는 로사 팍스Rosa Parks를 알았지만 25퍼센트만이 '인민의, 인민에 의한, 인민을 위한 정부'를 누가 얘기했는지 알았다. 1999년에 상위 55개 대학들의 상급생들을 조사한 결과도 비슷한 것이었다.

　3분의1 이상이…… 미국의 권력 분립을 규정한 것이 헌법이라는 사실을 몰랐다. 40퍼센트는 남북전쟁이 일어난 시기를 제대로 몰랐다. 조지 워싱턴보다 남북전쟁의 장군 율리시즈 S. 그랜트를…… 독립전쟁의 마지막 전투지인 요크타운에서 영국군을 무찌른 사람으로 거명한 학생이 더 많았다. 22퍼센트만이 '인민의, 인민에 의한, 인민을 위한 정부'라는 말이 게티즈버그 연설에서 비롯된 것임을 알았다.[63]

　앞에서도 보았듯이, 남북전쟁 전에 미국의 역사는 기본적으로 개별적인 주들과 지방정부들의 역사였다. 국가적 역사는 그 전쟁 후에 등장했고 100년 동안 국가적 정체성에서 중심적 요소였다. 그러다가 20세기 후반에 하부국가적인 인종적 및 문화적 집단들의 역사가 1860년 이전의 주 및 지역 역사들과 비슷한 중요성을 띠게 되었고, 국가적 역사는 상대적으로 무시되었다. 그러나 국가가 상상과 기억에 의한 공동체라면, 그런 기억이 없는 사람들은 국가를 제대로 구성하지 못한다.

　미국의 신조와 영어의 우월성, 그리고 핵심 문화에 대한 해체주의 도전들은 일반대중의 압도적인 반대에 직면했다. 뿐만 아니라, 앞의 두 경우에서처럼, 다문화적 도전은 1980년대와 1990년대에 반反운동을 촉발시켰다. 다음과 같은 제목을 단 책들이 출간되었다. 『비자유적 교육: 캠퍼스의 인종 및 성별 정치』, 『불평의 문화: 미국의 소동』, 『덕목의 독재: 다문화주의와 미국의 미래를 위한 전투』, 『다양성 신화: 다문화주의와 캠퍼스의 정치적 불관용』. 학교와 대학의 교과 과정 변화에 대한 반대가 늘어났고 몇몇 경우에는 성공했다. 관련 단체들이 만들어져 미국 및 서구 역사의 무시와 대학 및 대학교들의 기준 저하에 맞서 싸웠다. 시간이 지나면서 정치적인 지도자들도 반응을 보였다. 2000년에 의회는 만장일치로 교육당국이 미국사 문맹을 고치도록 촉구하는 결의안을 통과시켰다. 2001년에 수천만 달러가 교육부의 예산에 추가되어 미국사 교육을 개선하는 데 사용되었다. 2002년에 부시 대통령은 200명의 교육계 지도자들이 모인 자리에서 이 문제를 다루기 위한 조치들을 제안했다. 2003년에 상원의원 라마르 알렉산더는 미국사 여름학교들과 교사 및 학생들을 위한 공민학 강의를 시작하는 법안을 발의했다.

미국의 신조와 영어, 그리고 미국의 핵심 문화에 대한 인종적, 이중언어, 그리고 다문화주의자 도전들에 맞서 싸운 전투들은 21세기 초반에 미국의 정치 환경에서 핵심적 요소가 되었다. 해체주의 전쟁에서 이와 같은 전투들의 결과는 미국인들이 반복적인 테러 공격으로 고통을 받는 정도와 미국이 해외에서 적들과 벌이는 싸움의 정도가 분명히 큰 영향을 끼칠 것이다. 만일 외부의 위협들이 줄어든다면, 해체주의 운동은 새로운 기세를 얻게 될 것이다. 만일 미국이 해외에서 지속적으로 적들과 전쟁을 벌인다면, 그들의 영향력은 줄어들 것이다. 만일 미국에 대한 외부의 위협들이 비교적 약하고, 간헐적이고, 애매한 것이라면, 미국인들은 국가적 정체성에서 자신들의 신조, 언어, 그리고 핵심 문화가 갖는 역할에 대해 여전히 의견이 갈릴 것이다.

8.
동화: 개종, 앰퍼샌드, 시민권의 침식

이민의 동화 혹은 비동화

1820년과 1924년 사이에 3,400만가량의 유럽인들이 미국에 들어왔다. 이곳에 머문 사람들은 부분적으로 동화되었고, 그들의 아이들과 손주들은 거의 완전히 미국 사회와 문화에 동화되었다. 1965년부터 2000년까지 2,300만의 새 이민자들이 미국에 왔으며, 대개는 중남미와 아시아에서 들어왔다.[1] 이것이 미국에 제기한 중심적 문제는 이민이 아니라 이민의 동화 혹은 비동화였다. 어느 정도까지 이들 이민자들, 그들의 자식들, 그리고 후손들은 초창기 이민자들의 길을 밟아 미국 사회와 문화에 성공적으로 동화되고, 다른 국가적 정체성들을 포기하는 헌신적 미국인들이 되고, 믿음과 행동으로 '미국의 신조' 원칙들에 충실할 것인가?

미국에만 이런 문제가 있는 것은 아니다. 부유하고 산업화된 모든 국가들은 그런 문제에 직면해 있다. 20세기 후반에 전 세계적 이민은 이례적으로 높은 수준을 기록했다. 그중에서 상당수는 하나의 저개발 국가에서 이웃의 저개발 국가로 사람들이 이동한 것이었다. 그러나 또 수많은 사람들이 부유한 나라들에 들어갔고 들어가려 했다. 합법적 이민에 불법적 이동이 추가되었다. 1990년대에 미국에 들어온 이민자들은 4분의1가량이 불법이었고, 2000년에 영국 정부는 매년 3천만 명가량의 사람들이 전 세계의 국가들로 몰래 들어간다고 추산했다.[2] 방식은 다르지만 빈곤과 경제 발전 모두 이민을 촉진시키며, 광범위하고 상대적으로 싼 교통수단은 점점 더 많은 사람들이 이주 후에도 출신국과 관계를 유지하는 것을 쉽게 한다. 1998년에, 외국에서 태어난 사람들은 스위스에서 인구의 19퍼센트, 독일에서 9퍼센트, 프랑스에서 10퍼센트, 영국에서 4퍼센트, 캐나다에서 17퍼센트, 호주에서 23퍼센트, 그리고 미국에서 10퍼센트였다.[3]

이민의 점증하는 숫자와 더 많은 사람들이 서구의 국가들로 이주하려는 경향은 우연히도 대부분의 그들 국가에서 출산율의 급격한 감소와 일치했다. 미국을 빼고 대부분의 부유한 나라들에서 출산율은 안정적 인구의 유지에 필요한 2.1비율보다 상당히 낮다. 1995년과 2000년 사이에 미국의 출산율은 2.04였지만 독일은 1.33, 영국은 1.70, 프랑스는 1.73, 이탈리아는 1.20, 일본은 1.41, 그리고 캐나다는 1.60이었다.[4] 이렇게 낮은 출산율의 지속은 인구의 노령화와 궁극적인 감소를 의미한다. 출산율이나 이민이 증가하지 않는 한, 2000년의 일본 인구 1억2,700만은 2050년의 1억과 2100년의 6,700만으로 줄어들 것이다.[5] 그때가 되면 일본은 인구의 3분의1가량이 65세 이상일 것이고, 훨씬 더 적은 노동인구의 부양을 받아야 할 것이다. 유럽도 출산율이나 이민의 상당한 변화가 없다면 인구와 노동력이 급격히 줄어들 것이다. 인구 감소가 반드시 그런 나라들에서 개인들의 전반적인 번영을 줄이는 것은 아니다. 그러나 생산성이 높아진다 해도 총국민생산과 경제적, 정치적, 그리고 군사적 힘은 줄어들게 되고, 그러면 국제무대에서의 영향력도 낮아지게 된다. 장기적으로 인구 감소는 출산율의 증가로 해결될 수도 있다. 하지만 그러기 위해서는 사회적 및 경제적 행태가 크게 바뀌어야 하는데, 출산율을 높이려는 정부들의 시도는 아직까지 성공한 적이 거의 없다.

이민의 압력과 인구 감소 추세의 이와 같은 결합은 해당 국가들이 더 많은 이민자들을 받아들이는 동기를 제공한다. 단기적으로 이민자들은 중요한 노동력 확보에 도움이 되며, 이것은 1990년대에 실업률이 높았던 유럽의 국가들에서도 마찬가지이다. 미국에서는 1990년대 후반의 경제성장, 저실업, 그리고 노동력 부족이 그보다도 높은 노동력 확보를 요구했다. 그러나 대부분의 잠재적 이민자들은 부유한 나라들과 상당히 다른 문화를 갖는 사회들에서 들어온다. 그래서 이민은 유럽의 사회들에서 많은 수의 아프리카, 아랍, 터키, 알바니아, 그리고 여타 국가들의 사람들을, 미국에서 아시아와 중남미 출신의 사람들을, 그리고 일본과 호주, 그리고 캐나다 사회에서 아시아계 사람들을 어떻게 수용할 것인지의 문제를 야기시킨다. 이민은 경제성장, 인구 구성의 새로운 활력, 그리고 국제적 지위와 영향력의 유지 등에서 이점이 있지만 그것을 상쇄하는 비용도 수반한다. 이를테면 정부의 서비스 지출 증가, 일자리 감소, 낮은 임금, 자국 근로자들의 혜택 감소, 사회적 양극화, 문화적 갈등, 신뢰와 공동체의 감소, 그리고 국가적 정체성의 전통적 개념 침식 등이다. 이민 문제는 엘리트 그룹들 간의 심각한 분열을 야기시키고, 이민자들과 이민에 반대하는 여론을 촉발시키고, 국가주의자들과 대중주의 정치인들에게 그런 정서를 이용할 기회를 제공할 수 있다.

1990년대에, 이민으로 야기될 것 같은 위협들은 일단의 유럽인 학자들이 '사회적 안보' 개념을 제기하도록 자극했다. 국가적 안보에는 다른 국가의 군사적 공격과 정치적 지배에서 독립과 주권, 그리고 영토를 보존하는 것이 포함된다. 이것은 정치적 통제에 초점을 맞춘다. 반면에 사회적 안보에는 (이른바 '코펜하겐 학파'의 올레 웨버와 동료 학자들이 규정한 바에 따르면) "한 사회가 변하는 상황과 가능한 혹은 실제적 위협들 속에서 기본적 성격을 유지하는 능력"이 포함된다. 이것이 의미하는 것은 "수용가능한 진화의 상황 속에서 전통적 개념의 언어, 문화, 결사, 그리고 종교적 및 국가적 정체성과 관습의 지속가능성이다."[6] 따라서 국가적 안보는 무엇보다 주권에 관한 것이지만, 사회적 안보는 무엇보다 정체성, 그러니까 한 사회의 사람들이 자신들의 문화, 제도, 그리고 삶의 방식을 유지하는 능력과 관련이 있다.

현재의 세상에서 국가들의 사회적 안보에 가장 큰 위협이 되는 것은 이민에서 비롯된다. 국가들은 그와 같은 위협에 세 가지 방식 가운데 어느 한 가지나 그것들의 결합으로 대응할 수 있다. 거칠게 말해서 대안들은 다음과 같다. 이민을 받아들이지 않거나 거의 받아들이지 않는다, 이민을 받아들이되 동화는 고려하지 않는다, 이민을 받아들이고 동화시킨다. 전 세계의 국가들은 세 가지 모두를 시도해 보았다.

이민의 규제는 들어오는 사람들의 숫자를 제한하거나, 그런 효과를 갖는 기준을 정하거나, 혹은 제한된 기간에만 이민자들을 받아들이는 것 등이다. 두 번째 경우는 미국이 1924년에 숙련성, 교육, 혹은 자본 같은 기준들을 적용시켰고, 세 번째 경우는 유럽 국가들의 '방문객 근로자guest worker' 프로그램들과 브라세로bracero, 그리고 미국의 H-1B 비자 등을 들 수 있다. 일본은 역사적으로 이민을 규제했고, 외국에서 태어난 일본 인구의 비율은 2000년에 1퍼센트에 불과했다. 일본 정부는 인구 감소와 노령화 추세를 고려해 어쩔 수 없이 보다 친이민적인 입장을 취하려 했지만, 그것은 격렬한 반대에 부딪쳤다. 부분적으로 프랑스만 빼고,

유럽의 국가들도 역사적으로 자신들을 '이민자 사회'로 생각하지 않았다. 1990년대 초반과 중반에 프랑스의 일부 지도자들은 '제로zero 이민'을 촉구했고, 프랑스는 이민을 규제하는 몇몇 조치들을 채택했다. 동시에 독일의 일부 지도자들도 비슷한 입장을 취했고, 독일은 망명자들과 난민들에 관한 법률을 강화시켰다. 이런 행동들은 복합적 결과를 야기시켰다. 프랑스로 들어오는 이민은 1990년대 초의 연간 10만 명 이상에서 1995년과 1996년의 7만 5천 명으로 줄었다가 1998년에 13만 8천 명으로 증가했다. 독일에서 이민자들은 1992년에 120만 명으로 최고도에 달했다가 1990년대 후반에 절반가량으로 떨어졌다.[7] 다른 부유한 나라들과 대조적으로, 미국은 1990년에 합법적 이민자들의 수적 제한을 27만 명에서 70만 명으로 높였고, 1990년대의 총이민자 수는 900만에 달해 1980년대의 730만과 비교되었다.[8]

두 번째 대안은 이민에 수동적인 정책을 적용시키고 동화 노력은 거의 하지 않는 것이다. 이것은 문화가 상당히 다른 이민자들의 많은 숫자와 결합되면 이민자 공동체들이 전반적인 사회에서 고립되는 결과를 초래할 수 있다. 이런 일은 프랑스의 북아프리카 사람들과 독일의 터키 사람들, 그리고 다른 유럽 국가들의 이민자 집단들에게 일어났고, 그들 나라에서 이민을 규제해야 한다는 여론을 야기시켰다. 이와 같이 이민의 비동화는 반발을 불러일으키고 대개는 오래 지속될 수가 없다.

마지막 대안은 국가들이 상당한 이민을 받아들이고 동시에 이민자들의 사회적 및 문화적 동화를 촉진하는 것이다. 이민의 역사가 짧은 유럽의 국가들은 20세기 후반에 그렇게 하는 데 어려움을 느끼고 규제로 돌아섰다. 그러나 1차대전 전까지 미국에서는 이민과 동화가 전반적인 추세였고, 이민자들은 종종 그들을 미국 사회에 통합시키려는 상당한 압력과 주요 프로그램들에 직면했다. 1924년에 제정된 이민 규제 법률은 미국화에 대한 우려와 미국화를 위한 프로그램들의 필요성을 낮추었다.

1960년대에 시작된 이민의 증가는 그런 문제들을 다시 전면으로 부상시켰다. 선택들은 현실적이고, 어렵고, 그런대로 분명하다. 미국은 현재의 이민을 급격하게 줄여야 하는가, 아니면 현재의 이민 수준과 구성을 대체로 유지하면서 동화의 추가적 노력은 포기해야 하는가, 아니면 현재의 이민 수준과 구성을 대체로 유지하면서 동화를 위한 대대적 노력을 전개해야 하는가? 그리고 동화를 위한 대대적 노력은 어디에 초점을 맞추어야 하는가? 어떤 선택이나 선택들의 결합이 미국의 문화와 가치들, 사회적 및 공동체적 응집력, 경제적 발전과 번영, 국제적 힘과 영향력에 가장 좋은 것인가? 어떤 선택이나 선택들의 결합이 현대 미국의 사회적, 경제적, 정치적, 그리고 국제적 환경에서 바람직한 것인가?

동화: 여전히 성공인가?

미국은 부분적으로 이민 국가이지만, 그보다 훨씬 더 중요한 것은, 미국은 이민자들과 그들의 후손들을 미국 사회와 문화에 동화시킨 나라이다. 밀턴 고든이 자신의 날카로운 연구에서 보여주었듯이, 이민자들은 미국 사회의 문화에 동화되었고, 미국 사회의 "집단들과 제도, 혹은 사회적 구조의 네트워크에" 들어갔고, 미국 사회의 구성원들과 교차결혼을 했고, 궁극적으로 미국 사회의 일원이 되었다.[9] 그리고 동화는 미국 사회의 이민자 수용에서 세 가지 단계를 밟았다. 차별이 없어지고, 선입견이 없어지고, 가치관과 힘의 갈등이 없어지는 단계였다.

다양한 집단들의 미국 사회 동화는 다양했으며 결코 완전하지 않았다. 그러나 전반적으로 동화는, 특히 문화적 동화는 역사적으로 미국의 위대한, 아마도 가장 위대한 성공 스토리였다. 그 때문에 미국은 인구를 늘리고, 영토를 확장하고, 수백만의 헌신적이고, 활력적이고, 성취적이고, 유능한 사람들과 함께 경제를 발전시킬 수 있었다. 그리고 이민자들은 미국의 앵글로-개신교도 문화와 '미국의 신조' 가치들에 깊이 헌신하면서, 미국이 국제적으로 중요한 나라가 되는 데 일조했다. 역사상 어느 사회에도 없었던 이와 같은 성공의 중심에는 하나의 암묵적 계약, 피터 샐리즈가 '미국식 동화'라고 말한 것이 있었다. 그의 주장에 따르면, 이와 같은 암묵적 이해 속에서 이민자들은 영어를 국가적 언어로 받아들이고, 미국의 정체성에 자부심을 느끼고, '미국의 신조' 원칙들을 믿고, "(자존적이고, 근면하고, 도덕적으로 올바른) 개신교도 윤리"에 따라 살 때 미국인이 될 수 있었다.[10] 이 '계약'의 내용이 정확하게 무엇인지는 사람마다 해석이 다를 수도 있지만, 그것의 원칙들은 1960년대까지 수백만의 이민자들을 미국화 시키는 데 핵심적 역할을 수행했다.

동화의 중요한 첫 번째 단계는 이민자들과 그 후손들이 미국 사회의 문화와 가치들을 받아들이는 것이었다. 고든의 주장에 따르면, 이민자들은 "기본적으로 이미 앵글로-개신교도 문화에 바탕을 둔 집단들과 기관들의 하부사회적 네트워크에 들어가게 되었다. 이와 같은 기존의 앵글로-개신교도 문화와 영어의 보편화, 그리고 앵글로-색슨 인구의 절대적인 수적 우위는 불가피하게 이와 같은 결과를 만들었다.…… 모든 이민자 집단들의 다양한 문화가 하나의 녹이는 단지를 만든 것이 아니라, 후기 이민자들의 구체적인 문화적 공헌이 앵글로-개신교도 문화에 녹아 들어갔다." "경직되고 폐쇄적인 몇몇 집단거주지 enclave를" 제외하고, 2세대 이민들은 "다양한 계급적 수준에서 미국의 원래적인 문화적 가치들에 (반드시 구조적 동화는 아니었어도) 거의 완전한 문화적 동화를" 경험했다.[11]

1955년에 윌 허버그도 같은 결론에 도달했다. 그는 이렇게 주장했다.

"미국인의 자기 이미지는—그러니까 민족적 집단의 구성원이 미국인이 되면서 자신에 대해 갖는 이미지는—민족적 요소들의 복합체 내지 합성체라고 믿는 것은 잘못이다. 그런 것들은 이미 미국인이 되면서 사라졌다. 미국인의 자기 이미지는 그런 것이 아니다. 그것은 미국이 독립을 할 때 추구했던 바로 그 앵글로-아메리칸 이상과 같은 것이다.…… 우리의 문화적 동화는 기본적으로 우리의 언어적 발전이 걸어온 것과 같은 길을 걸었다. 즉, 여기 저기 몇몇 외래어가 추가되고 약간의 형태 변형이 있기는 했지만, 그것은 여전히 완벽하고 분명한 영어이다." 여기에서 적절한 비유는 녹이는 단지가 아니라, 조지 스튜어트가 말한 '변화시키는 단지 transmuting pot'이다. 이 단지에서 "외국적 요소들은 한번에 조금씩 단지에 추가되면서 녹기만 하는 것이 아니라 변하기도 하며, 그래서 원래의 재료에 거의 조금도 영향을 끼치지 않는다."[12] 혹은, 앞에서 소개한 비유를 사용하면, 그것들은 토마토 수프 속에 들어가 맛을 풍부하게 만들지만 수프 자체를 크게 바꾸지는 않는다. 이것이 바로 미국에서 일어난 문화적 동화의 역사였다.

따라서 미국은 역사적으로 이민과 동화의 나라였으며, 동화는 미국화를 의미하는 것이었다. 그러나 이제는 상황이 달라졌다. 이제는 이민자들도 다르고, 동화에 관련된 제도와 절차도 다르고, 무엇보다 미국 자체도 다르다. 미국의 위대한 성공 스토리는 불확실한 미래에 직면해 있는 것 같다.

동화의 원천

역사적으로 많은 요인들이 이민자들의 미국 사회 동화를 촉진했다. 대부분의 이민자들은 미국과 문화가 비슷한 유럽의 사회들에서 들어왔다. 그리고 이민은 자신이 택한 길이었다. 그래서 이민자들은 기꺼이 위험과 불확실성을 안아야만 했다. 이민자들은 대체로 미국인이 되기를 원했다. 미국의 가치들, 문화, 그리고 삶의 방식으로 개종하지 않은 사람들은 고국으로 돌아갔다. 이민자들은 많은 나라들에서 들어왔으며, 단일 국가나 언어는 어느 시기에도 지배적이지 않았다. 이민자들은 미국 전역에 걸친 민족적 공동체들에서 집중적으로 모여 살았다. 그리고 어떤 이민자 그룹도 특정한 종교나 주요 도시에서 인구의 절대다수를 구성하지 못했다. 이민은 불연속적인 것으로서 일시적인 중단과 감소를 경험했고, 이것은 개별적인 국가들뿐 아니라 전체적으로도 그러했다. 이민자들은 미국의 전쟁들에서 싸웠고 죽었다. 미국인들은 공통적이고, 나름대로 분명하고, 상당히 긍정적인 개념의 미국적 정체성을 공유했으며, 이민자들의 미국화를 촉진하기 위한 활동, 제도, 그리고 정책들을 추진했다.

1965년 후에 이 모든 요소들은 사라졌거나 예전보다 상당히 약해졌다. 그래서 현재 이민자들의 동화는 더 느리고, 덜 완전하고, 초창기 이민자들의 동화와 다르다. 동화는 이제 반드시 미국화를 의미하진 않는다. 동화는 특히 멕시칸과 히스패닉에게 더 많은 문제를 야기시킨다. 이들이 제기하는 문제는 미국에서 전례가 없는 것이고, 그래서 다음 장에서 자세하게 다룰 예정이다. 이번 장에서는 보다 일반적으로 1965년 이전과 이후의 이민자들, 이민의 과정, 그리고 미국 사회의 반응 등을 비교한다.

이민자들

양립성 이민자들이 미국 사회와 문화에 동화되는 정도와 속도는 그들의 출신국 사회와 문화가 미국에 대해 갖는 유사성similarity과 양립성 compatibility에 영향을 받는다고 보는 것이 자연스런 추론이며 미국의 역사를 통해 일반적인 추론이었다. 이와 같은 생각은 부분적으로 유효하다.

그와 같은 생각의 한 가지 변형은 이민자들의 출신국 사회의 정치적 제도와 가치들이 미국의 그것들과 유사한 정도에 초점을 맞춘다. 제퍼슨은 절대 왕정이 지배하는 사회들에서 온 이민자들이 미국에 상당한 위협이 된다고 생각했다. 그것은 부분적으로, 그런 사회들에서 "가장 많은 수의 이민자들emigrnats"이 올 것으로 예상되기 때문이었다.■ 보다 중요한 것은, 제퍼슨에 따르면, 이들 이민자들은 "그들이 떠난 정부들의, 그들이 어렸을 때 흡수한 원칙들을 갖고 올 것이다. 혹은 그것들에서 벗어난다 해도, 그들은 대신에 종종 극단적으로 치우치는 통제 불능의 방종에 빠질 것이다. 그들이 온건한 자유의 시점에서 정확하게 멈추는 것은 기적에 가까울 것이다. 그들은 이런 원칙들과 자신들의 언어를 아이들에게 전달할 것이다." 제퍼슨이 지적했듯이, 미국의 정치적 체제는 세상에서 거의 유일한 것이었기 때문에, 그의 주장을 실천에 옮겼다면 대부분의 이민은 금지되었을 것이다.[13] 실제로는 이민자들의 상당 비율이 미국의 정치 체제와 정면으로 반대되는 나라들에서 들어왔다. 그러나 대부분은 "그런 정부들의 원칙들을 갖고 오지" 않았는데, 그것이 이들이 그런 원칙들로 인해 상당히 고생했고 그것들에서 벗어나고 싶어했기 때문이었다.

동화성과 관련해 보다 설득력이 있는 주장들은 이민자 국가들의 문화에 초점을 맞춘다. 19세기에 미국 대법원은 중국인들이 너무나도 다른 문화 때문에 미국 사회에 동화되기 어렵다고 주장했는데, 이와 같은 주

■ 이와 같은 언급은 그가 1780년대 초에 쓴 『버지니아에 관한 단상』에 나와 있는데, 이때는 미국인들이 '이민자(immigrant)'라는 단어를 영어에 추가하기 전이었다.

장은 다른 그룹의 이민자들에게도 적용되어 왔다. 다양한 사람들의 동화 가능성을 평가하기는 쉽지 않다. 한 가지 괜찮은 기준은 특정한 나라에서 온 이민자들 가운데 미국에서 살기를 포기하고 출신국으로 돌아간 사람들의 비율이다. 이와 같은 비율은 상당히 다르게 나타날 수 있다. 예를 들어 마이클 피오르는 1908~1910년의 기간에 대해 다음과 같은 추산을 했다. 그 기간에 '나간 이민emigration'은 '들어온 이민immigration'의 32퍼센트가량이었고, 그룹별로는 헝가리 사람들이 65퍼센트, 북부 이탈리아 사람들이 63퍼센트, 슬로바키아 사람들이 59퍼센트, 크로아티아와 슬로베니아 사람들이 57퍼센트, 그리고 남부 이탈리아 사람들이 56퍼센트였으며, 스코틀랜드 사람들은 10퍼센트, 유대인과 웨일즈 사람들은 8퍼센트, 그리고 아일랜드 사람들은 7퍼센트였다. 언어가 아주 중요한 것 같다. 영어를 사용하는 나라들에서 들어온 이민자들은 다른 나라들에서 들어온 이민자들보다 훨씬 더 쉽게 동화되었다.[14]

19세기와 20세기 초에 미국인들은 영어를 사용하지 않는 북유럽 국가들에서 들어온 이민자들이 남유럽과 동유럽에서 들어온 이민자들보다 더 빠르게, 그리고 더 쉽게 동화될 것이라고 믿었다. 그러나 결과는 반드시 그렇지도 않았다. 19세기의 일부 독일인 이민자들은 고립된 공동체들에서 살며 몇 세대 동안 상당히 성공적으로 동화에 저항했다. 사실 이들은 자신들을 이민자들보다 개척자들로 규정했고 그렇게 행동했다. 그러나 이들은 독일인 이민자들 중에서도 예외였고, 대개 동유럽에서 들어온 유대인 이민자들은 귀환율이 극히 낮았으며, 2세대에 가서 "미국에서 태어난 다양한 계층의 유대인들은 미국에서 태어난 같은 계층의 비유대인들과 아주 비슷했다." 이탈리아 사람들은 상당수가 동화를 선택하지 않았고 다시 이탈리아로 돌아갔지만, 남은 사람들은 대체로 동화되었고, 보다 일반적으로 남유럽과 동유럽 출신 사람들도 그러했다. 토머스 소웰은 이렇게 얘기한다. "비록 대규모 이민 시기에 교육 수준이 아주 낮은 것으로 악명이 높았지만—그리고 종종 아이들에 대한 교육을 거부했지만—남유럽과 동유럽에서 온 사람들은 1980년에 이르러 다른 미국인들과 비슷한, 그리고 전문직, 기술직, 혹은 관리직처럼 교육이 필요한 직업들을 갖고 있는 사람들과 비슷한 교육 수준에 도달했다."[15]

1965년 이후에 들어온 중남미와 아시아의 이민자들은 더 이전의 유럽인들과 비슷한 동화 과정을 겪을 것인가? 사회과학과 심리분석의 연구 결과들은 다양한 사람들이 다양한 문화를 유지하면서 종교적 내지 지리적 집단들로 모여 사는 상황을 보여주었다. 1965년 이후 그룹들의 상대적 동화를 나타내는 제한된 증거들은 상당한 차이가 존재할 수도 있다고 얘기하지만, 이와 같은 차이는 다른 요인들보다 미국에 오기 전의 교육과 직업에 더 관련되어 있을 것이라고 얘기한다. 일반적으로 인도, 한국, 일본, 그리고 필리핀에서 들어오는 이민자들은 이곳에서 태어난 미국인들과 비슷한 교육 수준을 갖고 있기 때문에 문화, 구조적 일체화, 그리고 교차결혼의 측면에서 대체로 빠르게 동화되었다. 물론 인도와 필리핀 사람들은 영어 실력의 도움도 받았다. 중남미계 이민자들, 특히 멕시코에서 들어오는 이민자들과 그들의 후손들은 미국의 기준에 맞추는 데 더 느렸다. 부분적으로 이것은 멕시코 사람들의 많은 숫자와 지리적 집중화의 결과이다. 멕시코계 이민자들과 그 후손들은 교육 수준도 다른 이민자 그룹들보다 더 낮았다(9장 참조). 뿐만 아니라 멕시코인, 미국인, 그리고 멕시코계 미국인 저술가들은 미국과 멕시코 문화 사이에 상당한 차이가 있다고 말하는데, 이것도 동화를 더디게 할 수 있다.

무슬림들은, 특히 아랍계 무슬림들은 1965년 후의 다른 그룹들보다 동화가 더 느린 것 같다. 부분적으로 이것은 1990년대 후반에 극단적인 무슬림 집단들이 저질렀거나 저질렀다고 여겨지는 테러 사건들이 널리 알려짐으로써 무슬림에 대한 기독교도와 유대교도의 선입견이 강화된 결과일 수도 있다. 동화의 어려움은 또 미국 문화와 다른 무슬림 문화의 특성에서 비롯될 수도 있다. 세상의 다른 곳에서도, 무슬림 소수파들은 종종 비무슬림 사회들에서 '소화하기 힘든 사람들로' 여겨져왔다.[16] 2000년에 미국에서 잠재적인 무슬림 유권자들을 대상으로 설문조사를 한 결과에 따르면, 그들 가운데 66.1퍼센트는 미국 사회가 "무슬림 신앙에 존경심을" 보인다고 얘기했지만, 31.9퍼센트는 동의하지 않았다.[17] L.A.의 무슬림들을 연구한 결과는 미국에 대한 양면적 태도를 밝혀냈다. "상당수의 무슬림들은, 특히 이민자 무슬림들은 미국에 대한 충성심이나 연대감이 약하다." 그들이 "미국과 이슬람 국가들 중에서 어디에 더 충성심과 연대감을" 느끼는지 물었을 때, 이민자들의 45퍼센트는 이슬람 국가들, 10퍼센트는 미국, 그리고 32퍼센트는 거의 같다고 얘기했다. 미국에서 태어난 무슬림들 가운데 19퍼센트는 이슬람 국가들, 38퍼센트는 미국, 그리고 28퍼센트는 거의 같다고 대답했다. 이민자들의 57퍼센트와 미국에서 태어난 무슬림들의 32퍼센트는 "선택할 수 있다면 미국을 떠나 이슬람 국가에서 살 것"이라고 얘기했다. 응답자들의 52퍼센트는 공립학교를 이슬람 학교로 바꾸는 것이 아주 중요하다고 대답했고, 24퍼센트는 상당히 중요하다고 대답했다.[18]

어떤 경우에는 신앙의 순수성과 종교적 관행을 유지하려는 무슬림들의 바람이 비무슬림들과 충돌을 야기시킬 수도 있다. 미시건의 디어본에는 상당한 무슬림 인구가 있는데, 이곳에서는 무슬림과 기독교도들 간에 심각한 갈등과 일부 폭력이 빚어졌다. 이곳의 일부 무슬림들은 "공립학교가 우리의 젊은이들에게서 이슬람을 빼앗고" 있으며 "미국의 정치 체제는 그것이 문제라는 점을 모른다"고 주장했다. 따라서 유일한 해결책은 "100퍼센트 순수한 이슬람, 이슬람의 절대 권력을 회복하는 것이다!"[19]

이제 9·11사태가 일어난 후에, 미국의 과거 동화 성공이 어느 정도까지 무슬림 이민자들의 유입에 적용될 수 있을지는 여전히 불확실하다.

선택성 이민자들의 출신국 사회 문화보다 동화에 더 중요한 것은 그들의 개인적 동기와 성품이다. 어느 정도 자발적으로 고국을 떠나 (종종 먼 곳의) 다른 나라로 가겠다고 선택한 사람들은 그렇게 하겠다고 선택하지 않은 사람들과 다르다. 말하자면 많은 이민자들이 공유하고, 떠나지 않은 사람들과 그들을 구분짓는 나름의 이민자 문화가 있다.

엠마 라자러스가 미국의 이민자들을 세상의 '불쌍한 난민들'이라고 얘기한 것은, 상원의원 대니얼 패트릭 모이니헌의 주장대로, 정확하지 않은 신화에 불과하다. 역사적으로 미국에 건너온 사람들은 "비범하고, 정열적이고, 자족적인 사람들로서 자신들이 무엇을 하는지 정확하게 알았으며, 대개는 자신들의 힘으로 그렇게 했다."[20] 19세기 후반까지, 대서양을 건너기로 선택한 사람들은 대개 출발지에서의 오랜 기다림, 한 달이 넘게 걸리는 항해, 그리고 종종 너무나도 혼잡하고 비위생적인 상황의 선상 생활을 겪어야만 했다. 유럽을 떠난 사람들 가운데 때로는 17퍼센트가 항해 도중에 죽었다. 증기선의 출현으로 여정은 더 짧고, 더 안전하고, 더 예측 가능한 것이 되었지만, 이민자들은 여전히 엘리스섬에서 입국을 거부당하는 15퍼센트가량에 속할 수도 있는 위험을 안아야만 했다.[21] 대서양을 건너기로 선택한 사람들은 활력, 야망, 진취성, 그리고 의지력이 있어야만 위험을 감수하고, 불확실성과 미지의 세계에 도전하고, 힘든 여행의 상당한 감정적, 금전적, 그리고 육체적 고통을 극복하고 자신들이 거의 알지 못하는 먼 곳의 땅에서 새로운 삶을 영위할 수 있었다. 그런 선택을 하지 않은 그들 사회의 대다수 사람들은 그와 같은 자질이 부족했거나 자신들의 재능과 활력을 다른 목표들로 돌렸다. 프랑스의 어떤 사회주의자 정치인은 2000년에 이렇게 얘기했다. "유럽인들은 그 배에 오르기를 거부한 미국인들이다. 우리는 그와 같은 위험들을 안지 않는다. 우리는 더 안전한 것을 원한다."[22]

 미국에 이민을 오는 과거의 그 어려움, 불편함, 고통, 위험, 그리고 불확실성은 이제 대체로 사라졌다. 현대의 이민자들도 예전의 이민자들처럼 용기, 의지, 그리고 헌신을 갖고 있을지 모른다. 하지만 이제는 그런 것이 없어도 된다. 아이러니하게도, 그런 것이 정말로 필요한 이민자들은 미국에 불법적으로 들어오려는 사람들이다. 정도는 약해도 이것은 멕시칸 불법 이민자들에게 해당된다. 이들은 국경순찰대를 피할 수 있겠지만 애리조나 사막에서 죽을 수도 있다. 그보다 훨씬 더 강하게 이것은 중국 같은 아시아의 불법 이민자들에게 해당된다. 이들은 비양심적이고 때로는 범죄적인 집단에게 돈과 목숨을 맡긴 채 너무나도 불편하고, 너무나도 멀고, 종종 위험한 수천 킬로의 여행을 떠난다. 19세기 초에 배를 타고 미국에 들어온 사람들처럼, 이들은 정말로 미국에서 살기를 원해야만 한다. 하지만 그들은 정말로 미국인이 되기를 원하는가?

헌신 1820년부터 1924년까지 유럽을 떠난 5,500만 명의 사람들 중에서 60퍼센트 이상은 미국으로 왔다. 부분적으로 이것은 분명히 거리에 금이 깔려 있다고 생각했던 곳에서 경제적 기회를 잡고 싶어했기 때문이었다. 그러나 비슷한 기회들은 다른 곳에도 있었다. 미국에 독특한 것은 종교적 및 정치적 자유, (남부 밖의) 계급제도와 귀족정치의 부재, 그리고 건국 개척자들의 앵글로-개신교도 문화였다. 일부 이민자들은 경제적 기회만을 챙기고 고향으로 돌아갔다. 남은 사람들이 그렇게 한 것은 미국과 미국의 원칙들, 그리고 미국의 문화에 대한 헌신이 있었기 때문일 것이고, 이와 같은 헌신은 종종 미국에 오기 전부터 갖고 있었던 것으로 그들의 이민에 중심적 동기를 제공했다. 오스카 핸들린은 이렇게 얘기한다. "그들은 배에서 내리기 전에 이미 미국인이 되는 길을 밟고 있었다." 아서 슐레징어 2세는 이렇게 주장했다. "이들 이민자들은 미국인이 되기를 갈망했다. 그들의 목표는 탈출, 해방, 그리고 동화였다." 존 할레스도 같은 의견이다. "기본적으로 이민자들은 미국 땅에 처음으로 발을 디딜 때 이미 충실한 미국인들이다. 동화의 과정은 이민자들의 정치적 변형에 영향을 끼치는 중심적 요소로 알려져 있지만, 그것은 이교도를 개종시키는 것이기보다 개종자에게 설교를 하는 것이다."[23]

전부는 아니어도 많은 이민자들에게, 미국인 되기는 실제로 새로운 종교로의 개종과 비슷한 것이었고 그와 유사한 결과들을 낳았다. 종교를 물려받는 사람들은 대개 개종자들보다 훨씬 더 쉽게 신앙생활을 한다. 개종자들에게는 의식적이고 종종 고통스러운 선택이 필요하다. 너무나도 중요하고, 결정적이고, 종종 돌이킬 수 없는 결정을 내린 후에, 이민자들은 그와 같은 결정을 확인하고 강화하기 위해 새 나라의 문화와 가치들을 온 마음으로 끌어안아야만 했다. 심리적으로, 감정적으로, 지적으로 이들은 자신들의 행동이 스스로에게, 새 나라의 국민들에게, 그리고 자신들이 떠난 나라의 국민들에게 바람직한 것이 되도록 만들어야만 했다. 독일의 저명한 편집자 요제프 요페는 1990년대에 자신의 나라를 돌아보며 이렇게 얘기했다. "사람들이 미국에 온 것은 미국인이 되고 싶었기 때문이다. 터키인들이 독일에 오는 것은 독일인이 되고 싶기 때문이 아니다."[24]

그러나 과거에 '미국인이 되고 싶었기 때문에' 미국에 온 이민자들의 숫자는 다양했다. 그와 같은 헌신의 비교적 객관적인 한 가지 기준은 미국에 영구적으로 머무는 사람들과 고국으로 다시 돌아가는 사람들의 숫자를 비교하는 것이다. 단편적인 증거들은 19세기 중반에 고국으로 돌아간 이민자들의 비율이 비교적 낮았다고 얘기한다. 대체적으로 아일랜드, 독일, 그리고 영국에서 온 사람들은 이곳에 머물렀다. 비교적 믿을만한 자료들은 1차대전 전의 이민자들이 달랐다고 얘기한다. 1910년에 이민위원회가 지적했듯이, 과거의 이민자들과 달리, 그들은 가족들의 수가 적었고 젊은 독신 남성들의 수가 많았다. 그들 가운데 많은 이들은, 앞에서도 보았듯이, 10년이나 20년 정도 미국에서 돈을 번 후에 다시 돌아가 고국의 익숙한 환경에서 편안하게 살 준비가 되어 있었다. 그들은 미국인으로 개종한 것이 아니라 잠시 미국에 체류한 것이었다.[25]

과거의 이민자들처럼, 최근의 이민자들도 개종과 체류 사이에서 선택을 할 수 있다. 하지만 과거의 이민자들과 달리, 이들은 그와 같은 선택을 할 필요가 없다. 세 번째 가능성이 존재한다. 즉, 이들은 앰퍼샌드가 될 수 있다. 다시 말해, 이들은 미국과 자신들의 고국에서 이중적인 거주, 이중적인 연결, 이중적인 충성심, 그리고 이중적인 시민권을 유지할 수 있다. 이것이 가능해진 것은, 첫째, 교통과 통신의 현대적인 수단 때문이다. 이것은 먼 나라들 사이에서 싸고 쉬운 여행과 통신의 방법을 제공한다. 둘째, 미국 사회는 이제 그들에게서 과거에 그랬던 것과 같은 헌신을 요구하지 않는다. 예전에 미국인들은 이민자들이 미국화될 것을, 그들이 앵글로-개신교도 사회의 사상, 문화, 제도, 그리고 생활방식을 수용할 것을 기대했다. 그리고 이민자들도 장애들 때문에 그렇게 할 수 없을 때 차별받는 기분을 느꼈다. 그러나 1965년 이후에 미국에서 미국화 압력은 사라졌거나 약해졌고, 이민자들은 종종 장애들 때문에 자신들의 문화적 정체성을 유지할 수 없을 때 차별받는 기분을 느꼈다. 그래서, 1965년 이후의 이민자들 가운데 20 내지 30퍼센트는 고국으로 돌아갔지만, 남은 사람들은 반드시 '미국인이 되기를 원하는' 것이 아니라 그냥 앰퍼샌드가 되기를 원할 수도 있다. 과거의 이민자들은 자신들의 민족적 정체성을 미국의 국가적 정체성에서 하부요소로 유지했다. 반면에 앰퍼샌드들은 2개의 국가적 정체성을 갖고 있다. 이들은 케이크를 먹기도 하고 갖기도 한다. 이들은 미국의 기회, 성공, 그리고 자유를 고국의 문화, 언어, 가족, 전통, 그리고 사회적 연결망과 결합시킨다.

이민 과정

다양성과 분산 과거의 동화는 이민자들이 속해 있던 사회들과 그들이 사용하던 언어들이 많고 다양했기 때문에 상대적으로 원활했다. 19세기 중반에 영국, 아일랜드, 그리고 독일 가운데 어떤 나라도 절대다수의 이민자들을 공급하지 못했다. 1890년대에도 이탈리아, 러시아, 오스트리아-헝가리, 그리고 독일이 각각 전체 이민자의 15퍼센트 가량을 공급했고 스칸디나비아, 아일랜드, 그리고 영국이 각각 또 다른 10퍼센트를 추가했다.[26] 1965년 이후에는 비히스패닉 이민자들의 다양성이 그보다도 크다고 할 수 있다. 이와 같은 다양성은 이민자들이 영어를 배워야만 기존의 미국인들은 물론 자기들끼리도 의사소통을 할 수 있는 상황을 초래한다. 그러나 과거의 이민자들과 달리 현재의 이민자들은 절반 이상이 단 하나의 비영어 언어를 사용하며, 그 비율은 점점 더 높아지고 있다.

과거에 동화는 또 이민자들이 미국의 많은 지역에 분산되어 있었기 때문에 상대적으로 원활했다. 이와 같은 상황은 '건국의 아버지들'이 이민의 부정적 결과를 막으려면 반드시 필요하다고 생각한 것이었다. 이민 자체에 양면적 태도를 갖고 있었던 그들은 이민자들이 민족적으로 동질적인 지리적 지역들에서 같은 부류의 사람들과 한데 모여 살게 해서는 안 된다고 굳게 믿었다. 워싱턴은 이렇게 경고했다. "이민자들은 한데 모여 살면 (좋건 나쁘건) 그들이 갖고 온 언어, 습관, 그리고 원칙들을 보지하게 된다." 반면에 그들이 "우리와 함께 어울려 살면, 그들이나 그 후손들은 우리의 관습, 제도, 그리고 법률에 동화될 것이다. 간단하게 말해서, 그들은 곧 하나의 국민이 될 것이다." 제퍼슨도 비슷한 주장을 했다. "이민자들은 지역적으로 널리 퍼져 있어야만 더 빨리 동화될 수 있다." 프랭클린은 이렇게 얘기했다. "그들을 더 넓게 분산시키고, 그들이 영어와 섞이게 하고, 현재 그들이 밀집해 있는 곳에 영어 학교들을 세워야 한다."[27] 이와 같은 태도는 입법부의 동의를 얻었고, 미국 의회는 1818년에 '북서부 영토'를 아일랜드 이민자들의 정착지로 공식 지정해 달라는 아일랜드계 미국인들의 청원을 거부했다. 의회가 그렇게 한 것은 그와 같은 행동이 미국을 분열시킬 것이라고 믿었기 때문이다. 이에 대해서 마커스 한센은 이렇게 얘기했다. "미국의 이민 정책 역사에서 어떤 결정도 그보다 심오한 영향을 주지는 않았을 것이다." 그와 같은 결정의 정신에 입각해, 의회는 이어서 새로운 주들이 다수의 영어 사용자들을 갖고 있을 때만 연방 가입을 허락했다.[28]

이와 같이 미국의 정책은 동화에 분산이 필요하다는 전제에 바탕한 것이었다. 실제로 모든 집단들의 이민 과정은 늘 처음에 민족적인 교두보를 마련하고, 이어서 더 많은 동포들이 도착하면 그것을 민족적인 집단거주지로 확대시키는 것이었다. 대부분의 이민자 집단거주지는 도시들에 있었고, 큰 도시들은 그밖의 많은 이민자 집단들에도 삶의 터전이 되었다. 이와 같은 집단들 간의 경쟁과 다양성은 그중에서 어느 한 집단이 문화적 혹은 정치적 지배세력이 되는 것을 막았고 그들 모두 영어에 유창하게 되는 것을 도왔다. 뿐만 아니라, 이민자 물결이 약해지고 2세대가 3세대에게 자리를 넘겨주면서, 그 집단의 상향 이동적인 구성원들은 집단거주지에서 빠져나왔다. 그 결과 북동부와 중서부의 큰 도시들에서,

새뮤얼 루벨이 말한 '도시의 변경 the urban frontier'이 생겨나게 되었다. 이것은 여러 세대에 걸쳐 대도시 지역들에서 이민자 그룹이 이민자 그룹을 대체하는 현상이었다.[29]

1965년 이후의 히스패닉 이민은 그와 같은 분산의 역사적 패턴에서 상당히 벗어난 것이었다. 쿠바인들은 마이애미 지역에 집중되었고 멕시칸들은 남서부, 특히 남부 캘리포니아 지역에 집중되었다. 그러나 몇몇 경우를 제외하고, 다양성에 이어지는 분산은 다른 1965년 이후 이민자들의 특성이었다. 이민자들은 아주 다양한 나라들에서 들어온다. 동포들끼리 한데 모여 살지만, 민족적 집단들은 서로 섞이기도 하고 그들의 구성은 변한다. 1995년부터 1996년까지 뉴욕시의 이민자들은 18퍼센트가 과거의 소련에서, 17퍼센트가 도미니카 공화국에서, 그리고 10퍼센트가 중국에서 들어왔다. 1990년대 후반에 뉴욕의 이민자 마을들에는 대개 다양한 나라들에서 들어온 사람들이 어울려 살았고, 어떤 민족도 인구의 15퍼센트 내지 20퍼센트 이상을 차지하지 않았다.[30] 이와 같은 뉴욕의 상황을 요약하며 제임스 다오는 1999년에 이렇게 결론내렸다. "오늘날의 이민자들은 지난번 큰 파도의 유럽인 이민자들보다 더 많은 나라들에서 들어오고 더 많은 언어들을 사용한다. 이들은 경제적으로도 더 다양하며, 교육 수준과 기술 수준도 상대적으로 더 높다. 그리고 이들은 예전의 이민자들보다 더, 동질적인 집단거주지를 피하면서 도시의 전 지역에 흩어져 산다." ■ 이와 같은 상황은 동화 과정에 큰 도움이 될 것이다. 1990년에

■ 다양하고 변화하는 마을의 한 가지 예는 뉴욕시 퀸즈의 아스토리아이다. 이곳에서 1930년대와 1940년대에 어린 시절을 보냈던 나에게, 친구들은 내 가족처럼 농촌 지역에서 뉴욕으로 이사온 WASP, 유대인, 아일랜드인, 이탈리아인, 그리스인들이었고 외로운 프랑스인 위그노가 한 명 있었다. 〈뉴욕 타임스 매거진〉에 따르면(2000년 9월 17일자, 44쪽), 2000년에 아스토리아의 주요 민족적 집단들로는 내가 살던 시절에서는 그리스인들만 남아 있었지만 이제는 방글라데시, 브라질, 에콰도르, 이집트, 그리고 필리핀 사람들도 포함되어 있었다. 미국은 계속해서 나아가고 있다!

단일 국가 출신의 이민자들이 가장 집중적으로 살고 있던 지역들에서, 외국에서 태어난 사람들은 11퍼센트가 영어를 유창하게 구사했다. 그러나 다양성이 강한 지역들에서, 외국에서 태어난 사람들은 74퍼센트가 영어에 유창했다.[31] '건국의 아버지들'은 옳았다. 분산은 동화에 핵심이다.

불연속성 네이던 글레이저의 표현에 따르면, 미국이 "늘 이민의 국가였던 것은 아니다." 친이민적인 '이민 포럼'의 주장에 의하면, 이민자들의 국가였던 것 외에도 "미국은 현지인들의 국가이기도 했다."[32] 1870년대부터 1960년대까지의 100년 동안, 미국의 법들은 아시아계의 이민을 처음에는 제한했고 다음에는 금지했다. 그리고 40년 동안 전반적인 이민을 아주 적은 숫자들로 효과적으로 제한했다. 미국은 이민의 국가였던 것만큼 제한적이고 간헐적인 이민의 국가이기도 했다. 이민의 수준은 늘 변했으며, 로버트 포겔의 지적처럼, 주기적인 패턴을 따르는 경향이 있었다.[33] 1840년대와 1850년대의 이민 파도는 남북전쟁으로 끝이 났고, 이민의 절대적 숫자는 1880년대까지 같은 수준으로 회복되지 못했다. 인구 1천 명 당 이민자 비율은 1840년대와 1850년대에 8.4명과 9.3명이다가 1860년대와 1870년대에 6.4명과 6.2명으로 떨어졌고, 1880년대에 9.2명으로 높아졌다. 아일랜드계 이민자는 1840년대와 1850년대에 780,000명과 914,000명이었는데, 그후의 수십 년 동안에는 평균 500,000명을 넘지 못했다. 독일계 이민자는 1850년대에 951,000명이다가 그후의 20년 동안 767,468명과 718,182명으로 떨어졌고, 1880년대에 회복되었다가 10년 동안 500,000명으로 급격하게 떨어졌다. 전체적으로, 19세기 후반의 이민 파도는 1880년대에 정점에 달했다가 1890년대에 (부분적으로 미국의 불경기 때문에) 떨어졌으며, 새로운 정점에 달했다가 1차대전으로 갑자기 중단되었고, 전쟁 직후에 잠시 다시 고점을 찍었지만, 1924년의 이민법 때문에 급격하게 떨어졌다.

이와 같은 이민 감소는 동화에 강력한 영향을 끼쳤다. 리처드 앨버와 빅터 니가 주장하듯이, 1924년 후에 "꾸준하고 대규모적이었던 이민이 그 때문에 40년 동안 중단된 것은 민족적 공동체들과 문화들의 장기적인 약화를 초래했다. 개인들과 가족들의 사회적 이동이 그런 공동체들을 약화시켰고 그들이 지지하는 문화들을 훼손시켰다. 그들을 대체할 수 있는 새 이민자들은 거의 없었다. 장기적으로, 대표적 세대는 이민자에게서 2세대로, 그런 후에 다시 3세대로 이전되었다." 반면에, 현재의 높은 이민 수준이 계속되면 "민족적 구성은 유럽인 이민자들의 후손들이 보았던 것과 근본적으로 다른 양상을 띠게 될 것이다. 새로운 민족적 공동체들은 여전히 크고, 문화적으로 활기차고, 제도적으로 풍요로운 상태를 유지할 것이다." 더글러스 매시의 지적에 따르면, 현재의 상황에서 "새로운 이민자들의 도착은 세대교체, 사회적 이동, 그리고 교차결혼을 통해 미국에서 새로운 민족적 문화가 탄생하는 속도를 능가하게 될 것이다. 그 결과 민족적 특성은 상대적으로 이민자들에 의해 더, 그리고 상대적으로 후세의 세대들에 의해 덜 규정될 것이고, 민족적 정체성의 균형은 출신국 사회의 언어, 문화, 그리고 생활방식 쪽으로 이동할 것이다."[34]

현재의 흐름은 1960년대 후반과 1970년대 초반에 (1965년 이전의 30만에 비교되는) 연평균 40만의 이민자들이 들어오면서 서서히 진행되기 시작했다. 이것은 1970년대 후반과 1980년대 초반에 연간 60만 수준으로 높아지다가 1989년에 100만 이상으로 급증했다. 1960년대에는 330만의 사람들이 미국에 들어왔는데, 1980년대에는 그것이 700만에 달했고, 1990년대에는 900만 이상이 미국에 들어왔다. 외국에서 태어난 사람들의 미국 인구 비율은 1960년에 5.4퍼센트였지만 2002년에는 배가 넘는 11.5퍼센트에 달했다.[35] 이민은 매년 달라지는 것이지만, 21세기 초에 그것은 줄어들 기미가 보이지 않았다. 그래서 미국은 역사적으로 새로운 무언가에 직면해 있는 것 같다. 그것은 지속적으로 높은 수준의 이민이다.

초창기의 두 이민 파도는 첫 번째 경우에는 전쟁과 감자 흉작의 종식 때문에, 그리고 두 번째 경우에는 전쟁과 반이민 법률 때문에 가라앉았다. 앞으로 큰 전쟁이 지속되면 비슷한 결과를 야기시킬 수도 있고, 미국 경제의 심각한 불황이 이민의 동기를 줄이고 이민에 대한 규제를 높일 수도 있다. 테러와의 전쟁, 미국 경제의 침체, 그리고 비자 지원자들의 감소는 합법적 및 불법적 이민이 2000년 3월부터 2001년 3월 사이의 이례적으로 높은 240만에서 2001년 3월부터 2002년 3월까지의 120만으로 줄어들게 하는 데 일조했다. 2002년 11월에 어떤 분석가는 이렇게 결론내렸다. "2000년에 시작된 경기 침체나 2001년의 테러 공격이 이민자들의 수를 상당히 줄였다는 구체적 증거는 없다."[36] 미국의 전쟁들이 치열함, 규모, 혹은 숫자에서 상당한 증가를 보이지 않는 상태에서, 미국으로 들어오는 이민자들의 수는 앞으로도 계속해서 연간 100만을 넘을 것이다. 이럴 경우에 동화는 여전히 일어날 수도 있지만, 과거의 이민 파도들에서 그랬던 것보다 더 느리고 덜 완전한 것이 될 전망이다.

전쟁 미국의 전쟁에서 싸우는 것은 소외된 현지인 집단들이 완전한 시민권을 주장하도록 도왔다. 1820년대에 토지가 없던 백인 남성 시민들이 투표권을 받게 된 것은 "그들이 남들과 같은 수준으로 피를 쏟으며 국가를 위해 싸웠기" 때문이다. 매사추세츠 54 보병부대가 왜그너 요새를 공격하고 북군에서 복무했던 20만의 흑인들이 비슷한 행동을 한 것은 프레드릭 더글러스가 다음과 같이 주장하도록 만들었다. "흑인들은 그동안 한 일 때문에, 어느 곳에 있든지 함께 싸우고 연방 군대를 도우면서 반란의 진압에 공헌한 것 때문에 투표권을 받을 권리가 있다.…… 흑인들은 총을 쏠 줄 알고 국기를 위해, 정부를 위해 싸울 줄 안다면 투표를 할 줄도 안다."[37] 이와 같은 주장은 나중에 흑인들의 2차대전 참전으로 한층 더 강화되었고, 이것은 1950년대와 1960년대의 분리철폐와 시민권 운동으로 이어졌다.

비슷한 방식으로, 전쟁은 이민자들의 숫자를 줄이고 동시에 그들이 미국에 대한 충성심을 보일 수 있는 기회와 동기를 제공함으로써 이민자들의 동화를 촉진시켰다. 전쟁에 나가 싸우고 필요하면 죽을 수도 있다는 의지는 그들의 새 나라에 대한 연대감을 강화시켰고, 반이민적인 현지인 집단들이 그들의 완전한 사회적 동참에 반대하는 것을 어렵게 만들었다. 몇몇 유대인 친구들과 진주만 공격 후에 군대에 자원했던 어떤 멕시코계 미국인은 나중에 이렇게 얘기했다. "우리 모두 우리 자신들을 보여주어야만 했다. 우리는 앵글로들보다 더 미국인임을 보여주어야만 했다."[38] 개종자들은 자신들의 신앙을 입증하고 싶어한다.

하지만 그들은 또 상충하는 충성심들 때문에 고통을 당할 수도 있다. 멕시코와 벌인 전쟁 기간에, 일부 아일랜드계 이민자들은 미국 군대에서 탈영해 자신들과 같은 천주교도들에 합류했고, 그럼으로써 멕시코 군대에서 산San 파트리치오 부대를 구성했다. 남북전쟁 기간에 아일랜드 사람들은 흑인들을 적으로 보았고, 그래서 많은 이들은 남군에 지원했으며, 아일랜드계 이민자들은 1863년의 징병 반대 운동에서 핵심적 역할을 수행했다. 그렇지만 15만 가량의 아일랜드계 이민자들은 북군에서 복무하며 '아일랜드 여단'으로 전투를 수행해 혁혁한 전과를 올렸다.[39]

1차대전은 독일계 미국인들에게 너무나도 고통스런 경험이었다. 이들은 미국의 중립성을 열렬하게 지지했고 미국 엘리트 계층의 친영국 정서에 저항했다. 1914~1917년에 이들은 미국에서 고조되는 반독일 분위기와 독일 정부의 행동 때문에 고통을 겪었다. 독일 정부는 이들에게 피하고 싶은 선택을 계속해서 강요했다. 1917년에 이르러 독일계 미국인 공동체의 지도적 인물들은 마침내 선택을 할 수밖에 없었다. 그들은 평화를 원하지만 '100퍼센트 미국인'임을 천명했다. 외국에서 태어난 독일인들은 앞을 다투어 시민권을 신청했고 징병을 받아들였다. 1차대전은 독일계 미국인들에게 이제는 더 이상 이중적인 정체성을 유지할 수 없음을 확인시켰고, 그들은 미국인이 되어 미국인으로 대접받았다.[40] 2차대전 기간에 "미국의 군사적 역사에서 가장 빛나는 부대였던" 442 전투부대는 일본계 미국인들의 애국심을 극적으로 보여주면서, 임시수용소에 대한 다른 미국인들의 죄의식을 부채질했고, 아시아계 이민에 대한 규제 철폐로 이어졌다. 양차 대전 기간에 미국의 지도자들과 대중선전은 계속해서 이것이 미국과 미국의 가치들에 도전하는 주요 위협들에 대항해 인종이나 민족, 혹은 배경에 관계없이 모든 미국인들이 벌이는 전쟁임을 강조했다.

존 J. 밀러의 설명에 따르면, 1918년 7월 4일에 멋진 행진이 뉴욕시에서 벌어졌다. 수십 만 명의 구경꾼이 지켜보는 가운데, 7만 명 이상의 행진자들이 5번가를 활보했다. 행진에 참가한 사람들은 모든 종류의 미국인들과 연합국의 대표들이었다(그중에는 미국의 독립기념일 행사에 처음으로 참여한 영국 군대도 포함되어 있었다). 그러나 이 행진에서 중요했던 것은 뉴욕에서 40개 이상의 이민자 집단이 참가한 것이었다. 숫자는 다양해 아이티인은 18명이었고 이탈리아인과 유대인은 각각 10,000명이었다. 하지만 실제로 참가를 원했던 사람들은 이탈리아인이 50,000명, 그리고 유대인이 50,000명이었다. 다른 이민자 집단들 중에서 독일계 미국인들은 '미국이 우리의 조국이다'와 '독일에서 태어나 미국에서 산다'는 표지판을 흔들었고, 그리스와 헝가리, 아일랜드, 세르비아, 크로아티아, 슬로베니아, 폴란드, 그리고 리투아니아 사람들은 '샘 아저씨는 우리 아저씨다'는 깃발을 흔들었다. 러시아 사람들은 빨간색, 흰색, 그리고 파란

색의 옷을 입었고, 베네수엘라 사람들은 국가를 연주했고, 중국 사람들은 야구팀을 강조했다. 〈뉴욕 타임스〉의 기자는 이렇게 얘기했다. "이제 멋진 의상들로 빛나고, 시민들의 긴 행렬로 가득찬, 이 화려하고 생기 넘치는 행렬은 근엄한 정신으로 행진하면서, 주변의 사람들에게 생생한 의미를 강렬하게 전달한다. 이곳에는 전쟁에 나가 싸우는 미국의 모자이크 그림이 서서히 만들어지면서, 다양한 사람들이 하나의 이상을 추구하는 국가를 보여준다."[41]

9·11사태가 일어난 후에, 아랍계와 무슬림을 포함하는 모든 종류의 이민자들이 자신들의 충성심을 선언하고 국기를 내걸었다. 외국에서 태어난 이민자들은 미국 군대의 5퍼센트를 구성했으며, 중남미계 미국인들은 아프가니스탄과 이라크 전쟁에서 상당수의 사상자를 내었다. 그러나 대규모의 인원이 필요하고 오랫동안 지속되는 큰 전쟁이 없는 상태에서, 현대의 이민자들은 과거의 이민자들이 그랬던 것처럼 미국에 대한 충성심과 미국적 정체성을 확인할 기회도 필요성도 갖지 못할 것이다.

미국 사회: 미국화는 비미국적인 것

1963년에 글레이저와 모이니헌은 다음과 같은 질문을 던졌다. "현대의 미국에서 사람들은 어디에 동화되는가?" 1900년에 그 답은 분명했다. 즉, 동화는 미국화를 의미했다. 2000년에 그 답은 복잡하고, 모순적이고, 애매했다. 미국의 많은 엘리트들은 자신들의 주류 문화가 갖는 우월성을 더 이상 확신하지 못했고, 대신에 다양성의 원칙과 미국에서 모든 문화들의 평등한 가치를 설교했다. 메리 월터즈는 1996년에 이렇게 얘기했다. "이민자들은 이제 차이가 없는 단 하나의 미국 문화가 지배하는 사회에 들어오지 않는다. 대신에 그들은 의식적으로 다원적인 사회, 다양한 하부문화들과 인종적 및 민족적 정체성들이 공존하는 사회에 들어온다." [42] 이제 다문화적 사회가 된 미국에서, 이민자들은 다양한 하부문화들 가운데 선택을 하거나 원래의 문화를 유지하는 선택을 할 수 있다. 이들은 미국 사회에 동화되면서도 미국의 핵심 문화에 동화되지 않을 수 있다. 동화와 미국화는 이제 같은 것이 아니다.

앞에서도 보았듯이, 1차대전 전의 대규모 이민자 유입은 정부, 기업, 그리고 자선단체들의 열렬한 미국화 노력을 촉발시켰다. 그러나 20세기 후반의 이민 파도는 그런 것을 만들어내지 못했다. 여성 의원인 바바라 조던과 그녀가 주관하는 '이민 개혁 위원회'만이 미국화를 촉진시키는 '이민 정책'을 강조했고, 이 위원회의 온건한 1997년 제안들은 대체로 무시되었다. 일반적인 분위기는 20세기 초의 분위기와 전혀 다른 것이었다. 첫째, 이민에 관한 논쟁은 거의 전적으로 경제적인 비용 및 혜택과 재정적인 영향에 초점이 맞추어졌다. 이민의 비동화가 미국의 사회적 응집력과 문화적 통합성에 끼치는 영향은 (과거의 토론들에서 중심적인 것이었지만) 이제는 대체로 무시되었다.

둘째, 그것은 종종 암묵적으로, 동화는 어느 정도 자동적으로 일어난다는 전제를 깔고 있었다. 이민자들은 미국에 살기 때문에 미국인이 될 것이었다. 따라서 미국화를 촉진시키기 위한 명시적 주요 노력들은 필요하지 않았다. 셋째, 미국화는 바람직하지 않다는 믿음이 퍼져 있었다. 이것은 미국의 지적 및 정치적 역사에서 새로운 현상이었다. 저명한 정치 이론가인 마이클 월저는 이렇게 주장했다. "미국화를 위한 주요 프로그램들은 비미국적인 것이라고 할 수 있다. 미국의 국가적 목표는 하나에 불과한 것이 아니다." 또 다른 학자는 이렇게 얘기했다. "미국화에는 인종주의, 성차별, 계급차별, 종교적 불관용, 그리고 민족적 순수성의 암시가 있다." 사회학자인 데니스 롱은 1989년에 이렇게 결론내렸다. "이제는 누구도 새 이민자들의 '미국화'를 옹호하지 않는다. 그것은 과거의 나쁜 민족중심적 관행이다."[43] 조던을 빼고 거의 어떤 정치적 지도자도 미국의 새 이민자들을 위한 미국화 프로그램을 촉구하지 않았다.

이와 같은 상황 속에서, 비록 2,100만의 이민자들은 2000년에 자신들이 영어를 잘하지 못한다고 말했지만, 정부의 프로그램과 그것을 위한 예산은 너무도 부족했다. 2002년에 매사추세츠에서 인구의 7.7퍼센트에 해당하는 46만 명가량의 주민들은 영어를 잘 하지 못했고, 그와 같은 비율은 두 도시에서 30퍼센트 이상, 그리고 몇몇 도시에서 15퍼센트 이상이었다. 이 때문에 "매사추세츠는 영어 교육과 그밖의 사회적 서비스를 제공하는 능력에" 도전을 받았다. 두 번째 언어로서 영어 교육을 받으려는 사람들은 2년 내지 3년을 기다려야만 했다.[44]

기업의 역할도 1900년대와 1990년대는 같지 않았다. 20세기 후반에도 기업들은, 진보주의 시대the Progressive Era에 그랬던 것처럼, 자기 회사의 근로자들이, 특히 고객들과 교류하는 근로자들이 영어를 배우는 데 도움을 주려 했다. 성인 교육 프로그램에 등록한 사람들의 상당수는 영어를 '두 번째 언어'로서 배우는 이민자들이었고, 많은 기업들은 직원들의 영어 교육에 금전적인 지원을 했다.[45] 그러나 전반적으로, 그와 같은 노력은 1차대전 전에 비하면 부족한 것이었다. 기업들이 영어 교육을 지원한 것은 자신들의 당면 과제를 해결하기 위해서였고, 보다 일반적인 미국화에의 관심이나 더 넓은 미국화 운동의 일부로서가 아니었다. 어느 면에서 기업들의 그와 같은 관심 부족은 사업의 국제화와 기업 지도자들의 초국가적 및 범세계적 정체성을 반영한 것이었다. 1900년대 초에 포드 자동차는 미국화를 촉진시키는 업계의 리더였다. 1990년대에 포드 자동차는 자신들을 미국 기업이 아닌 다국적 기업으로 규정했고, 2002년에

이 회사의 최고 경영진은 영국 사람들이 중심이었다.

초창기에 기업들의 관심은 이민자들을 자사 제품의 효율적인 생산자로 만드는 데 있었지, 그들을 자사 제품의 소비자로 만드는 데 있지 않았다. 그러나 100년 후의 소비자 사회에서, 이민자들의 수와 구매력이 늘어남에 따라, 기업들은 점점 더 커지는 이민자 시장을 겨냥할 수밖에 없었다. 1990년대에 이민자들과 소수파 집단들의 소비자 구매력은 연간 1조 달러로 추산되었고, 미국의 기업들은 그들에게 제품을 팔기 위해 "매년 20억 달러에 달하는 광고비를" 지출했다. 이제 미국의 기업들은 "민족적 특성을 갖는 제품, 공예품, 그리고 정체성을" 팔기 시작했다.[46] 기업들은 자기 회사에서 일하는 이민자 근로자들에게 제품을 팔기 위해 외국어를 사용했다.

1차대전 전에는 많은 수의 민간 비영리 단체들이 미국화 활동을 전개했다. 1965년 후에도 많은 단체들은 이민자들을 도왔지만, 이제는 미국화를 촉진시키는 목표가 중심적인 것이 아니었다. 특정한 이민자 집단들에 민족적 유대가 있는 현지인 미국인들이 세운 단체들은 보다 넓은 미국적 정체성이 아니라 자신들의 집단 정체성을 강조했다. 히스패닉과 비백인 단체들의 지도자들은 구성원들에게 민족적 소수파로서 스스로를 규정해야 정부 프로그램들이 제공하는 특별 혜택을 받을 수 있다고 지적했다. 포드재단이 만들어 자금을 지원한, 그리고 구성원이 전혀 없는 '멕시코계 미국인 법률 구조 기금' 같은 단체들은 이민자 집단 정체성을 유지하고, 이민자 집단 의식화를 촉진하고, 이민자 집단 권리를 주장하는 데 관심이 있었다. 피터 스커리가 보여주었듯이, 현대의 정치적 역학관계는 멕시코계 미국인들을 다른 집단들과 분리시키는 경향이 있다. 그리고 마이클 존스-코리어에 따르면, 뉴욕의 어떤 민주당 정치 조직은 중남미계 미국인들이 자신들의 모임에 들어오는 것을 환영하지 않았다.[47] 사실 이제는 이민자들과 관련해 소수파 집단 정치가 정당 정치를 대체하고 있다.

20세기 초에 연방, 주, 그리고 지역의 정부들은 새로운 이민자들을 미국화시키기 위해 종종 경쟁적으로 상당한 지원을 제공했다. 그러나 20세기 후반에 정부들의 미국화 노력은 상대적으로 약했고 종종 반대되는 결과를 초래했다. 아마도 미국 정부는 이민자들이 출신국의 언어, 문화, 그리고 정체성을 유지하도록 돕는 데 있어서 유일한 정부일 것이다. 이와 같이 집단 권리를 인정하고 적극적 행동을 권장하는 분위기는 히스패닉과 아시아계 이민자들이 자신들의 민족적 정체성을 유지하도록 만들고 있다. 대략 2000년에 외국에서 태어난 인구의 75퍼센트와 1990년대에 들어온 이민자들의 85퍼센트는 '불리함disadvantaged'을 인정받아 적극적 행동의 대상이 되었다. 그러나 이들은 미국에서 차별의 역사를 경험한 적이 없을 것이다. 존 밀러는 이렇게 얘기했다. "집단 권리의 옹호자들은 지금도 이민자들의 미국화에 가장 심각한 위협 가운데 하나이다." 이들은 그렇게 함으로써 현지인 미국인들보다 새로운 이민자들을 더 우대했다. 스커리의 지적에 따르면, 그와 비슷한 방식으로 미국 정부는 의회의 선거구를 시민들만이 아니라 (합법적 및 불법적 거주자를 포함해) 전체 인구를 기준으로 나눔으로써 '섞은 가지들rotten boroughs'이 생기도록 했다. 그 결과 이런 지역구들의 유권자 수는 다른 지역구들보다 훨씬 더 적다. 뿐만 아니라 지역구 경계도 히스패닉이 다수파인 지역들을 존중하도록 설정되었고, 그래서 이민자들이 다른 집단들과 공존하도록 권장한 것이 아니라 그들이 집단 이익을 추구하도록 만들었다.[48]

역사적으로 공립학교는 국가적 정체성의 고취에서 중심적이었다. 그러나 20세기 후반에 학교들은 단결보다 다양성을 권장했고 이민자들이 미국의 문화, 전통, 관습, 그리고 믿음에 융화되도록 노력하지 않았다. 미국의 교육은 때로 탈국가적인 결과들을 낳았다. 1990년대 초에 샌디에이고의 고등학생들을 대상으로 한 어떤 조사에 따르면, 3년 후에 자신들을

'미국인'으로 규정한 학생들의 비율은 50퍼센트나 떨어졌고, 이중적인 정체성을 갖게 된 학생들의 비율은 30퍼센트나 줄어들었고, 외국의 정체성을 (대개는 멕시코 정체성을) 갖게 된 비율은 52퍼센트나 높아졌다. 이 연구 결과는 "역행적인reactive 민족적 의식화의 급속한 성장을 보여준다." 이 연구를 주관한 사회학자 루번 램보트는 이렇게 결론내린다. "따라서 그동안의 변화는 동화적인 주류적 정체성으로 향한 것이 아니라, 가장 큰 집단들이 이민자 정체성으로 회귀한 것이었다." 학생들은 고등학교에서 탈국가화를 피할 경우에도 대학에서 그것을 경험할 수 있다. UC 버클리에서 많은 소수파 및 이민자 학생들은 "고등학교 때 자신들을 다수파 앵글로 환경에 너무 동화되어서 소수파 집단 구성원으로 생각할 수 없었다." 그러나 대학교에 들어와 이들은 "자신들을 다르게 보기" 시작했고 민족적 및 인종적 정체성을 갖기 시작했다. 어떤 멕시코계 미국인 학생은 자신이 "여기 버클리에서 새로 태어났다"고 얘기했다.[49] 민족적 및 인종적 다양성을 소중하게 생각하는 사회에서, 이민자들은 자신들의 혈통적 정체성을 유지하고 재확인할 강력한 동기를 갖게 된다.

앰퍼샌드와 이중적인 시민권

나는 다음과 같이 엄숙하게 맹세한다. (1) 미국의 헌법을 지지하고, (2) 지원자가 전에 신하였거나 시민이었던 외국의 어떤 왕자, 군주, 국가, 혹은 주권자에 대해서도 충성과 복종을 완전히 포기하고, (3) 외국과 국내의 모든 적들에 맞서 미국의 헌법과 법률을 지지하고 지키며, (4) 그것들에 진실된 믿음과 충성을 보이고, (5) A) 법에 의해 필요할 때는 미국을 위해 싸우거나 B) 법에 의해 필요할 때는 미국의 군대에서 비전투적 복무를 수행하거나 C) 법에 의해 필요할 때는 민간의 지휘를 받아 국가적으로 중요한 업무를 수행한다.

1795년에 미국 의회는 미국 시민이 되고자 하는 사람들에게 이 서약을 요구했다. 그로부터 200년이 지난 후에도 이것은 여전히 유효하지만, 연방 정부는 2003년에 이것을 개정하고 약화시키는 운동을 전개했다. 원래의 형태로서 이 서약은 시민권citizenship과 관련해 두 가지 중심적 개념을 구현한다. 첫째, 시민권은 배타적이다. 즉, 개인들은 시민권을 바꿀 수 있어도 한번에 둘 이상을 갖지 못한다. 둘째, 시민권은 한 나라의 정부가 부여한 고유한 지위로서, 시민을 비시민과 구분하는 권리와 의무를 포함한다.

20세기 후반에 시민권의 이와 같은 두 가지 개념 모두는 대규모 이민과 해체주의 운동의 결합된 영향으로 침식되었다. 배타성 원칙은 이중적인 충성심, 이중적인 정체성, 그리고 이중적인 시민권을 권장하는 강력한 정치적 힘의 등장으로 훼손되었다. 시민권의 고유한 지위는 시민의 권리가 비시민에게 확대된 것과 시민권은 국가가 개인에게 부여한 국가적 지위가 아니라 (개인이 선택한 거주의 장소가 어디이건) 개인이 소속된 국가에 대한 초국가적 권리라는 주장으로 훼손되었다. 이와 같은 추세는 유럽과 미국 모두에서 나타났다. 그러나 미국의 국가적 정체성이 갖는 성격 때문에, 그것의 중요성과 영향은 다른 서구 사회들보다 미국에서 더 컸다. 최근 수십 년 동안 미국 시민이 된 이민자들의 비율은 상당히 줄어들었고, 외국의 시민이기도 한 귀화 시민들의 비율은 상당히 늘어났다. 이와 같은 추세는 미국 시민권의 심각한 평가절하를 의미한다.

오늘날 많은 이민자들은, 특히 과거 공산주의 국가들에서 들어온 이민자들은 개종자 모델에 부합한다. 그밖의 다른 사람들은 체류자이지만,

체류자 비율은 전보다 더 적은 것 같다. 그리고 (정확한 숫자는 알기 어렵지만) 상당수는 앰퍼샌드이다. "우리 같은 사람들은 가장 좋은 두 세상을 갖고 있다"고 어떤 사람은 얘기했다. "우리에게는 나라가 둘, 고향이 둘이다. 우리가 그중에서 어느 하나인 것은 의미가 없다. 우리는 둘 모두이다. 그것은 상충하지 않는다. 그것은 인간적일 뿐이다." 학자들은 이런 사람들을 '영구적인 중간인', '초이민자', '초국적자', 혹은 '두 나라 사이'라고 불렀다. 하지만 이들은 "하나를 다른 하나와 바꾸지 않기 때문에 이민자가" 아니며 "양쪽 세상에 다리를 걸치는" 사람들이다.[50] 지리적인 이유들 때문에, 앰퍼샌드의 대다수는 중남미와 카리브해 지역 출신이다. 주말에 고향에 가거나 언제든지 가족과 통화하는 능력은 "시간과 거리가 중남미계 이민자들에게 갖는 의미를 오래 전의 유럽인 이민자들에게 갖는 의미와 다르게 한다.…… 자유의 여신상은 종착지를 뜻하기 때문에 유럽인 이민자들에게 하나의 상징이 된다. 그러나 중남미계 이민자들에게 종착지는 없다."[51]

초국가적 앰퍼샌드 공동체를 만들고 유지하는 것은 이민자들이 출신국 인구의 상당한 비율을 구성할 때 더 쉽다. 이것은 서반구의 많은 나라들에서 분명하고 나타나고 있다. 1990년에 미국에서 사는 각국 인구의 비율은 다음과 같았다.[52]

자메이카	23.0%
엘살바도르	16.8%
트리니다드 토바고	16.0%
쿠바	11.3%
멕시코	9.4%
바바도스	9.2%
도미니카공화국	8.5%

출신국과 관련한 이들 이민자 집단들의 크기는 이민자들과 출신국 정부들이 연대를 유지하는 기회와 동기를 배가시킨다.

역사적으로 A 국가의 단일 지역에서 온 이민자들은 B 국가의 단일 지역에서 모여 사는 경향이 있었다. 이제 양쪽 지역들의 사람들은 초국가적 단일 공동체의 일부가 될 수 있다. 출신국의 공동체가 미국에서 재현된다. 도미니카 공화국의 (인구가 4천 명인 마을) 미라플로레스 지역에 사는 가족들 가운데 3분의2는 보스턴 지역에 친척들이 있다. 이들은 보스턴의 자메이카 플레인 Jamaica Plain 지역에서 하나의 동네를 지배한다. 페기 레빗이 보여주듯이, 이곳에서 그들은 "새로운 물리적 및 문화적 환경을 만들어" 미라플로레스에서와 비슷한 생활을 한다. '남부 미라플로레스'와 '북부 미라플로레스'의 교류는 아주 활발하다. "누군가 늘 보스턴과 그 섬 사이를 여행하기 때문에, 상품과 소식, 그리고 정보가 계속해서 양쪽을 오간다. 그 결과, 누군가 아프거나 바람을 피우거나 마침내 비자를 얻으면, 그런 소식은 미라플로레스의 거리에서만큼이나 빠르게 자메이카 플레인에서 퍼지게 된다."[53] 비슷한 방식으로 "(멕시코의) 치난틀라 주민들은 그 작은 마을과 뉴욕시에 고르게 분산되어 있지만, 이들은 여전히 자신들을 하나의 공동체—이곳에 2,500명, 저곳에 2,500명—으로 생각한다." 1990년대에 멕시코의 카사블랑카에 사는 5,800명의 주민들 가운데 절반 이상은 오클라호마의 툴사로 옮겨왔으며, 그 결과 카사블랑카가 여전히 존재하는 것인지 심각한 의문을 제기했다. 1985년에 엘살바도르의 인티푸카에 사는 주민들 가운데 20퍼센트는 워싱턴시의 애덤스-모건 동네에 모여 살았다.[54] 인구가 3만 명인 아이오와 마셜타운에서, 멕시코의 (인구가 1만5천 명인) 빌라추아토 출신들은 마을의 가장 큰 회사인 '스위프트 & 컴퍼니' 육류 가공 공장에서 1,600명의 근로자 가운데 900명을 차지했다. 라이언 리펠의 설명에 따르면 "이들 근로자들에게 아이오와는 새로운 거주지가 아니라 단지 먼 곳에 위치한 일터 같은 것이다." 그리고 마셜타운의 "육류 가공 산업"은 빌라추아토의 "존속성"에 "중심적인" 것이다.[55]

초국가적 마을들은 그와 같은 공동체의 양쪽 지역 모두에 존재하는 사회적, 종교적, 그리고 정치적 연합체에 의해 단결된다. 특히 중요한 것은 출신국 지역을 돕기 위해 이민국 지역의 사람들이 만드는 연합체이다. 보스턴에 사는 미라플로레스 사람들은 미라플로레스의 환경을 개선하기 위한 '미라플로레스 개발 위원회'를 만들었다. 이 위원회는 1992년부터 1994년까지 그런 목적으로 7만 달러를 모금했으며, 이 기금의 사용은 미라플로레스에 있는 같은 성격의 위원회가 집행했다. 초국가적 멕시칸 공동체들은 이와 같은 활동에 특히 적극적이었다. 이와 같은 마을 연합체들의 2천개 가량은 회원이 수십만에 달할 것이다. 로버트 라이큰의 연구에 따르면, 이와 같은 단체들은 미국에서 회원들의 이익을 증진하기 위해 다양한 서비스를 제공하며, 동시에 "출신국의 공동체들과 밀접한 관계를 유지하고 자신들의 문화, 관습, 언어, 그리고 전통을 강력하게 지원한다."[56] 어느 면에서 이와 같은 미국의 초국가적 지역들은 19세기 중반에 만들어진 독일 이민자들의 이식transplanted 공동체들과 비슷하다. 그러나 둘 사이에는 중요한 차이점이 하나 있다. 후자는 독일에서 출신국과의 분리가 상대적으로 높았다. 그것들은 말 그대로 이식된 것이었다. 그러나 현대의 중남미계 미국인 앰퍼샌드들은 양쪽 모두에 뿌리를 두고 있다. 그들은 '미국에 사는 멕시칸'이면서 '멕시코에 사는 멕시칸들'이다.

두 언어, 두 고향, 나아가 두 충성심을 갖는 앰퍼샌드들의 수적 증가는 두 시민권을 추구하는 운동으로 이어졌다. 최근의 수십 년 동안 미국의 시민이면서 다른 나라의 시민이기도 한 사람들의 숫자가 빠르게 늘어난 데는 적어도 두 가지의 이유가 있다. 첫째, 복수 시민권을 인정하거나 용인하는 나라들의 숫자가 늘어나고 있다. 1996년에 17개의 중남미 국가들 중에서 7개국이 이중적인 시민권을 허용했다. 2000년에 그렇게 한 나라는 14개국이었다. 스탠리 런숀의 추산에 따르면, 2000년에 이중적인 시민권을 허용한 나라는 대략 93개국이었다.[57]

둘째, 미국에 오는 이민자들의 많은 비율은 이중적인 시민권을 허용하는 나라들에서 들어온다. 1994년부터 1998년까지 미국에 이민자들을 보낸 상위 20개국 중에서 17개국은 이중적인 시민권을 허용했다(나머지 3개국은 중국, 쿠바, 그리고 한국이었다). 그 5년 동안에 260만 이상의 합법적 이민자들이 그들 상위 20개국에서 들어왔는데, 그중에서 (86퍼센트인) 220만 이상이 복수 시민권 국가들에서 들어왔다. 이중적인 시민권 국가들에서 들어오는 이민자들은 그렇게 하면 기존의 시민권을 잃게 되는 국가들에서 들어오는 이민자들보다 미국 시민권을 얻는 경우가 더 많다. 뿐만 아니라 매년 50만 가량의 이중적인 시민들이 미국에서 태어나는데, 이것은 한쪽 부모가 시민이면 (속인주의에 따라) 그 아이들에게도 어디에서 태어나건 시민권을 부여하는 나라들이 있기 때문이다.[58]

이런 나라들이 이중적인 시민권을 허용하는 동기는 두 가지에서 비롯된다. 첫째, 앰퍼샌드들은 그동안 출신국 정부들에 이중적인 시민권을 허용하도록 로비를 했다. 중남미 국가들 중에서 이런 경우에 해당하는 나라들은 멕시코, 콜롬비아, 에콰도르, 그리고 도미니카 공화국인데, 이들 나라들에서 들어온 이민자들은 선택을 피하고 양쪽의 사회에서 경제적, 정치적, 그리고 사회적 참여를 법적으로 보장받고 싶어했다. 두 번째 동기는, 마이클 존스-코리어의 표현에 의하면, 밑에서 올라가는 것이 아니라 위에서 내려오는 것이다. 다시 말해, 출신국의 정부들이 그렇게 하는 것이다. 이런 정부들은, 첫째, 자기들 나라에서 나간 이민자들이 원래의 사회와 계속해서 접촉하고, 특히 그런 사회에서 살고 있는 가족이나 친지들에게 송금하는 것을 원한다. 둘째, 이런 정부들은 자기들 나라에서 나간 이민자들이 미국 시민이 되어 미국의 정치 과정에 참여하고 본국의 이익을 증진시킬 것을 원한다. 2001년에 "미국에 있는 멕시코 영사관들은 미국에 사는 멕시코 국민들이 귀화를 통해 미국 시민이 되면서, 동시에 멕시코 국적도 유지하도록 권장했다."[59] 브라질, 코스타리카, 엘살바도르, 파나마, 그리고 페루에서 이중적인 시민권 권유는 정부에서 비롯되었다.

출신국의 이중적인 시민권 허용은 미국에서 본국 시민들의 귀화율이 배로 늘어나는 결과를 야기시켰다. 특히 이것은 이민자들 자신이 이중적인 시민권의 허용을 추진한 나라들의 시민들에게서 더 높게 나타났다.[60] 따라서 이런 사람들은 예전의 충성심을 포기한다고 거짓 맹세를 함으로써 미국 시민이 되지만, 실제로는 그와 같은 충성심을 유지할 수 있기 때문에 미국 시민이 된다. 이들이 그렇게 할 수 있는 것은 미국이 포기 서약에 구현된 배타성 원칙을 현실적으로 포기했기 때문이다. 적극적 행동과 이중언어 교육에서도 그랬듯이, 이와 같은 정책의 변화는 비선출직 판사들과 관리들에 의해서 시작되었고, 뒤를 이어 의회의 승인을 받았다.

이중적인 시민권을 갖고 있는 미국인들의 숫자를 정확하게 파악하기는 사실상 불가능하다. 그러나 1980년대 후반에 프랑스에서 프랑스와 알제리의 이중 국적을 갖고 있던 사람은 100만이었고, 서유럽에서 이중 국적자의 전체적인 숫자는 300만 내지 400만으로 추산되었다. 따라서 미국의 이중적인 시민들의 숫자를 750만 정도로 추산한 네이던 글레이저의 주장은 설득력이 있다. 정말로 그렇다면, 2000년에 미국에서 1,060만의 외국 태생 시민들 가운데 거의 4분의3은 다른 나라의 시민이기도 했다.[61]

미국의 이중적인 시민들이 출신국의 정치에 참여하는 정도는 나라마다 다르다. 브라질이나 콜롬비아 같은 나라들의 경우에는 미국에 있는 영사관에서 투표를 할 수 있다. 다른 나라들의 경우에는 본국으로 가야만 투표를 할 수 있다. 그리고 멕시코 같은 나라들의 경우에는 어떤 목적으로는 멕시코 국민으로 인정받지만 투표는 할 수 없다. 이중적인 시민들이 본국의 정치에 실제로 참여하는 정도 역시 나라마다 크게 다르다. 투표는 그렇게 중요한 것이 아닐 수도 있다. 이중적인 시민들이 미국에 있는 영사관에서 투표를 할 수 있는 경우에도 투표율은 극히 낮다. 뉴욕에 사는 20만의 콜롬비아인들 가운데 3천 명이 1990년의 콜롬비아 대통령 선거에서 투표를 했고, 1998년의 상원의원 선거에서는 1,800명을 밑돌았다. 매사추세츠에 사는 22,000명가량의 합당한 러시아인들 중에서 극히 일부만이 1996년의 러시아 대통령 선거에서 투표를 했고, 1999년의 하원의원 선거에서는 그 비율이 더 낮았다. 그러나 도미니카 사람들은 수천 명이 도미니카 공화국으로 날아가 2000년의 대통령 선거에서 투표를 했다.[62]

후보자와 정당에 대한 금전적 지원은 투표보다 더 중요하다. 멕시코, 도미니카 공화국, 그리고 그밖의 나라들에서 공직에 출마하는 후보자들은 정기적으로 미국에서 모금 활동을 한다. 존스-코리어는 이렇게 얘기한다. "L.A.와 뉴욕, 그리고 마이애미는 이제 중남미 전역에서 국가적은 물론 주와 지역 선거에서도 정치인들이 반드시 와야 할 곳이다." 도미니카 공화국의 선거에서 사용되는 자금의 15퍼센트는 해외에 거주하는 도미니카 사람들에게서 나오는 것으로 추산되고 있으며, 도미니카의 어느 주요 정당 지도자는 1996년에 자신들의 현금 기부금 가운데 75퍼센트가 해외에서 나온다고 주장했다. "뉴욕에 사는 도미니카 사람들은 도미니카의 선거에서 도미니카의 정치인들에서 수십만 달러를 모아주며, 그중에서 상당액은 뉴욕이나 워싱턴의 고급 식당에서 일인당 150달러짜리 식사를 통해 모아진다."[63] 미국에 거주하는 이중적 시민들은 본국의 선거에서 후보자로 등록할 수도 있다. 안드레스 버뮤데스는 1973년에 멕시코에서 불법으로 미국에 들어와 아주 성공적인 기업가가 되었는데, 2001년에 그는 자신이 태어난 카운티의 시장으로 선출되었다. 뉴저지 해큰색의 시의회 의원이었던 어떤 사람은 1997년에 콜롬비아 상원에 출마했는데, 만일 당선되었다면 양쪽 자리를 동시에 유지할 계획이었다.[64]

이들의 행동에서 알 수 있듯이, 이중적인 시민권은 앰퍼샌드들과 그들의 출신국 모두에 이익이 된다. 이것이 미국에도 이익이 되는지는 분명치 않다.[65] 하지만 이것은 분명히 미국 시민권의 의미와 현실을 크게 바꾼다. 전통적으로 유럽에서 군주나 왕자와 신민의 관계는 배타적이고 영구적인 것이었다. "한번 신민은 영원한 신민"이라는 당시 영국의 보편적 생각은 1908년에 '칼빈 재판'에서 공식적인 확인을 거쳤다. 이와 같은 생각에 내재된 것은 사람들이 한 주권의 신민일 수만 있다는 전제였다. 독립과 함께 미국인들은 영구성perpetuity의 원칙을 거부했지만 배타성exclusivity의 원칙은 버리지 않았다. 미국인들은 집단권을 통한 충성의 종식을 주장하던 터였다. 영구성은 또 영국의 신민으로 태어나 미국의 배들에 탔던 선원들을 영국인들이 박해하는 것에 대한 논란에서도 미국의 이익에 반하는 것이었다. 1795년의 귀화법은 배타성을 확인했지만 영구성을 묵시적으로 거부했다. 다른 나라들의 신민이나 시민들이 충성심을 바꾸는 권리를 옹호했던 미국인들은 자신들에 대한 그것을 거부하기가 어려웠다. 그러나 이와 같은 권리는 남북전쟁이 끝나고 나서야 공식적으로 인정받았다. 북부는 남부 주들의 집단적 탈퇴권 내지 분리권을 거부했기 때문에 (이것은 1776년에 식민지들이 자신들을 위해 주장했던 것이다) 개인들의 그와 같은 권리는 명시적으로 인정할 필요가 있다고 느꼈고, 미국 의회는 1868년에 그렇게 했다.[66] 이렇게 해서 미국은 국적 변경이 '기본적 인권'이라고 선언한 최초의 국가가 되었으며, 이와 같은 권리는

이제 많은 나라들에서 인정받고 있다.[67]

그러나 이와 같은 영구성의 포기는 어떤 형태로도 배타성을 포기하는 것이 아니었다. 20세기에 이르러서도 "국제적인 법과 관행은 이중적인 시민권을 좋게 보지 않았다."[68] 그리고 21세기에도 의회와 국무부는 여러 차례에 걸쳐 "이중적인 시민권을 억제하거나 막으려고 했다." 그러나 대법원은 1960년대에 그와 같은 노력들을 규제하고 저지하기 시작했으며, 의회는 1978년에 "이중적인 시민들이 하나의 충성심을 택하도록 요구하는" 몇 가지 법률을 폐지시켰다.[69] 그렇지만 의회는 시민권과 관련한 포기 서약을 폐지시키지 않았다.

현실적으로 이제는 정부가 개인의 시민권을 박탈하는 것이 사실상 불가능하고, 개인이 스스로 그것을 포기하는 것도 비슷하게 어렵다. 시민권은 다시 천부적이고 바꿀 수 없는 것이 되었다. 스탠리 렌숀은 그것을 이렇게 요약한다. "어떤 미국 시민도 하나 혹은 그 이상의 다른 나라에서 시민의 책무를 수행한다고 시민권을 빼앗길 수 없다. 이것은 그런 책무가 두 번째 혹은 세 번째의 시민권을 획득하고, 다른 나라에 충성을 맹세하고, 다른 나라의 선거에서 투표를 하고, 그 나라의 군대에서 (전투적인 상황에도) 복무하고…… 공직에 출마하고, 당선되면 봉사하는 것을 포함해도 마찬가지이다." 그러면서 렌숀은 이렇게 덧붙인다. "적어도 내가 아는 한, 미국은 세상에서…… 출생에 의하건 귀화에 의하건, 자국 시민들이 그 모든 것들을 할 수 있도록 허용하는 유일한 나라이다."[70] 이와 같이 미국은 영구성을 포기하고 배타성을 유지하는 나라에서 영구성을 유지하고 배타성을 포기하는 나라로 바뀌었다.

동화의 경우처럼, 시민권의 논쟁에서도 비유들은 풍성하다. 하지만 이것들은 대개 요리적이기보다 가족적이다. 어떤 사람들은 시민권이 둘 있는 것은 부모나 아이가 둘 있는 것과 비슷하다고 얘기한다. 그러니까 둘 모두에게 충성하고 헌신하는 것도 가능하다. 그러나 영구성과 배타성의 원칙과 관련해, 보다 적절한 비유는 결혼이다.[71] 무슬림 사회들에서, 적어도 남자들은 영구성도 배타성도 무시할 수 있다. 반면에 서구에서는 한때 두 가지 원칙 모두가 보편적이었다. 즉, 결혼은 "죽음이 우리를 갈라놓을 때까지" 단일혼이었다. 그러나 세월이 흐르면서, 단일혼은 유지되었지만 이혼도 가능해졌다. 그러나 시민권과 관련해서, 이제는 이중혼이 받아들여진다. 이와 같은 변화는 시민권의 의미와 중요성을 근본적으로 바꾼다.

이중적인 시민권은 이중적인 정체성과 이중적인 충성심을 합법화시킨다. 둘 이상의 시민권이 있는 사람에게, 어느 하나의 시민권도 시민권이 하나뿐인 사람에게 그 하나의 시민이 중요한 것처럼 중요하지가 않다. 민주주의의 활력은 시민적인 결사, 공공 생활, 그리고 정치에 시민들이 참여하는 정도에 의존한다. 대부분의 시민들은 하나의 공동체와 하나의 국가에서 공적인 문제들에 참여하고 이해관계를 갖는다. 그들이 두 번째 공동체와 두 번째 국가의 공적인 생활에도 참여할 수 있도록 기회와 동기를 주는 것은 그들이 하나는 무시하고 다른 하나에만 집중하거나 둘 모두에서 소극적으로만 참여하는 것을 의미한다. 시민권은 정체성의 문제보다 효용성의 문제가 된다. 사람들은 특정한 목적과 특정한 상황에서 하나의 시민권을 사용하고, 다른 목적과 다른 상황에서 또 다른 시민권을 사용한다. 이렇게 하는 능력이 바로 이중적인 시민권이 앰퍼샌드들에게 갖는 매력이다. 선택의 필요성이 없다는 것은 그에 상응하는 충성심과 헌신의 필요성이 없다는 뜻이다.

이중적인 시민권은 미국에 특별한 중요성을 갖는다. 시민권 획득의 포기 서약은 미국은 다른 것, 무언가 특별한 것, 언덕 위의 도시로서 자유와 기회, 그리고 미래를 위해 존재한다는 믿음을 반영한 것이다. 사람들은 이와 같은 독특한 특성을 끌어안고, 다른 나라와 문화, 그리고 믿음에 대한 예전의 충성심을 포기하고, 낡은 세상의 군주제, 귀족정치, 계급에 짓눌린 사회, 그리고 압제적인 정권들을 거부함으로써 미국인이 된다. 이민자들은 출신국의 가족들과 사회적 단위들에 여전히 깊은 감정적 유대감을 갖고 있지만, 침례교도가 된 후에도 여전히 천주교도이거나 유대교도가 된 후에도 여전히 기독교도가 될 수는 없듯이, 미국인이 된 후에도 여전히 정치적, 경제적, 그리고 사회적 체제가 다른 사회에 헌신적일 수는 없다. 이중적인 시민권을 갖고 있을 때, 미국의 정체성은 더 이상 독특한 것도 예외적인 것도 아니다. 미국 시민권은 단지 다른 시민권의 부가물이 될 뿐이다.

이중적인 시민권은 보다 현실적인 결과들도 낳는다. 이것은 앰퍼샌드들이 출신국에 대한 헌신과 참여를 유지하고 나아가 확대시키도록 권장한다. 예를 들면 이들이 수백억 달러를 본국의 친척, 친지, 기업, 그리고 개발 계획들에 보내는 것이다. 이와 같은 송금은 종종 그런 나라들이 받는 가장 중요한 형태의 경제적 지원이며, 여러 면에서 이것은 부패하고 무능한 정부 관료들이 가로채는 공식적 지원보다 훨씬 더 건설적인 것이다. 그러나 앰퍼샌드들이 해외로 보내는 수십억 달러의 돈은 미국에서 집을 짓고, 사업체를 만들고, 일자리를 창출하고, 그들의 공동체를 개선하는 데 사용되지 않는다. 돈이 말을 하는데, 미국에서 나가는 송금은 (공식적인 지원과 달리) 영어로 말하지 않는다.

이중적인 시민권 개념은 미국헌법에 낯선 것이다. '14차 수정헌법'에 따르면 "미국에서 태어났거나 귀화한, 그리고 그에 따른 사법권의 관할에 속하는 모든 사람들은 미국과 그들이 거주하는 주의 시민이다." 이것은 명백하게 미국인들은 오직 한 주의 시민이며 오직 그 주에서만 투표할 수 있음을 의미한다. 그러나 많은 미국인들은 두 주에서 집을 갖고 있다. 하지만 현재의 법률과 관행 속에서, 미국인들은 두 나라의 시민이 될 수 있다. 산토도밍고와 보스턴에 집이 있는 이중적 시민들은 미국과 도미니카의 선거 모두에서 투표할 수 있다. 하지만 뉴욕과 보스턴에 집이 있는 미국인들은 두 곳 모두에서 투표할 수가 없다. 뿐만 아니라, 주의 법률은 일반적으로 일정한 기간 동안 법적으로 거주해야만 주의 선거에서 출마하고 선출될 수 있다고 규정한다. 따라서 어떤 사람도 두 주에서 선출직 후보로 나설 수가 없다. 그러나 이중적인 시민들은 두 나라에서 선출직 후보로 출마하고 당선되어 봉사할 수 있다.

시민과 비시민

이중적인 시민권은 시민권의 배타성을 종식시킨다. 시민과 비시민 사이의 차이 감소는 시민권의 고유성, 수백 년 전에 시작된 고유성을 종식시킨다. 고대의 아테네에 메틱스metics라는 비시민 계급이 있었는데, 이들은 '경제적인 기회에' 이끌려 그 도시로 온 사람들이었다. 이들에게는 아테네의 방어를 도울 의무가 있었지만 정치적 권리는 없었고, 이들의 자식들은 그들의 비시민 지위를 물려받았다. 메틱metic이었던 아리스토텔레스는 이와 같은 체제를 인정하면서, 특정한 '우수성'이 있어야만 시민이 될 수 있으며 '단지 어떤 곳에 산다고 해서' 시민이 되는 것은 아니라고 주장했다.[72] 로마 공화국에는 시민과 비시민 사이에 뚜렷한 구분이 있었고, 시민권은 사람들이 갈망하는 지위였다. 제국과 함께 시민권도 점점 더 많은 사람들로 확대되었고 점차 차별성이 사라졌다. 로마 제국이 망한 후에, 시민권 개념은 암흑기와 초기 중세의 유럽에서 퇴색되었다. 그러다가 이것은 유럽에서 점차 국민국가들이 출현하고, 사람들이 그들이 거주하던 영토를 통치하는 왕이나 왕자들의 신민으로 규정되면서 다시 등장했다. 미국과 프랑스의 혁명은 신민권을 시민권으로 대체했으며, 민주화와 함께 시민권 및 시민과 비시민의 구분은 현대적인 모습을 갖추었다. 피터 셔크는 이렇게 얘기했다. "시민권이라는 것은 나름대로 뚜렷한 정치적 정체성—그러니까 통치와 법률에 대해 사회의 많은 구성원들이 공유하는 일련의 공공 가치들—을 갖고 있는 정치적 공동체의 구성원임을 나타내는 것이다."[73]

시민권은 개인의 정체성을 국가의 정체성과 연결시킨다. 국가적 정부들은 시민권의 기반, 그러니까 누가 시민이 될 자격이 있는지의 기준—이를테면 속인주의나 속지주의 같은 것—을, 그리고 그것이 적용되는 방식 내지 과정을 규정한다. 그러나 20세기 후반에 국가적 시민권의 개념은 공격받게 되었고, 시민이 되는 데 필요한 요건들은 침식되었고, 시민과 비시민의 권리와 의무의 차이들은 상당히 줄어들었다. 이와 같은 변화는 보편적 인권에 관한 국제적 합의라는 이름으로, 그리고 시민권은 국가적 산물이 아니라 개인에게 본질적인 것이라는 주장으로 합법화되었다. 시민과 국가의 연결은 깨졌으며, 야스민 소이살의 말대로 "시민권의 국가적 질서를" 훼손시켰다.[74]

미국에서 귀화의 현대적 기준들은 제한적이고 구체적이다. 다소 단순화시키면 그것들은 다음과 같다.

(1) 미국에서 5년간 합법적으로 영구적인 거주를 한 자,
(2) 범죄 기록이 없다는 의미의 '좋은 도덕적 성품',
(3) 일반적인 (8학년 수준의) 영어를 읽고, 쓰고, 말하는 능력, 그리고
(4) '공민학 시험'을 통과함으로써 입증되는, 미국의 정부와 역사에 대한 전반적 이해.

이와 같은 기준이 너무 제한적이라고 비판하는 어떤 학자는 이렇게 얘기한다. "비교적인 관점에서, 미국의 귀화 요건들은 상대적으로 온건한 것이다."[75] 핵심적인 두 가지 요건은 영어와 미국의 역사 및 정치에 관한 초보적 지식이다. 이와 같은 기준은 미국의 국가적 정체성에서 나머지 두 가지 요소를 구현하고 상징한다. 즉, 영어의 문화적 전통과 '신조'의 자유적인 민주주의 원칙이다.

대부분의 서구 국가들에서, 시민과 비시민의 차이는 20세기 후반에 침식되었다. "스웨덴, 네덜란드, 스위스, 영국, 프랑스, 그리고 독일은 점점 더 시민적, 사회적, 나아가 정치적 권리도 자신들의 영토에 거주하는 비국가적 거주자들에게 확대시켰다." 미국에서도 비슷한 과정이 일어났는데, 이것은 사법부가 주도한 것이었다. "일련의 판결들이 시민권의 정치적 및 경제적 가치를 낮추면서, 정부들이, 특히 주들이 그와 같은 지위에 바탕해 특정한 법적 권리와 경제적 혜택을 부여하는 것을 금지시켰다."[76]

세 부류의 권리와 혜택이 미국에서 사람들에게 중요성을 갖는다. 헌법에 규정된 권리와 자유. 정부가 제공하는 경제적 권리, 특권, 그리고 혜택. 그리고 정치와 정부에 참여하는 권리이다. 후자의 경우에만 시민과 비시민에게 상당한 차이를 적용시킨다. 헌법에 규정된 권리와 자유는, 미국에서 사람들이 갖는 지위에 관계없이, 거의 모두가 그들에게 부여된다. 그래서 적어도 9·11사태 전에는 "모든 사람들이 형사 및 민사 소송의 적절한 절차를 보장받고, 표현과 종교의 자유에 관한 '1차 수정헌법'의 보호를 받고, 형사 재판에서 변호사의 도움을 받고, 부당한 압수와 수색에서 벗어날 수 있었다."[77] 9·11사태 후에는 안보의 우려 때문에 시민과 비시민의 일부 중요한 차이들이 법적으로 규정되었고, 이것은 장기적으로 그런 차이들의 해소로 향하는 보다 일반적 추세를 고치거나 되돌릴 수도 있다.

경제적인 권리, 혜택, 그리고 기회 등과 관련해서, 사법부는 대체로 특정한 직업이나 경제적 혜택을 시민에게만 부여하는 주의 법들을 무효화시켰다. 중요한 판결인 1971년의 '그래험 대 리처드슨' 재판에서, 대법원은 '외국인'이 헌법적으로 '의심스런 분류'이므로 주들이 주민들을 구분할 때 사용해서는 안 된다고 판시했다. 외국인에 대한 경제적 혜택을 제한하려는 두 가지 시도가 1990년대에 이루어졌다. 하지만 둘 모두 목표를 달성하지 못했다. '제안 187'은 59퍼센트의 찬성과 41퍼센트의 반대로 통과된 캘리포니아의 주민투표 안건으로서, 불법적인 이민자들과 그 아이들에게 건강, 교육, 그리고 복지 혜택을 거부했다. 이 제안의 교육 관련 규정은 1982년의 대법원 판결로 무색해졌는데, 이 판결은 불법 이민자들의 아이들을 공립학교에서 배제시키려는 텍사스의 시도를 무효화했다. 제안은 또 이민자 규제와 관련한 의회의 권한을 침해하는 것으로 도전받았다. 하나의 작은 예외를 제외하고, 혜택을 거부하는 제안의 규정들은 시행되지 못했다. 2년 후인 1996년에 의회는 합법적 이민자들에게 복지 수당과 식권 지급을 금지시켰다. 그러나 이런 조치들도 그후 몇 년 동안 무력화되었고, 복지 혜택의 거부는 미래의 이민자들에게만 국한되었다.

이 법의 비판자였던 피터 스피로에 따르면, 이와 같은 1996년 법의 무력화는 "대단한" 것이었고, 그 법은 "시민권에 의한 차이가 계속해서 줄어드는 장기적 추세에서 사소한 잡음에 불과한" 것이었다. 또 다른 권위자인 알렉산더 알레인코프는 2000년에 그런 상황을 이렇게 요약했다.

정착한 이민자들은 대체로 대부분의 미국 시민들과 차이가 없는 생활을 한다. 비록 투표는 할 수 없고 일부 공직에 자격은 없지만, 그들은 일하고, 재산을 소유하고, 재판을 받을 수 있고, 대부분의 전문직 종사자가 될 수

있고, 미국 시민과 같은 수준의 헌법적 권리를 행사한다.[78]

정치와 정부는 여전히 시민과 비시민 사이에 상당한 차이가 존재하는 영역이다. 비시민은 보안상의 이유 때문에 일부 공직에서 배제된다. 이들은 투표를 하거나, 선출직 공무원이 되거나, 사법부의 일원이 될 수 없는 경우가 많다. 이와 같은 정치적 제약은 중요하며, 역시 공격을 받고 있다. 19세기에 외국인들은 많은 주에서 투표를 할 수 있었다. 1920년대에 참정권은 시민에게만 허용되었다. 그러나 유럽의 많은 나라들에서는 비시민도 지역의 선거에서 투표할 권리를 얻었다. 이를테면 덴마크, 핀란드, 아일랜드, 네덜란드, 노르웨이, 스웨덴, 그리고 스위스의 일부 지방정부들이었다. 미국에서도 많은 지역들에서 비슷한 참정권의 논란이 있었고, 일부 지역들은 외국인의 투표권을 인정했다. 특히 멕시코계 미국인 공동체의 지도자들은 (불법적인 이민자들을 포함해) 외국인들의 참정권을 요구하는 데 적극적이었고, 카스테냐다는 멕시코의 외무장관이 되기 전에 그와 같은 입장을 옹호했다. L.A. 교육위원회의 지도자는 이렇게 얘기했다. "전에는 백인들만이 투표를 할 수 있었다. 이제는 시민권의 측면에서 그와 같은 선을 넘어야만 한다."[79]

시민이 되는 데 필요한 요건의 완화는 시민권을 신청하는 사람들의 수를 늘릴 것이다. 그러나 시민과 비시민의 권리와 특권에서 차이가 줄어드는 것은 시민권을 얻어야 할 동기를 감소시킬 것이다. 이와 같은 두 가지 추세 중에서 어느 것이 더 큰 영향을 끼쳤을까? 일반적으로, 유럽과 미국 모두에서 20세기 후반에 귀화율은 낮은 편이었다. 미국의 귀화율은 또 캐나다에 비해서 상당히 낮은 수준이다.[80] 이와 같은 차이에는 물론 많은 요인들이 작용하겠지만, 상대적으로 온건한 미국의 귀화 요건이 이민자들의 미국 귀화에 자극제가 된다고 보기는 어렵다. 보다 근본적으로, 미국은 20세기 후반에 귀화율이 크게 떨어지는 상황을 경험했다. 미국에서 외국인들의 귀화율은 1970년의 63.6퍼센트에서 2000년의 37.4퍼센트로 떨어졌다. 미국에 거주한 지 20년이 넘는 사람들의 귀화율은 1970년의 89.6퍼센트에서 2000년의 71.1퍼센트로 낮아졌다. 이중적인 시민권은 귀화의 자극제가 되지만, 귀화를 원치 않는 이민자들은 점점 더 늘고 있다.

예외적인 상황은 정부의 경제적 혜택을 얻거나 유지하기 위해 귀화가 필요하다고 여겨질 때이다. 두 가지 사건이 적어도 일시적으로 귀화율의 증가를 초래했다. 1994년부터 1995년까지 시민권 신청자의 수는 75퍼센트 이상이나 높아졌다. 신청의 승인은 1995년부터 1996년까지 100퍼센트 이상 높아졌지만, 신청의 거부는 1995년의 46,067건에서 1996년의 229,842건으로 5배나 증가했다. 이렇게 극적인 변화는 기본적으로 두 가지 요인 때문이었다. 첫째, 1986년의 '이민 개혁 및 통제법'으로 인해, 300만 가량의 불법 이민자들이 1994년에 귀화 신청 자격을 얻게 되었다. 둘째, 외국인들에게 주어지는 정부의 경제적 혜택은 1994년에 캘리포니아의 '제안 187'과 1996년에 의회의 '복지 개혁법'으로 인해 취약성이 드러났다. 이와 같은 상황 변화는 시민과 비시민에게 주어지는 경제적 혜택의 차이가 더 커질 것임을 예고했다. 그러자 귀화 신청이 봇물을 이루었다. 이와 같은 "귀화의 급증은 미국 역사에서 전례가 없는 것이었다." 1996년에 귀화한 외국인들은 종종 자신들의 동기를 솔직하게 고백했다. 어떤 멕시코계 미국인 이민자 행동가에 따르면, 캘리포니아의 '제안 187'은 "잠자는 거인을 깨우는 종소리 같은 것이었다." 시민권의 이와 같은 급증은 선택에 의한 귀화가 아니었다. 그것은 존스-코리어의 표현에 따르면 "협박에 의한 귀화였다."[81] 1997년 후에 승인된 신청 건수와 청원 건수는 떨어졌지만, 그래도 여전히 1995년 이전에 비하면 높은 수준이었다.

9·11사태는 많은 비시민 이민자들이 새로운 나라에 대해 더 깊은 정체성을 느끼게 만들었고, 뒤를 이은 정부의 비시민 감시와 송환은 시민권 청원을 급격하게 증가시켰다. 국토안보부는 2001년 7월 1일부터 2002년 6월 30일까지 700,649건의 시민권 청원이 접수되었다고 보고했는데, 전년도에는 이것이 501,646건이었다. 그러나 이와 같은 40퍼센트의 증가는 부분적으로, 추측컨대 시민권 심사가 더욱 철저하게 진행되었기 때문에, 실제로 승인된 비율의 6퍼센트 감소로써 상쇄되었다.[82]

시민과 비시민의 차이 감소, 전반적인 귀화율 하락, 그리고 1990년대 중반의 귀화 급증은 모두가 정부의 물질적 혜택이 이민자들의 결정에 끼치는 영향의 중요성을 보여준다. 이민자들이 시민이 되는 것은 미국의 문화와 '신조'에 끌려서가 아니라, 정부의 복지 혜택과 적극적 행동 프로그램에 끌려서이다. 이것들이 비시민에게도 유효하다면, 시민권을 얻는 동기는 약해진다. 피터 스피로의 표현에 따르면, 시민권은 또 하나의 "연방 사회복지 혜택"이 되고 있다.[83] 그러나 시민권은 혜택을 얻는 데 필요하지 않다면 거추장스러운 것이다. 피터 셔크와 로저스 스미스는 이렇게 주장한다. "이제는 시민권이 아니라 복지국가 회원권이 더 중요해지고 있다.…… 정치적인 공동체의 일원이 아니라 복지국가의 일원이 보다 중요하고 핵심적인 것이다. 전적으로 공공 혜택에 의존하는 일부에게 그것은 말 그대로 삶과 죽음의 문제이다."[84]

그와는 다른 관점에서 조셉 캐런즈는 이렇게 묻는다. "충성심, 애국심, 그리고 정체성은 어떠한가? 우리는 이민자들이 미국에 헌신하도록 요구할 수 없는가?" 그러고는 이렇게 대답한다. "규범적인 측면에서 우리는 그와 같은 요구를 하지 말아야 한다." 이와 같은 견해는 시민권에 관한 학계와 지식인 계층의 생각에 널리 퍼져 있다. 이민자들은 '규범적인 측면에서' 충성심과 애국심을, 그리고 미국에 대한 '헌신'과 정체성을 요구받아서는 안 된다.[85] 이와 같은 시민권 거부는 시민권이 미국인에게 갖는 의미가 극적으로, 그리고 상징적으로 변했음을 보여준다. 미국의 시민권이 갖는 의미를 부정하는 사람들은 그동안에 미국이었던 문화적 및 정치적 공동체의 의미도 부정한다.

미국화의 대안

20세기 말에 이르러 동화는 더 이상 미국화만을 뜻하지 않았다. 그것은 다른 형태일 수도 있었고 실제로도 그러했다.

일부 이민자들에게 그것은 부분적 동화, 그러니까 미국의 주류 문화와 사회가 아니라 미국 사회의 하부국가적이고 종종 한계적인marginal 부분에의 동화이다. 특히 아이티계 이민자들은 이와 같은 방향으로 움직이라는 압력에 직면했다. 예를 들면 뉴욕시와 마이애미, 그리고 일리노이의 이번스톤에서, 아이티계 이민자들과 미국인 흑인들 사이에 동화에 관한 긴장이 존재했다. 1세대의 아이티계 이민자들은 자신들이 미국인 흑인들보다 이민자 흑인들로서 더 높은 지위를 갖는다고 보았고, (메리 워터즈의 지적에 따르면) 후자를 종종 "게르고, 방종하고, 인종적 편견에 사로잡힌, 가족과 자녀 부양에 대해 방종하고 자유방임적인 태도를 갖고 있는" 사람들로 깔보았다. 그러나 이들의 아이들은 또래집단으로부터 미국인 흑인들의 소수파 하부문화를 수용하고 "미국인이기보다 흑인 미국인이" 되라는 압력을 받았다.[86]

미국화의 두 번째 대안은 사실상의 비동화非同化, 그러니까 미국에서 이민자들이 갖고 왔던 사회적 제도와 문화를 영원히 보존하는 것이다. 이것은 19세기의 독일인 이민자들이 취했던 "함께 살지만 속하지는 않는다 in-but-not-of" 선택, 그러니까 독일계 미국인이 아니라 "미국에서 사는 독일인"이 되겠다는 선택과 같은 것이다. 다만 이제는 그것이 상대적으로 고립된 농촌 마을에서 사는 선택이 아니라, 남부 플로리다의 쿠바인들과 남서부의 멕시코인들처럼 지역적으로 집중된 공동체들에 사는 선택일 것이다.

세 번째 가능성은 앰퍼샌드 대안으로서, 현대적인 통신과 교통을 활용해 이중적인 충성, 이중적인 국적, 그리고 이중적인 시민권을 유지하는 것이다. 이것의 한 가지 결과는 디아스포라 diaspora, 즉 국경을 넘나드는 초국가적 문화적 공동체의 출현이다.

이와 같은 대안들을 다음 장들에서 자세하게 설명한다.

9.
멕시칸 이민과 히스패닉화

멕시칸과 히스패닉의 도전

　20세기 중반에 이르러 미국은 앵글로-개신교도 주류 문화가 많은 하부 문화들을 끌어안고 그와 같은 주류 문화에 공통의 정치적 신조가 뿌리내리는 다민족, 다인종 사회가 되었다. 20세기 후반에 (만일 계속된다면) 미국을 국가적 언어가 둘인, 문화적으로 양분된 앵글로-히스패닉 사회로 바꿀 수도 있는 변화들이 일어났다. 이와 같은 추세는 부분적으로 지식인들과 정치인들 사이에서 다양성과 다문화주의의 이념들이 인기를 얻고, 그와 같은 이념들에 바탕한 이중언어 교육과 적극적 행동을 정부의 정책들이 뒷받침한 데서 비롯되었다. 그러나 문화적 양분화 bifurcation로 향하는 이런 추세의 숨은 동력은 중남미와 특히 멕시코에서 들어오는 이민이었다.

　멕시코에서 들어오는 이민은 미국이 1830년대와 1840년대에 무력으로 멕시코에게서 빼앗은 지역들의 '인구적 재정복demographic reconquista' 으로 향하는 것이다. 이것은 그런 지역들을 남부 플로리다에서 일어났던 쿠바화Cubanization와 같지는 않아도 비슷한 방식으로 멕시코화시키는 Mexiconizing 것이다. 이것은 또 멕시코와 미국의 경계선을 애매하게 만들면서 전혀 다른 문화를 유입시키고, 그와 동시에 일부 지역들에서 미국 반half-American 멕시코 반half-Mexican의 혼합된 사회와 문화를 등장시키는 것이다. 다른 중남미 국가들에서 들어오는 이민과 함께, 이것은 또 미국 전역에서 히스패닉화Hispanization를 촉진시키고 앵글로-히스패닉 사회에 적합한 사회적, 언어적, 그리고 경제적 관행을 만드는 것이다.

멕시칸 이민이 이런 결과를 야기시키는 것은 기본적으로 두 가지 차이점 때문이다. 첫째, 멕시칸 이민의 특성은 과거에 다른 나라들에서 들어왔던, 그리고 현재 들어오고 있는 이민과 다르다. 둘째, 멕시칸 이민자들과 그 후손들이 미국 사회에 동화되는 정도는 과거에 다른 이민자들이 그랬던, 그리고 현재 비히스패닉 이민자들이 하고 있는 것과 다르다.

멕시칸 이민은 왜 다른가

현대의 멕시칸 이민은 미국의 역사에서 전례가 없는 것이다. 과거 이민의 경험과 교훈은 그것의 역동성과 결과들을 이해하는 데 별 도움이 되지 않는다. 멕시칸 이민이 과거의 이민, 그리고 현대의 다른 대부분의 이민과 다른 것은 다음과 같은 여섯 가지 요인 때문이다.

인접성 미국인들이 생각해왔던 이민은 자유의 여신상과 엘리스 아일랜드, 그리고 보다 최근에는 이를테면 케네디 공항으로 상징된다. 이민자들은 종종 수천 마일의 바다를 건넌 후에 미국에 도착했다. 이민자들과 이민 정책에 대한 미국인들의 태도는 그와 같은 이미지로 규정되어왔고, 아직도 상당한 정도로 규정되고 있다. 그러나 이와 같은 전제들과 정책들은 멕시칸 이민에 거의 관련성이 없다. 미국은 이제 미국 인구의 3분의 1을 넘는 가난한 인접 국가의 사람들이 대규모로 들어오는 상황에 직면해 있다. 이들은 역사적으로 육지의 경계선과 얕은 강만으로 구분되는 2천 마일의 국경을 넘어 들어온다.

이와 같은 상황은 미국에도 독특한 것이고 세계적으로도 독특한 것이다. 어떤 선진국도 개발도상국과 육지의 경계선을, 그것도 2천 마일이나 되는 경계선을 공유하고 있지 않다. 일본, 호주, 뉴질랜드는 섬나라이다. 캐나다는 미국과만 국경을 접하고 있다. 서유럽 국가들이 개발도상 국가들과 가장 가까운 경우는 지브롤터 해협을 사이에 둔 스페인과 모로코, 그리고 오트란토 해협을 사이에 둔 이탈리아와 알바니아이다. 멕시코와 미국의 긴 국경선이 갖는 의미는 양국의 경제적인 차이로 인해서 한층 더 커진다. 데이비드 케네디는 이렇게 지적한다. "미국과 멕시코의 소득 격차는 세상에서 두 인접국 간의 가장 큰 격차이다."[1] 이민자들이 2천 마일의 열린 바다가 아니라 2천 마일의 대체로 열린 국경을 넘는 것은 이민의 규제와 통제, 국경 간 공동체의 등장으로 인한 국경의 약화, 미국의 남서부와 나아가 미국 전체의 사회, 문화, 경제, 그리고 주민들에게 엄청난 영향을 끼친다.

숫자 다른 이민도 그렇지만 멕시칸 이민도 그 원인은 출신국의 인구적, 경제적, 정치적 역학관계와 미국의 경제적, 정치적, 사회적 매력에서 비롯된다. 그러나 인접성은 분명히 이민을 촉진시킨다. 멕시칸들에게 이민의 비용, 도전, 그리고 위험은 다른 사람들보다 훨씬 더 적다. 이들은 쉽게 멕시코를 왕래하고 그곳의 가족이나 친구들과 접촉을 유지할 수 있다. 이와 같은 요인들의 도움을 받아 멕시칸 이민은 1965년 후에 꾸준하게 증가했다. 미국에 들어온 멕시칸의 합법적 이민자 수는 1970년대에 640,000, 1980년대에 1,656,000, 그리고 1990년대에 2,249,000명에 달했다. 이 30년의 기간 동안 멕시칸 이민은 전체 이민의 14퍼센트, 23퍼센트, 그리고 25퍼센트를 차지했다. 이와 같은 비율은 1820~1860년에 아일랜드에서, 그리고 1850년대와 1860년대에 독일에서 들어온 이민자들의 비율에 미치지 못한다.[2] 하지만 이것은 1차대전 전의 분산 정도가 높았던 이민, 그리고 현대의 다른 이민들에 비하면 상당히 높은 것이다. 그리고 여기에다 매년 불법적으로 미국에 들어오는 엄청난 수의 멕시칸들도 보태야만 한다.

1960년에 5대 주요 출신국들에서 태어난 합법적 이민자들의 국가별 분포는 상대적으로 고른 것이었다. 그것은 다음과 같았다.

이탈리아	1,257,000명
독일	990,000명
캐나다	953,000명
영국	833,000명
폴란드	748,000명

2000년에 상위 5개 국가들에서 태어난 합법적 이민자들의 국가별 분포는 그와 사뭇 다른 것이었다. 그것은 다음과 같았다.

멕시코	7,841,000명
중국	1,391,000명
필리핀	1,222,000명
인도	1,007,000명
쿠바	952,000명

40년의 기간 동안 외국 태생의 이민자 수는 엄청나게 늘었고, 아시아와 중남미 출신들이 유럽과 캐나다 사람들을 대체했고, 국가별 분포는 하나의 지배적인 나라로 극적인 변화를 보였다. 그것은 멕시코였다. 멕시칸 이민은 2000년에 외국 태생 전체 이민자들의 27.6퍼센트를 차지했다. 다음으로 많은 나라는 중국과 필리핀인데, 이들 국가 출신의 이민자들은 외국 태생 인구의 4.9퍼센트와 4.3퍼센트에 불과했다.[3]

1990년대에 멕시칸은 또 미국에 들어온 중남미 이민자들의 절반을 넘었으며, 중남미 이민자들은 1970~2000년에 본토의 미국에 들어온 전체 이민자의 절반가량을 차지했다. 2000년에 미국 전체 인구의 12퍼센트를 구성했던 히스패닉은 (그중에서 3분의2가 멕시코 출신인데) 2000~2002년에 10퍼센트 가까이 증가했고, 흑인들보다 숫자가 더 많아졌다. 이들은 2040년이 되면 인구의 25퍼센트까지 높아질 것으로 추산된다. 이와 같은 변화는 이민뿐만 아니라 출산율 때문이기도 하다. 2002년에 미국 사람들의 출산율은 비히스패닉계 백인이 1.8, 흑인이 2.1, 그리고 히스패닉이 3.0이었다. "이것은 개발도상국의 전형적 특성"이라고 〈이코노미스트〉는 지적했다. "대다수의 중남미 사람들이 10년이나 20년 후에 가장 높은 임신율을 보이는 상황에서, 미국의 중남미계 인구는 급증할 것이다."[4]

19세기 중반에 이민은 영국제도에서 건너온 영어 사용자들이 지배했다. 1차대전 전의 이민은 언어적으로 분산의 정도가 높았고, 많은 사람들이 이탈리아어, 폴란드어, 러시아어, (유대인들의) 이디시, 영어, 독일어, 그리고 그밖의 말들을 사용했다. 1965년 이후의 이민은 위의 두 이민 파도 모두와 다르다. 이제는 절반 이상이 하나의 비영어 언어를 사용하기 때문이다. 미국에 들어오는 이민의 히스패닉 지배는 (마크 크리코리언의 지적대로) "미국의 역사에서 전례가 없는 것이다."[5]

불법성 미국에 들어오는 불법 입국의 상당 부분은 1965년 이후의, 그리고 멕시칸과 관련된 현상이다. 헌법이 만들어진 후의 100여 년 동안 불법 이민은 사실상 불가능했다. 그래서 불법 이민을 제한하거나 금지하는 국가적 법률은 없었고, 몇몇 주에서만 온건한 규제를 가했다. 그후의 90년 동안 불법 이민은 수적으로 미미했다. 배로 들어오는 이민자들을 통제하는 것은 쉬웠고, 엘리스 아일랜드에 도착한 사람들 중에서 상당수는 입국이 거부되었다. 그러다가 1965년에 새 이민법이 제정되고, 교통수단이 점점 더 좋아지고, 여러 요인들이 멕시칸들의 출국을 자극하면서 상황은 극적으로 변했다. 미국의 국경순찰대가 체포한 사람들의 수는 1960년대의 160만에서 1980년대의 1,190만으로, 그리고 1990년대의 1,290만으로 급증했다. 매년 불법적으로 들어오는 멕시칸 숫자의 추정치는 1990년대에, 양국가적 멕시칸-아메리칸 위원회의 105,000명에서 이민귀화국의 350,000명에 이르기까지 다양하다. 그리고 1975년 이후에 멕시칸 이민자들의 3분의2는 미국에 불법 입국을 한 것으로 추정되고 있다.[6]

1986년의 '이민 개혁 및 통제법'은 기존에 들어온 불법 입국자들의 지위를 합법화시키고, 고용자 처벌 같은 조치를 통해 향후의 불법 이민자를 줄이려 했다. 전자의 목표는 달성되었다. 310만 명가량의 불법 이민자들이 (그중에서 90퍼센트는 멕시코 출신인데) 미국의 합법적인 '영주권' 거주자가 되었다. 후자의 목표는 달성되지 못했다. 불법 이민자의 전체 숫자 추정치는 1995년의 400만에서 1998년의 600만으로, 그리고 2003년에는 800만 내지 1,000만으로 높아졌다. 멕시칸은 1990년에 미국 내 전체 불법 거주자의 58퍼센트를 차지했고, 2000년에는 그것이 69퍼센트로 높아져 불법 거주 멕시칸은 480만으로 추정되었다.[7] 2003년에 불법적인 멕시칸의 숫자는 그 다음으로 많았던 엘살바도르 사람들의 25배에 달했다. 불법적인 이민은 압도적으로 멕시칸 이민이다.

1993년에 클린턴 대통령은 사람들의 조직적인 밀수가 "국가 안보에 위협이 되고 있다"고 선언했다. 불법적인 이민은 미국의 사회적 안보에 한층 더 큰 위협이다. 이와 같은 위협을 야기시키는 경제적 및 정치적 요인들은 다양하고 지속적이다. 그와 비슷한 어떤 것도 미국의 역사에서 일어난 적이 없다.

지역적 집중화 앞에서도 보았듯이 '건국의 아버지들'은 분산이 동화에 필수적인 것이라고 보았으며, 과거에는 늘 그랬고 지금도 대부분의 비히스패닉 이민에서는 그러하다. 그러나 히스패닉 이민은 지역적으로 집중되는 경향이 있다. 멕시칸은 남부 캘리포니아에, 쿠바인은 마이애미에, 도미니카와 (엄밀하게 말하면 이민자가 아닌) 푸에르토리코 사람들은 뉴욕시에 밀집해 있다. 1990년대에 집중화가 심한 이들 지역들에서 히스패닉의 비율은 계속해서 높아졌다. 그와 동시에 멕시칸을 비롯한 히스패닉은 다른 곳에서도 교두보를 만들고 있었다. 비록 절대적인 숫자는 적은 경우가 많지만, 1990~2000년에 스페인어 사용자의 증가율이 가장 높았던 지역들은 북캐롤라이나(449%), 아칸소, 조지아, 테네시, 남캐롤라이나, 네바다, 그리고 앨러배머(222%)였다. 히스패닉은 또 여러 곳의 개별 도시들과 마을에서도 인구의 집중화를 보였다. 2003년에 코네티컷 하트포드에서 인구의 40퍼센트 이상은 (주로 푸에르토리코 사람들인) 히스패닉이었다. 이것은 흑인 인구의 비율인 38퍼센트를 능가하는 것으로서 "캘리포니아, 텍사스, 콜로라도, 그리고 플로리다 외의 지역에서 주요 도시들 가운데 가장 높은 비율이었다." 처음으로 이 도시의 히스패닉 시장이 된 사람은 이렇게 주장했다. "하트포드는 일종의 중남미 도시가 되었다. 이와 같은 현상은 앞으로도 계속될 것이며," 그 결과 스페인어는 점점 더 상업과 관청의 언어가 될 것이었다.[8]

그러나 히스패닉의 집중률이 가장 높은 곳은 남서부, 그중에서도 캘리포니아이다. 2000년에 멕시칸 이민자들의 3분의2 가량은 서부에 살았고, 그중에서 절반가량은 캘리포니아에 살았다. L.A. 지역에는 많은 나라들에서 온 이민자들이 살고 있으며, 다른 곳과 구별되는 코리아타운, 베트남 사람들이 주로 사는 마을, 그리고 '몬터레이 파크'에는 아시아계 사람들이 다수파인 최초의 미국 본토 도시라고 알려진 도시가 있다. 그러나 캘리포니아에 거주하는 1세대 이민자들의 출신국 분포는 미국의 다른 지역들과 상당히 다르다. 이곳에서는 멕시코 출신 이민자들이 유럽의 모든 나라와 아시아의 모든 나라 사람들을 합친 것보다도 많다. L.A.에서는 주로 멕시칸인 히스패닉이 다른 나라 사람들을 압도한다. 2000년에 L.A.에서 히스패닉의 64퍼센트는 멕시코 출신이었고, L.A. 주민들의 46.5퍼센트는 히스패닉이었으며, 비히스패닉 백인들의 비율은 29.7퍼센트였다. 2010년이 되면 히스패닉은 L.A. 인구의 60퍼센트를 구성할 것으로 예상된다.[9]

대부분의 이민자 집단들은 현지인들보다 출산율이 높으며, 그래서 이민의 영향은 학교에서 크게 느껴진다. 뉴욕의 다양한 이민자 분포는 교사들이 수업 시간에, 집에서 사용하는 언어가 20개에 달하는 학생들을 가르쳐야 하는 문제를 야기시킨다. 반면에 히스패닉 아이들은 남서부의 많은 도시들에서 학생들의 상당수를 차지한다. 캐트리나 버지스와 에이브러헴 로웬설은 멕시코와 캘리포니아의 관계를 분석한 1993년의 연구에서 L.A.에 대해 이렇게 얘기했다. "미국의 주요 도시에서 어떤 학교 시스템도 단 하나의 외국에서 그렇게 많은 학생들이 유입된 경험을 한 적이 없다. L.A.의 학교들은 멕시칸 학교가 되고 있다." 2002년에 'L.A. 통합 교육구'에 속한 학생들 중에서 71.9퍼센트는 주로 멕시칸인 히스패닉이었고, 이와 같은 비율은 점점 더 커지고 있다. 반면에 비히스패닉 백인 학생들의 비율은 9.4퍼센트였다. 2003년에는 1850년대 이후 처음으로, 캘리포니아에서 태어난 아이들의 절대다수가 히스패닉이었다.[10]

데이비드 케네디의 지적에 따르면, 전에는 "이민 파도의 다양성과 분산이" 동화를 촉진시켰다. "그러나 이제는 하나의 거대한 이민 파도가 하나의 문화적, 언어적, 종교적, 그리고 국가적 특성을 갖는 지역으로 밀려들고 있다. 그것은 멕시칸이다.…… 심각한 사실은, 미국은 현재 남서부 지역에서 일어나고 있는 것과 비슷한 것을 경험한 적이 없다."[11] 또 하나 심각한 것은, 이민자들의 집중도가 높을수록 동화의 속도와 완성도는 낮다는 사실이다.

지속성 앞에서도 보았듯이, 과거의 이민 파도들은 가라앉았고 출신국들의 비율은 크게 달라졌다. 그러나 현재의 이민 파도는 가라앉을 기미가 보이지 않으며, 멕시칸이 차지하는 절대적 비율은 큰 전쟁이나 불황이 없는 상태에서 한동안 계속될 것으로 보인다. 보다 장기적으로, 멕시칸 이민은 멕시코의 생활수준이 미국과 비슷해질 때 줄어들 수도 있다. 2000년에 미국의 1인당 GDP는 멕시코의 9배 내지 10배였다. 이와 같은 차이가 3배 내지 1배로 줄어든다면, 이민의 경제적 동기 역시 상당히 줄어들 수 있다. 그러나 가까운 미래에 그런 상황이 찾아오려면, 멕시코의 경제 성장은 미국을 크게 능가하는 아주 높은 속도로 이루어져야 한다. 설사 이렇게 된다 해도, 경제 발전은 그 자체로서 반드시 이민의 동기를 줄인다고 볼 수 없다. 19세기에 유럽이 빠르게 산업화되고 1인당 소득이 크게 높아졌을 때도 5천만의 유럽인들이 북미와 중남미, 아시아, 그리고 아프리카로 이민을 떠났다. 하지만 경제 발전과 도시화는 출생률을 감소시켜 이민자들의 수를 줄일 수도 있다. 멕시코의 출산율은 계속해서 떨어지고 있다. 이것은 1970~1975년에 6.5였는데, 1995~2000년에 2.8로 절반 이상 감소했다. 그러나 2001년에 멕시코 정부의 '국가 인구 위원회'는 이와 같은 변화가 즉시 중요한 영향을 끼치지는 않을 것이며, 전체적인 이민자 수는 2030년까지 연평균 400,000 내지 515,000이 될 것 같다고 예측했다.[12] 그때쯤이면 50년 이상의 높은 이민 수준이 미국의 인구 특성을, 그리고 멕시코와 미국의 인구적 관계를 극적으로 바꿔놓았을 것이다.

지속적인 이민의 높은 수준은 세 가지 중요한 결과를 초래한다. 첫째, 이민은 이민을 낳는다. 마이론 와이너는 이렇게 얘기한다. "이민에서 단 하나의 법칙이 있다면, 그것은 한번 시작된 이민은 스스로 흐름을 만든다는 것이다. 이민자들은 고향에 있는 친구나 친척들에게 이민에 관한 정보, 이주를 돕는 자원, 그리고 일자리와 주택의 지원을 제공해 그들의 이민을 쉽게 한다." 그것의 결과는 "매번 다음의 이민자 집단들에게 이민이 더 쉬워지는 연쇄 이민이다."[13]

둘째, 이민의 지속 기간이 길어질수록 그것을 정치적으로 멈추기는 더 어려워진다. 이민자들은 종종 일단 들어오면 뒤에 있는 문을 닫고 싶어하는 경향이 있다. 그러나 집단적 측면에서는 그와 다른 역학관계가 작용한다. 이 문제에 관한 이민자 집단 엘리트들의 견해는 종종 일반적인 이민자들과 크게 다르다. 재빨리 이민자 연합체가 결성되며, 이들은 이민자 권리와 혜택의 증진을 위해 정치적인 로비를 한다. 그래서 이들은 곧 정치적인 영향력 확대를 위해 더 많은 이민을 권장한다. 이민자들의 정치적인 영향력이 커지면, 정치인들이 이민자 집단의 엘리트들에 반하는 행동을 하기는 더 어려워진다. 다양한 이민자 집단의 대표들이 서로 연대하면서 경제적, 이념적, 혹은 인본적 이유들 때문에 이민을 지원하는 사람들로부터 지지를 얻어낸다. 이와 같은 연대가 달성하는 입법적 성공의 혜택은 당연히 가장 큰 이민자 집단, 즉 멕시칸들에게 가장 많이 돌아간다.

셋째, 지속적으로 높은 수준의 이민은 동화를 더디게 하고 때로는 방해한다. 배리 에드몬스톤과 제프리 패슬은 이렇게 주장한다. "새로운 이민의 계속적인 유입은, 특히 이민자들이 많은 지역에서, 이민자들과 그 아이들이 자신들의 언어를 유지하게 만든다." 마크 팰코프의 주장에 따르면, 그 결과 "스페인어를 사용하는 사람들은 미처 동화되기 전에 계속해서 새로운 사람들을 받게 되고, 그래서 스페인어의 광범위한 사용은 미국에서 장기적으로도 변하지 않을 현실이다."[14] 앞에서도 보았듯이, 남북전쟁 후에 아일랜드와 독일인 이민의 감소와 1924년 후에 남부 및 동부 유럽인들의 급격한 이민 감소는 그들의 미국 사회 동화를 촉진시켰다. 현재의 이민 수준이 지속된다면 충성심, 헌신, 그리고 정체성의 그와 같은 변화는 멕시칸 이민자들에게 기대하기 어렵고, 과거의 위대한 동화 성공 스토리는 멕시칸들에게 적용되기 어렵다.

역사적 사실 미국의 역사에서 어떤 다른 이민자 그룹도 미국의 영토에 역사적인 소유권 주장을 하거나 할 수 있었던 적이 없었다. 멕시칸들과 멕시칸 미국인들은 그렇게 할 수 있고 그렇게 하고 있다. 텍사스, 뉴멕시코, 애리조나, 캘리포니아, 네바다, 그리고 유타의 거의 전부는 1835~1836년의 '텍사스 독립 전쟁'과 1846~1848년의 '멕시칸-아메리칸 전쟁'으로 인해서 멕시코가 그것들을 잃기 전에 멕시코의 일부였다. 멕시코는 미국이 침공하고, 수도를 점령하고, 해병대를 '몬테수마 전당'에 배치하고, 영토의 절반을 합병한 유일한 나라이다. 멕시칸들은 이런 사건들을 잊지 않고 있다. 그리고 일견 당연하게, 그들은 이런 영토들에 대해서 특별한 권리를 갖고 있다고 느낀다. 피터 스커리는 이렇게 얘기한다. "다른 이민자들과 달리, 멕시칸들은 미국에 군사적으로 패배한 이웃 나라에서 이곳에 도착한다. 그리고 이들은 전에 자신들의 영토였던 지역에서 집중적으로 정착한다.…… 멕시칸 미국인들은 다른 이민자들과 달리 자신들의 땅에서 산다는 기분을 느낀다."[15] 그래서 멕시칸들은 미국의 정복 이전부터 존재해왔던 25개가량의 공동체에서 모여 산다. 북부 뉴멕시코와 리오 그랑데 근처의 옛날 멕시코 땅에서, 주민들의 90퍼센트 이상은 히스패닉이며 이중에서 90퍼센트 이상은 집에서 스페인어를 사용한다. 이런 지역들이 미국의 일부가 된 지 150년이 지난 후에, "사회와 공간에 대한 히스패닉의 문화적 및 인구적 지배력은 유지되고 있으며, 히스패닉의 동화는 상당히 약하다."[16]

학자들은 때로 미국의 남서부가 캐나다의 퀘벡처럼 될 수도 있다고 주장한다. 두 지역 모두 천주교 인구가 있었고 앵글로-개신교도 사람들이 정복했지만, 그것을 빼면 공통점은 거의 없다. 퀘벡은 프랑스에서 3천 마일이나 떨어져 있으며, 매년 수십만의 프랑스 사람들이 합법이건 불법이건 퀘벡에 들어오려 하지 않는다. 역사는 한 나라의 사람들이 이웃 나라의 영토에 소유권을 주장하고 그에 따라 특별한 권리를 요구하기 시작하면 심각한 충돌이 일어날 수 있음을 보여준다.

인접성, 숫자, 불법성, 지역적 집중화, 지속성, 그리고 역사적 사실은 모두가 멕시칸 이민을 다른 이민과 다른 것으로 만들고, 멕시코 출신의 사람들이 미국 사회에 동화되는 것과 관련해 문제를 야기시킨다.

멕시칸은 왜 동화되지 않는가

개인이나 집단, 혹은 세대의 동화를 측정하는 데 사용할 수 있는 기준은 언어, 교육, 직업과 소득, 시민권, 교차결혼, 그리고 정체성 등이다. 이와 같은 기준들의 거의 모든 것에서, 멕시칸 동화는 현대의 비멕시칸 이민자들과 과거의 수많은 이민자들보다 지연된다.

언어   역사적으로 언어 동화는 나름의 공통된 패턴을 보이는 경향이 있다. 대다수의 1세대 이민자들은 (영어 사용국에서 들어오지 않는 한) 영어에 유창해지지 못한다. 아주 어렸을 때 부모와 함께 오거나 미국에서 태어난 2세대는 영어와 모국어 모두에서 상대적으로 높은 실력을 갖게 된다. 반면에 3세대는 영어는 아주 유창하지만 모국어에 대해서는 아는 것이 거의 없고, 이것은 조부모들과의 의사소통에서 문제가 되지만, 종종 모국에 대한 관심 때문에 선조들의 언어를 배우고 싶은 마음이 수반된다.[17]

21세기 초에 멕시칸들의 언어 동화가 이런 패턴을 따를지는 분명하지 않았다. 멕시칸들의 이민 파도는 최근의 현상이기 때문에, 3세대의 비율은 상대적으로 아주 작은 것이었다. 그리고 영어 습득과 스페인어 유지에 관한 증거 역시 제한적이고 애매한 것이었다. 2000년에 2,600만 이상의 사람들이 (5세 이상은 10.5퍼센트) 집에서 스페인어를 사용했고, 이들 가운데 1,370만은 영어를 그렇게 잘 하지 못했는데, 이것은 1990년에 비하면 65.5퍼센트가 높아진 것이었다. 인구조사국의 어떤 자료에 따르면, 1990년에 멕시코 태생 이민자들의 95퍼센트는 집에서 스페인어를 사용했고, 이들 가운데 73.6퍼센트는 영어를 그렇게 잘하지 못했고, 멕시코 태생 이민자들의 43퍼센트는 언어적으로 고립되어 있었다.[18] 미국에서 태어난 2세대의 경우에 조사 결과는 사뭇 달랐다. 단지 11.6퍼센트만이 스페인어만을 사용했거나 영어보다 스페인어를 더 많이 사용했고, 25퍼센트는 두 언어 모두를 비슷하게 사용했으며, 32퍼센트는 스페인어보다 영어를 더 많이 사용했고, 30.1퍼센트는 영어만을 사용했다. 미국에서 태어난 멕시칸들 가운데 90퍼센트 이상은 영어를 유창하게 구사했다.[19]

따라서 1세대와 2세대 멕시칸들의 영어 사용과 구사력은 일반적인 패턴을 따르는 것으로 보인다. 그러나 두 가지 문제가 남아 있다. 시간이 지나면서 2세대 멕시칸 이민자들의 영어 습득이나 사용에 변화가 있었는가? 멕시칸 이민자 공동체의 급속한 확산에 비추어볼 때, 멕시코 출신 이민자들은 영어 사용과 구사력의 동기가 1970년에 그랬던 것보다 2000년에 줄어들었다고 볼 수도 있다. 둘째, 3세대는 영어를 유창하게 구사하고 스페인어는 거의 알지 못하는 전형적 패턴을 따를 것인가, 아니면 두 언어 모두를 유창하게 구사하는 2세대와 비슷해질 것인가? 2세대 이민자들은 종종 선조들의 언어를 무시하고 거부하며 부모들의 영어 소통 능력 부족에 심한 당혹감을 느낀다. 2세대의 멕시칸들이 이와 같은 태도를 공유할 것인지는 3세대가 스페인어에 대한 지식을 유지하는 정도에 큰 영향을 끼칠 것이다. 만일 2세대가 스페인어를 무시하고 거부하지 않는다면, 3세대도 이중언어적이 될 가능성이 높고, 두 언어 모두의 구사력은 멕시칸 미국인 공동체에서 제도화되어, 스페인어만 사용하는 새 이민자들의 지속적인 유입으로 강화될 것이다.

멕시칸 이민자들과 히스패닉의 절대다수는 (66 내지 85퍼센트는) 아이들이 스페인어에 유창해야 할 필요성을 강조해왔다. 이와 같은 태도는 다른 이민자 집단들의 태도와 대비된다. 어떤 연구 결과가 지적하듯이 "아이들의 모국어 사용과 관련해 아시아계 부모들과 히스패닉 부모들 사이에는 문화적 차이가 있는 것 같다."[20] 부분적으로 이와 같은 차이는 히스패닉 공동체의 크기가 모국어의 유창한 구사력을 권장하는 결과이다. 비록 2세대와 3세대의 멕시칸 미국인들과 그밖의 히스패닉들은 영어에 유창해지게 되지만, 이들은 또 일반적인 패턴에서 벗어나 스페인어의 구사력을 유지하는 것으로도 보인다. 영어만을 사용하면서 자란 2세대와 3세대의 멕시칸 미국인들은 성인이 되어 스페인어를 배웠고, 자신들의 아이들도 스페인어에 유창하게 될 것을 권장하고 있다. 뉴멕시코 대학교의 크리스 가르시아 교수에 따르면, 스페인어 구사력은 "모든 히스패닉이 자부심을 느끼고, 보호하고 권장하기를 원하는 한 가지이다."[21]

교육 멕시코 출신 이민자들의 교육은 미국의 일반적 상황과 크게 다르다. 2000년에, 미국에서 태어난 성인들의 86.6퍼센트는 고등학교 졸업장을 갖고 있었다. 미국에서 태어난 외국 태생의 사람들의 비율은 다양해서 유럽인이 81.3, 아시아인이 83.8, 그리고 아프리카인이 94.9퍼센트였던 반면, 모든 중남미계 미국인은 49.6, 그리고 멕시칸은 33.8퍼센트에 불과했다. 1990년에, 고등학교를 졸업한 멕시칸의 비율은 외국에서 태어난 전체 인구의 절반에 해당했다.[22] 1986년과 1988년의 '현재 인구 조사'에 따르면, 멕시코 출신 남성들의 평균 교육 기간은 7.4년으로서 쿠바인들의 11.2, 아시아 사람들의 13.7, 그리고 미국에서 태어난 비히스패닉 백인들의 13.1과 비교되었다. 프랭크 빈과 그의 동료들에 따르면, 전체적으로 멕시칸 이민자들의 평균은 "비히스패닉 이민자들이나 현지인native 들에 비해 5년 정도 부족했다." 멕시칸 이민자들의 교육 수준이 높아지고 있는지는 불확실해 보인다. 프랭크 빈의 연구는 1960~1988년에 멕시코에서 나중에 들어온 사람들은 "먼저 들어온 이민자들보다 교육 수준이 낮았다." 반면에 '퓨 히스패닉 센터'의 연구 결과에 따르면, 멕시칸을 비롯한 히스패닉 이민자들의 교육 수준은 1970~2000년에 크게 높아졌지만 "현지 태생 미국 인구의 교육 수준에는 여전히 미치지 못했다."[23]

분명한 것은 이후 세대의 멕시칸 미국인들은 교육 수준이 계속해서 떨어지고 있다는 점이다. 세 가지 비교가 관련성을 갖는다. 첫째, 제임스 스미스가 보여주었듯이, 19세기 후반과 20세기 초반에 태어난 이민자들의 후손인 3세대 멕시칸 미국인들은 평균적으로 부모들보다 교육 기간이 4

〈표 9-1〉 멕시칸 미국인들과 모든 미국인들의 교육 수준

	세대별 멕시칸 미국인 (1989-1990년)				나머지 모든 미국인 (1990년)
	1세대	2세대	3세대	4세대	
고등학교 미만	69.9%	51.5%	33.0%	41.0%	23.5%
고등학교 졸업	24.7%	39.2%	58.5%	49.4%	30.4%
고등학교 이상	5.4%	9.3%	8.5%	9.6%	25.2%
대학 졸업				3.5%	19.9%

년 정도 많았다. 그러나 가장 뒤에 있는 세대들의 경우에, 비록 3세대 멕시칸 미국인들의 교육 수준은 (12.29년으로서) 1세대 선조들의 (6.22년) 거의 배에 달하지만, 그것은 부모들의 (11.61년) 수준보다 1년도 많지가 않다.[24] 둘째, 스미스는 연속적인 세대들을 시간의 흐름에 따라 보았지만, 로돌포 드 라 가르자와 그의 동료들은 1989~1990년의 한 시점에서 여러 세대들을 비교했다. 그 결과는 〈표 9-1〉에 나와 있는데, 이것은 1세대와 2세대 사이에는 큰 차이가 있지만 3세대와 4세대에서는 약간의 개선과 일부 퇴보가 있음을 보여준다.

셋째, 〈표 9-1〉은 4세대의 교육 수준조차 1990년에 미국 평균보다 상당히 낮았음을 보여준다. 다른 연구들도 이와 같은 차이를 보여주었다. 1998년에 (미국의 주요 히스패닉 단체인) '라 라사 전국 협의회'에 따르면, 히스패닉 학생들은 10명 가운데 3명이 학교를 중퇴해 8명 가운데 1명인 흑인, 그리고 14명 가운데 1명인 백인들과 비교되었다. 2000년에 18세에서 24세 사이의 사람들 중에서 고등학교를 마친 비율은 백인이 82.4퍼센트, 흑인이 77퍼센트, 그리고 히스패닉이 59.6퍼센트였다. 프랭크 빈과 그의 동료들은 이렇게 결론내린다. "2세대와 3세대 멕시칸 미국인들 모두 평균적인 교육 수준이 비히스패닉 백인들보다 낮았고, 훨씬 더 높은 고등학교 중퇴율과 더 낮은 대학 진학률을 보였다." 인구학자인 윌리엄

프레이의 지적에 따르면, 1990년과 2000년 사이에 고등학교 중퇴율은 42개 주에서 감소했는데, 그것이 높아진 8개 주는 (알래스카를 빼고) "하나의 공통된 특성이 있었다. 즉, 중남미계 학생들의 중퇴율이 상당히 높아졌다." 뿐만 아니라, 프랭크 빈과 동료들의 보고에 따르면, "고등학교를 졸업한 후에 대학에 진학하는 히스패닉 학생들의 비율은 1973년보다 1990년에 훨씬 더 낮았다."[25]

21세기 초에 멕시칸 미국인들의 교육적 동화는 별로 나아진 것이 없었다.

직업과 소득 멕시칸 이민자들의 경제적 지위는, 어느 면에서 당연하게, 교육 수준과 비슷하다. 2000년에, 미국에서 태어난 취업 미국인들의 30.9퍼센트는 전문직과 관리직에 종사했다. 다양한 국가들에서 들어온 이민자들이 이와 같은 기준에 근접하는 정도는 나라마다 크게 다르다. 그것은 다음과 같다.[26]

캐나다	46.3%
아시아	38.7%
유럽	38.1%
아프리카	36.5%
중남미	12.1%
멕시코	6.3%

남부 플로리다와 남부 캘리포니아에서 이민자 아이들을 대상으로 실시한 조사 결과도 비슷했다. 이민자 가족들이 낮은 사회경제적 지위를 갖는, 그러니까 버스보이busboy, 청소부, 노동자, 혹은 그밖의 비슷한 일을 하는 비율은 다음과 같이 나타났다.[27]

자녀가 사립학교에 다니는 쿠바인	7.7%
니카라과인	23.8%
자녀가 공립학교에 다니는 쿠바인	25.8%
아이티인	31.0%
베트남인	45.3%
멕시칸	66.9%

멕시칸 이민자들은 자영업이나 사업가의 비율이 낮은 편이다. 1990년에 20퍼센트 이상의 아르메니아, 그리스, 이스라엘, 러시아(대개는 유대인), 그리고 한국계 남성 근로자들은 자영업에 종사했다. 60개의 민족적 집단들에 관한 이 비교에서, 멕시칸 이민자들의 자영업 비율은 6.7퍼센트에 불과해 필리핀, 중미, 라오스, 그리고 흑인 이민자들만 초과했다.[28]

멕시칸 이민자들은 대부분의 다른 집단들보다 더 가난하게 살고 복지 혜택에 의존한다. 1998년에 상위 7개 이민자 집단들의 빈곤율은 다음과 같았다.[29]

멕시칸	31%
쿠바	24%
엘살바도르	21%
베트남	15%
중국	10%
필리핀	6%
인도	6%

그리고 1998년에 15.4퍼센트의 현지인 가구들은 복지 혜택에 의존했다. 난민을 발생시킨 국가들에서 들어온 이민자 집단들의 복지 의존율은 아주 높아서 라오스 59.1, 캄보디아 47.9, 소련 37.1, 쿠바 30.7, 그리고 베트남이 28.7퍼센트였다. 의존율이 54.9퍼센트인 도미니카 사람들을 제

외하고, 34퍼센트에 달하는 멕시칸들의 복지 의존율은 이 분석에서 나머지 18개국 모두를 넘어서는 것이었다. 2001년에, 12개 지역들과 국가들에서 들어온 이민자들의 복지 의존율을 분석한 결과에 따르면, 멕시칸 이민자 가구들이 34.1퍼센트로 1위를 차지해 모든 이민자 가구들의 22.7퍼센트, 그리고 현지인 미국인 가구들의 14.6퍼센트와 비교되었다.[30]

전체적으로, 멕시칸 이민자들은 경제적 지위의 사다리에서 바닥에 있다. 다음 세대들도 그러한가? 증거는 제한적이다. 멕시칸 미국인들의 지역적 집중화는 (다른 형태의 동화를 지연시키지만) 경제적 발전에는 도움이 될 수도 있다. 그것은 상대적으로 큰 집단거주지 경제를 일으켜 그 안에서 다양한 사업, 직업, 그리고 기회들을 통한 발전의 동기를 제공할 수 있다. 그러나 1차대전 전에 유대인 이민자들과 그 자식들이 이룩한 경제적 성공은, 일본인을 비롯한 아시아계 이민자들과 플로리다에 거주하는 쿠바인들의 성공과 함께, 출신국에서의 경제적 성공을 반영한 것이라는 주장이 있다.[31] 멕시칸 이민자들은 멕시코에서 경제적으로 성공한 경우가 드물다. 그래서 미국에서의 경제적인 성공도 기대하기 어려울 수 있다. 뿐만 아니라, 멕시칸 미국인들의 경제적 지위가 상당히 나아지려면 교육 수준이 높아져야 하는데, 교육 수준이 낮은 멕시칸 이민자들의 지속적인 유입은 그것을 어렵게 한다. 조엘 펄만과 로저 월딩어는 2세대 멕시칸 미국인들의 경제적 전망에 회의적이다. 그들은 이렇게 얘기한다.

미국의 새로운 이민자 인구는 아주 다양하지만, 가장 큰 집단인 멕시칸은 숙련성 사다리의 맨 밑바닥에 있다. 멕시칸들은 이민자들의 아이들 중에서 한층 더 숫자가 많다. 멕시칸들만 빼고, 오늘날의 2세대는 사회경제적 특성에서 미국 인구의 나머지와 거의 다르지 않다. 그와 같은 특성은 다음 세대의 만족스런 경제적 적응을 보장하지 않지만, 그것은 어느 민족적 집단의 젊은 3세대 이상 미국인들에게도 같다. 가장 큰 위험에 처해 있는 이민자 아이들은 멕시칸들이다(특히 무엇보다 숫자적으로 그러하며, 경제적 복지의 수준은 어떤 이민자 집단에 못지않게 낮은 수준이다). 이와 같은 거대 단일 집단, 숙련성에서 너무나도 뒤쳐지는 단일 집단의 존재는 오늘의 2세대를 어제의 2세대와 구분짓는 것이다.[32]

이와 같은 결론은 제임스 스미스와 로돌포 드 라 가르자 등의 분석들도 뒷받침한다. 스미스의 세심한 분석은 멕시칸 미국인들의 임금 수준이 계속해서 떨어지고 있음을 보여준다. 그는 멕시칸 미국인 남자들의 임금을 현지인 백인 남자들의 평생 수입과 비교해 비율로서 제시한다. 1860년대에 태어난 멕시칸 이민자들의 3세대 후손들에게 그와 같은 비율은 74.5퍼센트였다. 1910~1920년에 태어난 멕시칸 이민자들의 3세대 후손들은 그것이 80퍼센트 정도밖에 높아지지 않았다. 스미스의 자료에서 가장 최근에 태어난 멕시칸 이민자들과 그 후손들의 임금 비교 비율은 다음과 같이 나타났다.[33]

이민자의 출생 연도	세대		
	1세대	2세대	3세대
1910–1914	65.3%	81.2%	79.2%
1915–1919	65.3%	83.8%	83.2%

교육 수준에서와 마찬가지로, 2세대는 1세대보다 훨씬 더 높지만, 발전 속도는 그렇게 빠르지 않다. 1989~1990년의 관련 자료를 사용해, 가르자와 그 동료들은 대부분의 사회경제적 지표들에서 미국 태생 멕시칸들은 멕시코 태생들보다 결과가 좋았음을 알아냈다. 그러나 멕시칸 이민자들의 4세대는 대부분의 지표들에서 2세대보다 크게 나아지지 않았고,

<표 9-2> 멕시칸 미국인들과 모든 미국인들의 사회경제적 특성

	세대별 멕시칸 미국인 (1989-1990년)				모든 미국인 (1990년)
	1세대	2세대	3세대	4세대	
주택 소유자	30.6%	58.6%	55.1%	40.3%	64.1%*
관리직 및 전문직 종사자	4.7%	7.0%	8.7%	11.6%	27.1%**
가구 당 소득 5만 달러 이상	7.1%	10.5%	11.2%	10.7%	24.8%**

* 멕시칸 미국인들 포함.
** 멕시칸 미국인들 제외. 제임스 페리가 인구조사 자료로 계산한 수치.

미국의 일반적인 수준에도 여전히 못 미치는 것으로 나타났다. 뿐만 아니라, 멕시칸 미국인들의 복지 사용 비율은 2세대에 와서 떨어지지만, 다시 3세대에 와서는 31퍼센트로 높아진다. 가르자 등의 결론에 따르면, "미국에서 태어난 멕시칸들은 세대가 바뀌어도 사회경제적 지위가 크게 나아지지 않는다. 따라서 4세대의 멕시칸 미국인들은 여전히 이런 지표들에서 앵글로들보다 상당히 낮은 수준에 머물러 있다."[34]

시민권 귀화는 동화의 측정에서 가장 중요한 정치적 지표이다. 귀화율은 대개 소득과 직업, 교육, 입국시의 연령, 미국에서 거주한 기간, 그리고 출신국의 인접성 등에 따라 큰 차이를 나타낸다. 20세기 후반에 멕시칸들의 귀화율은 모든 이민자 집단들 중에서 가장 낮거나 가장 낮은 그룹에 속했다. 예를 들어 1990년에, 1980년 이전에 입국한 멕시칸 이민자들의 귀화율은 31.3퍼센트로서 (엘살바도르 사람들을 제외한) 다른 이민자 집단들보다 32.4퍼센트나 낮았다. 반면에 다른 이민자들의 귀화율은 소련이 86.3, 아일랜드와 폴란드가 81.6, 필리핀이 80.9, 대만이 80.5, 그리고 그리스가 78.3퍼센트였다.[35] 1965년 이전과 1965~1974년에 들어온 멕시칸들은 상위 15개 출신국 중에서 가장 낮은 귀화율을 보였고, 1975~1984년에 들어온 사람들은 다섯 번째로 낮은 귀화율을 보였다. 리온 부비어는 입국 연도의 영향을 배제하는 1990년의 표준 귀화율을 작성했다. 상위 15개 이민자 집단들에 대한 부비어의 귀화율은 다음과 같다.

필리핀	76.2%	독일	51.8%
한국	71.2%	쿠바	49.9%
중국	68.5%	영국	44.1%
베트남	67.7%	도미니카	42.0%
폴란드	61.3%	캐나다	40.0%
인도	58.7%	엘살바도르	37.0%
이탈리아	58.3%	멕시코	32.6%
자메이카	57.5%		

〈뉴욕타임스〉와 CBS 방송국의 여론조사 결과도 비슷한 수치를 제시했다. 즉, 2003년에 미국 시민이었던 히스패닉 이민자들의 비율은 23퍼센트로서, 비히스패닉 이민자들의 69퍼센트와 비교되었다. 이와 같은 차이의 한 가지 중요한 원인은, '퓨 히스패닉 센터'의 소장인 로베르토 수로의 지적에 따르면, 히스패닉 이민자들의 35 내지 45퍼센트는 미국에 불법적으로 체류하고 있다는 그의 추산이다.[36]

교차결혼 멕시칸 이민자들의 교차결혼에 관한 자료는 쉽게 찾아보기 어렵다. 그러나 1998년에 멕시칸 미국인들은 미국 내 히스패닉 인구의 63퍼센트였다. 히스패닉의 교차결혼 비율은 대체로 이전 파도들의 이민자들과 비슷하다. 다만 그것은 현대의 아시아계 이민자들보다 낮을 뿐이다. 1994년에, 여성 기혼자들이 자신들의 집단 밖의 사람들과 결혼한 비

율은 다음과 같았다.[37]

	아시아계	히스패닉
1세대	18.6%	8.4%
2세대	29.2%	26.4%
3세대	41.5%	33.2%

멕시칸들의 교차결혼 비율은 히스패닉의 비율과 크게 다르지 않을 수도 있지만, 대체로 그보다는 더 낮을 것이다. 교차결혼은 집단의 크기와 분산 정도에 영향을 받는다. 작고 넓게 분산된 집단의 구성원들은 종종 집단 밖의 사람들과 결혼할 수밖에 없는 경우가 많다. 반면에, 크고 지리적으로 집중된 집단의 구성원들은 집단 안에서 결혼을 할 가능성이 더 높다. 멕시칸 이민자들의 절대적인 숫자가 증가하고 높은 출산율 때문에 더 많은 자식들이 생겨나는 상황에서, 이들이 서로와 결혼할 기회와 동기는 더 커진다고 볼 수 있다. 그리고 실제로도 그렇게 되고 있는 것 같다. 1977년에 히스패닉의 결혼들 중에서 민족 간 결혼의 비율은 31퍼센트였다. 1994년에 그것은 25.5퍼센트에 불과했고, 1998년에는 히스패닉의 결혼들 중에서 28퍼센트가 외부결혼이었다. 게리 D. 샌드퍼와 그의 동료들이 2001년의 '전국 조사 협회' 연구에서 밝혔듯이, 흑인들 및 백인들과 달리 "히스패닉의 교차결혼 수준은 1970년 이후에 거의 변하지 않았고, 오히려 감소했다고 볼 수 있다." 리처드 앨바에 따르면, 이와 같은 히스패닉의 전반적인 외부결혼 비율은 "특히 가장 큰 히스패닉 집단, 즉 멕시칸 미국인들의 동족결혼 수준이 높았기 때문이다."[38] 멕시칸들은 멕시칸들과 결혼한다.

전에는 새로운 이민자들과 그 자식들이 앵글로나 그밖의 현지인 미국인들과 결혼을 하면, 이민자들의 주류 미국 사회와 문화 동화는 촉진되었다. 그러나 히스패닉 미국인 학자들의 주장에 의하면, 히스패닉과 앵글로의 결혼에서는 그와 같은 패턴이 변하고 있다. 윌리엄 플로레스와 리나 벤메이어는 이렇게 얘기한다. "오히려 많은 경우에 동화는 반대의 방향으로 일어나고 있다. 다시 말해, 그와 같은 결혼에서 비히스패닉 배우자들과 그 아이들은 스페인어를 사용하지 않아도 종종 자신들을 히스패닉으로 규정한다."[39] 이와 같은 현상은 다른 이민자 집단들의 동화 패턴과 상당히 다른 것이다.

정체성 동화의 궁극적 기준은 이민자들이 스스로를 미국 사람으로 규정하고, 미국의 신조를 믿고, 미국의 문화를 수용하고, 그에 따라 다른 나라들과 그런 나라들의 가치 및 문화에 대한 충성심을 거부하는 정도이다. 이와 관련된 증거들은 제한적이고, 어느 면에서는 모순적이다. 당연히 히스패닉 이민자들에게 동화의 한 가지 중요한 표현은 복음주의적 개신교도로의 개종이다. 이와 같은 변화는 많은 중남미 국가들에서 복음주의적 개신교도들이 급증한 것과 관련이 있다. 미국에서 개신교도 히스패닉의 숫자에 관한 자료는 정확한 것이 없지만, 론 운즈의 주장에 따르면 "히스패닉의 4분의1 이상은 전통적인 천주교 신앙에서 복음주의적인 개신교도 믿음으로 개종했다. 이와 같은 개종의 속도는 전례가 없는 것이었으며 부분적으로 그들의 미국 사회 동화와 관련이 있다."[40] 이와 같은 개종은 천주교 교회가 히스패닉 이민자들을 미국의 천주교도들로 바꾸어 미국 사회에 동화하도록 만들려는 치열한 반反시도를 촉발시켰다. 미국의 다양한 종교들이 신도들을 놓고 벌이는 경쟁은 미국화의 강력한 힘이 된다.

그러나 보다 구체적인 증거들은 멕시칸 이민자들의 미국적인 정체성이 약하다는 것을 보여준다. 1992년에 남부 캘리포니아와 남부 플로리다에서 이민자들의 아이들을 대상으로 한 연구는 이런 질문을 던졌다. "당신you은 자신을 어떻게 규정하는가? 다시 말해, 당신은 자신을 무어라고 부르는가?" 중남미계 미국인 아이들은 8개 국가, 혹은 국가들의 집단으로 나뉘었다. 멕시코에서 태어난 아이들은 누구도 '미국인'이라고 대답하지 않았고, 중남미의 다른 국가들에서 태어난 아이들은 1.9 내지 9.3퍼센트가 그렇게 대답했다. 멕시코에서 태어난 아이들 중에서 가장 많은 41.2퍼센트는 자신들을 '히스패닉'으로 규정했고, 다음으로 많은 32.6퍼센트는 '멕시칸'을 선택했다. 미국에서 태어난 멕시칸 아이들 중에서는 3.9퍼센트만이 '미국인'이라고 답했으며, 중남미의 다른 나라 출신 아이들은 28.5 내지 50.0퍼센트가 그렇게 대답했다. 미국에서 태어난 히스패닉 아이들 중에서 가장 많은 38.8퍼센트는 '멕시칸 미국인'을 선택했고, 24.6퍼센트는 '치카노Chicano'를 택했으며, 20.6퍼센트는 '히스패닉'이라고 대답했다. 자신들의 가장 중요한 정체성을 '멕시칸'이라고 얘기한 아이들의 비율은 8.1퍼센트로서, 그것을 '미국인'이라고 얘기한 3.9퍼센트의 배에 달했다. 출생지가 멕시코이건 미국이건, 멕시코 출신의 아이들은 압도적으로 '미국인'을 가장 중요한 정체성으로 선택하지 않았다.[41]

또 다른 연구는 1989~1990년에 '중남미 전국 정치 조사'에 멕시코 출신 응답자들이 밝힌 견해를 분석했다. 이 연구의 주관자들은 '3세대 모델 three generations model', 그러니까 동화는 직선적인 방식으로 일어나며 3세대에 와서 대체로 완성된다는 예측을 '새로운 민족성 모델emergent ethnicity model', 그러니까 민족적 정체성은 이민자 집단이 미국에서 겪는—이를테면 '집단에 기반한 차별' 같은—공통의 경험에서 새롭게 형성된다는 예측과 비교했다. 이들은 영어의 사용, 정치적 관용, 그리고 정부에 대한 신뢰 등과 관련해 멕시칸 미국인들의 태도를 분석했다. 전반적으로 '새로운 민족성 모델'이 '3세대 모델'보다 더 유관한 것으로 나타났다. 이들의 분석 결과에 따르면, "이들 이민자들은 미국에 오래 있을수록 모두가 영어를 배워야 한다는 데 덜 동의했고, 주류 사회에 더 많이 통합된 미국 태생의 멕시칸들은 외국 태생의 멕시칸들보다 미국의 핵심 가치들을 덜 지지했다." 물론 이와 같은 결과가, 연구의 주관자들이 지적했듯이, 멕시칸 문화는 "미국의 신조에 대한 지지를 저해한다"는 가정을 뒷받침하는 것은 아니다.[42] 하지만 이것이 멕시칸 미국인들은 세대가 지나도 미국의 가치들에 대한 정체성이 높아지지 않음을 보여주는 것만큼은 분명하다.

1994년에 멕시칸 미국인들은 불법 이민자의 아이들에게 복지 혜택을 제한하는 캘리포니아의 '제안 187'에 격렬하게 반대했다. 이들은 L.A.의 거리들을 행진하며 수십 개의 멕시코 국기를 흔들고 거꾸로 된 미국 국기를 들고 다녔다. 앞에서도 보았듯이, 1998년에 L.A.에서 열린 멕시코와 미국의 축구 경기에서, 멕시칸 미국인들은 국가 연주에 야유를 보내고, 미국 선수들을 공격하고, 미국 국기를 흔드는 관중에게 항의했다.[43] 제한적인 계량적 자료들은 이런 극단적 미국 거부와 멕시칸 정체성 주장이 멕시칸 미국인 공동체에서 일부에게만 국한된 것은 아님을 보여준다. 많은 멕시칸 이민자들과 그 자식들은 미국에 기본적인 정체성을 갖고 있는 것 같지 않다. 러트거즈 대학교의 어떤 히스패닉 학생에게 그러듯이, 그들에게 "샘 아저씨는 내 친구가 아니다." 따라서 1990년에 미국 대중의 어떤 대표적 샘플이 히스패닉을 유대인, 흑인, 아시아인, 그리고 남부의 백인들보다 덜 애국적인 사람들로 본 것도 놀랄 일이 아니다.[44]

요약 미국에서 이민과 동화에 멕시코가 갖는 중심성은 이런 가정을 해볼 때 한층 더 분명해진다. 즉, 앞으로도 다른 이민들은 전처럼 계속되지만 멕시칸 이민은 갑자기 중단된다고 생각해보자. 그러면 합법적인 이민자들의 수는 16만 명 정도 줄어들 것이고, 그래서 조던 위원회가 권장하는 수준에 근접하게 될 것이다. 불법적인 입국은 극적으로 줄어들 것이고, 미국 내 불법 이민자의 전체 숫자는 점차 줄어들 것이다. 남서부의 농업과 그밖의 사업들은 타격을 받겠지만, 저소득층 미국인들의 임금은 개선될 것이다. 스페인어의 사용과 영어의 공식화에 대한 논란은 점차 사라질 것이다. 이중언어 교육과 그것에 관련된 논쟁은 줄어들 것이다. 그리고 이민자들에 대한 복지 등의 혜택에 대한 논쟁도 그렇게 될 것이다. 이민자들이 주와 연방의 정부들에 경제적인 짐이 되는지의 논란은 그렇지 않다는 결론으로 해소될 것이다. 미국에 있는 이민자들과 계속해서 들어오는 이민자들의 교육 수준과 숙련성 정도는 미국의 역사에서 전례가 없이 높아질 것이다. 이민자들의 유입은 다시 높은 다양성을 갖게 될 것이고, 그러면 모든 이민자들이 영어를 배우고 미국 문화를 수용할 동기는 높아질 것이다. 압도적으로 스페인어를 사용하는 미국과 압도적으로 영어를 사용하는 미국으로 사실상 갈라질 수 있다는 가능성은 사라질 것이며, 그에 따라 미국의 문화적 내지 정치적 통합에 잠재적 위협이 되는 주요 요인도 사라질 것이다.

개인적 동화와 집단거주지 통합

과거에는 이민자들이 자기들끼리의 집단거주지 공동체에 모여 살았고, 종종 특정한 직업군에 집중되어 있었다. 그러다가 2세대와 3세대의 등장과 함께, 각 집단의 구성원들은 점차 분산되어 거주지, 직업, 소득, 교육, 그리고 (교차결혼으로 인해) 조상의 측면에서 차별화되었다. 동화의 특성과 정도는 개인에 따라 달랐다. 일부에게 그것은 빠르고 폭넓은 것으로서, 그들은 이민자 집단거주지에서 바깥쪽과 위쪽으로 이동했다. 다른 사람들은 집단거주지와 1세대 직업들에 "남아 있었다." 이와 같은 다양성은 가족, 능력, 활력, 그리고 동기 등의 측면에서 개인적인 차이를 반영하는 것이었다. 그래서 동화는 기본적으로 집단이 아닌 개인의 수준에서 일어난다.

다양한 개인적, 경제적, 그리고 사회적 요인들이 동화를 촉진시킴과 동시에, 다른 요인들이 이민자 공동체의 확장과 통합을 촉진시킨다. 통합적인 공동체가 유지되는 정도는 대개 크기와 고립성에 영향을 받는다. 작고 고립적인 농촌의 공동체는 여러 세대 동안 사회적 및 문화적 통합성을 유지할 수도 있다. 반면에 북동부와 중서부의 도시들에 있었던 20세기 초의 유대인, 폴란드인, 그리고 이탈리아인 공동체들은 둘이나 셋의 세대를 거치면서 도시의 환경에 녹아 들어가곤 했다. 특정한 이민자 공동체가 개인들과 집단들의 다양한 교류를 요구하는 복잡한 경제의 도시적 사회에서 스스로를 유지하는 능력은 대체로 공동체의 크기에 의존한다.

개인적 동화와 공동체 통합의 과정은 복합적이고, 근본적 모순을 수반하고, 궁극적으로 갈등을 초래한다. 그것들은 공존하면서 특정한 방식으로 서로를 강화시킬 수도 있다. 크고 경제적으로 다양화된 이민자 공동체의 발전은 그곳에 속한 개인들이 상향 이동성을 통해 미국의 중산층 주류에 경제적으로 동화되는 기회를 제공할 수 있다. 그러나 동시에, 교육의 개선과 사회경제적 상승은 종종 집단 의식화를 촉진하고 주류 문화를 거부하는 경향이 있다. 낮은 계층의 흑인들은 여전히 아메리칸 드림을 믿지만, 중간 계층의 흑인들은 그것을 거부하는 편이다.[45] 만일 멕시칸 미국인들이 자신들의 공동체에서 중산층의 지위를 얻게 된다면, 이들이 미국 문화를 거부하고 멕시칸 문화를 강화하거나 전파하려는 노력은

301

더 커질 수도 있다.

뿐만 아니라, 미국에서의 출생과 귀화는 사람들이 국경을 넘나드는 것을 더 쉽게 하고, 따라서 출신국과의 연결성과 정체성을 더 잘 유지하도록 만든다.[46] 시민권도 새로운 시민들이 영주권자일 때보다 더 많은 친척들을 불러들이게 함으로써 이민자 공동체의 확장을 촉진시킨다. 그리고 당연히 시민들은 투표를 할 수 있고 정부에 참여할 수 있기 때문에, 훨씬 더 효과적으로 민족적 공동체의 이익을 도모할 수 있다.

과거에는 개인적 동화가 대개 집단거주지 통합을 능가했다. 궁극적으로 영토적 분산, 직업 및 소득의 차이, 그리고 그룹 간 결혼이 동화의 증가를 야기시킨다. 다만 공동체적 연결성은 여전히 유지되며, 후세의 세대들이 공동체 의식화의 부활을 꾀할 수는 있다. 이와 같은 과정은 멕시칸 미국인들에게도 비슷한 방식으로 일어날 수 있다. 그러나 멕시칸 이민자들의 뚜렷한 특징을 감안할 때, 그렇게 되기는 쉽지 않을 것으로 보인다. 데이비드 케네디의 말에 따르면 "멕시칸 미국인들은 이전의 이민자 집단들에게 닫혀 있었던 가능성들을 열린 상태로 갖게 될 것이다. 이들은 특정한 지역에서 충분한 응집력과 결정적 숫자를 유지해, 원한다면 자신들의 독특한 문화를 영원히 보존할 수도 있다. 이들은 또 이전의 어떤 이민자 집단도 꿈꾸지 못했던 것을 마침내 하게 될 수도 있다. 즉, 이들은 기존의 문화적, 정치적, 법적, 경제적, 그리고 교육적 시스템에 도전해, 언어는 물론이고 자신들이 삶을 영위하는 제도까지도 근본적으로 바꿀 수 있다."[47]

1983년에 저명한 사회학자 모리스 재노위츠는 남들보다 앞서 그것을 보았다. "스페인어를 사용하는 주민들의 강력한 문화변용 저항"을 지적하며, 그는 이렇게 주장했다. "멕시칸들은 강력하게 지속적으로 공동체 연대를 유지한다는 점에서 다른 이민자 집단들과 다르다." 그 결과,

멕시칸들은, 다른 스페인어 사용자 인구들과 함께, 미국의 사회적 및 정치적 구조에서 국가적 분열에 버금가는 양분화를 만들고 있다.…… 멕시코가 미국과 국경을 접하고 있다는 사실과 멕시코의 강력한 문화적 힘은 멕시칸 이민자들의 '자연적natural 역사'가 다른 이민자 집단들과 달랐으며 다를 것임을 의미한다. 남서부의 지역들에서 문화적 및 사회적 미회수지 irredenta를 얘기하는 것은 시기상조가 아니다. 미국의 그 지역들은 사실상 멕시코화되었고, 따라서 정치적인 분쟁을 겪고 있다.[48]

다른 사람들도 비슷한 견해들을 피력했다. 그에 대해 멕시칸 미국인들은 남서부가 1840년대에 군사적인 침략으로 빼앗긴 곳이며, 이제는 재정복reconquista의 시기가 온 것이라고 주장한다. 인구적으로, 사회적으로, 그리고 문화적으로 그런 일은 일어나고 있다.

어쩌면 이것이 이런 지역들을 멕시코와 재결합시키려는 운동으로 이어질 수도 있다. 그럴 가능성은 없어 보이지만, 뉴멕시코 대학교의 찰스 트루실로 교수는 다음과 같이 예측한다. 즉, 적어도 2080년에는 미국의 남서부 주들과 멕시코의 북부 주들이 한데 합쳐 새로운 나라를 형성할 것이다. 이와 같은 변화의 바탕은 이미 존재하고 있다. 그것은 북쪽으로 향하는 멕시칸들의 급증과 국경을 사이에 둔 공동체들의 경제적 유대 증가이다. 9·11사태 후에 그 국경은 더 국경다워졌지만, 그것을 위협하는 요인들은 여전하고 강력하다. 학자들과 전문가들은 양국의 국경을 가리켜 '녹는 중melting', '흐려지고 있는 중', (북쪽으로) '이동하는 중', 그리고 '일종의 점선'이라고 얘기했다. 이것은 남서부의 미국과 어느 정도는 북부의 멕시코에도 소위 말하는 '멕사메리카MexAmerica', '아멕시카Amexica', 그리고 '멕시포니아Mexifornia' 등을 초래한다.[49] 1997년에 이와 같은 추세에 대해 언급하며, 로버트 캐플런은 다음과 같이 결론내렸다.

즉, 국경의 동쪽 지역에서 "텍사스와 북동부 멕시코의 재통일은 서서히 지루하게 진행되는 역사이다." 서쪽 지역에서, 여론조사와 학자들의 연구 결과에 따르면, 캘리포니아의 정체성은 빠르게 히스패닉, 그러니까 멕시칸 정체성이 되고 있다. 〈이코노미스트〉의 보도에 따르면, 2000년에 국경의 미국 지역에 있는 12개의 주요 도시들 가운데 6개의 인구는 90퍼센트 이상이 히스패닉이었고, 다른 3개는 80퍼센트 이상이 히스패닉이었고, 하나는 70 내지 79퍼센트였고, 둘만이 (샌디에이고와 유마만이) 50퍼센트 미만이었다. "이 계곡에서 우리 모두는 멕시칸"이라고 (75퍼센트가 히스패닉인) 엘파소의 전직 군수는 2001년에 선언했다.[50]

이와 같은 추세가 계속된다면, 멕시칸이 지배하는 지역들은 미국 안에서 자율적이고, 문화적 및 언어적으로 독특하고, 경제적으로 자급적인 구역 bloc으로 통합될 수도 있다. 그레이엄 풀러는 이렇게 경고한다. "히스패닉 민족성이 특정한 지역적 영토성 및 이념적인 다문화주의와 우연히 일치하는 독특한 상황에서, 우리는 녹이는 단지를 막아버릴 하나의 그것으로 나아가고 있는지도 모른다. 즉, 민족적 지역과 집단화가 너무나도 집중되어, 영어를 사용하는 다민족적 삶이라는 미국의 주류 문화에 동화될 의지도 필요도 없어지는 것이다."[51] 이와 같은 모습의 한 가지 전형적 예는 마이애미에서 찾아볼 수 있다.

마이애미의 히스패닉화

마이애미는 미국의 50개 주에서 히스패닉이 가장 많은 대도시이다. 30년 동안에 (압도적으로 쿠바인인) 스페인어 사용자들은 이 도시의 거의 모든 측면에서 지배력을 확보했고 마이애미의 민족적 구성, 문화, 정치, 그리고 언어를 근본적으로 바꾸었다. 마이애미의 히스패닉화는 미국의 대도시 역사에서 전례가 없는 것이다.

이와 같은 과정이 시작된 것은 1960년대 초에, 카스트로 정권에서 살고 싶지 않았던 중산층과 상류층 쿠바인들이 미국에 도착하면서부터였다. 카스트로가 집권한 후의 20여 년 동안 260,000명의 쿠바인들이 고국을 떠났는데, 대부분의 이들이 도착한 남부 플로리다는 역사적으로 늘 쿠바인들의 정치적 망명지로서, 쿠바의 두 전직 대통령이 묻혀 있는 곳이기도 했다. 미국에 건너온 쿠바인 이민자들은 1970년대에 265,000명, 1980년대에 140,000명, 그리고 1990년대에 170,000명이었다. 미국 정부는 쿠바인 그들을 난민으로 규정하고 특별한 혜택을 부여했으며, 이것은 다른 이민자 집단들의 반발을 초래했다. 1980년에 카스트로 정권은 125,000명의 쿠바인들이 마리엘 공항을 통해 플로리다로 이주하는 것을 허용했고 나아가 권장했다. 당시 마리엘 공항을 통해 들어온 쿠바인들은 대체로 가난하고, 교육 수준이 낮고, 나이도 어리고, 피부색도 이전의 이주자들보다 더 검은 경우가 많았다. 이들은 카스트로 정권 밑에서 자랐기 때문에 문화적으로 그 정권의 영향을 받았다. 카스트로는 또 일부 범죄자들과 정신적인 지체자들도 포함시켰다.[52]

한편, 초창기 쿠바인 이민자들이 주도한 마이애미의 경제적 성장은 다른 중남미와 카리브해 국가들에서 이민자들이 밀려들게 만들었다. 2000년에 이르러 마이애미의 외국 태생 인구 가운데 96퍼센트는 중남미와 카리브해 출신이었고, 대부분의 이들은 아이티와 자메이카 사람들을 빼고 스페인어 사용자였다. 마이애미의 인구 중에서 3분의2는 히스패닉이며, 이들 가운데 절반 이상은 쿠바 출신이다. 2000년에 마이애미 사람들의 75.2퍼센트는 집에서 영어가 아닌 언어를 사용해, L.A. 주민들의 55.7퍼센트와 뉴요커들의 47.6퍼센트에 비교되었다. 집에서 비영어 언어를 사용하는 마이애미 사람들 중에서 89.3퍼센트는 스페인어를 사용했다. 2000년에 마이애미 주민들 가운데 59.5퍼센트는 외국 태생으로서, L.A.의 40.9퍼센트, 샌프란시스코의 36.8퍼센트, 그리고 뉴욕의 35.9퍼센트와 비교되었다. 대부분의 다른 주요 도시들에서 외국 태생의 비율은 인구의 20퍼센트를 넘지 않았다. 2000년에 마이애미의 성인 주민들 가운데 31.1퍼센트는 영어를 잘 한다고 대답해, L.A.의 39.0퍼센트, 샌프란시스코의 42.5퍼센트, 그리고 뉴욕의 46.5퍼센트와 비교되었다.[53]

쿠바인들의 유입과 지배는 마이애미에 중요한 결과들을 가져왔다. 전통적으로 마이애미는 다소 한적한 곳으로서 은퇴자들과 차분한 관광에 의지해 살았다. 1960년대에 쿠바 출신의 엘리트 사업가 난민들은 극적인 경제적 발전을 시작했다. 고향으로 돈을 보낼 수 없었던 이들 쿠바인들은 마이애미에 투자했다. 이곳의 개인적인 소득 성장은 1970년대에 연평균 11.5퍼센트, 그리고 1980년대에 7.7퍼센트를 기록했다. 마이애미-데이드 카운티의 임금 수준은 1970년부터 1995년까지 3배로 높아졌다. 쿠바인들의 경제적 노력은 마이애미를 국제적인 경제적 발전소로 만들었고, 그에 따라 국제적인 교역과 투자는 확대되었다. 쿠바인들은 국제적인 관광을 촉진했으며, 이것은 1990년대에 이르러 국내 관광을 앞질렀고 마이애미를 유람선 산업의 중심지로 만들었다. 제조, 통신, 그리고 소비재 산업의 주요 미국 기업들은 중남미 본부를 미국과 중남미의 다른 도시들에서 마이애미로 이전했다. 활력이 넘치는 히스패닉 예술과 연예 산업이 등장했다. 그 결과 쿠바인들은 (대미언 페르난데스 교수의 표현대로) "우리는 현대적인 마이애미를 건설했다"고 주장할 수 있게 되었고, 마이애미의 경제를 대부분의 중남미 국가들보다 더 크게 만들었다.[54]

이와 같은 발전에서 핵심적인 부분은 마이애미와 중남미 국가들의 경제적 유대 강화였다. 브라질, 아르헨티나, 칠레, 콜롬비아, 그리고 베네수엘라 사람들이 돈을 갖고 마이애미로 밀려들었다. 1993년에 이르러 대개 중남미 국가인 외국에서 마이애미의 은행들에 예치한 돈은 250억 달러에 이르렀다.[55] 어느 나라이건 중남미 국가들은 투자, 교역, 문화, 연예, 휴가, 혹은 마약 밀수 등에 관심이 있을 때 점점 더 마이애미로 눈을 돌렸다. 마이애미는 그야 말로 '중남미의 수도' 가 되었다.

당연히 이렇게 눈부신 발전은 마이애미를 미국의 도시에서 쿠바인들이 주도하는 히스패닉 도시로 바꾸었다. 2000년에 이르러 스페인어는 대부분의 가정에서 사용하는 언어였을 뿐 아니라 상거래, 사업, 그리고 정치에서도 가장 중요한 언어였다. 언론과 통신은 점점 더 히스패닉이 되어 갔다. 1998년에 한 스페인어 TV 방송국이 마이애미에서 가장 높은 시청률을 기록하게 되었고, 이것은 미국의 주요 도시에서 외국어 방송국이 1위를 차지한 최초의 경우였다. 마이애미의 변하는 언어적 및 민족적 구성은 1980년대와 1990년대에 〈마이애미 해럴드〉의 어려운 역사에서 극명하게 드러났다. 미국에서 가장 권위 있는 신문의 하나였고 다수의 풀리처상 수상자를 내기도 했던 이 신문의 주인들은 처음에 전통적인 '앵글로 중심' 을 유지하면서, 동시에 스페인어 지면도 만들어 히스패닉 독자들과 광고주들에게 접근하려 했다. 그러나 히스패닉과 앵글로 모두를 겨냥한 이런 시도는 실패하고 말았다. 1960년에 이 신문은 80퍼센트의 마이애미 가구들에서 읽혔다. 1989년에 그와 같은 비율은 40퍼센트에 불과했다. 〈마이애미 해럴드〉는 쿠바인 공동체의 지도자들을 화나게 했고, 이들은 격렬하게 보복을 했다. 결국 이 신문은 별도의 스페인어 자매지인 〈엘 누에보 헤럴드〉를 창간할 수밖에 없었다.[56]

쿠바인들은 마이애미에서 전통적인 개념의 집단거주지 공동체를 만들지 않았다. 이들은 자신들의 문화적 공동체와 경제를 갖는 집단거주지 도시를 만들었다. 이곳에서는 동화와 미국화가 불필요했으며 어느 면에서는 외면의 대상이었다. 1980년대 후반에 이르러 "쿠바인들은 마이애미에 자신들의 은행, 사업체, 그리고 선거구를 만들어놓았다." 이것들이 경제와 정치를 지배했으며, 비히스패닉들은 여기에서 배제되었다. "그들은 외부인들"이라고 어느 성공한 히스패닉은 얘기했다. "여기서는 우리가 권력 구조의 중심"이라고 또 다른 사람은 자랑했다.[57]

마이애미의 히스패닉은 미국의 주류 문화에 동화될 동기가 거의 없었다. 쿠바 태생의 어떤 사회학자는 이렇게 얘기했다. "마이애미에는 미국인이 되라는 압력 같은 것이 없다. 사람들은 스페인어를 사용하는 집단 거주지에서 완벽한 생활을 영위할 수 있다." 조안 디디온의 지적대로, 1987년에 이르러 "마이애미에서는 영어를 전혀 못하는 사업가도 사고, 팔고, 협상하고, 자산을 활용하고, 채권을 발행하고, 원한다면 일주일에 두 번 검정색 타이를 매고 파티에 나갈 수 있다." 1999년에 이르러 가장 큰 은행, 가장 큰 부동산 개발회사, 그리고 가장 큰 법률회사의 최고경영자는 모두가 쿠바 출신이었다. 쿠바인들은 또 정치적인 지배력도 확립했다. 1999년에 이르러 마이애미 시장과 마이애미-데이드 카운티의 시장, 경찰서장, 그리고 주 검찰총장과 마이애미 의원의 3분의2, 나아가 주 입법가의 절반가량은 쿠바 출신이었다. 엘리안 곤잘레스 소년 사건으로 인해, 마이애미시의 비히스패닉 시 관리자와 경찰서장은 자리에서 쫓겨나 쿠바인으로 대체되었다.[58]

쿠바인과 히스패닉의 마이애미 지배는 흑인은 물론 앵글로까지도 소수파 외부인으로 만들어 종종 무시했다. 정부의 관리들과 의사소통을 할 수 없고 가게의 점원들에게 차별을 당하면서, 앵글로들은 냉엄한 현실을 깨닫게 되었다. 그중에서 어떤 사람은 이렇게 얘기했다. "오 하나님, 이것이 바로 소수파의 비애로군요." 앵글로들에게는 세 가지 선택이 있었다. 첫째, 그들은 자신들의 종속적인 '외부자' 지위를 받아들일 수 있었다. 둘째, 그들은 히스패닉의 문화, 전통, 그리고 언어를 수용하면서 히스패닉 공동체에 동화될 수 있었다. 알레얀드로 포르테스와 알렉스 스테피크 교수는 이것을 '역 문화변용acculturation in reverse'이라고 불렀다. 셋째, 그들은 마이애미를 떠날 수 있었고, 1983년부터 1993년까지 140,000명이 "점점 더 커지는 이 도시의 히스패닉 특성" 때문에 그렇게 했다. 이들의 탈출은 당시 유행하던 범퍼 스티커에 잘 묘사되어 있었다. "마지막으로 떠나고자 하는 미국인들은, 제발 국기를 내려다오."[59]

마이애미의 쿠바화는 우연히도 높은 수준의 범죄와 일치했다. 1985년부터 1993년까지 매년, 마이애미는 흉악한 범죄에서 (인구가 25만을 넘는) 상위 3대 도시에 랭크되었다. 이것의 상당 부분은 점증하는 마약 거래 때문이었지만, 쿠바인 이민자들의 격렬한 정치 때문이기도 했다. 미미 스와츠의 설명에 따르면, 1980년대에 이르러 "반카스트로 정치 집단, 인종 폭동, 그리고 마약 관련 범죄 때문에 마이애미는 취약하고 종종 위험한 곳이 되었다. 시위와 폭발이 빈번하게 일어났고, 때로는 경쟁적인 망명자 단체들이 암살까지도 저질렀다." 1992년에 〈마이애미 해럴드〉의 새 발행인인 데이비드 로렌스는 쿠바인 공동체의 우파 지도자인 호르게 마스 카노사에게 대항했다. "로렌스는 갑자기 공포 속에서 사는 자신을 발견했다"고 스워츠는 얘기한다. 그는 가택침입과 익명의 살해위협으로 공포에 떨어야만 했다. 2000년에 쿠바인 공동체의 거의 모든 정치적 지도자들은 연방 정부의 방침에도 불구하고 엘리안 곤잘레스 사건에서 독자적인 목소리를 내었다. 이때쯤 해서 마이애미는 (데이비드 리프의 주장대로) '통제 불능의 바나나 공화국'이 되어 있었다.[60]

2000년에 〈뉴욕 타임스〉는 '마이애미-데이드 카운티의 사실상 분리'와 쿠바인들을 대신해 지역의 정치인들이 추구하는 '독립적 외교 정책'에 대해 얘기했다. 엘리안 곤잘레스 사건은 '사실상의 분리'를 전면으로 부상시켰다. 정치인들은 연방 정부에 대항했고, 시위자들은 쿠바 국기를 흔들며 성조기를 불태웠다. "이곳은 분리된 도시"라고 어떤 쿠바인 학자는 말했다. "이제 우리는 독자적인 지역 외교 정책을 추구한다." 엘리안 사건은 마이애미의 쿠바인들과 일반적인 미국인들의 인식 차이를 극명하게 드러냈다. 전자는 엘리안을 그의 아버지에게 돌려보내는 것에 격렬하게 반대했고, 미국인들의 60퍼센트는 아버지에게 양육권이 있으므로 강제 송환을 결정한 정부의 방침에 찬성했다.[61] 이 사건은 또 마이애미의 쿠바인들 사이에서 나타난 세대 간 격차, 그리고 빠르게 늘어나는 비쿠바인 히스패닉 인구와 쿠바인들 간의 격차도 전면으로 드러냈다. 비쿠바인 히스패닉 이민이 앞으로도 계속된다면, 마이애미의 쿠바인 인구는 줄어들고 히스패닉 인구는 더 늘어나겠지만, 그래도 마이애미를 지배하는 것은 여전히 쿠바인일 것이다.

남서부의 히스패닉화

마이애미는 L.A.와 나아가 남서부의 미래인가? 결국에는 비슷한 결과가 나올 수도 있다. 그러니까 크고, 독특하고, 스페인어를 사용하는 공동체가 충분한 경제적 및 정치적 자원을 갖고 다른 미국인들의 국가적 정체성과 구분되는 히스패닉 정체성을 유지하는, 그러면서 미국의 정치와 정부, 그리고 사회에 상당한 영향을 끼치는 상황인 것이다. 그러나 이렇게 될 수도 있는 과정은 그와 다르다. 마이애미의 히스패닉화는 빠르고, 분명하고, 경제적으로 위에서 밑으로 내려간 것이었다. 남서부의 히스패닉화는 느리고, 꾸준하고, 정치적으로 밑에서 위로 올라간 것이었다. 쿠바인의 플로리다 유입은 간헐적이었고 쿠바 정부의 정책들이 큰 영향을 끼쳤다. 그것은 스페인 문화와 동시에 미국의 번영에 매력을 느낀 중남미 각국의 사람들이 보다 지속적으로 유입되면서 보완되었다. 반면에 멕시칸 이민은 계속적인 것이었고, 대규모 불법 이민이 포함된 것이었고, 줄어들 기미가 보이지 않는다. 남부 캘리포니아의 (주로 멕시칸인) 히스패닉 인구는 수적으로 훨씬 더 많지만, 비율은 아직 마이애미에 미치지 못한다. 하지만 그것은 빠르게 높아지고 있다.

두 번째 차이는 쿠바인들과 멕시칸들이 출신국과 관계를 맺는 방식이다. 쿠바인 공동체는 카스트로 정권에 대한 적대감과 그것을 징벌하고 전복하려는 시도에서 단합된 모습을 보여왔다. 그리고 쿠바 정부도 그에 맞게 대응했다. 멕시칸 공동체는 멕시코 정부에 대한 태도에서 보다 양면적이고 미묘한 입장이었다. 멕시코 정부는 미국에 대한 이민도 장려했고 미국에 사는 멕시칸들이 본국과의 관계를 유지하고, 멕시코 국적을 유지하거나 획득하고, 당연히 본국에 돈을 보내는 것도 장려했다. 수십 년 동안 쿠바 정부는 남부 플로리다의 쿠바 공동체가 갖는 정치적 힘을 멸시하고, 억제하고, 억누르고, 줄이려고 시도했다. 멕시코 정부는 남서부의 멕시칸 공동체가 갖는 정치적 힘, 경제적 부, 그리고 인구를 키우고 싶어한다.

셋째, 초창기의 쿠바 이민자들은 대개 중산층과 상류층 출신이었다. 이들은 경제적 부, 교육적 수준, 그리고 개인적 능력들로 인해 (몇십 년의 기간에 걸쳐) 마이애미의 경제, 문화, 그리고 정치에서 지배력을 확보할 수 있었다. 이후의 이민자들은 더 낮은 계층 출신이었다. 남서부에서 멕시칸 이민자들의 대다수는 가난하고, 숙련성이 떨어지고, 교육 수준도 낮았으며, 많은 수의 자식들도 비슷해질 것으로 보인다. 따라서 남서부에서 히스패닉화의 압력은 밑에서부터 올라오는 반면, 남부 플로리다에서 그것은 위에서부터 내려왔다. 조안 디디온의 설명에 따르면, L.A.에서 스페인어는 "앵글로 인구가 겨우 인정하는 언어, 공공 소음의 일부, 세차장에서 일하고 정원에서 나무를 다듬고 식당에서 탁자를 치우는 사람들이 사용하는 언어이다. 마이애미에서 스페인어는 식당에서 식사하는 사람들, 자동차와 정원을 갖고 있는 사람들이 사용하며, 이것은 사회적인 측면에서 상당한 차이를 야기시킨다."[62] 그것은 또 정치적 및 경제적 힘의 행사에서도 상당한 차이를 야기시킨다. 그러나 장기적으로 숫자는 힘이며, 특히 다문화적 사회, 정치적 민주주의, 그리고 소비자 경제에서 그러하다.

멕시칸 이민의 지속성과 멕시칸들의 크고 점점 더 절대적인 숫자는 문화적 동화의 동기를 감소시킨다. 멕시칸 미국인들은 더 이상 자신들을 지배적인 집단의 문화에 동화되어야 하는 소수파의 일원으로 보지 않는다. 숫자가 늘어나면서 이들은 점점 더 자신들의 민족적 정체성과 문화에 헌신한다. 지속적인 숫자적 확대는 문화적 통합을 촉진시키며, 멕시칸들이 자신들의 문화와 미국의 문화가 갖는 차이에 주눅드는 것이 아니라 자랑스럽게 살도록 자극한다. '라 라사 전국 협의회'의 의장은 1995년에 이렇게 얘기했다. "우리에게 가장 큰 문제는 문화적 충돌, 우리의 가치들과 미국 사회의 가치들이 빚어내는 충돌이다." 이어서 그는 미국의 가치들보다 히스패닉 가치들이 더 우월하다는 얘기를 했다. 비슷한 방식으로, 텍사스의 성공한 멕시칸 미국인 사업가인 라이오넬 소사는 1998년에, 앵글로들처럼 보이는 히스패닉 중산층 전문직들의 등장을 예찬하면서 다음과 같이 얘기했다. "하지만 그들의 가치관은 앵글로의 가치관과 여전히 크게 다르다."[63]

멕시칸 미국인들은 멕시칸들보다 민주주의에 보다 우호적인 입장을 보인다. 그렇지만 멕시코와 미국은 문화와 가치관에서 큰 차이를 보이는데, 이것은 멕시칸 미국인들에게 영향을 끼치고 그동안 사려 깊은 멕시칸과 멕시칸 미국인들이 분명하게 지적했다. 1997년에, 멕시코의 저명한 소설가 카를로스 푸엔테스는 두 문화의 차이를 (전에 토크빌이 그랬듯이) 웅변적으로 묘사했다. 그는 스페인과 인디언의 전통이 결합된 멕시코 문화는 '천주교적 특성'을 갖는 반면, 미국의 개신교도 문화는 '마틴 루터에서' 비롯된 것이라고 얘기했다. 1994년에, 멕시코 외무부의 고위 관리인 안드레스 로젠탈도 같은 취지의 발언을 했다. "우리의 두 문화 사이에는 본질적인 차이가 있으며, 멕시코 문화는 미국 문화보다 그 뿌리가 훨씬 더 깊다." 1999년에, 멕시코의 철학자인 아르만도 신토라는 멕시칸 미국인의 교육적 및 그밖의 부족함을 그들이 흔히 하는 세 얘기 속에 나타난 그들의 태도로써 설명했다. "그만하면 됐어." "내일 해도 돼." "아무것도 중요하지 않아." 1995년에, 멕시코의 외무장관 내정자인 호르게 카스테네다는 멕시코와 미국의 '끔찍한 차이들'을 얘기했다. 그것들은 사회적 및 경제적 평등, 불평등을 줄이기 위한 제도, 사건들의 예측 불가성에 대한 믿음, 시간에 대한 개념, 빠르게 결과를 달성하는 능력, 그리고 역사에 대한 태도 등에서의 차이였다. 라이오넬 소사는 (앵글로-개신교도 특성과 다른) 히스패닉의 몇몇 중심적 특성이 "우리들 라틴계의 발목을 잡는다"고 얘기했다. 이를테면 가족 밖의 사람들을 믿지 않는 것, 과감성과 자주성과 솔선수범의 부족, 교육열의 부족, 가난이 천국에 들어가는 데 필요한 덕목이라고 보는 것 등이었다. 로버트 캐플런이 투손에 사는 3세대 멕시칸 미국인 알렉스 빌라의 말을 인용한 것에 따르면, 그는 남부 투손의 멕시칸 공동체에서 '교육과 근로'가 물질적 풍요로 가는 길이라고 믿기 때문에 기꺼이 '미국에 동화되려는' 사람을 거의 알지 못한다. 아르만도 신토라는 '문화적 혁명'이 일어나야 멕시코가 현대적인 세상에 동참할 수 있다고 얘기한다. 비록 멕시코의 가치관은 복음주의적 프로테스탄티즘의 확산에 힘입어 분명히 발전하고 있지만, 그와 같은 혁명은 조만간에 완성될 것으로 보이지 않는다. 그동안에, 멕시코에서 들어오는 높은 수준의 이민은 멕시칸 미국인의 교육적 및 경제적 발전을 더디게 하고 미국 사회에의 동화를 지연시키는 멕시코의 가치관을 유지하고 강화시킨다.64

멕시칸 미국인들은 숫자가 늘어나면서 점점 더 자신들의 문화에 편안함을 느끼고 종종 미국의 문화를 경멸한다. 이들은 자신들의 문화와 미국 남서부의 역사적인 멕시칸 정체성을 인정받으려 한다. 이들은 점점 더 자신들의 멕시칸 및 히스패닉 과거에 관심을 보이고 그것을 예찬한다. 1999년의 어떤 보고서에 따르면, 멕시칸 미국인들의 수적 증가가 이룩한 것은 "자신들의 전통을 더 편안하게 생각하는 많은 히스패닉 인구의 '라틴화'를 도운 것이다.…… 이들은 숫자에서 힘을 얻으며, 더 젊은 세대들은 자라면서 민족적인 자부심이 높아지고 라틴계의 영향력은 연예, 광고, 그리고 정치 등의 분야로 퍼지기 시작한다." 한 가지 현상이 미래를 예언한다. 즉, 1998년에 호세Jose가 마이클Michael을 제치고 캘리포니아와 텍사스 모두에서 새로 태어난 남자아이들에게 가장 인기 있는 이름이 되었다.65

미국의 일반적인 기준과 비교할 때, 멕시칸 미국인들은 가난하고 한동안은 여전히 그럴 것으로 보인다. 그렇지만 이들의 경제적 지위는 더 많은 사람들이 중산층에 진입하면서 서서히 나아지고 있다. 비록 일부 히스패닉만이 투표권을 갖고 있지만, 3,800만의 히스패닉 모두가 소비자들이다. 2000년에 히스패닉의 연간 구매력은 4,400억 달러로 추산되었다.66 뿐만 아니라, 미국 경제는 점점 더 특정한 집단들의 취향과 선호에 판매 목표를 맞추는 고도로 세분화된 경제가 되고 있다. 이와 같은 두 가지 추세는 미국의 기업들이 히스패닉 시장에 접근해야 할 필요성을 높이고 있다. 이를테면 특별히 히스패닉을 위해 만들어진 제품 같은 것인데, 가장 대표적인 것들로는 스페인어 신문, 정기간행물, 서적, 라디오, 그리고 텔레비전을 들 수 있다. 하지만 그밖에도 다양한 제품들이 히스패닉과 보다 세분화된 멕시칸, 쿠바인, 혹은 푸에르토리코인을 위해 출시되고 있다. 이와 같은 시장의 크기 때문에 기업들은 점점 더 스페인어를 사용해 판매 활동을 벌이게 된다. 라이오넬 소사의 주장대로, 기업들은 가장 적절한 언어와 방식으로 '민족적 고객들' 과 '소수파 시장들' 에 접근해야 한다. 그는 이것을 '엘 디네로 아블라' 라고 불렀다.[67]

1990년대에 히스패닉 공동체의 등장에 중심적이었던 것은 미국에서 가장 큰 스페인어 공중파 TV인 유니비전 Univision 이었다. 유니비전은 1996년에 "멕시코의 가장 큰 다국적기업 텔레비사 Televisa 가 모회사이기 때문에 무제한의 지원을" 받을 수 있었다고 한다. 유니비전의 저녁 뉴스 시청자는 18세에서 34세의 연령층을 기준으로 뉴욕과 시카고, 그리고 L.A.에서 ABC, CBS, NBC, CNN, 그리고 폭스 Fox 의 시청자에 맞먹거나 능가하는 것으로 알려져 있다.[68]

멕시칸 및 히스패닉 이민의 높은 수준과 미국 사회에 대한 이들의 낮은 동화율이 계속된다면, 미국은 결국 두 언어, 두 문화, 그리고 두 집단의 나라로 변할 수도 있다. 이것은 미국만을 바꾸지는 않을 것이다. 이것은 또 히스패닉에게도 깊은 영향을 끼쳐, 그들이 미국에 살지만 미국의 일부는 아니게 만들 것이다. 라이오넬 소사는 히스패닉 사업가 지망자들에게 조언하는 자신의 책 『아메리카노 드림 Americano Dream』을 다음과 같은 말로 끝맺는다. "아메리카노 드림? 그것은 존재하고, 그것은 현실적이고, 그것은 우리 모두를 위해 그곳에 있다." 그의 말은 틀렸다. 아메리카노 드림은 없다. 앵글로-개신교도 사회가 만든 아메리칸 드림 American dream 만 있을 뿐이다. 멕시칸 미국인들은 영어로 꿈꿀 때만 그 꿈과 그 사회를 공유할 것이다.

10.
미국과 세상의 통합

적과 이념이 사라지자 환경이 변했다

　20세기 후반에 냉전이 끝나고, 소련이 무너지고, 수많은 나라들이 민주주의로 이행하고, 그에 따라 국제적인 교역, 투자, 교통, 그리고 통신이 크게 확대되면서 미국의 외적인 환경은 크게 변했다. 그리고 이와 같은 변화는 미국의 정체성에 적어도 세 가지의 중요한 결과를 야기시켰다.
　첫째, 소련과 공산주의의 몰락은 미국의 적을 없앴을 뿐 아니라, 역사상 처음으로 미국의 정체성을 규정하기 위한 '남other'이 누구인지 애매하게 만들었다. 200년 이상 '미국의 신조'가 갖는 자유적이고 민주적인 원칙들은 미국의 정체성에서 핵심적인 요소였다. 미국과 유럽의 전문가들은 종종 이와 같은 신조적 요소를 '미국 예외주의American exceptionalism'의 핵심으로 보았다. 그러나 이제는, 적어도 이론적으로 전 세계의 점점 더 많은 나라들이 민주주의로 이행함에 따라, 예외주의가 아닌 보편주의universalism가 정부의 유일한 합법적 형태로 등장했다. 이제는 어떤 세속적 이념도 20세기에 전체주의와 공산주의가 그랬듯이 민주주의에 도전하지 않았다.

둘째, 미국의 업계, 학계, 전문직, 언론, 비영리, 그리고 정치적 엘리트들이 점점 더 국제적인 활동을 함에 따라, 이들 엘리트들의 국가적 정체성에 대한 외형은 크게 낮아졌다. 이들은 점점 더 자신들과 자신들의 이익, 그리고 자신들의 정체성을 초국가적 및 범세계적 제도, 네트워크, 그리고 명분들의 측면에서 규정했다. 앞에서도 보았듯이, 미국의 일부 엘리트들은 하부국가적 정체성들에 일반대중보다 더 큰 의미를 부여하곤 했다. 이들 가운데 많은 이들은 또 초국가적 정체성들에도 일반대중보다 더 큰 중요성을 부여했는데, 미국의 일반대중은 여전히 국가주의적 경향이 높았다.

셋째, 이념의 중요성 감소는 정체성의 원천으로서 문화의 중요성을 증가시켰다. 이중적인 정체성, 이중적인 충성심, 그리고 이중적인 시민권을 갖는 개인들의 수적 증가는 집단적인 측면에서 디아스포라의 중요성과 수적 증가를 야기시켰다. 디아스포라는 둘 이상의 국가들을 넘나드는 문화적 공동체인데, 이중에서 하나는 그와 같은 공동체의 고국으로 여겨진다. 이민자들의 민족적 집단이 미국 사회 안에서 자신들의 이익을 도모하는 것은 19세기 중반 이후로 하나의 현실이었다. 그러나 이제 이민자들은 훨씬 더 쉽게 출신국의 사람들과 관계를 유지하고 교류할 수 있으며, 그래서 자신들을 디아스포라의 일원으로 보게 된다. 뿐만 아니라, 고국의 정부들은 이제 자신들의 디아스포라를 경제적 및 그밖의 지원을 위한 핵심적 원천으로, 그리고 거주지 국가의 정부들에 영향력을 행사하는 원천으로 보고 있다. 그래서 이들은 자신들의 디아스포라가 확대되고, 적극적으로 활동하고, 제도화되는 것을 돕는다.

2001년까지 남other의 부재, 민주주의의 확산, 엘리트들의 탈국가화, 그리고 디아스포라의 등장은 모두가 국가적 정체성과 초국가적 정체성의 구분을 애매하게 만들었다.

적을 찾아서

1987년에 미하일 고르바초프 소련 대통령의 측근이었던 게오르규 아르바토프는 미국인들에게 이렇게 경고했다. "우리는 당신들에게 정말로 끔찍한 것을 하고 있다. 우리는 당신들에게 적을 없애고 있다."[1] 실제로 그렇게 되었으며, 이것은 아르바토프의 경고대로 미국에 중요한 영향을 끼쳤다. 하지만 그가 얘기하지 않은 것은 소련에 끼친 영향이었다. 미국에게 적을 없앴음으로써 소련인들은 자신들에게도 적을 없앴고, 소련에는 (몇 년 후의 사건들이 보여주었듯이) 미국에게 그런 것보다 훨씬 더 크게 적이 필요했다. 처음부터 소련의 관리들은 자신들의 나라를 세계 자본주의와의 역사적 투쟁에서 세계 공산주의의 리더로 규정했다. 이와 같은 투쟁이 없는 상태에서 소련에는 정체성이 없었고, 소련은 곧 대체로 문화와 역사로 자신들의 국가적 정체성을 규정하는 16개 국가들로 분열되었다.

적의 상실은 미국에 같은 영향을 끼치지 않았다. 소련의 이념적 정체성은 혁명적 독재정권이 다양한 국적의 사람들에게 강요한 것이었다. 미국의 이념적 정체성은 대체로 미국인들이 자유롭게 받아들인 것이었고 공통의 앵글로-개신교도 문화에 뿌리내린 것이었다. 그러나 소련의 붕괴는 미국의 정체성에 문제들을 야기시켰다. 기원전 84년에 로마가 최후의 심각한 적인 미트라다테스Mithradates를 무찔렀을 때, 술라Sulla는 이렇게 물었다. "이제 세상이 우리에게 더 이상의 적을 주지 않는데, 공화국의 운명을 어떻게 될 것인가?" 1997년에 역사학자 데이비드 케네디는 이렇게 물었다. "국가의 정체성은 적들이 완전히 사라지고 국가의 존재에 위협이 되는 활력적 힘을 제공하지 않을 때 어떻게 되는가?" 술라가 그와 같은 걱정을 피력한 지 몇십 년이 지난 후에, 로마 공화국은 무너지고 캐사르주의Caesarism가 등장했다. 미국이 이와 비슷한 운명에 처하지는 않을 것이다. 그러나 미국은 40년 동안 '악의 제국'에 맞서 싸우는 '자유 세계'의 리더였다. 악의 제국이 사라진 후에, 미국은 자신을 어떻게 규정해야 하는가? 혹은 존 업다이크의 지적대로 "냉전이 없는 상황에서, 미국인인 것은 무슨 의미가 있는가?"[2]

소련의 붕괴는 또 미국의 동맹들과 그들이 소련의 위협에 대처하기 위해 만든 제도에도 영향을 끼쳤다. 1990년대 초에 나토NATO의 모임에서 연사들은 종종 고대의 알렉산드리아에 관한 C. P. 카바피Cavafy의 시를 인용했다.

> 시장에 모여, 우리는 무엇을 기다리고 있나?
> 야만인들이 오늘 도착할 것이다……
>
> 이렇게 갑작스런 불편함의 의미는,
> 그리고 이와 같은 혼란은? (사람들의 얼굴이 무거워졌구나!)
> 왜 거리와 광장은 빠르게 비어 가는가,
> 그리고 왜 사람들은 생각에 잠긴 채 집으로 가는가?
>
> 이제는 밤이고 야만인들은 오지 않았기 때문이다.

그리고 몇 사람이 변방에서 도착했다.
이들은 그곳에 야만인들이 없다고 얘기한다.

그리고 이제, 야만인들이 없는 우리는 어떻게 되나?
그들은 우리에게 일종의 해결책이었다.[3]

질문은 이것이다. 즉, 무엇에 대한 '일종의 해결책a kind of solution'인가? 외부와의 전쟁은 내부적인 논란과 분열을 초래하고 그밖의 다른 부작용들을 야기시킬 수도 있다. 그러나 '야만인들이' 국가의 존재를 근본적으로 위협하거나 위협하는 것으로 여겨질 때, 보다 긍정적인 결과들이 나타날 수도 있다. 헨리히 폰 트라이쉬케는 이렇게 얘기했다. "전쟁이 사람들people 을 국가nation로 만든다." 이것은 미국에 분명하게 적용된다. 미국혁명(독립전쟁)이 미국 사람들을 만들었고, 남북전쟁이 미국이라는 나라를 만들었고, 2차대전은 미국의 국가적 정체성을 극대화시켰다. 큰 전쟁을 수행하는 동안에 국가의 권위와 자원은 강화된다. 국가적 단결은 확대되고, 내부의 분열적 적대감은 공통의 적 앞에서 억제된다. 사회적 및 경제적 차이들은 줄어든다. 생산성은 물리적 파괴만 피하면 늘어난다. 로버트 푸트넘과 세다 스콕폴이 보여주었듯이, 미국의 전쟁들은—특히 2차대전은—시민적 참여, 공통의 명분을 위한 자원, 그리고 사회적 자본의 확대는 물론 국가적 단결의 강화와 국가적 헌신도 자극했다. "우리 모두 이곳에 함께 있다." 미국의 큰 전쟁들 중에서 둘은 미국의 역사에서 인종적 평등의 두 가지 주요 발전에 관련되어 있다. 냉전의 대결 상태는 인종적 차별과 분리주의를 종식시키려는 시도를 강화했다.[4]

만일 전쟁이 (적어도 일부 상황에서) 이와 같은 긍정적 결과들을 낳는다면, 평화는 상대적으로 부정적인 결과들을 초래할까? 사회학 이론들과 역사적 증거들은 외부의 적이나 남이 없을 때 내부의 분열이 높아진다고 얘기한다. 따라서 냉전의 종식이 다른 나라들에서도 그랬듯이 미국에서도 하부국가적 정체성들의 매력을 높인 것은 놀랄 일이 아니다. 외부의 심각한 위협이 없을 때, 강력한 국가적 정부와 통일된 국가의 필요성은 줄어든다. 1994년에 두 학자가 경고했듯이, 냉전의 종식은 "국가의 정치적 단결력을 저해하고 민족적 및 분파적 분열을 촉진할" 것이며 "내부의 사회적 평등과 복지를 어렵게 하고 계급 갈등을 자극할 것이다."[5] 비슷한 맥락에서, 1996년에 폴 피터슨 교수는 냉전의 종식이 무엇보다 "국가적 이익의 한층 더 애매한 개념", "국가를 위해 희생하겠다는 의지의 감소", "정부에 대한 신뢰 하락", "도덕적 헌신의 약화", 그리고 "경험 있는 정치적 리더십에의 필요성 감소"로 이어질 것이라고 보았다. 외부의 적이 없는 상황에서, 개인적인 자기이익이 국가적인 헌신보다 앞선다. 계속해서 피터슨은 이렇게 얘기했다. "국가가 당신에게 무엇을 해줄 수 있는지 묻지 말고, 당신이 국가를 위해 무엇을 할 수 있는지 물어라. 이 말은 국가가 더 이상 악에서 선을 보호하지 않을 때 고루한 것, 거의 국수주의적인 것으로 보인다.[6]

미국인들이 인종적인 측면에서 주요 적으로 보았던 마지막 경우는 2차 대전 당시의 일본인들이었다. 존 다우어의 설명에 따르면 "일본인들은 유럽인들과 미국인들이 수세기 동안 비백인들에게 적용시켰던 온갖 인종적 편견의 전형이었다.…… 그중에는 원숭이, 열등한 인간, 원시인, 아이들, 그리고 미친 사람들의 이미지도 포함되어 있었다." 당시의 일반적 태도는 태평양의 어떤 해병대원이 잘 표현했다. 그는 이렇게 얘기했다. "우리가 싸우는 것이 독일인이라면 정말로 좋겠다. 그들은 적어도 우리 같은 인간들이다.…… 그러나 일본놈들은 동물 같다." 일본인들에 대한 미국인들의 이와 같은 인종적 편견을 제외하고, 미국의 20세기 전쟁들에서 (일본인을 포함한) 적들은 이념적인 적으로 인식되었다. 세 차례에 걸친 미국의 20세기 전쟁들 모두에서, 적은 늘 '미국의 신조' 원칙들에 정면으로 반하는 대상이었다. 데이비드 케네디의 말에 따르면 "그와 같은 적이 1차대전 때의 독일 '황제주의Kaiserism'였건, 2차대전 때의 일본 군대였건, 혹은 냉전 기간의 집단적인 러시아 공산주의였건, 미국이 규정한 적대자의 중심적 요소는 늘 상대방의 반反개인주의 이념이었다."[7] 냉전은 이념적 적대 관계의 상징적 상황이었다. 소련은 공산주의로만 규정되는 나라였고, 미국이 보는 그 악의 제국과 전 세계에 공산주의를 전파하려는 그들의 목표는 미국인들에게 완벽한 이념적 적이었다.

20세기 말에도 특히 중국을 비롯한 비민주주의 체제들이 다수 있었지만, 그들 가운데 (중국을 포함한) 어떤 나라도 다른 사회들에서 비민주주의 이념을 촉진시키려 시도하지 않았다. 민주주의는 세속적으로 중요한 이념적 경쟁자가 없었고, 미국은 적절한 맞상대를 찾지 못했다. 미국의 외교 정책 엘리트들에게 그 결과는 환희, 자부심, 그리고 거만이었다. 하지만 그것은 또 불확실성이었다. 이념적인 적의 부재는 목적의 부재를 야기시켰다. "국가에는 적이 필요하다"고 찰스 크라우트해머는 냉전이 끝나갈 때 얘기했다. "하나가 없어지면, 국가는 다른 하나를 찾아 나선다."[8] 미국에게 이상적인 적은 이념적으로 적대적이고, 인종적 및 민족적으로 다르고, 군사적으로 충분히 강해서 미국의 안보에 상당한 위협을 제기할 것이었다. 1990년대의 외교 정책 논쟁은 대체로 그와 같은 적을 어디에서 찾을 것인지에 관한 것이었다.

이와 같은 논쟁의 참가자들은 다양한 가능성들을 제기했지만, 그중에서 어떤 것도 20세기 말에 일반적인 인정을 받지 못했다. 1990년대 초에 일부 외교문제 전문가들은 소련의 위협이 국가주의적이고 권위주의적인 러시아의 부활로 재현될 것이라고 경고했다. 러시아의 천연자원, 인구,

그리고 핵무기는 다시 한번 미국의 원칙들에 도전하고 미국의 안보를 위협하기에 충분할 것이었다. 그러나 1990년대 말에 러시아의 경기 침체, 인구 감소, 재래식 군사력의 약화, 부패의 만연, 그리고 취약한 정치적 권위는 러시아가 미국의 적이 될 수 있다는 인식에 의문을 제기했다.

슬로보단 밀로세비치와 사담 후세인 같은 일시적 독재자들은 인종학살의 원흉으로 비난받았지만, 그들을 미국의 원칙들이나 안보에 심각한 위협이 되는 히틀러, 스탈린, 혹은 브레즈네프 같은 독재자들로 각인시키기는 어려웠다. 그래서 종종 '불량국가', 테러분자, 혹은 마약대부들 같은 애매한 집단들을 적으로 삼거나 핵무기 확산, 사이버테러, 그리고 동시전 같은 위협들을 거론해야만 했다. 미국은 신조적 정체성 속에서 국가들이 인권 억압, 마약 거래 지원, 테러 집단 후원, 그리고 종교적 박해 같은 악의 행동들에 참여하는 정도에 따라 그들을 분류한다. 미국만이 국가들 중에서 적의 명단을 발표한다. 이를테면 (2003년에 36개였던) 테러 조직, (2000년에 7개였던) 테러 후원 국가, (2000년에 '우려국가'로 분류된 다양한 국가들의 보다 비공식적 분류였던) '불량국가' 등이다. 미국은 2002년에 이라크, 이란, 그리고 북한을 '악의 축'으로 규정했는데, 여기에 국무부는 쿠바, 리비아, 그리고 시리아를 추가했다.[9]

또 하나 가능한 잠재적 적은 중국으로서, 경제적으로는 아니어도 이론적으로는 여전히 공산주의인 중국은 분명히 독재국가였다. 정치적 자유, 민주주의, 혹은 인권을 무시하고, 경제적으로 성장하고, 점점 더 국가주의적인 인민이 있고, 문화적 우월성이 강하고, 군부와 일부 다른 엘리트 집단이 미국을 분명하게 적으로 인식하는 중국은 동아시아에서 새로운 패권국이 되고 있었다. 20세기에 미국에 가장 큰 위협은 전체주의 적들인 독일과 일본이 1930년대와 1940년대에 동맹을 맺었을 때, 그리고 공산주의 적들인 소련과 중국이 1950년대에 연대를 맺었을 때 나타났다.

그와 비슷한 연대가 다시 등장한다면, 그것의 중심에는 중국이 있을 것이다. 그러나 이와 같은 상황은 가까운 미래에 현실화될 가능성이 낮다.

일부 미국인들은 이슬람 근본주의 집단들을, 혹은 보다 넓게 정치적인 이슬람을 적으로 보기 시작했다. 이것은 이라크, 이란, 수단, 리비아, 탈레반 정권의 아프가니스탄, 그리고 (더 낮은 정도로) 다른 이슬람 국가들에서 나타났고, 하마스, 헤즈볼라, 이슬람 지하드, 그리고 알카에다 네트워크에서도 구현되었다. 1990년대의 세계무역센터, 코바르 막사, 탄자니아와 케냐의 미국 대사관, 그리고 항공모함 USS Cole에 대한 공격과 성공적으로 저지된 그밖의 다른 테러 공격들은 분명히 미국에 대한 간헐적이고 낮은 수준의 전쟁이었다. 테러를 지원하는 것으로 미국이 분류한 7개국 중에서 5개국은 무슬림이다. 무슬림 국가들과 조직들은 이스라엘을 위협하며, 많은 미국인들은 이 나라를 동맹으로 생각한다. 이란과 (2003년의 전쟁 전에) 이라크는 미국과 전 세계의 석유 공급에 잠재적 위협을 제기한다. 파키스탄은 1990년대에 핵무기를 획득했고, 다양한 시기에 이란, 이라크, 리비아, 그리고 사우디아라비아는 핵무기 재고, 의도, 그리고 프로그램을 갖고 있었다고 알려져 있다. 이슬람과 미국의 기독교 및 앵글로-프로테스탄티즘이 드러내는 문화적 차이는 이슬람의 적 자격을 강화시킨다. 그리고 2001년 9월 11일에, 오사마 빈 라덴은 미국의 적 찾기를 종식시켰다. 뉴욕과 워싱턴에 대한 공격에 이어 아프가니스탄과 이라크에서 전쟁이 일어나고 보다 광범위한 '테러와의 전쟁'이 전개되면서, 군사적인 이슬람은 21세기에 미국의 첫 번째 적이 되었다.

죽은 영혼들: 엘리트의 탈국가주의

1805년에 월터 스콧은 다음과 같이 유명한 질문을 했다.

> 저기에서 숨 쉬는 저 사람은 영혼이 완전히 죽어
> 스스로에게 이렇게 물은 적이 없다.
> "이것이 내가 태어난, 내 나라인가?"
> 이 사람의 가슴은 자기 안에서 불탄 적이 없고
> 낯선 외국땅에서 떠돌다가 고향으로 돌아오는가?
> ―「마지막 음유시인의 노래」에서

그의 질문에 대한 오늘의 한 가지 답은 이것이다. 즉, 죽은 영혼들의 숫자는 적지만 미국의 업계, 전문직, 지식인, 그리고 학계의 엘리트들 사이에서 늘어나고 있다. 스콧이 말한 '지위, 힘, 그리고 돈'을 갖고 있는 이들은 미국이라는 나라와의 연대감도 줄어들고 있다. 낯선 외국 땅에서 미국으로 돌아오는 이들은 자신들이 '태어난 나라'에 대한 헌신의 감정이 깊지 않을 것이다. 이들의 태도와 행태는 미국의 일반대중이 갖고 있는 깊은 애국심과 국가주의적 정체성에 대비되는 것이다. 그리고 유럽계 미국인들만 그런 것도 아니다. 어떤 멕시칸 미국인은 이렇게 얘기했다. "모국을 방문하는 것은 멋진 일이지만, 그곳은 내 고향이 아니다. 내 고향은 여기 미국이다. 이곳에 돌아오면 나는 이렇게 얘기한다. '하나님, 미국인인 것에 감사합니다.'"[10] 미국에서 점점 더 탈국가화되는 엘리트들과 "미국인인 것에 감사한다"는 일반대중 사이에 상당한 격차가 벌어지고 있다. 이와 같은 격차는 9·11사태 후에 갈등이 잠복하고 애국심이 표출되면서 일시적으로 희미해졌다. 그러나 그와 비슷한 공격들이 반복되지 않는 상황에서, 경제적 세계화의 일반적이고 근본적인 힘은 엘리트들의 탈국가화가 앞으로도 계속되게 만들 것이다.

세계화는 개인, 기업, 정부, 비정부기구NGO, 그밖의 다른 개체들 사이에서 국제적인 교류가 엄청나게 확대되는 것을 의미한다. 세계화는 국제적으로 투자하고, 생산하고, 판매하는 다국적 기업들의 숫자와 크기가 증가하는 것을 의미한다. 세계화는 또 국제적인 조직, 체제, 그리고 제도의 확산을 의미한다. 이와 같은 변화의 영향은 집단에 따라, 그리고 국가에 따라 다르게 나타난다. 세계화의 과정에 개인들이 참여하는 정도는 그들의 사회경제적 지위와 거의 직접적으로 연관되어 있다. 엘리트들은 비엘리트들보다 초국가적 이해관계, 헌신, 그리고 정체성이 더 깊고 더 많다. 미국의 엘리트, 정부 기관, 기업, 그밖의 조직들은 다른 나라들의 경우보다 세계화의 과정에서 훨씬 더 중요한 역할을 수행하고 있다. 따라서 이들의 국가적 정체성과 국가적 이해관계의 정도는 상대적으로 더 약하다고 할 수 있다.

이와 같은 변화는 지구적인 측면에서 남북전쟁 후에 미국에서 일어났던 것과 비슷하다. 앞에서도 보았듯이, 산업화가 진행될 때 기업들은 전국적이 되어야만 성공과 성장에 필요한 자본, 노동력, 그리고 시장을 얻을 수 있었다. 성공을 원하는 개인들은 지리적으로, 조직적으로, 그리고 어느 정도는 직업적으로 이동적이 되어야만 했고, 지역적이 아닌 국가적 측면에서 사회생활을 추구해야만 했다. 국가적 기업들과 그밖의 국가적 조직들이 성장한 것은 국가적 관점, 국가적 이익, 그리고 국가적 힘을 촉진시켰다. 국가적 법률과 표준이 주의 그것들보다 우선시되었다. 국가적 의식화와 국가적 정체성이 주와 지역의 정체성보다 더 중요해졌다.

초국가주의의 등장은 (비록 아직은 초기 단계이지만) 어느 정도 그와 비슷하다. 그러나 두 가지 큰 차이가 있다. 19세기 후반의 기술 발전은 미국에서 엘리트들의 국가화를 촉진시킨 반면, 20세기 후반의 기술 발전은 엘리트들의 탈국가화를 촉진시켰다. 둘째, 하부국가주의에 대한 국가주의의 승리는 외부의 적들에 의해 한층 더 강해졌다. 외부의 적들은 국가적 단결, 국가적 정체성, 그리고 국가적 제도, 특히 대통령 제도를 강화시켰다. 그러나 초국가주의의 적은 국가주의이다. 국가주의의 대중적 인기는 초국가적 추세들을 강화시키는 것이 아니라 약화시킨다.

초국가적 개념들과 사람들은 세 가지 부류로 나눌 수 있다. 보편주의자 universalist■, 경제적 economic, 그리고 도덕주의자 moralist 이다. 보편주의 개념은 궁극적으로 미국의 국가주의와 예외주의가 극단의 형태를 띤 것이라고 할 수 있다. 이것의 개념에서 볼 때, 미국은 독특한 국가이기 때문이 아니라 '보편적 국가'가 되었기 때문에 예외적이다. 미국은 전 세계의 모든 나라들에서 사람들이 미국에 왔고 전 세계의 모든 나라들이 미국의 대중적인 문화와 가치관을 받아들이고 있기 때문에 세상과 통합되었다. 미국과 세상의 차이는 미국이 세계 유일의 초강대국이 되면서 사라지고 있다.

경제적 개념은 경제적 세계화가 초월적 힘으로서 국가적 경계를 무너뜨리고, 국가적 경제를 하나의 지구적 경제로 통합시키고, 국가적 정부의 권위와 기능을 빠르게 잠식한다는 것에 초점을 맞춘다. 이 개념은 지구적 측면에서 활동하는 다국적 기업, 거대 NGO, 그리고 여타 비슷한 조직들의 리더들과 (대개는 고도의 기술적 능력인) 숙련성을 갖고 있는 개인들, 그러니까 그들에 대한 수요가 지구적이고 그래서 국가를 넘나들며 활동할 수 있는 개인들 사이에서 널리 퍼져 있다.

■ 여기에서 universalist는 용어의 통일을 위해 '보편주의자'로 번역했지만, 이 부분에서 그것은 '세계주의자'로 이해하는 것이 더 적절할 것이다. : 옮긴이

도덕주의 개념은 애국심과 국가주의를 사악한 힘으로 규정하면서 국제적인 법률, 제도, 체제, 그리고 기준들이 개별 국가들의 그것들보다 도덕적으로 우월하다고 주장한다. 인류에 대한 헌신이 국가에 대한 헌신을 능가해야 한다. 이 개념은 지식인, 학자, 그리고 언론인들 사이에서 찾아볼 수 있다. 경제적 초국가주의는 부르주아에 뿌리를 두고 있으며, 도덕주의적 초국가주의는 인텔리겐치아에 뿌리를 두고 있다.

1953년에 GM의 사장으로서 국방부 장관에 지명되었던 사람은 이렇게 천명했다. "GM에 좋은 것은 미국에도 좋다." 그는 미국에 좋은 것은 GM에도 좋다고 말하지 않았다 해서 많은 비판을 야기시켰다. 그것이 어느 쪽이건, 둘 모두는 기업과 국가의 이익이 우연히도 일치한다는 나름의 전제를 깔고 있었다. 그러나 이제 대기업들은 종종 자신들의 이익이 점점 더 미국의 이익과 다르다고 생각한다. 지구적인 수준의 활동이 확대되면서, 미국에서 세워지고 미국에 본사를 둔 기업들은 점차 덜 미국적이 되고 있다. 이들의 중역들이 (1장에서 소개한 대로) 랠프 네이더에게 보인 반응들에서 볼 수 있듯이, 이들은 애국심의 표현을 거부하고 명시적으로 자신들을 다국적 기업으로 규정한다. 이들의 태도는 1860년대에 '에리 철도'의 제이 굴드가 보인 반응을 떠올리게 한다. 자신이 공화당원인지 민주당원인지 질문을 받았을 때, 그는 이렇게 얘기했다. "공화당이 지배하는 주에서, 나는 공화당원이다. 민주당이 지배하는 주에서, 나는 민주당원이다. 그리고 독립적인 주에서, 나는 독립적인 사람이다. 하지만 나는 늘 '에리'를 위해 일한다." 근거지는 미국에 있지만 활동은 지구적인 기업들은 직원들과 (최고경영자를 포함하는) 중역들을 뽑을 때 국적을 따지지 않는다. 2000년에 적어도 6개의 주요 미국 기반 기업들에는 비미국인 회장이나 최고경영자가 있었다. 그들은 알코아, 벡턴, 디킨슨, 코카콜라, 포드, 필립 모리스, 그리고 프락터 & 갬블 등이었다. CIA는,

1999년에 그곳의 어떤 관리가 한 얘기에 따르면, 전과 달리 이제는 미국 기업들의 협조를 얻어낼 수가 없다. 왜냐하면 기업들이 자신들을 다국적으로 보면서, 미국 정부를 돕는 것이 자신들에게 이롭지 않다고 생각할 수도 있기 때문이다.[11]

국가주의는 통합적인 국제적 프롤레타리아라는 카를 마르크스의 개념이 틀린 것임을 입증했다. 세계화는 애덤 스미스의 다음과 같은 주장이 옳은 것임을 입증하고 있다. 스미스는 이렇게 얘기했다. "토지의 소유자는 반드시 자신의 토지가 있는 특정한 나라의 시민이어야 한다.…… 그러나 주식의 소유자는 세상의 시민이며, 반드시 어느 특정한 국가에 소속될 필요가 없다."[12] 스미스가 1776년에 한 이 말은 현대의 초국가적 기업들이 자신들을 보는 방식을 묘사한다. 미국의 23개 다국적 기업 및 비영리 단체의 리더들과 가진 면담 결과를 요약하면서, 제임스 데이비슨 헌터와 조슈아 예이츠는 이렇게 결론내린다. "분명히 이들 엘리트들은 범세계인들이다. 이들은 세상을 여행하며 이들의 활동 분야는 세상이다. 이들은 자신들을 '세계 시민'으로 본다. 이들은 계속해서 자신들이 우연히 지구적인 조직에서 일하는 미국 시민이기보다 우연히 미국 여권을 갖고 있는 '세계 시민'이라고 얘기한다. 이들은 범세계인의 개념에 수반되는 그 모든 것을 갖고 있다. 이들의 관점과 윤리적 헌신은 지적이고, 도시적이고, 보편적이다." 다른 나라들의 '세계화 엘리트들'과 함께, 이들 미국의 리더들은 개별 국가들의 문화와 떨어져 있는 '사회문화적 버블 socio-cultural bubble' 속에서 살며, 사회과학적 버전의 영어, 헌터와 예이츠가 '세계 언어 global speak'라고 이름붙인 것으로 의사소통을 한다.

경제적 세계화인들은 세상을 하나의 경제적 단위로서 보려 한다. 이들에게 고향은 국가적 공동체가 아니라 지구적 시장이다. 헌터와 예이츠는 이렇게 얘기한다. "다국적 기업들뿐 아니라 이 모든 세계화 조직들이 활동하는 세상은 시장의 확대, 경쟁적 우위, 효율성, 비용절감, 이윤의 극대화와 비용의 극소화, 틈새시장, 그리고 수익성 등으로 규정된다. 이들은 전 세계에서 소비자들의 욕구를 충족시킨다는 이유를 들어 그와 같은 태도를 정당화한다. 이들에게는 그것이 선거구이다." ADM에 컨설팅을 하는 어떤 이는 이렇게 얘기했다. "세계화가 하는 것이 하나 있다면, 그것은 정부의 힘을 세상의 소비자들에게 넘기는 것이다."[13] 지구적 시장이 국가적 공동체를 대체하면서, 지구적 소비자가 국가적 시민을 대신한다.

경제적 초국가인 transnational은 새롭게 등장하는 지구적 초계급 superclass의 핵심이다. '지구적 사업 정책 협의회'는 이렇게 주장한다. "지구적인 경제적 통합의 논의가 뜨거워지면서, 적어도 그중에서 하나의 결과는 분명해지고 있다. 점점 더 통합되는 지구적 경제의 성과는 새로운 지구적 엘리트를 탄생시켰다. 다보스맨 Davos Men, 골드칼라 근로자 gold-collar workers, 혹은…… 코스모크랫 cosmocrat으로 불리는 이 신흥 계급은 지구적 연결성의 새로운 개념으로 힘을 얻고 있다. 여기에 포함되는 것은 학자, 국제적 공직자, 그리고 지구적 기업의 중역들과 성공한 첨단기술 사업가들이다." 2000년에 2,000만 가량으로 추산되었고 그중에서 40퍼센트가 미국인인 이 엘리트는 2010년에 배로 늘어날 것이다.[14] 미국 인구의 4퍼센트를 밑도는 이들 초국가인들은 국가적 충성심의 필요성이 거의 없고, 국가적 경계를 고맙게도 사라지고 있는 장애물로 생각하고, 국가적 정부를 과거의 잔재로서 이들 엘리트들의 지구적 활동을 돕는 데만 유용한 기능이 있는 존재로 생각한다. 어느 기업 중역이 확신에 찬 어조로 예측했듯이, 앞으로는 "정치인들만이 국가적 경계에 관심이 있을 것이다."[15]

초국가적 제도, 네트워크, 그리고 활동에의 참여는 지구적 엘리트를 규정할 뿐 아니라 국가들 안에서 엘리트 지위를 달성하는 데도 필수적이다. 충성심, 정체성, 참여가 순전히 국가적인 사람들은 그런 한계들을 초월하는 사람들보다 업계, 학계, 언론, 전문직 등에서 꼭대기에 도달할 가능성이 낮을 것이다. 정치를 제외하고, 고향에 머무는 사람들은 뒤에 처진다. 앞으로 나아가는 사람들은 국제적으로 생각하고 행동한다. 사회학 교수인 매뉴얼 캐스텔즈는 이렇게 얘기했다. "엘리트들은 범세계적이고, 사람(서민)들은 지역적이다."[16] 그러나 이와 같은 초국가적 세상에 동참하는 기회는 산업화된 국가들의 일부 극소수 사람들과 개발도상 국가들의 너무나도 적은 사람들에게만 국한되어 있다.

초국가적인 경제적 엘리트들의 지구적 참여는 그들의 국가적 공동체 소속감을 잠식한다. 1980년대 초의 어떤 조사 결과는 이렇게 얘기한다. "사람들의 소득과 교육 수준이 높을수록…… 그들의 충성심은 더 조건적이다.…… 이들은 가난하고 교육받지 못한 사람들보다, 소득을 배로 높일 수 있다면 기꺼이 국가를 떠날 것이라고 얘기한다."[17] 1990년대 초에 미래의 노동부 장관인 로버트 라이히도 비슷한 결론에 도달했다. "미국에서 소득이 가장 높은 사람들은…… 나머지 다른 사람들과 분리되고 있다. 이와 같은 분리의 형태는 다양하지만, 그것이 기반한 경제적 현실은 같은 것이다. 이들 미국인들의 집단은 전과 달리 이제는 나머지 미국인들의 경제적 실적에 의존하지 않는다.…… 대신에 이들은 사업의 지구적 네트워크에 연결되어 그것에 직접적으로 기술자, 법률가, 경영 컨설턴트, 투자 은행가, 조사 연구가, 기업의 중역, 그밖의 다양한 분석가로서 가치를 부가한다." 2001년에 앨런 울프 교수도 비슷한 주장을 했다. "다문화주의가 야기시키는 국가적 시민권에의 도전은 애국심보다 수익성을 강조하는 정말로 지구적인 기업들의 출현 앞에서 빛이 바랜다." 존 미클스웨이트와 애드리언 울드리지는 이렇게 얘기한다. "코스모크랫들은 점점 더 사회의 다른 사람들로부터 분리되고 있다. 이들은 외국의 대학교에서 공부하고, 한동안 외국에서 일을 하고, 지구적 수준의 조직들에서 활동한다. 이들은 세상 안의 세상을 만들며, 수많은 지구적 네트워크들로 서로 연결되어 있지만 자신들이 속한 사회의 서민들과는 분리되어 있다.…… 이들은 지역에서 이웃들과 얘기를 하기보다 전 세계에서 (전화나 이메일을 통해) 동료들과 얘기를 하는 데 더 많은 시간을 보낸다."[18]

1927년에 계급투쟁과 국가주의가 유럽에서 최고도에 달하고 있을 때, 줄리앙 벤다는 『지식인의 반역』이라는 자신의 저서에서, 지식인들이 헛된 진실에 헌신하고 국가주의 열정에 굴복한다고 통렬하게 비판했다. 오늘날 지식인들의 '반역'은 그와 정반대이다. 이들은 자신들의 국가와 자신들의 동료 시민들에 대한 헌신을 포기하고 인류에 대한 정체성의 도덕적 우월성을 주장한다. 이와 같은 성향은 1990년대에 학계에서 강하게 나타났다. 시카고 대학교의 마사 너스바움 교수는 "애국적 자부심"에 대한 강조를 "도덕적으로 위험한" 것이라고 폄하하면서, 애국심에 대한 범세계주의의 윤리적 우월성을 촉구하고, 사람들의 "충성심"은 "인간들의 전 세계적 공동체"로 향해야 한다고 주장했다. 프린스턴 대학교의 에이미 거트먼 교수는 미국의 학생들이 "무엇보다 그들이 미국의 시민임을 배우는" 것은 "통탄할" 일이라고 비난했다. 그녀는 미국인들의 "기본적 충성심"은 미국이나 그밖의 "정치적 주권 공동체"가 아니라 "민주적인 인본주의"로 향하는 것이어야 한다고 주장했다. 뉴욕 대학교의 리처드 세닛 교수는 "공유된 국가적 정체성의 사악함"을 비난하면서, 국가적 주권의 침식은 "기본적으로 긍정적인 현상"이라고 평가했다. 샌디에이고 캘리포니아 대학교의 조지 립싯츠 교수는 "최근에 애국심의 피난처는 온갖 종류의 사기꾼들이 가장 먼저 찾는 곳"이라고 주장했다. 아메리칸 대학교의 세실리아 올리어리 교수는 미국의 애국심 고취가 우파적, 군사적, 남성, 백인, 앵글로, 그리고 압제적인 것이라고 보았다. 조지아 대학교의 베티 진 크레이그 교수도 애국심이 군사적 특성을 갖는 것이라고 공격했다. 호프스트라 대학교의 피터 스피로 교수는 "국제적인 문제에서 '우리' 라는 단어의 사용은 점점 더 어려워지고 있다"고 얘기했다. 과거에 사람들은 국민국가와 관련해서 '우리' 라는 단어를 사용했지만, 이제는 국민국가와의 연결성이 "반드시 국제적인 측면에서 개인들의 이익이나 충성심을 규정하는 것은 아니다."[19]

도덕주의자 초국가인들은 국가적 주권의 개념을 거부하거나 강하게 비판한다. 과거에 이 개념은 (베스트팔리아 조약에서 비롯된 것으로) 정기적으로 이론적인 확인을 받았고 정기적으로 실천적인 위반을 당했다. 도덕주의자들은 이것이 위반되어야 한다고 주장한다. 이들은 유엔 사무총장 코피 아난이 주장한 바, 국가적 주권보다 '개인적 주권' 이 우선되어야 국제 사회가 정부들의 시민권 침해 행위를 막거나 중단시킬 수 있다는 데 동의한다. 이와 같은 원칙은 유엔이 각국의 국내 문제에 군사적이나 그 밖의 방식으로 개입하는 명분을 제공하는데, 이것은 유엔헌장이 명시적으로 금지하고 있는 행위이다. 보다 일반적으로, 도덕주의자들은 국가적 법률보다 국제적 법률이 우선적이고, 국가적 과정보다 국제적 과정을 통해 내려진 결정들이 더 합법적이고, 국가적 정부들의 힘보다 국제적 기관들의 힘이 더 커져야 한다고 주장한다. 도덕주의자 국제 법률가들은 '국제적인 관습법' 의 개념을 만들었는데, 그들은 이것이 국가의 법보다 우월하다고 얘기한다.

미국에서 이런 원칙을 현실에 적용시킨 주요 사건은 1980년에 '제2항소 순회법원' 이 미국의 대사들을 보호하기 위한 1789년의 법률을 해석한 판결이었다. 이 재판에서 항소법원은 미국에 거주하는 파라과이 시민들이 파라과이에서 파라과이 사람을 죽였다고 그들이 주장하는 파라과이 정부 관리에 대해 미국의 법원에서 민사소송을 제기할 수 있다고 판시했다. 이 판결은 다수의 비슷한 사건들이 미국의 법원들에 제기되는 결과를 낳았다. 이런 재판들에서, 스페인의 어떤 판사가 피노체트 장군에 대해 제기한 재판에서처럼, 한 나라의 법원들은 자국의 영토적 관할권을 넘어서며 외국에서 외국인이 외국인에게 가한 인권 침해 소송에 재판권을 주장한다.[20]

도덕주의 국제 법률가들은 국제적인 관습법의 선례들이 이전의 연방 및 주 법률을 능가한다고 주장한다. 그러나 국제적인 관습법은 법률이나 조약으로 규정되어 있지 않기 때문에, 코넬 대학교의 제레미 랩킨 교수가 말하듯이, 전문가들이 "판사로 하여금 그럴 수도 있다고 생각하게" 만드는 것이면 무엇이든 될 수 있다. "이와 같은 이유 때문에, 그것은 국내 문제에 점점 더 깊이 파고들 수 있다. 국제적인 관습법에서 어떤 기준이 인종 차별을 금지하는 것이라면, 왜 성적 차별도 금지시킬 수 없겠는가? 그리고 왜 시민권, 언어, 혹은 성별의 측면에서 차별을 금지시킬 수 없겠는가?" 도덕주의 국제 법률가들은 미국의 법률이 국제적인 기준에 맞아야 하며, 미국인 판사들은 물론 비선출직 외국인 판사들도 미국의 기준이 아닌 국제적 기준에서 미국인의 시민권을 규정할 수 있다고 주장한다.[21] 일반적으로, 도덕주의자 초국가인들은 미국이 '국제 형사 재판소' 같은 기관들의 설립을 지지하고 그것의 판결도 '국제 사법 재판소'나 유엔총회, 그밖의 비슷한 기관들이 내린 판결처럼 존중해야 한다고 믿는다. 이들은 국제적 공동체가 국가적 공동체보다 도덕적으로 우월하다고 주장한다.

자유적liberal 지식인들 사이의 반反애국적 정서 확산은 그들 중에서 일부가 동료 자유인liberal들에게 그와 같은 태도는 미국이 아니라 미국의 자유주의에 위협이 될 수 있다고 경고하게 만들었다. 주도적인 자유주의 사상가인 리처드 로티 교수의 지적에 따르면, 대부분의 미국인들은 국가에 대해 자부심을 갖고 있지만 "이와 같은 규칙의 많은 예외들이 대학들과 대학교들, 좌파적 정치 견해의 성소가 된 학계의 학과들에서 발견된다." 이들 좌파들은 "여성들과 아프리카 미국인들, 그리고 동성애자들에게…… 아주 큰 도움을 주었다.…… 하지만 이와 같은 좌파에는 한 가지 문제가 있다. 즉, 그것은 비애국적이다." 그것은 "국가적 정체성의 개념과 국가적 자부심의 감정을 거부한다." 좌파가 영향력을 가지려면 "공유된 국가적 정체성의 정서가…… 시민권의 절대적으로 필수적인 요소임을" 알아야만 한다. 애국심이 없으면 좌파는 미국을 위한 자신들의 목표를 달성할 수 없다. UC 버클리의 로버트 벨라 교수도 비슷한 견해를 피력한다. "그들 자유인들은 효과적인 방법으로 미국인들의 애국심에 호소하지 못했다.…… 내가 볼 때 이것은 상당한 불행이면서 동시에 전술적 재앙이다.…… 어떻게든 우리는 더 깊은 곳에 있는 우리의 전통에 의존해야만 대중을 움직여 미국에서 민주적인 변화를 도모할 수 있다."[22] 간단하게 말해서, 자유인들은 자유주의 목표들을 달성하기 위해 애국심을 수단으로 사용해야 한다.

반국가적 견해를 옹호한 학자들은 1980년대와 1990년대에 국가주의와 국민국가의 규범적 장점과 단점에 대해 세심하게 글을 썼던 사람들 중에서 상당 부분을 구성했다. 애국심과 국가적 정체성의 우위를 진지하게 방어한 경우는 드물었다. 국민국가에 대한 의심은 또 보다 직접적으로 공공 정책에 관련된 사람들 속에서도 존재했다. 1992년에 당시 언론인으로서 〈타임〉에 글을 실었던 스트로브 탈보트는 다음과 같은 미래를 기대했다. "우리가 아는 국가성 nationhood이 낡은 것이 되고, 모든 나라들이 하나의 지구적 권위를 인정하는 미래." 몇 달 후에 그는 고위 관리가 되어, 자신이 낡은 것이 되기를 바라던 미국이라는 국가의 외교 정책을 수립했다.[23] 탈보트의 전망은 클린턴 행정부의 다른 사람들도 공유했을 것이다. 동성애에 대한 정책들과 함께 그것은 클린턴 행정부가 군부와 불편한 관계를 갖게 만들었는데, 군부에게 국민국가 미국은 압도적인 충성심의 대상이다. 그러나 미국의 1990년대 엘리트 초국가주의자들에게 국가주의는 사악한 것이었고, 국가적 정체성은 의심스런 것이었고, 애국심은 지나간 것이었다.

그리고 이것은 미국의 일반대중과 거리가 먼 것이었다.

애국적인 대중

국가주의는 세상의 대부분에서 여전히 힘을 갖고 있다. 엘리트들의 생각이 어떠하건, 대부분의 사람들은 애국적이며 국가적 정체성이 강하다. 미국인들은 지속적으로, 그리고 압도적으로 애국심과 국가에 대한 헌신에서 다른 곳의 사람들을 능가했다. 그러나 이들의 정체성 정도는 인종과 출생지에 따라 다르다.

대다수의 미국인들은 애국적이라고 주장하며 국가적 자부심이 아주 높다. 1991년에 '당신은 미국인임에 얼마나 자부심을 갖는가?' 라는 질문을 받았을 때, 미국인들의 96퍼센트는 '아주' 혹은 '상당히' 라고 대답했다. 1994년에 비슷한 질문을 받았을 때, 미국인들의 86퍼센트는 미국인인 것이 '아주' 혹은 '극히' 자랑스럽다고 얘기했다. 1996년에 사람들은 이런 질문을 받았다. '미국인인 것이 당신에게 중요한 정도를 전혀 중요하지 않은 0에서부터 가장 중요한 10까지 평가하라.' 응답자들의 45퍼센트는 10을 선택했고, 38퍼센트는 6에서 9를 선택했고, 2퍼센트는 0을 선택했다. 2001년의 9·11사태는 이렇게 높은 수준의 애국심에 큰 영향을 끼칠 수 없었고 끼치지 않았다. 2002년 9월에 미국인들의 91퍼센트는 미

국인인 것이 '아주' 혹은 '극히' 자랑스럽다고 얘기했다.[24]

미국인들의 국가적 정체성 수준은 20세기 말에 이르기까지 점차 높아졌던 것 같다. 어떤 영토적 단위에 '가장 먼저' 소속감을 느끼는지 질문을 받았을 때, 지방이나 마을, 지역이나 주, 전체 국가, 북미 대륙, 그리고 전체 세상 중에서 '전체 국가'를 선택한 미국인들의 비율은 1981~1982년에 16.4, 1990~1991년에 29.6, 그리고 1995~1997년에 39.3퍼센트로 나타났다. 국가를 가장 우선적으로 생각한 미국인들의 22.9퍼센트 증가는 세상의 모든 나라들에서 국가적 정체성의 평균 증가율인 5.6퍼센트와 선진국들의 3.4퍼센트를 크게 초과했다.[25] 비록 미국의 일부 업계 및 지식인 엘리트들은 전체적인 세상에 더 정체성을 느끼고 자신들을 '세계시민'으로 규정하고 있었지만, 전체적인 미국인들은 국가에 대한 헌신이 더 높아지고 있었다.

애국심과 국가적 자부심에 대한 이런 확인은 다른 나라들의 사람들이 비슷한 반응을 보였다면 의미가 줄어들 수도 있다. 그러나 사실은 그렇지 않았다. 미국은 1981~1982, 1990~1991, 그리고 1995~1996년의 '전 세계 가치관 조사' 모두에서 41개 내지 65개 국가들 가운데 국가적 자부심이 가장 높았다. 미국인들의 96 내지 98퍼센트는 국가적 자부심이 '아주' 혹은 '상당히' 높은 것으로 나타났다.[26] 23개국에 대한 1998년의 어떤 조사는 사람들에게 (예술, 스포츠, 경제 같은) 업적의 특정한 10개 분야에서 국가에 대한 자부심이 얼마나 높은지, 그리고 전반적으로 자신들의 국가를 다른 나라들과 비교해 어떻게 보는지 물었다. 미국은 특정한 업적들의 자부심에서 아일랜드 다음의 2위를 차지했고, 전반적인 국가적 자부심에서 호주 다음의 2위를 기록했지만, 이 두 기준을 결합했을 때 23개 국가들 중에서 1위를 차지했다. 1980년대 중반에 서구의 4개 국가 사람들에게 국가적 자부심을 물었을 때, 긍정적인 대답의 비율은 미국이 75

퍼센트, 영국이 54퍼센트, 프랑스가 35퍼센트, 서독이 20퍼센트로 나타났다. 젊은이들의 경우에 그와 같은 비율은 미국이 98퍼센트, 영국이 58퍼센트, 프랑스가 80퍼센트, 서독이 65퍼센트였다.[27] 국가를 위해 무언가를 할 의사가 있는지 물었을 때, 젊은 사람들의 반응은 다음과 같이 나타났다.

	예	아니오
미국	81%	18%
영국	46%	42%
프랑스	55%	34%
서독	29%	40%

미국의 일부 인구 집단들은 전체적인 미국인들보다 애국심의 표현이 약하다. 1990~1991년의 '전 세계 가치관 조사'에서 미국 태생 미국인, 이민자, 비히스패닉 백인, 그리고 흑인들의 98퍼센트 이상과 히스패닉의 95퍼센트는 국가적 자부심이 '아주' 혹은 '상당히' 높다고 대답했다. 그러나 국가적 정체성의 중요성에 대해서는 차이가 나타났다. 미국 태생과 비히스패닉 백인들의 31퍼센트는 미국을 정체성의 대상으로 선택했지만, 이와 같은 비율은 흑인들의 25퍼센트, 히스패닉의 19퍼센트, 그리고 이민자들의 17퍼센트로 낮아졌다. 미국을 위해 싸울 의사가 있는지 물었을 때, 비히스패닉 백인들의 81퍼센트와 미국 태생 미국인들의 79퍼센트는 그렇다고 대답해 이민자들의 75퍼센트, 흑인들의 67퍼센트, 그리고 히스패닉의 52퍼센트와 비교되었다.[28]

이런 숫자들이 보여주듯이, 최근의 이민자들과 (흑인들처럼) 강제로 미국 사회의 일부가 된 사람들의 후손들은 개척자들과 초창기 이민자들의 후손들보다 미국 사회에 대한 태도가 더 양면적인 것 같다. 흑인들을 비롯한 소수파들도 미국의 전쟁들에서 용감하게 싸웠다. 그러나 자신들을 애국자로 생각하는 흑인들의 수는 백인들보다 상당히 적다. 예를 들면 1983년의 어떤 조사에서, 백인들의 56퍼센트와 흑인들의 31퍼센트는 자신들이 '아주' 애국적이라고 대답했다. 1989년의 조사에서 백인들의 95퍼센트와 흑인들의 72퍼센트는 자신들이 '아주' 혹은 '어느 정도' 애국적이라고 대답했다.[29] 학부모들을 대상으로 한 1998년의 어떤 조사에서, 백인들의 91퍼센트, 히스패닉의 92퍼센트, 그리고 이민자들의 91퍼센트는 '미국은 대부분의 다른 나라들보다 더 좋은 나라'라는 언급에 강하게 혹은 어느 정도 동의했다. 아프리카 미국인 부모들 사이에서 그와 같은 비율은 84퍼센트로 낮아졌다. 다른 조사들에서, 미국인인 것에 대한 흑인들과 백인들의 자부심 차이는 다소 덜한 것으로 나타났다. 하지만 2002년 9월의 갤럽 여론조사에서 백인들의 74퍼센트와 비백인들의 53퍼센트는 미국인인 것에 '극히' 자부심을 느낀다고 대답해, 다른 주요 사회경제적 범주들에서보다 더 큰 차이를 나타냈다.[30]

미국인들은 200년이 넘게 상당히 지속적으로 인디언들과 싸웠다. 인디언 부족들은 미국의 법률에서 별도의 독립적인 국민들로 인식되었다. 그리고 이들은, 푸에르토리코 사람들을 빼고, 명시적으로 자신들의 영토를 할당받은 유일한 민족적 집단들이다. 그래서 인디언들은 자신들의 부족적, 인디언, 그리고 미국적 정체성을 분리, 균형, 선택, 혹은 통합시키는 데 있어서 복잡한 문제에 직면한다. "우리는 먼저 나라간세트 Narragansett들이며, 우리는 편리할 때 미국인"이라고 어떤 인디언 사학자는 1993년에 천명했다.[31] 얼마나 많은 인디언들이 이와 같은 견해를 공유하는지에 관한 증거는 부족하다.

그러나 전체적으로, 극히 일부의 차이만을 제외하고, 미국인들은 압도적으로 국가적 정체성이, 특히 다른 나라들과 비교할 때 강하다. 관련 자료들을 분석하며 러셀 댈턴은 이렇게 얘기한다. "국가적 자부심은 미국에서 예외적으로 높다. USA! USA! USA! 라는 구호는 올림픽 경기에만 국한되지 않는다. 그것은 미국인들의 일반적인 정서를 보여준다. 대부분의 유럽인들은 보다 온건한 방식으로 국가적 자부심을 표현한다." 어떤 비교분석 연구의 수행자들이 적절하게 지적하듯이, 미국인들은 "세상에서 가장 애국적인 사람들이다."[32]

디아스포라, 외국의 정부, 미국의 정치

디아스포라는 초국가적인 민족적 내지 문화적 공동체로서, 여기에 속하는 사람들은 국가state 일 수도 있고 아닐 수도 있는 고국homeland에 정체성을 갖는다. 유대인들은 '고전적인 디아스포라'이다. 이 용어 자체도 성경에서 나왔으며, 오랫동안 (기원전 586년의 예루살렘 파괴 후에) 전 세계로 흩어진 유대인들을 지칭했다. 유대인들은 '희생자victim' 디아스포라의 원형이었고, 몇몇의 이것은 오늘날의 세상에도 존재한다. 그러나 이제 더 중요한 것은 이민자 디아스포라이다. 이것은 자발적으로 고국을 떠나 다른 곳에서 살며 일하는 사람들을 말하지만, 이들의 정체성은 기본적으로 자신들의 고국을 포함하는 초국가적인 민족적-문화적 공동체에 있다. 디아스포라 정신의 요체는 1995년에 '미국 유대인 협의회'가 잘 표현했다. 그들은 이렇게 얘기했다. "비록 지리적으로 분산되어 있고 이념적으로 다양하지만, 유대인들은 분명히 하나의 민족이고, 역사, 언약, 그리고 문화로 단결되어 있다. 우리는 함께 유대인 운명을 만들기 위해 애써야 한다. 어느 누구도, 이스라엘, 미국, 혹은 그밖의 어디에 있건, 우리들 사이에 장벽을 세우게 해서는 안 된다."[33] 그렇기 때문에 디아스포라는 앰퍼샌드와 개념적으로 다르다. 앰퍼샌드는 국가적 정체성이 둘이고, 디아스포라는 초국가적 정체성 하나이다. 그러나 현실적으로 둘은 종종 통합되며, 개인들은 쉽게 둘 사이를 오간다.

디아스포라는 민족적 집단과 다르다. 민족적 집단은 특정한 국가 안에 존재하는 민족적 내지 문화적 단위이다. 디아스포라는 국가들을 넘나드는 민족적 내지 문화적 공동체이다. 민족적 집단들은 역사적으로 미국에서 늘 존재해왔다. 이들은 자신들의 경제적, 사회적, 그리고 정치적 이익을 도모했고, 때로는 선조 국가의 이익을 위해서도 일했고, 자신들끼리와 사업, 노동, 농업, 지역, 그리고 계층 집단들과 경쟁했다. 이렇게 하는 과정에서 그들은 국가적 정치에 참여했다. 반면에 디아스포라는 초국가적 연대를 구성하며 초국가적 갈등에 개입한다. 디아스포라의 중심적 초점은 자신들의 고국이다. 이와 같은 국가가 존재하지 않으면, 그들의 가장 중요한 목표는 돌아갈 수 있는 국가를 만드는 것이다. 아일랜드인과 유대인들은 그렇게 했고, 팔레스타인 사람들은 그렇게 하는 과정에 있고, 쿠르드족과 시아파와 체첸인들은 그렇게 하고 싶어한다. 고국이 존재하는 경우에, 디아스포라는 그것을 강화시키고, 발전시키고, 거주지 사회에서 그것의 이익을 도모한다. 오늘날의 세상에서 국내의 이익집단들은 초국가적 디아스포라로 변신하고 있으며, 이들의 고국들은 점점 더 이들을 자신들의 공동체적 및 제도적 확장으로, 그리고 자신들 나라의 소중한 자산으로 보고 있다. 국가적 디아스포라들과 고국 정부들 간의 밀접한 관계와 협조는 현대의 지구적 정치에서 핵심적 현상이다.

디아스포라의 새로운 중요성은 기본적으로 두 가지 변화의 결과이다. 첫째, 가난한 나라들에서 부자 나라들로의 대규모 이주는 고국과 거주지 국가 모두에서 디아스포라의 숫자, 경제적 힘, 그리고 영향력을 확대시켰다. 인도인 디아스포라는 1996년에 1,500만 내지 2,000만의 사람들로 구성되어, 순자산이 400억 내지 600억 달러에 달하고 고도로 숙련된 20만 내지 30만의 "의사, 엔지니어, 그밖의 전문직, 학자, 전문가, 다국적 기업의 관리자와 중역, 첨단기술 사업가, 그리고 인도 출신 대학원생들"의 "두뇌 은행"을 갖고 있는 것으로 추산되었다.[34] 장구한 역사를 갖고 있는 3,000만 내지 3,500만의 중국인 디아스포라는 일본과 한국을 제외한 모든 동아시아 국가들의 경제에서 핵심적인 역할을 수행하며, 중국 본토의 놀라운 경제 성장에 결정적인 공헌을 해왔다. 미국에서 2,000만 내지 2,300만의 인구로 빠르게 성장하는 멕시칸 디아스포라는, 앞에서도 보았듯이, 양쪽 나라 모두에서 점점 더 중요한 사회적, 정치적, 그리고 경제적 역할을 수행한다. 대개 중동과 미국에 있는 필리핀 디아스포라는 본국의 경제에 핵심적 존재이다.

둘째, 경제적 세계화와 지구적 통신 및 교통의 발전은 디아스포라가 고국의 정부 및 사회와 밀접한 경제적, 사회적, 그리고 정치적 관계를 유지하도록 해준다. 뿐만 아니라 (중국, 인도, 그리고 멕시코 같은 나라들의) 본국 정부가 경제 발전을 촉진하고, 경제를 자유화하고, 점점 더 세계 경제에 참여하려는 그 모든 노력들은 디아스포라가 그들에게 갖는 중요성을 높이고 본국과 디아스포라의 경제적 이익이 통합되도록 만든다.

이와 같은 변화들로 인해서, 본국 정부와 디아스포라의 관계는 세 가지 방식으로 바뀌고 있다. 첫째, 정부들은 점점 더 자신들의 디아스포라를 자국 사회의 반영이 아니라 자신들 나라의 소중한 자산으로 본다. 둘째, 디아스포라는 고국에 점점 더 중요한 경제적, 사회적, 문화적, 그리고 정치적 공헌을 한다. 셋째, 디아스포라와 본국 정부는 본국과 거주지 사회 정부의 이익을 도모하기 위해 점점 더 협력한다.

역사적으로 국가들은 다른 곳으로 이주한 자국민들에게 다양한 태도를 보여왔다. 어떤 경우에 그들은 이주를 막으려 시도했고, 어떤 경우에는 이주에 대해 양면적 내지 수동적 태도를 견지했다. 그러나 현대의 세상에서 본국의 정부들은, 가난한 나라들에서 부자 나라들로의 대규모 이주와 이주자들과의 관계를 유지하는 새로운 수단들 때문에, 자국 출신의 디아스포라를 본국과 본국의 목표들에 중요한 공헌자로 보게 되었다. 정부들은 이주를 권장하고, 자국 출신의 디아스포라를 강화시키고, 본국과의 연결을 제도화함으로써 거주지 국가들에서 본국의 이익을 도모하는 것이 득이 된다고 본다. 발전된 국가들은 자본, 기술, 경제 원조, 그리고 군사력을 수출해 국제무대에서 영향력을 행사한다. 가난하고 인구가 많은 나라들은 사람들을 수출해 영향력을 행사한다.

  본국 정부의 관리들은 점점 더 디아스포라를 국가적 공동체의 필수적 구성원으로 예찬한다. 1986년부터 시작해 필리핀 정부들은 지속적으로 필리핀 사람들이 해외로 나가 OFW(Overseas Filipino worker, 해외의 필리핀 근로자)가 될 것을 권장했고, 2002년을 기준으로 750만에 이르는 필리핀 사람들이 그렇게 했다. "교육받은 가족들과 젊은 전문직들—간호사, 의사, 컴퓨터 분석가들—이" 이전의 이주에서 지배적이었던, 교육 수준이 낮고 육체 노동에 종사하는 사람들을 대신했다. 1990년대 초에 미국에서 망명 생활을 할 때, 아이티의 대통령이었던 장-버트랑 아리스티드는 (멕시칸 샤인에 따르면) 아이티의 "디아스포라가 아이티의 '열 번째 부분'이라고" 얘기했으며 (아이티는 9개 부분으로 나뉘어 있다) "이 말에 그들은 열성적으로 화답했다."[35] 1990년대 후반에 유대인 디아스포라에 대한 이스라엘 정부의 태도는 크게 변했다.『유대인의 힘』이라는 책의 저자인 J. J. 골드버그의 지적대로, 과거 이스라엘 정부의 정책은 "다른 곳의 유대인 삶을 강화시키는 것이 아니라 대체하는 것이었다." 1998년에 벤야민 네탄야후 정부는 유대인 문화와 정체성의 세계적인 잠식에 우려하면서, 새로운 접근법을 채택해 이스라엘 밖의 유대주의를 회복하기 위한 노력을 전개했다. 골드버그의 말에 따르면, 네탄야후는 "디아스포라의 유대인 삶을 지원하는 데 관심을 보인 최초의 이스라엘 총리가" 되었다.[36] 디아스포라의 새로운 중요성을 보여주는 한층 더 극적인 사건은 압도적으로 반카스트로인 미국 내 쿠바인 공동체에 대한 쿠바 정부의 정책 변화였다. 수잔 에크스타인은 이렇게 얘기한다. "적대적 태도를 인식한 쿠바 정부는 1990년대 중반에 디아스포라에 대한 정책적 입장을 바꾸고, 초국가적 유대를 강화하고, 경제적인 동기의 이민을 보다 공개적으로 지지했다. 전에 카스트로는 이주자들을 '벌레'라는 경멸적 단어로 묘사하면서, 좋은 혁명가들이 그들을 부화시켜야 한다고 얘기했었다. 이제 그들은 '해외의 쿠바인 공동체'로 새롭게 정의되었다."[37]

20세기의 대부분 기간 동안, 정부 관리들을 포함해 멕시코 사람들도 미국으로 이주한 동포들을 깔보았다. 이들은 "언어, 종교, 관습, 믿음 등의 모든 유산을" 잃어버린 타락자들 pochos 로 비난받았다. 멕시코 정부의 관리들은 이들이 조국을 배신했다고 얘기했다. 멕시칸 샤인의 말에 따르면 "벌칙을 부과함으로써, 멕시코는 시민들에게 조국을 떠나 자신들의 문화를 버리고 미국에서 더 나은 삶을 찾는 것의 위험을 경고했다." 1980년대에 이와 같은 태도는 극적으로 변했다. 에르네스토 세디요 대통령은 1990년대에 이렇게 얘기했다. "멕시코란 나라는 국경으로 둘러싸인 영토 너머로 확장된다. 멕시칸 이민자들은 그것의 중요한, 아주 중요한 일부이다." 폭스 대통령은 자신이 1억2,300만 멕시칸들의 대통령이라고 말했는데, 멕시코에 1억이 있고 미국이 2,300만이 있는 이 숫자는 멕시코에서 태어나지 않은 멕시칸 미국인들을 포함한다.[38] 고국의 지도자들은 고국을 떠난 사람들에게 아낌없는 찬사를 퍼붓는다. "당신들은 영웅들"이라고 이란의 모하마드 하타미 대통령은 1998년 9월에 800명의 이란계 미국인들에게 얘기했다. "우리는 이들 영웅들에게 경의를 표한다"고 멕시코의 폭스 대통령은 2000년 12월에 얘기했다. 그들은 "고향에서, 그들이 속한 공동체나 자신들의 나라에서 찾을 수 없는 기회, 일자리를" 찾아 미국으로 갔다.[39]

고국의 정부들은 자국 사람들이 조국을 떠나도록 권장하고 그렇게 하는 것을 돕는다. 대통령에 당선된 직후에, 비센테 폭스는 사람들이 자유롭게 멕시코와 미국을 넘나드는, 자신의 오랜 '열린 국경' 목표를 발표했다. 대통령으로서 그는 미국에 불법적으로 입국한 수백만의 멕시칸들에게 합법적 지위를 지원했고, "이미 미국에 있는 멕시칸들에게 인간적인 근로 조건을" 제공할 필요성을 역설했고, 미국이 그동안 미국에서 일했던 멕시칸들에게 10억 달러에 이르는 사회보장 혜택을 제공하도록 촉구했다.[40] 고국의 정부들은 공식적 제도와 비공식적 과정을 만들어 디아스포라를 돕고 그들과 더 밀접한 관계를 맺으려 하고 있다. 콜롬비아 대학교의 로버트 C. 스미스 교수에 따르면, 미국의 남쪽에 있는 나라들은 "아주 흥미로운 디아스포라 실험의 장소이다. 멕시코, 콜롬비아, 아이티, 그리고 도미니카 공화국을 비롯한 여러 나라들이 어느 멕시코 관리가 '지구적 국민들'이라고 얘기한 것과 보다 밀접한 관계를 맺기 위해 애쓰고 있다."[41] 2003년 1월에 인도 정부와 '인도 상공회의소 연합회'는 뉴델리에서 "1947년의 독립 이후 인도인 디아스포라의 가장 큰 모임"을 개최했다. 63개국에서 온 2,000명의 "비거주민 인도인들"은 "정치인, 학자, 기업가, 그리고 법률가들"이었고, 그중에는 마우리티우스의 총리, 피지의 전직 총리, 그리고 2명의 노벨상 수상자들도 포함되어 있었다. 400명은 미국에서 왔는데, 이들이 대표하는 170만의 인도계 미국인들은 총소득이 인도 국가 소득의 10퍼센트에 달했다.[42]

20세기의 마지막 10년 동안 멕시코 정부는 자국의 디아스포라와 밀접한 관계를 맺는 데 리더가 되었다. 카를로스 살리나스 대통령은 1990년에 '해외 멕시칸 공동체 프로그램PCME'을 외무부의 지청으로 설립하여 최초의 주요 단계를 밟았다. 로버트 라이큰의 말에 따르면, 그것이 설립된 목적은 "멕시코 정부와 미국의 멕시칸 및 멕시칸 미국인들 사이에 제도적 다리를 놓는 것"이었다. PCME는 다양한 활동을 펼치면서 멕시칸 미국인 집단들을 지원하고, 미국 내 멕시칸 이민자들의 이익을 도모하고, 그들의 멕시코 내 지위를 강화하고, 미국에 문화적 중심들을 세우고, 미국 안의 멕시칸 공동체 연합을 권장했다. 미국에 있는 42개 멕시코 영사관들의 인력과 예산은 그런 기능들을 수행하도록 크게 확대되었다. 세디요 대통령은 그와 같은 활동들을 계속했다. 대통령에 취임하면서 폭스 대통령은 저명한 주지사를 내각의 새 직책에 임명해 미국-멕시코 국경에 관련된 활동을 조정하도록 맡겼다. 6개월 후에 그는 6개년 '국가 발전 계획'을 발표했는데, 여기에는 미국의 멕시칸 이민자들을 보호하고 그런 목적을 위해 특별검사실을 만드는 것도 포함되어 있었다.[43]

멕시코 영사관들의 확대된 역할은 멕시코 인구가 엄청나게 많은 L.A.에서 극적으로 나타났다. 2003년에 총영사 마싸 라라는 이렇게 주장했다. "나는 L.A. 시장보다 더 많은 선거구를 갖고 있다." 한 가지 측면에서 그녀의 주장은 옳은 것이다. 470만 가량의 멕시칸 미국인들이 광역 L.A.에 살고 있는데, 중심적인 도시의 전체 인구는 360만이다. 〈뉴욕 타임스〉의 보도에 따르면, 총영사와 그녀의 70명 직원들은 "다양한 서비스를" 제공하며, 이것은 종종 라라 여사를 외교관이기보다 주지사처럼 보이게 한다. "그녀는 이민자들이 소유한 사업체의 개업식에 참가하고, 출생을 증명하고, 연인들을 결혼시키고, 미의 여왕들에게 대관식을 거행한다."[44] 그러나 영사관들의 '통치' 행위에서 가장 중요한 것은 미국에 거주하는 멕시코의 불법 이민자들에게 증명서를 발급하는 것이다.

9·11사태는 미국이 멕시코와의 관계를 외형적으로 줄이도록 만들었

고, 미국 정부는 미국에 불법적으로 거주하는 수백만 멕시칸들의 예상된 '정상화'를 진행시키지 않았다. 멕시코 정부의 대응은 자신들 방식의 합법화를 촉진하는 것이었다. 즉, 멕시코 영사관들이 등록증을 교부하는 것이었는데, 이 증서는 소유자들이 미국의 주민임을 확인하는 것이었다. 110만개 정도의 이 증서들이 2002년에 교부되었다. 동시에 멕시코 정부는 이 증서의 일반적 수용을 위한 대규모 운동을 전개했다. 2003년 8월에 이르러 이와 같은 노력은 "100개 이상의 도시, 900개의 경찰서, 100개의 금융기관, 그리고 13개의 주에서" 성공을 거두었다.[45]

합법적인 멕시칸 이민자들은 이 증서를 발급받을 필요가 없다. 그래서 이런 증서는 소유자가 미국에서 불법적인 주민임을 나타내는 것이 된다. 이 증서를 미국의 일반대중과 민간기관들이 받아들이는 것은 일반적으로 합법적인 주민들에게만 가능한 지위와 혜택을 불법적인 이민자들에게 부여하는 권한을 멕시코 정부에 양도하는 것이다. 그러니까 외국의 정부가 누가 미국인인지를 결정하는 셈이 된다. 멕시코의 이와 같은 성공은 과테말라가 2002년에 같은 증서를 발급하도록 자극했고, 그밖의 다른 고국 정부들도 경쟁적으로 뒤를 잇고 있다.

7장에서도 보았듯이, 앰퍼샌드들은 자신들의 이중적인 충성심과 이중적인 정체성을 합법화시키기 위해 이중적인 시민권 법률을 추구한다. 고국의 정부들은 디아스포라들이 거주지 국가의 시민이면서 동시에 본국의 시민이기도 한 것이 자신들에게 득이 됨을 안다. 이것은 본국과의 또 다른 연결을 가능케 하며, 그들이 거주지 국가에서 고국의 이익을 도모하도록 자극한다. 1998년에 멕시코의 어떤 법률이 발효되었는데, 이 법은 멕시칸 이민자들이 멕시코 국적을 유지하면서 동시에 미국의 시민이 되는 것을 허용했다. "당신들은 국경의 북쪽에서 살고 있는 멕시칸들"이라고 세디요 대통령은 멕시칸 미국인들에게 얘기했다. 2001년에 이르러 멕시코 영사관들은 자국의 디아스포라들과 더 밀접한 관계를 맺기 위한 노력의 일환으로 "미국에 있는 멕시코 국적인들이 미국 시민으로 귀화하면서 동시에 멕시코 국적도 유지하도록" 적극적으로 권장했다.[46] 멕시코에서 공직의 후보자로 나서는 정치인들은 미국에서 자금을 모으고, 디아스포라들이 멕시코에 있는 가족과 친구들에게 우호적인 투표를 권유하도록 유도하고, 멕시코 시민들이 멕시코로 돌아가 투표를 하도록 만들기 위해 캠페인을 벌인다. 폭스 대통령은 멕시코 출신의 미국 시민들이 (미국에서 태어난 사람들을 포함해) 멕시코 시민권을 얻도록 권장해왔는데, 이것은 그들이 멕시코의 선거에서 투표하는 것을 가능케 할 것이다. 그들은 멕시코의 모든 잠재적 유권자들 중에서 15퍼센트가량을 차지할 것이다. 이들이 L.A.와 시카고 같은 곳에 있는 영사관들에서 투표를 할 수 있다면, 멕시코에서 공직에 출마하는 후보자들의 미국 내 선거 활동은 미국에서 공직에 출마하는 후보자들의 선거 활동만큼이나 (그리고 어쩌면 그보다도 더) 치열할 것이다.

고국 정부들의 자국 디아스포라 지원은 디아스포라의 고국 지원을 자극한다. 이것은 여러 가지 형태로 나타난다. 가장 분명한 것은 디아스포라가 고향에 보내는 엄청난 액수의 송금이다. 역사적으로 이민자들은 고향에 있는 가족들과 공동체에 돈을 보내왔다.[47] 이와 같은 송금의 정도와 제도화는 20세기 후반에 새로운 수준으로 높아졌다. 이와 같은 과정에 디아스포라와 (당연히 서로 겹치는) 앰퍼샌드는 중요한 역할을 수행하고 있다. 송금은 단지 가족과 친구들을 돕기 위한 노력일 뿐 아니라, 고국에 대한 디아스포라의 정체성을 확인하고 자신들의 고국이기 때문에 고국을 지원하는 집단적 노력이기도 하다. 이주자 송금의 지구적 합계에 대한 추정치는 2000년에 (580억 달러의 공식 원조를 능가하는) 630억 달러에서 2001년의 800억 달러 이상까지 다양하며, 이중에서 284억 달러는 미국에서 나온 것으로 추정된다. 유대계 미국인들은 매년 이스라엘에 10억 달러 이상을 송금하는 것으로 알려져 있다. 필리핀 사람들은 고향에 36억 달러 이상을 보낸다. 2000년에 미국에 있는 엘살바도르 사람들은 본국에 15억 달러를 보냈다. 베트남 사람들의 디아스포라는 매년 7억 내지 10억 달러를 고국에 보내는 것으로 알려져 있다. 미국에서 쿠바로 가는 송금조차도 2000년에 7억 달러를 넘었고 2002년에 10억 달러를 돌파했다. 미국에서 나가는 가장 큰 송금은 당연히 멕시코로 가는 것인데, 이것은 그동안 엄청나게 증가했다. 멕시코 정부는 이것이 2001년에 35퍼센트 늘어나 90억 달러를 넘을 것이며, 석유 수출에 이어 멕시코의 두 번째로 큰 외화 원천으로서 관광을 대체할 것이라고 추산했다. 그리고 2002년과 2003년의 추정치는 100억 달러를 넘는다.[48]

디아스포라가 고국의 경제에 공헌하는 방식은 비단 고향으로 가는 엄청난 수의 소액 송금만이 아니다. 그것은 또 점점 더 특정한 사업, 공장, 그리고 기업에의 상당한 투자를 통해서도 이루어지는데, 이와 같은 것들의 소유권은 고국의 동업자들과 공유할 수도 있다. 중국 정부는 홍콩, 대만, 싱가폴, 인도네시아, 그밖의 다른 곳에서 들어오는 그런 투자들을 적극적으로 유치해 왔다. 미국에 사는 인도인, 멕시칸, 그밖의 성공적인 이민자 사업가들은 고국 정부로부터 중요한 투자가로 대접받고 있다. 1960년대부터 시작해 인도에서는 첨단기술 분야의 '우수한 인재' 25,000명가량이 미국으로 떠났는데, 이곳에서 많은 이들은 엄청난 성공을 거두었고 특히 "캘리포니아의 실리콘 밸리에서만 750개 이상의 첨단기술 기업들을" 운영하고 있다. 이들은 그동안 인도의 교육 프로그램, 훈련 기관, 그리고 생산적 시설에 투자하라는 인도 정부의 권유에 긍정적으로 반응해 왔다. 2002년의 어떤 조사 결과에 따르면, 실리콘 밸리에서 (주로 중국인과 인도인인) 외국 태생의 고숙련 기술자들과 사업가들은 절반가량이 "모국에서 자회사, 합작법인, 하청계약, 혹은 그밖의 사업적 관계를 맺었다."[49] 멕시코를 비롯한 다른 나라 출신들의 성공한 사업가들과 전문직들도 비슷하게 행동했고, 고국의 정부들은 중요하다고 여겨지는 프로젝트에 그와 같은 투자를 유치하려 기를 쓰고 있다.

디아스포라는 고국에 비경제적 공헌도 한다. 동유럽에서 공산주의가 몰락한 후에, 디아스포라들은 (특히 미국에 사는 디아스포라들은) 리투아니아와 라트비아의 대통령들, 유고슬라비아의 총리, 리투아니아에서 국방부 차관을 지내다가 합참의장이 된 사람과 2명의 외무장관, 그밖에 여러 나라들에서 그보다 낮은 다수의 관리들을 공급했다. 폴란드와 체코에서는 즈비그뉴 브레진스키와 매들라인 올브라이트를 대통령으로 모시겠다는 의견들이 있었다. 그러나 두 사람 모두 그와 같은 가능성에 관심을 보이지 않았고, 브레진스키는 이와 같은 제안으로 인해서 자신의 정체성을 돌아보게 되었다. 그는 자신이 역사적 및 문화적으로 폴란드 사람이긴 하지만, 정치적으로 미국인이라는 결론을 내렸다. 디아스포라는 또 고국 정부의 정책에도 영향을 끼치려 한다. 요시 샤인이 주장하듯이, 때로 이들은 "미국의 신조를 해외로 수출하려" 애쓰면서 시민의 자유, 민주주의, 그리고 자유로운 기업의 미국적 가치들을 자신들의 고국에서 촉진시키려 했다. 이것은 분명히 일부 경우들에서 나타난다. 그럼에도 불구하고, 루돌포 O. 드 라 가르자 같은 비판가들이 지적하듯이, 샤인은 이것이 미국에서 가장 중요한 세 디아스포라—멕시칸 미국인, 아랍계 미국인, 그리고 중국계 미국인—의 경우에 그렇다는 것을 확실하게 보여주지 못했다. 이 세 그룹 모두 "고국에서 민주주의를 촉진시킨다는 샤인의 주장에 반하는 행동을" 하고 있다.[50] 그러나 2000년에 멕시칸 미국인들은 고국에서 일당 체제가 70년 동안의 권력 독점 후에 종식되는 것을 압도적으로 지지했던 것 같다.

디아스포라는 고국의 외교 정책에도 관심이 있다. 고국의 국가나 고국의 집단들이 다른 국가들이나 다른 집단들과 영토를 놓고 다투는 것과 관련된 논쟁들에서, 디아스포라는 종종 고국의 보다 극단적인 동료들을 지지했다. 국가가 없는 디아스포라―체첸, 코소보, 시아파, 팔레스타인, 모로, 그리고 타밀 등의 디아스포라―는 독립 국가를 만들기 위해 싸우는 동포들에게 돈, 무기, 군사적 인력, 그리고 외교적 및 정치적 지원을 제공해 왔다. 디아스포라의 지원이 없다면 그와 같은 활동은 계속될 수 없을 것이다. 이런 지원 속에서 그들은 자신들이 원하는 것을 쟁취할 때만 싸움을 끝낼 것이다. 디아스포라는 고국의 국가를 유지하는 데 중요하다. 그것은 그와 같은 국가의 탄생에 필수적이다.

디아스포라의 세 번째, 그리고 여러 면에서 가장 중요한 새 의미는 고국의 정부들이 그들과 밀접하게 협력해 거주지 사회에서 고국의 이익을 도모하는 능력이다. 이와 같은 변화는 특히 미국에서 큰 의미를 갖는다. 첫째, 미국은 국제 정치에서 가장 강력한 국가이고 세상의 거의 모든 지역에서 나름의 영향력을 행사할 수 있다. 다른 정부들은 그래서 미국 정부의 정책과 행태에 영향을 끼치려는 특별한 필요성을 느낀다. 둘째, 미국은 역사적으로 이민자 사회이며 20세기 후반에 수천만의 새 이민자들에게 문을 열어 더 크고 더 많은 디아스포라 집단들에 거주지를 제공했다. 미국은 분명히 세상에서 제일가는 디아스포라 거주지이다. 셋째, 미국이 갖는 힘의 크기와 다양성을 감안할 때, 외국의 정부들은 전통적인 방식의 외교적, 경제적, 그리고 군사적 수단을 통해 미국의 정책에 영향을 끼치는 능력이 제한적이며 그래서 자국의 디아스포라에 더 의존할 수밖에 없다. 넷째, 미국의 정부와 사회가 갖는 속성은 외국의 정부와 디아스포라가 갖는 정치적 힘을 강화시킨다. 주와 연방의 정부들, 세 갈래의 정부, 그리고 통제가 느슨하고 종종 자율성이 높은 관료들 사이에 분산된 권한은 (국내의 이익집단들에게 그러듯이) 그들에게 우호적 정책의 촉진과 비우호적 정책의 억제를 위한 다수의 접촉점을 제공한다. 극히 경쟁적인 양당 체제는 디아스포라 같은 소수파들에게 소선거구 제도의 하원 선거와 때로는 주 단위의 상원 선거에서도 영향력을 발휘할 기회를 제공한다. 뿐만 아니라, 이민자 집단들이 조상의 문화와 정체성을 유지하는 것의 가치에 대한 믿음과 다문화주의는 디아스포라의 영향력 행사에 극히 우호적인 (그리고 미국에 독특한) 지적, 사회적, 그리고 정치적 분위기를 제공한다.

다섯째, 토니 스미스가 지적했듯이, 냉전 기간에 공산주의 국가에서 나온 난민 디아스포라의 이해관계는 미국의 외교 정책 목표들과 대체로 부합했다.[51] 동유럽의 디아스포라는 자신들의 나라가 소련의 통치에서 벗어나는 것을 도모했다. 러시아, 중국, 그리고 쿠바의 디아스포라는 자신들의 고국에서 공산주의 통치를 끝장내거나 약화시키려는 미국의 노력을 지지했다. 그러나 냉전이 끝나면서 고국의 정부들에 대한 이념적 반대는 (쿠바인들을 제외하고) 자신들의 고국과 그곳의 정부에 대한 정체성과 지지의 새로운 모습으로 바뀌었다. 그리고 이와 같은 이해관계는 미국의 국가적 이익과 반드시 일치하진 않았다. 여섯째, 냉전이 끝난 후부터 '테러와의 전쟁'이 시작되기까지 10여 년 동안 미국에는 압도적인 외교 정책의 목표가 없었고, 그에 따라 디아스포라와 경제적 이익집단들이 미국의 외교 정책 형성에서 더 중요한 역할을 할 수 있게 되었다. 9·11사태는 아랍과 무슬림 집단들의 힘과 지위를 극적으로 약화시켰고 전반적으로 이민자들에 대한 의심의 태도를 야기시켰다. 그러나 주요한 추가적 공격이 없는 상태에서 그와 같은 영향이 앞으로도 오래 지속될 것인지는 분명치 않다. 이제는 세계화에서 비롯되는, 그리고 미국을 고국의 정부들과 디아스포라들이 영향력을 행사하기에 좋은 곳으로 만드는 미국 사회와 정치의 특성에서 비롯되는 정치적, 사회적, 그리고 지적 요인들이 강력하게 작용하기 때문이다.

　이와 같은 요인들의 결과, 20세기 후반에 외국의 정부들은 미국의 정책에 영향을 끼치려는 노력을 크게 확대시켰다. 이를테면 로비 활동과 홍보 노력을 강화하고, 두뇌집단과 언론에 지원을 제공하고, 자국의 디아스포라를 동원해 정치적 캠페인에 자금과 인력을 제공케 하고 의회의 위원회들과 관료적 기관들에 로비를 하게 만드는 등이었다. 이들 정부들과 그들의 지원자들은 또 훨씬 더 정교한 방식으로 미국 정부의 역학관계와 권력 중심에 접근하는 수단을 이해하게 되었다. 멕시코 정부의 노력이 보여준 규모와 정교함의 확대는 그와 같은 변화의 한 가지 예이다. 1980년대 중반에 멕시코는 워싱턴에 로비하는 자금으로 1년에 7만 달러 미만을 사용했고, 마드리드 대통령은 (하버드 대학교의 케네디 행정대학원 출신으로서) 외교관들이 국무부와 공식적으로 접촉하는 것은 물론이고 멕시코의 이익에 정말로 중요한 영향을 초래하는 의원들과 밀접한 관계를 맺게 하는 것이 너무나도 힘들다고 한탄했다. 1991년에 (역시 케네디 행정대학원 출신인) 살리나스 대통령 치하에서, 워싱턴의 멕시코 대사관은 규모가 배로 늘었고 그곳의 언론 담당관과 의회 연락관들은 한층 더 확대되었다. 1993년에 이르러 멕시코는 워싱턴 로비에 1,600만 달러를 사용하고 있었으며, 살리나스 대통령은 멕시코의 북미자유무역협정NAFTA 가입에 대한 의회의 승인을 얻어내기 위해 다수 연도의 3,500만 달러짜리 캠페인을 주도하고 있었다. 앞에서도 지적했듯이, 멕시코의 정치인들과 영사관 관리들은 또 멕시칸 디아스포라를 강화시켜 워싱턴에서 멕시코의 이익을 도모하기 위한 대대적 노력도 전개하기 시작했다. 1995년에 세디요 대통령은 멕시칸 미국인들에게 유대인들의 로비가 이스라엘의 이익을 도모하는 것처럼 효과적으로 멕시코의 이익을 도모해야 한다고 명시적으로 촉구했다. 국무부의 어떤 관리는 그에 대해 이렇게 얘기했다. "전에만 해도 멕시칸들은 이곳에서 눈에 띄지 않았다. 이제 그들은 도처에 널려 있다."[52]

멕시코는 외국의 정부들이 미국의 정책에 영향력을 행사하고 그런 목적을 위해 자국의 디아스포라를 동원하는 치열한 활동의 극적인 예이다. 이와 비슷한 노력을 전개한 다른 나라의 정부들로는 캐나다, 사우디아라비아, 한국, 대만, 일본, 이스라엘, 독일, 필리핀, 그리고 중국 등이 있다. 이들 중에서 많은 나라들은 연간 지출액이 수천만 달러에 달했으며, 몇몇 경우에는 1억 달러를 넘은 것으로 보인다.

고국의 정부들은 다양한 방식으로 자국의 디아스포라를 활용한다. 그 중에서 하나는 간첩 활동과 영향력의 행사를 위한 첩자agent 심기이다. 역사적으로 사람들은 돈에 대한 욕심 때문에 조국을 배반하고 자신들을 외국에 팔곤 했다. CIA, FBI, 그리고 군대에서 일한 미국인들은 1980년대와 1990년대에 그렇게 했다. 간첩들은 또, 다른 동기로도 그렇게 할 수가 있다. 1930년대와 1940년대에 소련의 첩자가 된 사람들은 (미국의 행정부 관리, 로스 알라모스의 과학자, 그리고 캠브리지 파벌의 외교관들을 포함해) 탐욕이 아니라 이념에 의해서 그렇게 했다. 오늘날의 세상에서 문화와 민족성은 이념을 대신한다. 미국에서 다양한 외국 정부들이 활용할 수 있는 다양한 디아스포라 집단들은 소련이 활용한 단 하나의 이념적 집단을 대신한다. 기본적 충성심이 미국에 있는 이민자들은 다른 정부들과의 관계 속에서 미국에 (간첩 활동을 포함해) 중요한 서비스를 제공할 수 있고 제공해왔다. 그러나 이들이 자신들을 고국 사회와 그곳의 정부를 포함하는 디아스포라의 일원으로 보는 정도에 따라, 이들은 또 그 정부를 위해 일하는 첩자가 될 수도 있다. 상원의원 대니얼 패트릭 모이니헌은 전에 이렇게 얘기했다. "간첩 활동은 거의 언제나 디아스포라 정치와 관련되어 있다." 그리고 국방부가 1996년에 의회에 제출한 보고서에는 이렇게 적혀 있다. "외국의 많은 첩보기관들이 미국의 디아스포라들이 그들의 고국과 갖는 민족적 내지 종교적 연결성을 활용하려 시도한다."[53] 1980년대 이후 미국은 고국을 위해 간첩으로 활동한 러시아, 중국, 쿠바, 한국, 그리고 이스라엘의 디아스포라들을 성공적으로 기소해왔다.

간첩 활동보다 훨씬 더 중요하고 훨씬 더 많은 사람들이 포함되는 것은 디아스포라들이 고국의 이익을 위해 미국의 정책에 영향을 끼치려는 노력이다. 이와 같은 노력은 보다 일반적인 수준에서 토니 스미스, 멕시칸 샤인, 가브리엘 쉐퍼, 그밖에 등등의 사람들이 한 연구들과 특정한 디아스포라 집단들에 관한 다수의 연구들에 의해서도 자세하게 규명되었다.[54] 최근의 수십 년 동안 디아스포라들은 그리스와 터키, 코카서스, 마케도니아의 인정, 크로아티아에 대한 지원, 남아공에 대한 제재, 검은 아프리카를 위한 원조, 아이티에 대한 개입, 나토NATO의 확대, 북아일랜드의 내란, 그리고 이스라엘과 주변 국가들의 관계에 관련된 미국의 정책에 중요한 영향을 끼쳐 왔다. 디아스포라가 영향력을 행사하는 정책들은 때로 (이를테면 나토의 확대에서처럼) 보다 넓은 국가적 이익과 우연히 일치할 수도 있지만, 그것들은 종종 보다 넓은 이익과 미국의 오랜 동맹 관계에 해가 되는 방식으로 나타나기도 한다. 이것은 디아스포라가 자신들을 완전히 고국과 동일시할 때 그렇게 되지 않을 수가 없다. 예를 들면 엘리 위젤의 경우가 그러하다. 그 사람은 이렇게 얘기했다. "나는 이스라엘을 지지한다. 그뿐이다. 나는 이스라엘과 동일시한다. 그뿐이다. 나는 이스라엘에 있지 않을 때 이스라엘을 절대로 공격하지 않고 절대로 비난하지 않는다.…… 유대인의 역할은 우리 민족과 함께 하는 것이다."[55] 토니 스미스의 주장에 따르면, 연구 결과들은 다음과 같은 사실을 보여준다. 유대인, 그리스인, 아르메니아인, 그리고 그밖에 다른 디아스포라들의 "조직적 리더십은 외국 정부들의 강력한 영향을 받아 그 지역에서 미국의 정책이나 이익에 반할 수도 있는 입장을 취하며, 자신들과 관련된 세상의 그 지역에서 자신들이 아닌 다른 사람들의 목소리가 힘을 얻어야 한다는 점을 인정하려" 들지 않는다. 자신들의 고국을 향한 미국의 정책 형성에서 자신들의 권리가 우선되어야 한다는 디아스포라들의 주장은 대개 고국의 이익과 미국의 이익이 상충할 수 없다는 전제를 바탕에 깔고 있다. 이와 같은 태도는 미국에서 유죄 평결을 받은 이스라엘의 첩자 조나단 폴라드가 간명하게 표현했다. 그는 이렇게 얘기했다. "나는 단 한 순간도 이스라엘의 이익이 미국의 손해가 될 것이라고 생각한 적이 없다. 어떻게 그럴 수 있단 말인가?"[56]

디아스포라는 자신들에게 우호적인 사람들에게 돈과 인력을 제공하고 반대자들의 낙선을 위해 격렬한 운동을 펼침으로써 의회의 선거에 영향을 미칠 수 있기 때문에 의회에서도 영향력을 행사할 수 있다. 유대인 디아스포라의 정치적 행동은 1982년에, 하원 '국제문제 위원회'의 '중동 소위원회'에서 공화당의 중진이었던 (일리노이 출신의) 하원의원 폴 핀들리가 PLO를 지지했다는 이유로 낙선된 것과 1984년에, 상원 '국제관계 위원회'의 위원장이었던 (일리노이 출신의) 상원의원 찰스 퍼시가 사우디아라비아에 대한 F-15 전투기의 판매 지원 때문에 낙선된 것에 영향을 끼쳤다. 2002년에 유대인 디아스포라는 하원의원 재선을 노리던 민주당의 (앨러배머 출신) 얼 힐러드와 (조지아 출신) 신시아 맥킨니가 팔레스타인과 아랍에 동조했다는 이유로 예비선거에서 고배를 마시는 데 중심적인 역할을 했다. 아르메니아인들의 디아스포라는 1996년에 자신들이 가장 친터키적이라고 규정한 두 하원의원—(오리건 출신의) 짐 번과 (텍사스 출신의) 그레그 러즐린—이 선거에서 패배하는 데 나름의 역할을 했다. 짐 번을 누르고 선거에서 당선된 달린 훌리는 그들의 연합회인 ANCA가 "나를 지지하기 위해 전국적인 캠페인을 전개했다"며 감사했다.[57]

이스라엘, 아르메니아, 그리스, 폴란드, 그리고 인도 같은 나라들은 규모는 작아도 조직적이고, 풍요롭고, 정교한 자신들의 미국 내 디아스포라 활동에서 분명히 도움을 받아왔다. 이들의 고국들에 반대하는 나라들은 종종 그와 같은 활동으로 인해서 목표를 달성하지 못했다. 그러나 미국에 들어오는 이민의 증가와 다양화는 디아스포라 집단들의 숫자와 정치적 영향력을 배가시키고 있다. 그 결과 해외에서 적대적인 국가들 간의 충돌은 점점 더 미국에서 적대적인 디아스포라들 간의 충돌이 되고 있다. 어떤 아랍계 미국인 지도자는 2002년에 조지아에서 일어난 선거전을 '중동의 작은 대리전'이라고 얘기했다.[58] 미국에서 디아스포라들이 정치적으로 치루는 그런 '대리전'은 해외에서 고국들 간의 진짜 전쟁에 영향력을 행사하는 미국의 힘을 보여주는 것이며, 고국의 정부들과 그들의 디아스포라들이 미국의 외교 정책에 영향을 끼칠 수 있다고 믿는 정도를 반영하는 것이기도 하다. 디아스포라 세상이 점점 더 다양해지면서, 대리전도 그 수와 다양성이 크게 늘어날 것이다. 특히 치열했던 한 가지 충돌은 1996년에 남다코타에서 있었던 상원의원 선거였다. 이것은 공화당과 민주당의 싸움이었을 뿐 아니라 인도와 파키스탄의 싸움이기도 했다. 각각의 후보들은 자신들의 디아스포라 유권자들에게 열렬한 지지를 호소했다. 인도계 미국인들은 상원의원 래리 프레슬러가 파키스탄에 대한 미국의 무기 수출 제한을 지지했기 때문에 그의 재선 운동에 15만 달러를 지원했다. 파키스탄계 미국인들은 자신들이 지지하는 후보에게 비슷한 자금을 지원했다. 프레슬러의 패배는 이슬라마바드와 뉴델리에서 각각 환희와 낙담을 야기시켰다. 2003년에도 비슷한 경쟁과 결과가 루이지애나 주지사에 입후보한 인도계 미국인 바비 진달의 패배에서 나타났다. 이 사람은 인도인들과 인도계 미국인들의 열렬한 지지와 파키스탄계 미국인들의 격렬한 저항을 받았다. 후자는 주지사에 당선된 자신들의 후보

에게 상당한 금액을 지원했다.[59]

　아랍계 미국인들과 무슬림 미국인들의 점점 더 늘어나는 숫자와 그들의 점증하는 정치적 참여는 또 미국의 중동 정책에 대한 유대인 디아스포라의 영향력에도 도전하고 있다. 조지아에서 있었던 2002년의 민주당 예비선거에서, 현역의원인 신시아 맥킨니는 팔레스타인을 지지했기 때문에 "전국의 아랍계 미국인들로부터 선거자금을 지원받았다." 그중에는 "존경할 만한 법률가, 의사, 그리고 상인들도" 있었지만 "FBI가 테러와의 연결성 때문에 조사를 하던" 다른 사람들도 있었다. 맥킨니의 상대자였던 데니스 매짓은 거의 2배에 달하는 110만 달러를 "조지아 밖의 유대인 지원에" 힘입어 모금할 수 있었다. 맥킨니가 재선에 실패한 데는 다른 요인들도 원인으로 작용했고, 선거 결과도 58퍼센트 대 42퍼센트의 근소한 차이였다. 그러나 〈이코노미스트〉가 2년 전에 이미 아랍계 미국인들의 점증하는 정치적 역할에 대해 언급했듯이, "친이스라엘 로비는 새로운 경쟁자보다 조직과 자금이 훨씬 더 우월하다. 하지만 이제는 적어도 새로운 경쟁자가 출현했으며, 이것은 미국의 정치에서 작지 않은 변화이다."[60]

　미국의 정치는 점점 더 고국의 정부들과 그들의 디아스포라가 미국의 정책에 영향을 끼쳐 고국의 이익을 도모하려는 경기장이 되고 있다. 이것은 그들이 다른 고국들 및 그들의 디아스포라와 미국의 의사당에서, 그리고 미국 전역의 선거구에서 싸움을 벌이도록 만든다. 그 결과 불가피한 역학관계가 작용하고 있다. 세계 정치에서 미국의 힘이 커질수록 미국은 점점 더 세계 정치의 경기장이 되고, 외국의 정부들과 그들의 디아스포라는 점점 더 미국의 정책에 영향을 끼치려 하고, 그에 따라 미국은 자신들의 국가적 이익이 미국에 사람들을 수출한 다른 나라들의 이익과 부합하지 않을 때 그것을 규정하고 추구하는 능력이 줄어든다.

Renewing American Identity

IV

미국의 정체성 회복하기

11.
과거와 현재의 단층선

새로운 추세

이제 미국의 정체성은 그 외형과 실체가 미국 사회의 네 가지 주요 추세에 큰 영향을 받고 있다. 그것들은 다음과 같다.

1. 백인 미국인들에게 정체성의 원천으로서 민족성이 사실상 사라지게 되는 것.
2. 인종적 구분이 점차 애매해지고 인종적 정체성의 외형이 줄어드는 것.
3. 히스패닉 공동체의 숫자와 영향력이 커지고 이중언어, 이중문화 미국으로 이동하는 것.
4. 많은 엘리트들과 일반적인 대중 사이에 국가적 정체성의 외형과 관련해 격차가 존재하는 것.

일부 상황에서 이와 같은 추세들은 미국인들 속에서 현지인 반응, 극단적 양극화, 그리고 비극적 분열을 초래할 수도 있다.

미국의 정체성은 또 외부의 공격에 대한 미국의 취약성이 새롭게 인식되고 미국이 다양한 문화와 종교를 갖는 사람들과 더 깊은 관계를 맺음에 따라 그 모양이 달라지게 될 것이다. 이와 같은 외부의 영향은 미국인들이 역사적인 종교적 정체성과 앵글로-개신교도 문화를 새롭게 발견해 회복시키도록 촉진할 수도 있다.

민족성의 종식

19세기 후반에 미국인들은 점점 더 자신들을 인종적으로 규정했다. 이것은 특히 흑인들과 아시아인들에 대해서 분명하게 나타났지만, 백인 미국인들은 아일랜드, 이탈리아, 슬라브, 그리고 유대인 이민자들도 인종적으로 자신들과 다른 사람들로 보았다. 세대들이 지나가고 동화가 진전되면서, 이들 이민자들의 후손들은 백인 미국인들로 인정받게 되었고, 이와 같은 과정은 다음과 같은 책들 속에 자세하게 소개되었다. 『아일랜드 사람들은 어떻게 백인이 되었나』, 『유대인들은 어떻게 백인이 되었나』 그리고 『다른 색깔의 희어짐: 유럽인 이민자들과 인종의 연금술』 등이었다. '백인'이 되기 위해, 미국에 들어온 '비백인들'은 미국에서 일반적인 인종적 구분을 받아들이고 아시아인들의 배제와 흑인들의 종속화를 인정해야만 했다.[1]

인종적 동화의 뒤를 이어 민족적 차별화가 나타났다. 이민자들의 경제적 및 사회적 발전은 처음에 자신들과 같은 다른 이민자들과 함께 살고 협력하는 것에 의존했다. 그러나 2세대와 특히 3세대에 와서 구조적 동화가 진행되었다. 젊은 사람들은 민족적 집단을 떠나고, 다민족 학교에 들어가고, 다민족 노동력으로 구성된 국가적 규모의 크고 새로운 기업에서 일자리를 얻고, 다민족 교외들로 이사했다. 시간이 지나면서 민족적 구분과 종속화는 점차 역사가 되었다. 1990년에 이르러 뉴욕 광역시 지역에서 아일랜드 사람들이 40퍼센트를 넘는 동네에 사는 순수 아일랜드 혈통의 사람들은 6퍼센트를 밑돌았다. 아일랜드 혈통의 사람들 중에서 75퍼센트는 교외 지역에 살았고, 그와 같은 교외 지역에서 기본적으로 아일랜드 동네인 곳에 사는 아일랜드 사람들의 비율은 4퍼센트를 밑돌았다. 레지널드 바이런 교수의 지적에 따르면, 아일랜드 사람들은 "보다 넓은 중산층 유럽계 미국인들의 범주로 통합되고 있으며, 이들은 더 이상 옛날 국가의 배경과 관련되는 민족적 특성을 강하게 보이지 않는다."[2]

교육, 직업, 취업, 그리고 주거의 구조적 동화는 혼인적 동화로 이어졌다. 1956년에 상당히 중요한 연구 결과를 통해 월 허버그는 다음과 같이 주장했다. 즉, 당시에도 민족 간 결혼은 일반적 현상이었지만 그것은 종교적 공동체들 안에서 일어났다. 그의 주장에 따르면, 백색(백인) 미국은 세 가지 '녹이는 단지'를 만들어내고 있었다. 개신교도, 천주교도, 그리고 유대교도였다. 영국과 노르웨이 출신의 개신교도들이 결혼했고, 이탈리아와 아일랜드 출신의 천주교도들이 결혼했고, 독일과 러시아 출신의 유대교도들이 결혼했다. 조상과 관련된 민족적 정체성이 극히 약했던 3세대는, 3세대는 2세대가 잊고자 했던 것을 기억하려 애쓴다는 '한센의 법칙'에 따라, 점점 더 종교에서 정체성을 찾았다. 이와 같은 과정은 미국에의 동화가 예전의 국가적 충성심과 정체성은 포기해도 종교적 헌신과 정체성까지 버릴 필요는 없음을 뜻한다는 사실로 한층 더 강화되었다.[3]

다른 것들이 같다면, 집단의 크기가 작을수록 교차결혼의 비율은 더 높다. 그렇기 때문에, 미국에서 가장 큰 종교적 집단들 간의 교차결혼은 민족 간 교차결혼에 비해 속도가 느렸다. 인구조사는 종교에 관한 자료를 수집하지 않으므로, 종교적 결혼의 비율은 다른 자료들을 통해 덜 정확하게 추산할 수밖에 없다. 그러나 1990년에 어느 한쪽이 개신교도인 결혼의 80 내지 90퍼센트는 상대방도 개신교도였다. 천주교도들의 내부결혼 비율은 그보다 약간 낮아서 64 내지 85퍼센트 가량이었다. 이와 같은 숫자들은 기존의 모든 결혼들에 적용되는 것이며, 새로운 외부결혼의 비율은 당연히 그보다도 훨씬 더 높았다. 천주교도와 개신교도의 교차결혼은 1980년대에 이르러 "극적으로 증가했고", 사람들은 점점 더 신앙이 다른 사람들 간의 결혼을 인정하고 있었다. 2차대전 후에 태어난 이탈리아계 미국인들의 50퍼센트는 (대개는 개신교도인) 비천주교도 배우자들과 결혼했다.[4]

유대인은 민족적 집단이면서 종교적 집단이며 숫자가 아주 적다. 그럼에도 불구하고 유대인들은 20세기 초에 유럽 출신의 이민자 집단 중에서 가장 낮은 교차결혼 비율을 기록했다. 1950년대에 와서도 그들의 외부결혼 비율은 여전히 6퍼센트가량에 불과했다. 2차대전 이후에 유대인의 교육적, 직업적, 그리고 경제적 지위가 극적으로 높아지면서 외부결혼은 급증했다. 1990년대에 이르러 새로운 유대인 결혼의 53 내지 58퍼센트는 비유대인과 한 것이었다. 어느 유대인 전문가의 지적에 따르면 "매년, 자신의 아들이 아일랜드 출신의 멋진 천주교도 여자와 결혼할 것이라고 말했을 때 알랜 더쇼위츠가 받은 충격은 미국 전역의 유대인 가정들에서 반복되고 있다." 유대인 교차결혼의 증가는 미국의 더 많은 유대인들이 정통 유대교도가 된다면 줄어들 수도 있다. 교차결혼이 유대인들의 숫자에 끼치는 영향도 유대교는 종교일 뿐 아니라 민족적 정체성이기도 하다는 사실로써 반감될 수 있다. 그리고 비유대인 배우자들이 유대교로 개종할 수도 있는데, 대체로 이와 같은 이유에서의 개종자는 1990년대에 미국 내 유대인들의 3퍼센트를 차지했다.[5] 뿐만 아니라, 교차결혼으로 태어난 아이들을 유대인으로 키울 수도 있다.

20세기 후반부에 백인 미국인들의 민족 간 결혼은 크게 늘어났다. 리처드 앨바가 1990년도 인구조사를 분석한 결과에 따르면, 백인들이 한 결혼 가운데 56퍼센트는 민족적 조상이 겹치지 않는 사람들 간의 결혼이었다. 나머지 25퍼센트가량은 민족적 정체성이 부분적으로 겹치는 사람들 간의 결혼이었는데, 예를 들면 "독일계 아일랜드인 신랑이 아일랜드계 이탈리아인 신부를 맞는" 경우 같은 것이었다. 그리고 20퍼센트가량은 민족적 배경이 똑같은 사람들 간의 결혼이었다. 일부 민족적 집단들의 경우에, 1956~1965년에 태어난 사람들이 한 완전한 내부결혼의 비율은 극히 낮았다. 그것은 폴란드계 사람들이 7.6퍼센트, 스코틀랜드-아일랜드 조상의 사람들이 7.0퍼센트, 프랑스계 사람들이 12.1퍼센트, 이탈리아가 15.0퍼센트, 그리고 아일랜드가 12.7퍼센트였다.[6]

민족 간 결혼에서 적용되는 사실은 인종 간 결혼에서 일반적으로 적용되지 않는데, 다만 한 가지 예외가 있다. 아시아계 사람들의 외부결혼은 전반적 양상이 유럽계 사람들과 대체로 비슷하다. 아시아계 이민자들에 속하는 일본, 중국, 한국, 베트남, 필리핀, 인도, 그밖에 등등의 사람들은 공통의 아시아적 정체성이 거의 없다. 그 결과, 유럽계 민족들은 다른 유럽계 민족들과 결혼을 하지만, 미국에 있는 아시아 사람들은 다른 아시아 사람들과 좀처럼 결혼을 하지 않는다. 1990년에, 나이가 25세에서 34세인 아시아계 미국인 남자들의 50퍼센트와 여자들의 55퍼센트는 비아시아계 사람들과 결혼을 했다. 나이가 25세 미만인 사람들의 경우에, 이와 같은 비율은 남자들의 54퍼센트와 여자들의 66퍼센트까지 높아졌다.[7]

예전의 유럽계 민족적 집단들보다도 더 극적으로, 아시아계 미국인들은 "백인이 되고" 있다. 이것은 반드시 그들의 피부색이 희어지고 있기 때문이 아니라 (물론 그렇기도 하지만) 그보다는 그들이 갖고 온 가치관이 (집단에 따라 다양한 정도로) 근로, 절제, 배움, 절약, 가족, 그리고 필리핀 사람들과 인도 사람들의 경우에는 영어에 대한 지식을 강조하기 때문이다. 이들은 가치관이 미국인들의 가치관과 비슷하기 때문에, 그리고 교육적 및 직업적 수준이 높기 때문에 비교적 쉽게 미국 사회에 흡수되고 있다.

한때 "녹일 수 없다"고 얘기되던 백인 민족들이 미국의 백색 '녹이는 단지'에서 녹고 있다. 그렇다면 조상은 그들에게 정체성의 원천으로서 무엇을 의미할까? 현대의 두 가지 경우를 생각해보자. A라는 가족에서, 어떤 유대계 미국인은 한국에서 태어난 사람과 결혼한다. 이들의 아들은 100퍼센트 이란 사람인 이민자와 결혼한다. 조상의 관점에서, 이 결혼의 아이들은 4분의1이 유대인, 4분의1이 한국인, 그리고 2분의1이 이란인이다. B라는 가족에서, 이곳에서 태어난 미국인들이—한 사람은 순수하게 아르메니아 출신이고 한 사람은 순수하게 아일랜드 출신인데—서로 결혼한다. 이들의 딸은 100퍼센트 이집트 사람인 이민자와 결혼한다. 그래서 이 결혼의 아이는 4분의1이 아르메니아인, 4분의1이 아일랜드인, 그리고 2분의1이 이집트인이다. 각각의 가족에서 3세대는 세 가지 전혀 다른 민족성을 갖게 된다. 그러면 각각의 가족에서 3세대의 사람들이 서로 결혼하면 어떻게 될까? 이 결혼의 자식은 4분의1이 이란인, 4분의1이 이집트인, 8분의1이 아르메니아인, 8분의1이 아일랜드인, 8분의1이 유대인, 그리고 8분의1이 한국인일 것이다.

이와 같은 교차결혼의 양상은 두 가지 방식으로 백색 미국의 특성에 근본적인 영향을 끼친다. 첫째, 녹이는 단지는 작용하고 있지만, 그것은 사회적 수준이 아닌 개인적 수준에서 작용한다. 크레뵈코에르와 쟁월의 주장은 틀렸다. 이민의 파도들은 하나의 새로운 미국인이 아니라 무수히 많은, 민족적으로 다른 새 미국인들을 만들어낸다. 백색 미국은 몇십 개의 민족적으로 다른 집단들의 다민족 사회에서 수천만의 다민족 개인들로 이루어진 무無민족 사회로 변하고 있다. 이론적으로, 지속적인 교차결혼의 궁극적인 결과는 어떤 두 사람도 자식들을 제외하고 동일한 민족성을 갖지 않는 상황을 낳게 된다. 둘째, 개인들이 점점 더 다양한 민족성을 물려받음에 따라, 민족적 정체성은 주관적 선택의 문제가 된다. 앞의 예에서 비롯되는 4세대의 사람은 자신이 갖고 있는 아일랜드 민족성만을 정체성의 원천으로 선택할 수도 있다. 그러나 이 사람의 선택은 아일랜드 민족성이 전혀 없이도 아일랜드와 아일랜드의 문화, 음악, 문학, 역사, 언어, 그리고 전설에 매료된 사람들의 선택과 거의 다르지 않을 것이다. 민족적 정체성의 선택은 친목회에 가입하는 것처럼 되고, 민족적인 친목회들은 전체 백인 인구 속에서 자신들의 특정한 의식儀式, 동지애, 그리고 친목회원 기쁨을 공유하는 사람들을 모으기 위해 경쟁할 수도 있다. 혹은, 현실성은 다소 떨어질지 모르나, 이 4세대 사람이 물려받은 민족성 가운데 몇 개를 받아들여 몇 개의 친목회에 가입할 수도 있다. 혹은 이 사람이 의식적으로 그와 같은 민족적 정체성을 거부하거나 그냥 잊을 수도 있다.

비슷한 질문들은 아시아계 미국인들의 정체성과 관련해 제기된다. 그들 가운데 어떤 사람은 자신들의 외부결혼 비율 50퍼센트를 지적하며 이렇게 물었다.

다음 세대의 대다수가 혼합된 조상을 갖는다면 '아시아계 미국인'은 무엇을 의미하는가? 특정한 인종에 속하는 것은 혈통에 더 의존하는가 전통에 더 의존하는가? 그것은 염색체인가 문화인가? 그것은 자발적인 연대감, 즉 선택의 문제인가? 혹은 미국의 흑인들을 흑인으로 만드는 '규칙onedrop rule'이 아시아계 사람을 아시아계 사람으로 만드는가? 누가 백인으로 여겨지며, 누가 그것을 원하는가?[8]

하이픈hyphen이 붙는 미국인이 되는 것은 하이픈들이 더 많아지면서 어려워지며, 사람들은 무작위로 혹은 임의적으로 민족적 정체성을 선택할 수도 있다. 앨바가 1980년과 1990년의 인구조사 양식들을 분석한 결과에 따르면, 민족성의 선택은 가능한 정체성들이 보기example로서 양식에 나열되는 순서에 따라 상당히 달라졌다. 1980년에 영국계English는 거의 가장 높은 곳에 인쇄되었고 4,960만의 응답자들이 선택했다. 1990년에 그것은 보기에 포함되지 않았으며 3,270만의 응답자들만이 선택했다. 1980년에 독일계German와 이탈리아계Italian는 보기의 목록에서 낮은 곳에 있었지만, 1990년에 그것들은 가장 높은 곳에 있었고, 그것들을 선택한 사람들의 수는 20퍼센트나 증가했다. 앨바가 1990년에 내린 결론에 따르면, 미국에서 태어난 백인들의 20퍼센트가량은 "민족적 정체성을 분명하게 밝혔다."[9] 지금은 당연히 그보다 적을 것이다.

민족성이 없는 상태에서, 백인 미국인들은 자신들을 어떻게 규정할까? 앨바는 공통의 민족적 이민 경험이 정체성의 원천일 수 있다고 주장한다.[10] 그러나 백인 미국인들이 자신들을 민족적 측면에서 점점 덜 규정하는 상황에서, 그들이 조상들의 다소 추상적이고, 역사적이고, 점점 더 멀어지는 이민 경험에서 정체성을 찾을 것 같지는 않다. 이와 관련된 한 가지 대안은 몇몇 학자들이 제기하고 있는 유로-미국인 내지 유럽계-미국인이다('유로'만으로는 화폐의 이름 때문에 적절치 않았을 것이다). 사실 앨바는 이민 경험에서 정체성을 찾는 사람들에게 적절한 이름으로 유럽계-미국인을 선정한다. 존 스크렌트니, 데이비드 홀링어, 그리고 올랜도 패터슨은, 별도의 연구들에서, 아프로-아메리칸Afro-American에 비교되는 유로-아메리칸Euro-American을 선호한다.[11] 이것은 대부분의 비히스패닉 백인 미국인들의 조상을 포괄하며 미국의 유럽적인 문화적 전통의 유산을 강조한다. 이것은 또 개척자들과 이민자들 모두의 후손들을 포함한다. 현대의 미국인들은 그와 비슷한 히스패닉 내지 라티노Latino 하부 명칭을 중남미Latin America의 몇몇 국가들에서 들어온 이민자들에게 적용시킨다. 그러나 어느 면에서, 백인 미국인들에게 유럽이라는 하부 정체성을 적용시키려 하는 것은 다소 늦은 감이 있다. 19세기에 개척자들과 그들의 후손들은 이민자들에게 그와 같은 명칭을 적용시키지 않았고, 유럽에서 들어온 사람들은 자신들이 인식하는 국가성에 바탕해 하이픈 정체성을 부여받았다. 1995년 5월에 인구통계국은 비히스패닉 백인들에게 그들이 '선호하는 인종적 내지 민족적 용어'가 무엇인지 물었다. 겨우 2.35퍼센트만이 유럽계 미국인European-American을 선택했다.[12]

만일 (가능성이 상당히 높아 보이는 것처럼) 문화가 중심적인 단층선fault line으로 등장한다면, 자연적인 결과는 유럽계 미국인들이 자신들을 문화적 측면에서 규정하는 것이 된다. 히스패닉 미국인들은 이미 자신들을 그렇게 규정하면서 (아시아계 미국인들을 포함하는) 비히스패닉, 비흑인 미국인들을 집합적으로 '앵글로들Anglos'이라고 부른다. 만일 이 용어에 민족적 의미는 없고 문화적 의미만 있다면, 그것은 적절치 않은 것이다. 이 용어는 미국의 앵글로-개신교도 문화, 영어라는 언어, 그리고 영국적인 정치적, 법적, 그리고 사회적 제도와 특성이 미국의 정체성에 갖는 중심성을 확인한다. 그러나 1995년의 인구통계국 조사에서, 비히스패닉 백인들의 1퍼센트 미만이 자신들을 가리키는 명칭으로 그것을 선택했다.

비히스패닉, 비흑인 미국인들이 하부국가적 정체성으로 가장 좋아하는 것은 '백인white'일 것이다. 1995년의 조사에서 61.7퍼센트가 그 말을 선택했고, 추가로 16.5퍼센트가 코카시언Caucasian을 선택했다. 따라서 백인 미국인들의 4분의3은 자신들을 기본적으로 인종적인 측면에서 생각한다. 이것은 미국 사회에 심각한 의미를 가질 수도 있다. 모든 정체성에는 남other이 필요하기 때문에, 캐런 브로드킨의 말에 따르면 "백인임 whiteness 은 자신을 이해하기 위해, 발명되고 대조적인 흑인임 blackness 을 적으로 보아야 한다." 그렇기 때문에, 일부 상황에서, 배경이 서로 다른 백인들이 '백인 민족의 범민족성 pan-ethnicity'을 주창하고 함께 비백인들에 대항하는 것도 놀랄 일은 아니다.[13]

그러나 가장 포괄적인 또 하나의 가능성이 있다. 백인 미국인들은 하부국가적이고 공동체적인 정체성을 포기하고 그냥 자신들을 미국인으로 생각할 수도 있다. 1800년 이전 개척자들의 후손들은 종종 이와 같은 정체성을 영국계 미국인, 스코틀랜드 미국인, 독일계 미국인, 그밖에 등등의 다른 가능성들보다 더 우선적으로 선택했다. 뿐만 아니라 (스탠리 리버슨의 지적에 따르면) 1971, 1972, 1973년에 연속적으로 매년 같은 사람들을 대상으로 실시한 '현재 인구 조사'에서, 응답자들의 64.7퍼센트만이 전년도와 같은 대답을 했다. 다른 대답을 한 미국인들 가운데 3분의1은 무작위적으로 분포되어 있지 않았다. 같은 대답을 한 사람들의 비율은 흑인, 히스패닉, 이탈리아인, 그리고 동부 유럽인들에게서 80 내지 95퍼센트가량이었다. 이와 같은 비율은 "북서부 유럽 출신의 백인 집단들, 미국에서 상당히 많은 세대를 거슬러 올라가 다수의 조상들을 갖고 있는 이른바 '옛날' 유럽인들에게서 훨씬 더 낮았다." 1971년에 영국계, 스코틀랜드계, 혹은 웨일즈계라고 대답한 사람들 중에서 1972년에 같은 대답을 한 사람들은 절반을 조금 넘었다. 1970년대 초에 미국 인구의 57퍼센트가량은 적어도 4세대였고, 비흑인 4세대 중에서 20퍼센트는 출신 국가를 거명하지 않아 1세대, 2세대, 혹은 3세대 인구의 1퍼센트 미만과 비교되었다.[14] 간단하게 말해서, 4세대에 오게 되면 민족성은 빠르게 약해졌다. 그리고 이제는 하나 더 많은 세대가 성숙해졌다.

민족성을 거론하지 않는 사람들의 비율 증가는 그냥 '미국인'이라고 대답하는 사람들의 수적 증가와 병행한다. 인구통계국은 1979년의 '현재 인구 조사'와 1980년의 인구조사에서 그와 같은 반응을 억제하려고 명시적으로 시도했다. 그러나 1980년에 인구의 6퍼센트인 1,330만의 사람들은 그와 같은 명칭을 선택했고, 추가로 10퍼센트에 해당하는 2,300만의 인구는 민족성을 거론하지 않았다. 2000년의 인구조사에서 '미국의 비하이픈화unhyphenating of America'는 계속되었다. 1990년의 인구조사와 비교할 때, 영국계 조상을 거론한 사람들의 숫자는 26퍼센트 떨어졌고, 아일랜드계 조상은 21퍼센트, 독일계 조상은 27퍼센트 감소했다. 반면에 그냥 '미국인'이라고 대답한 사람들의 숫자는 55퍼센트 늘어나 2,000만에 달했다. 이와 같은 변화는 특히 남부에서 두드러져, 가령 켄터키 사람들의 25퍼센트는 자신들을 미국인으로 규정했다.[15]

백인 미국인들이 자신들의 쇠락하는 민족적 정체성 대신에 선택하는 정체성은 미국의 미래에 깊은 의미를 갖는다. 만일 이들이 자신들이 생각하는 히스패닉의 도전에 대응해 자신들을 기본적으로 유로-미국인Euro-American 내지 앵글로로 규정한다면, 미국의 문화적 양분divide은 공식화될 것이다. 만일 이들이 흑인들과 그밖의 사람들에 반대해 자신들을 기본적으로 백인으로 생각한다면, 역사적인 인종적 단층선은 새로 힘을 얻을 것이다. 그러나 이들이 (1장에서 소개한) 워드 코널리의 말처럼 자신들이 복잡한 민족성 때문에 '온전한 미국인All American'이라고 생각한다면, 국가적 정체성과 국가적 단결은 강화될 것이다.

그리고 이것은 우리에게 인종의 문제를 제기한다.

인종: 지속성, 애매화, 퇴조

개별적인 인간들은 신체적으로 다르다. 생물학적으로 관련된 사람들의 집단들은 그들을 다른 사람들과 구분짓는 신체적 특성을 갖고 있다. 이와 같은 신체적 차이가 피부색, 눈의 모양, 머리카락, 그리고 얼굴의 생김새를 포함할 때, 사람들은 수백 년 동안 그것들을 인종적 차이라고 규정했다. 신체적 차이는 실제로 존재하는 것이지만, 그것들을 인종적 차이로 규정하는 것은 인간의 인식과 사고의 산물이며, 그와 같은 인종적 차이에 의미를 부여하는 것은 인간의 판단에 의한 것이다.

인간들 속에서 신장의 차이는 피부색과 얼굴의 차이만큼이나 뚜렷하며 한층 더 분명하다. 그러나 피그미들을 제외하고, 신장의 차이는 (사회경제적 결과들을 초래할 수는 있어도)[16] 사람들을 분류하고 차별하는 기준으로는 대체로 사용되지 않는다. 인종주의는 사람들이 피부색의 차이를 중요하다고 여기기 때문에 현실이다. 신장주의는 사람들이 대개 (농구를 제외하고) 신장의 차이를 그렇게 중요한 것으로 여기지 않기 때문에 현실이 아니다. 그렇기 때문에 개인들과 집단들은 자신들을 인종적 측면에서 분류하며 남들에 의해서도 같은 기준으로 분류된다. 신장과 달리 인종은 신체적 현실일 뿐 아니라 사회적 구성이기도 하다.

인종은 또 정치적 구성이 될 수도 있다. 정부들은 사람들을 다양한 인종적 범주들로 구분하고 그에 따라 권리와 의무, 그리고 책임을 부여한다. 대부분의 역사에서 남아공과 미국의 정부들은 사람들을 인종적으로 나누었다. 남아공에서는 네 그룹으로 나누었고, 미국에서는 3 내지 15그룹으로 나누었다. 남아공은 그와 같은 관행을 중단했지만, 미국은 이제 정부에서 제공하는 인종 목록을 사용해 사람들이 자신들을 분류하도록 요구한다. 남아공과 미국 모두에서, 인종적 범주들은 정부 정책과 관련한 법률적 차별의 기반이었다. 미국에서 그것들은 아직도 그러하다.

21세기 초에 인종과 인종적 정체성은 미국에서 세 방향으로 진화하고 있다. 첫째, 인종들의 사회경제적 지위와 삶의 수준이 보이는 차이는 기본적으로 지속적constant이며, 다만 일부 분야들에서 약간 감소하고 있다. 이와 같은 측면에서 미국은 아직도 인종적으로 나누어진 사회이다. 둘째, 인종적 애매화blurring의 느린 과정이 교차결혼에서 비롯되는 생물학적 측면과, 개인들의 다인종주의가 보다 넓게 받아들여지는 기준이 되고 있다는 상징적 및 태도적 측면 모두에서 일어나고 있다. 미국인들은 자신들의 나라가 인종적 집단들의 다인종적 사회에서 다인종적 개인들의 비인종적 사회로 이동하는 것을 승인한다. 셋째, 개인적 정체성의 다른 요소들과 비교한 인종의 전반적 외형은 줄어들고 있는 것으로 보인다. 그래서, 인종들 간의 사회경제적 차이는 여전히 존재하지만, 인종의 애매화와 퇴조fading도 진행되고 있다. 그러나 후자의 이와 같은 과정들은 백인들 속에서 새로운 인종적 의식화意識化가 나타나는 것에 공헌할 수도 있다. 왜냐하면 그들은 미국이 점점 더 비백인 사회가 되고 있다고 볼 수도 있기 때문이다(밑에 나오는 '백인 현지인주의' 참조).

인종들 간의 사회경제적 지위와 정치적 권력이 보이는 주요 차이들은 미국에서 늘 존재해 왔고 계속해서 존재한다. 그것들은 재산, 소득, 교육, 권력, 거주, 취업, 건강, (행위자와 희생자 모두로서) 범죄, 그리고 그밖의 다른 계급 및 지위의 표시들에서 나타나는 차이들이다. 대부분의 이와 같은 차이들에서, 흑인들과 (정도는 덜하지만) 히스패닉의 절대적인 삶의 수준은 20세기의 마지막 40년 동안 상당히 개선되었다. 그러나 이와 같은 개선들이 반드시 흑인들 및 히스패닉과 백인들 및 아시아인들 간의 격차를 상당히 줄이지는 않았다. 이와 같은 격차들 중에서 많은 것들은 여전히 존재하며, 그것은 30년 동안 계속된 가계 소득의 차이들에 반영되어 있다.

　미국에서 나타나는 인종적 집단들 간의 이와 같은 차이들과 비슷한 것들은 인류 역사를 통해 어느 사회에서나 일반적인 것이었다. 그것들은 현재, 국가들 내부와 국가들 사이에서 지구적인 현상이다. 현대적인 세상에서, 백인들은 거의 언제나 다른 인종들보다 더 나은 삶을 살아왔고, 동아시아인들은 대체로 갈색과 흑색의 사람들보다 더 나은 삶을 살아왔다. 이렇게 일반적이고 지속적인 차이들은 다양한 요인들의 결과일 수 있는데, 이를테면 역사적 경험, 문화, 압제, 사회적 제도, 지리, 기후, 유전적 특성, 그리고 (재산이나 군사력 같은) 하나의 핵심적 측면에서 우월한 집단이 다른 측면들로 그와 같은 우월성을 확대시키는 능력 등을 들 수 있다. 재산과 지위, 그리고 권력의 인종적 차이들을 줄이는 것은 지구적으로도 어렵고 국가적으로도 어렵다. 그동안 미국에서 이루어진 다소간의 감소는 대부분의 다른 사회들에서 이루어진 것보다 훨씬 더 클 것이다. 느린 발전은 분명히 앞으로도 계속되겠지만, 이와 같은 격차는 미국 사회의 역사, 문화, 그리고 제도 속에 깊이 뿌리박힌 것이기 때문에, 큰 규모의 감소는 장기적인 과정이 될 것이다. 인종들 간의 일부 사회경제적 차이들은 인종들이 존재하는 한 영원히 존재할 것이다.

　인종들은 계속해서 존재하겠지만, 그 정도나 중요성이 반드시 예전과 같지는 않을 것이다. 백인들 간의 높은 교차결혼 비율은 민족성을 종식시키고 있다. 미국에서 가장 큰 인종적 집단들 간의 교차결혼 비율은 그보다 훨씬 더 낮지만, 아시아인들의 그것은 높고 흑인들의 그것은 높아지고 있다. 흑인들의 외부결혼 비율은 역사적으로 극히 낮은 수준이었고, 조상이 뒤섞인 미국의 흑인과 백인 인구 비율에 거의 상관이 없는 것이다. 그러나 시작은 낮았어도 흑인들의 외부결혼 비율은 극적으로 높아지고 있다. "1960년에 적어도 한 사람의 흑인을 포함하는 모든 (새) 결혼들 중에서 교차결혼의 비율은 1.7퍼센트에 불과했다. 하지만 1993년에 이르러 한 사람의 흑인을 포함하는 새 결혼들 중에서 백인도 포함한 것의 비율은 12.1퍼센트였다." 집단의 크기와 소득에 따라 달라지는 것 외에도, 민족 간 결혼의 비율은 나이에 반비례해서 달라진다.[17]

적지만 점점 더 커지는 정도로, 교차결혼은 인종들 간의 경계선을 애매하게 만들고 있다. 이보다 훨씬 더 중요한 것은, 인종과 인종적 구분은 사람들의 생각 속에서 의미를 잃어가고 있다. 1960년대 중반에 19개 주는 인종 간 결혼을 금지하는 법을 갖고 있었고, 북부 백인들의 42퍼센트와 남부 백인들의 72퍼센트는 그와 같은 법을 승인했다. 1967년에 대법원은 그와 같은 법을 위헌이라고 판시했다.[18] 그후의 수십 년 동안 교차결혼에 관한 미국인들의 생각은 크게 변했고, 대부분의 인종적 집단들은 그것을 인정하게 되었다. 1999년의 '퓨 센터 Pew Center' 조사에서, 응답자들의 63퍼센트는 인종 간 결혼이 "인종적 장벽을 허무는 데 도움이 되기 때문에 좋은 것"이라고 얘기했다. 반면에 26퍼센트는 그것이 "인종들을 섞어 각각의 인종들이 갖고 있는 특별한 재능이나 능력을 줄이기 때문에 나쁜 것"이라고 얘기했다. 1997년의 갤럽 여론조사에서, 흑인과 백인 십대 모두의 70퍼센트는 인종 간 데이트가 "그렇게 대단한 일은 아니라고" 생각했다. 2001년에 '하버드-카이저 재단'과 〈워싱턴 포스트〉의 공동 여론조사에서, 흑인들의 77퍼센트와 히스패닉의 68퍼센트, 아시아인들의 67퍼센트, 그리고 백인들의 53퍼센트는 사람들이 어떤 인종의 배우자와 결혼하건 상관이 없다고 얘기했다. 미국인들의 40퍼센트는 인종이 다른 사람과 데이트를 한다고 얘기했다. 어떤 사회학 교수가 지적했듯이 "인종 간 결혼과 그것에 대한 승인은 너무나도 빠르게 늘어나고 있다. 당신은 인종 간 결혼에 거부감이 있다면 그것을 극복해야 한다. 기차는 정거장을 떠났다."[19]

인종적 교차결혼의 승인과 함께 한층 더 놀라운 것이 나타났다. 그것은 개인적 다인종주의의 승인, 나아가 예찬이다. 미국인들은 오랫동안 자신들의 나라를 인종적 집단들로 구성된 다인종 사회라고 보았다. 미국인들은 이제 점점 더 자신들의 나라가 다인종적 개인들로 구성된 비인종적 사회가 되고 있다고 보면서 그것을 승인한다. 예를 들어 2001년에 CNN이 주관한 여론조사는 다음과 같은 질문을 던졌다. "더 많은 미국인들이 자신들을 하나의 인종에 속하는 것이 아니라 다인종적 개인들로 생각한다면" 그것은 미국에 좋은 일인가 나쁜 일인가? 응답자들의 64퍼센트는 그것이 미국에 좋은 일이라고 얘기했다. 반면에 24퍼센트는 그것이 나쁜 일이라고 얘기했다. 점점 더 많은 미국인들은 자신들을 다인종적 개인들로 규정하고 있다. 2000년의 인구조사로 이어진 일련의 설문들 속에서, 조사 대상자들의 5퍼센트 이상은 (예상치의 3배에 달하는 비율로서) 둘 이상의 인종을 선택했다. 그리고 18세 이하의 응답자들은 8퍼센트 이상이 그렇게 했다. 2000년의 인구조사 자체에서, 자신들을 아시아인으로 규정한 사람들 가운데 14퍼센트는 두 번째 인종도 선택했고, 히스패닉은 6퍼센트, 흑인들은 5퍼센트, 그리고 백인들은 2.5퍼센트가 그렇게 했다. 전체적으로 (미국 인구의 2퍼센트에 해당하는) 700만 가량의 사람들이 그와 같은 이중 선택을 했다. 그러나 인구통계학자들의 추산에 따르면, 2050년에 이르러 미국인들의 20퍼센트 가량은 자신들을 다인종적 개인들로 규정할 것이다.[20]

1960년대에 유행한 구호는 '흑색black이 아름답다'는 것이었다. 1990년대에 이르러 그것은 다음과 같이 변했다. '이인종—혹은 다인종—이 아름답다.' 이와 같은 태도 변화를 잘 나타내는 한 가지 지표는 1993년의 〈타임〉 특집호 표지에 실린 '미국의 새로운 얼굴' 기사이다. 이 기사는 (많은 인종들에서 컴퓨터로 합성한) 너무나도 매력적인 젊은 여자를 사진으로 실었고, 그것을 21세기 미국의 '새로운 얼굴'이라고 예찬했다. 1996년에 이르러 '베티 크락커' 광고에 실린 얼굴은 백색 피부의 금발머리 여자에서 올리브색 피부의 검은 머리 여자로 변해 있었다. 1997년에 타이거 우즈는 자신의 인종을 '캐블리내시언Cablinasian'이라고 유명하게 묘사했는데, 이것은 백인, 흑인, 인도인, 그리고 태국인을 합친 것이다. 그 밖의 저명한 대중적 인물들도 비슷하게 자신들의 섞인 인종적 배경을 자랑하기 시작했다.[21] 21세기 초에 개인적 다인종주의는 쿨한 것이면서 동시에 보상적인 것이었다.

미국인들은 또 자신들이 과거에 다인종적 개인들이었던 정도, 자신들이 그런 사실을 인식하고 인정하지 않으려 했던 것에도 점점 더 관심을 보이고 있다. 학자들은 이제 흑인 미국인들의 75퍼센트 정도는 선조들이 비흑인이라고 추산한다. 그리고 어떤 학자는 1970년에 백인 미국인들의 22퍼센트 가량은 선조들이 비백인이었다고 결론내린다. 역사적으로, 자신들을 흑인이나 백인으로 보았던 미국인들의 주관적 이미지는 객관적 현실에 반하는 것이었다. 20세기 말에 이르러, 미국인들은 자신들의 주관적 이미지를 객관적 현실에 더 부합하는 것으로 만들고 있었다.

흑백 이분법의 이와 같은 애매화에 발을 맞추어, 흑인 지도자들은 1988년에 '흑인black'이란 말보다 '아프리칸-아메리칸African-American'이란 말을 더 좋아한다고 천명했다. 왜냐하면 후자는 "인종에 대한 강조를 줄이면서, 대신에 문화와 민족성에 초점을 맞추기" 때문이다. '아프리칸-아메리칸'은 인종적으로 양극적인 것이 아니며, 대신에 그것은 흑인들을 미국 사회의 많은 집단들 중에서 하나의 집단으로만 규정한다. 이것은 아일랜드계 미국인Irish-American, 이탈리아계 미국인Italian-American, 혹은 일본계 미국인Japanese American과 비슷한 것이다. 제시 잭슨 목사는 이렇게 얘기했다. "아프리칸-아메리칸으로 불리는 것은 문화적 통합성을 나타낸다." 이 용어는 흑인을 제치고 빠르게 퍼져나갔다. 1995년의 인구통계국 조사에서, 흑인들의 44.2퍼센트는 흑인으로 불리고 싶다고 말했지만, 40.2퍼센트는 아프리칸-아메리칸이나 아프로-아메리칸을 선택했다. 후자의 용어들은 특히 젊은 흑인들이 더 선호한다. 1990년에 자신들을 아프리칸-아메리칸으로 가장 부르고 싶어했던 사람들은 "압도적으로 젊은이, 남성, 교육받은 사람, 그리고 북동부와 중서부의 중심적 도시들 출신이었다."[22] 거의 모든 것에 다음절 이름보다 단음절 이름을 붙이고 싶어하는 미국인들의 일반적 성향을 감안할 때, 단음절의 한 단어짜리 이름보다 7음절의 두 단어짜리 이름이 이렇게 높고 점증하는 인기를 얻는 것은 흥미롭고 나아가 중요한 현상일 수 있다.

다인종성의 점증하는 수용과 나아가 인기는 2000년의 인구조사에서 인종을 제거하거나 일반적인 인종 범주들에 '다인종' 대안을 추가하라는 요구들에서 그 모습을 드러냈다. 1997년에 조사 대상 미국인들의 56퍼센트는 인구조사가 이제는 인종에 대해 물어서는 안 된다고 얘기했고, 36퍼센트는 계속해서 그렇게 해야 한다고 얘기했다. 상당히 많은 수의 미국인들은 또 설문지에 다인종 범주를 추가하는 것도 지지했는데, 흑인들의 49퍼센트와 백인들의 36퍼센트가 1995년에 그것을 승인했다. 인종적으로 섞인 미국인들과 인종적으로 섞인 아이들이 있는 미국인들은 그와 같은 노력을 위해 단체들을 조직했고, 1996년 7월에 워싱턴에서 '다인종 연대 행진'이 열렸다. 반면에 흑인 이익집단들은 변화에 강하게 반대했고, 그와 같은 네 집단—NAACP, 전국 도시민 연맹, 시민권을 위한 변호사 협회, 정치경제 연구 공동 센터 등—은 공동으로 정부에 "흑인 미국인들의 인종적 분리, 차별, 그리고 피해가 늘어날 가능성이 있으므로 성급하게 '다인종' 범주를 채택하지" 말도록 촉구했다.[23] 이와 같은 압력에 반응해 인구통계국은 2000년의 인구조사에 다인종 범주를 추가하지 않았다. 그러나 이 기관은 응답자들이 6개의 표준적인 인종적 범주들 중에서 2개를 확인하도록 허용했다. 그렇게 한 700만의 미국인들은 자신들을 '원주민 미국인과 알래스카 원주민'으로 규정한 사람들의 거의 3배, 그리고 '태평양의 섬 주민'을 선택한 사람들의 7배에 달했다. 앞에서도 보았듯이, 인구조사 범주들은 정체성에 영향을 끼친다. '다인종' 범주는 분명히 흑인 이익집단 지도자들이 걱정하는 영향을 끼칠 것이며, 흑인들과 그밖의 미국인들은 자신들의 다인종 유산을 합법적으로 확인하게 될 것이다.

인종적 인식과 인종적 선입견은 미국에서 삶의 현실이며 앞으로도 그럴 것이다. 그러나 인종이 사람들의 인식과 태도에서 갖는 외형은 분명히 줄어들고 있다. 콜린 파월은 전에 이렇게 얘기했다. "내가 진실로 사랑하는 미국에서, 여러분은 나처럼 보일 때 흑인이다." 그렇다. 사람들은 콜린 파월을 볼 때 흑인을 볼 수도 있지만, 그들이 보는 것은 또 국무장관, 퇴역한 4성장군, 짧고 승리한 전쟁에서 미국의 군대를 지휘한 지도자, 그리고 (그들의 관점이 국제적이라면) 부시 행정부에서 미국 외교 정책의 다원주의를 주도적으로 옹호하는 사람이다. 파월의 피부색은 그의 정체성에서 그와 같은 다른 요소들과 비교할 때 중요성이 사라진다. 1982년에 브라이언 검블이 주요 TV 방송국에서 처음으로 흑인 앵커가 되었을 때, 그의 피부색은 중요한 것이었다. 그로부터 수십 년 후에 온갖 인종의 앵커, 기자, 진행자, 그리고 해설가 등이 공중파 방송국들에 왔다가 갈 때, 누가 그들의 피부색에 관심을 갖는가? 잭키 로빈슨이 등장한 지 반세기가 지난 후에, 미국인들은 다양한 인종의 야구선수들을 볼 때 피부색을 보는가 타율을 보는가?

다인종주의로 향하는 추세가 앞으로도 계속된다면, 그것은 어느 시점에 가서 (조엘 펄먼과 로저 월딩어가 말하듯이) 사람들을 인종적으로 분류하려는 정부의 시도를 "과거의 향수쯤으로" 만들어버릴 것이다.[24] 그렇게 되면, 인구조사 양식에서 인종을 없애는 것은 포괄적인 미국의 국가적 정체성이 탄생하는 데 극적인 발전으로 기록될 것이다. 지금도 인종은 여전히 미국에서 영향력을 갖지만, 점점 더 많은 국가적 삶의 분야들에서 그것은 점점 덜 중요해지고 있다. 다만 인종의 외형 감소를 미국에서 백인들의 지위에 위협이 되는 것으로 보는 사람들만이 예외이다.

백인 현지인주의

1993년에 〈뉴스위크〉에서 데이비드 게이츠는 「무너짐 Falling Down」이란 영화를 묘사했다. 이 영화에서 마이클 더글러스가 열연한 백인 전직 군수회사 직원은 자신이 볼 때 다민족, 다인종, 그리고 다문화 사회가 자신에게 가하는 손실, 패배, 분노, 그리고 모욕에 반응한다. 게이츠는 이렇게 얘기한다. "이와 같은 분노와 모욕은 백인들의 고난을 전형적으로 보여준다. 처음부터 이 영화는 더글러스를—흰 셔츠와 타이, 안경, 그리고 단정한 머리의 구시대 모범생 모습인 그를—다양하고 화려한 L.A. 사람들의 혼합에 대비시킨다. 이것은 다문화적 미국에서 궁지에 몰린 백인 남성의 만화적 표현이다." [25]

하지만 그것은 만화에 불과한 것일까? 어느 저명한 사회학자가 7년 후에, 클린턴 대통령의 탄핵과 관련해 하원 법사위원회에서 있었던 투표에 대해 한 얘기를 생각해보라. "찬성표를 던진 공화당 쪽의 사람들은 전적으로 WASP(백인-앵글로-색슨-개신교도)이었고, 거의 모두가 남부 출신이었고, 한 사람만 빼고 남성이었다. 반대표를 던진 민주당 쪽의 사람들은 천주교도, 유대교도, 흑인, 여성, 게이, 그리고 한명의 남부 WASP 남성이었다. 이와 같은 열정 속에서 남성 WASP들이 미국 사회에서 줄어들고 있는 자신들의 역할에 대항해 일으키는 반란을 보기는 그렇게 어려운가?"[26]

그와 같은 '반란'과 그 이유들을 보기는 그렇게 어렵지 않다. 사실, 미국에서 일어나고 있는 심오한 인구적 변화들이 다양한 형태의 반응을 초래하지 않는다면, 그것은 너무나도 특이하고 인류 역사에서 전례가 없는 일일 수도 있다. 그중에서 한 가지 가장 있음직한 반응은 기본적으로 백인 남성이고, 근로계층이고, 중산층인 사람들이 배타주의적인 사회정치적 운동을 전개하는 것일 수 있다. 이들은 그와 같은 운동 속에서 그와 같은 변화들을, 그리고 자신들이 볼 때 점점 더 줄어드는 자신들의 사회적 및 경제적 지위, 이민자들과 외국들에 빼앗기는 일자리, 자신들의 문화와 언어가 약해지는 것, 그리고 자신들 나라의 역사적 정체성이 침식되거나 사라지는 것을 막거나 되돌리기 위해 애쓸 것이다. 이와 같은 운동은 인종적 및 문화적 특성을 가질 수 있고 반反히스패닉, 반흑인, 그리고 반이민일 수 있다. 이와 같은 운동은 과거에 미국의 정체성을 규정하는 데 도움이 되었던 다수의 인종적 배타주의 및 반외국인 운동과 비슷할 수 있다. 이와 같은 특징을 공유하는 사회적 운동, 정치적 집단, 지적 조류, 그밖의 다양한 저항들은 여러 면에서 다르지만, 그럼에도 충분한 공통점이 있기 때문에 '백인 현지인주의white nativism'라는 이름으로 한데 묶을 수 있다.

이 명칭에서 사용되는 '백인'이란 말은 다양한 인종의 사람들이 그와 같은 운동에 동참하지 않는다거나 그와 같은 운동이 전적으로 인종적 문제에만 초점을 맞춘다는 뜻이 아니다. 그것은 운동의 구성원들이 압도적으로 백인일 것이고 그들이 '백색 미국'으로 보는 것의 보존과 회복이 중심적 목표라는 뜻이다. 그리고 '현지인주의nativism'라는 말은 탈국가화된 엘리트들 사이에서 '현지인native' 문화와 정체성을 과도하게 방어하고 외국의 영향에 맞서 순수성만을 고집하는 것은 잘못이라는 이유로 비판을 받아왔다. 그러나, 외국인들에 대한 미국인들의 반응에 관한 자신의 고전적 연구에서, 존 하이엄은 현지인주의를 보다 중립적으로 "내부의 소수파에, 그들의 외국적인 (그러니까 '비미국적인') 연결성에 근거해, 치열하게 반대하는 것"이라고 정의한다.[27] 여기에서 사용하는 그 말은 바로 이와 같은 중립적 의미이다. 하지만 두 가지 수정이 필요한데, 그것은, 첫째, 흑인들처럼 '외국적인 연결성'은 부족하지만 그럼에도 불구하고 미국 사회의 진정한 일부로서 여겨지지 않는 집단들에 반대하는 것을 포함하고, 둘째, 점점 더 다수파가 되고 있다고 여겨지는 '내부의 소수파에 반대하는 것'을 포함하기 위해서이다.

이와 같은 종류의 백인 현지인주의를 극단주의 과격파 집단들과 혼동하지 말아야 한다. 이를테면 1990년대에 잠시 미시건과 서부의 몇몇 주들에서 번창했던 민병대 운동이나 오직 반유대인 내지 반흑인 성격만을 띠면서 KKK에서 비롯된 선입견을 반영하는 온갖 종류의 '증오 집단들'이다. 이런 집단들은 대개 신경과민적인 환상에 사로잡히고 조잡한 음모들—예를 들면 미국에 '시온주의자들이 지배하는 정부'가 있다거나 국제연합의 비밀결사체가 미국을 접수한다거나 하는 등의 음모론—을 들먹인다. 이런 집단들은 늘 미국 사회의 일부에서 존재하며 시기에 따라 그 힘과 숫자가 변한다. 와코Waco 공격 같은 사건들은 1990년대 중반에 적극적인 민병대 운동의 상당한 증가를 야기시켰지만, 그와 같은 운동의 숫자는 1996년의 858개에서 2000년의 194개로 줄어들었다. 2001년 4월에 미시간에 있는 그런 집단 하나의 지도자는 조직의 해산을 발표하면서, 다음과 같은 이유를 들었다. "회원 수가 급감했고, 이제는 숲속에서 훈련을 지도할 만큼의 군사적 경험이 충분한 회원이 없다."[28] 이런 집단들에 속하는 사람들은 정부의 관리들과 시설들을 공격했으며, 그들 가운데 일부는 (티모시 맥베이처럼) 앞으로도 성공할 수 있을지 모른다. 비록 이들은 정부의 특정한 행동—이를테면 와코 공격 같은 것—을 지적하며 자신들의 주장을 옹호할 수 있을지 모르지만, 미국 사회에 대한 이들의 전반적 이미지는 현실과 너무나도 동떨어진 것이다.

반면에, 그보다 폭이 넓은 현지인주의 운동은 미국 사회의 새로운 현실에 대한 반응일 수 있다. 이와 같은 운동의 지도자들은 과격파 집단의 지도자들과 공통점이 거의 없다고 볼 수 있다. 이들 중에서 많은 이들은 캐롤 스웨인이 말한 '새로운 백인 국가주의자들'이라고 할 수 있다. "문화적이고, 지적이고, 종종 미국의 일부 명문 대학들과 대학교들에서 인상적인 학위를 받은 사람들로서, 이 새로운 종의 백인 인종적 국가주의자들은 대중주의 정치인들이나 '옛날 남부'의 KKK 단원들과 전혀 다르다." 이들이 주장하는 것은 백인들의 인종적 우월성이 아니다. 이들이 믿는 것은 "인종적 자립과 자존이며" 미국이 "빠르게 비백인들의 지배를 받는 국가가 되고 있다"는 생각이다. 무엇보다 중요한 것은, 이들이 따르는 전통은 호레이스 캘런, 다문화주의자, 그리고 국가적 정체성의 이분법 개념을 고수하는 사람들이다. 그래서 이들은 인종, 민족성, 그리고 문화를 하나의 꾸러미로 묶으려 한다. 이들에게 인종은 문화의 원천이며, 개인들의 인종성은 고정된 것이고 바꿀 수 없는 것이므로, 개인들의 문화 역시 그러하다. 그렇기 때문에, 미국에서 인종적 균형이 변하는 것은 문화적 균형이 변하는 것이며, 미국을 위대하게 만든 백인 문화 대신에 그와 다르고 (그들이 볼 때) 지적 및 도덕적으로 열등한 흑인이나 갈색인 문화가 득세하는 것이다.[29] 인종과 따라서 문화의 이와 같은 섞임은 국가적 타락의 길이라고 그들은 본다. 이들에게 있어서, 미국을 미국으로 보존하려면 미국을 백색white으로 유지해야 한다.

백인 현지인주의 운동에 참여하는 사람들의 우선순위는 인종적 균형, '백인' 문화, 이민, 인종적 우대, 언어, 그밖에 등등의 문제와 관련해 다르다고 볼 수 있다. 그러나 이 모든 문제들에 깔려 있는 것은 미국의 인종적 균형이라는 핵심 사안이고, 특히 비히스패닉 백인들의 비율 감소이다. 이와 같은 추세는 2000년의 인구조사로 큰 관심을 받게 되었는데, 이것의 결과는 1990년의 75.6퍼센트에서 69.1퍼센트로의 감소였다. 가장 극적인 증거는 캘리포니아에서 (하와이, 뉴멕시코, 워싱턴시에서처럼) 비히스패닉 백인들이 소수파라는 것이었다. 이와 같은 비율 감소는 특히 미국의 도시들에서 뚜렷하게 나타났다. 1990년에 비히스패닉 백인들은 100개 대도시 가운데 30개에서 소수파였고 그 도시들의 전체 인구에서 52퍼센트를 차지했다. 2000년에 그들은 그 도시들 가운데 48개에서 소수파였고 그곳의 인구에서 44퍼센트만을 구성했다. 1970년에 비히스패닉 백인들은 미국의 인구에서 압도적인 83퍼센트의 다수파를 구성했다. 인구통계학자들은 2040년이 되면 그들은 미국에서 소수파가 될 것이라고 예측한다.

이와 같은 인구적 변화의 영향은 대부분의 백인들에게 오랫동안 하부 국가적 정체성의 편안한 원천을 제공했던 민족성의 종식으로 한층 더 강화되었다. 뿐만 아니라, 수십 년 동안 이익집단들과 비선출직 정부 엘리트들은 인종적 우대, 적극적 행동, 그리고 소수파 언어 및 문화 유지 프로그램들을 촉진했는데, 이것은 '미국의 신조'를 위반하고 흑인들과 비백인 이민자 집단들의 이익에 봉사하는 것이다. 업계 엘리트들의 세계화 정책들은 일자리를 해외로 이동시켰고 근로계층 미국인들의 점증하는 소득 불평등과 실질임금 하락을 초래했다. 자유적인 기존의 언론은 일부 백인들이 볼 때 이중적인 기준을 적용해 흑인, 게이, 여성들에 대한 범죄와 백인 남성들에 대한 범죄를 차별적으로 보도하고 있다. 히스패닉의 대규모적이고 지속적인 유입은 백인 앵글로-개신교도 문화의 지배력과 유일한 전국적 언어로서 영어의 지위를 위협한다. 백인 현지인주의 운동은 이와 같은 추세들에 대응하는 가능하고 일견 타당한 반응이며, 심각한 경기 불황과 고난의 상황에서 가능성이 아주 높은 것이다. 그리고 이와 같은 가능성은 몇 가지 요인들로 인해서 높아진다.

어떤 사회적, 민족적, 인종적, 혹은 경제적 집단이건 힘과 지위, 그리고 숫자가 현실적 및 잠재적으로 계속해서 낮아지는 것은 거의 언제나 그와 같은 추세를 막거나 되돌리려는 노력으로 이어진다. 1961년에 보스니아-헤르제고비나의 인구는 세르비아인이 43퍼센트였고 무슬림이 26퍼센트였다. 1991년에 그것은 세르비아인이 31퍼센트였고 무슬림이 44퍼센트였다. 세르비아인들의 반응은 민족청소였다. 1990년에 캘리포니아의 인구는 백인이 57퍼센트였고 히스패닉이 26퍼센트였다. 2040년에 그것은 백인이 31퍼센트이고 히스패닉이 48퍼센트일 것으로 예상된다. 이렇게 비슷한 상황에서 캘리포니아의 백인들이 보스니아의 세르비아인들처럼 반응할 가능성은 거의 영이라고 할 수 있다. 하지만 그들이 전혀 반응하지 않을 가능성도 거의 영이라고 할 수 있다. 사실 그와 같은 반응은 이미 불법 이민자를 위한 혜택, 적극적 행동, 그리고 이중언어 교육에 관한 주민투표, 그리고 다른 곳으로 나가는 백인들의 이동과 함께 시작되었다. 인종적 균형이 계속해서 변하고 더 많은 히스패닉이 시민이 되어 정치적 활동이 높아짐에 따라, 백인 집단들은 자신들의 이익을 보호하기 위한 다른 방법들을 찾아야만 할 것이다.

1990년대에 반이민 현지인주의 정당들이 서유럽의 몇몇 국가들에서 등장해 종종 투표의 20퍼센트를 확보했고, 오스트리아와 네덜란드에서는 연정에도 참여했다. 미국에서 백인 현지인주의는 새로운 정당의 출현으로 이어질 것 같지 않다. 대신에 그것은 새로운 정치적 운동을 촉발시켜 양대 정당의 후보자와 정책 선정에 영향력을 행사하려 할 것이다. 19세기 후반의 산업화는 미국의 농부들에게 손해를 야기시켰고 다양한 농민 보호 집단들의 탄생으로 이어졌다. 백인들의 이익을 옹호하는 비슷한 조직들이 조만간에 나타날 수도 있다. 〈이코노미스트〉의 보도에 따르면, 2000년에 캘리포니아 사람들은 "백인들이 전에는 신규 진입자들에게 그렇게도 관대했지만, 이제는 압박감을 느끼는 소수파처럼 행동하기 시작하는 것을" 보았다.[30] 백인들은 전국적으로 그와 비슷한 반응을 보일 수 있다.

앞에서도 보았듯이, 민족성의 종식이 만들어내는 정체성의 진공을 보다 넓은 백인 인종적 정체성이 채울 수도 있다. 그와 같은 정체성의 추구는 1980년대에 인종이 국가적 정체성에서 공식적으로 제거된 후 소수파 집단들이 끌어안았던 인종적 정체성들에 의해 합리화될 수도 있다. 현지 인주의 백인들은 이렇게 물을 수도 있다. 즉, 흑인들과 히스패닉이 조직화되어 정부가 특별히 지원하는 권리들을 위해 로비를 한다면, 왜 백인들은 그러지 않겠는가? '유색인들의 발전을 위한 전국 협의회'와 '라 라사'가 합법적인 단체라면, 왜 백인들의 이익을 위한 전국적 단체는 그러지 않겠는가?

백인 엘리트들은 미국의 모든 주요 기관들을 지배하지만, 수백만의 비엘리트 백인들은 엘리트들과 전혀 다른 태도를 갖고 있고, 엘리트들의 확신과 안전이 부족하고, 엘리트들의 지지와 정부 정책의 지원을 받는 다른 집단들과의 인종적 경쟁에서 자신들이 설 자리를 잃고 있다고 생각한다. 이들의 손실은 반드시 현실 속에서 존재하지 않아도 된다. 그것은 이들의 마음속에서만 존재해도 새로 부상하는 집단들에 대해서 미움과 두려움을 갖게 할 수 있다. 예를 들어 1997년에 백인들에 관한 어떤 전국적 조사에서, 응답자의 15퍼센트는 흑인들이 미국 인구의 40퍼센트를 넘는다고 보았고, 20퍼센트는 흑인들이 31 내지 40퍼센트라고 보았으며, 25퍼센트는 그것이 21 내지 30퍼센트라고 보았다. 따라서 백인들의 60퍼센트는 실제로 당시에 인구의 12.8퍼센트를 구성했던 흑인들이 미국 인구의 20퍼센트를 넘는다고 생각했다. 비슷한 방식으로, 백인들의 43퍼센트는 실제로 10.5퍼센트인 히스패닉이 인구의 15퍼센트를 넘는다고 생각했다. 백인 미국인들의 절대다수는 또 실제보다 자신들이 상대적으로 더 가난하며 흑인들이 상대적으로 더 부유하다고 생각한다. 조지아 주립대학교의 사회학자인 찰스 갤러허 교수는 이렇게 얘기한다.

> 좋고 나쁨을 떠나, 중산층과 더 낮은 중산층 백인들은 자신들이 소수파라고 생각하며 희생자라는 입장을 취해왔다. 대부분의 이들은 자신들에게 진정한 문화가 없다고 느낀다. 이들의 할머니는 이탈리아 사람일 수도 있고 할아버지는 프랑스 사람일 수도 있지만, 이들은 이제 너무 혼합되어서 민족적 정체성이 전혀 없다. 전에는 사람들이 동화되면서 민족성이 진공을 채웠다. 이제는 희생자란 느낌만이 빈 곳을 채우고 있다.[31]

1990년대 후반에 등장한 학계의 한 가지 조류는 백인들의 의식화가 백인들이 다른 인종들을 이해하는 데 필요하다고 주장했다. 어떤 사람은 이렇게 얘기했다. "우리는 백인들을 인종화시키고 싶다. 어느 한 집단이 백인인데 그들이 자신들을 하나의 인종으로 규정하지 않는다면 어떻게 다인종 사회를 만들 수 있겠는가." 백인임 whiteness 은 더 이상 미국을 규정하지 않는다. 따라서 백인들은 다른 집단들처럼 자신들을 또 하나의 인종적 집단으로 생각할 필요가 있다. 1990년대에 '백인임 연구들'의 대다수 주관자들은 지독히도 반백인적이었다. 그들 중에서 어떤 사람은 이렇게 얘기했다. "백인임에 대한 배반은 인류에 대한 충성심이다."[32] 이들의 주장은 많은 중산층 및 근로계층 백인들에게 알려지지 못했지만, 알려진 경우에도 그것은 자신들을 한때 자신들의 것이었던 나라에서 희생자 소수파로 보는 많은 백인들의 경향을 강화시킬 뿐이었다.

심각한 백인 현지인주의 운동과 치열한 인종적 갈등이 미국에서 모습을 드러내고 있다. 캐롤 스웨인은 그것의 가능성을 너무 극단적으로 묘사하는 것일 수도 있지만, 그녀의 유려한 경고는 진지하게 생각해볼 필요가 있다. 그녀의 말에 따르면, 우리가 목격하고 있는 것은 "일련의 강력한 사회적 요인들이 동시적으로 합쳐지는 것이다." 여기에 포함되는 것은 "변하는 인구특성, 인종적 우대 정책의 계속적인 존재, 민족적 소수파들의 높아지는 기대, 자유적 이민 정책의 계속적인 존재, 세계화와 관련된 일자리 상실의 커지는 우려, 다문화주의에 대한 요구, 그리고 생각이 비슷한 사람들이 서로에게서 정체성을 찾고 상호적 관심과 전략을 공유해 정치적 체제에 영향을 끼치도록 해주는 인터넷의 능력 등이다." 이와 같은 요인들은 "백인들의 인종적 의식화와 백인들의 국가주의를 번창하게" 만들며 "이것은 미국의 정체성 정치에서 다음번의 논리적 단계이다." 그 결과 미국은 "점점 더 우리의 국가적 역사에서 전례가 없는 규모로 인종적 갈등이 높아질 위험에 처해 있다."[33]

그러나 백인 현지인주의에 가장 강력한 자극이 되는 것은 백인들이 볼 때 미국 사회에서 히스패닉의 점증하는 인구적, 사회적, 경제적, 그리고 정치적 역할에서 비롯되는, 그들의 언어와 문화에 대한 위협일 것이다.

양분화: 두 언어와 두 문화?

히스패닉 숫자와 영향력의 지속적 증가는 히스패닉 옹호자들이 두 가지 목표를 설정하도록 만들었다. 그중에서 하나는 히스패닉이 미국의 앵글로-개신교도 사회와 문화에 동화되는 것을 막고, 대신에 미국 땅에서 크고, 자율적이고, 영구적이고, 스페인어를 사용하는 사회적 및 문화적 히스패닉 공동체를 만드는 것이다. 윌리엄 플로레스와 리나 벤메이어 같은 옹호자들은 "하나의 국가적 공동체" 개념을 거부하고, "문화적 동질화"를 공격하고, 영어의 사용을 권장하려는 노력이 "외국인 혐오증과 문화적 거만함"의 표현이라고 폄하한다. 이들은 또 다문화주의와 다원주의가 "다양한 문화적 정체성들"을 "사적인 삶"의 영역으로 떨어뜨리기 때문에 그와 같은 개념들을 공격하며 "민족성의 명백한 표현이 필요한 경우를 제외하고, 공공 분야에서 우리는 그와 같은 정체성들을 제쳐두고 대신에 문화적으로 중립적인 공간에서 '미국인'으로 교류해야 한다"고 주장한다. 이들의 주장에 따르면, 히스패닉은 미국의 정체성을 받아들이는 것이 아니라 "새롭게 부상하는 히스패닉 정체성과 정치적 및 사회적 의식화를" 끌어안아야 한다. 히스패닉은 "이 나라에서 별도의 사회적 공간을" 포함해 별도의 "문화적 시민권"을 주장해야 하고 주장하고 있다.[34]

히스패닉 옹호자들의 두 번째 목표는 첫 번째 목표에서 비롯된다. 그것은 전체적인 미국 사회를 이중언어, 이중문화 사회로 바꾸는 것이다. 미국은 이제 300년 동안 갖고 있었던 핵심적 앵글로-개신교도 문화와 민족적 하부문화들을 포기해야 한다. 미국은 이제 히스패닉Hispanic과 앵글로Anglo의 두 문화, 그리고 무엇보다 스페인어와 영어의 두 언어를 가져야만 한다. "미국의 미래에 대해서" 선택을 해야만 한다고 듀크대 교수인 아리엘 도르프만은 선언한다. "이 나라는 두 언어를 사용할 것인가, 그냥 한 언어만 사용할 것인가?" 그리고 당연히 그의 답은 두 언어를 사용해야 한다는 것이다. 이것은 마이애미와 남서부에서뿐 아니라 미국 전체에서도 점점 더 현실이 되고 있다. 플로레스와 벤메이어의 주장에 따르면 "뉴욕은 이미 이중언어 도시로서, 스페인어가 거리의 삶, 사업, 공적 및 사회적 서비스, 학교, 그리고 가정에서 일상화되어 있다."[35] 일런 스태반즈 교수의 지적에 따르면 "요즘에는 단 한마디의 영어를 사용하지 않고도 은행 구좌를 열고, 의료 서비스를 받고, 연속극을 보고, 세금을 신고하고, 미국에서 사랑하고 죽을 수 있다. 간단하게 말해서, 우리는 미국의 언어적 정체성이 새롭게 규정되는 것을 목격하고 있다."[36] 이와 같은 히스패닉화의 숨은 동력인 멕시칸의 유입은 약해질 기미가 보이지 않는다.

2000년 7월 2일에 빈센트 폭스 케사다는 야당 후보로는 처음으로 상대적으로 자유롭고 경쟁적인 선거에서 멕시코의 대통령에 당선되었다. 미국인들은 자신들의 국경 남쪽에서 일어난 민주주의의 이와 같은 승리를 예찬했다. 2000년 7월 4일에 대통령 당선자로서 한 거의 최초의 언급에서, 폭스 대통령은 자국 국민의 북쪽 이동에 대한 통제가 끝나야 한다고 천명했다. 그의 말에 따르면, 전에는 "멕시코의 목표가 탈출구를 열어둠으로써 매년 35만 명의 젊은이들이 국경을 넘게 허용하고 국가적 책임에서 손을 떼는 것이었다." 그리고 미국의 목표는 "벽들을 세우고 경찰과 군인들을 배치해 이민을 막는 것이었다. 그것은 이제 효과가 없다."[37] 따라서, 그의 주장에 따르면, 미국과 멕시코는 열린 국경을 향해 나아가야 하고, 돈과 상품, 그리고 사람들의 자유로운 이동을 허용해야 한다. 그가 얘기하지 않은 것은, 국경 통제가 없을 때 상품은 양쪽 방향으로 이동하고, 돈은 남쪽으로 흘러가고, 사람들은 북쪽으로 밀려든다는 것이다. 10년 전에 빈센트 폭스의 전임자였던 카를로스 살리나스 대통령은 미국을 돌며 북미자유무역협정 NAFTA 의 체결을 촉구했다. 무역 장벽을 낮추면 이민이 줄어들 것이라는 논리 속에서, 그는 이렇게 얘기했다. "우리의 상품을 받든지, 아니면 우리의 사람들을 받으라." 빈센트 폭스는 이렇게 얘기한다. "당신들은 둘 모두를 받아야 한다."

폭스 정부의 외무장관이 되기 전에 호르게이 카스타네다는 이렇게 얘기했다. "이민은 그동안 양국 관계에서 문제가 되었던 것이 아니라, 오히려 더 중요한 다른 문제들에 해결책의 일부였다." 더 중요한 다른 문제들은 당연히 멕시코의 문제들이었고, 카스타네다는 이렇게 주장했다. "멕시코가 자국 시민의 이주를 막도록 강요하면…… 멕시코 영토와 국민들의 사회적 평화는 달성되기 어렵다."[38] 그의 주장에 따르면, 멕시코는 문제들을 해결하려 애쓰지 말아야 한다. 대신에 멕시코는 그것들을 수출해야 한다.

매년 100만 명의 멕시코 군인들이 미국을 침공하려 시도하고 그중에서 15만 명 이상이 성공해 미국 영토에 들어온다면, 그리고 이어서 멕시코 정부가 미국은 그와 같은 침공의 합법성을 인정해야 한다고 요구한다면, 미국인들은 격분할 것이고 필요한 모든 자원을 동원해 그들을 물리치고 국경의 튼튼함을 과시할 것이다. 그런데 그와 비슷한 수준의 불법적인 인구적 침공이 매년 일어나며, 멕시코 대통령은 그것이 합법화되어야 한다고 주장한다. 그리고, 적어도 9·11사태 전에는, 미국의 정치 지도자들이 어느 정도 그것을 무시했거나 혹은 장기적인 목표로서 국경의 제거를 받아들이기까지 했다.

과거에 미국인들은 자신들 나라의 성격과 정체성에 극적으로 영향을 끼치는 행동을 하면서도 자신들이 그렇게 하는 것을 모르는 때가 많았다. 1964년의 시민권법은 명시적으로 인종적 우대와 할당량을 없애기 위한 의도였지만, 연방정부의 관리들은 그것이 정반대의 결과를 낳도록 만들었다. 1965년의 이민법은 아시아와 중남미에서 대규모 이민이 들어오도록 만들기 위한 것이 아니었지만, 결과는 그렇게 되었다. 이와 같은 변화들은 가능한 결과들에 대한 무관심, 관료적인 거만함과 책략, 그리고 정치적 기회주의의 산물이었다. 이와 비슷한 것이 히스패닉화에서도 일어나고 있다. 국가적 토론이나 의식적 결정 없이, 미국은 기존의 사회와 전혀 다를 수도 있는 사회로 변질되고 있다.

미국인들은 그동안 이민과 동화에 대해서 얘기를 나누었고, 대체로 이민자들을 차별하지 않으면서 그들을 일반화시켜왔다. 그래서 미국인들은 히스패닉, 특히 멕시칸 이민이 야기시키는 독특한 성격, 도전, 그리고 문제들을 스스로 외면해왔다. 적어도 2004년까지 멕시칸 이민의 문제를 외면하고, 멕시코와의 관계를 다른 나라들과의 관계와 다르지 않은 것처럼 다룸으로써, 미국인들은 또 미국이 앞으로도 계속해서 하나의 국가적 언어와 공통의 앵글로-개신교도 주류 문화를 갖는 국가일 것인지의 문제도 외면한다. 그러나 이것은 궁극적으로 미국이 두 언어와 두 문화를 갖는 사실상의 두 나라로 변할 수도 있음을 묵인하는 것에 다름 아니다.

만일 이렇게 되어 미국이 더 이상 거의 3천만의 인구가 단 하나의 공용어를 사용하는 '역의 바벨Babel in reverse'이지 않게 되면, 미국은 영어는 알지만 스페인어는 거의 모르기 때문에 미국의 영어적 세상에만 국한되는 다수의 사람들, 스페인어는 알지만 영어는 거의 모르기 때문에 히스패닉 공동체에서만 살 수 있는 그보다 적은 수의 사람들, 그리고 두 언어 모두에 유창하기 때문에 한쪽 언어만 사용하는 사람들보다 훨씬 더 전국적인 수준에서 활동하는 불특정 다수의 사람들로 나뉘어질 수도 있다. 300년 이상 동안 영어의 유창함은 미국에서 앞으로 나아가는 데 필수적인 조건이었다. 그러나 이제는 영어와 스페인어 모두의 유창함이 점점 더 업계, 학계, 언론계, 그리고 특히 정치와 정부의 성공에서 점점 더 중요해지고 있다.

미국은 점증하는 이중언어주의의 과정 속에서 그와 같은 방향으로 움직이고 있는 것 같다. 히스패닉의 숫자는 2002년 6월에 3,880만에 달해 2000년의 인구조사 이후 9.8퍼센트 늘어났고, 이것은 전체 미국인들의 2.5퍼센트와 비교되며 그 기간 동안의 미국 인구 증가에서 절반을 차지했다. 지속적으로 높은 이민과 높은 출산율의 결합은 그들의 숫자와 미국 사회에서의 영향력이 앞으로도 늘어날 것임을 의미한다. 2000년에 4,700만의 사람들이 (그러니까 5세 이상 인구의 18퍼센트가) 집에서 비영어 언어를 사용했고, 이중에서 2,800만은 스페인어를 사용했다. 영어 사용 능력이 '아주 잘very well'에 미치지 못하는 5세 이상 미국인의 비율은 1980년의 4.8퍼센트에서 2000년의 8.1퍼센트로 높아졌다.[39]

히스패닉 단체들의 지도자들은 계속해서 적극적으로 자신들의 언어를 권장해왔다. 잭 시트린과 그의 동료들이 분석한 결과에 따르면, 1960년대부터 시작해 "히스패닉 행동가들은 헌법적 권리로서 언어적 권리의 개념을 주장했다."[40] 이들은 정부 기관들과 법원들이 출신국에 바탕한 차별을 금지하는 법들이 아이들의 교육에서 그들의 부모들이 사용하는 언어를 적용시키도록 요구한다고 해석하도록 압력을 가했다. 이중언어 교육은 스페인어 교육이 되었고, 스페인어에 유창한 교사들에 대한 수요는 캘리포니아, 뉴욕, 그밖의 다른 주들이 푸에르토리코에서 교사들을 선발하도록 유도했다.[41] 세심하게 계획된 하나의 경우만을 빼고, 언어적 권리와 관련된 법원의 주요 사건들은 스페인어 이름을 갖고 있다.

히스패닉 조직들은 그동안 이중언어 교육을 위한 문화 유지 프로그램들을 의회가 승인하도록 만드는 데 중심적 역할을 수행해 왔다. 그리고 이것은 아이들이 본과本科 강의에 느리게 합류하는 결과를 낳고 있다. 1999년에 뉴욕에서는 "스페인어 이중언어 교육을 받은 학생들의 90퍼센트가 프로그램의 지침이 규정한 대로 3년 후에 본과 강의에 합류하지 못했다."[42] 많은 아이들은 기본적으로 스페인어로 진행되는 강의들에서 무려 9년씩이나 보내고 있다. 이것은 당연히 아이들이 영어를 습득하는 속도와 정도에 영향을 끼친다. 대부분의 2세대 및 이후 세대 스페인어 사용자 이민자들은 영어적 환경에서 기능하기에 충분한 영어를 습득한다. 그러나 지속적이고 대규모적인 이민자 유입의 결과, 뉴욕과 마이애미, L.A. 그밖에 등등의 지역에서 스페인어 사용자들은 점점 더 영어를 몰라도 정상적인 생활을 할 수가 있다. 뉴욕시에서 이중언어 교육을 받는 아이들의 65퍼센트는 스페인어 강의를 들으며, 그렇기 때문에 학교에서 영어를 사용할 필요성이나 기회가 거의 없다. 그리고 〈뉴욕 타임스〉의 보도에 따르면, L.A.에서와 달리 뉴욕에서는 "스페인어를 사용하는 부모들이 자기 아이들의 그와 같은 강의 참석을 대체로 수용하는 편이며, 중국계와 러시아계 부모들은 보다 저항적인 편이다."[43] 제임스 트라웁의 지적에 따르면, 사람들은

> 뉴욕에서 스페인어만 사용하는 세상에서 살 수 있다. "나는 아이들에게 TV만큼은 영어로 보도록 얘기하려 애쓴다"고 (중학교 교사인) 호세 가르시아는 말한다. "그러나 이 아이들은 집에 가서 스페인어를 사용하고, TV와 음악을 스페인어로 보고 듣는다. 아이들이 병원에 가면 의사도 스페인어를 사용한다. 여기서는 저 아래의 중국인 과일 가게에 갈 때, 그곳의 중국인 가게 주인도 스페인어를 사용한다." 스페인어를 사용하는 아이들은 자신들의 닫힌 세상에서 빠져나올 필요가 전혀 없다. 뉴욕에는 거의 스페인어만 사용하는 고등학교들이 있고 이중언어 전문대학까지 있다. 학생들은 학교를 떠난 후에야 자신들의 영어가 고용 시장의 요구에 부합하지 않음을 알게 된다.[44]

이중언어 교육은 학생들을 스페인어로 가르치고 히스패닉 문화에 몰입시키는 것의 완곡한 표현이었다. 과거 세대 이민자들의 아이들은 그와 같은 프로그램이 없었기 때문에 영어에 유창해지고 미국 문화에 동화되었다. 요즘에도 비히스패닉 이민자들의 아이들은 대체로 영어를 배우며 히스패닉 이민자들의 아이들보다 더 빠르게 미국 사회에 동화된다. 이중언어 교육이 학생들의 학문적 발전에 끼치는 영향에 관한 논란들과는 전혀 다르게, 그것은 히스패닉 학생들의 미국 사회 동화에 분명히 부정적

인 영향을 끼치고 있다.

　히스패닉 지도자들과 조직들은 모든 미국인들이 영어와 적어도 하나의 다른 언어, 그러니까 스페인어 모두에 유창해지는 것이 좋다는 점을 적극적으로 알려 왔다. 한 가지 설득력이 있는 주장은, 점점 더 좁아지는 세상에서 모든 미국인들은 적어도 하나의 중요한 외국어―중국어, 일본어, 힌두어, 러시아어, 아랍어, 프랑스어, 독일어, 스페인어―를 알아야만 하나의 외국 문화를 이해하고 그 사람들과 대화를 나눌 수 있다는 것이다. 그러나 미국인들이 비영어 언어를 알아야만 같은 미국인들과 대화를 나눌 수 있다고 주장하는 것은 전혀 별개의 문제이다. 그런데도 스페인어 옹호자들이 생각하는 것은 바로 그것이다. "영어만으로는 충분치가 않다"고 관련 단체인 살라드SALAD의 오스발도 소토는 주장한다. "우리는 단일 언어 사회를 원치 않는다."[45] 1987년에 히스패닉과 그밖의 단체들이 연합해서 조직한 EPICP의 주장에 따르면, 모든 미국인들은 "영어의 강력한 유창함 외에도 하나 혹은 그 이상의 다른 언어를 습득해야" 한다. 이중언어 프로그램들에서 학생들은 번갈아 가며 영어와 스페인어를 모두 배운다. 그것들의 목적은 미국 사회에서 스페인어를 영어와 동등하게 만드는 것이다. 이것을 옹호하는 두 사람은 이렇게 주장한다. "이중언어 방식은 영어를 사용하는 아이들이 새로운 언어를 배우게 하고 영어를 사용하지 않는 아이들이 영어를 배우게 한다. 아이들은 그렇게 하면서 관련된 두 문화도 배우게 된다. 따라서 모든 아이들은 두 번째 언어를 습득하면서 비슷한 문제들에 직면해 있다. 이것은 소수파 집단의 사람들이 느끼는 열등감을 줄여준다." 2000년 3월에 '모두를 위한 우수함'이란 자신의 연설에서, 교육부 장관인 리처드 라일리는 이중언어 교육을 승인했고 2050년이 되면 미국 인구의 4분의1과 젊은이들의 더 많은 비율이 스페인어를 사용하게 될 것이라고 예측했다.[46]

이중언어주의를 향한 동력은 히스패닉 집단들만이 제공하는 것이 아니다. 그것은 또 일부 자유적 및 시민권 단체, 교회 지도자, 특히 히스패닉 신도가 점점 더 늘어나는 천주교 지도자, 그리고 히스패닉 이민자들의 숫적 증가와 서서히 높아지는 귀화율을 목격하는 공화당과 민주당 모두의 정치인들도 제공하고 있다. 또 하나 중요한 요인은 히스패닉 시장을 겨냥하는 업계의 노력이다. 영어의 공식화에 반대하는 것은 "학생들이 영어를 배우기 시작하면 시청자들을 잃을 수밖에 없는, 스페인어 TV 방송국 유니비젼 Univision"만이 아니다. 홀마크 Hallmark도 "스페인어 방송국인 SIN을 갖고 있고" 그래서 영어의 공식화를 "영어가 아닌 언어들을 사용하는 고객들에게 봉사할 자신들의 능력에 위협으로" 보기 때문에 그것에 반대한다.[47]

기업들이 히스패닉 고객들을 겨냥한다는 것은 그들에게 점점 더 이중언어 직원들이 필요하다는 뜻이다. 이것은 1980년에 마이애미에서 있었던 영어 공식화 주민투표의 숨은 중심적 요인이었다. 사회학자 맥스 카스트로는 이렇게 얘기한다.

아마도 민족성 변화의 가장 받아들이기 힘든 한 가지 결과는 마이애미에서 이중언어 능력을 요구하는 일자리의 수가 증가하고 있다는 것이었다. 이 지역에서 이중언어주의는 비히스패닉 주민들에게 단지 상징적 의미뿐 아니라 실질적 의미도 갖고 있었다. 하지만 많은 사람들에게 그것은 또 신규 진입자들이 지배적인 언어와 문화에 적응해야 한다는 기대의 반전도 상징했다. 뿐만 아니라, 그것은 이민자들에게 바로 자신들의 존재로 인해 야기된 필요성에 바탕한 노동 시장의 우위를 부여했다.[48]

이와 비슷한 것이 조지아의 도러빌이라는 작은 마을에서도 일어났다. 그곳에서 히스패닉의 유입은 지역의 슈퍼마켓 주인이 상품, 간판, 광고,

그리고 언어를 바꾸도록 만들었다. 이 사람은 또 채용 정책들도 바꿔야만 했다. 이와 같은 변화를 시도한 후에, 그 사람은 이렇게 얘기했다. "우리는 이중언어가 아닌 사람은 절대로 채용하지 않을 것이다." 하지만 그런 사람을 찾는 것이 어려워졌을 때 "우리는 기본적으로 스페인어 사용자인 사람들을 고용하기로 결정했다." 이중언어주의는 소득에도 영향을 끼친다. 이중언어 경찰관들과 소방관들은 피닉스와 라스베가스 같은 남서부의 도시들에서 영어만을 사용하는 사람들보다 더 많은 보수를 받는다. 어떤 연구 결과에 따르면, 마이애미에서 스페인어만을 사용하는 가족들의 평균 소득은 18,000달러, 영어만을 사용하는 가족들을 32,000달러, 그리고 이중언어 가족들의 평균 소득은 50,376달러였다.[49] 미국의 역사에서 처음으로, 점점 더 많은 수의 미국인들은 같은 미국인들에게 영어만을 사용할 수 있다는 이유 때문에 그렇지 않다면 가능할 일자리나 보수를 얻지 못하게 될 것이다.■

　언어 정책에 관한 토론들에서, 상원의원 S. I. 하야카와는 영어에 반대하는 히스패닉의 독특한 역할을 다음과 같이 지적했다.

　　왜 필리핀 사람이나 한국 사람들은 영어의 공식화에 반대하지 않을까? 왜 일본 사람들은 그것에 반대하지 않을까? 그리고 이곳에서 너무나도 행복한 베트남 사람들은 분명히 반대하지 않는다. 이들은 할 수 있는 한 가장 빨리 영어를 배우고 있으며 전국의 철자 맞추기 시합에서 상을 타고 있다. 그러나 유독 히스패닉만은 문제가 있다고 주장한다. 그동안 스페인어를 두 번째 공식 언어로 만들려는 상당한 운동이 있어왔다.[50]

■ 2003년 4월에 캐나다 정부는 영어와 프랑스어를 모두 능숙하게 사용하지 못하는 200명의 고위직 공무원을 해고, 좌천, 혹은 전근시킬 것이라고 발표했다. 〈뉴욕 타임스〉, 2003년 4월 3일자, A면 8쪽.

미국의 두 번째 언어로서 스페인어의 확산은 계속될 수도 있고 계속되지 않을 수도 있다. 만일 계속된다면, 그것은 적절한 과정을 거쳐 상당한 영향을 끼칠 수 있다. 많은 주들에서, 정치적인 자리를 원하는 사람들은 두 언어 모두에 유창해야 할 수도 있다. 대통령과 임명직 전국적 공직들에 후보자로서 이중언어인 사람들은 영어에만 유창한 사람들보다 우위를 갖게 될 수 있다. 이중언어 교육이, 그러니까 영어와 스페인어로 똑같이 아이들을 가르치는 것이 초등 및 중등학교들에서 널리 퍼진다면, 교사들은 점점 더 이중언어 능력을 요구받게 될 것이다. 정부의 문서들과 양식들은 정기적으로 두 언어 모두의 형태로 만들어질 것이다. 두 언어 모두의 사용은 의회의 청문회와 회의들에서, 그리고 정부의 일반적인 업무 수행에서 받아들여질 것이다. 첫 번째 언어가 스페인어인 사람들의 대부분은 영어의 유창함도 높을 것이기 때문에, 스페인어의 유창함이 부족한 영어 사용자들은 취업, 승진, 그리고 계약에서 경쟁적으로 불리해질 가능성이 높다.

1917년에 시어도어 루즈벨트는 이렇게 얘기했다. "우리에게는 하나의 국기만 있어야 한다. 우리에게는 또 하나의 언어만 있어야 한다. 그것은 독립선언서, 워싱턴의 고별사, 링컨의 게티즈버그 연설과 두 번째 취임사에 사용된 언어이다." 2000년 6월 14일에 클린턴 대통령은 이렇게 얘기했다. "나는 미국 역사에서 스페인어를 모르는 마지막 대통령이 되고 싶다." 2001년 5월 5일에 부시 대통령은 멕시코의 노동절 Cinco de Mayo 을 경축하면서, 미국인들에게 하는 주간 weekly 라디오 대통령 연설을 영어와 스페인어 모두로 하겠다고 선언했다.[51] 2002년 3월 1일에 텍사스 주지사 지명을 위한 민주당의 두 후보, 토니 산체스와 빅터 모랄레스는 공식적인 대중 토론을 스페인어로 진행했다. 2003년 9월 4일에 민주당 대통령 후보들의 첫 번째 토론은 영어와 스페인어 모두로 진행되었다. 대다수 미국인들의 반대에도 불구하고, 스페인어는 미국의 언어로서 워싱턴, 제퍼슨, 링컨, 루즈벨트, 그리고 케네디의 언어에 합류하고 있다. 이와 같은 추세가 앞으로도 계속된다면, 히스패닉과 앵글로 사이의 문화적 분열은 흑인과 백인 사이의 인종적 분열을 대신해 미국 사회의 가장 심각한 균열이 될 것이다. 두 언어와 두 문화를 갖는 이중적 미국은 한 언어와 (역사가 3백년이 넘는) 앵글로-개신교도 핵심 문화의 한 문화를 갖는 미국과 근본적으로 달라지게 될 것이다.

비대의 민주주의: 엘리트 대 일반대중

국가적 정체성 문제들에 관한 일반대중의 견해는 많은 엘리트들의 견해와 상당히 다르다. 이와 같은 차이는 (10장에서 소개한) 근본적 격차―국가적 자부심과 헌신의 수준이 높은 일반대중과 탈국가화되어 초국가적 및 하부국가적 정체성들을 선호하는 엘리트들 간의 격차―를 반영한다. 대체적으로 일반대중의 관심은 사회적 안보에 있으며, 이것은 앞에서도 보았듯이 "수용 가능한 진화의 상황 속에서 전통적 개념의 언어, 문화, 결사, 그리고 종교적 및 국가적 정체성과 관습의 지속가능성"을 의미한다. 많은 엘리트들에게 이와 같은 관심은 부차적인 것이며, 그들에게 보다 우선적인 것은 세계 경제에 동참하고, 국제적 교역과 이주를 지원하고, 국제적 기관들을 강화시키고, 미국의 해외 활동을 촉진시키고, 소수파의 정체성과 문화를 권장하는 것이다.

'애국적인 대중'과 '탈국가화된 엘리트들' 사이의 차이는 가치관과 철학에서 나타나는 다른 차이들과 병행한다. 국가적 정체성에 영향을 끼치는 국내 및 외교 정책에서 주요 기관들의 지도자들과 일반대중이 보이는 차이의 증가는 계급, 종파, 인종, 지역, 그리고 민족적 구분을 잘라버리는 주요 문화적 단층선을 형성한다. 다양한 방식으로, 정부 및 민간의 엘리트들은 점점 더 미국의 일반대중과 갈라지고 있다. 정치적으로 미국은 자유롭고 공정한 선거를 통해 핵심 공직자들을 선출하기 때문에 여전히 민주주의이다. 그러나 여러 면에서 미국은 (특히 국가적 정체성과 관련된 주요 사안들에서) 지도자들이 일반대중의 견해에 반하는 법률을 통과시키고 정책을 시행하기 때문에 비대의 민주주의가 되었다. 그와 동시에, 미국의 일반대중은 점점 더 정치와 정부에서 멀어지고 있다.

대체적으로 미국의 엘리트들은 일반대중보다 덜 국가적일 뿐 아니라 더 자유적이기도 하다. 이와 같은 차이는 1974년부터 2000년까지 수행된 20개의 여론조사 결과들에 나타나 있다. 이 조사들에서 사람들은 자신들을 자유적liberal, 중도적moderate, 혹은 보수적conservative으로 규정하도록 요청받았다. 지속적으로, 응답자의 4분의1가량은 자신들을 '자유적'으로, 3분의1가량은 '보수적'으로, 그리고 35 내지 40퍼센트는 '중도적'으로 규정했다. 엘리트들의 태도는 그와 사뭇 달랐다. 1979년부터 1985년까지 조사들은 십수 개의 직업과 기관들에 있는 엘리트들에게 일반대중 여론조사에 사용된 것과 같은 질문을 던졌다. 이 집단들에서 자신들을 '자유적'이라고 규정한 엘리트들의 비율은 다음과 같으며, 1980년에 일반대중이 선택한 비율과 함께 나타나 있다.[52]

공공 이익집단	91%	판사	54%
텔레비전	71%	의원 보좌관	52%
노동	73%	변호사	47%
영화	67%	일반대중	25%
종교	59%	기업	14%
관료	56%	군대	9%
언론	55%		

〈표 11-1〉 학자들의 자유주의와 종교

종교적 헌신	종교적 배경		
	유대교	가톨릭	개신교
독실한 종교인	48%	33%	31%
대체로 종교에 무관심	75%	56%	50%
기본적으로 종교에 반대	82%	73%	71%

기업과 군대를 제외하고, 이들 엘리트들은 일반대중에 비해서 거의 2배 내지 3배 이상으로 '자유적'이다. 또 다른 조사 결과도 비슷하게, 도덕적 사안들에서 지도자들은 일반적인 미국인들보다 '지속적으로 더 자유적인' 것으로 나타났다. 특히 정부, 비영리단체, 그리고 언론 분야의 엘리트들은 압도적으로 자유적인 견해를 갖고 있다. 그것은 학자들도 마찬가지이다. 1969년의 어떤 조사에서, 명문 학교들의 교수진 가운데 79퍼센트는 자신들을 '자유적'이라고 생각해, 비명문 학교들의 45퍼센트와 비교되었다. 2001~2002년에 32,000명의 정식 교수진을 대상으로 한 UCLA 조사에서, 교수들의 48퍼센트는 자신들이 '자유적'이거나 '극좌'라고 대답했고, 18퍼센트는 '보수적'이거나 '극우'라고 대답했다. 스탠리 로드먼이 1986년에 지적했듯이, 1960년대의 급진적인 학생들은 특히 엘리트 기관들에서 정식 교수들이 되었다. "엘리트 기관들의 사회과학 교수진은 압도적으로 자유적이고 범세계적이거나 좌파적이다. 거의 모든 형태의 시민적 충성심이나 애국심은 반동으로 여겨진다."[53]

자유주의liberalism는 무종교성irreligiosity과 함께 가는 경향이 있다. 세이무어 마틴 립셋과 에버렛 래드가 1969년에 실시한 어떤 연구에서, 자신들을 '자유적'이라고 규정한 학자들의 비율은 다음과 같았다.[54]

이념, 종교, 그리고 국가주의에서 나타나는 이와 같은 차이들은 국가적 정체성과 관련된 국내 및 외교 정책에서 차이들을 만들어낸다. 7장에서 소개한 분석이 분명하게 보여주듯이, 엘리트들과 일반대중은 미국의 국가적 정체성에서 두 가지 중심적 요소인 '신조'와 영어의 외형에서 근본적으로 다르다. 잭 시트린의 지적대로 "다문화주의를 옹호하는 엘리트들과 공통의 국가적 정체성에 동화될 것을 고집스럽게 주장하는 일반대중 사이에 넓은 바다가" 있다.[55] 국가적인 일반대중과 범세계적인 엘리트들 간의 평행적 격차는 미국의 정체성과 외교 정책의 관계에 가장 극적인 영향을 끼친다. 시트린과 그의 동료들은 자신들의 1994년 연구에서 이렇게 결론내렸다. "미국의 국제적 역할에 대한 합의의 감소는 미국인인 것의 의미, 미국 국가주의의 본질적 특성에 관한 합의의 감소에서 비롯된다. 2차대전 이후에 범세계적 자유주의와 국제주의가 오랫동안 유지하던 패권의 국내적 기반은, 미국에게 위협이 되는 강력한 적이 사라졌음에도 불구하고, 무너졌다."[56] 일반대중과 엘리트들은 다수의 중요한 외교 정책 사안들에서 비슷한 견해들을 갖고 있었다. 그러나 지속적으로 상당한 차이들이 미국의 정체성과 미국의 국제적 역할에 관련된 문제들에서 나타났다.■ 일반대중의 관심은 압도적으로 군사적 안보, 사회적 안보, 국내 경제, 그리고 주권의 보호에 있다. 외교 정책 엘리트들의 관심은 일반대중보다 더, 미국이 국제적 안보, 평화, 세계화, 그리고 외국들의 경제 발전을 촉진하는 데 있다. 1998년에 일반대중과 지도자들은 34개의 주요 외교 정책 사안들에서 22 내지 42퍼센트의 차이를 보였다. 미국의 일반대중은 또 엘리트들보다 더 비관적이기도 하다. 1998년에 일반대중의 58퍼센트와 지도자들의 불과 23퍼센트는 20세기에 그런 것보다 21세

■ '외교 관계 시카고 협의회'가 1974년에 시작한 4년 주기의 조사들은 공공 정책과 외교 정책 지도자들의 외교 정책 견해들을 볼 수 있는 너무나도 소중한 자료이다. 별도의 언급이 없다면 이곳에서 사용하는 데이터는 그 조사들에서 나온 것이다.

기에 더 많은 폭력사태가 있을 것이라고 보았으며, 지도자들의 40퍼센트와 일반대중의 19퍼센트는 그것이 줄어들 것이라고 생각했다. 9·11사태가 일어나기 3년 전에, 일반대중의 84퍼센트와 지도자들의 불과 61퍼센트는 국제적 테러가 미국에 '심각한 위협'이라고 보았다.

일반대중의 국가주의와 엘리트들의 초국가주의는 다양한 문제들에서 분명하게 나타난다. 1978년부터 1998년까지의 6개 여론조사에서, 외교정책 엘리트들의 96 내지 98퍼센트는 미국이 국제 문제에 적극적으로 참여해야 한다고 생각한 반면, 일반대중은 59 내지 65퍼센트만이 그렇게 생각했다. 몇몇 경우들을 제외하고, 일반대중은 침공을 당한 다른 나라들을 지키기 위해 미국의 군사력을 사용하는 것에 지도자들보다 훨씬 더 소극적인 태도를 보였다. 예를 들어 1998년에, 일반대중의 소수인 27 내지 46퍼센트와 지도자들의 다수인 51 내지 79퍼센트는 다음과 같은 가상적 침공에 대응해 군사력을 사용하는 것을 지지했다. 이라크가 사우디를, 아랍국들이 이스라엘을, 북한이 남한을, 러시아가 폴란드를, 그리고 중국이 대만을 침공하는 경우였다. 그러나 일반대중은 미국과 지리적으로 더 가까운 격변에 더 많은 관심을 보인다. 1998년에 일반대중의 38퍼센트와 지도자들의 불과 18퍼센트는 쿠바 국민들이 카스트로 정권을 전복시키려 할 경우에 미국의 군사적 개입을 지지했다. 그리고 1990년에 일반대중의 54퍼센트와 지도자들의 20퍼센트는 멕시코가 혁명으로 위협받을 경우에 미국의 군사력 사용을 지지했다. 일반대중은 침공을 당한 다른 나라들을 지키기 위한 미국의 군사적 행동을 덜 지지했으며, 상당히 다수인 72퍼센트의 일반대중은 미국이 동맹국들의 지원 없이 혼자서 국제적 분쟁을 해결하는 것에 반대했다. 반면에 지도자들은 48퍼센트가 그와 같은 독자적 행동에 반대했다. 협력적 행동에 대한 일반대중의 지지는 그들 가운데 57퍼센트가 "세상의 분쟁 지역에서 국제연합의 평화유지군 활동에" 미국이 동참하는 것을 승인하는 데에도 반영되어 있었다.

일반대중은 미국의 국제적인 경제적 역할에 대해 지도자들보다 훨씬 더 소극적인 태도를 보였다. 1998년에 지도자들의 87퍼센트와 일반대중의 불과 54퍼센트는 경제적 세계화가 대체로 미국에 좋다고 생각한 반면, 지도자들의 12퍼센트와 일반대중의 35퍼센트는 그것이 대체로 나쁘거나 좋기도 하고 나쁘기도 하다고 생각했다. 1974년부터 1998년까지 일곱 차례의 조사에서, 일반대중의 최대 53퍼센트와 지도자들의 최소 86퍼센트는 다른 나라들에 경제적 지원을 제공하는 것에 찬성했다. 1980년부터 1998년까지 네 차례의 조사에서, 일반대중의 50 내지 64퍼센트와 지도자들의 18 내지 32퍼센트는 경제적 지원을 줄이는 것에 찬성했다. 1998년의 조사에서도 비슷하게, 지도자들의 82퍼센트와 일반대중의 불과 25퍼센트는 미국이 다른 나라들과 함께 "더 많은 돈을 IMF에 출연해 국제적인 금융 위기를 해결해야" 한다고 생각한 반면, 일반대중의 51퍼센트와 지도자들의 15퍼센트는 미국이 그렇게 해서는 안 된다고 생각했다.

국제 무역의 장벽을 낮춰야 한다고 주장하는 엘리트들과 정부 지도자들의 생각에도 불구하고, 미국의 일반대중은 여전히 완고한 보호주의자들이다. 1986년에 일반대중의 66퍼센트와 지도자들의 불과 31퍼센트는 관세가 필요하다고 생각했다. 1994년에 일반대중의 40퍼센트와 지도자들의 79퍼센트는 관세를 없애는 데 동의했다. 1998년에 일반대중의 40퍼센트와 지도자들의 16퍼센트는 저임금 국가들에서 비롯되는 경제적 경쟁이 미국에 '심각한 위협'이라고 생각했다. 1986년, 1994년, 그리고 1998년의 조사들에서 일반대중의 79 내지 84퍼센트와 지도자들의 44 내지 51퍼센트는 미국인들의 일자리를 보호하는 것이 미국 정부의 '아주 중요한 목표'라고 생각했다. 1998년의 다국多國 조사에서, 미국의 일반대중은 22개 국민들 가운데 8위로서 보호주의를 지지했고, 미국인들의 56

퍼센트는 보호주의가 미국 경제에 가장 좋은 것이라고 말한 반면, 37퍼센트는 자유 무역이 가장 좋은 것이라고 얘기했다. 2000년 4월에 미국인들의 48퍼센트는 국제 무역이 미국 경제에 나쁘다고 말해, 그것을 긍정적으로 얘기한 34퍼센트와 비교되었다.[57] 이와 같은 기간 동안에 민주당과 공화당 정부 모두는 자유 무역 정책을 추구하면서, 미국인들의 대다수 혹은 상당수가 반대하는 엘리트들의 견해를 반영했다.

비록 미국인들은 자신들의 나라가 이민자들의 국가라고 생각하기를 좋아하지만, 미국의 역사에서 어느 때에도 대다수의 미국인들은 이민의 확대를 지지한 적이 없을 것이다. 적어도 이것은 조사 증거가 가용한 1930년대 이후에 진실이었다. 1938년과 1939년의 세 차례 조사에서, 미국인들의 68퍼센트, 71퍼센트, 그리고 83퍼센트는 기존의 법을 바꾸어 유럽의 더 많은 난민들이 미국에 들어오도록 허용하는 것에 반대했다. 그후 이민에 대한 일반대중의 반대는 정도와 심도가 경제적 상황과 이민의 원천에 따라 다양했지만, 높은 수준의 이민은 전체적으로 인기를 얻지 못했다. 1945년부터 2002년까지 19차례의 조사에서, 이민 증가를 선호하는 일반대중의 비율은 14퍼센트 이상 높아진 적이 없고 대개는 10퍼센트를 밑돌았다. 이민의 감소를 원하는 비율은 33퍼센트 밑으로 내려간 적이 없고, 1980년대와 1990년대 초에 65 내지 66퍼센트까지 높아졌다가 2002년에 49퍼센트로 떨어졌다. 1990년대에 대다수의 일반대중은 대규모적인 이민과 핵 확산이 미국에 '심각한 위협'이라고 평가했으며, 국제적인 테러는 근소한 차이로 3위를 기록했다. 1995~1997년의 '전 세계 가치관 조사'에서, 미국은 44개 국가들 가운데 (필리핀, 대만, 남아공, 그리고 폴란드에 이은) 5위를 차지하면서, 인구의 62.3퍼센트가 이민을 금지하거나 엄격히 제한할 것을 원했다.[58] 이 '이민자들의 국가' 국민들은 대부분의 다른 나라 국민들보다 이민에 더 적대적이 되었다.

2차대전 이전에 미국의 업계, 사회적, 그리고 정치적 지도자들은 종종 이민에 반대했고, 당연히 1921년과 1924년의 이민 규제법들에 영향을 끼쳤다. 그러나 20세기 후반에 엘리트들의 반대는 현저하게 줄어들었다. 신자유주의 경제학의 주창자들은—줄리언 사이먼과 〈월 스트리트 저널〉 등은—사람들의 자유로운 이동이 상품과 자본, 그리고 기술의 자유로운 이동만큼이나 세계화와 경제 성장에 필수적인 것이라고 주장했다. 업계의 엘리트들은 이민이 근로자들의 임금과 노조들의 영향력에 끼칠 억제 효과를 환영했다. 주도적 자유인들은 인간적 이유들에서, 그리고 부자 나라들과 가난한 나라들의 엄청난 불평등을 줄이는 방법으로서 이민을 지지했다. 특정한 국가에서 들어오는 이민을 제한하는 것은 정치적으로 옳지 않은 일로 여겨졌으며, 전반적인 이민 규제 시도들은 때로 미국에서 백인들의 지배력을 유지하기 위한 인종적 시도라고 의심받았다. 2000년에 이르러 (미국의 거대 노조인) AFL-CIO의 지도자들마저도 예전의 강력한 이민 반대 정책을 수정하고 있었다.[59]

엘리트 입장의 이와 같은 변화는 엘리트와 대중의 태도 사이에 큰 격차를 만들었고, 당연히 그것은 정부 정책이 계속해서 후자보다 전자의 견해를 반영할 것이라는 의미였다. 1994년과 1998년의 '시카고 협의회' 조사들에서, 일반대중의 74 및 57퍼센트와 외교 정책 지도자들의 31 및 18퍼센트는 대규모적인 이민이 미국에 '심각한 위협'이라고 생각했다. 같은 기간에, 일반대중의 73 및 55퍼센트와 지도자들의 28 및 21퍼센트는 불법 이민을 줄이는 것이 미국에 '아주 중요한 목표'가 되어야 한다고 생각했다. 연방 정부가 16개의 정책 목표를 달성하는 데 성공한 정도를 묻는 1997년의 어떤 조사에서, '불법 이민을 통제한 것'은 (마약 남용을 줄인 것의) 꼴찌 다음이었고, 일반대중의 72퍼센트는 그 부분에서 정부의 업적을 아주 낮게 평가했다.[60]

지속적이고 일반적인 반이민 정서는 종종 문닫기door-closing 접근법을 반영한다. 즉, "우리가 들어온 것은 정말로 좋았지만, 더 이상 들어오는 것은 끔찍할 것이다." 1993년의 〈뉴스위크〉 조사는 사람들에게 이민이 "과거에 이 나라에 좋은 것이었는지 나쁜 것이었는지" 물었다. 좋은 것이라는 대답은 51퍼센트였고, 나쁜 것이라는 대답은 31퍼센트였다. 이민이 "오늘날 이 나라에 좋은 것인지 나쁜 것인지" 물었을 때, 응답자들의 비율은 정반대가 되었다. 즉, 좋은 것이라는 대답은 29퍼센트였고, 나쁜 것이라는 대답은 60퍼센트였다. 이와 같이 미국의 일반대중은 거의 같게 나뉘어져 있었다. 즉, 과거와 현재의 이민을 좋게 보는 사람들이 3분의1, 과거의 현재의 이민을 나쁘게 보는 사람들이 3분의1, 그리고 과거의 이민은 좋게 보지만 현재의 이민은 나쁘게 보는 사람들이―문을 닫는 사람들이―3분의1이었다. 이민자들도 종종 문닫기door-closing 를 한다. 1992년에 '라틴계 전국 정치 조사'의 결과에 따르면, 미국 시민들이나 멕시코, 푸에르토리코, 그리고 쿠바 출신의 합법적 거주자들은 65퍼센트가 "이 나라에 이민자들이 너무 많다"고 생각했다. 이와 비슷한 태도는 로돌포 드 라 가르자가 텍사스의 멕시칸 미국인들을 대상으로 1984년에 수행한 조사에서도 나타났다.[61]

엘리트들과 일반대중 사이의 차이는 일반대중의 견해와 법에 구현된 정책들의 견해가 점점 더 격차를 보이도록 만들었다. 다양한 사안들에 관한 여론의 변화가 공공 정책에서 비슷한 변화로 이어졌는지 분석한 연구 결과에서, 여론과 정부 정책의 합치성 비율은 1970년대의 75퍼센트에서 1984~1987년의 67퍼센트와 1989~1992년의 40퍼센트로, 그리고 1993~1994년의 37퍼센트로 꾸준히 낮아졌다. 이 연구의 주관자들은 이렇게 결론내렸다. "증거들은 전체적으로 1980년 이후의 지속적인 패턴을 보여준다. 즉, 여론에 대한 대응성의 수준이 특히 클린턴 행정부의 처음

2년 동안 전반적으로 낮았고 때로는 감소했다." 따라서 클린턴을 비롯한 정치 지도자들이 "대중에 영합하고" 있었다는 생각에는 근거가 없다고 그들은 얘기했다. 또 다른 연구 결과에 따르면, 정책적 성과들이 일반대중의 다수 의견에 합치하는 비율은 1960~1979년에 63퍼센트였다가 1980~1993년의 55퍼센트로 낮아졌다. '외교 관계 시카고 협의회'의 보고서도 다소 비슷한 결과를 보여준다. 즉, 외교 정책에 관한 대중과 엘리트의 견해가 30퍼센트 이상 차이 난 사안들의 숫자는 1982년의 9개와 1986년의 6개에서 1990년의 27개, 1994년의 14개, 그리고 1998년의 15개로 늘어났다. 대중과 엘리트의 차이가 20퍼센트를 넘는 사안들의 숫자는 1994년의 26개에서 1998년의 34개로 증가했다. 이 조사들을 분석한 어느 전문가의 결론에 따르면 "일반적인 미국인들이 국제 문제에서 미국의 적절한 역할이라고 믿는 것과 외교 정책을 수립하는 지도자들의 견해 사이에 혼란스러운 격차가 점점 더 커지고 있다."[62] 20세기 말에 정부의 정책은 일반대중의 견해에서 점점 더 벗어나고 있었다.

정치 지도자들이 대중에게 '영합하지' 못한 것은 예측 가능한 결과들을 초래했다. 많은 주요 사안들에서 정부의 정책들이 일반대중의 견해와 크게 다를 때, 대중은 정부에 대한 신뢰를 잃고, 정치에 대한 관심과 참여를 줄이고, 정치 지도자들이 통제하지 않는 다른 방식의 정책 수립으로 눈길을 돌린다고 예상할 수 있다. 세 가지 모두 20세기 후반에 미국에서 일어났다. 세 가지 모두 당연히 많은 원인들이 있어 사회과학자들이 자세하게 연구했고, 그중에서 한 가지 추세인 '신뢰의 감소'는 대부분의 산업화된 민주주의 국가들에서 일어났다. 그러나 적어도 미국의 경우에, 대중의 견해와 정부의 정책이 점점 더 벌어지는 것은 세 가지 추세 모두에 영향을 끼쳤다고 볼 수 있다.

첫째, 정부와 미국 사회의 주요 민간 기관들에 대한 대중의 신뢰는

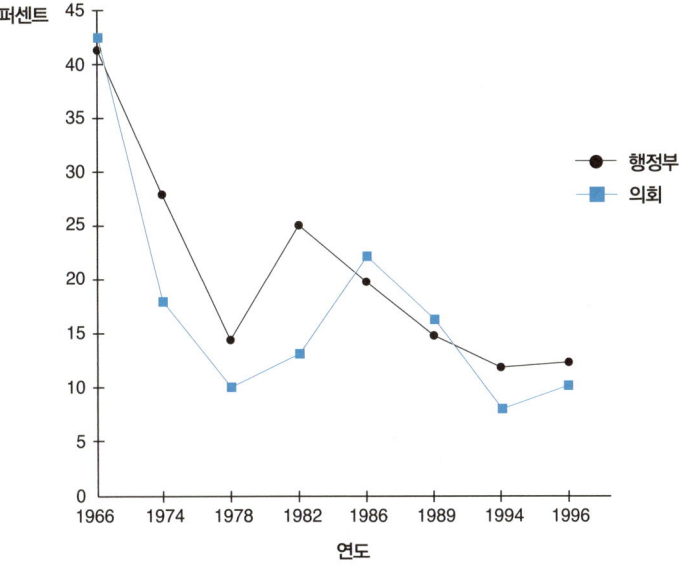

〈표 11-2〉 정부에 대한 대중의 신뢰

1960년대부터 1990년대까지 극적으로 감소했다. 정부에 대한 신뢰의 감소는 〈표 11-2〉에 나와 있다. 로버트 푸트넘, 수잔 파르, 그리고 러셀 달튼이 지적했듯이, 정부에 대한 신뢰와 관련한 모든 질문들에서, 대중의 3분의2가량은 1960년대에 신뢰를 표명했지만 3분의1 정도만이 1990년대에 그렇게 했다. 예를 들어 1966년 4월에, "월남전이 격화되고 클리블랜드, 시카고, 그리고 애틀랜타에서 인종폭동이 일어나는 상황에서, 미국인들의 66퍼센트는 '국가를 통치하는 사람들은 당신에게 어떤 일이 일어나는지 별로 상관하지 않는다'는 견해를 거부했다. 1997년 12월에, 두 세대 이상 동안 장기적인 평화와 번영의 시기가 계속되는 가운데, 미국인들의 57퍼센트는 그와 같은 견해를 인정했다." [63] 그 30년의 기간 동안 주요 공공 및 민간 기관들에 대한 대중의 신뢰 수준도 비슷하게 감소했다. 1973년부터 시작해 미국인들은 매년 혹은 2년에 한번씩, 그런 기관들의 지도자들에 대한 신뢰 수준을 표명하도록 요청받았다. 이들은 그것이 '아주 크다', '어느 정도 있다', 혹은 '거의 없다'로 구분하도록 요청받았다. '아주 크다'는 응답에서 '거의 없다'는 응답을 빼면 대략적인 신뢰 지수가 나온다. 1973년에 노조와 텔레비전의 지도자들은 각각 -10과 -3의 부정적인 지수를 받았다. 나머지 다른 그룹들은 모두, 언론의 +8부터 의료계의 +48까지 긍정적인 지수를 받았다. 2000년에 이르러 이 모든 기관들의 지도자들에 대한 신뢰 지수는 (둘을 빼고) 감소했으며, 대부분의 경우에는 상당히 크게 줄었다. 다섯 그룹이 부정적인 지수를 받았다. 어느 면에서 당연하게, 이와 같은 변화는 정부의 두 정책 기관인 의회와 행정부에서 극적으로 나타났다. 의회의 신뢰 지수는 +9에서 -16으로 25점이 낮아졌고, 행정부의 신뢰 지수는 +11에서 -20으로 31점이 낮아졌다. 반면에 신뢰 지수가 높아진 두 기관은 정부의 비선출직 기관들로서, 대법원이 +16에서 +19로 높아졌고 군대가 +16에서 +28로 높아졌다.[64]

둘째, 많은 연구 결과들이 보여주듯이, 미국 사회의 주요 정부 및 민간 기관들에 대한 대중의 참여와 관심은 1960년대부터 1990년대까지 상당히 지속적으로 낮아졌다. 1960년에는 성인 인구의 63퍼센트가 투표를 했지만, 1996년에는 49퍼센트만이, 그리고 2000년에는 51퍼센트만이 투표를 했다. 뿐만 아니라, 토머스 패터슨의 지적에 따르면, "1960년 이후 참여는 선거 활동의 거의 모든 분야에서, 선거를 지원한 자원봉사자들부터 TV토론을 지켜본 시청자들에 이르기까지 감소했다. 미국의 인구는 1960년에 2000년보다 1억 명이 적었지만, 그럼에도 불구하고 10월의 대통령 토론회를 지켜본 시청자들은 1960년에 2000년보다 더 많았다." 1970년대에 3명의 납세자 가운데 1명은 환급 세금에서 약간의 돈을 떼어내 선거를 돕기 위한 의회의 기금에 기부했다. 2000년에는 8명 중에서 1명이 그렇게 했다.[65]

지도자들과 일반대중 사이의 격차가 낳은 세 번째 결과는 (국가적 정체성과 관련된 것들을 포함해) 주요 정책적 사안들에서 주민발의가 극적으로 확산된 것이었다. 주민발의는 1차대전 전에 진보적인 개혁의 도구였다. 그러나 실제적인 사용은 그후 2년 단위의 선거 당 50건에서 1970년대 초에는 20건으로 꾸준히 감소했다. 입법가들이 유권자들의 관심을 외면하면서, 주민발의는 다시 인기를 얻게 되었다. 이것은 1978년 6월부터 시작되었는데, 그때 캘리포니아 유권자의 65퍼센트는 '제안 13'을 승인해 (주의 거의 모든 정계, 업계, 그리고 언론계 엘리트들의 반대에도 불구하고) 세금을 극적으로 낮추었다. 이후 주민발의는 1970년대 후반부터 1998년까지 3배나 급증하면서, 평균적으로 2년 단위의 선거 당 61건으로 높아졌다. 1998년에는 55건, 2000년에는 69건, 그리고 2002년에는 49건의 주민발의가 투표에 부쳐졌다. 앞에서도 보았듯이, 인종적 우대와 이중언어 교육 등의 사안들에 관한 엘리트의 태도는 워드 코널리와 론 운즈 같은 경제적 및 정치적 개혁가들로부터 강력한 도전을 받았다. 이들은 주민발의 과정을 사용해 그런 사안들과 관련된 주민투표를 이끌어냈다. 이와 같은 기록을 분석하면서, 데이비드 브로더는 이렇게 결론내렸다. "대의제 정부가 의존하는 통치자들과 피통치자들 간의 신뢰는 심하게 손상되었다."[66]

20세기가 끝나가면서, 미국의 일반대중과 엘리트들 사이에는 다른 정체성들과 비교한 국가적 정체성의 외형과 관련해, 그리고 미국의 적절한 국제적 역할과 관련해 큰 격차가 존재했다. 미국의 상당수 엘리트들은 점점 더 자신들의 국가에서 멀어져갔고, 일반대중은 점점 더 자신들의 정부에 환멸을 느꼈다.

12.
21세기의 미국: 취약성, 종교, 국가 정체성

취약성의 시대와 '미국의 신조'

미국의 정체성은 새로운 세기에 새로운 단계로 접어들었다. 이 단계에서 그것의 외형과 실체를 규정하는 것은 외부의 공격에 대한 미국의 새로운 취약성과 종교에 대한 새로운 관심, 대부분의 세상에서 종교의 재부상과 병행하는 미국의 '위대한 깨우침'이다.

소련의 몰락과 함께 미국은 세계 유일의 초강대국이 되어 국제 질서의 거의 모든 분야에서 압도적인 우위를 점하게 되었다. 그러나 9·11사태는 미국이 거의 200년 동안 그랬던 것보다 더 공격에 취약함을 보여주었다. 본토의 미국에서 9·11사태와 비슷한 것이 일어난 마지막 시기는 1814년 8월 25일이었다. 그때 영국군이 백악관을 불태웠다. 1815년 이후에 미국인들은 안보와 비취약성이 미국의 본질적이고 지속적인 특징이라고 생각하게 되었다. 20세기에 미국이 수행한 전쟁들은 바다 건너 수천 마일 밖에서 전개되었고, 미국인들은 본토에서 안전하고 자유로웠다. 지리적인 안보는 미국인들이 자신들을 하나의 국민으로 규정하는 맥락을 제공했다.

9·11사태는 미국인들에게 거리가 더 이상 비취약성을 뜻하지 않는다는 새로운 현실을 잔인하게 인식시켰다. 미국인들은 많은 전선에서 새로운 전쟁을 수행하는 자신들을 발견했고, 그중에서 가장 중요한 전선은 바로 본토에 있었다. 9·11사태 후에 부시 대통령은 이렇게 얘기했다. "우리는 두려움 속에서 사는 것을 거부한다." 하지만 이 새로운 세상은 두려운 세상이며, 미국인들은 두려움 속에서in 는 아니어도 두려움과 함께with 살 수밖에 없다. 이렇게 새로운 위협들에 대처하려면, 미국인들은 그동안 자신들의 전통적인 자유들로 생각해왔던 것을 포기하고 이제는 그동안 당연하게 여겼던 가장 중요한 자유를 보존하는 쪽으로 힘든 선택을 해야만 한다. 즉, 그것은 자신들의 생명, 재산, 그리고 제도에 가해지는 적들의 격렬한 공격에서 안전하게 삶을 영위할 수 있는 자유이다.

이와 같은 취약성은 미국인들이 국가적 정체성의 이 새로운 단계에서 자신들을 규정하는 방식에 중심적인 것이다. 과거에 미국인들은 '고국'에 대해서 얘기할 때 대체로 자신들이나 자신들의 조상이 미국에 오기 전의 출신국을 의미했다. 레이철 뉴먼이 1장에서 말했듯이, 새로운 취약성은 미국인들에게 미국이 그들의 고국이며 그와 같은 고국의 안보가 정부의 기본적 기능이어야 함을 일깨워주고 있다. 취약성은 국가적 정체성에 새로운 외형을 부여한다. 그러나 취약성은 이전 반세기 동안의 정체성 추세나 갈등을 끝내지 않는다.

그래서 20세기 말에 '신조'는 대부분의 미국인들에게 국가적 정체성의 주요 원천이었다. 두 가지 요인이 그것의 중요성을 확대시켰다. 첫째,

민족성과 인종이 외형을 잃고 앵글로-개신교도 문화가 심각한 공격을 받는 상태에서, '신조'는 미국 정체성의 네 가지 주요 역사적 요소들 가운데 유일하게 도전받지 않은 구세주로 남게 되었다. 둘째, '신조'는 미국 혁명(독립전쟁) 시기에 그랬던 것과 비슷하게 미국을 적대적인 독일, 일본, 그리고 소련의 이념들과 구분짓는 결정적 특성으로서 새로운 지위를 얻게 되었다. 그래서 많은 미국인들은 미국이 다인종 다민족 사회로서 문화적 핵심이 없을 수도 있지만, 그럼에도 여전히 '신조'만으로 정체성이 규정되는 응집적인 국가일 수 있다고 믿게 되었다. 하지만 정말로 그런 것일까? 국가가 정치적 이념만으로 규정될 수 있는 것일까?

몇 가지 고려는 그렇지 않다고 얘기한다. 신조만으로는 국가를 만들지 못한다.

역사적으로 미국의 정체성에는 '신조' 말고도 세 가지 주요 요소들이 포함된다. '신조'가 국가적 정체성에서 유일한 원천이 되는 것은 과거와의 급격한 단절을 의미할 것이다. 뿐만 아니라, 이념이나 일련의 정치적 원칙들만으로 정체성이 규정된 나라들은 거의 없었다. 현대의 가장 뚜렷한 경우들은 공산주의 국가들을 포함하는데, 이들 나라에서 이념은 (소련과 유고슬라비아, 그리고 체코슬로바키아의 경우처럼) 다양한 문화와 국민성의 사람들을 한데 묶거나 (동독과 북한의 경우처럼) 같은 국민성의 사람들을 나누는 데 사용되었다. 이렇게 신조적 내지 이념적으로 규정된 국가들은 강요의 결과였다. 냉전의 종식으로 공산주의가 매력을 잃고 그런 나라들을 유지할 동기가 사라졌을 때, 그 모든 국가들은 (북한을 빼고) 붕괴되어 국민성, 문화, 그리고 민족성에 의해 규정되는 국가들로 대체되었다. 반면에 중국에서는 공산주의 이념의 퇴조가 수천 년의 역사를 갖는 핵심 한漢 문화의 국가적 단결에 위협이 되지 않았고, 오히려 새로운 중국의 국가주의를 촉진시켰다. 프랑스에서도 일련의 정치적 원칙들은 국가적 정체성의 요소였지만, 그것만이 유일한 요소인 적은 없었다. 프랑스 사람들이 규정하는 프랑스라는 국가는 오랜 역사를 갖고 있다. '성스러운 조상'과 종교에 의한 프랑스의 정체성은 영국과의 반복적인 전쟁으로 한층 더 강화되었다. 이념적 요소는 '혁명'으로 인해 비로소 등장했으며, 그것을 프랑스 정체성의 일부로 받아들여야 하는지는 20세기까지도 뜨거운 논쟁의 대상이었다.

사람들은 비교적 쉽게 정치적 이념들을 바꿀 수 있다. 공산주의자들은 열렬한 반공주의자들이 되었고, 자유적인 민주주의자들은 마르크스주의를 끌어안았고, 사회주의자들은 자본주의를 수용했다. 2000년에 (독일의) 드레스덴에서 80대인 사람들 가운데는 젊었을 때 열성적인 나치였다가 열성적인 공산주의자가 되었고, 1989년 이후에는 열성적인 민주주의자가 된 사람들이 꽤 있었을 것이다. 1990년대에 예전의 공산주의 세계에서, 과거의 공산주의 엘리트들은 정기적으로 자신들을 자유적인 민주주의자, 자유로운 시장주의자, 혹은 열렬한 국가주의자로 재규정했다. 그러나 이들은 자신들의 헝가리, 폴란드, 혹은 우크라이나 정체성을 포기하지 않았다. 정치적 이념만으로 규정되는 국가는 연약한 국가이다.

'신조'의 원칙들은—자유, 평등, 민주주의, 시민권, 비차별, 그리고 법치 등은—한 사회를 조직하는 기본 원리일 수 있다. 하지만 그것들은 그 사회의 정도, 경계, 혹은 내용을 규정하지 못한다. 신조적 개념의 미국을 옹호하는 일부 인사들은 '신조'가 일련의 정치적 원칙들로서 이론적으로 전 세계의 모든 사람들에게 적용될 수 있다고 주장한다. 하지만 그것이 사실이라면, '신조'는 미국인들을 다른 사람들과 구분짓는 유일한 토대가 될 수 없다. 민주주의는 다양한 형태로 훨씬 더 많은 나라들로 확산되었고, 그것과 다른 세속적 이념은 중요한 것이 사실상 없다. 신조적 원칙들을 받아들이는 러시아, 중국, 인도, 그리고 인도네시아 사람들은 미국과 무언가를 공유한다. 하지만 이들은 자신들의 고국에 머물면서 여전히 그 나라와 그 나라의 문화에 헌신할 때, 그리고 기본적으로 러시아, 중국, 인도, 그리고 인도네시아의 같은 사람들에게서 정체성을 찾을 때, 그렇다고 해서 미국 사람이 되지는 않는다. 이들이 미국 사람이 되는 것은 미국으로 이민을 오고, 미국 사회에 동참하고, 미국의 언어와 역사, 그리고 관습을 배우고, 미국의 앵글로-개신교도 문화를 흡수하고, 기본적으로 출신국이 아니라 미국에서 정체성을 찾을 때이다.

사람들은 대개 일가친척, 피붙이와 동아리, 문화와 국가성이 제공하는 내용물과 의미를 정치적 원칙들에서 찾지 못한다. 그것들은 현실적으로 공동체의 구성에서 중요성이 거의 없을 수도 있지만, 보다 인간적인 측면에서 공동체에 대한 소속감을 더 강하게 만족시킨다. 반면에 "우리 모두는 '미국의 신조'를 굳게 믿는 자유적 민주주의자이다"라는 인식은 그렇지 않은 것 같다. 어니스트 리넌이 말했듯이, 국가는 "매일 매일의 국민투표"일 수도 있지만, 그것은 기존의 전통을 유지할 것인지의 국민투표이다. 다시 리넌의 말처럼, 국가는 "오랜 세월의 노력, 희생, 그리고 헌신의 결과이다."[1] 그와 같은 전통이 없으면 국가는 존재할 수가 없고, 국민투표가 그와 같은 전통을 거부하면 국가는 끝이 난다. 미국은 '교회의 영혼이 있는 국가'이다. 그러나 교회의 영혼은 오직 (혹은 대체적으로도) 신학적 교리 속에서만 존재하는 것이 아니라 그것의 의식儀式, 찬양, 관행, 도덕률과 금기, 예배, 선지자, 성자, 신god들, 그리고 악마들 속에서도 존재한다. 마찬가지로 (미국이 그러듯이) 국가에 신조가 있다 해도, 그것의 영혼을 규정하는 것은 공통의 역사, 전통, 문화, 영웅들과 악당들, 승리와 패배, 그것의 '신비스러운 기억' 속에 성스럽게 보존되어 있는 그것들이다.

'미국의 신조'는 독특한 앵글로-개신교도 문화를 갖고 있던 사람들의 산물이었다. 비록 다른 사람들도 이 신조의 요소들을 수용해왔지만, '미국의 신조' 자체는 (미르달이 주장했듯이) 18세기 개척자들의 영국적 전통, 저항적 프로테스탄티즘, 그리고 계몽주의 사상에서 비롯된 것이다. 토크빌의 말에 따르면 "따라서 합중국 사람들의 관습은 특이한 것으로서, 그곳의 사람들을 다른 곳의 사람들과 구분짓고 민주적인 정부를 가능케 하는 특성이다." 이들의 민주적 제도는 "미국인들의 실제적인 경험, 습관, 견해, 요컨대 관습의" 산물이다.[2] "우리 합중국 사람들은" 공통의 민족성, 인종, 문화, 언어, 그리고 종교가 있었기 때문에 "미합중국의 이 헌법을 만들고 보존할" 수 있었다. '미국의 신조'는 우리가 미국의 뿌리인 앵글로-개신교도 문화를 포기할 때 그 외형을 유지하기가 어려울 것이다. 다문화적 미국은 결국 다신조적 미국이 되어, 다양한 문화의 집단들이 자신들의 개별적 문화에 뿌리를 두고 있는 독특한 정치적 가치들과 원칙들을 주장하는 나라로 변질될 것이다.

9·11사태는 이념과 이념적 갈등의 세기였던 20세기의 종식을 극적으로 상징했고, 사람들이 자신들을 기본적으로 문화와 종교의 측면에서 규정하는 새로운 시대의 시작을 알렸다. 이제 미국의 현실적 및 잠재적 적들에 포함되는 것은 종교적 성격의 호전적 이슬람과 완전히 비이념적인 중국의 국가주의이다. 미국인들에게 정체성의 종교적 요소는 이렇게 새로운 환경에서 새로운 중요성을 띠게 된다.

미국인들의 종교적 복귀

1984년에 리처드 존 노이하우스 목사는 『텅 빈 광장: 미국의 종교와 민주주의』라는 책을 발표했다. 이 책에서 그는 종교적 영향력, 관점, 그리고 집단들이 미국의 공적인 public 삶에서 사라진 것을 통탄했다. 그로부터 10년 후에 광장은 빠르게 채워지고 있었다. 1990년대에 종교적 사상, 관심, 이슈, 집단, 그리고 토론은 극적인 회복을 보였고, 공적인 삶에서 종교의 존재는 같은 세기의 예전에 그랬던 것을 훨씬 더 능가했다. 패트릭 글린은 이렇게 얘기했다. "20세기 후반에 미국의 삶에서 가장 극적이고 예기치 않았던 특성 가운데 하나는 종교적 감정이 정치와 문화에서 주요 요인으로 재등장한 것이었다."[3] 20세기 말에 이르러 이와 같은 종교의 재등장은 보다 넓게 확산되어, 역사가 자신들의 편이라고 생각했던 세속주의자들에게 경종을 울렸다. "종교는 많은 분야들로 아주 혼란스럽게 침투하고 있다"고 어느 세속적인 인간주의 집단의 지도자는 2002년에 불평했다.[4]

이와 같은 변화의 두 가지 측면은 특별히 중요한 것이었다. 첫째, 복음주의적 개신교도들이거나 자신들을 '다시 태어난 기독교인들'로 규정한 사람들의 숫자와 비율은 20세기 후반부에 상당히 높아졌고, 복음주의적 단체들의 숫자와 활동 역시 그러했다. 둘째, 미국인들의 상당수는 미국 사회에서 가치관, 도덕성, 그리고 기준의 하락이라고 보았던 것에 걱정하게 되었고, 세속적인 이념들과 기관들이 만족시키지 못한 믿음과 소속감의 개인적 필요성을 느끼게 되었다. 기독교 보수주의자들의 전도적이고 제도적인 역동성과 상당수 미국인들의 영적인 필요성 및 도덕적 우려의 상호작용은 종교를 공적인 삶에서 핵심 요인으로 등장시켰고, 기독교는 다시 미국의 정체성에서 중심적 요소가 되었다.

보수적인 기독교의 등장 1990년부터 2000년까지 신도들의 측면에서 가장 빠르게 성장한 종파들은 (19.3퍼센트가 증가한) 몰몬교와 (18.6퍼센트가 증가한) 보수적이고 복음적인 '기독교 교회' 및 '그리스도 교회'와 (18.5퍼센트가 증가한) '하나님의 모임'이었고, 그 뒤를 (16.2퍼센트가 증가한) 천주교 교회가 이었다. '남부 침례교 연합'의 신도 수는 1973년부터 1985년까지 17퍼센트가 증가한 반면, 주류 개신교도 집단들은 신도 수가 줄었다. 장로교의 신도 수는 11.6퍼센트가 감소했고 '그리스도 연합 교회'는 14.8퍼센트의 신도들을 잃었다.[5] 신도 수 증가와 함께, 복음주의 운동은 다양한 신조, 목적, 그리고 지지자들을 갖는 많은 수의 단체들을 탄생시켜, 미국 사람들의 30퍼센트 이상이 끌어안는 하나의 하부문화에 제도적 형태와 힘을 부여했다. 이와 같은 사람들을 조직화하려는 최초의 시도는 1979년에 제리 펄웰이 만든 '도덕적 다수Moral Majority'였다. 이 단체는 1980년대 후반에 힘을 잃었고 '기독교인 동맹'에 자리를 내주었다. 팻 로버슨이 1989년에 창시한 이 조직은 1995년에 이르러 170만 가량의 사람들을 회원으로 갖게 되었다. 그밖의 복음주의적 조직들로는 지지자가 200만인 '가족 중심Focus on the Family'과 회원이 60만인 '미국 가족 연합회', 수십만의 남성들이 주축이 된 '약속 지킴이Promise Keepers', 그리고 회원이 60만으로 미국에서 가장 큰 여성 단체라고 알려진 '미국을 걱정하는 여성들'이 있었다.[6] 기독교 매체는 그 수와 발행부수가 급격하게 증가했다. 1995년에 이르러 130여 개의 출판사들이 기독교 서적을 내놓고 있었으며, 45개의 다른 출판사들은 교과서와 그밖의 학교 교재들에 집중하고 있었다. 기독교 서적의 판매는 (7천 개의 기독교 서적 소매상들이 유통을 맡으며) 1980년부터 1995년까지 연간 30억 달러로 3배의 증가세를 보였다. 기독교 소설들이 베스트셀러에 올라, 팀 라헤이와 제리 B. 젠킨즈의 『뒤에 남겨진』 시리즈는 2001년까지 1,700만 부나 팔렸다. 프랭크 패러티가 쓴 3권의 종교적 소설들은 1995년까지 5백만 부가 팔려나갔다. 1995년을 기준으로, 종교적인 라디오 방송국과 텔레비전 방송국은 각각 1,300개와 163개를 넘었다. 1990년대 후반에 이르러 기독교 소매상들의 거대한 네트워크가 형성되었고, 이들은 기독교와 관련된 다양한 상품들을 팔면서 연간 수십억 달러의 사업을 운영했다. 복음주의자들은 또 2002년까지 등장한, 신도수가 2천 명에서 2만 명에 이르는 6백 개 이상의 대형 교회들에서 대부분의 신도를 구성했다.

1990년대에 복음주의 단체들은—특히 '기독교인 동맹Christian Coalition'은—활동 영역을 넓혀 정치와 선거에도 참여하기 시작했다. 이들은 풀뿌리 조직, 지역적 문제, 그리고 다수의 지지자들로부터 소액의 기부금을 모으는 것에 집중했다. 남부에 아주 많은 복음주의자들은 전통적으로 민주당에 표를 던졌다. 그러나 이들은 정치적 참여가 높아지면서 지지 정당을 극적으로 바꾸었다. 복음주의자들의 51퍼센트는 1976년에 지미 카터에게 표를 던졌지만, 로널드 레이건은 1980년에 이들에게 성공적으로 접근했고, 1988년에 이르러 이들은 공화당에 확고한 충성심을 보였다. 2000년에 조지 W. 부시는 교회에 정기적으로 출석하는 백인 복음주의 개신교도들로부터 투표의 84퍼센트를 받았고, 복음주의자들은 그의 전체 득표에서 추측컨대 40퍼센트를 차지했다.[7] 복음주의자들은 공화당 내부에서 핵심 세력으로 등장했다.

'기독교인 동맹'과 그밖의 단체들은 특정한 사안들에서 일반적인 대중들에게 지지를 얻어내는 데 그렇게 성공하지 못했다. 클린턴을 공직에서 제거하기 위한 이들의 노력은 상원에서 실패했고 일반대중의 승인을 얻지 못했다. 중도주의 입장에 도전한 이들의 낙태 금지와 그밖의 정책 노력들은 무위로 돌아갔다. 이들이 1998년에 전개한 상당한 정도의 선거 활동들은—'기독교인 동맹'이 4,500만 부의 투표 안내서를 배부한 것을 포함해—이들이 희망했던 소기의 성과를 거두지 못했다. 선거가 끝난 후에, 일부 보수적 기독교인들은 즉시 정치에서 손을 떼고 개인적 및 공동체 수준에서 자신들의 가치관을 알리는 데 집중했다. "보수적 기독교인들의 정치적 운동은 벽에 부딪혔다"고 앤드루 코허트와 그의 동료들은 2000년에 결론내렸다. 그로부터 2년 후에, 그들 가운데 많은 이들은 "가이사Caesar의 세상에 환멸을 느끼게" 되었고 '기독교인 동맹'은 "자신들의 예전 자아의 그림자"에 불과했다.[8]

기독교 보수주의자들은 특정한 사안들에서 정치적 목표를 달성하는 데 제한적 성공밖에 거두지 못했지만, 이들이 미국인들의 심리적 및 도덕적 욕구에 부응하는 데서 거둔 성공은 그보다 훨씬 더 큰 것이었다. 이들은 (궁극적으로 종교에서 비롯되고 1970년대와 1980년대에 퇴조했던) 도덕성과 가치관이 사회적 및 정치적 삶에서 새롭게 등장해야 한다고 주장했다. 데이비드 쉬립먼이 1999년에 얘기했듯이, "종교적인 보수주의 운동은" 20세기 중반의 시민권 및 여권 운동과 비슷한 수준의 영향을 미국인들의 생각, 가치관, 그리고 담론에 끼쳤다. "종교적인 보수주의자들은 미국인들의 대화를 바꾸어놓았다. 이들은 그와 같은 대화에 누가 참여하는지를 바꾸었고, 그와 같은 대화에 등장하는 전제들을 바꾸었고, 그와 같은 대화의 분위기를 바꾸었고, 그것의 내용을 바꾸었다. 이들은 궁극적으로 그것의 결론까지도 바꾸게 될지 모른다." 기독교 우파에 반대하는 주도적 조직 '미국의 길을 찾는 사람들'의 총재인 캐롤 쉴즈는 후회스럽게 그 말에 동의했다. "그들은 규칙을 바꾸어놓았다. 이제는 나쁜 것이 좋은 것이고 좋은 것이 나쁜 것이다. 그들이 한 모든 것은 민주주의에 대한 우리의 생각을 바꾸고 있다."[9]

대중과 종교 종교적 보수주의자들이 종교를 다시 공적인 삶에 넣을 수 있었던 것은 많은 수의 미국인들이 그렇게 하는 것을 환영했기 때문이다. 1980년대에 미국인들은 도덕적 타락의 증거들로 해석될 수도 있는 문제들에 점점 더, 압도적으로 관심을 집중했다. 그와 같은 문제들은 다음과 같은 것이었다. 전에만 해도 용납될 수 없었던 성적 행위의 용인, 십대 임신, 편부모 가족, 급등하는 이혼율, 높은 수준의 범죄, 만연되는 마약 사용, 매체의 선정성과 폭력성, 그리고 많은 수의 사람들이 힘들게 일하는 납세자들의 돈으로 운영되는 복지 혜택에 의존해 편하게 살고 있다는 인식 등이었다. 보다 일반적으로, 다음과 같은 감정들이 퍼져 있는 것 같았다. 첫째, 보다 의미 있는 형태의 공동체와 시민적 사회가 사라져 버렸으며, 로버트 푸트넘이 지적했듯이, 미국인들이 함께 어울리기보다 혼자서 놀고 있다는 느낌. 둘째, 1960년대에서 비롯된 바, 일반적인 지적 분위기가 절대적 가치관이나 도덕적 원칙들은 없으며 모든 것은 상대적이라고 생각한다는 느낌. 그래서 학교들의 교육적 및 행위적 기준들은 잠식되었고, 미국은 (대니얼 패트릭 모이니헌의 말대로) "비행非行을 더 좁게 정의하고" 있었으며, 거의 범죄에 가까운 온갖 형태의 믿음과 행위들이 용납되고 있었다.

이와 같은 도전들에 직면해, 미국인들은 점점 더 종교와 종교적 개념들에 의존해, 마이클 샌델이 얘기한 바 "더 큰 의미의 공적인 삶에 대한 대중의 갈증"을 해소하려 했다.[10] 미국인들의 삶에서 종교가 갖는 역할에 관한 2000년의 어떤 조사에서, 조사의 주관자들은 이렇게 결론내렸다. "한 가지 메시지가 분명하게 다가왔다. 즉, 미국인들은 개인적 윤리와 행위를 종교와 강하게 동일시하면서, 종교를 그들이 오늘날 미국 사회에서 인식하는 도덕적 타락의 해독제로 여기고 있다. 범죄, 탐욕, 무심한 부모, 물질주의—미국인들은 이 모든 문제들이 완화되려면 사람들이 더 종교적이 되어야 한다고 믿는다. 그리고 대부분의 시민들은 그것이 어떤 종교이건 상관하지 않는다."[11]

코허트와 그의 동료들이 보여주듯이, 1987년부터 1997년까지 10퍼센트 이상의 증가가 다음과 같은 것에 '강하게 동의하는' 미국인들의 비율에서 나타났다. 즉, 하나님의 존재에는 의심의 여지가 없고, 궁극적으로 그들은 심판의 날에 하나님 앞에서 자신들의 죄에 답해야만 하고, 하나님은 오늘날의 세상에서 기적을 행하고, 기도는 그들의 일상적인 삶에서 중요한 일부이고, 선과 악을 구분하는 분명한 지침들은 모든 곳에서 모든 이들에게 적용된다는 것이었다. 이와 같은 증가는 모든 주요 종교적 범주들에서 일어났다. 그러니까 복음주의, 주류, 그리고 흑인 개신교도들과 구교도, 나아가 세속주의자들에게도 일어났다. 2002년에, 미국에 대한 공격들이 일어난 후에, 미국인들의 59퍼센트는 요한계시록의 심판적 예언들이 사실로 나타날 것이라고 믿었다.[12]

미국인들이 종교에서 도덕적 안심과 심리적 안정을 찾으려 한 경향은 1990년대에 미국을 휩쓴 이례적 천사 열풍에서 대중적 형태를 띠었다. 1993년에 미국인들의 69퍼센트는 천사를 믿는다고 말했으며, 이것은 CBS가 「천사의 손길 Touched by an Angel」이란 프로그램을 방영하도록 자극했다. 이 프로그램은 1998년에 이르러 1,800만의 시청자를 확보하며 가장 높은 시청률을 기록한 프로그램의 하나가 되었다. CBS 방송국의 어떤 중역이 정확하게 지적했듯이, 이 프로그램은 "미국인들이 절실히 원하는 욕구를 어루만졌다."[13] 복음주의 설교자들과 저술가들도 그와 같은 욕구에 부응했다. 사회학자 제임스 데이비슨 헌터가 보여주었듯이, '가족 중심'의 지도자인 제임스 돕슨 같은 복음주의 목사들의 베스트셀러 작품들은 현대적인 심리학과 전통적인 성경적 가르침의 '절묘한' 결합이었다. 복음주의자들은 "자신들의 목적에 맞게 심리학을 해석하면서, 심리치료 개념들을 성경적 지혜에 종속시키려 했다. 이와 같은 시도에 깔린 전제는, 심리학이 제공하는 도구들은 그 자체로서 신학적 및 도덕적으로 중립적인 것이지만, 기독교적 신앙의 진리들과 연결되면 여전히 유용하다는 것이다."[14]

종교로의 복귀는 기업 세계에서 분명하게 나타났다. 1998년에 보도된 바에 따르면 "삶의 의미를 추구하고, 봉급 인상과 승진에도 만족하지 못하고, 자신들의 신앙에 다시 연결되기를 원했던 사무직 근로자들은 앞을 다투어 회의실과 대학교 모임들에서 조찬 기도회와 점심시간의 성경 연구회에 참석했다." 보도에 따르면, 일터의 기독교인 집단들의 숫자는 1987년부터 1997년까지 1만 개가량으로 배가되었다. 그리고 1997년에 미국의 기업 세계에는 1천 개의 토라(Torah: 모세오경)와 200개의 무슬림 연구 집단들이 있었다. 이들 집단들은 업계에 만연한 "지나친 야심, 치열한 경쟁, 그리고 탐욕"에 해독제가 되었다.[15]

주요 종파들도 보다 전통적인 종교적 관행들로 복귀하거나 그것들을 채택했다. 1970년대에 미국에서 가장 큰 개신교도 종파였던 (신도수 1,600만의) '남부 침례교 연합'은 보수적인 방향으로 이동해, 성경이 하나님의 참된 말씀으로서 완전무결한 것이라고 믿는 '성경의 무결함'을 승인했다. 이어서 그들은 낙태와 동성애에 반대하고 여성의 남편에 대한 순종을 승인하는 입장을 확인했으며, 후자의 입장 때문에 자신들의 보다 유명한 신도 가운데 한 사람인 지미 카터를 잃었다. 1999년에 '유대교 개혁'의 지도자들은 '정통 유대교'와 관련된 의식들과 관행들 중에서 많은 것들을 압도적으로 승인했고, 그중에는 야멀키(yarmulke: 정통 유대교 남성들의 두건) 착용과 히브리어의 사용 확대도 포함되어 있었다. 1990년대에 라틴어나 영어와 라틴어 미사를 허용하는 천주교 교구의 숫자도 6개에서 (전체의 70퍼센트인) 131개로 증가했다.[16]

1990년대에 이르러, 미국인들은 압도적으로 미국의 공적인 삶에서 종교의 더 큰 역할을 지지했다. 1991년의 어떤 조사에서, 응답자들의 78퍼센트는 아이들이 학교에서 기도를 하고, 자발적인 성경 수업에 참석하고, 자발적인 기독교 교우 모임에 참석하는 것을 허용하는 데 찬성했다.

대략 67퍼센트는 공공건물에서 종교적 그림이나 물건을 전시하는 것에 찬성했고, 73퍼센트는 운동 경기 전에 하는 기도를 승인했고, 74퍼센트는 공직 취임 선서에서 하나님과 관련된 모든 언급들을 제거하는 데 반대했다. 같은 조사에서, 응답자들의 55퍼센트는 종교가 미국인들의 삶에서 영향력이 너무 부족하다고 얘기했고, 30퍼센트는 그 정도면 충분하다고 얘기했고, 11퍼센트는 (자신들이 불가지론자나 무신론자라고 얘기한 비율과 거의 같은 것인데) 그것이 너무 크다고 생각했다.[17] 미국인들은 또 공적인 삶에서 교회의 역할을 보다 우호적으로 평가했다. 1960년대에 미국인들의 53퍼센트는 교회가 정치에 참여해서는 안 된다고 말했으며, 반면에 40퍼센트는 그것이 괜찮다고 생각했다. 1990년대 중반에 이르러 그와 같은 비율은 역전되었다. 즉, 미국인들의 53퍼센트는 교회가 정치적 및 사회적 문제들에 적극성을 보여야 한다고 생각한 반면, 43퍼센트는 그러지 말아야 한다고 대답했다.[18]

종교와 정치 종교적 보수주의자들의 활동과 일반대중의 정서는 종교를 미국의 정치에서 핵심적 요소로 만들었다. 2000년에 캔자스의 중도파 공화당 주지사인 빌 그레이브즈는 종교적 보수주의자들을 가리키며 이렇게 얘기했다. "1990년에 사람들은 90퍼센트의 시간 동안 경제 문제를 얘기했고 10퍼센트의 시간 동안 그들의 문제 가운데 일부를 얘기했다. 이제 사람들은 50퍼센트의 시간 동안 그들의 문제를 얘기하고 50퍼센트의 시간 동안 내가 좋아하는 문제를 얘기한다." 기독교 보수주의자들과 공화당원들의 뒤를 이어, 민주당원들과 그밖의 집단들도 경쟁적으로 가치들, 특히 '가족적 가치들'을 위한 십자군에 등록했다. 조엘 코트킨은 『새로운 민주당원』에서 이렇게 얘기했다. "그동안 민주당에 가장 깊은 상처를 준 것은 종교적 경험과 공동체에서 이탈한 것이었다. 종교적 교조주의에 반대한다는 명분으로, 민주당은 그동안 많은 미국인들이 깊은 의미를 찾지 못하는, 도덕적으로 상대적인 교리를 끌어안았다." 민주당의 어떤 입법가도 같은 견해를 표명했다. "이것은 공화당만이 얘기해야 하는 문제들이 아니다. 민주당은 이런 문제들을 외면할 여유가 없다."[19] 그리고 민주당은 그런 문제들을 외면하지 않았다. 1988년부터 시작해, 주요 정당들의 정강에서 가치들과 문화적 이슈들이 차지한 비율은 (비록 여전히 전체의 10퍼센트 미만에 불과했지만) 극적으로 높아졌고, 1988년과 1996년의 민주당 정강들은 공화당 정강들에 비해서 그와 같은 문제들의 비율이 2배에 달했다. 그리고 1999년에 앨 고어는 정부의 종교적 지지와 관련해 "이제는 워싱턴이 미국의 일반대중을 따라가야 할 때가 되었다"고 선언했다.[20]

워싱턴은 이미 미국의 일반대중을 따라가기 시작하고 있었다. 2차대전 이후에 미국에서는 헌법이 정부와 종교의 분리를 요구한다는 생각이 널리 퍼져 있었다. 정부들은 종교적 집단이나 활동에 어떤 종류의 지원도 해서는 안 되며 종교적 집단들이 공공시설을 사용하도록 허용해서는 안 된다. 연방 법원들은 공립학교의 행사들에서 하나님을 거론하는 것과 교실에서 기도를 요구하는 것, 그리고 학교에서 성경을 읽게 하는 것은 불법이라고 판시했다. 정부의 기관들은 교회들과 종교적 단체들에 어떤 행태로도 관련되지 않기 위해 상당히 애를 썼다. 교회들과 종교적 단체들은 사실상, 대부분의 다른 민간단체들에게 열려 있는 사회적 및 공공적 삶에의 참여가 배제되어 있었다.

1980년대와 1990년대의 종교적 복귀 현상은 공적인 삶에서의 이와 같은 종교 배제에 도전했고, 의회와 행정부, 그리고 특히 법원들은 적극적으로 그것에 화답하기 시작했다. 1971년에, 종교적인 학교교사들의 봉급에 주 정부가 보조금을 지원하는 것은 불법이라는 판결 속에서, 대법원은 정부의 행동들이 합헌적이려면 세속적인 목적이 있어야 하고, 종교를 지원하거나 금지해서는 안 되며, 종교에 대한 정부의 '과도한 개입을' 초래해서는 안 된다고 판시했다. 그러나 레이건 행정부와 첫 번째 부시 행정부의 연방 판사 지명과 함께, 법원들은 공공장소에서의 종교를 보다 용인하게 되었다. 이와 같은 변화를 상징하며, 대법원장 윌리엄 렌퀴스트는 1985년에 이렇게 주장했다. "교회와 정부를 분리시키는 벽은 나쁜 역사에 바탕한 비유이다. 그것은 솔직하고 명백하게 포기되어야 한다."[21] 그리고 느리지만 확실하게 그 벽은 점점 더 낮아졌다. 조셉 코빌카의 분석에 바탕한 케네스 월드의 세심한 분석에 따르면, 1943년부터 1980년까지 교회-국가 문제와 관련된 대법원의 23개 판결 중에서 13개는 분리주의였고, 8개는 수용주의였고, 2개는 혼합적인 것이었다. 1981년부터 1995년까지 그와 같은 균형은 극적으로 바뀌었다. 즉, 모두 33개의 판결 중에서 12개는 분리주의였고, 20개는 수용주의였고, 1개는 혼합적인 것이었다.[22] 판결의 대상이 된 사건들은 종교적 및 세속적 집단들의 뜨거운 논란을 야기시켰고, 전투는 세 곳의 전선에서 벌어졌다.

첫째, 정부는 종교적 단체들이 수행하는 교육적 및 자선적 활동들에 금전적 내지 그밖의 지원들을 어느 정도까지 할 수 있는가? 많은 민간단체들은 (일부는 종교적이고 일부는 아닌데) 교회를 비롯한 종교적 단체들이 미국의 대도시 지역에 만연해 있는 범죄, 마약, 비행, 십대 임신, 편부모 가족 등의 문제들을 더 잘 해결할 수 있다고 주장했다. 이와 같은 주장들에 반응해 1996년에 의회가 통과시켰고 클린턴이 서명한 복지 개혁법에는 '자선적 선택' 조항이 있어서, 주의 정부들이 종교적 단체들과 계약을 맺고 사회복지와 공동체 개발 프로그램들을 지원할 수 있도록 허용했다. 그러나 이와 같은 선택은 다른 사회적 프로그램들에 적용되지 않았고, 관료적 저항은 실제로 종교적 단체들로 가는 기금을 제한했다. 텍사스

주지사 시절에 조지 W. 부시는 종교적 단체들이 제공하는 사회적 서비스를 정부가 지원하고 사회적 선택을 추진하는 데 적극적으로 협력했다. 그중에는 기독교 목사들이 텍사스의 감옥들에서 지원하는 것도 포함되어 있었다. 신앙에 바탕한 단체들에 의존하는 것은 그의 대선 운동에서 중심적 주제가 되었고, 1999년에 앨 고어는 다음과 같이 천명했다. "나를 대통령으로 뽑아준다면, 신앙에 바탕한 단체들의 목소리는 우리 행정부가 추진하는 정책들에서 핵심적 역할을 수행할 것이다." 이어서 그는 구세군에 이렇게 얘기했다. "우리는 미국인으로서 우리의 공통된 목표들에 도움이 되는, 신앙에 바탕한 접근법을 과감하게 끌어안아야 한다."[23]

취임식을 치른 지 10일이 지난 후에, 부시 대통령은 사회적 서비스를 수행하는 종교적 단체들을 연방 정부가 지원하는 프로그램을 발표했고, 그중에는 백악관에 전담 기구를 설치하는 것과 내각의 5개 부서에 관련 중심들을 만드는 것도 포함되어 있었다. 의회는 이것의 시행을 위한 입법을 승인하지 않았고, 그러자 부시는 2002년 12월에 포괄적인 대통령령을 발표해, 연방 기관들이 종교적 단체들이 공동체 프로그램과 사회적 서비스를 위한 기금을 받지 못하도록 막는 것을 금지시켰다. "종교적 집단들이 종교적이라는 이유만으로 그들을 차별하던 시대는 이제 끝나고 있다"고 부시는 선언했다. 〈뉴욕 타임스〉에 따르면, 부시의 언급은 "신앙심의 표현들로 가득 차 있었고, 종교가 공적 및 사적 생활에서 중심적 역할을 할 수 있고 해야 한다는 생각에 바탕한 것이었다."[24]

그러나 정부의 종교적 지원을 위한 가장 획기적 전환점은 대법원이 2002년 6월에 (5 대 4의 판결 속에서) 부모들이 정부에서 발행한 현금 대용권을 사용해 교회가 운영하는 학교들에서 아이들의 등록금을 낼 수 있도록 허용한 것이었다. 이 판결은 대법원이 의무적인 학교 기도를 불법화한 후의 40년 만에 국가-교회 문제와 관련해 내린 가장 중요한 판결로서 환영과 비판을 동시에 받았다. 이것을 비롯한 판결들에서 나온 것으로 보여진 일반적 견해는 정부가 (다른 민간단체들처럼) 종교적 단체들을 지원하고 활용해 (종교적 집단들을 차별하지 않는 한) 통념적인 공공적 및 사회적 목적들을 촉진시킬 수도 있다는 것이다.

갈등과 변화의 두 번째 분야는 특히 학교 등의 정부 재산이나 시설을 종교적 단체들이 종교적 목적으로 사용하는 것과 관련이 있었다. 1962년에 대법원은 학교에서 강요적인 기도들을 금지시켰다. 이와 같은 판결은 실질적 도전을 받은 적이 없었지만, 그밖에 다른 종교적 활동들 중에서 어떤 것이 정부 시설에서 가능할 수 있는지 알아보기 위한 시도들이 이루어졌다. 1983년에 의회는 '평등 접근법'을 통과시켜, 학교들이 세속적 단체들에게 그러는 것처럼 종교적 단체들에도 시설의 사용을 허락하도록 규정했다. 1990년에 대법원이 이 법의 합헌성을 인정하자, 남부와 서부에서 학생들의 종교적인 동아리와 기도 모임들이 퍼져 나갔다. 1995년에 클린턴 행정부는 학생들이 학교에서 기도를 하거나 종교를 토론하는 것을 학교 관리들이 막지 못하도록 금지하는 지침을 발표했다. 클린턴의 말에 따르면, 미국의 헌법은 "아이들이 학교 정문에 자신들의 종교를 두고 오도록 요구하지 않는다." 애덤 메이어슨의 설명에 따르면, 2년 후에 클린턴 행정부는 연방 일터에 적용되는 일련의 규칙들을 발표했다. 이런 규칙들 속에서 "정부의 감독관들은 연방 공무원들의 개인적인 신앙 표현을 존중해야만 한다. 기독교인들은 자신들의 책상에 성경을 올려놓을 수 있게 될 것이다. 무슬림 여성들은 머릿수건을 착용할 수 있게 될 것이다. 자신들의 성스러운 휴일들을 경축하고 싶어하는 유대인 근로자들은 가능한 한 최대한의 편의를 제공받게 될 것이다. 어느 누구도 연방 공무원이 휴식 시간과 점심시간에 종교에 대한 얘기나 토론을 하지 못하도록 막을 수 없게 될 것이다." 이와 같은 행동들은 어느 보수적인 클린턴 비판자가 다음과 같이 얘기하게 만들었다. "그의 가장 큰 업적은 최근의 수십 년 동안 민주당과 미국 자유주의의 많은 사람들이 표명했던 바, 종교에 대한 편협성을 줄이는 데 있어서 그가 보여준 리더십일 것이다."[25]

교회-국가 문제의 논란과 관련된 세 번째 분야는 종교적 활동에 대한 정부의 규제와 따라서 '1차 수정헌법'의 자유로운 행사권 조항에 관한 것이었다. 과거에, 중복혼을 금지하는 입법은 '말일 성도 교회'의 반대에도 불구하고 합헌으로 판정이 났지만, 종교적 이유 때문에 군대의 강제적 예배를 거부하는 권리는 인정을 받았다. 1990년대에 의회는 종교에 대한 정부의 다른 규제들도 제한하려 시도했다. 1993년에 의회는 거의 만장일치로 '종교적 자유 회복법'을 통과시켜, 미국의 종교적 행사들에서 페요티(peyote: 선인장에서 추출한 일종의 환각제)의 사용을 금하는 것을 번복시켰다. 그러나 대법원은 이것이 주 정부의 권한에 대한 비헌법적 규제라고 판시했다. 2000년에 의회는 이번에도 거의 만장일치로 '종교적 토지 사용 및 기관 수용자법'을 통과시켜, 지방의 구획 위원회들이 주거 지역의 교회 건립을 금지하는 것을 막고 교도소들이 재소자에게 종교적 예배를 제공하도록 규정했다.[26]

종교적 선거 종교는 2000년의 대선에서 중심적 요인이었고, 미국의 역사에서 다른 어떤 선거에서 그랬던 것보다 훨씬 더 중심적이었을 것이다. 종교의 역할에서 특히 네 가지 측면이 중요성을 갖는다.

첫째, 2000년의 대선이 권력을 쥐어준 대통령, 법무장관, 그리고 행정부는 결연한 의지로 미국의 삶에서 종교가 갖는 중요성을 강조하고, 유용한 사회적 목적들에 봉사한 종교적 단체들의 활동을 정부가 한층 더 지원하도록 촉진시키는 데 헌신했다. 백악관에 이와 관련한 전담 기구를 설치한 것은 전례가 없는 행동으로서, 이전의 행정부들에서는 생각하기 어려운 것이었다. 종교는 예전에 한번도 그랬던 적이 없는 방식으로 연방 정부의 활동에서 합법적 요소가 되었다.

둘째, 1990년대 후반의 경기 호황과 심각한 외적 위협의 부재는 선거로 이어진 정치적 전투들에서 도덕성이 중심적 역할을 수행하는 길을 열었다. 1998년 3월의 어떤 조사에서, 일반대중의 49퍼센트는 미국이 도덕적 위기에 직면하고 있다고 말했으며, 또 다른 41퍼센트는 도덕성의 하락이 심각한 문제라고 얘기했다. 1999년 2월에, 미국이 직면한 문제들 중에서 더 우려해야 할 것이 도덕적 문제인지 경제적 문제인지 질문을 받았을 때, 미국인들의 58퍼센트는 도덕적 문제를 선택했고 38퍼센트는 경제적 문제를 선택했다. 2000년에 유권자들의 14퍼센트는 낙태를 가장 큰 문제로 보았으며, 그밖에 학교 기도, 정부의 종교적 자선활동 지원, 그리고 동성애자 권리 등이 주요 문제들로 꼽혔다. 어떤 전문가의 지적에 따르면, 1992년과 달리 "이제는 경제가 그렇게 중요한 것이 아니었다." 도덕성에 대한 우려는 종교에 대한 관심으로 이어졌다. 선거 직후에 이루어진 여론조사에서, 미국인들의 69퍼센트는 "미국에서 가족 가치들과 도덕적 행위를 강화시키는 데 가장 좋은 길은 더 많은 종교"라고 말했으며, 70퍼센트는 미국에서 종교의 영향력이 더 높아지기를 원한다고 얘기했다.[27]

셋째, 종교가 도덕적 하락에 대한 해독제라는 믿음은 자연히 사람들의 종교적 견해와 헌신이 그들의 투표에 높은 관련성을 갖게 만들었다. 미국에서 종교적 종파성은 늘 정치적 정파성과 관련되어 있었다. 20세기 중반에 주류 개신교도들은 대체로 공화당을 지지한 반면, 대부분이 복음주의자인 남부의 백인 개신교도들과 대다수의 유대교도, 그리고 더 적은 다수의 천주교도들은 대개 민주당을 지지했다. 20세기 후반에 복음주의적인 백인 개신교도들은 (앞에서도 보았듯이) 압도적으로 공화당 지지로 돌아섰고, 흑인 개신교도들은 압도적으로 민주당을 지지했고, 주류 개신교도들은 대체로 민주당 지지로 돌아섰으며, 비히스패닉 천주교도들은 공화당 쪽으로 이동했다. 2000년의 대선은 이와 같은 새로운 양상을 확인해주었다.

그러나 이와 같은 종파적 차이들에 깔려 있었던 것은 종교성의 차이들을 포함하는 새로운 변화였다. 1970년대부터 시작해, 종교와 문화적 사안들에 관한 양대 정당 사이의 차이들은 상당히 높아졌다. 저프리 레이먼이 보여주었듯이, 1972년부터 1992년까지, 민주당의 전국대회 대표자들 가운데 교회에 일주일에 한번 이상 출석한 사람들의 비율은 40퍼센트를 넘은 적이 없었고, 1992년에 이르러서는 30퍼센트 밑으로 떨어졌다. 민주당의 대표자들 가운데 종교가 자신들의 삶에서 상당한 지침이 된다고 얘기한 사람들의 비율은 30퍼센트를 넘은 적이 없었고, 1992년에는 겨우 25퍼센트를 초과했다. 반면에, 공화당의 대표자들 가운데 정기적으로 교회에 출석한 사람들의 비율은 1972년의 43퍼센트에서 1992년의 50퍼센트로 높아졌고, 1992년의 신규 출석 대표자들 중에서 그와 같은 비율은 55퍼센트에 달했다. 공화당의 대표자들 중에서 종교가 상당한 지침이 된다고 얘기한 사람들의 비율은 1976년의 35퍼센트에서 1992년의 44퍼센트로 높아졌고, 신규 출석 대표자들의 경우에는 그것이 49퍼센트에 달했다. 간단하게 말해서, 민주당의 활동가들은 지속적으로 낮은 수준의 종교적 활동과 헌신을 보였지만, 공화당 활동가들의 종교적 참여는 20년 동안에 상당히 높아졌다. 종교와 관련해 또 하나의 '엄청난 차이'가 새롭게 부상했다. 레이먼의 결론에 따르면, "종교적인 보수파들은 대부분의 주요 기독교 종파들에서, 하지만 특히 복음주의적인 개신교도들의 경우에, 공화당을 지지하는 경향이 있다. 반면에 민주당의 지지층은 주요 기독교 종파들의 보다 자유적인 신도들과 세속주의자들 사이에 흩어져 있다."[28]

〈표 12-1〉 2000년 대선 투표율

교회 출석률	부시	고어
일주일에 한번 이상	65%	36%
일주일에 한번	57%	
한 달에 한번	46%	
잘 가지 않음	42%	
전혀 가지 않음	32%	61%

출처: CNN이 보도한 '유권자 뉴스 서비스'의 출구 조사.

 이와 같은 경향은 2000년의 대선에서 유권자들의 표심에 극적으로 반영되었다. 교회의 출석률은 투표의 예측 지표로서 (인종까지는 아니어도) 소득과 계층에 맞먹는 요인이 되었다(표 12-1 참조).
 종교적 헌신의 정도에 따른 투표율 차이는 종파들 안에서도 나타났다. 부시 후보에게 표를 던진 사람들의 비율은 종파별로 다음과 같았다.

	높은 헌신	낮은 헌신
천주교도	57%	41%
백인 주류 개신교도	66%	57%
백인 복음주의 개신교도	84%	55%

 이와 같은 차이는 우연히도 낙태, 평등권 수정안, 총기 규제, 동성애자 권리 등의 문화적 사안들에 관한 정당 활동가들의 점증하는 차이와 일치했다. 1996년에 공화당 대표자들의 56퍼센트와 민주당 대표자들의 불과 27퍼센트는 정부가 전통적 가치들을 권장하는 데 더 많은 일을 해야 한다고 얘기했으며, 학교 기도의 승인과 관련해서는 그 비율이 각각 57퍼센트와 20퍼센트였다.[29]
 넷째, 선거 자체에서도 국가적 공직에 출마하는 후보자들의 종교적 믿

음에 대해서 전혀 새로운 수준의 토론이 이루어졌다. 나머지 다른 추세들과 마찬가지로, 이것도 이전의 20년 동안에 걸쳐 이루어진 변화였다. 존 F. 케네디는 자신의 종교적 믿음과 정치적 역할을 분리시키려 애쓰면서, 자신이 좋아하는 것은 "종교에 관한 견해가 개인적이고 사적인 대통령"이라고 얘기했다. 지미 카터는 그와 다른 양상을 촉발시키면서 자신의 종교적 믿음을 자세하게 소개했고, 그의 후임자들도 첫 번째 부시를 빼고 그렇게 했다. 윌프레드 맥클레이는 2000년에 이렇게 얘기했다. "1976년에 지미 카터가 당선된 후로, 미국의 정치 지도자들이 종교적 믿음의 표현을 자제해야 한다는 금기는 꾸준히 침식되었던 것으로 보이며, 이제는 대통령 후보들이 너무나도 이례적인 수준으로 하나님과 예수 그리스도를 선거전에서 거론하는 상황이 되었다." 빌리 브래들리만을 제외하고, 2000년의 대선에 출마한 모든 후보자들은 자신들이 목격한 바, 종교에 대한 대중의 관심과 승인에 반응하기 위해 전례가 없는 방식으로 자신들의 종교적 믿음을 천명하고 토론했다. 그중에서도 가장 적극적이었던 사람은 아마도 (유대인인) 조셉 리버먼이었을 것이다. 리버먼은 정기적으로 자신의 종교적 확신과 하나님에 대한 믿음을 거론하면서 구약을 인용했고, 나아가 다음과 같이 주장했다. "미국의 공적인 삶에는 신앙의 자리가 있어야만 한다. 하나의 국민으로서 우리는 우리의 신앙을 재확인하고, 하나님과 하나님의 섭리에 대한 우리의 국가와 우리 자신들의 헌신을 새롭게 해야 한다."[30]

다른 후보들의 언급도 특기할 만한 것이었다. 예전에 정치 지도자들이 했던 종교적 언급과 달리, 이들은 미국의 화폐와 시민적 종교에 구현된 추상적 하나님에 대한 믿음뿐 아니라, 예수 그리스도와 기독교의 하나님에 대한 믿음도 천명했다. 공화당의 지명을 겨냥한 후보자들은 "전국적인 텔레비전에 나가 예수 그리스도에 대한 자신들의 믿음을 선언했다."

자신이 가장 좋아하는 정치 철학자가 누구인지 질문을 받았을 때, 조지 W. 부시는 이렇게 얘기했다. "그것은 그리스도이다. 그분은 나의 마음을 바꾸었기 때문이다.…… 당신의 마음과 당신의 삶을 그리스도에게 바칠 때, 당신이 그리스도를 구세주로 영접할 때, 그것은 당신의 마음을 바꾼다. 그것은 당신의 삶을 바꾼다. 그리고 나는 그것을 경험했다." 스티브 포브스는 이렇게 얘기했다. "나는 그리스도가 나의 주이며 구세주인 것을 굳게 믿는다. 그리고 나는 하나님이 세상을 창조했음을 굳게 믿는다." 부시처럼 오린 해치와 게리 바우어도 자신들이 가장 존경하는 역사적 인물은 그리스도라고 얘기했다. 앨런 케이즈는 거기에서 한 걸음 더 나아갔다. "나는 그리스도를 존경하지 않는다. 나는 그분을 숭배한다. 그분은 살아계신 하나님의 살아계신 아들이다." 민주당 쪽에서, 앨 고어는 자신이 1년 동안 신학대학원에 다니며 "삶의 목적이 무엇이고, 조물주에 대한 우리의 관계가 무엇이고, 서로에 대한 우리의 영적 의무가 무엇인지에 관한 가장 중요한 질문들에" 답을 얻으려고 애썼던 얘기를 했다. 그러면서 그는 결론적으로 이렇게 얘기했다. "삶의 목적은 하나님께 영광을 돌리는 것이다. 신앙은 내가 삶에서 중요한 질문들에 답을 얻으려 할 때 반석이 되어준다." 힘든 결정에 직면할 때, 그는 자신에게 "예수님이라면 어떻게 할까"라고 묻곤 한다고 얘기했다.[31]

이와 같이, 전국적인 공직에 유대인 후보자가 있는 최초의 이 선거에서, 다른 후보자들은 '하나님 얘기'에서 '그리스도 얘기'로 이동했고 종교적 경건함의 일반화된 언급들에서 기독교적 정체성의 명시적 확인들로 이동했다. 묵시적으로 이들은 미국이 기독교 국가라는 일반대중의 생각에 동의하는 것 같았다. 이와 같은 언급들은 미국의 종교적 부흥과 종교의 공적인 삶에로의 재진입에서 정점을 기록했다. 앞으로도 종교가 그곳에 있을지는 분명하지 않다. 유권자들이 도덕성보다 경제에 더 관심을 갖는 선거에서, 후보자들은 그리스도에 대한 믿음보다 일자리에 대한 믿음을 고백할 가능성이 더 높다. 그러나, 미국인들의 전반적인 종교성을 감안할 때, 전국적 공직에 출마하는 어떤 후보자도 비종교적으로 보이기를 원치 않을 것이다. 뿐만 아니라, 미국 밖의 강력한 힘들이 미국의 정체성에서 종교가 갖는 외형을 점점 더 높이고 있으며, 미국인들이 계속해서 자신들을 종교적이고 기독교적인 사람들로 생각할 가능성도 높이고 있다.

종교의 세계적 부흥 ■

거의 300년 동안 종교는 그 중요성이 계속해서 줄어들었다. 피의 종교적 전쟁이 100년 넘게 지속된 후, 17세기에 유럽의 지도자들은 '베스트팔리아 조약'을 통해 종교의 정치적 영향력을 줄이고 억제하려 시도했다. 18세기에 계몽주의 사상가들은 인간의 이해 원천으로서 신앙보다 이성을 강조했다. 19세기에는 과학이 종교를 무력화시킬 것이라는 확신이 높아졌다. 인류는 이성주의, 실용주의, 그리고 세속주의의 새로운 시대로 진입하고 있다는 믿음이 널리 퍼져 있었다. 프로이트는 『환상의 미래』에서 종교적 믿음들은 "증명이 어렵고…… 우리가 세상의 현실에 관해 발견한 모든 것들과 양립하기 어렵다"고 주장했다. 간단하게 말해서, 종교적 믿음들은 '착각'이었다.[32]

현대화와 현대성은 종교를 훼손하는 것 같았고, 이제 종교는 구시대의

■ 이 부분의 일부 내용은 내가 전에 발표한 「국제 정치 속의 종교적 요인」이란 논문에서 인용한 것이다. 취리히 대학교, 스위스 국제학 연구소, 2001년 1월 24일.

어두운 잔재로 여겨졌다. 미국을 제외한 서구 사회에서 종교를 실천하는 사람들은 크게 줄었고, 교회들은 점점 더 비어갔고, 종교적 믿음들과 종교적 기관들은 대부분의 서구 사회에서 부수적인 역할만을 수행하게 되었다. 공적인 분야에서 종교는 이념에 자리를 내주었다. 사람들, 정부들, 그리고 사회적 운동들은 다음의 주요 세속적 이념들 가운데 하나에서 정체성을 찾았다. 자유주의, 사회주의, 공산주의, 전체주의, 권위주의, 기업주의, 혹은 민주주의 등이었다. 이와 같은 이념들은 정치적 토론을 지배했고, 국내적 및 국제적 정책과 갈등을 규정했고, 국가들이 정치와 경제를 조직하는 모델을 제공했다.

그러나 20세기의 마지막 25년 동안, 세속주의로 향하는 행진은 방향을 바꾸었다. 종교의 세계적 부흥이라고 할 수 있는 것이 진행되었고, 서유럽을 제외한 세상의 거의 모든 지역에서 그 모습을 드러냈다. 그곳을 제외한 세상의 모든 나라들에서, 종교적인 정치적 운동들은 지지자들을 확보했다. 그리고 이런 나라들에서, 가장 종교적인 사람들은 노인들이 아니라 젊은이들이었고, 가난한 농부들이 아니라 위로 올라가는, 교육 수준이 높은 사무직 근로자들과 전문직 종사자들이었다. 이것의 한 가지 전형적 예는 터키에서 여자 의학도들이 자신들의 세속적인 정부에 반항하며 이슬람의 머릿수건을 쓰고 수업에 참석한 것이었다. 가장 큰 두 선교적 종교—이슬람과 기독교—는 전 세계에서 신도들과 개종자들을 얻기 위해 경쟁하며, 특히 무슬림 근본주의 운동들과 복음적인 프로테스탄티즘은 중남미에서 엄청난 영향을 끼쳤고 이제는 아프리카, 아시아, 그리고 과거의 소비에트 세상에 영향을 끼치고 있다. 20세기 후반에 전 세계의 종교에 관한 방대한 계량적 연구는 다음과 같이 분명한 결론을 내렸다. "전 세계의 대다수 인구가 살고 있는 전 세계의 대다수 국가들은 종교적 부흥의 과정에 있다. 이와 같은 부흥은 특히 전에 공산주의 세계였던 동유럽, 중앙아시아, 그리고 코카서스와 중남미, 중동, 아프리카, 중국, 그리고 동남아시아에 강력한 영향을 끼치고 있다.…… 반면에 대부분의 선진국들에서 종교는 하락 추세에 있는 것으로 보이며, 미국만이 가장 뚜렷한 예외이다."[33] 이와 같은 부흥은 당연히 학자들의 관심을 끌었고, 이들은 『신의 복수』, 『세속적 국가의 위기』 그리고 『퇴조하는 세속주의』 같은 책들을 발표했다.

21세기는 종교의 시대로서 시작되고 있다. 서구의 세속적인 국가 모델은 도전받고 있으며 대체되고 있다. 이란에서, 현대적이고, 세속적이고, 서구적인 국가를 만들려 한 국왕Shah의 시도는 이란혁명에 제물이 되었다. 러시아에서, 레닌의 세속적이고 반종교적인 소비에트 국가는 정교를 "러시아의 영성spirituality과 문화의 확립 및 발전에" 중심적인 것으로 규정하는 러시아 국가에 자리를 내주었다. 터키에서, 아타투르크Attaturk의 서구적이고 세속적인 국가 개념은 점점 더 강력한 이슬람의 정치적 운동으로부터 도전을 받았고, 종교적인 특성의 정당이 선거에서 승리해 2002년에 정부를 구성했다. 네루가 제시한 인도의 세속적이고, 사회주의적이고, 의회적인 민주주의 국가 개념은 몇몇 정치적 및 종교적 운동들로부터 공격을 받았고, 그들과 연결된 정당인 BJP가 선거에서 승리해 정부의 통제권을 장악했다. 이스라엘을 세속적이고, 유대적이고, 사회적인 민주주의 국가로 보았던 벤구리온의 그림은 정통 유대교 집단들의 강력한 반발에 부딪혔다. 아랍 세상에서, 키렌 초드리는 '새로운 국가주의'가 등장해, 적대적이었던 나세르 시대의 낡은 국가주의를 점점 더 강력해지는 현대의 정치적 이슬람과 결합시키고 있음을 보여주었다.[34] 아랍 세상에서 그동안 선거가 있었던 곳에서, 이슬람 정당들은 거의 지속적으로 새로운 세기의 처음 몇 년 동안 영향력을 높였다. 전 세계에서, 정치 지도자들은 "종교적 가치들에 기반한 새로운 형태의 국가적 질서를 만들기 위해" 애쓰고 있다.[35] 미국만이 텅 빈 광장을 채우고 있었던 것은 아니다.

국가들과 국민들의 정체성에서 종교의 외형이 높아진 것은 세상의 많은 지역에서 종교와 갈등의 연관성이 높아진 것도 의미했다. 이와 같은 갈등에는 종종 영토나 자원을 놓고 벌이는 정치적 내지 경제적 분쟁도 포함된다. 그러나 정치인들은 종교적 열정을 이용하고 심화시키는 것이 자신들에게 유리함을 알게 된다. 일단 갈등이 종교적 문제들에 집중되면, 그것은 대개 영합zero-sum이 되어 타협이 어려워진다. 즉, 아요드야Ayodya에 세워지는 것은 성전temple이거나 모스크mosque여야 하며, 마운트 성전Temple Mount을 통제하는 것은 유대교도이거나 무슬림이어야 한다. "종교는 종종 갈등의 중심에 있다"고 2000년에 '영연방 연합 히브루 연맹'의 수석 랍비인 요나단 삭스는 지적했다. "종교는 그동안 보스니아, 코소보, 체첸, 카슈미르를 비롯한 인도-파키스탄의 접경 지역, 북아일랜드, 중동, 사하라 이남의 아프리카, 그리고 아시아의 일부 지역에서 특히 첨예한 갈등의 요인이었다."[36] 다음 해에는 미국도 갈등 지대가 되었다.

호전적 이슬람 대 미국

오사마 빈 라덴이 미국을 공격해 수천 명의 사람들을 죽였을 때, 그는 두 가지 다른 것들도 했다. 그는 고르바초프가 만들어놓은 진공을 너무나도 위험한 새 적으로 채워놓았고, 미국의 정체성을 분명하게 기독교 국가로써 규정했다. 그 공격들은 1980년대부터 시작해 알카에다를 비롯한 호전적 집단들이 미국과 그밖의 과녁들을 대상으로 가한 일련의 공격들 중에서 가장 파괴적인 것이었다. 빈 라덴은 그와 같은 공격들을 정당화시키면서 1998년 2월에 공식적인 전쟁을 선언했다. 그는 "유대인들과 십자군들에 대항하는 성전jihad을" 촉구했고 "민간인이건 군인이건, 미국인들과 그들의 동맹국 국민들을" 죽이는 것은 "그렇게 하는 것이 가능한 모든 나라에서 그렇게 할 수 있는 모든 무슬림의 개인적 의무"라고 선언했다.[37] 미국이 적으로 규정된 것은 강력했기 때문이고, 기독교 국가였기 때문이고, 이슬람의 성스러운 땅에 군사력을 배치하고 "미국의 지부 내지 대리인에" 불과한 사우디의 부패 정권을 지원했기 때문이다.[38]

미국인들은 이슬람이나 이슬람 사람들, 혹은 이슬람 문명을 미국의 적으로 보지 않는다. 종교적이건 세속적이건, 호전적 이슬람은 미국과 미국인들, 미국의 종교, 그리고 미국의 문명을 이슬람의 적으로 보며, 따라서 미국인들도 이들 호전적 이슬람을 비슷하게 볼 수밖에 없다. 호전적 이슬람과 미국 사이의 이 새로운 전쟁은 냉전과 비슷한 점이 많다. 무슬림의 적개심은 미국인들이 자신들의 정체성을 종교적 및 문화적 측면에서 규정하도록 자극하는데, 이것은 냉전이 그와 같은 정체성의 정치적 및 신조적 규정들을 촉진시킨 것과 너무나도 비슷하다. 조지 케넌이 1946년에 소련의 위협에 대해 했던 얘기는 미국의 새로운 이슬람 적들을 묘사하는 데 그대로 적용될 수도 있다. 그는 이렇게 얘기했다.

> 이제 우리를 위협하는 정치적 세력은 광적으로 다음과 같은 믿음에 헌신한다. 그들은 미국이 있는 한 영구적인 삶의 방식은 없다고 믿는다. 그들은 우리 사회의 내적인 조화가 망가지고, 우리의 전통적인 삶의 방식이 파괴되고, 우리나라의 국제적 권위가 추락하는 것을 바라고 있다.[39]

공산주의 국제연대가 한때 그랬듯이, 호전적인 무슬림 집단들은 전 세계의 국가들에서 세포 조직을 운영한다. 공산주의자들이 그랬듯이, 이들은 평화적인 시위와 집회를 조직하고, 이슬람의 정당들은 선거에서 경쟁한다. 이들은 합법적인 종교적, 자선적, 그리고 시민적 목표들을 추구하는 단체들을 지원하며, 이와 같은 단체들에 소속된 구성원들 중에서 개인들을 선발해 더 폭력적인 목적에 활용한다. 서유럽과 미국에 있는 무슬림 이주자 공동체들이 제공하는 비위협적이고 종종 동정적인 환경은 소련의 좌익 숭배자들이 제공했던 것과 비슷하다. 모스크들은 기지와 은신처로 기능할 수 있고, 그것들을 통제하려는 온건파와 과격파 사이의 투쟁은 1930년대와 1940년대에 미국의 노조들에서 일어났던 친공파와 반공파 사이의 투쟁을 닮고 있다. 레이건 대통령이 소련을 '사악한 제국'이라고 지칭한 것은 부시 대통령이 두 무슬림 국가인 이란과 이라크에 북한을 보태 '악의 축'이라고 얘기한 것과 상통한다. 호전적 공산주의와 미국이 벌인 이념적 전쟁의 수사rhetoric들은 호전적 이슬람과 미국이 벌이는 종교적 및 문화적 전쟁으로 이전되었다.

그러나 두 가지 중요한 차이가 20세기에 서구의 민주주의 사회들에 대항한 공산주의 운동과 현대의 이슬람 운동 사이에 존재한다. 첫째, 단 하나의 거대한 국가가 공산주의 운동을 지원했다. 이슬람 운동은 다양한 형태의 경쟁적 국가들, 종교적 단체들, 그리고 개인들이 지원하며, 이슬람의 정당들과 테러집단들은 다양하고 종종 상충하는 많은 목표들을 갖고 있다. 둘째, 공산주의자들은 노동자, 농민, 지식인, 그리고 소외된 중산층 사람들을 대규모로 동원해 서구 사회의 민주적인 정치적 및 자본주의 경제 시스템을 공산주의 체제로 바꾸고 싶어했다. 반면에 호전적인 이슬람 집단들은 유럽과 미국을 이슬람 사회로 개종시키려 하지 않는다. 이들의 주된 목표는 그런 사회들을 바꾸는 것이 아니라 그들에게 심각한 손상을 가하는 것이다. 이들의 활동가들은 노조를 찾아가 근로자들에게 파업을 하라고 촉구하는 것이 아니라, 지하에 숨어 사람들과 건물, 그리고 제도에 폭력적인 테러 공격을 가하려 한다.

최근의 수십 년 동안 무슬림은 개신교도, 천주교도, 그리고 정통 기독교도, 힌두교도, 유대교도, 불교도, 그리고 한족 중국인들과 싸웠다. 무슬림은 보스니아, 코소보, 체첸, 카슈미르, 신장, 팔레스타인, 그리고 필리핀에서 비무슬림의 통치에서 벗어나기 위한 독립이나 자치를 위해 싸웠다. 그리고 정통 기독교도들과 서구적 기독교도들은 나고르노-카라바크와 수단에서 무슬림의 통치에 대항해 싸웠다. 그러나 이와 같은 국지전들에 영향을 끼친 것은 한쪽에서 이란과 수단, 호전적인 비이슬람 정권들(이라크와 리비아), 그리고 (알카에다 같은) 무슬림 테러 단체들과 다른 쪽에서 미국, 이스라엘, 그리고 때로는 영국 같은 서유럽 국가들 사이의 보다 넓은 갈등이었다. 이와 같은 일련의 갈등들은 1980년대와 1990년대의 유사전쟁에서 시작해 9·11사태 후의 '테러와의 전쟁'으로, 이어서 2003년의 이라크에 대한 전면적 재래전으로 확대되었다. 이와 같은 규모의 확대는 미국에 대한 무슬림의, 특히 아랍인들의 적개심을 증폭시켰다. 미국인들이 테러와의 전쟁으로 보는 것을 무슬림은 이슬람과의 전쟁으로 본다.

미국에 대한 무슬림의 부정적 감정과 적대적 태도는 1990년대에 힘을 얻었고 9·11사태 후에 극적으로 나타났다. 무슬림은 대체로 그날 일어났던 것에 공포심과 동정심을 보였지만, 많은 이들은 즉시 그와 같은 공격이 CIA나 이스라엘의 정보기관 모사드가 주도한 것이라는 음모론을 수용했다. 이들은 압도적으로 아프가니스탄에서 알카에다와 알카에다에 활동 기반을 제공한 탈레반 정권에 미국이 군사적 행동을 가하는 것에 반대했다. 2001년 12월부터 2002년 1월까지 9개의 무슬림 국가들에서 1만 명의 응답자들을 대상으로 한 조사의 결과는 응답자들이 미국을 "무자비하고, 공격적이고, 위선적이고, 거만하고, 외교 정책에서 쉽게 흥분하고 편견에 사로잡히는" 나라라고 생각함을 보여주었다.[40] 이듬해에

'퓨Pew 리서치 센터'가 실시한 조사 결과는 이집트, 요르단, 인도네시아, 레바논, 세네갈, 그리고 터키 사람들의 56 내지 85퍼센트가 미국이 수행하는 테러와의 전쟁에 반대함을 보여주었다. 터키와 레바논에서 대다수의 사람들은 미국에 대해 '어느 정도, 혹은 아주 비우호적인' 견해를 갖고 있었다. 이집트와 요르단, 그리고 파키스탄에서 대다수의 사람들은 미국에 대해 '아주 비우호적인' 견해를 갖고 있었다. 조사 대상 무슬림 국가들 중에서 방글라데시와 인도네시아에서만, 대다수에 미치지 못하는 사람들이 미국에 대해 비우호적인 견해를 갖고 있었다.[41]

미국에 대한 무슬림의 적대적 태도는 부분적으로 미국의 이스라엘 지원에서 비롯된 것이다. 그것은 또 미국의 힘에 대한 두려움, 미국의 부유함에 대한 부러움, 미국의 지배와 착취라고 인식되는 것에 대한 반감, 그리고 (세속적이건 종교적이건) 무슬림 문화에 반대되는 미국 문화에 대한 적개심 등에 더 깊은 뿌리가 있다. 이와 같은 태도는 수천 개의 종교적인 학교들에서 전파되고, 사우디를 비롯한 무슬림 정부들이 지원하고, 동남아시아부터 북아프리카에 이르기까지 많은 곳의 개인들과 자선단체들이 지원한다. 〈이코노미스트〉의 보도에 따르면, 2003년 2월에 메카에서 열린 연례적 하지haj에서 2백만의 무슬림들에게 전달된 설교들은 '문명의 충돌'을 반영하는 것이었다.[42] 무슬림은 점점 더 미국을 자신들의 적으로 본다. 만일 이것이 미국이 피할 수 없는 운명이라면, 미국인들의 유일한 대안은 그것을 받아들이고 그것을 다루는 데 필요한 조치들을 취하는 것이다.

최근의 역사는 미국이 앞으로 무슬림 국가들과 단체들, 그리고 어쩌면 그밖의 집단들과도 다양한 종류의 군사적 갈등을 겪게 될 수 있을 것이라고 얘기한다. 이와 같은 전쟁들은 미국을 단결시킬 것인가 분열시킬 것인가? 미국과 영국 모두의 역사적 경험들은 (아서 쉬타인이 세심하게 분석했듯이) 전쟁이 야기시키는 단결성이나 분열성의 정도는, 그리고 따라서 국가적 정체성의 외형에 전쟁이 끼치는 영향은 대체로 두 가지 요인에 의해 결정됨을 보여준다. 첫째, 적으로부터 인식되는 위협이 클수록 국가의 단결성은 높아진다. 둘째, 전쟁의 수행을 위한 자원의 동원이 클수록, 사람들이 감내하는 희생의 정도가 다르기 때문에, 국가의 분열성은 더 높아지는 경향이 있다.[43] 이와 같은 명제는 미국의 최근 전쟁들에 다음과 같은 의미를 갖는다.

인식되는 위협의 수준	동원의 수준			
	높음		낮음	
높음	A	초창기의 단결성, 점증하는 분열성 (제2차 세계대전)	D	지속적인 단결성 (테러와의 전쟁)
낮음	B	초창기 및 계속되는 분열성 (베트남전)	C	서서히 진행되는 분열성 (걸프전)

처음에 위협의 수준이 높은 전쟁은 (상자 A) 높은 수준의 단결성을 낳지만, 전쟁의 수행에 필요한 사람들, 물자, 생산력, 그리고 세금의 동원이 높다면 전쟁이 진행되면서 분열성은 높아지고, 이와 같은 상황은 2차대전에서 일어났다. 위협의 수준은 낮은데 높은 수준의 동원을 요구하는 전쟁은 (상자 B) 처음부터 상당한 분열성을 초래하고, 정부는 이것을 줄이기 위해 동원의 수준을 낮추려 할 수도 있다. 닉슨 행정부가 월남전에서 미국의 군사력을 줄이고 징병제를 끝내려 한 것이 그와 같은 시도였다. 위협의 수준도 낮고 동원의 수준도 낮은 전쟁은 (상자 C) 처음에 분열성도 낮지만, 전쟁의 기간이 길어질수록 분열성은 점점 더 높아질 수 있다. 마지막으로, 위협의 수준은 높지만 동원의 수준은 아주 낮은 전쟁은 (상자 D) 국가의 단결성이 강하게 지속되는 결과를 낳을 수 있다. 이와 같

은 상황은 9·11사태 후에 미국이 추구한 '테러와의 전쟁'에서 나타났다. 비행기들이 세계무역센터에 가서 부딪치고 쌍둥이 건물이 무너져 내리는 극적인 이미지는 미국인들에게 깊고 지속적인 위협의 인식을 심어놓았다. 이에 대응해 부시 행정부는 높은 세금, 물자 부족, 혹은 그밖에 (사소한 불편을 제외한) 고통을 요구하지 않음으로써 국가적 단결성과 그 전쟁에 대한 지지를 극대화시켰다. 날카로운 정치적 감각으로 부시 행정부는, 일부에서 그것을 '진짜' 전쟁으로 만들기 위해 요구해야 한다고 생각한 희생을 요구하지 않음으로써, 그 전쟁에 대한 지지를 유지했다.

미국에 대한 테러집단들의 반복적 공격은, 상당한 동원을 요구하지 않을 때, 국가적 정체성의 외형과 국가적 단결성을 높일 것이다. 미국을 직접적으로 공격하지 않는 적대 국가나 국가들에 대한, 하지만 그러면서 높은 수준의 동원을 요구하는 전쟁의 확대는 국가적 분열과 대중의 반발을 초래할 수 있다. 2003년에 부시 행정부는 1년 내내, 이라크에 대한 전쟁이 테러에 대한 전쟁의 일부이며 '상자 D'에 속하는 것이라고 미국의 일반대중을 설득하려 시도했다. 즉, 이라크는 미국의 안보에 심각한 위협을 제기하기 때문에, 행정부의 대응은 효과적이고 경제적인 것이라는 얘기였다. 비판가들은 그 전쟁이 사실은 '상자 B'에 속하는 것이라고 주장했다. 그러니까, 이라크는 미국을 공격하지 않았고, 미국이나 미국의 중요한 이익에 심각한 위협을 제기하지 않고, 이라크에 대한 전쟁은 점점 더 많은 돈과 (의회가 2003년 11월에 승인한 870억 달러) 인력을 (이라크에서의 복무기간 연장과 방위군 및 예비군의 동원) 요구하는 반면, 전장에서는 거의 매일 미군들이 죽어간다는 것이었다.

세계 속의 미국: 범세계주의, 제국주의, 국가주의?

미국인들이 자신들을 규정하는 방식은 세계 속에서 그들의 역할을 규정하지만, 세상이 그와 같은 역할을 보는 방식도 미국의 정체성에 영향을 끼친다. 이제 새로운 시대를 맞아, 미국과 세상의 관계에 있어서 세 가지 기본적 개념이 존재한다. 첫째, 미국인들은 세상을 끌어안을 수 있다. 다시 말해, 미국인들은 다른 사람들 및 문화들에 자신들의 문을 열어놓을 수 있다. 둘째, 미국인들은 미국의 가치들에 바탕해 다른 사람들과 문화들의 모습을 바꾸려 할 수 있다. 셋째, 미국인들은 자신들의 사회와 문화를 다른 사람들의 그것과 다른 독특한 것으로 유지할 수 있다.

첫 번째 대안은 범세계주의 대안으로서, 9·11사태 후에 미국을 지배하는 추세들의 갱신을 포함한다. 미국은 세상과 세상의 문물, 특히 세상의 사람들을 환영한다. 이상적인 미국 사회는 국경이 열린 사회로서 하부국가적인 민족적, 인종적, 그리고 문화적 정체성들과 이중적인 시민권, 디아스포라를 권장하며, 이런 사회를 이끄는 엘리트들은 점점 더 국가적이기보다 세계적인 제도, 관습, 그리고 규칙들을 선호한다. 미국은 다민족, 다인종, 다문화 사회가 되어야 한다. 다양성은 최고는 아니어도 중요한 가치관이 된다. 미국에 다양한 언어, 종교, 그리고 관습을 갖고 오는 사람들이 많아질수록 미국은 더 미국적이 된다. 중산층의 미국인들은 점점 더 자신들이 일하는 지구적 기업들에서 정체성을 찾으며, 자신들이 거주하는 지역의 공동체들과 직업적 특성이나 숙련성의 부족 때문에 할 수 없이 그런 공동체들에 묶여 있는 사람들에서 정체성을 찾지 않는다. 미국인들의 활동은 점점 더 연방과 주의 정부들이 아니라 국제적 기관들—국제연합, 세계무역기구, 세계 재판소, 국제적인 관습법, 그리고 지구적인 협약과 체제들—이 설정하는 규칙들에 의해서 규정된다. 국가적 정체성은 다른 정체성들과 비교해 외형이 줄어든다.

　이와 같은 범세계주의 대안에서, 세상은 미국의 모습을 바꾼다. 그러나 제국주의 대안에서, 미국은 세상의 모습을 바꾼다. 냉전의 종식은 미국의 세계적 역할을 규정하는 압도적 요인으로서 공산주의를 제거했다. 그 결과 자유주의자들은 자신들의 외교 정책 목표들을 추구하면서 그와 같은 목표들이 국가 안보를 위협한다는 비난에 직면할 필요가 없어졌고, 그래서 국가 건설의 의무를 지지 않고 인간적인 개입과 '사회사업 같은 외교 정책'을 추진할 수 있게 되었다. 미국이 세계 유일의 초강대국으로 등장한 것은 미국의 보수주의자들에게 그와 비슷한 영향을 끼쳤다. 냉전 기간에 미국의 적들은 미국을 제국주의라고 비난했다. 새 천년의 초입에 보수주의자들은 미국의 제국주의 개념을 받아들였고 미국의 힘을 사용해 세상을 미국의 가치관에 맞는 곳으로 바꾸는 데 동의했다.

　이와 같이 제국주의 충동은 미국의 절대적 힘과 미국적 가치관의 보편성으로 강화되었다. 미국의 힘은 다른 개별적 국가들과 국가들의 집단들을 훨씬 능가하며, 그래서 미국은 전 세계에서 악에 대적하고 질서를 창출할 의무가 있다고 생각되었다. 보편주의 믿음에 따르면, 다른 사회들의 사람들은 기본적으로 미국인들과 같은 가치관을 갖고 있거나, 그렇지 않다면 그런 것을 갖고 싶어하거나, 그렇지 않다면 자신들의 사회에 좋은 것이 무엇인지 잘못 알고 있으며, 미국인들은 그들이 미국이 옹호하는 보편적 가치들을 끌어안도록 설득하거나 유도할 책임이 있다. 이와 같은 세상에서 미국은 국가적 정체성을 잃고 초국가적 제국의 지배적 요소가 된다.

　절대적 힘의 가정과 보편주의 가정 모두 21세기 초의 세상을 정확하게 설명하지 못한다. 미국은 유일한 초강대국이지만, 미국 말고도 주요 열강들은 있다. 지구적인 수준에서 영국, 독일, 프랑스, 러시아, 중국, 그리고 일본이 있으며, 지역적인 수준에서 브라질, 인도, 나이지리아, 이란, 남아공, 그리고 인도네시아가 있다. 미국은 이들 중에서 적어도 일부 국가의 협조 없이 세계에서 중요한 목표를 제대로 달성할 수 없다. 다른 사회들의 문화, 가치관, 전통, 그리고 제도 역시 그런 사회들을 미국적 가치관에 바탕해 재규정하는 것과 양립하기 어려울 때가 많다. 그런 곳의 사람들은 대개 자신들의 고유한 문화, 전통, 그리고 제도에 깊은 애정을 느끼며, 그래서 다른 문화 출신의 외부자들이 그것들을 바꾸려는 시도에 격렬하게 저항한다. 뿐만 아니라, 미국의 엘리트들이 추구하는 목표가 무엇이건, 미국의 일반대중은 지속적으로 해외에서의 민주주의 확산을 외교 정책의 순위가 낮은 목표로 생각하고 있다. '민주주의의 역설' 속에서, 다른 사회들의 민주주의 채택은 종종 반미 세력의 등장과 확산도 촉진시키며, 이와 같은 예는 중남미의 국가주의적 대중주의 운동과 무슬림 국가들의 근본주의 운동에서 찾아볼 수 있다.

　범세계주의와 제국주의는 미국과 다른 사회들 간의 사회적, 정치적, 그리고 문화적 차이를 줄이거나 제거하려 시도한다. 국가주의 접근법은 미국을 그런 사회들과 구분짓는 것을 인정하고 받아들이려 한다. 다른 곳의 사람들은 미국인이 되지 않고 여전히 자신들일 수 있다. 미국은 다른 나라이며, 이와 같은 차이는 대체로 미국의 종교성과 앵글로-개신교도 문화에 의해 규정된다. 범세계주의와 제국주의에 대안적인 것은 건국 이후 미국을 규정해 온 특징들의 보존과 확대에 헌신하는 국가주의이다.

　종교성은 미국을 대부분의 다른 서구 사회들과 구분짓는다. 미국인들은 또 압도적으로 기독교도이며, 이것은 그들을 대부분의 비서구 사회 사람들과 구분짓는다. 미국인들의 종교성은 미국인들이 다른 사람들보다 훨씬 더 큰 정도로 선과 악의 측면에서 세상을 보게 한다. 다른 사회들의 지도자들은 종종 이와 같은 종교성이 이례적일뿐 아니라 정치적, 경

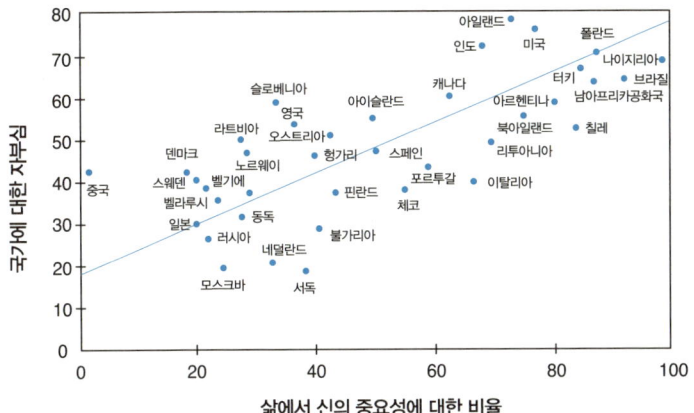

<표 12-2> 국가에 대한 자부심과 신의 중요성

출처: 1990~1991년 전 세계 가치관 조사, 로널드 잉글하트 & 마리타 카발로, '중남미는 존재하는가? (그리고 유교 문화는 있는가) : 비교문화적 차이들의 전 세계적 분석', PS : 정치학과 정치, 30호(1997년 3월), 38쪽.

제적, 그리고 사회적 문제들과 관련해 그것이 추구하는 깊은 도덕성 때문에 당혹스런 것이기도 하다고 생각한다.

종교와 국가주의는 서구의 역사에서 밀접한 관계를 맺어 왔다. 애드리언 해스팅즈가 보여주었듯이, 종교는 종종 국가주의의 내용을 결정한다. "모든 민족성은 언어에 의해서 뿐 아니라 종교에 의해서도 상당한 영향을 받는다.…… 유럽에서는 기독교가 국가성의 내용에 많은 영향을 끼쳐 왔다."[44] 종교와 국가주의의 관계는 20세기 말에도 중요성이 줄어들지 않았다. 보다 종교적인 국가들은 대개 보다 국가주의적인 경향이 있다. 41개 국가들을 대상으로 한 조사 결과에 따르면, 보다 많은 사람들이 자신들의 삶에서 하나님(신: God)의 중요성에 '높은' 점수를 준 사회들은 보다 많은 사람들이 자신들의 국가에 '높은 자부심을' 갖는 사회이기도 했다(표 12-2 참조).[45]

국가들 안에서도, 보다 종교적인 사람들은 대개 보다 국가주의적인 경향이 있다. 대부분이 유럽 국가인 15개 국가들을 대상으로 실시한 1983년의 조사에서, "자신들이 종교적이지 않다고 얘기한 사람들은 자신들의 나라에 대한 자부심이 상대적으로 낮은 것으로" 나타났다. 평균적으로 그와 같은 차이는 11퍼센트였다.[46] 대부분의 유럽 사람들은 하나님에 대한 믿음과 국가에 대한 자부심이 낮은 것으로 나타났다. 미국은 아일랜드 및 폴란드와 함께 두 가지 모두에서 아주 높은 순위를 기록했다. 천주교는 아일랜드와 폴란드의 국가적 정체성에서 핵심적인 요소이다. 저항적 프로테스탄티즘은 미국의 국가적 정체성에서 중심적인 요소이다. 미국인들은 압도적으로 하나님과 국가 모두에 헌신하며, 미국인들에게 둘은 불가분의 관계에 있다. 종교가 모든 대륙에서 사람들의 충성심, 연대감, 그리고 적개심을 규정하는 세상에서, 미국인들이 다시 종교로 복귀해 국가적 정체성과 국가적 목적을 찾는다 해도 그렇게 놀랄 일은 아닐 것이다.

   미국의 엘리트들 중에서 상당 비율은 미국이 범세계적 사회가 되는 것에 우호적인 경향이 있다. 그리고 다른 엘리트들은 미국이 제국주의 역할을 떠맡아야 한다고 생각한다. 대다수의 일반대중은 국가주의 대안을 지지하는 견해를 보이며, 수백 년의 역사를 갖는 미국의 정체성을 보존하고 강화하는 데 헌신한다. 미국은 세상이 된다. 세상은 미국이 된다. 미국은 미국으로 남는다. 범세계주의? 제국주의? 국가주의? 미국인들의 선택은 국가로서 자신들의 미래와 세상의 미래를 결정할 것이다.

| 옮긴이의 말 |

처음 이 책의 번역 의뢰를 받았을 때 다소 망설였던 부분은, 원서의 제목인 『우리는 누구인가: 미국의 정체성 위기』에서 앞부분의 주 제목, 즉 '우리는 누구인가'였다. 미국 사람들이 자신들(우리)이 누구라고 생각하건 우리(한국인들)에게 무슨 상관이 있단 말인가?

하지만 그 부분을 살짝 이렇게 바꾸면, 그러니까 '그들은 누구인가'로 바꾸면, 이 책의 유용성은 상당히 높아진다. 이 책을 읽으면 더욱더 공감하게 되겠지만, 미국은 전 세계의 어떤 나라와도 다른 독특한 나라이다. 그것은 미국의 막강한 정치적, 군사적, 그리고 경제적 힘 때문이기도 하지만, 무엇보다 그것은 미국이 '전 세계의 모든 나라들에서' 사람들이 들어와 사는 '이민 국가'이기 때문이다. 보다 현실적인 측면에서도 우리는—그리고 세상의 거의 모든 나라들은—(좋건 싫건) 미국에 의지까지는 몰라도 미국을 무시하고는 살 수가 없다. 그렇기 때문에 우리는, 또한 '이민 국가'인 미국에는 한국 사람들도 많이 가서 살고 있기 때문에, 미국에 대해 보다 정확한 이해를 할 필요가 있을 것이다. 그리고 이와 같은 맥락에서, 이 책은 (단지 미국 사람들뿐 아니라) 전 세계의 거의 모든 사람들에게—당연히 우리들도 포함해—유용성이 적지 않다고 볼 수 있다.

이 책은 제목에서도 알 수 있듯이, 도대체 미국은 어떤 나라이고, 나아가 미국은 어떤 나라여야 하는지에 관한 '미국의 국가적 정체성identity' 문제를 다루고 있다. 그리고 저자는 이 책에서 (내가 볼 때는) 기승전결의 4단논법으로 그 문제에 접근하고 있다.

서론에 해당하는 1부에서, 저자는 (특히 9·11사태와 관련해) 현재 미국의 정체성은 어떤 상태에 있고, 보다 일반적으로 '정체성'과 나아가 '국가적 정체성'은 무엇인지를 설명한다. 본론의 첫 번째 부분에 해당하는 2부에서, 저자는 미국의 정체성 요소element들을 민족, 인종, 이념, 문화—그중에서도 특히 종교—의 측면에서 (대체적으로 연대순의) 역사적 고찰을 시도한다. 본론의 두 번째 부분에 해당하는 3부에서, 저자는 그와 같은 미국의 정체성 요소들이 어떻게 도전받고 있는지 구체적이고 체계적으로 분석한다. 결론에 해당하는 4부에서, 저자는 이제 미국의 정체성 요소들로서 중요한 것은 ('미국의 신조'로 표현되는) 정치적 이념과 ('앵글로-개신교도 문화'로 표현되는) 핵심 문화, 그리고 무엇보다 ('기독교'로 대변되는) 종교성임을 강조하면서, 미국의 미래는 범세계주의, 제국주의, 그리고 국가주의의 세 가지 선택 가운데 하나라고 얘기하며, (적어도 내가 볼 때, 그리고 책의 전반적 흐름을 감안할 때) 그중에서 미국이 가야 할 길은 '국가주의'의 길이라고 암묵적으로 제시한다.

이 책은 저자 자신도 서문에서 명시적으로 밝혔듯이, 지은이의 학자적 관심과 애국자적 충정 모두에서 비롯된 동기로 저술되었다. 지은이의 학자적 관심은 미국이라는 국가의 정체성과 나아가 전 세계 많은 나라들의 국가적 정체성을 정말로 풍부한 인용, 날카로운 통찰력, 그리고 정확한 문장으로 파헤치게 만들고 있다. 지은이의 애국자적 충정은 (당연히 개인적이고 감정적인 측면이 있으므로) 동의하는 사람들도 있고 비판하는 사람들도 있을 것이다.

애국자적 충정에서 비롯된 지은이의 주장들은 사람들의 가치관에 따라 받아들일 수도 있고 거부할 수도 있다. 그리고 자세히 꼼꼼하게 따져 보면 그의 주장들 속에는 (적어도 내가 볼 때) 자체적으로도 논리적인 모순이 있을 수 있다. 가령 나는 조심스럽게 다음과 같은 두 가지 점을 지적한다. 첫째, 엘리트들의 생각이 무엇이건 일반대중의 견해를 존중해야 한다면, 그것은 결국 대중에 영합하는 포퓰리즘populism이 될 수 있고, 이것이 반드시 바람직한 것인지는 의문의 여지가 있다. 둘째, 미국이 무엇보다 기독교적 종교성에 바탕한 국가주의의 길을 가야 한다면, 그것은 (지은이 자신의 말처럼) 선과 악을 분명하게 구분하는 사회를 뜻할 것인데, 이렇게 된다면 미국은 국제 사회에서 (지은이가 피하기를 갈망하는 것으로 보여지는) 갈등을 더 많이 초래할 수도 있다.

그러나 이와 같은 애국자적 충정을 지은이의 개인적 바람이나 하나의 열린 주장으로 참고만 한다면, 지은이의 학자적 관심에서 비롯된 이 책의 체계적이고 구체적인 분석은 우리에게 많은 배움을 준다. 나는 그것이 이 책의 가장 큰 효용이라고 생각하며, 지은이의 날카로운 통찰력과 정확한 문장에 자주 감탄하면서, 미국과 나아가 세상에 대해 참으로 많은 것을 배웠다고 생각한다.

형선호 드림

후주

I. 정체성 문제

1. 국가적 정체성의 위기

1. Luntz Research Co. survey of 1,000 adults, 3 October 2001, reported in *USA Today*, 19-21 October 2001, p. 1.
2. *New York Times*, 23 September 2001, p. B6.
3. Rachel Newman, "The Day the World Changed, I Did Too," *Newsweek*, 1 October 2001, p. 9.
4. *Los Angeles Times*, 16 February 1998, pp. B1, C1; John J. Miller, "Becoming an American," *New York Times*, 26 May 1998, p. A27.
5. Joseph Tilden Rhea, *Race Pride and the American Identity* (Cambridge: Harvard University Press, 1997), pp. 1-2, 8-9; Robert Frost, *Selected Poems of Robert Frost* (New York: Holt, Rinehart and Winston, 1963), pp. 297-301, 422; Maya Angelou, "On the Pulse of Morning," *New York Times*, 21 January 1993, p. A14.
6. Ward Connerly, "Back to Equality," *Imprimis*, 27 (February 1998), p. 3.
7. Correspondence supplied by Ralph Nader; Jeff Jacoby, "Patriotism and the CEOs," *Boston Globe*, 30 July 1998, p. A15.
8. Robert D. Kaplan, "Fort Leavenworth and the Eclipse of Nationhood," *Atlantic Monthly*, 278 (September 1996), p. 81; Bruce D. Porter, "Can American Democracy Survive?" *Commentary*, 96 (November 1993), p. 37.
9. Mehran Kamrava, *The Political History of Modern Iran: From Tribalism to Theocracy* (London: Praeger, 1992), p. 1; James Barber, "South Africa: The Search for Identity," *International Affairs*, 70 (January 1994); Lowell Dittmer and Samuel S. Kim, *China's Quest for National Identity* (Ithaca: Cornell University Press, 1993); Timothy Ka-Ying Wong and Milan Tung-Wen Sun, "Dissolution and Reconstruction of National Identity: The Experience of Subjectivity in Taiwan,"

Nations and Nationalism, 4 (April 1998); Gilbert Rozman, "A Regional Approach to Northeast Asia," *Orbis*, 39 (Winter 1995); Robert D. Kaplan, "Syria: Identity Crisis," *Atlantic Monthly*, 271 (February 1993); *New York Times*, 10 September 2000, p. 2, 25 April 2000, p. A3; Conrad Black, "Canada's Continuing Identity Crisis," *Foreign Affairs*, 74 (March/April 1995), pp. 95-115; "Algeria's Destructive Identity Crisis," *Washington Post National Weekly Edition*, 31 January - 6 February 1994, p. 19; *Boston Globe*, 10 April 1991, p. 9; Anthony DePalma, "Reform in Mexico: Now You See It," *New York Times*, 12 September 1993, p. 4E; Bernard Lewis, *The Multiple Identities of the Middle East* (New York: Schocken, 1998).

10. Gilles Kepel, *Revenge of God: The Resurgence of Islam, Christianity, and Judaism in the Modern World* (University Park,: Pennsylvania State University Press, 1994). See also Mark Juergensmeyer, *The New Cold War? Religious Nationalism Confronts the Secular State* (Berkeley: University of California Press, 1993); Peter L. Berger, ed., *The Desecularization of the World: Resurgent Religion and World Politics* (Grand Rapids, MI: William B. Eerdmans, 1999); David Westerlund, ed., *Questioning the Secular State: The Worldwide Resurgence of Religion in Politics* (London: Hurst, 1996).

11. Ivor Jennings, *The Approach to Self-Government* (Cambridge: Cambridge University Press, 1956), p. 56, quoted in Dankwart A. Rustow, "Transitions to Democracy: Toward a Dynamic Model," *Comparative Politics*, 2 (April 1970), p. 351.

12. Charles Tilly, "Reflections on the History of European State-Making," in Tilly, ed., *The Formation of National States in Western Europe* (Princeton: Princeton University Press, 1975), p. 42.

13. Peter Wallensteen and Margareta Sollenberg, "Armed Conflict, 1989-99," *Fournal of Peace Research*, 39 (September 2000), p. 638.

14. Bill Clinton, quoted in *The Tennessean*, 15 June 1997, p. 10.

2. 정체성에 대하여

1. Karmela Liebkind, *Minority Identity and Identification Processes: A Social*

Psychological Study: Maintenance and Reconstruction of Ethnolinguistic Identity in Multiple Group Allegiance (Helsinki: Societas Scientiarium Fennica, 1984), p. 42; Erik H. Erikson, *Identity: Youth and Crisis* (New York: Norton, 1968), p. 9 and quoted by Leon Wieseltier, "Against Identity," *New Republic*, 28 November 1994, p. 24; Wieseltier, *Against Identity* (New York: W. Drenttel, 1996), and *Kaddish* (New York: Knopf, 1998).

2. Ronald L. Jepperson, Alexander Wendt, and Peter J. Katzenstein, "Norms, Identity, and Culture in National Security," in Peter J. Katzenstein, ed., *The Culture of National Security: Norms and Identity in World Politics* (New York: Columbia University Press, 1996), p. 59.

3. Liebkind, *Minority Identity and Identification Processes*, p. 51, citing Henri Tajfel, "Interindividual behaviour and intergroup behaviour" in Tajfel, H., ed., "Differentiation Between Social Groups: Studies in the Social Psychology of Intergroup Relations," *European Monographs in Social Psychology*, no. 14, (London: Academic Press, 1978), pp. 27-60.

4. Committee on International Relations, Group for the Advancement of Psychiatry, *Us and Them: The Psychology of Ethnonationalism* (New York: Brunner/Mazel, 1987), p. 115.

5. Ibid; Jonathan Mercer, "Anarchy and Identity," *International Organization*, 49 (Spring 1995), p. 250.

6. Josef Goebbels, quoted in Jonathan Mercer, "Approaching Hate: The Cognitive Foundations of Discrimination," CISAC (Stanford University, January 1994), p. 1; André Malraux, *Man's Fate* (New York: Random House, 1969), p. 3 cited by Robert D. Kaplan, "The Coming Anarchy," *Atlantic Monthly*, 273 (February 1994), p. 72; Albert Einstein and Sigmund Freud, "Why War?," in *The Standard Edition of the Complete Psychological Works of Sigmund Freud* (London: Hogarth Press, 1964), pp. 199-215.

7. Vamik D. Volkan, "The Need to Have Enemies and Allies: A Developmental Approach," *Political Psychology*, 6 (June 1985) pp. 219, 243, 247; Volkan, *The Need to Have Enemies and Allies: From Clinical Practice to International Relationships*

(Northvale, N.J. : J. Aronson, 1994), p. 35; Francis Fukuyama, The End of History and the Last Man (New York: Free Press, 1992), p. 162-177.

8. Mercer, "Anarchy and Identity," p. 242; Volkan, "The Need to Have Enemies and Allies" p. 231; Dennis Wrong, *The Problem of Order: What Unites and Divides Society* (New York: Free Press, 1994), pp. 203-4; Economist, 7 July 1990, p. 29. 그러나 이와 같은 차별은 문화적 형태로 나타날 수도 있다. Mercer, "Approaching Hate," pp. 4-6, 8,11 citing Margaret Wetherell, "Cross-Cultural Studies of Minimal Groups: Implications for the Social Identity Theory of Intergroup Relations," in Henri Tajfel, ed., *Social Identity and Intergroup Relations*, (Cambridge: Cambridge University Press, 1982), pp. 220-21; Robert Axelrod, *The Evolution of Cooperation*, (New York: Basic Books, 1984), pp. 110-12, and Michael A. Hogg and Dominic Abrams, *Social Identifications: A Social Psychology of Inteergroup Relations and Group Processes* (New York: Routledge, 1988, p. 49.

9. Volkan, "The Need to Have Enemies and Allies: A Developmental Approach," pp. 243-44.

10. Committee on International Relations, Group for the Advancement of Psychiatry, *Us and Them: The Psychology of Ethnonationalism*, p. 119. See also Volkan, *The Need to Have Enemies and Allies*, pp. 88, 94-95, 103.

11. Michael Howard, "War and the Nation-State," *Daedalus*, 108 (Fall 1979), p. 102.

12. R. R. Palmer, "Frederick the Great, Guibert, Bulow: From Dynastic to National War," in Peter Paret, ed., *Makers of ModernStrategy from Machiavelli to the Nuclear Age* (Princeton: Princeton University Press, 1986), p. 18.

13. Linda Colley, *Britons: Forging the Nation*, 1707-1837 (New Haven: Yale University Press, 1992), p. 5.

14. For statements of these distinctions, see William B. Cohen, "Nationalism in Europe," in John Bodnar, *Bonds of Affection: Americans Define Their Patriotism* (Princeton: Princeton University Press, 1996), pp. 323-38; Thomas M. Franck, "Tribe, Nation, World: Self-Identification in the Evolving International System," *Ethics and International Affairs* 11 (1997), pp. 151-69; Anthony D. Smith, *National Identity* (London: Penguin, 1991), pp. 11-14, 79ff; Hans Kohn,

Nationalism, Its Meaning and History (Princeton: Van Nostrand, 1965); Alan Patten, "The Autonomy Argument for Liberal Nationalism," *Nations and Nationalism*, 5 (January 1999), p. 1ff; Maurizio Viroli, *For Love of Country: An Essay on Patriotism and Nationalism* (Oxford: Clarendon Press, 1995), Introduction; Tom Nairn, "Breakwaters of 2000: From Ethnic to Civic Nationalism," *New Left Review*, 214 (November/December 1995) pp 91-103; Bernard Yack, "The Myth of the Civil Nation," *Critical Review*, 10 (Spring 1996), p. 193ff.; Volkan, T*he Need to Have Enemies and Allies*, p. 85, who summarizes Orwell's view as nationalism is "patriotism turned sour."

A 2003 sophisticated empirical study provides convincing evidence that national pride comes in two forms: "patriotism" which is defined in civic terms as "self-referential," non-competitive love of country, and "beliefs in the *social system* and *values* of one's country," and "nationalism" defined as "inherently *comparative* – and almost exclusively downwardly comparative." Rui J.P. de Figueiredo, Jr. and Zachary Elkins, "Are Patriots Bigots? An Inquiry into the Vices of In-Group Pride," *American Journal of Political Science*, 47 (January 2003), pp. 171-88. 이 연구는 애국적인 사람들이 자신들의 나라를 다른 나라들과 비교할 때 어떻게 느끼는지에 관해서는 증거를 제시하지 않는다. 그리고 세계화되는 세상에서 국가 간 교류와 비교는 점점 더 빈번하고 불가피한 것이라는 사실도 다루지 않는다. 연례적인 조사들은 이제 정기적으로 국가들이 자유롭고, 언론의 자유가 있고, 부패하고, 생산적이고, 세계화되고, 효과적인 교육을 제공하는 정도와 그밖의 것에 대해서 점수를 매긴다. '애국자'는 자신의 나라가 대부분에서 나쁜 점수를 받을 때 과연 국가적 자부심이 얼마나 높을까?

15. Horace M. Kallen, *Culture and Democracy in the United States* (New York: Boni and Liveright, 1924), p. 94.

Ⅱ. 미국의 정체성

3. 미국의 정체성 요소들

1. Gunnar Myrdal, *An American Dilemma: The Negro Problem and Modern Democracy* (New York: Harper, 1962), vol. 1, p. 3; Stanley Hoffmann, "More Perfect Union: Nation and Nationalism in America," *Harvard International Review* (Winter 1997/1998), p. 72.
2. Franklin D. Roosevelt, quoted in John F. Kennedy, *A Nation of Immigrants* (New York: Harper & Row, 1986), p. 3; Robert N. Bellah, *The Broken Covenant: American Civil Religion in a Time of Trial* (Chicago: University of Chicago Press, 2nd ed., 1992), p. 88; Oscar Handlin, *The Uprooted* (Boston, Little Brown, 2nd. ed. 1973), p. 3.
3. Wilbur Zelinsky, *The Cultural Geography of the United States* (Englewood Cliffs, N.J.: Prentice-Hall, 1992), pp. 23-24.
4. John Higham, *Send These to Me: Jews and Other Immigrants in Urban America* (New York: Atheneum, 1975), p. 6.
5. Herman Merivale, *Lectures on Colonization and Colonies Delivered Before the University of Oxford in 1839, 1840, & 1841* (London: Oxford University Press, 1928); Albert Galloway Keller, *Colonization: A Study of the Founding of New Societies* (Boston: Ginn, 1908).
6. John Porter, *The Vertical Mosaic: An Analysis of Social Class and Power in Canada* Toronto: University of Toronto Press, 1965), p. 60, quoted in Jack P. Green and J.R. Pole, eds., *Colonial British America: Essays in the New History of the Early Modern Era* (Baltimore: Johns Hopkins University Press, 1984), p. 205; Zelinsky, The Cultural Geography of the United States, pp. 13-14; Michael Lind, *Vietnam: The Necessary War* (New York: Free Press, 1999), pp. 122-23.
7. Ronald Syme, *Colonial Elites: Rome, Spain and the Americas* (London: Oxford University Press, 1958), p. 18; Alexis de Tocqueville, letter to Abbe Leseur, 7 September 1831, quoted in George W. Pierson, *Tocqueville and Beaumont in America* (New York: Oxford University Press, 1938) p. 314.

8. David Hackett Fischer, *Albion's Seed: Four British Folkways in America* (New York: Oxford University Press, 1989), pp. 6-7; J. Rogers Hollingsworth, "The United States," in Raymond Grew, ed., *Crises of Political Development in Europe and the United States* (Princeton University Press, 1978), p. 163.

9. Louis Hartz, *The Founding of New Societies* (New York: Harcourt Brace Jovanovich, 1964). 미국의 합의가 갖는 일반성과 안정성에 관한 하츠 이론의 재고들을 살펴보려면 다음을 참조하라. "The Perils of Particularism: Political History After Hartz," *Journal of Policy History*, 11 (1999), pp. 313-22; Leo P. Ribuffo, "What Is Still Living in 'Consensus' History and Pluralist Social Theory," *American Studies International*, 38 (February 2000), pp. 42-60.

10. George Peabody Gooch, *English Democratic Ideas in the Seventeenth Century* (New York: Harper, 1959), p. 71.

11. Frederick Jackson Turner, *The Frontier in Ameerican History* (New York: Henry Holt, 1920), p. 1.

12. Peter D. Salins, *Assimilation, American Style* (New York: Basic Books, 1997), p. 23; U.S. Immigration and Naturalization Service, *2000 Statistical Yearbook of the Immigration and Naturalization Service*, p. 18.

13. Richard T. Gill, Nathan Glazer, and Stephen A. Thernstrom, *Our Changing Population* (Englewood Cliffs, N.J.: Prentice Hall, 1992); Paul Johnson, *A History of the American People* (New York: Harper Collins, 1997), p. 283; Jim Potter, "Demographic Development and Family Structure," in Jack P. Greene and J. R. Pole, eds., *Colonial British America: Essays in the New History of the Early Modern Era* (Baltimore: Johns Hopkins University Press, 1984), p. 149; Congressman Glover quoted in D. W. Meinig, *The Shaping of America* (New Haven: Yale University Press, 1993), vol. 2, p. 222.

14. Campbell Gibson, "The Contribution of Immigration to the Growth and Ethnic Diversity of the American Population," *Proceedings of the American Philosophical Society*, 136 (June 1992), p. 166.

15. Richard Hofstadter, quoted in Hans Kohn, *American Nationalism: An Interpretive Essay* (New York: Macmillan, 1957), p. 13; Samuel P. Huntington, *American*

Politics: The Promise of Disharmony (Cambridge: Harvard University Press, 1981), pp. 24, 23.

16. Benjamin Franklin quoted in Kohn, *American Nationalism*, p. 7.
17. Jurgen Heideking, "The Image of an English Enemy During the American Revolution," in Ragnhild Fiebig-von Hase and Ursula Lehmkuhl, eds., *Enemy Images in American History* (Providence, R.I.: Berghahn Books, 1997), pp. 104, 95.
18. John M. Owen IV, *Liberal Peace, Liberal War: American Politics and International Security* (Ithaca: Cornell University Press, 1997), p. 130 and passim.
19. Rogers M. Smith, "The 'American Creed' and American Identity: The Limits of Liberal Citizenship in the United States," *Western Political Quarterly*, 41 (June 1988), p. 226; Michael Lind, *The Next American Nation: The New Nationalism and the Fourth American Revolution* (New York: Free Press, 1995), p. 46.
20. Herbert C. Kelman, "The Role of Social Identity in Conflict Resolution: Experiences from Israeli-Palestinian Problem-Solving Workshops," paper presented at the Third Biennial Rutgers Symposium on Self and Social Identity: Social Identity, Intergroup Conflict, and Conflict Resolution (April 1999), p. 1.
21. George W. Pierson, *The Moving American* (New York: Knopf, 1973), p. 5; Jason Schacter, "Geographical Mobility: Population Characteristics," *Current Population Reports* (U. S. Census Bureau, p. 20-538, 2001), pp. 1- ; Stephen Vincent Benét, *Western Star* (New York: Farrar and Rinehart, 1943), p. 3.
22. Alexander Mackey quoted in John Higham, "Hanging Together: Divergent Unities in American History," *The Journal of American History*, 61 (June 1974), p. 17; Gabriel A. Almond and Sidney Verba, *The Civic Culture: Political Attitudes and Democracy in Five Nations* (Boston: Little, Brown, 1965), p. 64.
23. Frederick Jackson Turner, *Frontier and Section: Selected Essays* (Englewood Cliffs, N.J.: Prentice-Hall, 1961), p. 37; Roger Finke and Rodney Stark, *The Churching of America, 1776-1990: Winners and Losers in Our Religious Economy* (New Brunswick: Rutgers University Press, 1992), p. 290, n. 3; Lord Dunmore quoted in Pierson, *Moving America*, p. 5. See generally Henry Nash Smith, *Virgin Land: The American West as Symbol and Myth* (Cambridge: Harvard University Press, 1978).

24. Arthur M. Schlesinger, Jr., *The Disuniting of America* (New York: Norton, rev. ed., 1998), p. 18.
25. Russell Bourne, *The Red King's Rebellion: Racial Politics in New England, 1675-1678* (New York: Atheneum, 1990), pp. 23-26; James D. Drake, King Philip's War: Civil War in New England, 1675-1676 (Amherst: University of Massachusetts Press, 1999), pp. 36-37.
26. Alan Taylor, "In a Strange Way," *New Republic*, 13 April 1998, pp. 39-40; Jill Lepore, *The Name of War: King Philip's War and the Origins of American Identity* (New York: Knopf, 1998), p. 240; Eric B. Schultz and Michael J. Tougias, *King Philip's War: The History and Legacy of America's Forgotten Conflict* (Woodstock, VT: Countryman Press, 1999), pp. 4-5.
27. Richard Slotkin, *Regeneration Through Violence: The Mythology of the American Frontier, 1600-1860* (Middletown, CT: Wesleyan University Press, 1973), p. 79; Alexis de Tocqueville, *Democracy in America* (New York: Vintage, 1945), vol. 1, p. 352. 토크빌은 이어서 1831년에 멤피스에서 목격한 촉토족의 강제 이주를 이례적으로 생생하게, 그리고 감정적으로 묘사한다.
28. James H. Kettner, *The Development of American Citizenship, 1608-1870* (Chapel Hill: University of North Carolina Press, 1978), p. 288-300; Peter H. Schuck and Rogers M. Smith, *Citizenship Without Consent: Illegal Aliens in the American Polity* (New Haven: Yale University Press, 1985), p. 63ff; Chief Justice John Marshall, *The Cherokee Nation vs. The State of Georgia*, 30 U.S. 1 (1831).
29. Edmund Randolph, *History of Virginia* (Charlottesville: University Press of Virginia, 1970), p. 253; Thomas Jefferson, "The Autobiography of Thomas Jefferson," in Adrienne Koch and William Peden, eds., *The Life and Selected Writings of Thomas Jefferson* (New York: Modern Library, 1944) p. 51; John Patrick Doggins, *On Hallowed Ground: Abraham Lincoln and the Foundations of American History* (New Haven: Yale University Press, 2000), pp. 175-76.
30. Reginald Horsman, *Race and Manifest Destiny: The Origins of American Racial Anglo-Saxonism* (Cambridge: Harvard University Press, 1981), p. 134.
31. Lind, *Next American Nation*, pp. 43, 68; Smith, "'The American Creed' and

American Identity," pp. 233, 235; Horsman, *Race and Manifest Destiny;* Hazel M. McFerson, *The Racial Dimension of American Overseas Colonial Policy* (Westport, CT: Greenwood Press, 1997).

32. David Heer, *Immigration in America's Future: Social Science Findings and the Policy Debate* (Boulder: Westview Press, 1996), p. 37.
33. Justice Stephen J. Field, *Chae Chang Ping v United States*, 130 U . S. 581 (1889); Smith, "'American Creed' and American Identity," p. 244.
34. Philip Gleason, "American Identity and Americanization," in Stephan Thernstrom, ed., *Harvard Encyclopedia of American Ethnic Groups* (Cambridge: Belknap Press of Harvard University Press, 1981), p. 46.
35. Immigration Restriction League, quoted in Madlwyn Allen Jones, *American Immigration* (Chicago: University of Chicago Press, 2nd ed., 1992), p. 222.
36. William S. Bernard, "Immigration: History of U.S. Policy," in Thernstrom, ed., *Harvard Encyclopedia of American Ethnic Groups*, p. 493.
37. Gleason, "American Identity and Americanization," p. 47.

4. 앵글로-개신교도 문화

1. Alden T. Vaughan, "Seventeenth Century Origins of American Culture," in Stanley Coben and Lorman Ratner, eds., *The Development of an American Culture* (New York: St. Martin's Press, 2nd ed., 1983), pp. 30-32; Arthur M. Schlesinger, Jr., *The Disuniting of America* (New York: Norton, rev. ed., 1998), p. 34.
2. James A. Morone, "The Struggle for American Culture," *PS: Political Science & Politics*, 29 (September 1996), pp. 428-29; John Higham, *Send These to Me: Jews and Other Immigrants in Urban America* (New York: Atheneum, 1975), p. 180.
3. Samuel P. Huntington, *Political Order in Changing Societies* (New Haven: Yale University Press, 1968), p. 93ff.
4. Anthony D. Smith, *National Identity* (Reno: University of Nevada Press, 1991), p. 150; Michael Novak, *Further Reflections on Ethnicity* (Middletown, PA: Jednota Press, 1977), p. 26; Will Kymlicka, *Multicultural Citizenship: A Liberal Theory of Minority Rights* (New York: Oxford University Press, 1995), p. 14, who levels the

same charge against Canada and Australia; Robert N. Bellah, *The Broken Covenant: American Civil Religion in Time of Trial* (Chicago: University of Chicago Press, 1992), p. 93, quoting from Harold Cruse, *The Crisis of the Negro Intellectual* (New York: Morrow, 1967), p. 256.

5. Benjamin C. Schwarz, "The Diversity Myth," *Atlantic Monthly*, 275 (May 1995), pp. 57-67.

6. Adrian Hastings, *The Construction of Nationhood: Ethnicity, Religion and Nationalism* (New York: Cambridge University Press, 1997), p. 187, and Chapter 8 generally; Samuel P. Huntington, *American Politics: The Promise of Disharmony* (Cambridge: Harvard University Press, 1981), p. 154; Philip Schaff, *America: A Sketch of Its Political, Social, and Religious Character* (Cambridge: Harvard University Press, 1961), p. 72.

7. Louis Hartz, *The Liberal Tradition in America* (New York: Harcourt, Brace, 1955); William Lee Miller, "Religion and Political Attitudes," in James Ward Smith and A. Leland Jamison, eds., *Religious Perspectives in American Culture* (Princeton: Princeton University Press, 1961), p. 85; Huntington, *American Politics: The Promise of Disharmony*, p. 154.

8. Jon Butler, *Awash in a Sea of Faith: Christianizing the American People* (Cambridge: Harvard University Press, 1990), pp. 38-66.

9. Sacvan Bercovitch, *The Puritan Origins of the American Self* (New Haven: Yale University Press, 1975), p. 144ff; Hastings, *The Construction of Nationhood*, pp. 74-5; Morone, "The Struggle for American Culture," p. 426.

10. Edmund Burke, *Reflections on the Revolution in France* (Chicago: Regnery, 1955), pp. 125-26 and "Speech on Moving Resolutions for Conciliation with the Colonies," in Ross J. S. Hoffman and Paul Levack, eds., *Burke's Politics* (New York: Knopf, 1949), pp. 69-71.

11. Morone, "The Struggle for American Culture," p. 429; Alexis de Tocqueville, *Democracy in America* (New York: Vintage, 1945), vol. 2, p. 32; Huntington, *American Politics* p. 153; James Bryce, *The American Commonwealth* (London: Macmillan, 1891), vol. 2, p. 599.

12. David Hackett Fischer, *Albion's Seed: Four British Folkways in America* (New York: Oxford University Press, 1989), p. 787; Kevin P. Phillips, *The Cousins' Wars: Religion, Politics, and the Triumph of Anglo-America* (New York: Basic Books, 1999), p. xv and passim.
13. John C. Green et al, *Religion and the Culture Wars: Dispatches from the Front* (Lanham, MD: Rowman & Littlefield, 1996), pp. 243-44.
14. George M. Marsden, *Fundamentalism and American Culture: The Shaping of Twentieth Century Evangelicalism, 1870-1925* (New York: Oxford University Press, 1982), p. 6; Garry Wills, *Under God: Religion and American Politics* (New York: Simon and Schuster, 1990), p. 19.
15. Nathan O. Hatch, *The Democratization of American Christianity* (New Haven: Yale University Press, 1989), p. 4; William McLoughlin, ed. *The American Evangelicals, 1800-1900; An Anthology* (New York: Harper & Row 1968), p. 26, quoted in Bellah, *Broken Covenant*, p. 46.
16. George Gallup, Jr., and Jim Castelli, *The People's Religion: American Faith in the 90's* (New York: Macmillan, 1989), p. 93. For other estimates, see Cullen Murphy, "Protestantism and the Evangelicals," *The Wilson Quarterly*, (Autumn 1981), p. 107ff; Marsden, *Fundamentalism and American Culture*, p. 228; *Boston Sunday Globe*, 20 February 2000, p. A1.
17. Alexis de Tocqueville, *Democracy in America* (New York: Vintage, 1954), vol. I, p. 409; Bryce, *American Commonwealth*, Vol. 2, pp. 417-18; Gunnar Myrdal, *An American Dilemma* (New York: Harper, 1944); Vol. 1, p. 3, Daniel Bell, "The End of American Exceptionalism," in Nathan Glazer and Irving Kristol, eds., *The American Commonwealth 1976* (New York: Basic Books, 1976), p. 209; Seymour Martin Lipset, *American Exceptionalism: A Double-edged Sword* (New York: Norton, 1996), pp. 63-64.
18. Seymour Martin Lipset, *The First New Nation: The United States in Historical and Comparative Perspective* (New York: Norton, 1973), p. 103.
19. William Lee Miller, "Religion and Political Attitudes," in James Ward Smith and A. Leland Jamison, eds., *Religion in American Life* (Princeton, NJ: Princeton

University Press, 1961), pp. 98-99; John Higham, "Hanging Together: Divergent Unities in American History," *Journal of American History*, 61 (June 1974), p. 15; Jeff Spinner, *The Boundaries of Citizenship* (Baltimore: Johns Hopkins University Press, 1994), pp. 79-80.

20. Lipset, *American Exceptionalism*, pp. 63-64.

21. Francis J. Grund, *The Americans in Their Moral, Social and Political Relations* (New York: Johnson Reprint, 1968), pp. 355-56.

22. Geert Hofstede, *Culture's Consequences: International Differences in Work-Related Values* (Beverly Hills: Sage, 1980), p. 222; Henry van Loon, "How Cadets Stack Up," *Armed Forces Journal International* (March 1997), pp. 18-20, Ronald Inglehart et al., *World Values Survey and European Values Survey 1995-1997* (Ann Arbor, MI: Inter-University Consortium for Political and Social Research, 2000); Lipset, *American Exceptionalism*, p. 218; Charles Hampden-Turner and Alfons Trompenaars, *The Seven Cultures of Capitalism* (New York: Doubleday, 1993), pp. 48, 57. See also Harry C. Triandis, "Cross-Cultural Studies of Individualism and Collectivism," *Nebraska Symposium on Motivation 1989* (Lincoln: University of Nebraska Press, 1990), vol. 37, pp. 41-133.

23. Bellah, Broken Covenant, p. 76; John G. Cawelti, *Apostles of the Self-Made* Man (Chicago: University of Chicago Press, 1965), p. 39ff; Bill Clinton, remarks to Democratic Leadership Council, 1993 quoted in Jennifer L. Hochschild, *Facing Up to the American Dream*, p. 18.

24. Judith N. Shklar, *American Citizenship: The Quest for Inclusion* (Cambridge: Harvard University Press, 1991), pp. 1-3, 67, 72-5.

25. Schaff, *America*, p. 29; Michael Chevalier, Society, *Manners and Politics in the United States; Letters on North America* (Gloucester, MA: Peter Smith, 1967), pp. 267-68.

26. Roger M. Smith, "The 'American Creed' and American Identity: The Limits of Liberal Citizenship in the United States," *Western Political Quarterly*, 41 (June 1988), p. 239, citing Eric Foner, Free soil, *Free Labor, Free Men: The Ideology of the Republican Party before the Civil War* (New York: Oxford University Press, 1970);

Cawelti, *Apostles of the Self-Made Man*, esp. p. 39ff.

27. Cindy S. Aron, Working at Play: *A History of Vacations in the United States* (New York: Oxford University Press, 1999), p. 236; International Labor OrganizationStudy September 1999, cited in *The Daily Yomiuri*, 7 September 1999, p. 12; *Prospect*, No. 49 (February 2000), p. 7, citing *Boston Review*, December 1999-January 2000.

28. Daniel Yankelovich, "What's Wrong - And What's Right - With U.S. Workforce Performance," *The Public Perspective*, 3 (May/June 1992), pp. 12-14; "American Enterprise Public Opinion and Demographic Report"; Jack Citrin, et al, "Is American Nationalism Changing? Implications for Foreign Policy," *International Studies Quarterly*, 38 (March 1994), p. 13.

29. *New York Times*, 9 May 1999, p. WK5; Shklar, *American Citizenship*, p. 98.

30. Schaff, *America*, p. 29; Hochschild, *Facing Up to the American Dream* pp. 228-29; *New York Times*, 11 February 1999, p. A1.

31. Bellah, *Broken Covenant*, p. 179; Wills, *Under God*, p. 25.

32. Alan Heimert, *Religion and the American Mind: From the Great Awakening to the Revolution* (Cambridge: Harvard University Press, 1966), pp. 14, 19; Ruth H. Bloch, *Visionary Republic: Millenial Themes in American Thought*, 1756-1800 (Cambridge University Press, 1985), p. xiv.

33. John Adams, letter to Hezekiah Niles, 13 February 1818, in Adrienne Koch and William Peden, eds., *The Selected Writings of John and John Quincy Adams* (New York: Alfred A. Knopf, 1946), p. 203.

34. Bellah, *Broken Covenant*, pp. 44-45.

35. William W. Sweet, *Revivalism in America: Its Origin, Growth, and Decline* (New York: Scribners, 1944), pp. 159-61.

36. Alan P. Grimes, *The Puritan Ethic and Woman Suffrage* (New York: Oxford University Press, 1967), p. 102.

37. Sidney Ahlstrom, "National Taruma and the Changing Religious Values," *Daedalus*, 107 (Winter 1978), pp. 19-20.

38. Al Haber, quoted in Edward J. Bacciocco, Jr., *The New Left in America* (Stanford:

Hoover Institution Press, 1974), pp. 228-29.

39. Walter A. McDougall, *Promised Land, Crusader State: The American Encounter with the World Since 1776* (Boston: Houghton Mifflin, 1997); and for a somewhat different view, James Kurth, "The Protestant Reformation and American Foreign Policy," *Orbis*, (Spring 1998), pp. 221-39.

5. 종교와 기독교

1. *Newsweek*, 8 July 2002, pp. 23-25; *New York Times*, 27 June 2002, pp. A1, A21.
2. *New York Times*, 27 June 2002, p. A21, 1 July 2002, p. A8, 1 March 2003, p. A2.
3. *New York Times*, 29 Nov 1999, p. A14.
4. Gaines M. Foster, "A Christian Nation: Signs of a Covenant," in John Bodnar, ed. *Bonds of Affection: Americans Define Their Patriotism* (Princeton: Princeton University Press, 1996), pp. 121-22; Nathan O. Hatch, *The Sacred Cause of Liberty: Republican Thought and the Millennium in Revolutionary New England* (New Haven: Yale University Press, 1977), p. 22; Robert Middlekauff, "The Ritualizatiion of the American Revolution," in Stanley Cohen and Lormon Ratner, eds., *The Development of an American Culture* (New York: St. Martin's Press, 2nd ed., 1983), pp. 50-53; Rogers M. Smith, *Civic Ideals: Conflicting Visions of Citizenship in U.S. History* (New Haven: Yale University Press, 1997), p. 75; Michael Novak, *God's Country: Taking the Declaration Seriously* (Washington, D.C.: American Enterprise Institute, 1999 Francis Boyer Lecture, 2000), pp. 12-17.
5. Quotations from Walter A. McDougall, *Promised Land, Crusader State: The American Encounter with the World Since 1776* (Boston: Houghton Mifflin, 1997), p. 38; Robert N. Bellah, *The Broken Covenant: American Civil Religion in Time of Trial* (Chicago: University of Chicago Press, 2nd ed., 1992), pp. 180-82; Jon Butler, *Awash in a Sea of Faith: Christianizing the American People* (Cambridge: Harvard University Press, 1990), p. 214; Novak, *God's Country*, pp. 25-26; Alexis de Tocqueville, *Democracy in America* (New York: Vintage, 1945), vol. 1, p. 316.
6. Sidney E. Mead, *The Nation With the Soul of a Church* (New York : Harper & Row, 1975), p. 78ff.

7. Butler, *Awash in a Sea of Faith*, p. 268.
8. Roger Finke and Rodney Stark, *The Churching of America: 1776-1990: Winners and Losers in Our Religious Economy* (New Brunswick, N.J.: Rutgers University Press, 1992), pp. 16-21 and passim.
9. Tocqueville, *Democracy in America*, vol. 1, pp. 45, 316, 319; Philip Schaff, *America: A Sketch of Its Political, Social, and Religious Character*, (Cambridge: Harvard University Press, 1961) pp. 14, 75-76.
10. James Bryce, *The American Commonwealth* (London: Macmillan, 1891), vol. 2, pp. 278, 577, 583; Gunnar Myrdal, *An American Dilemma: The Negro Problem and Modern Democracy* (New York: Harper, 1962), vol. 1, p. 11; Paul Johnson, "Writing *A History of the American People*" (lecture, American Enterprise Institute, Washington, D.C., 13 March 1998), p. 6; Paul Johnson, "The Almost-Chosen People," *The Wilson Quarterly, 9* (Winter 1985), pp. 85-86.
11. Gallup/CNN/USA Today Poll, 9-12 December 1999, 17-19 February 2003, 9-10 December 2002, 2-4 September 2002;Quinnipiac University Poll, 4-9 June 2003; *General Social Survey 2002*, 6 February-26 June 2002, National Opinion Research Center, Q0118; *The National Election Studies* (Ann Arbor, MI: University of Michigan, Center of Political Studies, 1995-2000), V850; Jack Citrin, Ernst B. Haas, Christopher Muste, and Beth Reingold, "Is American Nationalism Changing? Implications for Foreign Policy," *International Studies Quarterly*, 38 (March 1994), p. 13, citing 1992 National Election Study.
12. Quinnipiac University Poll,4-9 June 2003; Gallup Poll, 17-19 February 2003, 18-20 March 2002, 22-24 July 2002, 17-29 June 2002; Gallup/CNN/*USA Today* Poll, 17-19 February 2003, 9-10 December 2002, 3-6 October 2002, 2-4 September 2002, 28-30 June 2002, 21-23 June 2002; CBS News Poll, 28 April-1 May 2003; Time/CNN/Harris Interactive Poll, 27 March 2003; *Investor's Business Daily/Christian Science Monitor* Poll, 3-8 September 2002; *Boston Globe*, 16 January 1999, p. A3 citing C. Kirk Hadaway and Penny Long Marler, "Did You Really Go to Church this Week? Behind the Poll Data," *Christian Century*, 6 May 1998, pp. 472-5, and Andrew Walsh, *Religion in the News*, Fall 1998; Lipset,

American Exceptionalism: A Double-edged Sword, p. 278; *Wall Street Journal*, 9 November 1990, p. A8; *Economist*, 29 May 1999, p. 29.

13. Krister Stendhal quoted in William G. McLoughlin and Robert N. Bellah, *Religion in America* (Boston: Beacon Press, 1968), p. xv; The Gallup Organization, *The Gallup Poll: Public Opinion 1999* (Wilmington: Scholarly Resources, 2000), pp. 50-55.

14. Kenneth D. Wald, *Religion and Politics in the United States* (New York: St. Martin's, 1987).

15. George Bishop, "What Americans Really Believe," *Free Inquiry*, 9 (Summer 1999), pp. 38-42.

16. Ronald Inglehart, Miguel Basanez, and Alejandro Moreno, *Human Values and Beliefs: A Cross-Cultural Sourcebook: Political, Religious, Sexual, and Economic Norms in 43 Societies: Findings from the 1990-1993 World Values Survey* (Ann Arbor: University of Michigan Press, 1998), pp. V9, V20, V38, V143, V146, V147, V151, V166, V176.

17. Smith, *Civic Ideals*, pp. 55-56, 56-57; Kettner, *The Development of American Citizenship*, pp. 66-69; Linda Colley, *Britons: Forging the Nation 1707-1837* (New Haven: Yale University Press, 1992), pp. 5-6, 11-54.

18. Smith, *Civic Ideals*, p. 57; Ernest Lee Tuveson, *Redeemer Nation: The Idea of America's Millennial Role* (Chicago: University of Chicago Press, 1968), Chapter 5; Ruth H. Bloch, *Visionary Republic: Millennial Themes in American Thought, 1756-1800* (Cambridge: Cambridge University Press, 1985), p. 12; Hatch, *The Sacred Cause of Liberty*, pp. 36-44; Kettner, *The Development of American Citizenship*, p. 114.

19. Hatch, *The Sacred Cause of Liberty*, pp. 75-76, 131; Cushing Strout, *The New Heavens and New Earth: Political Religion in America* (New York: Harper & Row, 1974), p. 71; Kevin P Phillips, *The Cousins' Wars: Religion, Politics and the Triumph of Anglo-America* (New York: Basic Books, 1999), pp. 91-100; McDougall, *Promised Land, Crusader State*, p. 18; Garry Wills, *Under God: Religion and American Politics* (New York: Simon & Schuster, 1990), pp. 360-362;

Bloch, *Visionary Republic*, pp. 58-59.
20. Ray Allen Billington, *The Protestant Crusade, 1800-1860* (New York: Macmillan, 1938), pp. 3-21; Theodore Maynard, *The Story of American Catholicism* (New York: Macmillan, 1941), p. 115.
21. Will Herberg, Protestant, *Catholic, Jew: An Essay in American Religious Sociology* (Garden City: Doubleday, 1955), pp. 151-52, 186-87; Schaff, America, p. 73. 교차 결혼이 (존 캐롤 주교의 가족을 포함해) 가톨릭 공동체에 끼친 영향에 대해서는 다음을 참조하라. *The Building of an American Catholic Church: The Episcopacy of John Carroll* (New York: Garland, 1988), pp. 171-77.
22. Heer, *Immigration in America's Future*, pp. 35-37, 85-86; Billington, *Protestant Crusade*, chapters 15-16; Perry Miller, *The Life of the Mind in America* (New York: Harcourt, Brace and World, 1965), p. 56.
23. Ivan Musicant, *Empire by Default: The Spanish-American War and the Dawn of the American Century* (New York: Holt, 1998), p. 17; Philip Gleason, "American Identity and Americanization," in Stephen Thernstrom, ed., *Harvard Encyclopedia of American Ethnic Groups*, (Cambridge: Harvard University Press, 1980), pp. 31-38.
24. Quoted in Johnson, "The Almost-Chosen People," p. 88.
25. Edward Wakin and Joseph F. Scheuer, *The De-Romanization of the American Catholic Church* (New York: Macmillan, 1966), pp. 15-16 and passim; Maynard, *The Story of American Catholicism*, p. 502; Dorothy Dohen, Nationalism and American Catholicism (New York: Sheed & Ward, 1967), p. 71.
26. Peter Steinfels, *New York Times Book Review*, 17 August 1997, p. 20.
27. Ronald Inglehart and Marita Carballo, "Does Latin America Exist? (And is There a Confucian Culture?): A Global Analysis of Cross-Cultural Differences," *PS: Political Science & Politics*, 30 (March 1997), p. 44; Ronald Inglehart, "The Clash of Civilizations? Empirical Evidence from 61 Societies" (Paper presented at Annual Meeting of the Midwest Political Science Association, Chicago, 23-25 April 1998), pp. 9-10.
28. Dohan, *Nationalism and American Catholicism*, p. 171; Schaff, *America*, pp. 72-

73; Herberg, *Protestant, Catholic, Jew*, pp. 100, 152-54.

29. John Ireland, *The Church and Modern Society: Lectures and Addresses* (St. Paul: Pioneer Press, 1905), p. 58, quoted in Dohen, *Nationalism and American Catholicism*, pp. 109 and 165.

30. Kwame Anthony Appiah, "The Multiculturist Misunderstanding," *New York Review of Books*, 9 October 1997, p. 31.

31. Tocqueville, *Democracy in America*, 1, pp. 314-15; Bryce, *The American Commonwealth*, vol. 2, pp. 576-77.

32. *The People v. Ruggles*, 8 Johns. 295 (1811); Wills, *Under God*, p. 424; David J. Brewer, *The United States: A Christian Nation* (Philadelphia: John C. Winston, 1905); Justice Sutherland, *U.S. v. Macintosh*, 283 U.S. 605 (1931), 633-34; Justice David J. Brewer, *Church of the Holy Trinity v. U.S.*, 143 US 457 (1892), 465, 471; Justice William O. Douglas, *Zorach v. Clauson*, 343 U.S. 306 (1952), 312; Foster, "A Christian Nation: Signs of a Covenant," pp. 122, 134-135; Thomas C. Reeves, "The Collapse of the Mainline Churches," in Robert Royal ed., *Reinventing the American People: Unity and Diversity Today* (Washington, D.C.: Ethics and Public Policy Center, 1995), pp. 204-5.

33. Quoted in Marsden, *Fundamentalism and American Culture*, p. 12.

34. Russell Shorto, "Belief by the Numbers," *New York Time Magazine*, 7 December 1997, p. 60; Barna Research Group results in *The American Enterprise*, 6 (November/December 1995), pp. 12, 19; CUNY survey, *New York Times*, 10 April 1991, p. A1; *National Election Studies*, University of Michigan, 1995-2000.

35. Diana Eck, "Neighboring Faiths: How Will Americans Cope with Increasing Religious Diversity?" *Harvard Magazine* (September/October 1996), p. 40; *New York Times*, 29 January 2000, p. A11.

36. Will Kymlicka, *Multicultural Citizenship: A Liberal Theory of Minority Rights* (New York: Oxford University Press, 1995), pp. 114-115, 223; Jeff Spinner, *The Boundaries of Citizenship: Race, Ethnicity, and Nationality in the Liberal State* (Baltimore: Johns Hopkins University Press, 1994), pp. 174-75.

37. *New York Times*, 10 April 1991, pp. A1, A16, 24 April 2000, p. A11; *New York*

Times Magazine, 7 December 1997, p. 60; Philip Jenkins, *The Next Christendom: The Coming of Global Christianity*(New York: Oxford University Press, 2002), pp. 102-5.

38. Trollope quoted in Seymour Martin Lipset, *The First New Nation: The United States in Historical and Comparative Perspective* (New York: Norton, 1979), p. 156; Eisenhower quoted in Johnson, "Almost Chosen People," p. 87, citing *Christian Century* magazine interview.

39. Irving Kristol, "On the Political Stupidity of the Jews," *Azure: Ideas for the Jewish Nation* (Autumn 5760/1999), p. 60, cited by *The Wilson Quarterly*, 24 (Winter 2000), p. 87.

40. *The American Enterprise*, (November/December 1995), p. 19cf.; Gallup and Castelli, *The People's Religion: American Faith in the 90's*, p. 91.

41. Wills, *Under God*, p. 388, n28; Andrew M. Greeley, *Religious Change in America*, (Cambridge, Mass.: Harvard University Press, 1989), p. 8, 44-50, 115-16; Gallup and Castelli, *The People's Religion*, p. 36.

42. Gallup and Castelli, *The People's Religion*, pp. 6, 11-13, 30, 31, 36; Gallup/CNN/*USA Today* Poll, 9-10 December 2002, 2-4 September 2002; Andrew M. Greeley, "American Exceptionalism: The Religious Phenomenon," in Byron E. Shafer, ed., *Is America Different?: A New Look at American Exceptionalism* (New York: Oxford University Press, 1991), p. 99

43. Butler, *Awash in a Sea of Faith*, pp. 238, 268-70; Finke and Stark, *The Churching of America*, pp. 15-16.

44. Tocqueville, *Democracy in America*, vol. 2, p. 6; Robert N. Bellah, *Varieties of Civil Religion* (San Francisco: Harper & Row, 1980), p. 17.

45. Justice Douglas, *Zorach v. Clawson*, 343 U. S. 306 (1952), 313; President Eisenhower, quoted in Mead, *The Nation with the Soul of a Church*, p. 25.

46. Conrad Cherry, "Two American Sacred Ceremonies: Their Implications fore the Study of Religion in America," *American Quarterly*, 21 (Winter 1969), p. 748.

47. W. Lloyd Warner, "An American Sacred Ceremony," in Russell E. Richey and Donald G. Jones, eds., *American Civil Religion* (New York: Harper & Row, 1974),

pp. 89-113.
48. Peter Steinfels, "Beliefs: God at the Inauguration: An Encounter That Defies American Notions About Church and State," *New York Times*, 23 January 1993, p. 7.
49. D. W. Brogan, *The American Character* (New York: Vintage, 1959), p. 164.
50. Bellah, *Varieties of Civil Religion*, pp. 11-13; Cherry, "Two American Sacred Ceremonies," pp. 749-50.

6. 등장, 승리, 침식

1. Isaiah Berlin, "Nationalism: Past Neglect and Present Power," *Partisan Review*, 46 (No. 3, 1979), p. 348, quoted in John Mack, "Nationalism and the Self," *The Psychohistory Review*, 2 (Spring 1983), pp. 47-48; Anthony D. Smith, *National Identity* (Reno: University of Nevada Press, 1991), p. 143; Wilbur Zelinsky, *Nation into State: The Shifting Symbolic Foundations of American Nationalism* (Chapel Hill: University of North Carolina Press 1988), p. 1;
2. Benjamin Franklin quoted in Max Savelle, "Nationalism and Other Loyalties in the American Revolution," *American Historical Review*, 67 (July 1962), p. 903.
3. S. M. Grant, "'The Charter of Its Birthright': The Civil War and American Nationalism," *Nations and Nationalism*, 4 (April 1998), p. 163.
4. Richard L. Merritt, *Symbols of American Community*, 1735-1775 (New Haven: Yale University Press, 1966), pp. 174, 180.
5. John M. Murrin, "A Roof Without Walls: The Dilemma of American National Identity," in Richard Beeman, Stephen Botein, and Edward C. Carter II, eds., *Beyond Confederation: Origins of the Constitution and American National Identity* (Chapel Hill: University of North Carolina Press, 1987), p. 339; Merritt, *Symbols of American Community*, p. 58.
6. Albert Harkness, Jr., "Americanism and Jenkins' Ear," *Mississippi Valley Historical Review*, 37, (June 1950), p. 88; E. McClung Fleming, "Symbols of the United States: From Indian Queen to Uncle Sam," in Ray B. Browne, Richard H. Crowder, Virgil L. Lokke, and William T. Stafford, eds., *Frontiers of American Culture* (Lafayette, IN: Purdue University Studies, 1968), p. 4.

7. Merritt, *Symbols of American Community* pp. 56, 125, 144, Table 8-2.
8. Fisher Ames quoted in Daniel J. Boorstin, *The Americans: The National Experience* (New York: Random House, 1966), pp. 403, 416; Elbridge Gerry quoted in Max Farrand, ed., *The Records of the Federal Convention of 1787: Proceedings*, vol. 1 (New Haven: Yale University Press, 1966), p. 552; Anders Stephanson, *Manifest Destiny: American Expansion and the Empire of Right* (New York: Hill & Wang, 1995), p. 30; Henry Steele Commager, *Jefferson, Nationalism, and the Enlightenment* (New York: George Braziller, 1975), p. 162; John Marshall quoted in Paul Johnson, *A History of the American People* (New York: HarperCollins, 1997), p. 423; John Calhoun, Letter to Oliver Dyer, 1 January 1849; John Bodnar, *Remaking America: Public Memory, Commemoration, and Patriotism in the Twentieth Century* (Princeton: Princeton University Press, 1992), p. 21ff; Zelinsky, *Nation into State*, p. 218.
9. Commager, *Jefferson, Nationalism, and the Enlightenment*, p. 159.
10. Seymour Martin Lipset, *The First New Nation: The United States in Historical and Comparative Perspective* (New York: Norton, 1979), p. 18ff.
11. Zelinsky, *Nation into State*, p. 218.
12. Boorstin, *The Americans*, pp. 362-65.
13. Ibid., pp. 370, 373, 367.
14. Bodnar, *Remaking America*, pp. 21, 26; Stuart McConnell, "Reading the Flag: A Reconsideration of the Patriotic Cults of the 1890's," in John Bodnar, ed., *Bonds of Affection: Americans Define Their Patriotism* (Princeton: Princeton University Press, 1996), p. 107; Lyn Spillman, *Nation and Commemoration: Creating National Identities in the United States and Australia* (New York: Press Syndicate of the University of Cambridge, 1997), p. 24; Zelinsky, *Nation into State, pp. 218-19.*
15. Abraham Lincoln, "The Perpetuation of our Political Institutions," speech, 27 January 1837, Springfield, IL, *in The Speeches of Abraham Lincoln* (New York: Cesterfield Society, 1908), pp. 9-10.
16. Merle Curti, *The Roots of American Loyalty* (New York: Columbia University

Press, 1946), pp. 169-170.

17. Boorstin, *The Americans* p. 402; Gaines M. Foster, "A Christian Nation: Signs of a Covenant," in Bodnar, ed., *Bonds of Affection*, p. 123; Spillman, *Nation and Commemoration*, pp. 24-25.
18. Morton Keller, *Affairs of State: Public Life in Late Nineteenth Century America* (Cambridge: Belknap Press of Harvard University Press, 1977), p. 39; Willard Saulsbury quoted in Keller, *Affairs of State*, p. 69.
19. John Higham, *Strangers in the Land: Patterns of American Nativism, 1860-1925* (New Brunswick, N. J.: Rutgers University Press, 1988), p. 344.
20. Robert D. Putnam, *Bowling Alone: The Collapse and Revival of American Community* (New York: Simon & Schuster, 2000), p. 384ff, citing Theda Skocpol, "How Americans Became Civic," in Theda Skocpol and Morris P. Fiorina, eds., *Civic Engagement in American Democracy* (Washington, D.C.: Brookings Institution Press, 1999).
21. Cecilia Elizabeth O'Leary, *To Die For: The Paradox of American Patriotism* (Princeton: Princeton University Press, 1999), p. 49.
22. Zelinsky, *Nation into State*, pp. 105-106, 106; McConnell, "Reading the Flag," p. 113.
23. Higham, *Strangers in the Land*, pp. 75-76.
24. Cecilia Elizabeth O'Leary, "'Blood Brotherhood:' The Racialization of Patriotism, 1865-1918," in Bodnar, ed., *Bonds of Affection*, pp. 54, 73, 75-76; Curti, *The Roots of American Loyalty*, p. 192; Higham, *Strangers in the Land*, pp. 170-71.
25. O'Leary, "'Blood Brotherhood,'" in Bodnar, ed., *Bonds of Affection,* pp. 57-58, 64; Higham, *Strangers in the Land*, pp. 170-71.
26. Zelinsky, *Nation into State*, p. 144, citing Boyd C. Shafer, *Faces of Nationalism: New Realities and Old Myths* (New York: Harcourt Brace Jovanovich, 1972), p. 203; O'Leary, "'Blood Brotherhood,'" p. 65, citing Bessie Louise Pierce, *Public Opinion and the Teaching of History in the United State* (New York: Alfred A. Knopf, 1926), p. 13-16.
27. Curti, *Roots of American Loyalty*, p. 190.
28. Zelinsky, pp. 29, 56, 150; Bessie Louise Pierce, *Civic Attitudes in American School*

Textbooks (Chicago: The University of Chicago Press, 1930), p. 254.
29. Zelinsky, *Nation into State*, pp. 86-88.
30. Curti, *Roots of American Loyalty*, p. 136.
31. Catherine Albanese, "Requiem for Memorial Day: Dissent in the Redeemer Nation," *American Quarterly*, 26 (1974), p. 389; Zelinsky, Nation into State, p. 74.
32. Zelinsky, *Nation into State*, pp. 204-5.
33. Ibid., pp. 202-3; O'Leary, To Die For, pp. 201-24; Boleslaw Mastai and Marie-Louise D'Orange, *The Stars and Stripes: The American Flag As Art and As History from the Birth of the Republic to the Present* (New York: Knopf, 1973), p. 130, quoted in Zelinsky, *Nation into State*, p.p. 202-3.
34. O'Leary, To *Die For*, pp. 233-234, citing *Halter v. Nebraska* 205 U. S. 34-46 and quoting *Halter et al. v. State* 105 *Northwestern Reporter*, pp. 298-301.
35. J. Hector St. John de Crèvecoeur, *Letters from an American Farmer and Sketches of 18th-Century America* (New York: Penguin, 1981), pp. 68, 70; Israel Zangwill, *The Melting Pot: A Drama in Four Acts* (New York: Arno Press, 1975), p. 184.
36. Milton M. Gordon, *Assimilation in American Life: The Role of Race, Religion, and National Origin* (New York: Oxford University Press, 1964), p. 89; Michael Novak, *Further Reflections on Ethnicity* (Middletown, PA: Jednota Press,1977), p. 59.
37. Horace M. Kallen, *The Structure of Lasting Peace: An Inquiry into the Motives of War and Peace* (Boston: Marshall Jones Company, 1918), p. 31; Kallen, *Cultural Pluralism and the American Ideal: An Essay in Social Philosophy* (Philadelphia: University of Pennsylvania Press, 1956); Kallen, *Culture and Democracy in the United States: Studies in the Group Psychology of the American Peoples* (New York: Boni and Liveright, 1924).
38. Philip Gleason, *Speaking of Diversity: Language and Ethnicity in Twentieth-Century America* (Baltimore: Johns Hopkins University Press, 1992), p. 51.
39. Randolph Bourne quoted in T. Alexander Aleinkoff, "A Multicultural Nationalism," *American Prospect*, no. 36 (January-February 1998), p. 81.
40. Arthur Mann, *The One and the Many: Reflections on the American Identity* (Chicago: University of Chicago Press, 1979), pp. 137, 142-47.

41. Theodore Roosevelt quoted in Gordon, *Assimilation in American Life*, p. 122 from Edward N. Saveth, *American Historians and European Immigrants, 1875-1925* (New York: Columbia University Press, 1948), p. 121.
42. Robert A. Carlson, *The Quest for Conformity: Americanization Through Education* (New York: John Wiley, 1975), pp. 6-7.
43. Louis Brandeis, address, Faneuil Hall, Boston, July 4, 1915, in Solomon Goldman, ed., *The Words of Justice Brandeis* (New York: Henry Schuman, 1953), p. 29.
44. John F. McClymer, "The Federal Government and the Americanization Movement, 1915-1924," *Prologue*, 10 (Spring 1978), p. 24; Ronald Fernandez, "Getting Germans to Fight Germans: The Americanizers of World War I," *The Journal of Ethnic Studies*, 9 (Summer 1981), p. 61.
45. Carlson, *The Quest for Conformity* p. 113; Edward George Hartmann, *The Movement to Americanize the Immigrant* (New York: Columbia University Press 1948), p. 92; Henry Ford, quoted in Otis L. Graham and Elizabeth Koed, "Americanizing the Immigrant, Past and Future," The Social Contract, 4 (Winter 1993-94), p. 101; Gerd Korman, *Industrialization, Immigrants and Americanization* (Madison: State Historical Society of Wisconsin, 1967), pp. 147, 158-59; Higham, *Strangers in the Land*, pp. 244-45.
46. Higham, *Strangers in the Land*, p. 249.
47. Carlson, *The Quest for Conformity*, pp. 89-90.
48. John F. McClymer, "The Americanization Movement and the Education of the Foreign-Born Adult, 1914-25," in Bernard J. Weiss, ed., *American Education and the European Immigrant, 1840-1940* (Urbana: Univeresity of Illinois Press, 1992), p. 98; Hartmann, *The Movement to Americanize the Immigrant*, p. 64ff.
49. Miller, *The Unmaking of Americans*, p. 221, 223, McClymer, "The Federal Government and the Americanization Movement, 1915-1924," p. 40.
50. Carl F. Kaestle, *Pillars of the Republic: Common Schools and American Society, 1780-1860* (New York: Hill & Wang 1983), pp. 161-62.
51. Stephen Steinberg, *The Ethnic Myth: Race, Ethnicity, and Class in America* (New York: Atheneum, 1981), p. 54.

52. Joel M. Roitman, *The Immigrants, the Progressives, and the Schools* (Stark, KS: De Young Press 1996), p.1; McClymer, "The Americanization Movement," p. 103; Miller, *The Unmaking of Americans*, p. 49; Roitman, *The Immigrants, the Progressives, and the Schools*, pp. 51-52; Carlson, *The Quest for Conformity*, p. 114; Reed Ueda, "When Assimilation Was the American Way," *Washington Post*, 2 April 1995, p. R10.

53. Curti, *Roots of American Loyalty*, p. 223ff; Paul C. Stern, "Why Do People Sacrifice for Their Nations?" *Political Psychology*, 16 (2, 1995), pp. 223-24.

54. Robin M. Williams, Jr., *American Society: A Sociological Interpretation* (New York: Knopf, 1952), p. 527, quoted in Gleason, *Speaking of Diversity*, p. 175.

55. Gleason, Speaking of Diversity, p. 175; Arthur A. Stein, *The Nation at War* (Baltimore: Johns Hopkins University Press, 1980), p. 92; Philip Gleason, "American Identity and Americanization," in Stephan Thernstrom, ed., *Harvard Encyclopedia of American Ethnic Groups* (Cambridge: The Belknap Press of Harvard University Press, 1980), p. 47; Albert O. Hirschman, *Journeys Toward Progress* (New York: Twentieth Century Fund, 1963), p. 137. See also J. M. Winter, *The Great War and the British People* (Cambridge: Harvard University Press, 1986).

56. Hedrick Smith, *The Russians* (New York: Quadrangle *New York Times* Books 1976), pp. 302-3.

57. Jack Citrin, Ernst B. Haas, Christopher C. Muste, Beth Reingold, "Is American Nationalism Changing? Implications for Foreign Policy," *International Studies Quarterly*, 38 (March 1994), pp. 3-5.

58. Robert D. Kaplan, "Fort Leavenworth and the Eclipse of Nationhood," *Atlantic Monthly*, 278 (September 1996), p. 75ff; Diana Schaub, "On the Character of Generation X," *The Public Interest*, 137 (Fall 1999), p. 23; George Lipsitz, "Dilemmas of Beset Nationhood: Patriotism, the Family, and Economic Change in the 1970s and 1980s," in Bodnar, ed., Bonds of Affection, p. 251ff; Walter Berns, "On Patriotism," *The Public Interest*, 127 (Spring 1997), p. 31; Peter H. Schuck, *Citizens, Strangers, and In-Betweens: Essays on Immigration and Citizenship* (Boulder: Westview Press, 1998), p. 163ff.

III. 미국의 정체성에 대한 도전

7. 미국 해체하기 : 하부국가 정체성의 등장

1. Horace Kallen, quoted in Arthur Mann, *The One and the Many: Reflections on the American Identity* (Chicago: University of Chicago Press, 1979), pp. 143-144; Michael Walzer, *What It Means To Be An American* (New York: Marsilio, 1992), p. 62.
2. Arthur M. Schlesinger, Jr., *The Disuniting of America* (New York: W. W. Norton & Company, 1992), p.43; Nathan Glazer, *We Are All Multiculturalists Now* (Cambridge: Harvard University Press, 1997).
3. Gunnar Myrdal, *An American Dilemma: The Negro Dilemma: The Negro Problem and Modern Democracy* (New York: Harper, 1944), p. 4.
4. Ralph Waldo Emerson, "Lecture on the Times," in Emerson, *Prose Works* (Boston: Fields, Osgood, 1870), vol. 1, p. 149.
5. Andrew Kull, *The Color-Blind Constitution* (Cambridge: Harvard University Press, 1992), pp. 1-2, 146-148; U.S. Commission on Civil Rights, *Equal Protection of the Laws in Higher Education, 1960* (Washington: U.S. Government Printing Office, 1960), p. 148.
6. Senator Hubert Humphrey, 110 *Congressional Record*, 1964, pp. 6548-49, quoted in Edward J. Erler, "The Future of Civil Rights: Affirmative Action Redivivus," *Notre Dame Journal of Law, Ethics, and Public Policy*, 11 (1997), p. 26.
7. Kull, Color-Blind Constitution, p. 202; Hugh Davis Graham, *The Civil Rights Erea: Origins and Development of National Policy, 1960-1972* (New York: Oxford University Press, 1990), p. 150; Herman Belz, *Equality Transformed: A Quarter Century of Affirmative Action* (New Brunswick: Translation, 1991), p. 25; Nathan Glazer, *Ethnic Dilemmas, 1964-1982* (Cambridge, MA: Harvard University Press, 1983), p. 162.
8. Bayard Rustin, "From Protest to Politics: The Future of the Civil Rights Movement," *Commentary*, 39 (Feb. 1965), p. 27; Glazer, *Ethnic Dilemmas*, pp. 161-162.
9. Graham, Civil Rights Era, p. 250; Glazer, *Ethnic Dilemmas*, p. 262; Kull, *Color-Blind Constitution*, pp. 200-3, quoting Labor Department regulations.

10. Kull, *Color-Blind Constitution*, pp. 204-5; Belz, *Equality Transformed*, pp. 51, 55.
11. Kull, *Color-Blind Constitution*, pp. 214-16.
12. Jack Citrin, "Affirmative Action in the People's Court," The Public Interest, 122 (Winter 1996), p. 46; Seymour Martin Lipset, "Affirmative Action and the American Creed," *Wilson Quarterly*, 16 (Winter 1992), p. 59.
13. Richard Kahlenberg, "Bob Dole's Colorblind Injustice," *Washington Post National Weekly Edition*, 10-16 June 1996, p. 24; Stephan Thernstrom and Abigail Thernstrom, *America in Black and White: One Nation, Indivisible* (New York: Simon & Schuster, 1997), p. 452; *New York Times*, 1 June 2001, p. A17.
14. Lieberman quoted in *New York Times*, 10 March 1995, p. A16; John Fonte, "Why There Is A Culture War: Gramsci and Tocqueville in America," *Policy Review*, 104 (December 2000 / January 2001), p. 21.
15. Connerly quoted in Fonte, "Why There Is A Culture War," p. 21; Ward Connerly, *Creating Equal: My Fight Against Race Preferences* (San Francisco: Encounter Books, 2000), p. 228.
16. Seymour Martin Lipset, "Equal Chances versus Equal Results," *Annals of the American Academy of Political and Social Science*, 523 (September 1992), pp. 66-67.
17. Lipset, "Affirmative Action and the American Creed," p. 58; *Washington Post*, 11 October 1995, p. A11; Citrin, "Affirmative Action in the People's Court," p. 43; William Raspberry, "What Actions are Affirmative?" *Washington Post National Weekly Edition*, 28 August-3 September, 1995, p. 28; Citrin, "Affirmative Action in the People's Court," p. 41.
18. Citrin, "Affirmative Action in the People's Court," p. 43.
19. Ibid.; *Boston Globe*, 30 April 1997, p. A19.
20. Thernstrom and Thernstrom, *America in Black and White*, p. 437; *City of Richmond v. J. A. Croson Company*, 488 U.S. 469 (1989).
21. Thernstrom and Thernstrom, America in *Black and White*, pp. 456-59.
22. *Washington Post*/Kaiser Family Foundation/Harvard University, "Race and Ethnicity in 2001: Attitudes, Perceptions, and Experiences," (August 2001); Princeton Survey Research Associates poll, January 2003; Jennifer Barrett,

"*Newsweek* Poll: Bush Loses Ground," *Newsweek*, 14 February 2003, online; Jonathan Chait, "Pol Tested," *New Republic*, 3 February 2003, p. 14.

23. Belz, *Equality Transformed*, pp. 66-67; Daniel Bell, *The Coming of Post-Industrial Society: A Venture in Social Forecasting* (New York: Basic Books, 1973), p. 417; Thernstrom and Thernstrom, America in Black and White, p. 492.
24. Martinez in *Miami Herald*, 12 October 1988, cited in Raymond Tatalovich, *Nativism Reborn?: The Official English Language Movement and the American States* (Lexington, KY: University Press of Kentucky, 1995), p. 99.
25. Tatalovich, *Nativism Reborn?*, pp. 1-2.
26. Unamuno quoted in Carlos Alberto Montaner, "Talk English-You Are in the United States," in James Crawford, ed., *Language Loyalties* (Chicago: University of Chicago Press, 1992), p. 164; Karl W. Deutsch, *Nationalism and Social Communication* (Cambridge: MIT Press, 1966).
27. Immigration and Nationality Act, Title III, Chapter 2, Section 312, (8 U.S.C. 1423).
28. 42 U. S. C. 1973b (f), Pub. L. 94-73, 89 Stat. 400; Tatalovich, *Nativism Reborn?*, p. 105; James Crawford, *Hold Your Tongue: Bilingualism and the Politics of "English Only"* (Reading, MA: Addison-Wesley, 1992), p. 272, n. 13; *Washington Post*, 14 November 2002, p. T3; *Chicago Sun-Times*, 2 May 1996, p. 29, 5 August 2002, p. 1.
29. *Asian American Business Group v. City of Pomona* in Crawford, *Language Loyalties*, pp. 284-87; *Wall Street Journal*, 21 August 1995, p. A8; *Alexander v. Sandoval*, 532 U.S. 275 (2001), *New York Times*, 25 April 2001, p. A14.
30. *Ruiz, et al. v. Hull, et al.*, 191 Ariz. 441, 957 P.2d 984 (1998); cert. denied, 11 January 1999.
31. Edward M. Chen, "Language Rights in the Private Sector" in Crawford, ed., *Language Loyalties*, pp. 276-77.
32. James Crawford, *Bilingual Education: History, Politics, Theory, and Practice* (Trenton, NJ: Crane, 1989), p. 33; J. Stanley Pottinger, Office for Civil Rights, memorandum, 25 May 1970; Serna v. Portales Municipal Schools, 351 F. supp. 1279 (1972); *Lau v. Nichols*, 414 U.S. 563 (1974).
33. Crawford, *Bilingual Education*, p. 39; William J. Bennett, "The Bilingual

Education Act: A Failed Path," in Crawford, ed., *Language Loyalties*, p. 361.

34. *Time*, 8 July 1985, pp. 80-81.
35. Scheuer quoted in Bennett, "The Bilingual Education Act: A Failed Path" in James Crawford, ed., *Language Loyalties*, p. 361.
36. Badillo quoted in *New York Post*, 17 October 2000, p. 16.
37. Carol Schmid, "The English Only Movement: Social Bases of Support and Opposition among Anglos and Latinos," in Crawford, ed., *Language Loyalties*, p. 202.
38. Jack Citrin, Donald Philip Green, Beth Reingold and Evelyn Walters, "The 'Official English' Movement and the Symbolic Politics of Language in the United States," *Western Political Quarterly*, 43 (September 1990), pp. 540-41; Camilo Perez-Bustillo, "What Happens When English Only Comes to Town?: A Case Study of Lowell, Massachusetts" in Crawford, ed., *Language Loyalties*, pp. 194-201.
39. Citrin et al., "The 'Official English' Movement," pp. 548-52; Zogby International poll, 15-17 November and 10-13 December 1998.
40. Tatalovich, *Nativism Reborn?*, pp. 85-88.
41. Ibid., pp. 114-122.
42. Ibid., pp. 136-148, 150-160.
43. Geoffrey Nunberg, "Linguists and the Official Language Movement," *Language*, 65 (September 1989), p. 581.
44. *Boston Globe*, 6 November 2002, p. A1.
45. *Rocky Mountain News*, 6 November 2002, p. 29A; *Boston Globe*, 10 November 2002, p. 10.
46. Schmid, "The English Only Movement," in James Crawford, ed., *Language Loyalties*, pp. 203-5; Max J. Castro, "On the Curious Question of Language in Miami" in Ibid., p. 179; Peter Skerry, *Mexican Americans: The Ambivalent Minority* (Cambridge: Harvard University Press, 1993), p. 285; Jack Citrin, "Language Politics and American Identity," *The Public Interest*, 99 (Spring 1990), p. 104.
47. Steve Farkas, ed., *A Lot to be Thankful For*, Public Agenda Report 1998.
48. *Boston Globe*, 31 August 1997, p. A12; *New York Times*, 15 August 1997, p. A39; *New York Times*, 5 June 1998, p. A12; Glenn Garvin, "Loco, Completamente Loco:

The Many Failures of 'Bilingual Education,'" *Reason*, 29 (January 1998), p. 20.

49. James Counts Early, "Affirmations of a Multiculturalist," in Robert Royal, ed., *Reinventing the American People: Unity and Diversity Today* (Grand Rapids: William B. Eerdmans, 1995), p. 58; Clifford Orwin, "All Quiet on the (post)Western Front," *The Public Interest*, 123 (Spring 1996), p. 10.

50. Pamela L. Tiedt and Iris M. Tiedt, *Multicultural Teaching: A Handbook of Activities, Information, and Resources* (Boston: Allyn and Bacon, 3rd ed., 1990), p. 7.

51. Mikulski quoted in Mann, *The One and the Many*, p. 29; Nathan Glazer and Daniel Patrick Moynihan, *Beyond the Melting Pot* (Cambridge, MA: M.I.T. Press, 1963), pp. 16-17, 290.

52. Mann, *The One and the Many*, pp. 37, 38-39.

53. Stephen Steinberg, *The Ethnic Myth: Race, Ethnicity, and Class in America* (New York: Atheneum, 1981), p. 51.

54. Thaddeus V. Gromada, "Polish Americans and Multiculturalism," 4 January 1997, presidential address at meeting of Polish American Historical Association, in conjunction with American Historical Association, New York Hilton Hotel, New York City.

55. Betty Jean Craige, *American Patriotism in a Global Society* (Albany: State University of New York Press, 1996), pp. 65-66.

56. Lilia I. Bartolome, "Introduction," in Alfonso Nava et al., *Educating Americans in a Multicultural Society* (New York: McGraw-Hill, 2nd ed., 1994), p. v.

57. James A. Banks, Multiethnic Education: *Theory and Practice* (Boston: Allyn and Bacon, 1994), p. 3.

58. Tiedt and Tiedt, *Multicultural Teaching*, p. xi

59. Sandra Stotsky, *Losing Our Language* (New York: Free Press, 1999), pp. 59-62, reporting the research of Charlotte Iiams, "Civic Attitudes Reflected in Selected Basal Readers for Grades One Through Six Used in the United States from 1900-1970" (Unpublished doctoral dissertation, University of Idaho, 1980).

60. Paul Vitz, *Censorship: Evidence of Bias in Our Children's Textbooks* (Ann Arbor: Servant Books, 1986), pp. 70-71, 75; Nathan Glazer and Reed Ueda, *Ethnic*

Groups in History Textbooks (Washington, D.C.: Ethics and Public Policy Center, 1983), p. 15.

61. Robert Lerner, Althea K. Nagai, Stanley Rothman, *Molding the Good Citizen: The Politics of High School History Texts* (Westport: Praeger, 1995), p. 153, citing the study by Diana Ravitch and Chester E. Finn, *What Do Our 17-Year-Olds Know?* (New York: Harper and Row, 1987), pp. 270-72; Stotsky, *Losing our Language*, pp. 72-74, 86-87, 90, 294, n20.

62. Glazer, *We Are All Multiculturalists Now*, p. 83; Schlesinger, *The Disuniting of America*, p. 123; American Council of Turstees and Alumni, *Inside Academe*, 8 (Fall 2002), pp. 1, 3, citing the council's report, *Restoring America's Legacy: The Challenge of Historical Literacy in the 21st Century* (2002).

63. Lerner, et al., *Molding the Good Citizen*, p. 153, citing *U.S. News and World Report*, 12 April 1993, p. 56; American Council of Trustees and Alumni, *Newsletter*, 18 December 2000, citing the council's report, *Losing America's Memory: Historical Illiteracy in the 21st Century* (2000).

8. 동화 : 개종, 앰퍼샌드, 시민권의 침식

1. U.S. Immigration and Naturalization Service, *2000 Statistical Yearbook of the Immigration and Naturalization Service* (Unpublished, selections available online at http://uscis.gov/graphics/shared/aboutus/statistics/yearbook2000.pdf.

2. *Economist*, 24 June 2000, p 63.

3. Organization for Economic Cooperation and Development, *Trends in International Migration: Continuous Reporting System on Migration*, (2000 ed. Paris, France: OECD, 2001).

4. *World Population Prospects: The 2000 Revision-Highlights*, Annex Tables (28 February 2001) (United Nations Population Division).

5. National Institute of Population and Social Security Research, *Population Projections for Japan: 1996-2100* (1997).

6. Ole Waever et al., *Identity, Migration and the New Security Agenda in Europe*, (London: Pinter, 1993), p. 23.

7. Organization for Economic Cooperation and Development, *Trends in International Migration*, p. 304.
8. U.S. Immigration and Naturalization Service, *2000 Statistical Yearbook*.
9. Milton M. Gordon, *Assimilation in American Life* (New York: Oxford University Press, 1964), pp. 70-71.
10. Peter D. Salins, *Assimilation, American Style* (New York: Basic Books, 1997), pp. 6, 48-49.
11. Gordon, *Assimilation in American Life*, pp. 127, 244-45.
12. Will Herberg, *Protestant Catholic Jew* (Garden City: Doubleday, 1955), pp. 33-34; George R. Stewart, *American Ways of Life* (New York: Doubleday, 1954), p. 23, cited in Gordon, *Assimilation in American Life*, pp. 127-28.
13. Thomas Jefferson, *Notes on Virginia*, (Chapel Hill: University of North Carolina Press, 1954), pp. 84-85.
14. Michael Piore, *Birds of Passage: Migrant Labor and Industrial Societies* (Cambridge: Cambridge University Press, 1979), p. 151.
15. Gordon, *Assimilation in American Life*, p. 190; Thomas Sowell, *Migrations and Cultures: A World View*, (New York: Basic Books, 1996), p. 48. 제2차 세계대전 이전 이민자들과 그 후손들의 성공적 동화를 멋지게 개괄하고 분석한 것으로는 다음을 참조하라. Richard Alba and Victor Nee, *Remaking the American Mainstream: Assimilation and Contemporary Immigration* (Cambridge: Harvard University Press, 2003), chap. 3.
16. Samuel P. Huntington, *The Clash of Civilization and the Remaking of World Order* (New York: Simon & Schuster, 1996), p. 264.
17. American Muslim Council, Zogby poll, released 28 August 2000, reported in *Pittsburgh Post-Gazette*, 29 August 2000, P. A5
18. Kambiz Ghanea Bassiri, *Competing Visions of Islam in the United States: A Study of Los Angeles* (Westport, CT: Greenwood Press, 1997), pp. 43-49.
19. Corey Michael Spearman, "The Clash of Civilizations in Dearborn, Michigan" (Term paper, Kalamazoo College, Michigan, March 2000), p. 7, quoting Abu Mustafa Al-Bansilwani, "There Has to Be a Better Way-and There Is!," *Ummah*, I

(no. 1, 1999), pp. 1-2.
20. Daniel Patrick Moynihan, "The Sonnet About the Statue of Liberty," *New York*, 19 May 1986), p. 58.
21. Sowell, Migrations and Cultures, pp. 39-40; John C. Harles, *Politics in the Lifeboat: Immigrants and the American Democratic Order* (Boulder: Westview Press, 1993), p. 99.
22. Henri Wéber, quoted in *The Economist*, 12 February 2000, p. 20.
23. Oscar Handlin, *The Uprooted* (Boston: Little, Brown, 2nd ed., 1973) p. 272; Arthur M. Schlesinger, Jr., *The Disuniting of America: Reflections on a Multicultural Society* (New York: Norton, rev. ed., 1998), p. 17; Harles, *Politics in the Lifeboat*, p. 4.
24. Salins, *Assimilation, American Style*, pp. 48-49; Josef Joffe, personal conversation.
25. Piore, *Birds of Passage*: p. 149ff.
26. Roberto Suro, *Strangers Among Us* (New York: Knopf, 1998), p. 325.
27. Washington, Jefferson, Franklin quoted in Matthew Spalding, "From Pluribus to Unum," *Policy Review*, no. 67 (Winter 1994), pp. 39-40.
28. Gordon, *Assimilation in American Life*, pp. 132-33; Marcus Lee Hansen, *The Immigrant in American History* (Cambridge: Harvard University Press, 1940), p. 132; Heinz Kloss, *The American Bilingual Tradition* (Rowley, MA: Newbury House, 1977), p. 128; Will Kymlicka, *Multicultural Citizenship* (Oxford: Clarendon Press, 1998), pp. 28-29.
29. Samuel Lubell, *The Future of American Politics* (New York: Harper, 1951), p. 58ff.
30. *New York Times*, 9 December 1999, pp. 1, 20; 5 March 2000, pp. A1, A20; *Washington Post*, 18 September 1993, p. A1; New York City Department of City Planning, *The Newest New Yorkers: 1995-1996: An Update of Immigration to NYC in the Mid '90s* (8 November 1999).
31. James Dao, "Immigrant Diversity Slows Traditional Political Climb," *New York Times*, 28 December 1999, p. A1; John J. Miller, *The Unmaking of Americans* (New York: Free Press, 1998), pp. 218-19; Edward P. Lazear, *Culture Wars in America* (Stanford: Hoover Institution, Essays in Public Policy, no. 71, 1996), p. 9, citing 1990 census data.

32. Nathan Glazer, "Immigration and the American Future," *The Public Interest*, 118 (Winter 1995), p. 51; "Issue Brief: Cycles of Nativism in U.S. History," *Immigration Forum*, 19 May 2000, p. 1.
33. Robert William Fogel, *The Fourth Great Awakening and the Future of Egalitarianism* (Chicago: University of Chicago Press 2000), p. 60; Barry Edmonston and Jeffrey P. Passel, "Ethnic Demography: U.S. Immigration and Ethnic Variations," in Edmonston and Passel, eds., *Immigration and Ethnicity* (Washington, D.C.: Urban Institute Press 1994), p. 8; Campbell J. Gibson and Emily Lennon, *Historical Census Statistics on the Foreign Born Population of the United States, 1850-1990* (Washington: Census Bureau Population Division, Working Paper 29, February 1999).
34. Richard Alba and Victor Nee, "Rethinking Assimilation Theory for a New Era of Immigration," *International Migration Review*, 31 (Winter 1997), pp. 842-43; Douglas Massey, "The New Immigration and Ethnicity in the United States," *Population and Development Review*, 21 (September, 1995), p. 645, quoted in Peggy Levitt, *The Transnational Villagers* (Berkeley: University of California Press, 2001), p. 18.
35. U.S. Immigration and Naturalization Service, *1999 Statistical Yearbook of the Immigration and Naturalization Service* (Washington, D.C.: U.S. Government Printing Office, March 2002), p. 19; U.S. Census Bureau, *Statistical Abstract of the United States: 2001*, p. 45.
36. Stephen A. Camarota, Immigrants in the United States-*2002: A Snapshot of America's Foreign-Born Population* (Washington: Center for Immigration Studies, Backgrounder, November 2002), p. 1; *Boston Globe*, 10 March 2003, p. A3, citing William Frey's analysis of Census Bureau figures.
37. Frederick Douglass, quoted in Judith N. Shklar, *American Citizenship* (Cambridge: Harvard University Press, 1991), pp. 48, 52.
38. Ronald Takaki, *Double Victory: A Multicultural History of America* (Boston: Little, Brown 2000), p. 82.
39. John Higham, *Strangers in the Land* (New Brunswick, N. J.: Rutgers University

Press, 1988) p. 12ff; Kevin Phillips, *The Cousins' Wars* (New York: Basic Books, 1999), p. 543 ff.

40. John A. Hawgood, *The Tragedy of German America* (New York: G. P. Putnam's Sons, 1940), pp. 291-301; Ronald Fernandez, "Getting Germans to Fight Germans: The Americanizers of World War I," *Journal of Ethnic Studies*, 9 (1981), pp. 64-66; Higham, Strangers in the Land, pp. 216-17.

41. *New York Times*, 5 July 1918, pp. 1, 6; John J. Miller, "Americanization Past and Future," *Freedom Review*, 28 (Fall 1997), p. 11.

42. Nathan Glazer and Daniel Patrick Moynihan, *Beyond the Melting Pot* (Cambridge: MIT Press, 1970), p. 20; Mary C. Waters, "Ethnic and Racial Identities of Second-Generaton Black Immigrants in New York City," *International Migration Review*, 28 (Winter 1994), p. 799.

43. Michael Walzer, *What It Means to Be an American* (New York: Marsilio, 1992), p. 49.

44. *Boston Globe*, 27 May 2002, p. A1; 15 August 2002, p. A3; 23 November 2002, p. A15.

45. Miller, *The Unmaking of Americans*, pp. 219-21.

46. Marilyn Halter, *Washington Post*, 16 July 2000, p. B3.

47. See Peter Skerry, *Mexican Americans: The Ambivalent Minority* (Cambridge: Harvard University Press, 1993), passim; and Michael Jones-Correa, *Between Two Nations: The Political Predicament of Latinos in New York City* (Ithaca: Cornell University Press, 1998) pp 5, 69-90.

48. Calculated by James Perry from U.S. Census Bureau, *Profile of the Foreign-Born Population in the United States: 2000* (Washington: Government Printing Office, 2001), p. 24; Miller, *The Unmaking of Americans*, pp. 120, 134-35, 221-23; James R. Edwards and James G. Gimbel, "The Immigration Game," *American Outlook*, Summer 1999, p. 43; Linda Chavez, "Multiculturalism Getting Out of Hand," *USA Today*, 14 December 1994, p. 13A.

49. Mark Krikorian, "Will Americanization Work in America?" *Freedom Review*, 28 (Fall 1997), pp. 51-52; Ruben G. Rumbaut, *Achievement and Ambition among Children of Immigrants in Southern California* (Jerome Levy Economics Institute,

Working Paper No. 215, November 1997), pp. 14-15; Peter Skerry, "Do We Really Want Immigrants to Assimilate?" *Society*, 37 (March/April 2000), p. 60, citing University of California Diversity Project, Final Report: *Recommendations and Findings* (Berkeley: Graduate School of Education, 2000).

50. Fernando Mateo, quoted in *New York Times*, 19 July 1998, p. 1; Levitt, *Transnational Villagers*, pp. 3-4, 239-40; Jones-Correa, *Between Two Nations*, pp. 5-6, 191-93; Robert S. Leiken, *The Melting Border: Mexico and Mexican Communities in the United States* (Washington, D. C.: Center for Equal Opportunity, 2000), pp. 4-5.

51. Suro, *Strangers Among Us*, p. 124.

52. Levitt, *Transnational Villagers*, p. 219, citing 1990 census data.

53. Ibid, pp. 2-3.

54. Deborah Sontag and Celia W. Dugger, "The New Immigrant Tide: A Shuttle Between Worlds," *New York Times*, 19 July 1998, p. 26; *New York Times*, 17 June 2001, p. 1; Levitt, *Transnational Villagers*, p. 16, citing Lars Schoultz, "Central America and the Politicization of U.S. Immigration Policy," in Christopher Mitchell, ed., *Western Hemisphere Immigration and United States Foreign Policy* (University Park: Pennsylvania State University Press, 1992), p 189.

55. Ryan Rippel, "Ellis Island or Ellis Farm" (Term paper, Government 1582, Harvard University, Spring 2002), pp. 14, 28.

56. Leiken, *The Melting Border*, pp. 6, 13, 12-15; Levitt, *Transnational Villagers*, p. 180ff.

57. Stanley A. Renshon, *Dual Citizens in America* (Washington, D. C.: Center for Immigration Studies, backgrounder, July 2000), p. 3, and *Dual Citizenship and American National Identity* (Washington, D. C.: Center for Immigration Studies, Paper 20, October 2001), p. 15.

58. Renshon, *Dual Citizens in America*, p. 6; Aleinikoff, "Between Principles and Politics: U.S. Citizenship Policy," in T. Alexander Aleinikoff and Douglas Klusmeyer, eds., *From Migrants to Citizens: Membership in a Changing World* (Washington, D. C.: Carnegie Endowment for International Peace, 2000), pp. 139-40.

59. Michael Jones-Correa, "Under Two Flags: Dual Nationality in Latin America and Its Consequences for Naturalization in the United States," *International Migration Review*, 35 (Winter 2001), p. 1010.
60. Ibid., pp. 1016-17.
61. Yasemin Nuhoglu Soysal, *Limits of Citizenship: Migrants and Postnational Membership in Europe* (Chicago: University of Chicago Press, 1994), p. 205; Nathan Glazer, estimate, Harvard University, Globalization and Culture Seminar, 16 February 2001.
62. Jones-Correa, "Under Two Flags," p. 1024; *Boston Globe*, 20 December 1999, p. B1; 13 May 2000, p. B3.
63. Jones-Correa, "Under Two Flags," pp. 1004, 1008.
64. *New York Times*, 19 June 2001, p. A4, 3 July 2001, p. A7; Levitt, *Transnational Villagers*, p. 19.
65. 이중적인 시민권의 비용과 혜택에 관한 균형적 평가에 대해서는 다음을 참조하라. "Plural Citizenships," in Noah M. J. Pickus, ed., Immigration and Citizenship in the Twenty-First Century (Lanham, Md: Rowman and Littlefield, 1998), pp. 162-76.
66. James H. Kettner, *The Development of American Citizenship, 1608-1870* (Chapel Hill: University of North Carolina Press, 1978), pp. 55, 267-69, 281-82, 343ff.
67. Arthur Mann, *The One and the Many: Reflections on the American Identity* (Chicago: University of Chicago Press, 1979), p. 178.
68. Aleinikoff, "Between Principles and Politics," p. 137.
69. Peter H. Schuck and Rogers M. Smith, *Citizenship Without Consent: Illegal Aliens in the American Polity* (New Haven: Yale University Press, 1985), p. 167, n 31.
70. Renshon, *Dual Citizenship and American National Identity*, p. 6; Renshon, *Dual Citizens in America*, p. 3.
71. See Schuck, "Plural Citizenships," pp. 149-51, 173ff.; Renshon, *Dual Citizenship and American National Identity*, pp. 11-12.
72. Aristotle, *The Politics*, 1275a, 1278a, quoted in Michael Walzer, *Spheres of Justice: A Defense of Pluralism and Equality* (New York: Basic Books, 1983), pp. 53-54. See pp. 92-113 of Ernest Barker's translation (Oxford: Clarendon Press, 1946) for

Aristotle's extensive discussion of citizenship and its relation to different constitutions.

73. Schuck, "Plural Citizenships," p. 169.
74. Soysal, *Limits of Citizenship*, p. 1.
75. Joseph H. Carens, "Why Naturalization Should Be Easy: A Response to Noah Pickus," in Pickus, *Immigration and Citizenship*, p. 143.
76. Deborah J. Yashar, "Globalization and Collective Action," *Comparative Politics*, 34 (April 2002), p. 367, citing Soysal, *Limits of Citizenship*, p. 119ff.; Schuck and Smith, *Citizenship Without Consent*, p. 107.
77. Aleinikoff, "Between Principles and Politics," p. 150.
78. Peter J. Spiro, "Questioning Barriers to Naturalization," *Georgetown Immigration Law Journal*, 13 (Summer 1999), p. 517; Aleinikoff, "Between Principles and Politics," p. 154.
79. Jones-Correa, Between Two Nations, p. 198, n. 11; Leticia Quezada, quoted in *Washington Post National Weekly Edition*, 11-17 July 1994, p. 23.
80. David Jacobson, *Rights Across Borders: Immigration and the Decline of Citizenship* (Baltimore: Johns Hopkins University Press, 1996), pp. 8-9; Sarah V. Wayland, "Citizenship and Incorporation: How Nation-States Respond to the Challenges of Migration," *Fletcher Forum of World Affairs*, 20 (Summer/Fall 1996), p. 39; Irene Bloemraad, "The North American Naturalization Gap: An Institutional Approach to Citizenship Acquisition in the United States and Canada," *International Migration Review*, 36 (Spring 2002), pp. 193-228, especially p. 209, and "A Macro-Institutional Approach to Immigrant Political Incorporation: Comparing the Naturalization Rates and Processes of Portuguese Immigrants in the US and Canada" (paper, annual meeting, American Sociological Association, August 1999, Chicago).
81. Maria Jiminez, quoted in *New York Times*, 13 September 1996, p. A16; Jones-Correa Between *Two Nations*, p. 200.
82. Department of Homeland Security, Office of Immigratin Statistics, *2002 Yearbook of Immigration Statistics* (October 2003), pp. 159, 163.

83. Spiro, "Questioning Barriers to Naturalization," pp. 492, 518.
84. Schuck and Smith, Citizenship *Without Consent*, p. 108.
85. Carens, "Why Naturalization Should Be Easy," p. 146.
86. Waters, "Ethnic and Racial Identities," pp. 797, 800, citing Tekle Mariam Woldemikael, *Becoming Black American: Haitians and American Institutions in Evanston, Illinois* (New York: AMS Press, 1989), pp. 81, 94

9. 멕시칸 이민과 히스패닉화

1. David M. Kennedy, "Can We Still Afford to Be a Nation of Immigrants?" *Atlantic Monthly*, 278 (November 1996), p. 67.
2. Roger Daniels, *Coming to America: A History of Immigration and Ethnicity in American Life* (New York: HarperCollins, 1990), pp. 129, 146.
3. Campbell J. Gibson and Emily Lennon, "Historical Census Statistics on the Foreign-Born Population of the United States 1850-1990" (Population Division Working Paper No. 29, U.S. Census Bureau, February 1999), Table 3; U.S. Census Bureau, March 2000 Current Population Survey, *Profile of the Foreign-Born Population in the United States 2000* (PPL-145, 2001), Tables 1-1, 3-1, 3-2, 3-3, and 3-4.
4. *Economist*, 24 August 2002, pp. 21-22; U.S. Department of Homeland Security, Office of Immigration Statistics, *2002 Yearbook of Immigration Statistics* (Washington, forthcoming, 2003), Table 2; *New York Times*, 19 June 2003, p. A22.
5. Mark Krikorian, "Will Americanization Work in America?" *Freedom Review*, 28 (Fall 1997), p. 48-49.
6. Barry Edmonston and Jeffrey S. Passel, "Ethnic Demography: U.S. Immigration and Ethnic Variations," in Edmonston and Passell, eds., *Immigration and Ethnicity: The Integration of America's Newest Arrivals* (Washington, D.C.: Urban Institute Press, 1994), p. 8.
7. *Economist*, 20 May 1995, p. 29; *New York Times*, 3 June 1995, p. B2; Immigration and Naturalization Service study, reported in *New York Times*, 8 February 1997, p. 9; INS study, reported in *Boston Globe*, 1 February 2003, p. A8; Census Bureau figure reported in *Washington Post*, 25 October 2001, p. A 24; Office of Immigration

Statistics, Department of Homeland Security, *2002 Yearbook of Immigration Statistics* (October 2003), p 213.

8. Michael Fix and Wendy Zimmermann, "After Arrival: An Overview of Federal Immigrant Policy in the United States," in Edmonston and Passel, eds., Immigration and Ethnicity, pp. 257-58; Frank D. Bean et al., "Educational and Sociodemographic Incorporation Among Hispanic *Immigrants to the United States*," in Edmonston and Passell, eds., *Immigration and Ethnicity*, pp. 80-82; George J. Borjas, *Heaven's Door: Immigration Policy and the American Economy* (Princeton: Princeton University Press, 1999), p. 118; "U. S. Survey," *The Economist*, 11 March 2000, p. 12; *New York Times*, 1 February 2000, p. A12; *The Economist*, 18 May 1996, p. 29.

9. Bean et al., "Educational and Sociodemographic Incorporation," pp. 80-82; "US Survey," *Economist*, p. 12; James Sterngold, "A Citizenship Incubator for Immigrant Lations," *New York Times*, 1 February 2000, p. A12; "Where Salsa Meets Burger," *Economist*, 18 May 1996, p. 29

10. "US Survey," *The Economist*, p. 15, citing *Los Angeles Times*; Abraham F. Lowenthal and Katrina Burgess, eds., *The California-Mexico Connection* (Stanford: Stanford University Press, 1993), p. 256; *New York Times*, 17 February 2003, p. A13.

11. Kennedy, "Can We Still Afford to Be a Nation of Immigrants?" p. 68.

12. Summary of Mexican report in David Simcox, *Backgrounder: Another 50 Years of Mass Mexican Immigration* (Washington, D. C.: Center for Immigration Studies, March 2002).

13. Myron Weiner, *The Global Migration Crisis: Challenge to States and to Human Rights* (New York: HarperCollins, 1995), p. 21ff.; David M. Heer, *Immigration in America's Future: Social Science Findings and the Policy Debate* (Boulder: Westview Press, 1996), p. 147.

14. Edmonston and Passel, "Ethnic Demography,", p. 21; Mark Falcoff, *Beyond Bilingualism* (Washington, D. C.: American Enterprise Institute, On the Issues Release, August 1996), p. 4.

15. Peter Skerry, *Mexican Americans: The Ambivalent Minority* (Cambridge: Harvard University Press, 1993), p. 289 also pp. 21-22.
16. Terrence W. Haverluk, "Hispanic Community Types and Assimilation in Mex-America," *Professional Geographer*, 50 (November 1998), pp. 467.
17. Stephen Steinberg, *The Ethnic Myth: Race, Ethnicity, and Class in America* (New York: Atheneum, 1981), pp. 45-46.
18. Tech Paper 29, Table 5. Language Spoken at Home for the Foreign-Born Population 5 Years and Over: 1980 and 1990, U.S. Bureau of the Census, 9 March 1999; *We the AmericanForeign Born*, U.S. Bureau of the Census, September 1993, p. 6; Census Bureau figures reported in *The Herald* (Miami), 6 August 2002, p. 4A.
19. Heer, *Immigration in America's Future*, pp. 197-98.
20. Skerry, *Mexican Americans: The Ambivalent Minority*, pp. 286, 289.
21. *Washington Post Weekly Edition* 1-14 July 02, p. 13.
22. Census Bureau, *We the American Foreign Born*, p. 6.
23. U.S. Census Bureau, *Profile of the Foreign-Born Population of the United States 2000* (Washington: Govenment Printing Office, 2001), p. 37 Bean et al., "Educational and Sociodemographic Incorporation pp. 79, 81, 83, 93; Lindsay Lowell and Roberto Suro, *The Improving Educational Profile of Latino Immigrants* (Washington: Pew Hispanic Center, 4 December 2002), p. 1.
24. James P. Smith, "Assimilation across the Latino Generations," *American Economic Review*, 93 (May 2003), pp. 315-19. 스미스의 자료를 분석하는 데 제임스 페리가 준 도움에 정말로 감사한다.
25. *Washington Post Weekly Edition*, 10 August 1998, p. 33; Bean et al., "Educational and Sociodemographic Incorporation," pp. 94-95. American Council on Education, Minorities in Higher Education 19th annual report, 1999-2000, reported in *Boston Globe*, 23 Sept 02, p. A3; William H. Frey, "Chanticle," *Milken Institute Review*, (3rd quarter, 2002), p. 7.
26. U.S. Census Bureau, Profile of the Foreign-Born Population of the United States 2000 (December 2001), p. 41
27. M. Patricia Fernandez Kelly and Richard Schauffler, "Divided Fates: Immigrant

Children and the New Assimilation," in Alejandro Portes, ed., *The New Second Generation* (New York: The Russell Sage Foundation, 1996), p. 48.

28. Robert W. Fairlie and Bruce D. Meyer, "Ethnic and Racial Self-Employment Differences and Possible Explanations," *Journal of Human Resources*, 31 (September 1996), pp. 772-73, citing 1990 census data.

29. U.S. Census Bureau, Current Population Survey, March 1998; Steven A. Camarota, *Immigrants in the United States - 1998: A Snapshot of America's Foreign-born Population*, (Washington, D.C.: Center for Immigration Studies), pp. 6, 9. 더 작은 두 이민자 집단들은 멕시칸보다 빈곤율이 더 높았는데, 도미니카 사람들이 38퍼센트, 그리고 아이티 사람들이 34퍼센트였다.

30. Borjas, Heaven's Door, pp. 110-11; Steven A. Camarota, *Immigration from Mexico: Assessing the Impact on the United States* (Washington: Center for Immigration Studies, July 2001), p. 55; Steven A. Camarota, *Back Where We Started: An Examination of Trends in Immigrant Welfare Use Since Welfare Reform* (Washington: Center for Immigration Studies, March 2003), p. 13.

31. Steinberg, The Ethnic Myth, pp. 272-3.

32. Joel Perlmann and Roger Waldinger, "Are the Children of Today's Immigrants Making It?" *The Public Interest*, 132 (Summer 1998), p. 96.

33. Smith, "Assimilation across the Latino Generations," p. 317.

34. Rodolfo O. de la Garza, Angelo Falcon, F. Chris Garcia, and John Garcia, "Mexican Immigrants, Mexican Americans, and American Political Culture," in Edmonston and Passel, eds., *Immigration and Ethnicity* pp. 232-35.

35. Leon Bouvier, *Embracing America: A Look at Which Immigrants Become Citizens*, (Washington, D.C.: Center for Immigration Studies Center Paper 11), p. 14, Table 4.3.

36. Ibid., pp. 32-33, Tables 9.2, 9.4; *Washington Post Weekly Edition*, 25 October 1999, pp. 30-31, citing U.S. Census study; *New York Times*, 6 August 2003, pp. A1, A14.

37. Gregory Rodriguez, *From Newcomers to Americans: The Successful Integration of Immigrants into American Society* (Washington, D.C.: National Immigration Forum, 1999), p. 22, citing Current Population Survey, June 1994.

38. Calculations by Tammy Frisby from U.S. Census Data: U.S. Bureau of the Census, *Current Population Reports*, Special Studies Series, P-23, No. 77, "Perspectives on American Husbands and Wives," 1978; U.S. Bureau of the Census, *Current Population Reports*, P-20-483, "Household and Family Characteristics," March 1994, Table 13; U.S. Bureau of the Census, *Statistical Abstract of the United States:* 1999 (119th edition) Washington, D.C., 1999; Gary D. Sandefur, Molly Martin, Jennifer Eggerling-Boeck, Susan E. Mannon, Ann M. Meier, "An Overview of Racial and Ethnic Demographic Trends," in Neil J. Smelser, William Julius Wilson, Faith Mitchell, eds., *America Becoming: Racial Trends and Their Consequences* (Washington: National Academy Press, 2001), 1, pp. 74-75; Richard Alba, "Assimilation's Quiet Tide," The Public Interest, 119 (Spring 1995), pp. 3-18.
39. William V. Flores and Rina Benmayor, *Latino Cultural Citizenship: Claiming Identity, Space, and Rights* (Boston: Beacon Press, 1997), p. 11, citing a study by Renato Rosaldo.
40. Ron Unz, "The Right Way for Republicans to Handle Ethnicity in Politics," *The American Enterprise*, 11 (April-May 2000), p. 35.
41. Rubén G. Rumbaut, "The Crucible Within: Ethnic Identity, Self-Esteem, and Segmented Assimilation Among Children of Immigrants," in Portes, ed., *The New Second Generation*, pp. 136-37.
42. De la Garza et al., "Mexican Immigrants, Mexican Americans, and American Political Culture," pp. 231, 241, 248.
43. John J. Miller, "Becoming an American," *New York Times*, 26 May 1998, p. A27.
44. Robin Fox, "Nationalism: Hymns Ancient and Modern," *The National Interest*, 35 (Spring 1994), p. 56; de la Garza et al., "Mexican Immigrants, Mexican Americans, and American Political Culture," p. 229, citing Tom Smith, "Ethnic Survey," Topical Report 19. (Chicago: National Opinion Research Center, University of Chicago).
45. Jennifer L. Hochschild, *Facing Up to the American Dream: Race, Class, and the Soul of the Nation* (Princeton: Princeton University Press, 1995), passim, especially chapter 4.

46. Susan Gonzales Baker et al, "U. S. Immigration Policies and Trends: The Growing Importance of Migration from Mexico," in Marcelo M. Suarez-Orozco, ed., *Crossings: Mexican Immigration in Interdisciplinary Perspectives* (Cambridge: Harvard University Press, 1998), pp. 99-100.
47. Kennedy, "Can We Still Afford to Be a Nation of Immigrants?" p. 68.
48. Morris Janowitz, *The Reconstruction of Patriotism: Education for Civic Consciousness* (Chicago: University of Chicago Press, 1983), pp. 128-29, 137.
49. "U. S. Survey," *The Economist*, p. 13; Rocky Mountain News, 6 February 2000, pp. 2Aff; Robert S. Leiken, *The Melting Border: Mexico and Mexican Communities in the United States* (Washington, D.C.: Center for Equal Opportunity, 2000); Lowenthal and Burgess, *The California-Mexico Connection*, p. vi; Council on Foreign Relations, *Defining the National Interest: Minorities and U. S. Foreign Policy in the 21st Century* (New York: Council on Foreign Relations, 1996), p. 12; Lester Langley, *MexAmerica, Two Countries, One Future* (New York: Crown Books, 1988); "Welcome to Amexica," Time, Special issue, 11 June 2001; Victor Davis Hanson, *Mexifornia: A State of Becoming* (San Francisco: Encounter Books, 2003).
50. Robert D. Kaplan, "History Moving North," *Atlantic Monthly*, 279 (February, 1997), p. 24; *New York Times*, 17 February 2003, p. A13; *The Economist*, 7 July 2001, p. 29; *New York Times*, 10 February 2002, Sect. 4, p. 6.
51. Graham E. Fuller, "Neonationalism and Global Politics: An Era of Separatism," *Current* 344 (July-August 1992), p. 22.
52. *Economist*, 8 April 2000, pp. 28-29; Joan Didion, "Miami," *The New York Review*, 28 May 1987, p 44; *Boston Globe*, 21 May 2000, p. A7.
53. U. S. Census Bureau, 2000 Census of Population and Housing, *Summary Social, Economic and Housing Characteristics*, PHC-2-1 (2003); U. S. Census Bureau, 2000 Census of Population and Housing, *Summary Population and Housing Characteristics*, PHC-1 (2001), pp. 32, 34, 36.
54. Fix and Zimmermann, "After Arrival: An Overview of Federal Immigrant Policy in the United States," pp. 256-58; *New York Times*, 1 April 2000, p. 1A, *The Economist*, 8 April 2000, p. 27.

55. Cathy Booth, "The Capital of Latin America: Miami," *Time* (Fall 1993), p. 82.
56. Booth, "The Capital of Latin America," p. 84; Mimi Swartz, "The Herald's Cuban Revolution," *New Yorker*, 7 June 1999, p. 39.
57. Swartz, "The Herald's Cuban Revolution," p. 37; Booth, "The Capital of Latin America" p. 84.
58. Booth, "The Capital of Latin America: Miami," p. 84; *New York Times*, 11 February 1999, p. A1; *New York Times*, 10 May 2000, p. A17; Didion, "Miami," p. 47.
59. Swartz, "The Herald's Cuban Revolution," *The New Yorker*, 7 June 1999, p. 37, citing Alejandro Portes and Alex Stepick, *City on the Edge: The Transformation of Miami* (Berkeley, CA: University of California Press, 1993); Booth, "The Capital of Latin America," p. 85; Didion, "Miami," p. 48.
60. Booth, "The Capital of Latin America," p. 82; Swartz, "The Herald's Cuban Revolution," pp. 39-40; David Rieff, quoted in *The Economist*, 8 April 2000, p. 27.
61. *New York Times*, 1 April 2000, p. A1; *New York Times*, 2 April 2000, p. A22.
62. Didion, "Miami," p. 47.
63. *Boston Globe*, 24 July 1995, p. 11; Lionel Sosa, *The Americano Dream* (New York: Plume, 1998), p. 210.
64. Roderic Ai Camp, "Learning Democracy in Mexico and the United States," *Mexcian Studies*, 19 (Winter 2003), p. 13; Carlos Fuentes, "Conversations with Rose Stryon," *New Perspectives Quarterly*, Special Issue 1997, pp. 59-61; Andres Rozental quoted in Yossi Shain, *Marketing the American Creed Abroad* (Cambridge: Cambridge University Press, 1999), p. 189; Armando Cíntora, "Civil Society and Attitudes: The Virtues of Character," *Annals AAPSS*, 565 (September 1999), pp. 145-1456; Jorge Casteñeda, "Ferocious Differences," *Atlantic Monthly*, 276 (July 1995), pp. 71-76; Sosa, *Americano Dream*, chaps. 1, 6; Alex Villa, quoted in Robert D. Kaplan, "Travels Into America's Future," *Atlantic Monthly*, 282 (July 1998), pp. 60-61.
65. *New York Times*, 3 May 1998, p. 26; *New York Times*, 19 September 1999, p. 18.
66. *New York Times*, 17 July 2000, p. A20.
67. Sosa, *American Dream*, pp. 205-207, 211.

68. *Washington Post*, 8 September 1996, p. X03; *Washington Post*, 17 August 2000, p. C4; *Houston Chronicle*, 23 June 2002, p. A1.

10. 미국과 세상의 통합

1. Georgiy Arbatov, "Preface," in Richard Smoke and Andrei Kortunov, eds., *Mutual Security: A New Approach to Soviet-American Relations* (New York: St. Martin's, 1991), p. xxi; 이 인용의 원래 형태는 약간 다른 것이었다. *New York Times*, 8 December 1987, p. 38.
2. David M. Kennedy, "Culture Wars: The Sources and Uses of Enmity in American History," in Ragnhild Fiebig-von Hase and Ursula Lehmkuhl, eds., *Enemy Images in American History* (Providence, RI: Berghahn, 1997), p. 355; John Updike, *Rabbit at Rest* (New York: Alfred A. Knopf, 1990), pp. 442-43.
3. "Waiting for the Barbarians," by C. P. Cavafy, from *Six Poets of Modern Greece*, edited by Edmund Keeley and Philip Sherrard, (New York: Alfred A. Knopf, 1968). Reprinted with permission from Thames & Hudson, London. For one typical use of this poem, see Col. S. Nelson Drew, USAF, *NATO From Berlin to Bosnia: Trans-Atlantic Security in Transition* (Washington, D.C: National Defense University, Institute for National Strategic Studies, McNair Paper 35, January 1995), p. 36.
4. Bruce D. Porter, "Can American Democracy Survive?" *Commentary*, 96 (November 1993), pp. 37-40; Robert Putnam, *Bowling Alone: The Collapse and Revival of American Community* (New York: Simon & Schuster, 2000), pp. 272, 267-68; Philip A. Klinker and Rogers M. Smith, *The Unsteady March: The Rise and Decline of Racial Equality in America* (Chicago: University of Chicago Press, 1999); Michael C. Desch, "War and Strong States, Peace and Weak States?" *International Organization*, 50 (Spring 1996), pp. 237-68.
5. Daniel Deudney and G. John Ikenberry, "After the Long War," *Foreign Policy*, 94 (Spring 1994), p. 29
6. Paul E. Peterson, "Some Political Consequences of the End of the Cold War" (Cambridge: Harvard University, Center for International Affairs, Trilateral Workshop on Democracy, Memorandum, 23-25 September 1994), pp. 4-9.

7. John W. Dower, *War Without Mercy: Race and Power in the Pacific War* (New York: Pantheon, 1986), p. 10; John Hersey, *Into the Valley: A Skirmish of the Marines* (New York: Knopf, 1943), p. 56; Kennedy, "Culture Wars," *in Enemy Images*, pp. 354-55.

8. Charles Krauthammer, "Beyond the Cold War," *New Republic*, December 19, 1988, p. 18.

9. U. S. Department of State, Office of Counterterrorism, "Foreign Terrorist Organizations," 23 May 2003, and "Overview of State-Sponsored Terrorism, 30 April 2003; *Boston Globe*, 7 May 2002, p. A19.

10. Steve Farkas et al, *A Lot to Be Thankful for: What Parents Want Children to Learn About America* (New York: Public Agenda, 1998), p. 10.

11. "How Global Is My Company?" *Communiqué*, Global Business Policy Council, A.T. Kearny, No. 2 (Fourth Quarter, 2000), p. 3.; Statement by John Davey, Directorate of Intelligence Analysis, television interview, 11 March 1999.

12. Adam Smith, *An Inquiry into the Nature and Cause of the Wealth of Nations* (Chicago: University of Chicago, 1976), vol. 2, pp. 375-76, quoted in Walter Berns, *Making Patriots* (Chicago: University of Chicago Press, 2001), pp. 59-60.

13. James Davison Hunter and Josh Yates, "In the Vanguard of Globalization: The World of American Globalizers," in Peter L. Berger and Samuel Huntington, eds., *Many Globalizations: Cultural Diversity in the Contemporary World* (New York: Oxford University Press, 2000), pp. 352-57, 345.

14. John Micklethwait and Adrian Wooldridge, *A Future Perfect: The Challenge and Hidden Promise of Globalization* (New York: Crown Business, 2000), p. 235; "*How Global Is My Company?*" Global Business Policy Council, p. 4.

15. Quoted in Hunter and Yates, "In the Vanguard of Globalization," in *Many Globalizations*, p. 344.

16. Manuel Castells, *The Rise of the Network Society*, 1 (Cambridge: Blackwell, 1996), p. 415, quoted in Micklethwait and Wooldridge, *A Future Perfect*, p. 242.

17. Adam Clymer," The Nation's Mood," *New York Times Magazine*, December 11, 1983, p. 47.

18. Robert B. Reich, "What Is a Nation?," *Political Science Quarterly*, 106 (Summer 1991), pp. 193-94; Alan Wolfe, "Alien Nation," *New Republic*, 26 March 2001, p. 36; Micklethwait and Wooldridge, *A Future Perfect*, pp. 241-42.
19. Martha Nussbaum, "Patriotism and Cosmopolitanism," in Martha C. Nussbaum et al, *For Love of Country: Debationg the Limits of Patriotism* (Boston: Beacon Press, 1996), pp. 4-9; Amy Gutmann, "Democratic Citizenship," *ibid*., p. p. 68-69; Richard Sennett, "America Is Better Off Without a 'National Identity'," *International Herald Tribune*, 31 January 1994, p. 6; George Lipsitz, "Dilemmas of Beset Nationhood: Patriotism, the Family, and Economic Change in the 1970s and 1980s," in John Bodnar, ed., *Bonds of Affection: Americans Define Their Patriotism* (Princeton: Princeton University Press, 1996), p. 256; Cecilia E. O'Leary, "'Blood Brotherhood': The Racialization of Patriotism, 1865-1918," in Bodnar, ed., Bonds of Affection, p. 55ff; Betty Jean Craige, American Patriotism in a Global Society (Albany: State University of New York Press, 1996), pp. 35-36; Peter Spiro, "New Global Communities: Non-Governmental Organizations in International Decision-Making Institutions," *Washington Quarterly*, (18 Winter 1995), p. 45.
20. See Jeremy A. Rabkin, *Why Sovereignty Matters* (Washington, D.C.: AEI Press, 1998), p. 51ff; *Filartiga v. Pena-Irala*, 630 F.2d 876 (2nd Cir., 1980).
21. Rabkin, *Why Sovereignty Matters*, pp.56-58, 138.
22. Richard Rorty, *Achieving Our Country: Leftist Thought in Twentieth-Century America* (Cambridge: Harvard University Press, 1998), p. 15; Richard Rorty, "The Unpatriotic Academy," *New York Times*, 13 February 1994, p. E15; Robert Bellah, *The Broken Covenant: American Civil Religion in Time of Trial* (Chicago: University of Chicago Press, 1992), pp. xii-xiii.
23. Strobe Talbott, "The Birth of the Global Nation," *Time*, 20 July 1992, p. 70.
24. *Washington Post*, 16-20 June 1989, ABC-*Washington Post* poll, September 2002, reported in *New York Times*, 6 July 2003, section 4, p. 1.
25. Ronald Inglehart et al., *World Values Surveys and European Values Surveys, 1981-1984, 1990-1993, and 1995-1997*, ICPSR version (Ann Arbor: Institute for

Social Research, 2000).
26. Ibid.
27. Tom W. Smith and Lars Jarkko, *National Pride: A Cross-National Analysis* (Chicago: University of Chicago/National Opinion Research Center, GSS Cross National Report 19, May 1998), pp. 3-4; Elizabeth Hawn Hastings and Phillip K. Hastings, *Index to International Public Opinion, 1988-89* (New York: Greenwood, 1990), p. 612; Seymour Martin Lipset, *American Exceptionalism: A Double-Edged Sword* (New York: Norton, 1996), p. 51; Richard Rose, "National Pride in Cross-National Perspective," *International Social Science Journal*, 37 (1985), pp. 86, 93-95.
28. Pippa Norris, ed., *Critical Citizens: Global Support for Democratic Government* (New York: Oxford University Press, 1999), pp. 38-42.
29. *New York Times* Poll, *New York Times Magazine*, 11 December 1983, p. 89; *Washington Post National Weekly Edition*, 16-20 June 1989.
30. Farkas et al, *A Lot to Be Thankful For*, p. 35; *New York Times*, 6 July 2003, section 4, p. 5.
31. Ella Sekatu, quoted in Jill Lepore, *The Name of War: King Philip's War and the Origins of American Identity* (New York: Knopf, 1998), p. 240.
32. Russell Dalton, *Citizen Politics: Public Opinion and Political Parties in Advanced Industrial Democracies* (Chatham, N. J.: Chatham House, 1996), pp. 275-76; Pippa Norris, ed., *Critical Citizens*, pp. 38-42; Smith and Jarkko, *National Pride*, pp. 3-4.
33. Deuteronomy 27:25; Daniel J. Elazar, "The Jewish People as the Classical Diaspora: A Political Analysis," in Gabriel Sheffer, ed. *Modern Diasporas in International Politics* (London: Croom Helm, 186), p 212ff; Robin Cohen, "Diasporas and the Nation-State: from Victims to Challengers," *International Affairs*, 72 (July 1996), pp. 507-9; American Jewish Committee, "Beyond Grief," *New York Times*, 3 December 1995 p. E 15.
34. Institute of Southeast Asian Studies, "Trends," *The Business Times* (Singapore), 27-28 July 1996, p. 2.

35. *New York Times*, 8 April 2002, p. A11; Yossi Shain, *Marketing the American Creed Abroad: Diasporas in the U. S. and Their Homelands*, (Cambridge: Cambridge University Press, 1999), pp. 71-72.
36. J. J. Goldberg quoted in *Boston Globe*, 18 August 1998, p. A6.
37. Susan Eckstein, "Diasporas and Dollars: Transnational Ties and the Transformation of Cuba" (Massachusetts Institute of Technology Center for International Studies, Rosemarie Rogers Working Paper 16, February 2003), p. 19.
38. Yossi Shain, "Marketing the American Creed Abroad: U. S. Diasporic Politics in the Era of Multiculturalism," *Diaspora*, 3 (Spring 1994), p. 94; *Marketing the American Creed Abroad, pp. 181-82; Octavio Paz, The Labyrinth of Solitude: Life and Thought in Mexico* (New York: Grove Press, 1961), pp. 13-19; Ernesto Zedillo, quoted in "Immigration and Instability," *American Outlook*, Spring 2002, p. 15; Vicente Fox reported in *New York Times*, 13 October 2002, p. 4.
39. Khatami, quoted in *New York Times*, 23 September 1998, p. A7; President Fox, quoted in *New York Times*, 14 December 2000, p. A14.
40. *New York Times*, 25 August 2000, p. A25; *Washington Post National Weekly Edition*, 23 December 2002-5 January 2003, p. 17.
41. Robert C. Smith, Review of Robin Cohen, *Global Diaspora: An Introduction*, *Political Science Quarterly*, 144 (Spring 1999), p. 160.
42. *New York Times*, 12 January 2003, p. 4; Jagdish Bhagwati, "Borders Beyond Control," *Foreign Affairs*, 82 (January-February 2003), p. 102.
43. Robert S. Leiken, *The Melting Border: Mexico and Mexican Communities in the United States* (Washington, D.C.: Center for Equal Opportunity, 2000 p. 10; *New York Times*, 30 May 2001, p. A12.
44. *New York Times*, 15 March 2003, p. A12.
45. *New York Times*, 13 October 2002, p. 4; *New York Times*, 25 August 2003, pp. A1, A14.
46. *New York Times*, 10 December 1995, p. 16;
47. John C. Harles, *Politics in the Lifeboat: Immigrants and the American Democratic Order* (Boulder: Westview Press, 1993), p. 97.

48. *Economist*, 6 January 2001, p. 32; *New York Times*, 8 April 2002, p. All; Lorena Barberia, "Remittances to Cuba: An Evaluation of Cuban and U.S. Government Policy Measures" (Massachusetts Institute of Technology Center for International Affairs: Rosemarie Rogers Working Paper No. 15, September 2002), p. 11; Economist, 2 August 2003, p. 37; *New York Times*, 2 November 2001, p. A8, 9 January 2002, p. A8.
49. *New York Times*, 29 February 2000, p. A1; Public Policy Institute of California survey as reported by Moises Naim, "The New Diaspora," Foreign Policy, 131 (July-August 2002), p. 95.
50. Rodolfo O. de la Garza, Review of Yossi Shain, *Marketing the American Creed Abroad, American Political Science Review*, 95 (December 2001), p. 1045, and similar comments by Gary P. Freeman in his review, *Political Science Quarterly*, 115 (Fall 2000), pp. 483-85.
51. Tony Smith, *Foreign Attachments: The Power of Ethnic Groups in the Making of American Foreign Policy* (Cambridge: Harvard University Press, 2000), pp. 47-48, 54-64.
52. *New York Times*, 20 December 1991, pp. A1, A4; Todd Eisenstadt, " The Rise of the Mexico Lobby in Washington: Even Further from God, and Even Closer to the United States," in Rodolfo O. de la Garza and Jesus Velasco, eds., *Bridging the Mexican Border: Transforming Mexico-U. S. Relations* (New York: Rowman and Littlefield, 1997), pp. 89, 94, 113; Carlos Salinas de Gortari, *Mexico: The Policy and Politics of Modernization* (New York: Random House, 2002), *New York Times*, 10 December 1995, p. 16.
53. Daniel Patrick Moynihan, "The Science of Secrecy" (Address, Massachusetts Institute of Technology, Cambridge, MA, 29 March 1999), p. 8; *Washington Post* 26 September 1996, p. A15.
54. See Smith, *Foreign Attachments*; Shain, *Marketing the American Creed Abroad; Sheffer, Modern Diasporas in International Politics*.
55. Elie Wiesel, quoted in Smith, *Foreign Attachments*, p. 147, and in Noam Chomsky, *The Fateful Triangle* (Boston: South End Press, 1983), p. 16 citing

Jewish Post-Opinion, 19 November 1982; J. J. Goldberg, *Jewish Power: Inside the American Jewish Establishment* (Reading: Addison-Wesley, 1996), p. 70; Smith, *Foreign Attachments*, p. 161.

56. Jonathan Pollard, quoted in Seymour M. Hersh, "The Traitor," *New Yorker*, 18 January 1999, p. 26.
57. *Washington Post*, 24 March 1997, p. A1ff.
58. Khalil E. Jahshan, quoted in *New York Times*, 19 August 2002, p. A10.
59. *Washington Post*, 24 March 1997, p. A1ff.; *Times-Picayune*, 9 November 2003, p, 2; Associated Press file 14 November 2003; *The Times of India*, 7 November 2003.
60. *New York Times*, 19 August 2002, p. A10; *Economist*, 14 October 2000, p. 41.

Ⅳ. 미국의 정체성 회복하기

11. 과거와 현재의 단층선

1. Noel Ignatiev, *How the Irish Became White* (New York: Routledge, 1995); Karen Brodkin, *How Jews Became White Folks and What That Says About Race in America* (New Brunswick: Rutgers University Press, 1998); Matthew Frye Jacobson, *Whiteness of a Different Color: European Immigrants and the Alchemy of Race* (Cambridge: Harvard University Press, 1998).
2. Reginald Byron, Irish America (Oxford: Clarendon Press, 1999), p. 273.
3. Will Herberg, *Protestant, Catholic, Jew: An Essay in American Religious Sociology* (Garden City: Doubleday, 1955), pp. 43-44; Philip Gleason, *Speaking of Diversity: Language and Ethnicity in Twentieth-Century America* (Baltimore: Johns Hopkins University Press, 1992), p. 175; Marcus Lee Hanson, *The Problem of the Third Generation Immigrant* (Rock Island, IL: Augustana Historical Society, 1938), p. 12; Nathan Glazer and Daniel Patrick Moynihan, *Beyond the Melting Pot: The Negroes, Puerto Ricans, Jews, Italians, and Irish of New York City* (Cambridge: Harvard University Press, 1963), pp. 313-314; Herberg, *Protestant, Catholic, Jew, p. 40*, citing George Rippey Stewart, *American Ways of Life* (Garden City: Doubleday, 1954).

4. Matthijs Kalmijn, "Shifting Boundaries: Trends in Religious and Educational Homogamy," *American Sociological Review*, 56 (December 1991), pp. 786-800; Stephen Steinberg, *The Ethnic Myth* (New York: Atheneum, 1981), pp. 70-71; Robert Christopher, *Crashing the Gates: the De-WASPing of America's Power Elite* (New York: Simon & Schuster, 1989), pp. 52-54.

5. Arthur Mann, *The One and the Many: Reflections on the American Identity* (Chicago: University of Chicago Press, 1979), p. 121; Alan M. Dershowitz, *The Vanishing American Jew: In Search of Jewish Identity for the Next Century* (Boston: Little, Brown, 1997), p. 16; Richard D. Alba, "Assimilation's Quiet Tide," *Public Interest*, 119 (Spring 1995), p. 15; Ari Shavit, "Vanishing," *New York Times Magazine*, 8 June 1997, p. 52; Gustav Niebuhr, "For Jews, a Little Push for Converts, and a Lot of Angst," *New York Times*, 13 June 1999, p. WE3.

6. Alba, "Assimilation's Quiet Tide," p. 13.

7. Eric Liu, *The Accidental Asian: Notes of a Native Speaker* (New York: Random House, 1998), p. 188.

8. Ibid.

9. Richard D. Alba, Ethnic Identity: *The Transformation of White America* (New Haven: Yale University Press, 1990), p. 294; Alba, "Assimilation's Quiet Tide," p. 5.

10. Alba, *Ethnic Identity*, pp. 313-15.

11. John David Skrentny, *Color Lines: Affirmative Action, Immigration, and Civil Rights Options for America* (Chicago: University of Chicago Press, 2001), p. 23; David A. Hollinger, *Postethnic America: Beyond Multiculturalism* (New York: Basic, 1995), pp. 30-31; Orlando Patterson, *The Ordeal of Integration: Progress and Resentment in America's "Racial" Crisis* (Washington, D.C.: Civitas/Counterpoint, 1997), p. xi.

12. Bureau of the Census/Bureau of Labor Statistics, "A CPS Supplement for Testing Methods of Collecting Racial and Ethnic Information: May 1995" (Washington: Bureau of Labor Statistics, October 1995), Table 4.

13. Alba, *Ethnic Identity*, pp. 316-17; Brodkin, *How Jews Became White Folks*, p. 151.

14. Alba, *Ethnic Identity*, p. 315; Stanley Lieberson, "Unhyphenated Whites in the

United States," *Ethnic and Racial Studies*, 8 (January 1985), pp. 173-175.

15. Lieberson, "Unhyphenated Whites," pp. 171-172; *Boston Globe*, 31 May 2002, p. A1; *New York Times*, 9 June 2002, p. 19.

16. *Economist*, 28 February 1998, p. 83.

17. "Interracial Marriage," Vital STATS, August 1997, http://www.stats.org/newsletters/9708/interrace2.htm.

18. Douglas J. Besharov and Timothy S. Sullivan, "One Flesh: America Is Experiencing an Unprecedented Increase in Black-White Intermarriage," *New Democrat*, 8 (July/August 1996), p. 19.

19. Pew Research Center for the People and the Press Poll, 1999 Millenium Survey, April 6-May 6, 1999 polling, released October 24, 1999, http://people-press.org/reports/display.php3?ReportID=51; Karlyn Bowman, "Getting Beyond Race," *American Enterprise Institute Memo, January 1999, earlier version in Roll Call*, November 5, 1998; Frank D. Bean, quoted in *Boston Globe*, 6 July 2001, p. A5.

20. Gallup/CNN/*USA Today* Poll, 9-11 March, 2001, released March 13, 2001; *New York Times*, 13 March 2001, p. A1; Boston Sunday Globe, 18 February 2001, p. D8.

21. *Time*, 142 (Special Issue, Fall 1993); *Boston Sunday Globe*, 18 February 2001, p. D8.

22. Gina Philogene, *From Black to African-American: A New Social Representation* (Westport, CT: Praeger, 1999), pp. 16-17, 34, 51, 83.

23. Karl Zinsmeister, "Indicators," *American Enterprise*, 9 (November-December 1998), p. 18, citing Penn, Schoen, and Berland 1997 poll; *Newsweek* poll, February 1995, cited in Michael K. Frisby, "Black, White or Other," *Emerge* (December 1995-January 1996), http://www.usus.usemb.se/sft/142/sf14211.htm.

24. Joel Perlmann and Roger Waldinger, "Are the Children of Today's Immigrants Making It?" *The Public Interest*, 132 (Summer 1998), pp. 86-87.

25. David Gates, "White Male Paranoia," *Newsweek*, 29 March 1993, p. 48.

26. Immanuel Wallerstein, "The Clinton Impeachment," Online Commentary, no. 10, February 15, 1999, http://fbc.binghamton.edu/10en.htm.

27. John Higham, *Strangers in the Land: Patterns of American Nativism, 1860-1925*

(New Brunswick: N. J. Rutgers University Press, 1988), p. 4.

28. *Time*, 14 May 2001, p. 6; *New York Times*, 30 April 2001, p. A17.

29. Carol M. Swain, *The New White Nationalism in American: Its Challenge to Integration* (New York: Cambridge University Press, 2002), pp. 15-17.

30. *Economist*, 11 March 2000, p. 4.

31. *Boston Globe*, 21 December 1997, p. A40, citing 1997 *Boston Globe*/WBZ-TV Survey conducted by KRC Communications.

32. Professor Charley Flint, quoted in *Boston Globe*, 21 December 1997, p. A40; Noel Ignatiev, quoted in Ibid. For a brief overview of whiteness studies as of 2003, see Darryl Fears, "Seeing Red Over 'Whiteness Studies,'" *Washington Post National Weekly Edition*, 30 June-13 July 2003, p. 30.

33. Swain, The New *White Nationalism*, p. 423.

34. William V. Flores and Rina Benmayor, *Latino Cultural Citizenship: Claiming Identity, Space, and Rights* (Boston: Beacon Press, 1997), pp. 3, 5, 9-10.

35. Dorfman quoted in *New York Times*, 24 June 1998, p. A31; Flores and Benmayor, *Latino Cultural Citizenship*, p. 7.

36. *Boston Globe*, 8 January 1995, p. A31.

37. *New York Times*, 5 July 2000, p. A5.

38. Jorge G. Castaneda, "Ferocious Differences," *Atlantic Monthly*, 276 (July 1995), p. 76.

39. Hyon B. Shin with Rosalind Bruno, *Language Use and English-Speaking Abillity* (U.S. Census Bureau, October 2003), pp. 2-3; U.S. Newswire, "Hispanic Population Reaches All-Time High New Census Bureau Estimates Show" (Medialink Worldwide Release, 18 June 2003).

40. Jack Citrin, Donald Phipip Green, Beth Reingold, Evelyn Walters, "The 'Official English' Movement and the Symbolic Politics of Language in the United States," *Western Political Quarterly*, 43 (September 1990), p. 537.

41. *Christian Science Monitor*, 15 September 1998, p. B1

42. James Traub, "The Bilingual Barrier," *New York Times Magazine*, 31 January 1999, p. 35.

43. *New York Times*, 16 December 2000, p. A15.
44. Traub, "The Bilingual Barrier," p. 35.
45. Quoted in James Crawford, *Bilingual Education: History, Politics, Theory, and Practice* (Los Angeles: Bilingual Educational Services, 1995), p. 65.
46. Quoted in Raymond Tatalovich, *Nativism Reborn?: The Official English Language Movement and the American States* (Lexington: University Press of Kentucky, 1995), p. 17.; Pamela L. Tiedt and Iris M. Tiedt, *Multicultural Teaching: A Handbook of Activities, Information, and Resources*, (Boston: Allyn and Bacon, 2nd ed., 1986), p. 15; Richard W. Riley, Remarks, Bell Multicultural High School, Washington, D. C., 15 March 2000.
47. *New York Times*, 16 August 1999, p. B1; Geoffrey Nunberg, "Linguists and the Official Language Movement," *Language*, 65 (September 1989), p. 586.
48. Max J Castro, "On the Curious Question of Language in Miami," in James Crawford, ed., *Language Loyalties* (Chicago: University of Chicago Press, 1992), p. 183.
49. *Washington Post*, 6 February 1999, A4; Domenico Maceri, "Americans are Embracing Spanish," *International Herald Tribune*, 24 June 2003, p .
50. S. I. Hayakawa quoted in James Crawford, *Hold Your Tongue: Bilingualism and the Politics of "English Only"* (Reading, MA: Addison-Wesley, 1992), pp. 149-50.
51. Theodore Roosevelt, "One Flag, One Language (1917)," in Crawford, ed., *Language Loyalties*, p. 85; *New York Times*, 6 May 2001, p. 25; *Boston Globe*, 6 May 2001, p. A6; *Financial Times*, 23 June 2000, p. 15.
52. Robert Lerner, Althea K. Nagai, and Stanley Rothman, *American Elites* (New Haven: Yale University Press, 1996), p. 50; General Social Survey 1980.
53. Everett Carll Ladd, Jr. and Seymour Martin Lipset, *The Divided Academy: Professors and Politics* (New York: McGraw-Hill, 1975), pp. 141-46; Jennifer A. Lindholm et al., *The American College Teacher: National Norms for the 2001-2002 HERI Faculty Survey* (Los Angeles: UCLA Higher Education Research Institute, 2002), Stanley Rothman, "Academics on the Left," *Society*, 23 (March April 1986), p. 6; Connecticut Mutual Life Insurance Co., *Report on American*

Values in the 80's: The Impact of Belief, (New York: Research & Forecasts, 1986), pp. 27-28.

54. Ladd and Lipset, *Survey of the Social, Political, and Educational Perspectives,* p. 163.
55. Jack Citrin, "The End of American Identity?," in Stanley A. Renshon, ed., *One America?, Political Leadership, National Identity, and the Dilemmas of Diversity* (Washington, D.C.: Georgetown University Press, 2001), p. 303.
56. Jack Citrin et al., "Is American Nationalism Changing?, Implications for Foreign Policy," *International Studies Quarterly,* 38 (March 1994), pp. 26-27.
57. *Economist,* 2 January 1999, p. 59; *International Herald Tribune,* 17-18 March 2001, p. 10; David Broder, citing NBC News-*Wall Street Journal poll Washington Post National Weekly Edition,* 2-8 April 2001, p. 4.
58. Rita J. Simon, "Old Minorities, New Immigrants: Aspirations, Hopes, and Fears," *Annals of the American Academy of Political and Social Science,* 530 (November 1993), pp. 63, 68; *The American Enterprise,* Public Opinion and Demographic Report, Refering to series of polls from different sources, 5 (January-February 1994), p. 97. *World Values Survey,* 1995-1997.
59. See Vernon M. Briggs, Jr., *American Unionism and U.S. Immigration Policy,* (Washington: Center for Immigration Studies, August 2001).
60. Everett Carll Ladd and Karlyn H. Bowman, *What's Wrong: A Survey of American Satisfaction and Complaint* (Washington, D.C.: AEI Press, 1998), pp. 92-93.
61. *Newsweek,* 9 August 1993, p. 19; Simon, "Old Minorities, New Immigrants," pp. 62, 64; *Time,* 1 March 1993, p. 72.
62. Lawrence R. Jacobs and Robert Y. Shapiro, "Debunking the Pandering Politician Myth," *Public Perspective,* 8 (April/May 1997), pp. 3-5; Alan D. Monroe, "Public Opinion and Public Policy, 1980-1993," *Public Opinion Quarterly,* 62 (Spring 1998), p. 6; pp. Richard Morin, "A Gap in Worldviews," *Washington Post Weekly Edition,* 19 April 1999, p. 34.
63. Susan J. Pharr, Robert D. Putnam, and Russell J. Dalton, "What's Troubling the Trilateral Democracies," in Susan J. Pharr and Robert D. Putnam, eds., *Disaffected*

Democracies: What's Troubling the Trilateral Countries? (Princeton: Princeton University Press, 2000), pp. 9-10.

64. James Allan Davis and Tom W. Smith, General Social Surveys, 1972-2000 [machine-readable data file] (Storrs, CT: Ropper Center for Public Opinion Research).
65. Thomas E. Patterson, *The Vanishing Voter: Public Involvement in an Age of Uncertainity* (New York: Knopf, 2002), pp. 4-5.
66. David S. Broder,*Democracy Derailed: Initiative Campaigns and the Power of Money* (New York: Harcourt, 2000), pp. 3, 6-7; *Economist*, 9 November 2002, p. 30.

12. 21세기의 미국 : 취약성, 종교, 국가 정체성

1. Ernest Renan, "What is a Nation?" in Geoff Eley and Ronald Gripor Suny, eds., *Becoming National: A Reader* (New York: Oxford University Press , 1996), pp. 41-55. See Bernard Yack's discussion in "The Myth of the Civic Nation," *Critical Review*, 10 (Spring 1996), pp. 197-98.
2. Alexis de Tocqueville, *Democracy in America* (New York: Vintage, 1954), vol. 1, pp. 334-335.
3. Patrick Glynn, "Prelude to a Post-Secular Society," *New Perspectives Quarterly*, 12 (Spring 1995), p. 17.
4. Paul Kurtz, Chairman of the Center for Inquiry, quoted in *New York Times*, 24 August 2002, p.A17 . http://www.forf.org/news/2002/nyt1.html].
5. *Religious Congregations And Membership in the United States* (Nashville: Glenmary Research Center, 2002), Issued September, 2000; *New York Times*, 18 September 2002, p. A16; *Economist*, 16 May 1987, p. 24.
6. Doug Bandow, "Christianity's Parallel Universe," *The American Enterprise*, (November December 1995), pp. 58-60; Kenneth D. Wald, *Religion and Politics in the United States*, (Washington, D.C.: CQ Press, 3rd Ed., 1997), pp. 234-235; Janet Elder, "Scandal in the Church: American Catholics," *New York Times* Magazine, 21 April 2002, p. 36.
7. David M. Shribman, "One Nation Under God," *Boston Globe Magazine*, 10 January

1999, p. 29; Andrew Kohut et al., *The Diminishing Divide: Religion's Changing Role in American Politics* (Washington, D.C.: Brookings Institution Press, 2000), p. 82; John Green et al., "Faith in the Vote: Religiosity and the Presidential Election," *Public Perspective*, 12 (March/April 2001), pp. 33-35.

8. *New York Times*, 29 October 1998, p. 21; Kohut, *The Diminshing Divide*, pp. 126-127; *Economist*, 2 November 2003, p. 33.

9. Shribman, "One Nation Under God," pp. 20-21.

10. Michael J. Sandel, "The State and the Soul," *The New Republic*, 10 June 1985, p. 38.

11. Public Agenda Online Special Edition, *For Goodness' Sake: Why So Many Want Religion to Play a Greater Role in American Life*, 17 January 2003, p. 1, http://www.publicagenda.org/specials/religion/religion.html.

12. Kohut, The *Diminshing Divide*, pp. 28-29; pp. 26-27; Economist, 24 August 2002, p. 27, citing *Time* poll.

13. *Time*, 27 December 1993, pp. 56-65; Ruth Shalit, "Angels on Television, Angels in America: Quality Wings," *The New Republic*, 20-27 July 1998, p. 24.

14. James Davison Hunter, "When Psychotherapy Replaces Religion," *Public Interest*, 139 (Spring 2000), p. 14.

15. *Boston Globe*, 12 January 1998, pp. A1, A11.

16. *Time*, 7 June 1999, p. 65; R. Albert Mohler, Jr., "Against an Immoral Tide," *New York Times*, 19 June 2000, p. A23.

17. *Time*, 9 December 1991, p. 64.

18. Kohut, *The Diminshing Divide*, pp. 4-5; *New York Times*, 24 August 2002, citing Professor Hugh Heclo of George Mason University.

19. Quoted in Shribman, "One Nation Under God," p. 28; quoted in David Broder, *Boston Globe*, 3 January 1996, p. 11; Charles Alston and Evan Jenkins, quoted in Shribman, "One Nation Under God," p. 21.

20. Joel Kotkin, "In God We Trust Again," The New Democrat, 8 (January-February 1996), p. 24; Geoffrey C. Layman, *The Great Divide: Religious and Cultural Conflict in American Party Politics* (New York: Columbia University Press, 2001), p. 114; *Boston Globe*, 27 June 1999, p. F1.

21. Ibid., p. 64; quoted in Ibid., p. 63.
22. Wald, *Religion and Politics in the United States*, pp. 94-96.
23. See "Compassionate Conservatism Ahead," *American Enterprise*, 11 (June 2000), p. 26ff; "Religious Discrimination Slowly Ending," *American Enterprise*, 11 (March-April 2000), pp. 15-16; *Boston Globe*, 27 June 1988, p. F1.
24. *New York Times*, 13 December 2000, p. A1, 30 January 2001, p. A18.
25. Adam Meyerson, quoted in E. J. Dionne, Jr., *International Herald Tribune*, 20 August 1997, p. 8.
26. *Wall Street Journal*, 22 January 2003, p. A14.
27. Gertrude Himmelfarb, "Religion in the 2000 Election," *The Public Interest*, 143 (Spring 2001), p. 23; Pew Charitable Trusts, *For Goodness' Sake*, p. 10-11; *New York Times*, 31 August 1999, p. A14; CNN/*USA Today*/Gallup Survey, 16 March 1998; *Washington Post* Weekly Edition, 28 August 2000, p. 21, Richard John Neuhaus, "The Public Square: A Survey of Religion and Public Life," *First Things*, 126 (October 2002), p. 107; Steve Farkas et.; *A Lot to be Thankful For* (New York: Public Agenda, 1998).
28. Layman, *The Great Divide*, pp. 16, 107-10.
29. Ibid., pp. 110-11.
30. *New York Times*, 15 December 1999, p. A31; Wilfred McClay, "Two Concepts of Secularism," *Wilson Quarterly*, 24 (Summer 2000), p. 57; *New York Times*, 29 August 2000, p. A17; *Boston Globe*, 29 August 2000, p. A12.
31. *New York Times*, 19 December 1999, Section 4, p. 5; *Boston Globe*, 23 December 1999, pp. A1, A14; *New York Times*, 29 May 1999, p. A11; Economist, 23 December 1999, p. 18.
32. Sigmund Freud, *The Future of an Illusion* (New York: W.W.Norton, 1961), p. 31.
33. Assaf Moghadam, *A Global Resurgence of Religion?* (Cambridge: Harvard University Weatherhead Center for International Affairs, Paper No. 03-03, August 2003), pp. 65, 67.
34. Kiren Aziz Chaudhry, "Templates of Despair, Visions of Redemption: A New Arab Nationalism for a New International Order," unpublished paper in Harvard

Academy for International and Area Studies, *Conflict or Convergence: Global Perspectives on War, Peacem and International Order* (Cambridge: Weatherhead Center for International Affairs, 1997).

35. Mark Juergensemeyer, *The New Cold War? Religious Nationalism Confronts the Secular State* (Berkeley: University of California Press, 1993), pp. 1-3.
36. Jonathan Sacks, "The Dignity of Difference: Avoiding the Clash of Civilizations," *Foreign Policy Research Institute Wire*, vol. 10, no. 3, July 2000, p.1.
37. Rohan Gunaratna, *Inside Al Qaeda: Global Network of Terror* (New York: Columbia University Press, 2002), pp. 45-46; Rohan Gunaratna, *Global Terror* (New York: New York University Press, 2002), pp. 45-47.
38. Interview with Peter Arnett, Quoted in Gunaratna, *Inside Al Qaeda*, p. 90.
39. George F. Kennan, "The Long Telegram," February 22, 1946, in Thomas Etzold and John Lewis Gaddis, *Containment: Documents on American Policy and Strategy, 1945-1950* (New York: Columbia University Press, 1978), p. 61.
40. Gallup press release, 27 February 2002.
41. *New York Times*, 5 December 2002, p. A11.
42. *Economist*, 15 February 2003, p. 41.
43. Arthur A. Stein, *The Nation at War* (Baltimore: Johns Hopkins University Press, 1980).
44. Adrian Hastings, *The Construction of Nationhood: Ethnicity, Religion, and Nationalism* (New York: Cambridge University Press, 1997), pp. 185-187, 205.
45. Ronald Inglehart and Marita Caballo, "Does Latin America Exist?," *PS: Political Science and Politics*, 30 (March 1997), p. 38.
46. Richard Rose, "National Pride in Cross-National Perspectives," *International Social Science Journal*, 37 (1985), p. 89.

찾아보기 인물

ㄱ

가르시아, 호세 (Jose García) 394
가르시아, F. 크리스 (Chris F. Garcia) 288
가르자, 로돌포 O. 드 라 (Rodolfo O. de la Garza) 289, 293, 294, 350
개리슨, 윌리엄 로이드 (William Lloyd Garrison) 155
갤러허, 찰스 (Charles Gallagher) 387
거트먼, 에이미 (Amy Gutmann) 332
검블, 브라이언 (Gumbel, Bryant) 379
게리, 엘브리지 (Elbridge Gerry) 148
게이츠, 데이비드 (David Gates) 380
게이츠, 빌 1세 (Bill Gates Sr.) 192
고든, 밀턴 (Milton Gordon) 166, 228, 229
고르바초프, 미하일 (Mikhail Gorbachec) 318, 439
고어, 앨 (Al Gore) 180, 192, 212, 426, 428, 433, 435
골드버그, J. J. (J. J. Goldberg) 343, 344
괴벨스, 요제프 (Josef Goebbels) 44
굴드, 제이 (Jay Gould) 328
그라임즈, 앨런 (Alan Grimes) 105
그레이엄, 프랭클린 (Franklin Graham) 139
그레이엄, 휴 데이비스 (Hugh Davis Graham) 188
그랜트, 매디슨 (Madison Grant) 81
그랜트, 율리시즈 S. (Ulysses Grant) 221
그랜트, S. M. (S. M Grant) 144
그레이브즈, 빌 (Bill Graves) 425
그룬드, 프랜시스 J. (Francis J. Grund) 96
그릴리, 앤드루 (Andrew Greeley) 134
글레이저, 네이던 (Nathan Glazer) 184, 188, 216, 219, 220, 243, 248, 259
글리슨, 필립 (Gleason, Philip) 80, 81, 165, 173
글린, 패트릭 (Patrick Glynn) 418
기븐즈 (Gibbons) 125, 126, 128

깁슨, 캠벨 (Campbell Gibson) 67

ㄴ

나세르, 가말 아브델 (Gamal Abdel Nasser) 438
나폴레옹 3세 (Napoleon III) 114
나폴레옹 (Napoleon) 71, 107
너스바움, 마사 (Martha Nussbaum) 332
네루, 자와할랄 (Jawaharlal Nehru) 438
네이더, 랠프 (Ralph Nader) 22, 23, 328
노박, 마이클 (Michael Novak) 85, 166
노이하우스, 리처드 존 (Richard John Neuhaus) 417
뉴도우, 마이클 (Michael Newdow) 110
뉴먼, 레이첼 (Rachel Newman) 19, 22, 24, 413
니, 빅터 (Victor Nee) 244
닉슨, 리처드 M. (Richard M. Nixon) 106, 182, 444

ㄷ

다오, 제임스 (James Dao) 242
대슐, 톰 (Tom Daschle) 109
더글러스, 마이클 (Michael Douglas) 380
더글러스, 윌리엄 (William Douglas) 136
더글러스, 프레드릭 (Frederick Douglas) 245
더쇼위츠, 알랜 (Aldn Dershowitz) 364
던모어 경 (Lord Dunmore) 73, 75
도이취, 칼 (Karl Deutsch) 200
도르프만, 아리엘 (Ariel Dorfman) 389
돕슨, 제임스 (James Dobson) 423
듀이, 존 (John Dewey) 173
듀카키스, 마이클 (Dukakis, Michael) 211
디디온, 조안 (Joan Didion) 308, 311
디즈렐리, 벤자민 (Benjamin Disraeli) 114

ㄹ

라라, 마사 (Martha Lara) 346
라이큰, 로버트 (Robert Leiken) 257, 346
라이히, 로버트 (Robert Leich) 331
라일리, 리처드 (Richard Riley) 395

라자러스, 엠마 (Emma Lazarus) 236
라헤이, 팀 (Tim LaHaye) 419
래드, 에버렛 (Everett Ladd) 401
랜돌프, 에드먼드 (Edmund Randolph) 78
랜돌프, 존 (John Randolph) 78
랩킨, 제레미 (Jeremy Rabkin) 334
레닌, V. I. (V. I Lenin) 438
레빗, 페기 (Peggy Levitt) 256
레이건, 로널드 (Ronald Reagan) 420, 427, 441
레이먼, 저프리 (Geoffrey Layman) 432
렌숀, 스탠리 (Stanley Renshon) 262
렌퀴스트, 윌리엄 (William Rehnquist) 427
로드먼, 스탠리 (Stanley Rothman) 401
로렌스, 데이비드 (David Lawrence) 309
로버슨, 팻 (Pat Robertson) 419
로빈슨, 잭키 (Jackie Robinson) 379
로스, 에드워드 (Edward Ross) 81
로웬설, 에이브러햄 (Abraham Lowenthal) 281
로웰, 제임스 러셀 (James Russell Lowell) 153
로이트먼, 조엘 M. (Joel M Roitman) 173
로젠탈, 안드레스 (Andres Rezental) 313
로크, 존 (John Locke) 88
로티, 리처드 (Richard Rorty) 334
롬니, 미트 (Mitt Romney) 212
롱, 데니스 (Dennis Wrong) 250
루딩턴, 시빌 (Sybil Ludington) 219
루벨, 새뮤얼 (Samuel Lubell) 242
루소, 장-자크 (Jean-Jacques Rousseau) 28
루스벨트, 시어도어 (Theodore Roosevelt) 170, 398
루즈벨트, 프랭클린 (Franklin Roosevelt) 59, 60, 80, 159, 165, 168, 399
루터, 마틴 (Martin Luther) 313
리, 조셉 (Joseph Rhea) 20
리넌, 어니스트 (Ernest Renan) 416
리버먼, 조셉 (Joseph Lieberman) 191, 434
리버슨, 스탠리 (Stanley Lieberson) 370
리브킨드, 카멜라 (Karmela Liebkind) 42
리비어, 폴 (Revere Paul) 219

리펠, 라이언 (Ryan Rippel) 256
리프, 데이비드 (David Rieff) 309
린드, 마이클 (Michael Lind) 72
립셋, 세이무어 마틴 (Seymour Martin Lipset) 93, 190, 193, 401
립싯츠, 조지 (George Lipsitz) 176, 332
링컨, 에이브러햄 (Abraham Lincoln) 78, 109, 114, 129, 136~138, 154, 162, 220, 398, 399

ㅁ

마르크스, 카를 (Karl Marx) 114, 329
마셜, 서굿 (Thurgood Marshall) 186
마셜, 존 (John Marshall) 77, 149
마스든, 조지 (George Marsden) 91
마티, 마틴 (Martin Marty) 91
마티네즈, 밥 (Bob Martinez) 199, 200
만, 아서 (Arthur Mann) 168
만, 호레이스 (Horace Mann) 173
말로, 앙드레 (André Malraux) 44
매디슨, 제임스 (James Madison) 78
매시, 더글러스 (Douglas Massey) 244
매짓, 데니스 (Denise Majette) 358
맥, 존 (John Mack) 140
맥두걸, 월터 (Walter McDougall) 107
맥롤린, 윌리엄 (William McLoughlin) 92, 104, 113
맥베이, 티모시 (Timothy McVeigh) 382
맥클레이, 윌프레드 (Wilfred McClay) 434
맥키, 알렉산더 (Alexander Mackey) 74
맥킨니, 신시아 (Cynthia McKinney) 356, 358
맥킨리, 윌리엄 (William McKinley) 160
머린, 존 M. (John M. Murrin,) 145
머서, 조나단 (Jonathan Mercer) 43, 45
멀든, 칼 (Karl Malden) 126
메리트, 리처드 (Richard Merritt) 143~147
메이어슨, 애덤 (Adam Meyerson) 429
모랄레스, 빅터 (Victor Morales) 398
모린, 리처드 (Richard Morin) 133
모이니헌, 대니얼 패트릭 (Daniel Patrick

Moynihan) 216, 236, 248, 354, 422
모튼, 올리버 (Oliver Morton) 155
미드, 시드니 (Sidney Mead) 112
미르달, 군나르 (Gunnar Myrdal) 58, 68, 92,93, 114, 185, 417
미컬스키, 바바라 (Barbara Mikulski) 216
밀러, 윌리엄 리 (William Lee Miller) 95
밀러, 존 J. (John J. Miller) 247, 252
밀러, 페리 (Perry Miller) 124
밀로세비치, 슬로보단 (Slobodan Milosevic) 323

ㅂ

바우어, 게리(Gary Bauer) 435
바이런, 레지널드 (Reginald Byron) 363
뱅크로프트, 조지(George Bancroft) 151, 152
뱅크스, 제임스(James Banks) 218
버, 애론 (Aaron Burr) 150
버뮤데스, 안드레스 (Andres Bermudez) 261
버지스, 캐트리나 (katrina Burgess) 281
버키, 에드먼드 (Edmund Burke) 48, 89
버틀러, 존 (Jon Butler) 112
번, 랜돌프 (Randolph Bourne) 168
번, 짐 (Jim Bunn) 356
번즈, 월터 (Walter Berns) 176
베넷, 스티븐 빈센트 (Stephen Vincent Benét) 73
베넷, 윌리엄 (William bennett) 207
베르코비치, 사크반 (Sacvan Bercovitch) 89
베를린, 이사야(Isaiah Berlin) 140
벤구리온, 다윗 (David Ben-Gurion) 438
벤다, 줄리앙 (Julian Benda) 332
벤메이어, 리나 (Rina Benmayor) 297, 388, 389
벨, 대니얼 (Daniel Bell) 93, 198
벨라, 로버트 (Robert Bellah) 60, 96, 102, 104, 135, 138, 335
벨즈, 허먼 (Herman Belz) 189, 198, 199
보드나, 존 (John Bodnar) 152
보헌, 알덴 T. (Alden T. Vaughan) 84
볼컨, 바미크 (Vamik Volkan) 44, 46
부비어, 리온 (Leon Bouvier) 295

부시, 조지 H. W. (George H. W. Bush) 196, 211, 426
부시, 조지 W.(George W. Bush) 109, 139, 196, 167, 212, 222, 379, 398, 413, 420, 427, 428, 433~445, 441, 445
부어스틴, 대니얼 (Daniel Boorstin) 151, 152
분, 대니얼 (Daniel Boone) 219
브라이스, 제임스(James Bryce) 68, 90, 93, 114, 129
브래들리, 빌 (Bill Bradley) 434
브랜다이스, 루이스 (Louis Brdeis) 169
브레즈네프, 레오니드 (Leonid Brezhnev) 323
브레진스키, 즈비그뉴 (Zbigniew Brzezinski) 350
브로건, D. W. (D.W. Brogan) 138
브로더, 데이비드 (David Broder) 411
브로드킨, 캐런 (Karen Brodkin) 370
비숍, 조지 (George Bishop) 118
비스마르크, 오토 폰 (Otto von Bismarck) 114
비츠, 폴 (Paul Vitz) 219
빈, 프랭크 (Frank Bean) 288~290
빈 라덴, 오사마 (Osama bin Laden) 24, 324, 439
빌라, 알렉스 (Alex Villa) 313

ㅅ

사이먼, 줄리언 (Julian Simon) 406
사임, 로널드 (Ronald Syme) 63
삭스, 요나단 (Jonathan Sacks) 439
산체스, 토니 (Tony Sanchez) 398
살리나스, 카를로스 (Carlos Salinas) 345, 353, 390
샐리즈, 피터 (Petter Salins) 229
샤웁, 다이애너 (Diana Schaub) 176
샤인, 요시 (Yossi Shain) 343, 344, 350, 355
샤프, 필립 (Philip Schaff) 88, 98, 101, 113, 123, 127
세닛, 리처드 (Richard Sennett) 332
셔발리에, 미셸 (Michel Chevalier) 98
셔크, 피터 (Peter Schuck) 176, 266, 271

소사, 라이오넬 (Lionel Sosa) 312, 313, 315
소웰, 토머스 (Thomas Sowell) 233
소토, 오스왈드 (Oswaldo Soto) 395
솔즈베리, 윌러드 (Willard Saulsbury) 155
수로, 로베르토 (Roberto Suro) 295
쉬립먼, 데이비드 (David Shribman) 421
쉬클라, 주디스 (Shkiar, Judith) 97, 98, 101
쉬타인, 아서 (Arthur Stein) 443
쉰, 풀튼 J. (Fulton J. Sheen) 126, 128
쉴즈, 캐롤 (Carole Shields) 421
슈워츠, 벤저민 C. (Benjamin Schwarz) 86
슐레징어, 아서 (Arthur, Jr. Schlesinger) 76, 84, 184, 220, 238
스미스, 로저스 (Rogers Smith) 71, 271
스미스, 아담 (Adam Smith) 45, 329
스미스, 제임스 (James Smith) 288, 289, 293
스미스, 토니 (Tony Smith) 352, 355
스미스, 헤드릭 (Hedrick Smith) 175
스미스, C. 로버트 (C. Robert Smith) 345
스와츠, 미미 (Mimi Swartz) 309
스웨인, 캐롤 (Carol Swain) 383, 388
스위트, 윌리엄 (William Sweet) 104
스칼리아, 앤토닌 (Antonin Scalia) 196
스콧, 드레드 (Dred Scott) 78
스콧, 월터 (Walter Scott) 325
스커리, 피터 (Peter Skerry) 251, 252, 284
스타인버그, 스티븐 (Stephen Steinberg) 172, 216
스타인펠스, 피터 (Peter Steinfels) 126, 137
스탈린, 요제프 (Joseph Stalin) 323
스탕달, 크리스터 (Krister Stendhal) 116
스토츠키, 샌드라 (Sandra Stotsky) 219, 220
스튜어트, 조지 (George Stewart) 230
스펠먼, 프랜시스 (Francis Spellman) 126, 128
스피너, 제프 (Jeff Spinner) 131
스피로, 피터 (Peter Spiro) 268, 271, 333
스필먼, 린 (Lyn Spillman) 152, 155
슬로트킨, 리처드 (Richard Slotkin) 77
시트린, 잭 (Jack Citrin) 190, 194, 393,402

ㅇ

아난, 코피 (Kofi Annan) 333
아르바토프, 게오르규 (Georgiy Arbatov) 318
아리스토텔레스(Aristotle) 265
아리스티드, 장-버트랑 (Jean-Bertrand Aristide) 343
아이엄즈, 샬롯 (Charlotte Iiams) 218, 219
아이젠하워, 드와이트 D. (Dwight D. Eisenhower) 109, 132, 136
아인슈타인, 알베르 (Albert Einstein) 44
안젤루, 마야 (Angelou, Maya) 20, 21
알레인코프, 알렉산더 (Alexandre Aleinikoff) 268
알렉산더, 라마르 (Lamar Alexander) 222
알바레스, 알렉스 (Alex Alvarez) 101
알스트롬, 시드니 (Sidney Ahlstrom) 105
애덤스, 존 (John Adams) 104, 112, 146, 148, 150
애론, 신디 (Cindy Aron) 100
앤더슨, 베네딕트 (Benedict Anderson) 41, 149
앨바, 리처드 (Richard Alba) 296
야보로, 랠프 (Ralph Yaborough) 202
업다이크, 존 (John Updike) 319
에드몬스톤, 배리 (Barry Edmonston) 284
에드워즈, 조나단 (Jonathan Edwards) 103
에릭슨, 에릭 (Erik Erikson) 39
에머슨, 랠프 월도 (Ralph Waldo Emerson) 155, 185
에임즈, 피셔 (Fisher Ames) 148
에크스타인, 수잔 (Susan Eckstein) 344
예이츠, 조슈아 (Joshua Yates) 329
오브라이언, 팻 (Pat O'Brien) 126
오웬, 존 (John Owen) 71
올리어리, 세실리아 (Cecilia O'Leary) 157, 332
올브라이트, 매들린 (Madeleine Albright) 350
와이너, 마이론 (Myron Weiner) 283
와이트필드, 조지 (George whitefield) 103, 104
요페, 요제프 (Josef Joffe) 238
우드, 고든 S. (Gorden S. Wood) 73
우에다, 리드 (Reed Ueda) 173, 219

519

우즈, 타이거 (Tiger Woods) 377
우즐리, 시어도어 드와이트 (Theodore Dwight Woolsey) 129
운즈, 론 (Ron Unz) 297, 411
울드리지, 애드리언 (Adrian Woodridge) 331
울프, 앨런 (Alan Wolfe) 331
워너, 로이드 (Lloyd Warner) 137
워싱턴, 조지 (George Washington) 112, 137, 138, 149, 152, 162, 168, 221, 240, 398, 426
워터즈, 메리 (Mary Waters) 272
월드, 케네스 (Kenneth Wald) 117, 427
월딩어, 로저 (Robert Waldinger) 292, 379
월저, 마이클 (Michael Walzer) 180, 249
웹스터, 대니얼 (Daniel Webster) 149
위젤, 엘리 (Elie Wiesel) 355
윌슨, 우드로 (Woodrow Wilson) 81, 155, 160, 164, 170
윌슨, 피트 (Pete Wilson) 191, 210
윌즈, 게리 (Garry Wills) 91, 103
잉글하트, 로널드 (Ronald Inglehart) 127, 449

ㅈ

재노위츠, 모리스 (Morris Janowitz) 302
잭슨, 앤드루 (Andrew Jackson) 77, 97, 98, 149, 150
잭슨, 제시 (Jesse Jackson) 192, 211, 377
쟁윌, 이스라엘 (Israel Zangwill) 164~166, 168
제닝스, 이보르 (Ivor Jennings) 32
제이, 존 (John Jay) 84, 169
제퍼슨, 토머스 (Thomas Jefferson) 78, 150
젠킨스, 제리 B. (Jerry B. Jenkins) 419
젤린스키, 윌버 (Wilbur Zelinsky) 62, 152, 158, 161, 163
조던, 바바라 (Barbara Jordan) 249, 250
조지 3세, (George III) 71, 122
존스-코리어, 마이클 (Michael Jones-Correa) 251, 258, 260,270
존슨, 폴 (Paul Johnson) 114
진달, 바비 (Bobby Jindal) 357

ㅊ

차베스, 케사르 (César Chávez) 103
체리, 콘래드 (Conrad Cherry) 136, 138
체스터튼, G. K. (G. K. Chesterton) 70

ㅋ

카스트로, 피델 (Fidel Castro) 305, 309, 311, 344, 403
카터, 지미 (Jimmy Carter) 420, 424, 434
칼렌버그, 리처드 (Richard Kahlenberg) 191
캐런즈, 조셉 (Joseph Carens) 271
캐스텔즈, 매뉴얼 (Manual Castells) 331
캐슬, 칼 (Carl Kaestle) 172
캐플런, 로버트 (Robert Kaplan) 28, 176, 303
캘러헌, 앨리스 (Alice Callaghan) 214
캘런, 호레이스 (Horace Kallen) 51, 167, 168, 180, 383
캘헌, 존 C. (John C. Calhoun) 149
컬, 앤드루 (Andrew Kull) 188, 189, 190
케넌, 조지 (George Kennan) 440
케네디, 데이비드 (David Kennedy) 276, 282, 302, 319, 322
케네디, 로버트 F. (Robert F. Kennedy) 202
케네디, 존 F. (John F. Kennedy) 20, 59, 126, 137, 179, 188, 192, 399, 434
케이즈, 앨런 (Alan Keyes) 435
케펠, 질즈 (Gilles Kepel) 32
켈러, 모튼 (Morton Kellor) 155
켈먼, 허버트 (Herbert Kelman) 72
코널리, 워드 (Ward Connerly) 21, 22, 192, 371, 411
코빌카, 조셉 (Joseph Kobylka) 427
코트킨, 조엘 (Joel Kotkin) 425
코허트, 앤드루 (Andrew Kohut) 421, 422
크레뵈코에르 엑토르 (Hector Crèvecoeur,) 68, 366
크레이그, 베티 진 (Betty Jean Craige) 333
크로닌, 브라이언 (Brian Cronin) 110
크로스비, 빙 (Bing Crosby) 126

크루즈, 해롤드 (Harold Cruse) 86
크리스톨, 어빙 (Irving Kristol) 132
크리코리언, 마크 (Mark Krikorian) 278
클레이, 헨리 (Henry Clay) 78
클린턴, 빌 (Bill Clinton) 21, 35, 36, 97, 137, 138, 180, 212, 214, 217, 280, 380, 398, 408, 420, 427, 429
킴릭카, 윌 (Will Kymlicka) 85
킹, 마틴 루터 (Luther Kingm Martin Jr.) 313

ㅌ

탤보트, 스트로브 (Strobe Talbott) 335
태니, 로저 B. (Roger B. Taney) 78
탠튼, 존 (John Tanton) 211
터너, 프레드릭 잭슨 (Frederick Jackson Turner) 65, 75
터브먼, 해리엇 (Harriet Tubman) 220
토크빌, 알렉시스 드 (Alexis de Tocqueville) 63, 68, 77, 82, 88, 90, 93, 112, 113, 129, 135, 313, 417
트라웁, 제임스 (James Traub) 394
트레이시, 스펜서 (Spencer Tracy) 126
트루실로 찰스 (Charles Truxillo) 303
틸리, 찰스 (Charles Tilly) 33

ㅍ

파르, 수잔 (Susan Pharr) 409
파머, R. R. (R. R. Palmer) 49
파월, 루이스 F. (Lewis F. Powell) 197
파월, 콜린 (Colin Powell) 379
파타키, 조지 (George Pataki) 109
팍스, 로사 (Rosa Parks) 221
패러티, 프랭크 (Frank Paretti) 419
패슬, 제프리 (Jeffrey Passel) 284
패터슨, 올랜도 (Orlando Patterson) 368
패터슨, 토머스 (Thomas Patterson) 410
팰코프, 마크 (Mark Falcoff) 284
퍼시, 찰스 (Charles Percy) 356
펄만, 조엘 (Joel Perlmann) 292
펄웰, 제리 (Jerry Falwell) 419
페르난데스, 다미안 (Damian Fernandez) 306
페인, 토머스 (Thomas Paine) 111
포겔, 로버트 (Robert Fogel) 243
포드, 헨리 (Henry Ford) 170
포브스, 스티브 (Steve Forbes) 435
포터, 존 (John Porter) 62
폭스, 빈센테 (Vicente Fox) 344, 345, 390
폴라드, 조나단 (Jonathan Pollard) 356
푸엔테스, 카를로스 (Carlos Fuentes) 313
푸친스키, 로먼 (Roman Pucinski) 182, 216
푸트냄, 로버트 (Putnam, Robert) 320, 409, 422
풀러, 그레이엄 (Graham Fuller) 304
프랭클린, 벤저민 (Benjamin Franklin) 69, 84, 97, 142, 143
프레슬러, 래리 (Larry Pressler) 357
프레이, 윌리엄 (William Frey) 290
프로스트, 로버트 (Robert Frost) 20, 21
프로이트, 지그문트 (Sigmund Freud) 44, 436
플라톤 (Plato) 45
플레밍, E. 맥클렁 (E. McClung Fleming) 145
플로레스, 윌리엄 (William Flores) 297, 388
피니, 찰스 G. (Charles G. Finney) 104
피셔, 데이비드 해킷 (David Hackett Fischer) 63
피오르, 마이클 (Michael Piore) 233
피터슨, 폴 (Paul Peterson) 321
핀들리, 폴 (Paul Findley) 356
필드, 스티븐 J. (Stephen J Field) 79
필모어, 밀러드 (Millard Fillmore) 124

ㅎ

하야카와, S. I. (Hayakawa) 208, 397
하워드, 마이클 (Michael Howard) 49
하이데킹, 위르겐 (Jürgen Heideking) 70
하이머트, 앨런 (Alan Heimert) 103
하이엄, 존 (John Higham) 61, 95, 156, 159, 160, 382
하츠, 루이스 (Louis Hartz) 64, 88
하타미, 모하마드 (Mohammad Khatami) 344

한센, 마커스 (Marcus Hansen) 241
할레스, 존 (John Harles) 238
해밀턴, 알렉산더 (Alexander Hamilton) 122
해스팅즈, 애드리언 (Adrian Hastings) 449
해치, 네이던 (Nathan Hatch) 91
해치, 오린 (Orrin Hatch) 435
핸들린, 오스카 (Oscar Handlin) 60, 238
허버그, 윌 (Will Herberg) 127, 229, 363
헌터, 제임스 데이비슨 (James Davison Hunter) 329, 423
험프리, 허버트 (Hubert Humphrey) 186
헤일, 네이던 (Nathan Hale) 219
헨리, 패트릭 (Patrick Henry) 219
호프먼, 스탠리 (Stanley Hoffmann) 58
호프스태터, 리처드 (Richard Hofstadter) 68
호프스티드, 지어트 (Geert Hofstede) 96
홀링어, 데이비드 (David Hollinger) 368
홀링즈워스, J. 로저스 (J. Rogers Hollingsworth) 64
후세인, 사담 (Saddam Hussein) 323
후쿠야마, 프랜시스 (Francis Fukuyama) 45
훌리, 달린 (Darlene Hooley) 356
히틀러, 아돌프 (Adolf Hitler) 50, 322
힐러드, 얼 (Earl Hilliard) 356

찾아보기 | 용어

ㄱ

감리교 89, 90, 92, 104, 134
건국의 아버지들 61, 78, 106, 117, 135, 136, 150, 161, 240, 243, 280
걸프전 18, 444
게티즈버그 연설 109, 137, 221, 398
계몽주의 37, 69, 88, 94, 417, 436
공화당 40, 98, 190, 195,199, 211, 212, 328, 356, 357, 380, 396, 405, 420, 425, 426, 431~434
교차결혼 123, 131, 166, 168, 216, 228, 234, 244, 285, 295, 296, 300, 363~367, 373~ 375
과테말라 347
구세군 428
구약 139, 434
국가주의 23, 31, 32, 34, 49, 50, 64, 72, 86, 87, 103, 126, 128, 140~142, 149, 150, 152, 155, 156, 158, 160~162, 164, 167, 168, 173, 175, 176, 182, 200, 218, 219, 225, 317, 322, 323, 325, 327~329, 332, 335, 336, 383, 388, 401~403, 414, 415, 417, 438, 446, 448~450, 452, 453
국제 사법 재판소 334
국제연합(유엔) 382, 403, 446
권리장전 137
귀화국 172
그래햄 대 리처드슨 268
그리스도 교회 418
그리스도 연합 교회 419
그리스 65, 242, 247, 291, 294, 355, 357
기독교인 동맹 419, 420, 421

ㄴ

나이지리아 119, 120, 448, 449
나폴레옹 전쟁 67
남북전쟁 18, 34, 35, 36, 76, 79, 124, 129, 142, 148, 149~152, 154~156, 158, 159, 161~164,

221, 243, 246, 261, 284, 320, 326
남아공 29, 94, 355, 372, 405, 448
남캐롤라이나 280
네덜란드 49, 61, 62, 66, 96, 99, 127, 166, 267, 269, 385, 449
네바다 280, 284
노르웨이 99, 118, 120, 269, 363, 449
노벨상 345
노예제 93, 98, 102, 103, 105, 124, 152, 155, 185
녹이는 단지 165~168, 170
뉴멕시코 206, 284, 285, 288, 303, 384
뉴질랜드 94, 96, 99, 118, 119, 276

ㄷ

다문화주의 19, 25, 30, 35, 36, 85, 176, 181, 183, 184, 214, 215, 217, 218, 220, 221, 274, 304, 332, 351, 383, 388, 389, 402
다원주의 182, 379, 389
대공황 67, 156, 159
대륙회의 111, 122, 144, 147
대만 29, 403, 405
대중주의 93, 105, 225, 383, 448
대타협 159, 185
대헌장 (마그나 카르타) 94
덴마크 29, 96, 120, 269, 449
덴버 포스트 211
도덕주의 62, 94, 102, 106, 107, 219, 327, 328, 333, 334
도미니카 79, 242, 255, 256, 258, 260, 265, 280, 291, 295, 345
독립기념일 151, 162, 163, 247
독립선언서 68, 69, 93, 111, 123, 137, 142, 147, 150, 151, 398
독일 22, 29, 32, 35, 37, 43, 49, 50, 52~54, 58, 66, 70~72, 75, 80~82, 84, 85, 87, 96, 98~100, 119, 123, 124, 126, 127, 157, 166, 175, 201, 224, 227, 233, 238~240, 243, 246, 247, 257, 267, 273, 363, 365, 368, 370, 371, 395, 414,
415, 447
동아시아 경제 위기 27
동티모르 30
디아스포라 25, 31, 273, 317, 318, 340~345, 347~358, 446

ㄹ

라 라사 전국 협의회 289, 312
라오스 291
라트비아 350, 449
러시아 29, 52, 54, 65, 118~120, 130, 157, 175, 240, 247, 260, 278, 291, 322, 323, 352, 355, 363, 393, 395, 403, 415, 416, 437, 447, 449
러트거즈 대학교 299
레바논 443
로드아일랜드 122
로마인 63
롬바르드 30
루마니아 119, 120
루이지애나 매입 107
루터교 89, 92, 94
리비아 323, 324, 442
리투아니아 120, 247, 350

ㅁ

마우리티우스 345
마이애미 해럴드 210, 211, 307, 309
마이크로소프트 197
마케도니아 355
말일 성도 430
매릴랜드 89, 122, 127
매사추세츠 65, 76, 89, 112, 124, 141, 144, 171, 208, 209, 212, 245, 250, 260
메이플라워 158, 161
멕시칸 176, 231, 237, 242, 257, 274~299, 301 ~304, 311~315, 325, 342~347, 349, 350, 353 ~355, 390, 392, 407
멕시코 전쟁 153, 164
모로코 111, 276

모사드 442
몰몬 418
몽골 79
무슬림 21, 33, 34, 42, 43, 48, 53, 117, 119, 130~132, 234~236, 248, 263, 324, 352, 358, 384, 385, 424, 429, 437, 439~443, 448
미국 국제 대학 171
미국 식민화 협회 78
미국혁명 103, 111, 141, 146, 148~150, 153, 158, 219, 320, 414
미국의 신조 27, 35, 57, 58, 62, 68~71, 86, 87, 92, 94, 95, 138, 139, 179, 181, 184~187, 195, 196, 221~223, 229, 297, 299, 316, 322, 350, 384, 412, 416, 417, 452
미국혁명의 딸들 158
미국혁명의 아들들 158
미네소타 대학교 220
미시간 191, 196~198, 235, 382
민병대 운동 382
민족 연구법(1970) 216

ㅂ

방글라데시 43, 242, 443
백인 현지인주의 373, 380~385, 387, 388
버뮤다 65
버지니아 65, 89, 141, 148, 150, 232
버클리 220, 253, 335
범세계주의 19, 332, 446~448, 450, 452
범슬라브주의 53
베네수엘라 71, 248, 306
베스트팔리아 조약 333, 436
베트남 48, 105, 131, 281, 291, 295, 349, 365, 397, 444
벨기에 37, 120, 201, 449
보스니아 385, 439, 442
보스턴 학살 144, 147
보잉 192, 197
복음주의 32, 90~92, 102~105, 128, 131, 297, 313, 418~420, 422, 423, 431~433

복지 개혁법(1996) 270, 427
부활절 131
북미자유무역협정(NAFTA) 353, 390
북아일랜드 27, 118~121, 355, 439, 449
북캐롤라이나 123, 195, 280
북한 323, 403, 414, 440, 441
분파주의 151
불교 94, 110, 130, 131, 442
브라질 29, 84, 120, 242, 259, 306, 448, 449

ㅅ

사우디아라비아 324, 354, 356
사회적 정체성 이론 40, 45
성경 89~91, 93, 95, 111, 112, 114, 115, 134, 136~138, 340, 423, 424, 426, 429
세계무역센터 324, 445
세네갈 443
세르비아 43, 247, 385
소련 26~28, 35, 53, 54, 71, 156, 157, 175, 242, 291, 294, 316, 318, 319, 322, 323, 351, 354, 412, 414, 440, 441
수단 324, 442
스웨덴 96, 99, 114, 116, 120, 166, 267, 269, 449
스위스 37, 96, 120, 127, 201, 224, 267, 269, 436
스칸디나비아 58, 81, 240
스코틀랜드 27, 30, 49, 166, 233, 365, 370
스타벅스 192
스탠포드 대학교 41, 211
스페인 49, 63, 71, 72, 84, 94, 99, 106, 107, 120~122, 125, 152, 153, 159, 160, 203, 276, 311, 313, 334, 449
스페인과 미국의 전쟁 158, 160
스페인어 36, 37, 67, 85, 149, 200, 202, 203, 206~207, 280, 284~288, 297, 299, 300, 302, 303~308, 310, 312, 314, 315, 388, 389, 392~398
슬로바키아 233
슬로베니아 118, 120, 233, 247, 449

시리아 29, 323
시민권 운동 103, 246
시아파 130, 132, 341, 351
시온주의 168, 382
식민지 시대 143
싱가폴 349

ㅇ

아르메니아인 355, 356, 366
아르헨티나 120, 306, 449
아메리칸 익스프레스 197
아이슬란드 449
아이티 247, 272, 290, 305, 342~344, 354
아일랜드 22, 35, 58, 80~82, 87, 118~120, 123, 124~126, 166~168, 171, 233, 239~243, 246, 247, 269, 275, 277, 284, 294, 337, 341, 354, 362~367, 371, 377, 438, 449, 450
아칸소 280
아프가니스탄 248, 324, 442
아프리카인 79, 288
알바니아 31, 43, 225, 276
알제리 29, 259
알카에다 439, 442
애국주의 50, 129, 155, 158, 161, 164, 176
애리조나 205, 208, 209, 211, 212, 237, 284
앨러배머 204, 280, 356
앵글로-색슨주의 79
에리 철도 328
에스키모 21
에콰도르 242, 258
엘리스섬 236
엘살바도르 255, 256, 259, 279, 291, 294, 295, 349
연방수사국(FBI) 354, 358
연방주의자 66, 71, 150
영국혁명 94
영토적 정체성 47, 53, 73
오스트리아 120, 385, 449
오스트리아-헝가리 제국 37, 240

오클라호마 256
오토만 제국 37, 43
요르단 443
요한계시록 423
우크라이나 415
월마트 18
웨일즈 49, 233, 370
유고슬라비아 350, 414
유교 94, 449
유니비전 314
유대교 88, 94, 110, 115, 122, 123, 128, 130~134, 138, 171, 172, 211, 216, 235, 264, 363, 364, 380, 401, 424, 431, 438, 439, 442
유대인 18, 39, 81, 82, 114, 116, 167, 168, 233, 242, 246, 247, 278, 291, 292, 299, 301, 340, 341, 344, 353, 355, 356, 358, 362, 364~366, 382, 429, 434, 435, 439
유타 284
이라크 35, 248, 323, 324, 403, 440, 441, 442, 445
이란 29, 323, 324, 344, 366, 438, 441
이민 개혁 위원회 249
이스라엘 72, 88, 89, 111, 118, 119, 130, 136, 165, 291, 324, 340, 343, 344, 348, 353~358, 403, 438, 442, 443
이슬람교 30, 48, 88, 94, 110, 129
이신론자 111, 135
이중언어주의 85, 181, 200, 392, 396
이집트 130, 242, 366, 443
이탈리아 48, 49, 74, 75, 81, 82, 87, 99, 118, 120, 224, 233, 240, 242, 247, 276~278, 295, 301, 309
인도 43, 111, 119, 120, 130, 234, 277, 291, 295, 341, 342, 345, 349, 357, 365, 377, 415, 438, 439, 447, 449
인도네시아 349, 415, 416, 443, 449
인디언 21, 60, 66, 67, 71, 76~79, 143, 147, 153, 160, 203, 220, 313, 339
인지법 회의 144

525

인터네셔널 하베스터 170
일본 29, 43, 45, 52, 71, 72, 80, 95, 96, 99, 100, 120, 157, 174, 201, 224~226, 234, 247, 276, 292, 321~323, 342, 354, 365, 377, 395, 397, 414, 448, 449

ㅈ

자메이카 256, 305
자유의 여신상 20, 73, 162, 255, 275
장로교 92, 103, 123, 419
전미 유대인 협의회 340
전 세계 가치관 조사 96, 99, 100, 119, 120, 127, 337, 338, 405, 449
전쟁부 77
제국주의 159, 217, 446~448, 450
젠킨스의 귀 전쟁 143, 145, 147
종교적 자유 회복법 430
주간 상업 위원회 159
중국 29, 79, 86, 120, 157, 203, 206, 232, 237, 242 248, 258, 277, 278, 291, 295, 322~324, 342, 349, 350, 352, 354, 365, 394, 395, 403, 414~416, 438, 442, 447, 449
중앙정보부(CIA) 328, 354, 442
진보주의 105, 168, 169, 171, 250
진주만 172, 246

ㅊ

청교도 76, 88~90, 94, 105
체첸 30, 341, 351, 439, 442
체코 42, 350, 449
초국가주의 326, 403
추수감사절 131, 137, 162
출산율 66, 131, 224, 225, 278, 281, 282, 296, 392
충성 서약 22, 23, 108, 109, 136, 158, 161, 163
칠레 71, 120, 306, 449

ㅋ

카이저 재단 375

카토 연구소 22
캄보디아 291
캠브리지 대학교 90
켄터키 149, 371
코네티컷 65, 172, 280
코소보 30, 72, 351, 439, 442
코스타리카 259
코스트코 22, 192
코카시언 369
코펜하겐 학파 226
콜로라도 208~212, 280
콜롬비아 159, 162, 258~261, 306, 345
콜롬비아 박람회 162
쿠르드 30, 341
쿠바 71, 79, 101, 102, 125, 242, 255, 258, 273, 275, 277, 280, 288, 291~292, 295, 304~311, 315, 323, 344, 349, 352, 355, 403, 407
퀘벡 30, 63, 84, 122, 123, 285
퀘이커 89, 122
크로아티아 233, 247, 355
킴벌리-클라크 23

ㅌ

타밀 30, 351
탈레반 324, 442
태국 111, 377
터키 29, 31, 42, 52, 119, 120, 225, 227, 238, 355, 437, 438, 442, 449
텔레비사 315
투표권법 186, 187, 189, 198, 201, 203

ㅍ

파라과이 333
파키스탄 24, 43, 88, 324, 357, 439, 443
팔레스타인 30, 72, 340, 350, 356, 357, 441
페루 259
펜실베이니아 84, 89, 122, 141, 204
평등 접근법 429
포르투갈 84, 94, 120, 128, 449

폴란드 42, 81, 82, 87, 99, 101, 118~120, 216, 247, 277, 278, 294, 295, 301, 350, 357, 365, 403, 405, 415, 448, 449
푸에르토리코 67, 75, 201, 202, 280, 315, 339, 393, 407
프라이스 코스트코 22
프랑스 22, 31, 34, 43, 49, 53, 54, 62, 63, 70~72, 84, 94, 96, 98~100, 106, 113, 120~123, 142, 143, 148, 152, 153, 157, 166, 175
프랑스 혁명 53, 265
프러시아 49
플로리다 37, 199, 208~211, 213, 273, 275, 280, 290, 292, 297, 305, 310, 311
핀란드 120, 269, 449
필리핀 79, 118, 131, 234, 242, 277, 278, 291, 294, 295, 342, 343, 349, 353, 365, 366, 397, 405, 441
필립왕의 전쟁 76, 77

ㅎ

하누카 131
하마스 324
하버드 대학교 41, 92, 103, 184, 353
하와이 67, 384
하워드 대학교 138
한국 131, 234, 258, 291, 295, 342, 354, 355, 365, 366, 397, 451
한국인 366, 451
헌터 대학 220
헝가리 42, 71, 99, 118, 120, 233, 240, 247, 415, 449
헤즈볼라 324
현지인주의 373, 380~388
호주 22, 65, 94, 96, 99, 118, 224, 225, 276, 337
회중주의 90, 103
힌두교 94, 119, 130, 131, 442

7년 전쟁 143, 144
9·11사태 18, 19, 23~25, 27, 28, 74, 131, 142, 184, 236, 248, 267, 270, 303, 325, 336, 346, 352, 391, 402, 412, 413, 417, 442, 445, 446, 452
KKK 382, 383
NAACP 378
PLO 356
SIN 396
WASP 82, 86, 215, 217, 242, 380